Kurt Höhfeld und Anne-Marie Schlösser (Hg.)
Psychoanalyse der Liebe

Die Herausgeber: Dr. med. Kurt Höhfeld, geboren 1938, Nervenarzt und Arzt für Psychotherapeutische Medizin, Psychoanalytiker in eigener Praxis, Dozent und Lehranalytiker am Institut für Psychotherapie Berlin, von 1987 bis 1992 Vorsitzender des C. G. Jung-Instituts Berlin; Vorsitzender des Berufsverbandes Berliner Ärztlicher Psychoanalytiker und Psychotherapeuten, 1995-97 Vorsitzender, seit 1997 Stellvertretender Vorsitzender der DGPT.
Anne-Marie Schlösser, geboren 1945, Diplompsychologin, Psychoanalytikerin in eigener Praxis. Dozentin und Lehranalytikerin am Lou-Andreas-Salomé-Institut Göttingen sowie am Institut für Psychoanalyse und Psychotherapie (DPG) Kassel, hier Stellvertretende Vorsitzende von 1994-99. 1995-97 Stellvertretende Vorsitzende, seit 1997 Vorsitzende der DGPT.

Die folgenden Tagungsbände der DGPT sind ebenfalls im Psychosozial-Verlag erschienen:

Karin Bell & Kurt Höhfeld (Hg.) Psychoanalyse im Wandel
Karin Bell und Kurt Höhfeld (Hg.): Aggression und seelische Krankheit
Anne-Marie Schlösser & Kurt Höhfeld (Hg.):Trauma und Konflikt
Anne-Marie Schlösser & Kurt Höhfeld (Hg.): Trennungen
Anne-Marie Schlösser & Kurt Höhfeld (Hg.): Psychoanalyse als Beruf
Ulrich Streeck (Hg.): Das Fremde in der Psychoanalyse

BIBLIOTHEK DER PSYCHOANALYSE
HERAUSGEGEBEN VON HANS-JÜRGEN WIRTH

Kurt Höhfeld und Anne-Marie Schlösser
(Herausgeber)

Psychoanalyse der Liebe

Psychosozial-Verlag

Die Deutsche Bibliothek - CIP-Einheitsaufnahme

Psychoanalyse der Liebe/Kurt Höhfeld und Anne-Marie Schlösser (Hg.)
Giessen: Psychosozial-Verl., 1997
(Bibliothek der Psychoanalyse)
ISBN 3-89806-076-4

3. Auflage
© 1997 Psychosozial-Verlag
Goethestraße 29, 35390 Gießen
info@psychosozial-verlag.de
www.psychosozial-verlag.de
Alle Rechte, insbesondere das des auszugsweisen Abdrucks
und das der photomechanischen Wiedergabe, vorbehalten
Umschlagabbildung: Max Ernst „Es lebe die Liebe oder Pays charmant"
© VG Bild-Kunst, Bonn 1997
Umschlaggestaltung: Atelier Warminski, Büdingen
Druck & Bindung: Majuskel Medienproduktion GmbH,
Wetzlar · www.digitalakrobaten.de
ISBN 3-89806-076-4

Inhaltsverzeichnis

Vorwort von Kurt Höhfeld und Anne-Marie Schlösser 9

„Normale" und pervertierte Formen der Liebe in Paarbeziehungen

Roderich Hohage
Das erotische Element in der Liebe 13

Micha Hilgers
Macht, Ohnmacht und Gewalt in Paarbeziehungen 25

Hertha Richter-Appelt
Liebe ohne Sexualität – Sexualität ohne Liebe 37

Christiane Burkhardt
Die Kunst, eine Frau zu sein 47

Karl König
Paarbeziehungen in der psychoanalytischen Therapie 59

Gisela Richter
Von der Zwangsliebe zum Liebesspiel 67

Die Liebe in der psychoanalytischen Behandlung: Übertragung und Gegenübertragung

Vera King
Übertragungsliebe und Urszenenphantasie im analytischen
Schöpfungsprozeß 79

Marina Gambaroff
Abwehr der destruktiven Dimension in der
Gegenübertragungsliebe 101

Mathias Hirsch
Über Gegenübertragungsliebe 119

Thomas Soeder
„Ich kann Sie einfach nicht lieben" 133

Sabine Trenk-Hinterberger
Partnertrennung und Übertragung im psychoanalytischen Prozeß . .   147

Alfred Drees
Stimmungszentrierte Übertragung   167

Klaus Rodewig
Übertragungsliebe und Todesfurcht   185

Hansjörg Pfannschmidt
Der Körper der Übertragungsliebe   197

Christian Maier
Wer liebt wen?   209

Andor Harrach
Die Psychologie der Liebe in der ungarischen Psychoanalyse   225

Doris Bolk-Weischedel
„Primäre Liebe" und süchtiges Verlangen in der Psychoanalyse
von frühgestörten Patienten   239

Rainer Funk
Liebe im psychoanalytischen Denken Erich Fromms   247

Liebe im Schatten ihrer Zeit

Claudia Sies
Liebe im freien Fall   269

Christa Marahrens-Schürg und Michael Froese
Liebende im Schatten der Zeit   281

Elmar Struck
Liebe in den Zeiten der Beliebigkeit   293

Georg R. Gfäller
Professionalisierte Liebe in der Psychoanalyse   315

Tilmann Moser
Liebe und Haß bei der 70jährigen Tochter eines SS-Mannes   325

Elternliebe und Liebe zu den Eltern

Ute Benz
Mutterliebe – ein Ideal und seine Instrumentalisierungen   339

Ulrike Jongbloed-Schurig
Übertragung in der Kinderanalyse   355

Gustav Bovensiepen
Auf der Suche nach der Liebe zum Vater   369

Heilende Liebe: Märchen, Religion, Tierliebe

Brigitte Boothe
Feste der Freuden – Feste am Abgrund:
Liebesgeschichten im Märchen   389

Günther Bittner
Die Liebe und ihre Widermacht   415

Bernd Horn
Therapeutische Wirkung des idealisierten Objekts
in Psychoanalyse und Religion   425

Thomas Auchter
Heilung durch Liebe?   443

Jürgen Körner
Tierliebe – die Sehnsucht des Menschen nach der Natur   463

Kandidatenforum

*Thea Bauriedl, Beate Blank-Knauth, Jürgen Körner,
Karl-Friedrich Limburg, Hildegard Schäfer, Anne-Marie Schlösser,
Michael Schulte-Markwort*
Die Macht der Liebe und die Liebe zur Macht
in der psychoanalytischen Ausbildung   477

Vorwort

Der Begriff der Liebe wird in Freuds Gesammelten Werken nicht weniger als 130mal diskutiert – ein Hinweis auf die Bedeutung, die Freud ihr beimaß. Die DGPT stellte ihren Jahreskongreß 1996 unter dieses Thema, und die „Psychoanalyse der Liebe" fand ein vielstimmiges, lebendiges und nicht nur für Fachleute hochinteressantes Echo. Denn es wurde auf der Tagung, deren Vorträge dieser Band enthält, nicht nur über „die Liebe" gesprochen, die durch ihr kompliziertes Verhältnis zum Haß, durch ihr Gelingen und Mißlingen von Anfang an eine Herausforderung an die Psychoanalyse dargestellt hat. Die Liebe gehört durch ihre unvermeidbare und notwendige Manifestation in der Übertragungsbeziehung darüber hinaus auch zum methodischen Inventar psychoanalytischer Behandlungstechnik. In dieser Doppelfunktion – Liebe als Betrachtungsgegenstand der Psychoanalyse und als ihr „Werkzeug" – liegt die zentrale Bedeutung unseres Themas.

Die Beiträge dieses Bandes nähern sich dem komplexen Thema auf unterschiedlichen Wegen. Die Liebe eines Paares im Kontrast von Normalität und Pathologie wird betrachtet. Das Dilemma zwischen Sehnsucht nach Freiheit und Sehnsucht nach (bindender) Liebesbeziehung kann die Liebe behindern (Christiane Burkhardt), früher sexueller Mißbrauch das spätere Lusterleben beeinträchtigen (Hertha Richter-Appelt). Micha Hilgers beschreibt die pathologischen Muster sado-masochistischer Beziehungskonstellationen, in denen gegenseitig kontrollierte Abhängigkeit eine wesentliche Bedeutung hat.

Zahlreiche Autoren befassen sich mit der Liebe als Essenz der psychoanalytischen Behandlung. Wieviel Liebe muß der Analytiker seinem Patienten entgegenbringen, um ihn überhaupt verstehen und behandeln zu können, und wieviel Liebe darf er für ihn empfinden, ohne die kritische Schwelle zu überschreiten? In einem eindrucksvollen Beispiel schildert Marina Gambaroff die Gratwanderung des Analytikers zwischen zuneigendem Verstehen und Abstinenz wie auch die frühen und schweren Traumata, die sich hinter den Gefühlsstürmen der Beteiligten verbergen. Zum Gelingen einer analytischen Behandlung sind die Entwicklung einer Übertragungsliebe wie auch ihre Enttäuschung und Verarbeitung unabdingbar (Thomas Soeder). Das höchst beunruhigende Thema des Mißbrauchs der Liebe in der Psychoanalyse erscheint nicht hier, sondern erhält in einer eigenen Veröffentlichung in der Zeitschrift „Forum der Psychoanalyse" einen größeren Rahmen.

Die konkrete Ausgestaltung des Gefühls „Liebe" geschieht immer im „Schatten ihrer Zeit". Sie ist abhängig von historischen, d. h. vor allem auch politischen Bedingungen. So betrachtet Claudia Sies kritisch die Forderungen und Belastungen des modernen Menschen und ihre Auswirkungen auf Paarbeziehungen. Christa Marahrens-Schürg und Michael Froese untersuchen die Komplexität der Liebe zwischen Ost und West (-Deutschland) im Dialog über eigene Behandlungsfälle. Das Forum für kinderanalytische Arbeit zentriert auf die Liebe von Mutter und Vater und die Schwierigkeiten des Kindes. Hier stehen Ute Benz' Gedanken zum Mutterbild neben Darstellungen klinischer Fallarbeit. Vera Kings große Arbeit über Freuds Patientin Dora rückt das Thema Adoleszenz wieder in den Mittelpunkt.

Die ungarische Psychoanalyse hat sich in besonderer Weise die Entwicklung der Liebe zum Thema gemacht, woran Andor Harrach in seinem Beitrag erinnert, und Rainer Funk stellt noch einmal wichtige Inhalte von Erich Fromms Werk zum Tagungsthema zusammen. Doris Bolk-Weischedel betont in einer Falldarstellung Ferenczis Hinweis, „das kindliche Agieren von Erwachsenen als Antwort auf frühe Traumata zu verstehen". Georg R. Gfäller beschreibt die Gefahr einer um sich greifenden Tendenz zur Professionalisierung für die Psychoanalyse. Ganz der Traumatheorie ist Tilmann Mosers Beitrag gewidmet. Mathias Hirsch stellt mit Beispielen eigener Behandlungen eine Systematik verschiedener Formen der Gegenübertragungsliebe vor.

Schließlich geht es um die Bedeutung und Macht der Liebe in den angrenzenden Kulturbereichen. In einem gemeinsamen Vortrag entfaltet sich ein textkritischer (Brigitte Boothe) und ein symbolisch-biographischer (Günther Bittner) Zugang zum Thema der Liebe im Märchen. Jürgen Körner beleuchtet die illusionäre Sehnsucht nach Harmonie und Einheit, die sich in der Beziehung des Menschen zu Tieren verbergen kann.

Im Bericht über das zweite Kandidatenforum greifen Weiterbildungsteilnehmer und Vertreter der Ausbildungsinstitute gemeinsam das Thema der Liebe in Verbindung mit Macht auf. In einer Diskussion, die auf das Plenum erweitert wurde, werden mögliche Konsequenzen auf dem Hintergrund der Strukturen in den Ausbildungsgängen kritisch betrachtet.

„Über die Liebe ist alles gesagt worden, und doch ist sie uns rätselhaft – eine Sphinx, ein oiseau rebelle, ein wilder, bunter Vogel, den wir auch hier nicht fangen werden" (Struck S. 293). Dieser Erkenntnis eingedenk hoffen wir dennoch, daß der Leser im vorliegenden Tagungsband einen guten Einblick in die aktuelle psychoanalytische Diskussion der uralten und immer wieder neuen Frage der Liebe gewinnen kann.

Kurt Höhfeld *Anne-Marie Schlösser*

„Normale" und pervertierte Formen der Liebe in Paarbeziehungen

Das erotische Element in der Liebe

Roderich Hohage

Wenn es um das Verständnis von Problemen in der Liebe geht, dann befindet sich die Psychoanalyse in einer merkwürdigen Position: Einerseits verfügen wir über eine Theorie, die umfassende Erklärungen für die Phänomene der Liebe liefert: Freuds Triebtheorie, sein umfassendes Konzept von Sexualität und seine Betonung des Ödipuskonfliktes als zentrales Element aller Neurosen liefern ein theoretisches Gerüst, mit dem sich viele Phänomene der Liebe in eine Ordnung haben bringen lassen.

Andererseits ist gerade dieser theoretische Hintergrund so geartet, daß er zur Therapie von Problemen in der Liebe nur beschränkt taugt: Die Triebtheorie wie auch die klassische Entwicklungspsychologie sind in vieler Hinsicht reduktionistisch. Zwar gelingt eine Zuordnung von Phänomenen, bei der eine nicht-wertende Betrachtung von Phänomenen der Liebe möglich ist. Andererseits geht durch die Rückführung der Phänomene auf eine oder ganz wenige Gesetzmäßigkeiten die Komplexität des Geschehens unter. Man muß den jungen Kollegen, die mit Freud Beziehungsprobleme analysieren wollen, dringend dazu raten, den Freud von 1905 mehr im Hinterkopf zu haben, als ihn direkt in Deutungen und Interventionen umzusetzen.

In der postfreudianischen Ära haben sich unter dem Einfluß der Ich-Psychologie Konzeptionen entwickelt, die der Komplexität der Liebe mehr entgegenkommen, ohne daß auf Freudsche Konzepte verzichtet würde. Das Schwergewicht der Betrachtung liegt hier weniger bei der Triebnatur der Liebe als bei den Integrationsleistungen des Ich, die für die Liebe und die Partnerschaft notwendig sind. Dabei tauchen mehrere Konfliktfelder nebeneinander auf, so z.B. die Gleichzeitigkeit von Abrenzung und Nähe; die Integration von Liebe und Narzißmus; die Integration von Liebe und Haß; die Integration von Zärtlichkeit und genitaler Sexualität. (vgl. Bergmann 1987).

Die Gegenüberstellung allein zeigt, daß das Feld unübersichtlich wird, sobald wir Freuds Konzept eines umfassenden Sexualtriebes als Wurzel der Liebe verlassen. Es taucht zudem eine andere Gefahr auf: Wenn wir die

Integrationsleistungen der geglückten Liebe in den Vordergrund rücken, bekommt unsere erklärende Theorie idealistisch-normative Züge. Der Integrationstheorie liegt unbenannt ein wertendes Konzept von Reife zugrunde, denn Integration wird immer dann unterstellt, wenn sich „reife" Liebesbeziehungen entwickeln. Die heftigen Diskussionen um den Stellenwert der Homosexualität in der Psychoanalyse hat die Problematik einer solchen normativ-idealistischen Theorie deutlich werden lassen. Homosexualität läßt sich offensichtlich nicht ausreichend dadurch erklären, daß ihr unreife Objektbeziehungsmuster unterlegt werden; sie wird damit nicht erklärt, sondern nur disqualifiziert. Hier spätestens rächt sich die Tendenz zu einem eindimensionalen Denken, bei dem alle seelischen Probleme dieser Welt als Ausdruck von Entwicklungsstörungen verstanden werden. (vgl. Hohage 1996).

Mir scheint nun, daß wir in umserer *klinischen* Arbeit die Eindimensionalität im Verständnis von Liebe längst aufgegeben haben. Wir unterscheiden mit großer Selbstverständlichkeit Objektbeziehungsmuster, denen wir keine sexuellen Motive zugrundelegen, von sexuell getönten Beziehungsformen. Erstere werden häufig als „präödipal" charakterisiert, während sexuell anmutende Beziehungsmuster mit dem Konzept des Ödipus in Verbindung gebracht werden. Erkauft wird diese Entwicklung mit theoretischen Inkonsistenzen: wenn sogenannte präödipale Erfahrungen angesprochen sind, müßten der Theorie nach frühe, also unreife Mechanismen im Vordergrund stehen. Gerade die sogenannte reife, die abgeklärte Liebe aber ist nicht eigentlich ödipal. Sie ist, wie Balint (1965) gezeigt hat, im deskriptiven Sinn eine nicht-genitale Liebe; zugleich ist der Theorie zufolge das höchste Entwicklungsniveau, das Primat der Genitalität, erreicht. Es wird sehr schwer, das Spannungsfeld von sexuellen zu nicht-sexuellen Motiven mit dem Gegensatz von „frühen" zu „reifen" Persönlichkeitsanteilen zu erklären.

Bowlby (1969, 1988) hat nun mit seiner Bindungstheorie einen Ausweg aus diesem Dilemma angeboten. Diese Bindungstheorie konfrontiert uns mit einer Quelle der Liebe, die zwar biologische Determinanten hat, die aber dennoch auf kindlichen Erfahrungen aufbaut. Es sind die emotionalen Bindungserfahrungen, bevorzugt die zwischen Kleinkind und Mutter, die das Verhältnis von Distanz zu Nähe oder die Strukturierung von Selbst und Objektrepräsentanzen regeln. Sie beeinflussen somit auch die Elemente späterer Bindungen einschließlich des Umganges mit den eigenen Kindern.

Bowlby grenzt das Bindungsstreben als motivationales Muster von der Sexualität als Motiv ab. Damit wird die Liebe zumindest zweidimensional. Er kann seine Theorie durch eine Vielzahl empirischer Untersuchungen stützen, und er kann auf Forschungsergebnisse der Verhaltensbiologie zurückgreifen. So grenzt auch Bischof (1985) das Bindungselement aus der Sicht der Verhaltensbiologie von den sexuellen Motiven ab und zeigt, daß die Abwendung von der Ursprungsfamilie, also die Errichtung von Inzestschranken, gerade keine kulturelle Leistung ist, wie Freud annahm, sondern daß es sich um einen biologisch determinierten Vorgang handelt. (Die Inzestproblematik bekommt ihre Brisanz möglicherweise erst vor dem Hintergrund einer Kultur, in der die Familie eine überragende Bedeutung hat.) Wenn man der Bindungstheorie folgt, dann findet die klinische Unterscheidung von ödipalen und präödipalen Beziehungsmustern eine Erklärung, ohne daß man von der Theorie her gezwungen ist, in der Polarität von „reif" zu „unreif" zu denken.

Man kann stattdessen eine sexuelle Dimension der Liebe vom Beginn des Lebens an abgrenzen von den Bindungselementen; erstere ist verknüpft mit den Konsequenzen der Zweigeschlechtlichkeit, mit der frühen Festlegung der Geschlechtsidentität, mit den Formen sexueller Erregung und später mit den Aspekten der Fortpflanzung. Letztere ist verknüpft mit der Verinnerlichung von Eltern-Kind-Interaktionen sowie mit deren Weiterentwicklung in die soziale Gemeinschaft hinein.

Trotz der Klarheit, die Bowlbys Bindungstheorie schafft, scheinen mir die Phänomene der Liebe mit den Dimensionen von Bindung und Sexualität noch unzureichend beschrieben und erklärt. Die moderne Bindungstheorie ebenso wie die traditionellen Objektbeziehungstheorien können erklären, warum bestimmte Beziehungsmuster sich wiederholen: sie können schlecht erklären, warum so viele Muster sich nicht wiederholen und was an neuen Elementen in der Liebe dazukommt. In ihren klinischen Konsequenzen erscheint mir die Bindungstheorie geradezu biologisch-mechanistisch: was an Schlechtem in der Kindheit eingegeben wurde, kommt anscheinend als unglückliche Liebesbeziehung wieder heraus. Wenn man diesem Muster folgt, dann müßte die Gleichung heißen: „glückliche Kindheit - glückliche Liebe" und „unglückliche Kindheit - unglückliche Liebe". Wir alle wissen aber aus klinischer Erfahrung, das dies so einfach nicht ist. Während sich empirisch noch gut zeigen läßt, wie sich mütterliches Fehlverhalten auf das Erleben und Verhalten von Schulkindern auswirkt, ist das Schicksal späterer Liebesbeziehungen kaum noch vorherzusagen. Die Liebe scheint eine dritte Dimension zu haben, die für das Neue in den Liebesbeziehungen steht und die gerade keine Parallelen in der Verhaltensbiologie mehr hat, weil sie eine genuin menschliche Errungenschaft ist. Diese Dimension ist die Dimension der Erotik.

Die Erotik ist in der Psychoanalyse bislang sehr stiefmütterlich behandelt worden. Meist wird sie eingeordnet als zielgehemmte Sexualität. Das ist m.E. ein geradezu klassisches *männliches* Mißverständnis von Erotik, das nur zu bestätigen scheint, daß Männer bei der Liebe letztlich doch immer nur an das eine denken. Es sei jedem Liebhaber und jedem männlichen Analytiker dringend angeraten, zwischen Erotik und gehemmter Sexualität sorgfältig zu unterscheiden. Erotik *kann* sich mit Sexualität verbinden, aber sie tut es eben nicht immer. Es ist die romantische Ideologie von der wahren Liebe, die sich in die psychoanalytische Theorie hinein ausgebreitet hat und die dafür sorgt, daß wir Erotik und Sexualität immer nur zusammen denken dürfen. In dieser normativ-idealistischen Sichtweise sind alle Abweichungen von dieser Liebe bereits Störungen, zumindest aber Ausdrucksformen infantiler Sexualität.

Dabei sieht die Realität, wie wir alle wissen, schlicht anders aus. Das vollständige Ineinandergreifen von Erotik und sexueller Befriedigung, das sind die Sternstunden der Liebe. Das partielle Auseinanderweichen beider Elemente, das ist der Alltag. Dabei sieht dieser Alltag für Frauen offensichtlich anders aus als für Männer. Frauen scheinen sich aus vielerlei Gründen häufiger eine Erotik ohne Sexualität zu wünschen, Männer dagegen suchen sehr viel häufiger Sexualität ohne Erotik. Die Angleichung der Geschlechter hat hier manches in Bewegung gebracht, aber die Grundmuster scheinen allen Emanzipationsbemühungen Trotz zu bieten. Als Analytiker sind wir angehalten, die Gründe für dieses Auseinanderweichen der erotischen bzw. der sexuellen Wünsche zu untersuchen, ohne dabei in ideologische Voreingenommenheiten zu verfallen.

Wie läßt sich die erotische Dimension der Liebe fassen, wenn man sie losgelöst vom Wunsch nach sexueller Vereinigung betrachtet? Mir scheint, daß wir vor allem zwei Spielarten der Erotik zu betrachten haben: Da ist zunächst die erotische Sehnsucht, die ein unverzichtbarer Bestandteil jeder Verliebtheit ist. Person (1990) hat sich mit dieser Sehnsucht besonders beschäftigt und den Charakter der Verschmelzungswünsche dabei betont. Daß sich erotische Sehnsucht auch unabhängig vom Zustand der Verliebtheit entwickelt, das wissen alle, die eine Zeitlang ohne Partner gelebt haben: Es ist oft gerade nicht das Fehlen von Sexualität, das das Alleinsein so schmerzlich macht, sondern der sehnsüchtige Wunsch nach einem Partner, der auch durch das beste Einvernehmen mit Freunden oder Familienangehörigen nicht befriedigt wird. Die Sehnsucht gilt der Nähe, wie man so schön sagt; gemeint ist aber eine besondere, eine innere Form von Nähe, die vor allem durch den Aspekt der Gemeinsamkeit gekennzeichnet ist. Sie richtet sich in der Regel auf Angehörige des anderen Geschlechts, ist also im Grundsatz eine Nähe im Anderssein.

Die zweite Spielart der Erotik ist die erotische Spannung. Sie entgeht nicht selten unserer Aufmerksamkeit in Analysen, weil sie eher ein Hintergrundphänomen ist – allerdings ein außerordentlich wirksames. Erotische Spannung ist ein eher schweigender Begleiter von heterosexuellen Gruppierungen, sie bereichert nicht nur eine geglückte Partnerschaft, sondern auch soziale und gesellschaftliche Kontakte, die ganz andere Inhalte haben. In der erotischen Spannung wird die Präsenz des anderen Geschlechts wahrgenommen und das eigene Geschlecht in Abgrenzung dazu bewußt erlebt. Die erotische Spannung wird überwiegend als lustvoll erlebt, kann aber auch eine aggressive Tönung enthalten. Unser Leben wäre vermutlich sehr viel ärmer, wenn es das stille Element der erotischen Spannung nicht gäbe.

Damit komme ich zu den Fragen, warum sich Erotik in ihren verschiedenen Spielformen entwickelt und warum sie eine so entscheidende Komponente der Liebe ist. Zunächst einmal sei festgehalten, daß Erotik ein Kulturphänomen ist, sogar ein Phänomen, das für unsere westliche Kultur typisch ist. In Kulturen, in denen Ehen von Eltern beschlossen bzw. geschlossen werden, ist Erotik bestenfalls ein Störfaktor, keine Basis für eine Ehe, und dort spielt sie meines Wissens auch eine eher untergeordnete Rolle. Meine These ist, daß die Erotik eine Konsequenz der überaus komplexen Individuation ist, wie sie sich bei uns in der Phase der Adoleszenz entwickelt. Erotik ist ein Produkt der Adoleszenz und hat entsprechend auch ihren Höhepunkt am Ende der Adoleszenz.

Um Erotik verstehen zu können, müssen wir diejenigen Vorgänge besser verstehen, die die Pubertät und die Adoleszenz kennzeichnen. Hier hat sich der Fokus der Betrachtung in den letzten Jahren bemerkenswert verändert: Während früher die Adoleszenz vor allem unter dem Aspekt der Geschlechtsreifung und der erwachenden Sexualität betrachtet wurde, würdigt man heute vor allem die Bedeutung des Individuationsprozesses (vgl. Bohleber 1996). Adoleszenz heißt: endgültige Abgrenzung der eigenen Individualität von den internalisierten Eltern-Imagines. Das konflikthafte Element der Adoleszenz liegt darin, daß der Adoleszente bei aller Abgrenzung *zugleich* angewiesen ist auf die Identifikation mit den Eltern, insbesondere mit dem gleichgeschlechtlichen Elternteil. Hier haben die neueren Arbeiten zur weiblichen Sexualität und zur Geschlechtsidentität wesentliche Erkenntnisse gebracht (Fast 1984, Flaake und King 1992). Sie unterstreichen m. E., wie konflikthaft diese Phase der Entwicklung ist. Die frühe Pubertät scheint in aller Regel begleitet zu sein von einem intensiven Verlusterleben: Die selbstverständliche Einheit mit den Eltern geht verloren. Der Verlust dieser Einheit ist mit dem Begriff „Trennung" unzureichend beschrieben: Der Pubertierende durchlebt zunächst das Phänomen einer inneren Einsamkeit, d.h. er fühlt innere Grenzen zu Eltern und Familie, die letztlich nicht mehr einzureißen sind. Wie wir wissen, beginnt er zugleich, diese inneren Grenzen energisch zu verteidigen und erlebt das Bemühen der Eltern, Zugang zu seiner Innenwelt zu bekommen, als intrusiv. Dieses Umorganisieren der inneren Grenzen kann scheitern, und es kann den Pubertierenden in ernste Krisen stürzen, lange bevor das andere Geschlecht überhaupt eine Rolle spielt.

Danach allerdings kommt die Zweigeschlechtlichkeit entscheidend ins Spiel: es beginnt eine intensive Auseinandersetzung um das Prinzip von Andersartigkeit und Gleichheit, und diese Auseinandersetzung wird mehr und mehr an der Geschlechterrolle festgemacht. Die Erotik ist also eine Auseinandersetzung mit der Andersartigkeit bzw. mit der Gleichheit im anderen, die auf die Zweigeschlechtlichkeit bezogen ist; dadurch wird die Erotik zum Lösungsweg, der aus den Konflikten der inneren Abgrenzung von den Eltern herausführt.

Wenn man Erotik so betrachtet, dann ordnen sich die Spielarten der Erotik ganz zwanglos dieser Auseinandersetzung mit dem geschlechtlichen Anderssein unter: Die erotische Sehnsucht ist in der Tat ein Verschmelzungswunsch, bei dem die eigenen Grenzen transzendiert werden sollen. Kernberg (1994) hat das Element der Grenzüberschreitung besonders hervorgehoben, wobei er allerdings ausdrücklich nicht zwischen Erotik und Sexualität unterscheidet. In der Sehnsucht liegt der Wunsch, das Abgegrenztsein der Adoleszenz wieder zu überwinden. Es geht somit auch um den Wunsch nach einer Rückkehr zur „heilen" Welt der Kindheit, in der noch keine innere Abgrenzung von den Eltern stattgefunden hat. Dadurch erinnert die erotische Sehnsucht an die vielen Paradies-Phantasien einschließlich des Mythos vom Sündenfall. Die erotische Sehnsucht ist deshalb letztlich unstillbar; deshalb können Verliebte selbst bei größter Nähe so unendlich traurig wirken.

Nur vor diesem Hintergrund läßt sich das Hochgefühl bei der Verliebtheit verstehen. Dieses Hochgefühl ist mit dem Konzept der Idealisierung und eines frühen Narzißmus schon immer recht unzureichend erklärt worden: Es ist schwer einzusehen, warum die Idealisierung einer frühen Mutter gerade dann so eine Bedeutung bekommen soll, wenn die Abwendung von der Mutter das beherrschende Thema ist. Geht es aber bei der Verliebtheit um die

Individuation und vor allem um die Überwindung der innerseelischen Einsamkeit, dann kann die viel zitierte Macht der Liebe in der Tat alle Grenzen und alle räumliche Trennung überwinden - zumindest im subjektiven Erleben. Diese Überwindung ist in der Grenzüberschreitung des Verliebten zeitlos und damit ewig, und sie bedeutet zunächst einen Sieg der innerseelischen Nähe über die sogenannten realen Grenzen. Das kann zu allen Formen von Omnipotenzgefühlen Anlaß geben. Wir alle wissen, wie rasch diese Omnipotenz des Verliebten zusammenbrechen und tiefer Depressivität Platz machen kann, ohne daß irgendein äußerer Anlaß besteht. Daß dieser rasche Wechsel eine große Ähnlichkeit mit den sog. Borderline-Fällen hat, ist sicher kein Zufall: es geht bei Borderline-Persönlichkeiten um ähnliche Phänomene, nur eben am falschen Platz.

Die erotische Spannung ist das Gegenstück zur Sehnsucht. In ihr ist die lustvolle Bestätigung der eigenen Individualität und der sexuellen Identität verankert. Man kann leicht beobachten, wie Jugendliche diese Spannung fürchten und vermeiden, solange sie sich ihrer eigenen Grenzen und ihrer sexuellen Identität nicht sicher sind, und wie die Spannung zum Selbstgefühl und zur Selbstsicherheit beiträgt, wenn sie erst einmal toleriert werden kann. Während in der Sehnsucht das Anderssein aufgehoben bzw. überwunden werden soll, wird die Individualität in der erotischen Spannung durchaus genossen. Wenn die Sehnsucht mit ihrem Verschmelzungswunsch das „Negativ" der Erotik darstellt, dann bezeichnet die Spannung die „positive" Seite der Erotik.

Geht man von einer dritten, einer erotischen Dimension von Liebe aus, dann bekommt man auch einen besseren Zugang zu den Erscheinungsformen der Homo-Erotik: während Jugendliche in der heterosexuellen Begegnung das Gemeinsame im Anderssein suchen, steht die Homo-Erotik für die Suche nach der Individualität im Gemeinsamen. Auch das homoerotische Objekt ist zunächst ein neues Objekt, das von der Elternbindung wegführt. In der gleichgeschlechtlichen Zuneigung werden die gemeinsamen Züge gesucht und betont, aber der Jugendliche entdeckt zugleich in dieser Gemeinsamkeit das Anderssein und kann es im Sinne einer erotischen Spannung durchaus genießen. Von der bloßen Freundschaft unterscheidet sich die homoerotische Beziehung dadurch, daß über allgemeine Identifizierungen hinaus die sexuelle Identität eine entscheidende Rolle spielt: Es sind die durch die sexuelle Identität gezogenenen Grenzen der Intimität, die eine Herausforderung darstellen und die in der gleichgeschlechtlichen Zuneigung überwunden werden sollen. Das Gegengeschlecht steht in der homoerotischen

Beziehung für das andere, das Fremde, häufig auch für das Bedrohliche. Deshalb kann Homoerotik zu einem subjektiven Schutz vor den Gefahren der Heterosexualität werden, wie wir wissen, und sie kann sich als Abwehr gegen die heterosexuelle Begegnung verfestigen.

Für das Verständnis der gleichgeschlechtlichen Zuneigung hat allerdings die Gleichsetzung von Erotik mit Sexualität womöglich noch ungünstigere Folgen als für die Heterosexualität. Wir können sehr viel Schaden anrichten, wenn wir in den Therapien nicht klarer die Phänomene der Homo-Erotik abgrenzen von der Homo-*Sexualität* im engeren Sinn, also der Festlegung auf ein gleichgeschlechtliches Sexualobjekt. Über die Gründe dieser Festlegung wissen wir ja noch immer wenig. Aber homoerotische Sehnsucht und Spannung sind etwas anderes als jene irreversible Festlegung der Sexualobjekte. Homoreotik *kann* sich mit Sexualität und häufig auch mit Bindung integrieren, dann resultieren daraus Paarbildungen, die große Gemeinsamkeiten mit heterosexuellen Paaren haben. Aber häufig weichen Erotik und Sexualität auch hier auseinander; wiederum scheint in der weiblichen Homosexualität das Phänomen einer Erotik ohne Sexualität häufiger zu sein. Bei der männlichen Homosexualität dagegen beobachtet man häufiger eine Sexualität ohne Erotik. Die Stabilität der Beziehungen und das Ausmaß der Befriedigung hängen hier wie bei der Heterosexualität davon ab, wieweit sich Erotik, Sexualität und Bindung miteinander integrieren lassen. Deshalb dürfte die Debatte darüber, wieweit „die" Homosexuellen reife oder primitive Beziehungsstrukturen haben, viel zu pauschal und damit spekulativ sein.

Auch in Analysen wird die Erotik in ihren Spielformen leider häufig mißverstanden und fehlinterpretiert. Dann wird erotische Spannung in der Übertragung als sexuelle Erregung gedeutet. Die Deutung als sexuelle Erregung ist schon von der Theorie her falsch: Sexuelle Erregung drängt, wie Freud sehr präzise beschrieben hat, auf einen Höhepunkt hin, und damit klingt die sexuelle Erregung auch wieder ab. Der Reiz der erotischen Spannung liegt aber in der Spannung selbst und will keinen Höhepunkt und keine Abfuhr. Freud (1905) hat das Problem seinerzeit erkannt und hat es mit dem Konzept der Vorlust zu lösen versucht – ohne Erfolg, wie ich meine, denn „Vorlust" müßte doch irgendwann zur „Endlust" führen, wenn sie nicht zur Unlust führen soll. Erotische Spannung aber braucht keine Endlust, sie verliert im Gegenteil nicht selten ihren Reiz, wenn sie mit konkreter Sexualität verknüpft wird. Auch Balints Versuch, die erotische Spannung mit dem Phänomen der Zärtlichkeit zur Deckung zu bringen, taugt m.E. nicht. Zärtlichkeit gibt es in allen drei Dimensionen der Liebe. In der Regel wissen Liebende zärtliche Bindungswünsche von erotischer Zärtlichkeit und erst recht von sexueller Zärtlichkeit sehr genau zu unterscheiden. Erotik ist ihrerseits durchaus nicht auf Zärtlichkeit beschränkt.

Wohl noch häufiger als die Verwechslung von Erotik mit Sexualität ist in der Psychoanalyse die Verwechslung von erotischer Sehnsucht mit „früher" Bindung. Die mit der Sehnsucht verbundenen Verschmelzungswünsche werden dann als Wiederholung früher Mutter-Kind-Interaktion fehlinterpretiert, vor allem wenn sie nicht in Form konkreter Verliebtheit, sondern als sehnsuchtsvolle Stimmung auftreten. Auch diese Interpretation ist von der Theorie her falsch: es geht bei der erotischen Sehnsucht ja um die Nähe zum *neuen*, von der Elternbindung wegführenden Objekt. Vor allem geht es, wie ich anfangs zu zeigen versuchte, dabei um die Überwindung von *innerer* Abgegrenztheit. Wenn dagegen ein Säugling Nähe sucht, dann ist dies für ihn gleichbedeutend mit Überwindung von räumlicher Trennung. Beim erotischen Verschmelzungswunsch kann räumliche Nähe nichts nützen, wenn nicht die inneren Grenzen, insbesondere die Grenzen der Intimität überschritten werden können. Mit dem Verschmelzungswunsch ist es wie mit dem Heimweh: man muß die Fremde geschmeckt haben, um Heimweh entwickeln zu können. Natürlich gibt es Vorläufer dieser Sehnsucht in der Phase der sog. Latenz oder auch davor, vor allem wenn sich das Kind durch familiäre Konflikte isoliert fühlt. Aber erst wenn die adoleszente Individualität sich bis zu jenem schmerzhaften Gefühl der Einsamkeit entwickelt hat, bekommen auch Verschmelzungserlebnisse ihre volle Brisanz.

Daß in Psychoanalysen das erotische Element in der Liebe so häufig vernachlässigt wird, hat aber noch andere Ursachen: Wir haben uns allzu blind an Freuds Hypothese gehalten, nach der wir in der Liebe nichts anderes wünschen, als das verlorene Objekt der Kindheit wiederzufinden. Alle erotische Liebe ist in dieser Version nur eine Wiederholung bzw. eine Neuauflage früherer Objektbeziehungen und ihrer Konflikte. In der Praxis führt dies dazu, daß nahezu reflexartig auf den Ödipus-Konflikt zurückgegriffen wird, sobald erotisches Material in der Analyse, speziell in der Übertragung auftaucht. Wir vergessen dann, daß der Ödipus-Komplex, wie er in der Analyse auftaucht, ein Mythos ist; ein zentraler Mythos ohne Zweifel, aber eben doch kein Abbild von Ereignissen, die sich so und nicht anders zugetragen haben. Man muß sich immer wieder vergegenwärtigen, daß die Ereignisse und Entwicklungen der Kindheit sich teleskopartig ineinanderschieben, so daß die ödipalen Verwicklungen das Ergebnis vieler verschiedener Entwicklungslinien sind, die zu ganz unterschiedlichen Zeiten eine Rolle gespielt haben. „Den" Ödipuskonflikt gibt es nicht als reales Ereignis, sondern es gibt ihn in unendlichen Schattierungen als persönlichen Mythos. Auch dieser Mythos hat zumindest drei Dimensionen, eine sexuelle, eine Bindungsdimension und eine erotische Dimension. Die Bindungsdimension fußt in der Tat auf Entwicklungen im 3. bis 6. Lebensjahr, und sie ist eng verknüpft mit Prozessen, die wir als Triangulierung bezeichnen. Die erotische Dimension des Ödipuskonflikts kommt dagegen in vollem Umfang erst mit der Adoleszenz ins Spiel.

Die theoretischen Konsequenzen dieser Überlegungen kann ich an dieser Stelle nicht weiter ausführen. Ich möchte mich deshalb auf die klinischen Konsequenzen einer Deutungsstrategie beschränken, die erotisches Material gleichsam automatisch als ödipales Material versteht.

Das Hauptproblem liegt m.E. darin, daß das zentrale Anliegen der Erotik, die Auseinandersetzung mit dem neuen, dem „post-ödipalen" Objekt, verkannt, ja ins Gegenteil verkehrt wird. Dem Patienten wird unterstellt, daß er eigentlich doch nur die Eltern liebt oder haßt, und daß seine aktuellen, bewußtseinsfähigen erotischen Regungen nur eine Abwandlung inzestuöser Regungen sind. Die unbedachte ödipale Deutungsstrategie führt den Inzest in die Phantasie und in das Material des Patienten ein, und natürlich läßt sie sich anschließend ohne Schwierigkeiten wieder aus dem Material herauslesen. Sie erotisiert in unnötiger, ja sogar schädlicher Weise die Kindheit, und sie ent-erotisiert die Übertragungsbeziehung zugunsten einer Eltern-Kind-Beziehung (Hohage 1992). Nicht zuletzt entstellt ein unablässiger Verweis auf die Wiederholung ödipaler Konflikte in der Analyse den Blick auf aktuelle Konflikte, die es zu lösen gilt, wenn frühere Bindungserfahrungen mit den Erfahrungen am neuen Objekt integriert und die neuen erotischen und sexuellen Erfahrungen wieder zu Bindung führen sollen. Weder die Integration von Erotik mit Sexualität noch die Integration von Erotik und Bindung ist einfach und konfliktfrei. Vor allem stellt sie eine neue Herausforderung für den Adoleszenten dar, die nicht als Wiederholung früherer Erfahrungen mißverstanden werden sollte.

Man kommt allerdings zu einem anderen Verständnis der Konflikte im Liebesleben, wenn man das Spannungsfeld zwischen Erotik, Sexualität und Bindung ernstnimmt. Negative primäre Bindungserfahrungen sind nur eine Störungsquelle; diese steht neben anderen Störungen und Konflikten, insbesondere dem Konflikt zwischen Bindung auf der einen Seite und Individualität auf der anderen Seite. Die gesellschaftliche Entwicklung der letzten Jahrzehnte verschärft diese Problematik ganz offensichtlich: Der vollentwickelten und durchlebten Individualität wird in unserer Kultur ein überragender Stellenwert eingeräumt. Nach meinen Vorstellungen wird das die erotischen Ansprüche an die Partnerschaft verstärken, was zu Konflikten mit den Bindungselementen in der Partnerschaft führen muß. Wir erleben immer wieder, daß im Konfliktfall die Bindung gegenüber neuen erotischen Erfahrungen den kürzeren zieht, d.h. daß die Partnerschaft unter der Analyse zerbricht – mit allen Konsequenzen für die nächste Generation und ihre Bindungserfahrungen.

Volle Individuation und freie Individualität waren bislang ein besonderes Anliegen der Psychoanalyse. Wir müssen uns fragen, ob der Preis für eine voll ausgelebte Individualität nicht oft zu hoch ist, und ob unsere Ziele nicht doch anders definiert werden müssen. Wir müssen uns vor allem fragen, ob unsere Vorstellungen von reifer Entwicklung nicht allzu romantisch gefärbt sind: als würde eine ungestörte, von elterlicher Fürsorge geleitete Entwicklung ausreichen für ein zufriedenes Liebesleben, bei dem die Erotik nicht in Konflikte mit der Sexualität und mit der Bindung verwickelt wird. Ich fürchte, wir müssen uns auch eingestehen, daß psychische Integration und seelische Reife kein fester Besitz sind, der durch „vollständige" Analyse erreicht werden kann, sondern daß sie immer nur eine vorläufige Anpassung an die konkreten Verhältnisse darstellen. Jede Veränderung der familiären wie der gesellschaftlichen Konstellationen, jede Verschiebung der innerseelischen Kräfteverhältnisse von Erotik, Sexualität und Bindung kann aus der Lösung von heute das Unglück von morgen machen. Die so oft gepriesene Reife der Liebe, so fürchte ich, ist eher ein fiktiver Idealzustand, den wir am Ende einer erfolgreichen Analyse als gegeben annehmen, bevor wir unsere Patienten in die Stürme des Lebens entlassen.

Literatur

Balint, M. (1966): Die Urformen der Liebe und die Technik der Psychoanalyse. Stuttgart (Klett).
Bergmann, M. (1987): The anatomy of living. Deutsch: Eine Geschichte der Liebe. Frankfurt 1994 (Fischer).
Bischof, N. (1985): Das Rätsel Ödipus. München (Piper).
Bohleber, W. (Hg), (1996): Adoleszenz und Identität. Stuttgart (VIP).
Bowlby, J. (1969): Attachment. Vol 1. Deutsch: Bindung. Eine Analyse der Mutter-Kind-Beziehung. München 1975 (Kindler).

Bowlby, J. (1988): A secure Base. Deutsch: Elternbindung und Persönlichkeitsentwicklung. Therapeutische Aspekte der Bindungstheorie. Heidelberg 1995 (Dexter).

Fast, I. (1984): Gender Identity. Deutsch: Von der Einheit zur Differenz. Berlin, 1991 (Springer).

Flaake, K., King, V. (Hg.), (1992): Weibliche Adoleszenz in soziologischen und psychoanalytischen Theorien. Frankfurt (Campus).

Freud, S. (1905): Drei Abhandlungen zur Sexualtheorie. GW, Bd 5, S.123.

Hohage, R. (1992): Zuneigung oder Übertragungsliebe? Prax. Psychother. Psychosom. 37, S. 101-112.

Hohage, R. (1996): Analytisch orientierte Psychotherapie in der Praxis. Diagnostik, Behandlungsplan, Kassenanträge. Stuttgart (Schattauer).

Kernberg, O. (1994): Liebe im analytischen Setting. Psyche 48, S. 808-826

Person, E. (1990): Lust auf Liebe. Reinbek (Rowohlt).

Macht, Ohnmacht und Gewalt in Paarbeziehungen

Psychoanalytische Überlegungen zu Liebe und Perversion

Micha Hilgers

Ich möchte Sie gern einladen, einen Moment in Ihren Gedanken zu Ihrer ersten großen – vielleicht heimlichen, schwärmerischen – Liebe zurückzukehren. Eventuell haben Sie nie zu einander gefunden, oder Sie haben sich lange verehrt und bewundert und schmolzen in Anwesenheit Ihres Schwarms dahin. Ob glücklich oder romantisch-tragisch, Sie werden sich vermutlich sogleich auch an die vielfältigen Körpersensationen entsinnen, die auszulösen Ihr Schwarm die Macht hatte. Aufregung, schwache Knie, Zittern, trockener Mund, Erröten, Appetit- und Schlaflosigkeit, eventuell auch zarte oder deutliche sexuelle Empfindungen entzogen sich Ihrer Kontrolle und bemächtigten sich Ihrer in jener schrecklich-wunderbaren Weise, wie es eben eine erste große Liebe vermag. Hin- und hergerissen zwischen Anziehung und Verwirrung, Offenbarungswünschen und Fluchtimpulsen haben Sie möglicherweise doch immer wieder die Nähe Ihrer Leidenschaft herbeigesehnt.

Solche Verliebtheiten stürzen ihr Opfer in heftige Gefühlsstürme, und je mehr sich der Verliebte seiner Leidenschaft hinzugeben bereit ist, desto schlimmer werden zunächst die genannten Symptome. Kein Zweifel, selbst wenn der oder die Angebetete nichts von ihrem Glück ahnen, so besitzen sie doch erhebliche Macht über ihren Verehrer: Verliebtheit macht abhängig. Um so mehr gilt dies für erotisch-sexuelle Attraktivität: Eine schöne Frau oder ein attraktiver Mann lösen erotische und zärtliche Wünsche und Begierden aus. Nicht selten reagieren die davon Betroffenen mit Verkehrungen ins Gegenteil, mit abschätzigen, eventuell obszönen Bemerkungen oder offenem Haß: gerade religiöse Fundamentalisten aller Couleur imponieren durch ihre Forderungen nach Verhüllung und mehr oder weniger offener Kastration der wegen ihrer erotischen Macht so gefürchteten sexuell attraktiven Frau.

Für den in den Bann Gezogenen oder Verliebten steht obendrein zu befürchten, mit eigenen Gefühlen entdeckt und vom Betreffenden oder gar von Dritten bloßgestellt zu werden. Der Gefahr, in einen solchen Zustand zu geraten, der einem gegenwärtigen Modeausdruck gemäß häufig als „heftig" beschrieben wird, trachten viele Jugendliche durch eine Verkehrung ins Gegenteil zu begegnen: sie geben sich total „cool", bedienen sich lässiger Insider-Sprache, von deren Zweck Begriffe wie „heftig", „geil" oder „cool" allerdings verräterisches Zeugnis ablegen. Die Fähigkeit, sich zu verlieben und sich der Verliebtheit zu überlassen, setzt eine gewisse Ich-Stärke voraus, nämlich insbesondere Affekttoleranz und die Abwesenheit traumatischer Kontrollverlustangst.

Umso mehr gilt dies für dauerhafte Partnerschaften, die nicht nur wechselseitige emotionale Abhängigkeiten beinhalten, sondern auch – im Gegensatz zur Verliebtheit – das Anerkenntnis und die Auseinandersetzung mit eigenen wie fremden Grenzen und Begrenztheiten. Vermittelt Verliebtheit die scheinbare Aufhebung persönlicher Grenzen durch die Illusion unbegrenzter Möglichkeiten, so fordern dauerhafte Lieben die erneute Anerkennung der Realität von Endlichkeit und persönlicher Begrenztheit beider Partner. Scham über sichtbar werdende eigene Macken und Schwächen, Fehler und Grenzen korrespondiert mit Enttäuschungen über jene des Partners. Das kleine Glück kommt durch die Hintertüre von Affekt-, Frustrations- und Spannungstoleranz: Scham und Abhängigkeitsgefühle, Ohnmacht, begrenzter Kontrollverlust und Begrenztheiten wollen toleriert werden, um stabile Beziehungen zu gewährleisten. Die wechselseitige Abhängigkeit vom Partner nimmt dabei noch zu.

Liebe fordert mithin die Bereitschaft, sich auf Abhängigkeiten – emotionale wie materielle – einzulassen und dabei Objekt des Partners zu sein. Beide Partner stellen sich gewissermaßen in dem Vertrauen, nicht mißbraucht zu werden, wechselseitig als Liebes- und Sexualobjekt zur Verfügung. Die implizite Übereinkunft zweier Liebender gleicht einem **Koan**: ich bin Dein Objekt, weil und solange Du mich nicht zum Objekt reduzierst. Beide Liebende stellen sich selbst als Objekt zur Verfügung und müssen ihren Partner deshalb nicht als Objekt mißbrauchen.

Demgegenüber leben perverse, insbesondere sado-masochistische Beziehungen von der wechselseitig kontrollierten Abhängigkeit des anderen oder des Selbst. Der Perverse stellt sich nicht zur Verfügung, sondern trachtet danach, selbst zu verfügen: Hingabe erfolgt nicht an den Partner, sondern an die Illusion totaler Kontrolle des abhängigen Objekts oder die der vermeintlich grenzenlosen Beherrschung des Selbst. Auf diese Weise scheinen alle Unterschiede aufgehoben, „...und das Gefühl der Hilflosigkeit, Kleinheit, Minderwertigkeit verschwindet ebenso wie Entbehrung, Kastration und Tod – das psychische Leiden an sich" (Chasseguet-Smirgel 1986, S. 24). Eine Liebesbeziehung vermag durch ihre Dialektik von entgrenzender Sexualität einerseits und Toleranz menschlicher Grenzen, Leiden und Tod andererseits diese Endlichkeit und Unterlegenheit ertragen zu helfen. Demgegenüber haben perverse Beziehungen ihre Leugnung zum Zweck: Minderwertigkeitsempfindungen, Ohnmacht und Tod werden geleugnet, auf den Partner projiziert und dort bekämpft. Besonders charakteristisch für diese Art von Paarbeziehungen scheinen mir sado-masochistische Kollusionen.

Einige Überlegungen zum (Sado-)Masochismus

Die Begriffe „Sadismus" und „Masochismus" haben sowohl deskriptive wie kausal-erklärende Bedeutung. Im allgemeinen wird mit Freud (1905d) die gleichzeitige Anwesenheit sadistischer wie masochistischer Anteile angenommen. Ich gehe von einem Kontinuum aus, wobei ein jeder sowohl über Leidensfähigkeit wie auch über agressives Bemächtigungsstreben verfügt. Da der Gewinn an Kontrolle und Selbstwert, ebenso wie die Abwehr von Ohnmacht und Leid bei vorherrschend sadistischen Anteilen leichter erkennbar sind, beschränke ich mich auf einige Bemerkungen zum Vorherrschen masochistischer Anteile. Mit Perversion bzw. perversem Sado-Masochismus möchte ich lediglich solche Erlebnis- und Verhaltensformen bezeichnen, die die illusionäre völlige Selbst- und/oder Fremdkontrolle anstreben. Ihr Zweck ist die Abwehr von Leid, Abhängigkeit, Ohnmacht und Kontrollverlust und zugleich die Affektregulation.

Zahlreiche Autoren betonen die Bedeutung masochistischer Allmachtsphantasien: Das Versagen der Wirklichkeit und der primären Bezugspersonen (nicht etwa die Aufgabe primärer Omnipotenz) zwinge das Kind dazu, sich phantasierten Allmachtslösungen zuzuwenden, mit dem Ziel der Abwehr gegen Gefühle hilfloser Wut und Demütigung. Masochismus diene somit als pathologische Quelle des Selbst(wert)gefühls. Extreme und chronische Traumatisierungen in der Kindheit lösen hilflose Wut und Schmerz aus. Wegen der Unmöglichkeit, durch andere Kompetenzen zu einer angemessenen Kontrolle von Selbst, situativen Umständen und anderen Personen zu kommen, werde insbesondere der Schmerz benutzt, um die chaotischen

Erlebnisse in den Griff zu bekommen und weitere Traumatisierungen vorauszusagen: Das Kind sei gezwungen, Schmerz mit Sicherheit, mit Kompetenz und allmächtiger Kontrolle zu verbinden. „...es handelt sich vielmehr um ein verzweifeltes Sich-Anklammern an den Schmerz. Schmerz ist der Affekt, der die Abwehr durch Allmacht auslöst; Schmerz ist das magische Mittel, durch das alle Wünsche befriedigt werden; und Schmerz rechtfertigt die allmächtige Feindseligkeit und Rache, die in den masochistischen Phantasien enthalten ist" (Novick und Novick 1996, S. 64, Übersetzung durch M.H.). Nach Cooper handelt es sich um eine phantasierte Kontrolle über eine grausame und schädigende Mutter: „Ich triumphiere und bin im Besitz vollständiger Kontrolle, denn gleichgültig, mit welcher Grausamkeit meine zerschmetternde, kastrierende, riesengroße Mutter, dieses ungeheure Unwesen, sich auf mich stürzt, vermag ich Genuß daraus zu ziehen, und auf diese Weise führt sie aus, was ich möchte" (1991, S. 24). Ich bin allerdings der Meinung, daß sich ähnliche Phantasien in Hinblick auf grausam-sadistische Väter insbesondere der Nazigeneration oder sexuell übergriffige Väter und andere Familienangehörige bei Patienten beiderlei Geschlechts finden lassen.

Sado-masochistische Paarbeziehungen

In zahlreichen Arbeiten wird der enge Zusammenhang zwischen Demütigungen, beschämenden Interaktionen und familiärer Gewalt betont (z.B. Lansky 1984, 1987, 1993, Nathanson 1987, Kaufmann 1989, S. 121-125, Balcom 1991). Häufig wiederholen die Partner dabei Erfahrungen aus ihren Herkunftsfamilien in ihren Beziehungen als Erwachsene. Für das Verständnis sadomasochistischer und gewalttätiger Paarbeziehungen ist die Bedeutung chronischer Traumatisierungen der Partner hilfreich (Wurmser unveröff. Manuskript 1996, S. 6): „Doch ist es dabei nicht meine Erfahrung, daß bei diesen Patienten die wesentlichen Traumata verdrängt worden wären, noch daß die wesentliche psychoanalytische Arbeit in der Behebung solcher Amnesien in Hinsicht auf die traumatischen Geschehnisse selbst bestände. Vielmehr sind es die hauptsächlichen Affekte und Wünsche und die damit erstehenden inneren Konflikte, die nur ganz allmählich in Worten ausgedrückt werden können und zuvor weitgehend unbewußt geblieben sind". Die zwanghafte Wiederholung von Beziehungs-, Affekt- oder Konfliktsequenzen im Sinne des Wiederholungszwangs diene dabei der Affektbewältigung und Affektregulierung (ebenda S. 7). Mit anderen Worten: die perverse, sadomasochistische Beziehung wehrt im Kern traumatische Ohnmachts- und Kontrollverlusterfahrungen ab, indem Omnipotenzphantasien von der Kontrolle des Partners oder des Selbst sowie wechselseitige Beschämungen und Enttäuschungswut in Szene gesetzt werden. Der sadistischen wie der masochistischen Kollusionsrolle ist mithin der Versuch der Kontrolle traumatischer Affekt- und Beziehungsformen und befürchteter oder tatsächlicher Gewalt gemeinsam. Dieser Kontrollversuch ruft jedoch die ursprüngliche Traumatisierung immer wieder auf den Plan.

Fallvignette

Ich versuche diese grundsätzlichen Überlegungen anhand einer Fallvignette zu illustrieren (vgl. auch Hilgers 1996).

Eine 35 Jahre alte Ärztin wurde in ihrer Kindheit mehrmals von ihrem Bruder sexuell mißbraucht, Schläge durch die Eltern gehörten zum Alltag. Die Eltern trennten sich schließlich, als die Patientin sechzehn war. Die häusliche Atmosphäre war durch Überarbeitung beider Eltern, Herabsetzungen der Familienangehörigen untereinander und Ausbrüche von Gewalt gekennzeichnet. Vater und Bruder wurden als gewalttätig und grenzverletzend und in ihrer Unkontrolliertheit enttäuschend schwach erlebt. Die Patientin schildert die zentrale Phantasie ihrer Kindheit: ich bin starr, wie nicht lebendig oder tot, ich kontrolliere mich und fühle nicht oder nichts. In diesem Zusammenhang träumt sie während der Analyse, wie sie sich selbst als leblosen Säugling umherträgt (vgl. die drei Grundphantasien nach Cooper 1991, S. 24, besonders jene der eigenen Nichtexistenz).

Nach ihrer eigenen Scheidung lernt die Patientin einen zehn Jahre jüngeren Mann kennen, mit dem sie mit ihren drei Kindern aus erster Ehe bald in eine gemeinsame Wohnung zieht. Bereits nach kurzer Zeit kommt es immer wieder zu gewalttätigen Auseinandersetzungen, in deren Verlauf der Mann die Patientin teilweise schwer mißhandelt. In der daraufhin aufgesuchten Krisenintervention berichtet die Patientin eindrücklich, für wie unreif und schwach sie ihren Partner hielte, was sie sehr enttäusche. In Wirklichkeit gäbe es sowieso keinen Mann, der Format habe. Dabei droht sie sich und ihren Partner in ein unauflösbares Dilemma zu manövrieren: Eigentlich genieße sie es nämlich, wie „ich meinen Partner total steuern kann, es ist wie mit einer Bombe mit Zünder. Wenn er hochgeht, macht er sich nur lächerlich, und ich stelle ihn vor Nachbarn und Freunden bloß". Und, jedoch dissoziiert: „Wenn er sich von mir demütigen läßt, weil er fürchtet, daß es noch andere Männer gibt, ist er eine Flasche." Die sado-masochistische Kollusion der beiden Partner beinhaltet schnell hin- und herwechselnde massive Schamkonflikte: Die Patientin traut sich nur Partnerschaften mit Männern zu, die sie als schwach erlebt. Sie schämt sich dabei ihrer Unfähigkeit, sich nicht mit einem gleichwertigen Mann einlassen zu können und gibt dieses Schamempfinden und die damit verbundene Enttäuschungswut über die vorgebliche Schwäche ihres Partners an diesen weiter. In Form von Sticheleien, depotenzierenden Bemerkungen und Bloßstellungen vor Dritten demonstriert sie dabei sowohl eigene Macht und Kontrolle wie umgekehrt hilflose Abhängigkeit ihres Partners. Auf diese demütigenden Schamszenen reagiert ihr Freund mit Gewalttätigkeit, begleitet von dem kurzfristigen Gefühl, nunmehr selbst im Besitz von Macht und Kontrolle über seine Freundin zu sein, indem er sie aggressiv und sexuell demütigt. Nach dem Gewaltausbruch rächt sich die Patientin wiederum, indem sie ihrem Partner zu verstehen gibt, seine Gewalt sei Ausdruck seiner (unmännlichen) Schwäche, da er sich nicht im Griff habe und sie ihn stattdessen so weit bringen (kontrollieren) könne, daß er gewalttätig werde – ein Zeichen seiner besonderen Ohnmacht und ihrer besonderen Macht (der Vorwurf trifft natürlich zugleich die historischen Figuren von Bruder und Vater). Durch die hinzugezogene Öffentlichkeit steht der Partner wiederum als gewalttätiger Unmensch dar, was erneut seine Schamspannung ansteigen läßt. Er sucht daraufhin nach Möglichkeiten, die Demütigung wieder an seine Freundin durch Machogebahren oder paranoide Kontrollversuche abzugeben – eine endlose Rotation überwältigender Affekte und demütigender Schamszenen.

Die Gewalt hat dabei auch distanzschaffende Funktion, da sie zu bedrohliche Nähe zwischen den Partnern unterbricht (Lansky 1987). Tatsächlich kann übergroße Nähe für beide Partner autonomiebedrohenden Charakter annehmen, was zu Vernichtungsängsten und Abhängigkeitsscham führt. Scham und Vernichtungsängste können durch die Demonstration von Pseudo-Unabhängigkeit, Unterwerfung und Kontrolle abgewehrt werden. Hervorragendes Mittel dieser Unabhängigkeitsbeweise ist die Demonstration der Abhängigkeit des Partners – unter Umständen in der Öffentlichkeit. Beide Partner geben sich der Illusion totaler Kontrolle und Beherrschung hin: in der sadistischen Position geht es um die Beherrschung des Partners und die eigene Allmacht, in der masochistischen um die Selbstbeherrschung, die letztlich doch wiederum zu einer Kontrolle des Partners führt. „Nicht ich bin abhängig, du bist es", lautet diese Verkehrung ins Gegenteil. Die Unfähigkeit beider Partner, schambesetzte Abhängigkeit und Bedürftigkeit in Partnerschaften zuzulassen, da dies subjektiv dem totalen Autonomieverlust gleichkäme, zwingt beide in endlose Demonstrationen eigener Größe und Kontrolle – mit der Konsequenz ständiger wechselseitiger Demütigungen und gewalttätiger Durchbrüche.

Auf Seiten des Mannes spielen Phantasien über die Beschädigung seiner männlichen Identität und die Notwendigkeit ihrer Reparation eine bedeutsame Rolle. Scham wird sowohl in der Position der Ohnmacht und Demütigung durch die Partnerin als auch nach dem Kontrollverlust des Gewaltausbruchs und im Zusammenhang mit öffentlicher Mißbilligung erlebt. Im geschilderten Fall gipfelte die Vorstellung des masochistischen Triumphes über den Mann in der Feststellung der Patientin, daß nur ihre eigene Tötung durch den Mann beweisen könne, daß er wirklich Format habe – was allerdings zugleich wiederum ihre totale Kontrolle und seine lächerliche Ohnmacht gegenüber seinen Affekten unterstreichen würde. In vergleichbaren Situationen kann das Bedürfnis nach Kontrolle und Triumph überwiegen und der Konflikt in eine tödliche Familientragödie ausmünden.

Technische Überlegungen

Technisch empfiehlt sich ein Vorgehen, das eventuell beide Partner miteinbezieht und ohne jede Bewertung die Kollusion und Verstrickung aufzeigt. Jede Wertung durch den Therapeuten führt zu einer weiteren Drehung der Scham- und Gewaltspirale. Zudem werden Wertungen leicht im Sinne einer sadomasochistischen Mißhandlung auch in der Behandlung mißverstanden, was rasch eine äußerst destruktive Dynamik zu entfalten droht. Werden beide Partner einbestellt, fehlt es meist nicht an Druck auf den Therapeuten, Stellung zu beziehen und durch latente Scham-Schuld-Zuweisungen mit an der Dynamik teilzuhaben. Das gilt natürlich umso mehr, wenn nur einer der Beteiligten Hilfe sucht. Erschwert wird eine technisch neutrale Haltung angesichts der Destruktivität durch das Fehlen angemessener affektiver Stellungnahmen seitens der Partner in Form von Entsetzen, Angst, Trauer usw. Stattdessen werden diese Affekte, wie auch die Sorge um die körperliche Unversehrtheit und das Leben der Beteiligten meist von Angehörigen oder Behandlern erlebt. Dabei gerät der Therapeut – wie im obigen Beispiel – gleichfalls in ein Dilemma: der masochistische Triumph der Patientin bezieht sich natürlich auch auf die Behandlungssituation. Dies verdeutlicht die Anspielung, es gäbe überhaupt keinen Mann mit Format (also hat auch der Behandler keines). Es ist daher zu erwarten, daß die Patientin auch hier versucht sein wird, Kontrolle auszuüben, indem sie nicht zuläßt, daß sich die Therapie als erfolgreich erweisen wird und der Behandler als kompetent und eventuell beneidenswert erfolgreich darsteht. Es ist zwar ratsam, solche Übertragungsanspielungen wegen ihrer erheblichen Destruktivität sofort anzusprechen: „Ich befürchte, wir geraten hier in ein Dilemma, wenn Sie feststellen, daß es Ihnen große Schwierigkeiten bereiten würde, auf jemanden (einen Mann) zu stoßen, den Sie respektieren könnten, dann gibt es etwas in Ihnen, was einen Erfolg dieser Therapie auf keinen Fall zulassen kann" (vgl. Kernbergs technische Empfehlungen zur Behandlung destruktiven Narzißmus und negativer Übertragungen z.B. 1991, vgl. auch die Empfehlungen von Novick und Novick 1996, z.B. S. 201, bestimmte destruktive Abwehrprozesse sehr frühzeitig anzusprechen). Andererseits laufen direkte Konfrontationen mit Triebinhalten Gefahr, durch den Patienten in Schlagephantasien verwandelt zu werden.

Ähnlich wird der männliche Partner um seine pseudo-männliche Unabhängigkeit besorgt sein und gleichfalls die Behandlung als bedrohliche Infragestellung seiner Autonomie im Sinne eines Kontrollverlustes erleben. Auch er gerät in ein Dilemma, das Anlaß für negative therapeutische Reaktionen gibt: Kann die Therapie etwas bewirken, droht ihm dies zum Beweis seiner Hilfsbedürftigkeit und Schwäche zu werden, die er selbst heftig bekämpft und die von den Attacken seiner Freundin ans Tageslicht gezerrt zu werden Gefahr läuft. Ist die Behandlung aber erfolglos, so erweist er sich zwar als unabhängig-stark, andererseits jedoch als unfähig, Hilfe zu erhalten und vor allem, eine stabile Partnerschaft zu unterhalten. Alle möglichen Verläufe drohen daher erneut in Ohnmachts- und Schamszenen zu münden, was wiederum die Neigung zu gewalttätigen Entladungen fördert. Technische Neutralität kann hier das Gefühl bei den Konfliktbeteiligten stärken, selbst den Therapieverlauf zu bestimmen, was Voraussetzung für die Annahme von Hilfe ist. Notwendige Forderungen des Therapeuten wie z.B. zeitweilige räumliche Distanzierungen der Partner oder das Aufsparen bestimmter Themen bis zur folgenden Stunde sind davon unberührt, sollten aber mit einer Haltung technischer Neutralität vorgebracht werden.

Wesentlich scheinen mir folgende Aspekte:
- das Alternieren zwischen der Illusion grenzenloser Kontrolle und Allmacht einerseits und andererseits dem Gefühl von totalem Kontrollverlust bzw. Überwältigtwerden vor dem historischen Hintergrund von Traumatisierung und Ohnmacht;

- das Alternieren zwischen der Illusion der Umkehrbarkeit oder des Ungeschehenmachens von Trauma und Ohnmacht durch die perverse Inszenierung einerseits und andererseits der zwanghaften Wiederholung eben dieser historischen Traumen und Affektüberschwemmungen;
- das Alternieren zwischen der Illusion des letzten Triumphes über den historischen Mißhandler, den gegenwärtigen Partner oder in der Behandlung über den Analytiker einerseits und andererseits der erneuten völligen Niederlage und Demütigung bzw. der neuerlichen Erfahrung absoluten Ausgeliefertseins an Behandler oder Partner.
- Diese Beziehungs-, Affekt- und Erlebnissequenzen des Patienten und seiner Partner können als ständige und zwanghafte Rotation der beteiligten abgewehrten Scham-, Ohnmachts- und Kontrollverlustempfindungen verstanden werden.

Die hier dargestellte Fallvignette gleicht nach meiner Überzeugung im Ausmaß ihrer destruktiven Dynamik derjenigen zahlreicher anderer schwer gestörter Patienten. Diese nun von psychoanalytischen Behandlungen ausschließen zu wollen, führt auf direktem Wege zu den bekannten Klagen über die immer weniger geeigneten und gering strukturierten Patienten. Im Gegenteil scheint mir, daß – ähnlich wie von der anfänglichen Verliebtheit zur dauerhaften Beziehung – von uns ein Weg beschritten werden muß, der unsere Patienten mehr und mehr der Analyse innerer Konflikthaftigkeit zugänglich macht. Denn häufig wird vergessen, „.... daß die Psychoanalyse spezifisch für schwer kranke Patienten geschaffen wurde, nicht für einigermaßen gut funktionierende, obzwar neurotisch unglückliche Individuen, daß Analyse nichts weniger als eine Frage von Leben und Tod sein könne, und zum mindesten eine solche von schwerer Invalidität und erhoffter Wiederherstellung" (Wurmser 1993, S. 34). In diesem wie in zahlreichen anderen Fällen ist oft erst nach Monaten oder Jahren eine Arbeitsbeziehung zu erreichen, die „exploring instead of judging" zuläßt. Ganz in diesem Sinne handelt es sich in den Worten meines Kollegen und Freundes Thomas Auchter um „den langen Weg auf die Couch".

Ähnlich wie sich eine spontane Verliebtheit nur unter Schmerzen und Leid der Partner – einer Form konstruktiven Masochismus, wenn man so will – in eine dauerhafte und stabile Liebesbeziehung wandelt, sind auch die meisten Patienten, die uns in unseren Praxen aufsuchen, für Psychoanalyse erst noch zu gewinnen. Durch die Art der Haltung zwischen dem rechten Maß an Überich-Einstellungen und -Interventionen einerseits und deutenden Interventionen andererseits machen wir uns mit unseren Patienten auf den Weg zu einer analytischen Arbeitshaltung. Kaum je dürfte es gelingen, nur eine beobachtende Position einzunehmen. Die Pathologie der hier behandelten Beziehungsformen liegt in ihrer äußersten Zwanghaftigkeit. Ich stelle mir unter Liebe u.a. die Bereitschaft zu spontanen Gesten vor, die Fähigkeit, sich Empfindungen von Scham, Leid und Endlichkeit auszusetzen und sich dabei eigene wie fremde Lebendigkeit zu erhalten. Mit dieser Form analytischer Liebe oder Fürsorge, die weder ein Ausagieren sexueller oder libidinöser Gegenübertragungen darstellt noch im Gegenteil vermeidende schizoide Kälte bedeutet, unterscheiden wir uns partiell von der Zwanghaftigkeit ewiger äußerer Wiederholungen innerer Konflikte durch unsere Patienten. In den Worten Winnicotts geht es um diese Form des „Lebendig Bleibens".

Tatsächlich bemerke ich häufig an mir während Behandlungen schwergestörter Patienten ein charakteristisches Erstarren, ein inneres Starr- und Unflexibel-Werden, das sich erst nach längerer Zeit, gelegentlich eruptiv löst: Sorge oder Ärger über den Patienten entladen sich – im besten Falle einigermaßen dosiert –, und der Patient und die Patientin erleben mich zwar unter Umständen in meiner Emotionalität bedrohlich, jedoch auch authentisch, nämlich nun nicht mehr bewegungslos, sondern lebendig. Bisweilen habe ich den Eindruck, als verlaufe die Analyse mit schwer gestörten Patienten überhaupt nach diesem Muster der Oszillation zwischen Starre und immer wieder neu zu findender Lebendigkeit und Authentizität. Auf eine „Lösung" meinerseits folgt eine erneute Phase des Erstarrens, die vermutlich auch gar nicht zu vermeiden, sondern lediglich wahrzunehmen ist. Ein Paradoxon: Meine Flexibilität und Lebendigkeit bestehen schließlich nur noch in Wahrnehmung und Anerkenntnis eigener Starre.

Schlußbemerkung

Der Kern des Ödipusthemas und des Rätsels der Sphinx ist das Ringen um die Akzeptanz der Inzest- und Generationenschranke, mithin der conditio humana: Tod und Endlichkeit, Leid und Hilflosigkeit. Eine dauerhafte Liebesbeziehung konfrontiert einerseits mit diesen Grenzen, deren Annahme sie andererseits durch den entgrenzenden Charakter der Sexualität möglicher macht. Die partielle Akzeptanz der Antwort auf die Frage der Sphinx, was am Morgen auf vier, am Mittag auf zwei und am Abend auf drei Beinen gehe, wird so in einer dauerhaften Liebesbeziehung erleichtert. „Der Mensch", gibt der clevere Ödipus der Sphinx zur Antwort. „Ich selbst", können wir in Liebesbeziehungen ahnen.

Literatur

Auchter, Th. (1992): Der lange Weg auf die Couch. Bericht über eine Psychoanalyse mit zwei Wochenstunden unter dem besonderen Aspekt der Selbstregulation. In: DPV-Informationen 11, S. 4-12.
Balcom, D. (1991): Shame and violence: Considerations in couples' treatment. In: J. Independent Social Work 5, S. 165-181.
Chasseguet-Smirgel, J. (1986): Kreativität und Perversion. Frankfurt/M. (Nexus).
Cooper, A.M. (1991): The unconscious core of perversion. In: Fogel, G.I., Myers, W.A.: Perversions and near-perversions in clinical practice. New Psychoanalytic Perspectives. New Haven (Yale University Press).
Freud, S. (1905d): Drei Abhandlungen zur Sexualtheorie. GW Bd. 5, Frankfurt/M. (Fischer).
Hilgers, M. (1996): Scham. Gesichter eines Affekts. Göttingen (Vandenhoeck & Ruprecht).
Kaufmann, G. (1989): The psychology of shame. New York (Springer).
Kernberg, O.F. (1991): Schwere Persönlichkeitsstörungen. Frankfurt/M. (Klett-Cotta).
Lansky, M. (1984): Violence, shame and the family. Int. J. Family Psychiatry 5, S. 21-40.
Lansky, M. (1987): Shame and domestic violence. In: Nathanson DL (1987) The many faces of shame. New York London (The Guilford Press).
Lansky, M. (1993): Family genesis of aggression. Psychiatric Annals 23, S. 494-499.
Lichtenberg, J.D. (1991): Psychoanalyse und Säuglingsforschung. Berlin (Springer).
Nathanson, D.L. (1987): The many faces of shame. New York, London (The Guilford Press).
Novick, J. und Novick, K.K. (1996): Fearful Symmetry. The development and treatment of sadomasochism. Nothvale, New Jersey, London (Jason Aronson).
Stern, D.N. (1993): Die Lebenserfahrung des Säuglings. Stuttgart (Klett-Cotta).
Stoller, R.J. (1987): Pornography: Daydreams to cure Humilation. In: Nathanson DL (1987) The many faces of shame. New York, London (The Guilford Press), S. 292-307.
Wallace, B.A. & Nosko, A. (1993): Working with shame in the group treatment of male batterers. Int J. Group Psychotherapy 43, S. 45-61.
Wurmser, L. (1993): Das Rätsel des Masochismus. Psychoanalytische Untersuchungen von Über-Ich-Konflikten und Masochismus. Berlin (Springer).
Wurmser, L. (1996): „Tue nichts, was die Illusion zerschlagen könnte" – Defizit, Defekt, Konflikt und narzißtischer Teufelskreis. Unveröffentlichtes Manuskript.

Liebe ohne Sexualität – Sexualität ohne Liebe

Psychoanalytische Betrachtungen zu Lustlosigkeit und sexuellem Mißbrauch

Hertha Richter-Appelt

Einleitung

In der Poliklinik der Abteilung für Sexualforschung der Universität Hamburg gab es in den letzten Jahren zwei Symptome bzw. Probleme, die enorm zunahmen: die sexuelle Lustlosigkeit und der sexuelle Mißbrauch. Erhielten in den 70er Jahren 8% der Frauen und 4% der Männer, die unsere Poliklinik aufsuchten, die Diagnose sexuelle Lustlosigkeit, so waren es Anfang der 90er Jahre 58% der Frauen und 16% der Männer (vgl. Schmidt 1996 a). Zur Zunahme des sexuellen Mißbrauchs lassen sich so schnell keine Zahlen nennen, da es sich hier nicht um eine Diagnose im eigentlichen Sinn handelt, sondern um Traumatisierungen, die zu sehr unterschiedlichen Symptomen bzw. Diagnosen führen können. Man müßte die einzelnen Krankengeschichten untersuchen, wollte man hier Häufigkeitsangaben machen. Brunner (1996) untersuchte an Hand von Therapieprotokollen die Häufigkeit von sexuellem Mißbrauch in einer Stichprobe von 276 Patientinnen und Patienten, die sich (zwischen 1975 und 1989) in psychoanalytischer Behandlung befanden. Er stellte fest, daß in seiner unausgewählten Stichprobe von Analysepatienten 23% zu finden waren, die einen schweren sexuellen Mißbrauch erlitten hatten, 3% berichteten, Oral-, Anal- oder Genitalverkehr mit einem Erwachsenen in der Kindheit gehabt zu haben.

Bis vor einigen Jahren suchte praktisch nie eine Patientin oder ein Patient unsere Poliklinik wegen sexuellen Mißbrauchs auf. Vielmehr kamen die Patienten mit ganz unterschiedlichen Störungsbildern: Schwierigkeiten, (sexuelle) Kontakte mit Männern oder Frauen aufzunehmen; Schwierigkeiten, Beziehungen über eine längere Zeit aufrechtzuerhalten; sexuelle Funktionsstörungen wie etwa Erektionsprobleme und Orgasmusstörungen in längerdauernden Beziehungen; Perversionen oder Probleme der Geschlechtsidentität. Im Laufe der Erstgespräche, oft aber erst nach einer gewissen Zeit der Therapie, berichteten einige von sexuell traumatisierenden Erfahrungen in der Kindheit. Der Begriff des sexuellen Mißbrauchs wurde von ihnen nicht verwendet. Diese Erlebnisse wurden wie andere traumatische Erfahrungen betrachtet, etwa wie der Verlust eines nahen Angehörigen unter sehr belastenden Umständen. Anders war dies bei der sexuellen Lustlosigkeit, die immer schon für manche Grund ihres Kommens war.

Die Zunahme dieser beiden Phänomene führte zwangsläufig zu einer intensiveren Auseinandersetzung mit spezifischen Aspekten. Zunächst möchte man meinen, daß sie nicht unbedingt etwas miteinander zu tun hätten, bei näherer Betrachtung stellt man jedoch fest, daß es eine nicht gerade kleine Gruppe von (vor allem) Patientinnen gibt, bei denen Jahre nach einem Mißbrauch sexuelle Lustlosigkeit zu beobachten ist. Mit anderen Worten: Mißbrauchserfahrungen in der Kindheit – und damit meine ich nicht nur den realen Inzest – können zu Lustlosigkeit im Erwachsenenalter führen. Jedoch nicht jede Frau, die keine Lust auf Sexualität hat, wurde in der Kindheit sexuell mißbraucht

Es stellt sich die Frage, ob denn bestimmte Probleme zugenommen haben oder ob unser Verständnis von Sexualität sich verändert hat, so daß dieselben Phänomene zu verschiedenen Zeitpunkten unterschiedlich benannt werden oder sogar in ihrer Bedeutung einem Wandel unterliegen. So könnte der Umgang mit Sexualität in den letzten Jahren gesellschaftlichen Einflüssen ausgesetzt gewesen sein, die zu der Zunahme bestimmter Probleme führten.

Diese zunächst nicht unbedingt psychoanalytisch erscheinenden Fragestellungen beeinflussen das sexuelle Leben unserer Patienten. Eine Auseinandersetzung damit erscheint unumgänglich, will man ihre Sexualität verstehen. Damit soll betont werden, daß die öffentliche Diskussion einen nicht zu unterschätzenden Einfluß auf unsere psychoanalytische Arbeit hat. (Es wäre z. B. interessant zu überprüfen, ob es überhaupt noch Behandlungen gibt, in denen die öffentliche Diskussion zum Mißbrauch keine Erwähnung findet.)

Wie läßt sich die Veränderung im Umgang mit Sexualität beschreiben? Sexuelle Stimulierung hat in einem Maße zugenommen, daß Begehren, aber auch Befriedigung immer seltener werden. Damit geht einerseits eine große Angst vor Sexualität einher, vor allem vor der männlich aggressiven (man denke an die Schlagworte „Jeder Mann ein potentieller Täter", „Jeder Mann ein potentieller Vergewaltiger"), aber auch eine Sucht nach sexueller (sadomasochistischer) Stimulierung (Filme und Veröffentlichungen mit mehr oder weniger aggressiv pornographischem Inhalt finden vermehrten Absatz). Diese Überstimulierung veranlaßte Schmidt (1996 b) zu der Feststellung: „Nicht die Befriedigungsmittel wurden knapp, sondern die Wünsche." (S. 42). Sexualität wurde immer mehr zum unpersönlichen Konsumgut. Die Befriedigung soll nicht mehr das Verlangen stillen, sondern das Verlangen soll Befriedigungsmöglichkeiten abbauen. Erwartung, Unsicherheit, Sehnsucht und vor allem Phantasien werden ersetzt durch Handlungen bzw. durch konkrete Bilder.

Die Angst vor der Sexualität kann nicht mehr durch Über-Ich-Verbote unter Kontrolle gehalten werden, sondern eine Überstimulierung durch nicht nur sexuelle, sondern auch sadistische Reize führt zu einer dauernden Überforderung des Ich, von der übrigens bereits Freud im Zusammenhang mit sexueller Verführung im Kindesalter durch Erwachsene gesprochen hatte. Erleben von Wohlbefinden und Sicherheit im Zusammenhang mit der Sexualität werden kaum vermittelt.

Man muß sich fragen, ob moderne Nachrichtenvermittlung nicht oft auch eine Form der Überstimulierung darstellt, mit ihrer Allgegenwärtigkeit von aggressiven und sexuellen Reizen, die lustlos machen könnte. Die in den Medien dargestellte Angst vor dem Kinderschänder kann nur wenig mit der Angst vor dem Getötetwerden eines Kindes zu tun haben, sondern drückt einerseits die Angst vor der aggressiven Sexualität des Mannes aus, stellt aber auch eine Möglichkeit dar, in großen Bevölkerungsschichten das Interesse an sadistischen Handlungen zu wecken. Bedenkt man, daß in einem Jahr in der Bundesrepublik 10 Kinder durch Sexualmörder getötet werden, jedoch täglich 8 Kinder im Straßenverkehr tödlich verunglücken, so wird deutlich, daß das öffentliche Interesse nicht in erster Linie dem getöteten Kind, sondern dem tödlichen Sexualtrieb gilt.

Zu den Begriffen sexueller Mißbrauch und Lustlosigkeit

Zunächst möchte ich hervorheben, daß es den sexuellen Mißbrauch gar nicht gibt. Der Begriff vermittelt den Eindruck, es würde sich um ein klar umgrenztes, eindeutig definierbares Phänomen handeln, das man auszählen, in seiner Häufigkeit bestimmen könnte (vgl. Richter-Appelt 1995).

Das charakteristische Merkmal für den „sexuellen Mißbrauch" ist die sexuelle Handlung. Damit erfolgt bereits eine Reduktion eines komplexen Geschehens auf ein isoliertes Ereignis bzw. auf isolierte Ereignisabläufe. Sexuelle Traumatisierungen in Form von Sexualisierung der Beziehung, von Unterdrückung, Bestrafung von sexuellen Handlungen oder einem extrem liberalen Umgang mit Körper und Sexualität, der es nicht ermöglicht, ein gesundes Schamgefühl zu entwickeln, spielen in der gegenwärtigen Auseinandersetzung um den sexuellen Mißbrauch in der öffentlichen Diskussion, aber auch der wissenschaftlichen Literatur kaum eine Rolle. Folgendes Beispiel, das in keiner Publikation zum sexuellen Mißbrauch Erwähnung finden würde, soll dies verdeutlichen.

Im Rahmen einer Untersuchung zum Waschverhalten von Müttern schildert eine Mutter, daß sie ihren fünfjährigen Sohn in der Nacht wecke und körperlich bestrafe, wenn sie merke, daß er eine Erektion habe. Sie glaubt, ein Junge bekomme nur dann eine Erektion im Schlaf, wenn er vor dem Einschlafen masturbiert hätte; um dem Jungen dies abzugewöhnen, greife sie ein.

Eindeutig handelt es sich hier um eine sexuelle Traumatisierung, aber nicht um sexuellen Mißbrauch, schon gar nicht im juristischen Sinn. Weder die sexuell unterdrückende, kastrierende Mutter noch der sexualisierende Vater haben somit zur Zeit „Hochkonjunktur" in der öffentlichen Diskussion, sondern der sexuell mißbrauchende, der sexuell aggressive Vater.

Vor allem von Gegnern der Psychoanalyse wird der Inzest mit der Erfüllung ödipaler Wünsche gleichgesetzt, so etwa von Brockhaus und Kohlshorn, die 1993 ein umfassendes Werk zu sexuellem Mißbrauch vorgelegt haben. Darin heißt es: „Es wird in der Psychoanalyse die These vertreten, daß jedes Mädchen und jeder Junge von einer sexuellen Beziehung mit dem gegengeschlechtlichen Elternteil (Elektra- bzw. Ödipuskomplex) träume. Wie wir gesehen haben, wird in diesem Sinne häufig angenommen, daß ein Vater, der sexuelle Kontakte zu seiner Tochter aufnimmt (oder verallgemeinert: daß ein Mann, der sexuelle Kontakte zu einem Mädchen aufnimmt), lediglich auf ihre sexuellen Wünsche und Signale reagiere. Folglich ist die Handlung dann entweder kein sexueller Mißbrauch, oder aber das Mädchen trägt zumindestens eine Mitschuld daran." (S. 205).

Derartige Äußerungen sollten nicht unter die üblichen Angriffe auf die Psychoanalyse eingereiht werden, sondern die Frage aufwerfen, warum es dazu kommen kann, daß ödipale Phantasien mit realem Inzest gleichgesetzt werden, und daß gerade diese Phantasien, die in der Regel große Angst auslösen, heute in aller Munde sind. In klassischen psychoanalytischen Texten (z.B. Abraham) werden ödipale Phantasien und Inzest unter demselben Schlagwort abgehandelt. Erst in letzter Zeit fand eine Sensibilisierung statt, Inzestphantasien nicht mit ödipalen Phantasien gleichzusetzen.

Ich möchte kurz auf den vor allem in der französischen Literatur (Racamier 1995; Tesone 1996) ausgeführten Gedanken eingehen, daß Inzest nicht gleichgesetzt werden darf mit Ödipuskomplex, er ist vielmehr sein Gegenteil. Während es sich bei der ödipalen Phantasie um eine für das symbolische Denken entwicklungsfördernde Phantasie handelt, muß man die Inzestphantasie und vor allem die reale Überschreitung des Inzestverbots als entwicklungshemmend ansehen, oder bei der Inzestphantasie handele es sich um eine Gegenphantasie. Tesone (1996) beschreibt dies folgendermaßen: „Da die Hauptfunktion des Ödipus darin besteht, die Andersheit des Kindes zu konstituieren, ist der Akt des Inzests genau deren Verhinderung." (S. 842). Dahinter verberge sich der allmächtige Wunsch, alle Orte gleichzeitig einzunehmen: Vater, Mutter, Sohn und Tochter zugleich zu sein. Und weiter führt er aus: „Die sexuelle Inzestbeziehung ist somit nichts anderes als ein Äquivalent der Masturbation. Die Sexualität bleibt dabei im Grunde autoerotisch, und die Funktion des Objekts beschränkt sich darauf, diese objektale Autoerotik zu befriedigen. Die narzißtisch verführte Tochter löst sich im elterlichen Körper auf." (S. 843). Somit handelt es sich nicht nur um die Überschreitung des Inzesttabus, sondern auch eines narzißtischen Tabus.

Unter sexueller Lustlosigkeit verstehen wir das Nachlassen des sexuellen Interesses bei meist unbeeinträchtigter Funktionsfähigkeit. Es kommt zwar zu einer kurzdauernden Befriedigung, jedoch bei fehlendem Verlangen nach einer Wiederholung.

Aus der Säuglingsforschung wissen wir, daß ein Erkennen von Wünschen und Befindlichkeiten des Kindes nicht nur illusorisch ist, sondern auch gar nicht wünschenswert. Vielmehr geht es bei der Erziehung um ein zuträgliches Maß an entwicklungsfördernden Zumutungen und Zurückweisungen, wie Belohnungen und Anerkennungen. Dabei steht die häufige traumatisierende Nichtbeachtung, Nichtstimulierung, aber auch Unterdrückung am einen Ende des Kontinuums, verfolgende eindringende Überstimulierung durch Übergriffe am anderen Ende. Sowohl Unterstimulierung wie auch Überstimulierung im Körperkontakt in der Kindheit können im Erwachsenenalter zu einem Schwinden des Verlangens im Bereich der Sexualität führen.

Nach Kernberg (1993) ist sexuelle Erregung ein grundlegender Affekt – sie ist ein wesentlicher Bestandteil der Libido, die er für einen übergeordneten Trieb hält. Die Quelle der Libido liegt nicht in der Erregung der erogenen Zonen als solchen, sondern im Affekt der sexuellen Erregung. Außerdem unterscheidet er zwischen der *sexuellen Erregung* und dem *erotischen Verlangen*. Unter erotischem Verlangen versteht er den Wunsch nach einer sexuellen

Beziehung mit einem bestimmten Objekt. Sexuelle Erregung ist nicht objektlos, sie existiert vielmehr einem Objekt gegenüber, jedoch dieses Objekt ist ein primitives „Teilobjekt".

In der kindlichen Entwicklung spielt seiner Meinung nach in den ersten beiden Jahren nur diffuse sexuelle Erregung, bezogen auf die erogenen Zonen eine Rolle. Und erst mit zunehmendem Alter ist ein Kind in der Lage, erotisches Verlangen im Zusammenhang mit einem Objekt zu entwickeln. Somit könnte man sagen, daß Lustlosigkeit nicht das Verschwinden sexueller Erregung bedeutet, sondern des erotischen Verlangens. Dies entspricht unserer klinischen Erfahrung, daß Patienten, die unter sexueller Lustlosigkeit leiden, durchaus sexuell erregbar sind, meist auch zum Orgasmus kommen und dennoch kein Verlangen nach erneuten sexuellen Erlebnissen haben. Wie eingangs erwähnt, handelt es sich dabei heute nicht nur um ein individuelles Phänomen, sondern auch um ein gesellschaftliches. Man muß sich fragen, ob Kernberg recht hat, wenn er sagt, „unter schweren pathologischen Zuständen komme es zu einer Unfähigkeit für erotisches Verlangen", oder ob dies nicht heute weit verbreitet ist. Von narzißtisch gestörten Personen nehmen wir an, daß es ihnen nicht gelungen ist, dissoziierte Sexualtriebe zu einer Einheit zusammenzusetzen und das Ich als Objekt zu besetzen. Außerdem führt frühzeitige Stimulierung zu einer Externalisierung der Reizung bei fehlender Fähigkeit, ein getrenntes Objekt wahrzunehmen.

Ganz eng verknüpft mit der Entwicklung von Affekten ist die Ausbildung des *Schamgefühls*. Scham hat, wie Hilgers (1996) betonte, eine identitäts- und entwicklungsfördernde Funktion. „Scham hat also erst dann einen pathologischen Charakter mit entsprechenden nachfolgenden Fehlentwicklungen, wenn Schamerlebnisse in ihrer Häufigkeit oder Heftigkeit nicht mehr zu neuen, angemessenen Konzepten vom Selbst, von den Objektbeziehungen und der Umwelt führen können." Gelingt eine stabile Abgrenzung von der primären Bezugsperson in der analen Phase, so entwickelt sich eine wachsende Schamtoleranz, gepaart mit realistischen Gefühlen von Stolz über die sich entwickelnden eigenen Fähigkeiten. Was ist nun, wenn aufgrund von Überstimulierung und fehlenden Abgrenzungsmöglichkeiten kein erotisches Verlangen und kein adäquates, gesundes Schamgefühl entwickelt werden kann?

Fallbeispiel

Im folgenden möchte ich einige der genannten Aspekte an der Behandlung eines etwa 30jährigen Mannes deutlich machen, der mich wegen einer schweren Angstsymptomatik mit hypochondrischen Zuständen aufsuchte.

Im Erstgespräch wirkt der Patient sehr motiviert. Er greift Deutungen auf und setzt sich damit auseinander, was ich zunächst als besonders einsichtsfähig einschätze. Erst nach Beginn der Therapie realisiere ich, daß es sich dabei um einen besonderen Anpassungswunsch des Patienten handelt. Er versucht, mir alles recht zu machen. Er kann es nicht aushalten, wenn ich nicht seiner Meinung bin, bzw. er nicht meiner Meinung ist.

Der Patient habe kein besonders gutes Verhältnis zum Vater gehabt. Dieser habe die Kinder nicht ernstgenommen. Ihn hätte nur der Leistungsbereich interessiert, was zur Folge hatte, daß der Patient ein sehr guter Schüler wurde. Und dennoch habe er immer unter großen Selbstzweifeln gelitten, habe immer das Gefühl gehabt, nicht gut genug zu sein. Dies gelte auch heute noch im Beruf. Der Vater hätte jeden Körperkontakt mit den Kindern vermieden.

Die Ehe der Eltern bezeichnet der Patient als „kaputt", sein Vater hätte seit vielen Jahren eine Beziehung zu einer weiteren Frau gehabt. Der Patient habe seit der Kindheit ein sehr inniges Verhältnis zu seiner schwachen Mutter. Sie habe alles für die Kinder getan, vor allem für ihren Sohn. Der Vater sei auf die innige Beziehung zwischen ihm und seiner Mutter eifersüchtig gewesen.

Im Laufe der Behandlung erfahre ich, daß zwischen Mutter und Sohn nicht die üblichen Schamgrenzen eingehalten wurden. Auch das sogenannte Sauberkeitstraining hätte sich sehr in die Länge gezogen. Erst im Laufe der Therapie entwickelt der Patient im Zusammenhang damit ein gewisses Schamgefühl.

Der Patient lebt seit etwa fünf Jahren mit einer Frau zusammen, die ihm sehr geholfen habe, als er krank wurde. Diese Freundin habe aber seit einiger Zeit keine Lust mehr auf Sexualität.

Zunächst überschüttet der Patient mich mit Berichten über sexuelle Erlebnisse, ohne nur im geringsten zu reflektieren, was er bei mir dadurch auslösen könnte. Der Patient zeigt dabei keinerlei Schamgefühl. Kurze Zeit darauf erfahre ich von seinen Mißbrauchserfahrungen.

Zwischen seinem 11. und 13. Lebensjahr sei der Patient von einem Freund der Familie zu sexuellen Handlungen verführt worden. Dieser habe ihn zunächst durch besondere Geschenke zum Schweigen verpflichtet. Als der

Patient seinem Vater davon erzählte, wollte dieser ihm nicht glauben. Kurze Zeit darauf sei es zu einer sexuellen Spielerei zwischen ihm und einem Klassenkameraden gekommen. Als dieser ihn danach vor der Klasse als homosexuell bezeichnete, fühlte er sich so bedrängt, daß er unbedingt die Klasse wechseln wollte, was ihm auch gelang. Immer wieder taucht die Frage auf, ob er nicht doch homosexuell sei. Er hatte jedoch bis auf das Erlebnis mit dem Klassenkameraden und dem Freund der Famile keinerlei sexuelle Erlebnisse mit Männern.

Das scheinbar grenzenlose Vertrauen des Patienten zu mir am Beginn der Therapie macht mir deutlich, wie hilflos sich der Patient in der Familie erlebt haben muß. Von Anfang an signalisiert er mir, daß er mich als Hilfs-Ich in Anspruch nehmen wolle, alle meine Erwartungen erfüllen wolle, mich zufriedenstellen wolle, um ja nicht ein Gefühl des Getrenntseins entstehen zu lassen. Jedes Schweigen löst bei ihm die Angst aus, ich würde ihn innerlich kritisieren.

Der Alltag des Patienten zeichnet sich durch ein übermäßiges Beschäftigen mit sexuellen Phantasien und Handlungen aus. Er masturbiert häufig (nach einem festgelegten Ritual), hört Musik, die ihn in sexuelle Erregung versetzt. Auch wenn er Texte liest, habe er immer wieder bei bestimmten Worten, die gar nicht sexueller Natur seien, sexuelle Phantasien, die ihn bedrängen.

Die anfänglich positiv erscheinende Übertragung, die jedoch durch eine starke, nicht offen dargelegte Aggression gekennzeichnet war, verändert sich im Laufe der Therapie in eine offen aggressive. Hatte er anfangs Angst, es mir nicht recht machen zu können, bin ich nun diejenige, die es ihm nicht recht machen kann. Langsam aufgebautes Vertrauen kann durch eine einzige Bemerkung meinerseits, etwa wenn ich etwas nicht verstehe, ins Wanken geraten. Ich habe das Gefühl, immer wieder ganz plötzlich für ihn verlorenzugehen. Ich werde von ihm funktionalisiert, und nur sehr langsam kann er mich überhaupt als Person wahrnehmen und seine Sehnsucht formulieren.

In der Sexualität mit der Freundin hätte es anfangs keine Schwierigkeiten gegeben. Sie hätte sogar mit großem Vergnügen bei sadomasochistischen Handlungen mitgemacht. Ganz plötzlich wollte sie dies jedoch nicht mehr, und seitdem leide sie an Lustlosigkeit. Der Patient fühle sich dadurch sehr beeinträchtigt.

Diskussion

Immer wieder wurde darauf hingewiesen, daß sexuelle Übergriffe in der Kindheit zu einer sexuellen Frühentwicklung führen könnten. Im vorliegenden Fall liegt zwar ein konkreter Mißbrauch vor, die sexualisierte Beziehung zu der Mutter wurde jedoch schon Jahre davor manifest, ohne daß ein realer Inzest stattfand. In Anlehnung an Kernberg (1993) müssen wir annehmen, daß der geschilderte Patient sehr wohl zu einer sexuellen Erregung fähig ist, nicht aber zu erotischem Verlangen.

Gleiches gilt für seine Freundin, die mit einer kranken Mutter, bei einer gleichzeitig sehr engen Beziehung zum Vater, aufgewachsen ist. Wenn die Freundin mit ihrem Partner sexuell verkehrt, sei dies nach seinen Angaben sehr lustvoll, und sie habe auch keinerlei Mühe, zum Orgasmus zu kommen. Das Problem sei nur, daß sie keine Lust habe. Bei ihr müssen wir eine Hemmung oraler Versorgungswünsche annehmen, um ihre große Bedürftigkeit nicht zu spüren. Diese Versorgungswünsche werden ebenso wie die sexuellen Wünsche – oder um mit Kernberg zu sprechen, das erotische Verlangen – verdrängt. Bei diesem Paar verkörpert somit die Frau die Angst vor der Sexualität und der Mann die Sucht nach Sexualität, wobei die Frau die Sucht nach der Sexualität abwehrt und der Mann die Angst vor der Sexualität.

Um abschließend noch einmal den gesellschaftlichen Aspekt von sexueller Lustlosigkeit hervorzuheben, kann man annehmen, daß bei einer dauernden Überstimulierung durch sexuelle Reize die Abwehr übersprungen wird und ein immer wiederkehrendes Gefühl von Unbefriedigtsein nur durch Aufsuchen von neuerlichen Stimulierungen ertragen werden kann. Bei dem dargestellten Patienten, der unter einer Sexualisierung seiner Phantasien und dauernden Übererregung litt, konnte es nicht zum Entstehen erotischen Verlangens kommen. Die nicht vollzogene Trennung des Patienten von der Mutter verhinderte die Entwicklung eines gesunden Schamgefühls. Auch bei dauernder Überstimulierung durch die Medien ist es nach einer gewissen Zeit nicht mehr möglich, (gesunde) Scham zu empfinden. Schließlich wird durch eine sexuelle Überstimulierung, durch unpersönliche Stimuli auch die Rivalität mit dem Dritten vermieden. Wenn das Objekt in der sexuellen Beziehung fehlt, dann erst recht die Dreiecksbeziehung, was der schon erwähnte Tesone (1996) in der Überschrift seines Artikels zum Ausdruck bringt: „Psychoanalytische Bemerkungen zum Inzest: Das aufgelöste Dreieck".

Literatur

Brockhaus, U., Kolshorn, M. (1996): Sexuelle Gewalt gegen Mädchen und Jungen. Mythen, Fakten, Theorien. Frankfurt a. M. (Campus).

Brunner, R. (1996): Die spezifische Bedeutung von Inzesterfahrungen von Patienten im psychoanalytischen Prozeß. Unveröffentlichte medizinische Doktorarbeit der Universität Heidelberg.

Hilgers, M. (1996): Scham. Gesichter eines Affekts. Göttingen (Vandenhoeck & Ruprecht).

Kernberg, O. (1993): Sadomasochismus, sexuelle Erregung und Perversion. Zeitschrift für Psychoanalytische Theorie und Praxis, 4, S. 319-341.

Richter-Appelt, H. (1995): Psychotherapie nach sexuellem Mißbrauch in der Kindheit. Versuch einer Eingrenzung. Psychotherapeut, 40, S. 2-8.

Racamier, P. (1995): L'inceste et l'incestuel. Les editions du Collège, Paris.

Schmidt, G. (1996 a): Paartherapie bei sexuellen Funktionsstörungen. in: Sigusch, V.: Sexuelle Störungen und ihre Behandlung. Stuttgart (Thieme).

Schmidt, G. (1996 b): Das Verschwinden der Sexualmoral. Hamburg (Klein).

Tesone, J. (1996): Psychoanalytische Bemerkungen zum Inzest: Das aufgelöste Dreieck. Psyche, 9-10, S. 836-849.

Die Kunst, eine Frau zu sein

Christiane Burkhardt

In dem jetzigen 20. Jahrhundert, das nun dem Ende zugeht, hat sich das Leben der Frauen in Mitteleuropa grundlegend verändert. In verschiedenen Schritten sind Frauen zu Lebensfreiheiten gelangt, die zur Zeit der letzten Jahrhundertwende noch völlig undenkbar waren. Im gleichen Zeitraum hat die Entwicklung psychoanalytischer Konzepte und Theorien nicht allein zu einem größeren Verständnis psychischer Erkrankungen geführt und gleichzeitig hilfreiche Therapieformen entwickelt, sondern diese psychoanalytischen Konzepte und Theorien haben auch mit der Beschreibung des Unbewußten, der Sexualität, der unbewußten Konflikte und der Ödipalität zu einer Veränderung des Menschenbildes geführt. Es ging und geht dabei um das Verständnis des psychischen Geschehens des Menschen an sich. Gesondert davon gab es immer wieder spezielle Betrachtungen zur „Weiblichkeit", die unter anderem zu einer großen Kontroverse zwischen Karen Horney und Freud von 1925 bis 1933 führte. Der Wandel im psychoanalytischen Diskurs in den letzten Jahrzehnten von der ausschließlich intrapsychischen Betrachtungsweise, in der der Mensch anfangs eher als Organismus verstanden wurde, der allein von Spannungsminderung und Triebbefriedigung angetrieben wird (vgl. Rohde-Dachser 1994) hin zu einer interpersonellen Betrachtungsweise, hat wichtige Anstöße gegeben, die alten Konzepte zu verändern und zu ergänzen. Im Zuge dieses Wandels ist es auch in den letzten drei Jahrzehnten zu einer neuen Sicht und Aufarbeitung der psychoanalytischen Weiblichkeitstheorien gekommen.

Zum Titel meines Textes hat mich zweierlei geführt. Einmal natürlich die Arbeit von Fromm (1956/1980) „Die Kunst des Liebens" und der Kunstbegriff selbst. Fromm stellt zu Beginn seiner Ausführungen fest, daß die Annahme, nichts sei einfacher als zu lieben, irrig sei. Wenn wir verstehen wollen, warum keine Sehnsucht größer ist als die nach Liebe und nichts so oft scheitert wie das Lieben, dann müssen wir uns klar machen, so Fromm, „daß Lieben eine Kunst ist genauso wie Leben eine Kunst ist..." (Fromm, E., 1956/1980, S. 15). Und nun zum Kunstbegriff selbst. Kunst wird verstanden als gestaltende Tätigkeit des schöpferischen Menschengeistes, als Gegensatz zur Natur, dem Selbstgewachsenen und als Gegensatz zum Handwerk, dem technisch Nachschaffenden. Die Kunst, das Kunstschaffen, entspringt einem Urtrieb (Gestaltungs-, Spiel-, Nachahmungstrieb) (DTV-Lexikon 1973).

Im psychoanalytischen Beruf begegnen wir Menschen, deren Versuche, die Kunst des Lebens und Liebens zu erlernen, das heißt den schöpferischen Menschengeist zu entwickeln, mehr oder weniger fehlgeschlagen sind. Mit psychoanalytischen Konzepten und Theorien versuchen wir, die verschiedenen Störfaktoren während der Entwicklung eines Menschen aufzuspüren und zu benennen. Die Veränderungen im psychoanalytischen Diskurs, weg von der ausschließlich intrapsychischen Betrachtungsweise hin zu einer interpersonellen, haben zu einer deutlichen Erweiterung und Bereicherung geführt. Ebenso haben die Ergebnisse der Säuglingsforschung von Stern (1977) zu einer Neugewichtung der präverbalen Aktionen sowohl im Verständnis der psychischen Entwicklung als auch im zwischenmenschlichen Kontakt und in der therapeutischen Situation geführt. Mit der Betonung des Beziehungsaspektes im Hinblick auf die psychische Entwicklung sehen wir den Menschen auch mit seiner Suche und dem Bedürfnis nach einem Objekt (Fairbairn, 1952) und nicht mehr allein auf der Suche nach Spannungsminderung und Triebbefriedigung. Das Bild des Menschen in der Psychoanalyse ist damit im Wandel begriffen. Es ergeben sich neue Möglichkeiten des Verständnisses, wenn wir intrapsychisches und interpersonelles Geschehen in seinem Wechselspiel erkennen können.

Auch durch die Säuglingsbeobachtung und Säuglingsforschung ergeben sich neue Gesichtspunkte. Einen Begriff möchte ich für meine Betrachtungen herausgreifen: das „Selbstempfinden (sense of self) als organisierendes Prinzip der Entwicklung" (Dornes, 1994, S. 79). Dornes stellt in seinen Abhandlungen „Der kompetente Säugling" Sternes Untersuchungen und seine eigenen Überlegungen dazu vor: „Es ist der zentrale Bezugspunkt und das organisierende Prinzip, aus dem heraus der Säugling sich selbst und die Welt erfährt und ordnet." (Dornes 1994, S. 79). Das Selbstempfinden ist lange vorhanden, bevor es Sprache gibt, und es entwickelt sich nach Sternes Konzept in Phasen oder Stufen, ähnlich wie in anderen Entwicklungspsychologien auch, zum Beispiel bei Freud, Piaget und Kohlberg. Die sieben bis neun Basisaffekte – Freude, Interesse und Neugier, Überraschung, Ekel, Ärger, Traurigkeit, Furcht, Scham, – haben im erwachsenen Menschen kulturabhängige Ausdrucksformen. Über diese Ausdrucksformen der Affekte sind Säuglinge Empfänger der Erwachsenenphantasien. Hierin sieht Dornes die gestaltende Kraft der elterlichen Phantasien für den Säugling.

Formanek (1982) zitiert in ihrer Arbeit eine Untersuchung, bei der erwachsene Versuchspersonen Aussagen zur Befindlichkeit von Säuglingen machen sollten. Die Frage war: Was bewegt das Kind, warum schreit es? Bei blau gekleideten Säuglingen wurde eher Wut angenommen, bei rosa gekleideten eher Angst. Es wurde also Weiblichkeit und Angst eher in Zusammenhang gebracht und auf der anderen Seite Männlichkeit und Wut. Wie nähern sich Erwachsene einem Säugling, von dem sie annehmen, er hätte Angst oder er hätte Wut? Welche Phantasien empfängt also der weibliche „kompetente Säugling", wenn er schreit, von den erwachsenen Bezugspersonen, und welche Signale und Phantasien empfängt der männliche „kompetente Säugling"? Hat der weibliche Säugling mit seinem Wutgeschrei eine geringere Chance auf eine empathische Begegnung, findet das Mädchen als Säugling eher mit seiner Angst eine Antwort (Heigl-Evers, 1994), und ist der männliche Säugling entsprechend chancenlos in seiner Angst, aber verstanden in seiner Wut?

Ist das der Beginn des „Mangels an Orientierung", wie Rohde-Dachser (1994, S. 83) das nennt, in einem Leben, in dem die alten Rollenvorstellungen noch in uns sind, aber nicht mehr zu den neuen Lebensgewohnheiten von Frauen passen?

Vor dem Hintergrund dieses Wandels in psychoanalytischen Theorien möchte ich heute für die eine Hälfte der Menschheit den Fragen nachgehen, auf welche Voraussetzung sie trifft, welche Möglichkeiten für sie bestehen, die Kunst des Lebens zu erlernen und den schöpferischen Menschengeist in sich zu entwickeln. Auf welches Bild des Menschen trifft der weibliche „kompetente Säugling" (Dornes, 1994)? Die Frage, welche Bilder wir als Erwachsene, Eltern, Psychoanalytikerinnen und Psychoanalytiker vom Frausein und Mannsein in uns tragen, erhält unter dem Aspekt der interpersonalen Betrachtungsweise eine größere Relevanz und eröffnet gleichzeitig neue Chancen, Ungereimtheiten im Verständnis weiblicher Entwicklung und Theorien aufzuspüren und zu benennen.

Viele Autoren haben sich inzwischen mit dieser Frage befaßt und die Situation der Frauen in unserer Zeit etwa folgendermaßen beschrieben: Die Sehnsucht nach Freiheit bei gleichzeitiger Sehnsucht nach einer Liebesbeziehung, in der Frauen auch ihre Hingabewünsche erfüllen können, führt Frauen häufig in ein Dilemma, das nicht selten zur Aufgabe der Autonomiewünsche führt (Gilligan, 1991, Rohde-Dachser, 1994 u.a.). Nach Beck (1986, S. 172) führt das zu einer „Unentschiedenheit des weiblichen Individuationsprozesses". Rohde-Dachser (1994, S. 83) hält es für denkbar, daß „der überindividuell interpretierbare Rollenwandel der weiblichen Geschlechtsrolle

49

sich in einer Identitätsunsicherheit niederschlägt, die bei manchen Frauen zu krankheitswertigen Reaktionen führt". Zwei Drittel der psychotherapeutisch-psychoanalytischen Patienten sind tatsächlich weiblich, die Lebenserwartungen von Frauen ist aber immer noch 5 – 7 Jahre höher als die der Männer. Also auch hier gibt es Ungereimtheiten und Unverständliches. Frauen können sich inzwischen besser in unserem kulturellen Umfeld und im beruflichen Bereich behaupten. Aber können sie diese Erfahrungen auch in ihren persönlichen Lebensbereich integrieren?

Die Beobachtungen aus meiner psychoanalytischen Arbeit als Analytikerin und Supervisorin, aber auch die Erfahrungen aus zwei Arbeitsgruppen unseres Instituts in Köln (das ist einmal die Intervisionsgruppe „Frauen hinter der Couch" und zum anderen ein mit Kandidatinnen und Kandidaten durchgeführtes Seminar „Geschlechtsspezifische Übertragung und Gegenübertragungsphänomene") haben mich bewogen, einmal unter dem Aspekt der Bedeutung von Angst und Aggression in der weiblichen Entwicklung dieser Frage nachzugehen.

Zunächst möchte ich kurz meine Arbeitshypothese umreißen: Der Umgang der erwachsenen Umwelt mit dem weiblichen Säugling, dem kleinen Mädchen und auch der erwachsenen Frau führt zu einem Selbstempfinden und einem Selbst-Verständnis bei manchen Frauen, in das Angst selbstverständlicher integriert ist als Aggression. Das Selbstempfinden ist deswegen durch aggressive Regungen irritierbar und führt zu Störungen der Empathie sich selbst und anderen Frauen gegenüber. Aggressives Erleben wird zum Schutz der eigenen Identität in Phantasien und Träumen an männliche Personen delegiert, wird dadurch nicht mehr als eigene Aggression erlebt und entgeht so aber auch der Entwicklung auf ein höheres Niveau. Durch die Empathiestörung wird die Unsicherheit des Selbstempfindens und des Selbstbildes von Generation zu Generation weitergegeben. Die Vorstellungen von der Frau, die natürlich sanft und zornig, weich und kantig ist, haben weniger Chancen als die Vorstellungen, die sich auf Teilaspekte des weiblichen Wesens und Verhaltens beziehen. Auch diese Vorstellungen werden von Generation zu Generation weitergegeben.

Ich möchte einige Beispiele anführen aus der analytischen Arbeit, aus Träumen und Tagesphantasien weiblicher Patienten, bei denen eine Unsicherheit des Selbstempfindens und des Selbstbildes bestand. Einbruchsträume von Patientinnen sind Psychotherapeuten im allgemeinen geläufig: Ein Mann steht auf dem Balkon, plötzlich ist er im Raum, voller Panik wacht die Patientin auf. Oder: Ein Mann schleicht ums Haus, plötzlich ist er im Haus.

Wieder wacht die Patientin voll Panik auf. Häufig sind die Patientinnen im Traum regungslos, warten ab, aber sie können nichts ausrichten. Oder: Die Patientin ist in ihrem Haus, es ist total verbarrikadiert, in Panik wacht sie auf. Die Situationen, in denen die Patientinnen diese Träume bei mir in den Analysen erzählten, hatten eine wichtige Gemeinsamkeit: Alle Patientinnen befanden sich in einer Verfassung fast unerträglicher Einsamkeit. Die Träume waren dann zusätzlich ängstigend und auch beschämend. Ängstigend wegen der Panik, die sie auslösten, beschämend wegen ihres offensichtlich sexuellen Inhaltes und der tatsächlichen Sehnsucht der Frauen. Eines war klar, sie wollten nicht tatsächlich überfallen werden. In der Bearbeitung wurden dann die Vorstellungen der Sehnsucht nach einem Objekt deutlich, die aber offenbar zu diesem Zeitpunkt noch verbunden war mit der Vorstellung, in höchstem Maße ausgeliefert und wehrlos zu sein. Diese Vorstellung von Wehr- und Schutzlosigkeit kontrastierte auch bei fast allen meiner Patientinnen extrem zum Verhalten im Leben draußen. Keiner der Freunde und Bekannten wäre auf die Idee von Wehr-und Schutzlosigkeit im Zusammenhang mit diesen Frauen gekommem. Also kehrten wir in den Analysen und kehren wir auch hier jetzt zu den Vorstellungen zurück: Wenn ich nicht passiv alles geschehen lasse, dann bleibt für mich nur die Einsamkeit; Schutz ist allein in einem totalen Rückzug, „wie eingemauert", vorstellbar. Gilligan (1991) formuliert es so: Soll die Frau sich selbst aufgeben und auf andere eingehen, oder soll sie auf sich selbst eingehen und die anderen aufgeben?

In den Träumen hieß das aber auch immer, die Patientinnen blieben regungslos wie gelähmt, rührten sich nicht, sie gaben sich auf, blieben verbunden mit ihrer Angst, aber es war jemand da, sie waren nicht allein. Dies ist die Betrachtungsweise des Beziehungsaspektes.

Betrachten wir den Traum aber subjektsstufig, die Patientin ist jede der geträumten Personen selbst, und verbleiben damit intrapsychisch in unserer Betrachtungsweise, bedeutet das dann, daß die Vorstellung von der Integration des „adgredi" panikauslösend ist? Und warum sind Einbrecher in der Regel männlich, auch wenn das auf der sexuellen Ebene auf den ersten Blick plausibel erscheint? Warum ist in den Träumen einzig und allein Wehrlosigkeit als Reaktion für die Frauen möglich?

Als nächstes möchte ich mich einem weiteren Phänomen zuwenden, nämlich den Phantasien, die es manchen Frauen entweder kontinuierlich oder nur vorübergehend ermöglichen, Sexualität lustvoll zu erleben. Ich meine damit Schlage- und Vergewaltigungsphantasien, die während einer sexuellen Begegnung plötzlich da sind oder auch herbeigeholt werden und in der Regel dann als unverzichtbar, aber auch als sehr beschämend und irritierend erlebt werden. Die Verteilung der Rollen entspricht derjenigen in den oben beschriebenen Träumen. Die Frau ist passives Opfer, der phantasierte Mann ist aktiv, leidenschaftlich, aber auch brutal. Die Analyse der Szene, in der diese Phantasien erforderlich sind und der subjektstufige Umgang mit ihnen, führt in der Regel in der analytischen Arbeit zu folgendem: Auch diese Phantasien tauchen auf in Situationen von subjektiv tief empfundener Einsamkeit; insbesondere während der sexuellen Begegnung. Eine Patientin formulierte es einmal so: „Manchmal ist es so, also ich habe dann das Gefühl, mein Mann onaniert nur in mir, er braucht es, damit sich seine Spannung löst. Ich bin gar nicht für ihn da. Da tauchen diese Phantasien dann auf." Enttäuschung, Wut waren nicht erlebbar. In den Phantasien stellte die Patientin sich eine Vergewaltigung vor, und konnte so einen Orgasmus erleben. Dem von ihr erlebten Beziehungsabbruch begegnete sie mit der Vergewaltigungsphantasie. In der phantasierten Szene ist sie wichtig als Objekt, und zusätzlich lebte sie ihre eigene Wut und Enttäuschung in der Brutalität, die sie männlich phantasierte, mit aus. Dieser Rettungsversuch hatte allerdings jedesmal verheerende Folgen für sie. Ein Ekelgefühl, begleitet von einem Gefühl der Häßlichkeit, verfolgte sie mehrere Tage. Die Phantasie war Rettung vor Enttäuschung und Wut in dieser Situation, verhinderte aber gleichzeitig und kontinuierlich die Verbundenheit der Patientin mit ihrer Verletztheit und dieser Wut. Der reale Partner und die Sexualität blieben verbunden mit Häßlichkeit und Ekel.

Die Entdeckung des Gefühls der tiefen trostlosen Einsamkeit vor dem Auftauchen der masochistischen Phantasie machte jetzt die Betrachtung der innerpsychischen Konflikte möglich. Die Analyse der Situation führte jedesmal zu einem Kernpunkt: Egal, ob durch die Klärung der Paarbeziehung deutlich wurde, daß der männliche Partner die Beziehung während der sexuellen Begegnung aus eigenem schuldhaften Erleben der Sexualität tatsächlich abbricht, oder daß die Patientin aus eigenem schuldhaften Erleben der Sexualität die Beziehung abbricht, der Kernpunkt blieb die Angst der Patientinnen, eigene Gefühle, Wünsche, eigenes Unwohlsein in der Situation zu erkennen, ernst zu nehmen, zu benennen und das eigene Erleben dem des Partners ggfs. gegenüberzustellen. Das Ausmaß dieser Angst war für die Patientinnen selbst nicht verständlich, sie hatten keine gewalttätigen Partner, sie selbst waren im übrigen Leben nicht ängstlich. Allein die Vorstellung der Gegenüberstellung gegensätzlicher Wünsche war aber wie verklebt mit der Vorstellung von Konfrontation, und diese war verbunden mit großer Angst. Die Angst vor der Konfrontation im intimen, persönlichen Bereich kontrastierte in der Regel sogar mit einer Konfrontationsfreudigkeit im beruflichen oder sonstigen Leben. Diese Angst war Ausdruck einer existentiellen Bedrohung, in der es den Frauen nicht möglich war, die Verbundenheit zum eigenen Erleben herzustellen oder aufrechtzuerhalten, zum Unbehagen nicht, zur Sehnsucht nicht und zur Wut ebenso nicht.

Es fiel diesen Frauen also schwer, im persönlichen Beziehungskontext Verständnis für das eigene Unbehagen, das eigene Empfinden und die eigenen Wünsche zu erwarten. Sie konnten auch nicht das eigene Erleben selbstverständlich und natürlich in die Begegnung mit einbeziehen. Statt dessen führten diese Begegnungen dazu, daß Frauen dem erlebten Beziehungsabbruch mit einer perversen Phantasie begegneten. Die Perversion war in dieser Situation dann offenbar eine Möglichkeit, mit der sexuelle Lust erlebt werden konnte und eine existentielle Angst, eine existentielle Bedrohung durch das Nichtgesehenwerden in dieser Situation abgewendet oder zumindest eingegrenzt werden konnte. In diesen Phantasien erleben die Patientinnen ein Höchstmaß an Interesse an ihrer Person, die Vorstellung von einem zugewandten Objekt kann aufrechterhalten werden, und sie erleben in der Brutalität der Phantasie ein Höchstmaß an Wut, auf der sie sonst völlig sitzenbleiben würden.

In diesen Phantasien geschieht das über die Projektion der Aggression an einen phantasierten männlichen Partner. Diese sowohl in den Träumen als auch in den Phantasien auftauchenden Mechanismen der Projektion der Aggression an einen männlichen Partner ist offenbar hilfreich, zumindest für eine bestimmte Zeit. Gleichzeitig findet nicht selten eine Delegation der Aggression an einen realen Partner statt. Mit Delegation, einem Begriff aus der Familientherapie (Stierlin, H., 1986), wird hier ein interpersoneller Vorgang bezeichnet, der innerpsychisch einer Projektion entspricht. Die eigene Aggression und auch die eigene Aktivität werden an einen phantasierten oder tatsächlichen Partner unbewußt übergeben, und eine Verbindung zur ursprünglichen eigenen Aggression bleibt dadurch aktiv und direkt erhalten. Dieser Vorgang entspricht in etwa den Absprachen in der Sadomaso-Szene, die Delegation verläuft aber im Gegensatz zu diesen Absprachen weitgehend unbewußt. Das Besondere an der Delegation ist, daß das reale Objekt voll in diesen Modus integriert ist. Mit der Delegation der Aggression an den tatsächlichen Partner oder der Projektion auf den phantasierten Partner bleibt die aktuelle Enttäuschungswut zwar lebendig, und es bleibt auch ein direkter Kontakt zur eigenen Aggression erhalten, sie wird aber durch die Delegation oder die Projektion nicht als ureigene Wut erlebt. Sie wird allein und ausschließlich im Partner oder im phantasierten Partner erlebt. Die ursprüngliche Enttäuschungswut bleibt dadurch in jeder aktuellen Beziehung weiter unbewußt und mit ihr die ursprüngliche Sehnsucht nach Liebe und Gesehenwerden. So können sie sich einmal nicht im Reifungsprozeß verändern, die Sehnsucht bleibt als frühkindliche Sehnsucht erhalten, die dazugehörige Enttäuschungswut auch. Das führt dazu, daß die Wut als archaische Wut verbleibt und mit an dem existentiellen Bedrohtheitsgefühl beteiligt ist. Zum anderen verhindert dieser Mechanismus auch, daß die Frau aus dem Nicht-Gesehenwerden selbst heraustritt, mit ihren Empfindungen „sichtbar" für ihr Gegenüber wird.

Im Verlauf der Analysen zeigte sich, daß Frauen mit diesen Phantasien und Träumen sich chancenlos mit ihren Empfindungen, Wünschen und Forderungen in ihren Ursprungsfamilien gefühlt hatten. Weibliche Anliegen wurden z.B. als „Weiberkram" bezeichnet und konnten deswegen nicht ohne Beschämung durchgesetzt werden, wobei das Durchsetzungsvermögen im Leistungsbereich häufig gleichzeitig gefördert wurde.

Ist das aber nicht Schnee von gestern, hat sich unser Frauenbild nicht schon längst geändert? Sind das nicht Relikte aus längst vergangenen Zeiten, die ich oder wir bei unseren Patientinnen finden, also vereinzelte pathologische Entwicklungen? Diese Fragen kann ich auch nicht beantworten, möchte sie aber anders stellen. Es hat sich sicher schon viel verändert, und mit unseren fachlichen Möglichkeiten können wir diese Veränderungen und die noch bestehenden Konflikte beschreiben.

Erlebnisse im Alltagsleben lassen mich vermuten, daß Klischeevorstellungen über Männliches und Weibliches z.T. noch unverändert in uns wirksam sind und unbewußt unser Leben bestimmen. Zwei Beispiele möchte ich dazu anführen: Nach Beobachtung von Polizisten beim Selbstverteidigungstraining von Frauen sitzt das Schamgefühl auch bei jungen Frauen, sich handfest und lautstark zu verteidigen, noch immer sehr tief, selbst bei der Vorstellung von höchster körperlicher Bedrängnis. Als zweites erwähne ich das Umfeld von Prozessen, bei denen es um Vergewaltigungen geht. In den letzten Jahrzehnten hat sich auch hier im Verlauf dieser Prozesse sehr viel gewandelt. Dennoch werden noch immer die Fragen nach der Kleidung der Frau, der Länge des Rockes, des Schnittes des Kleides oder der Hosen gestellt. Hat diese Frau, der Gewalt angetan wurde, also schön, reizvoll oder gar verführerisch ausgesehen, führte der Weg, den sie ging, durch dunkle Straßen oder durch Parks? Die Antworten auf diese Fragen führen nicht selten zu Vorwürfen den Frauen gegenüber und – was ja allen bekannt, deswegen jedoch nicht minder bemerkenswert ist – zu einer Strafminderung für den Täter. Ist es ebenso denkbar, daß ein ganz normaler Einbrecher, der gewaltsam in ein Haus eingedrungen ist, mit einer Strafminderung rechnen kann, weil die Fassade des Hauses schön, die erleuchteten Fenster so gemütlich und verlockend für ihn waren, daß er nicht widerstehen konnte und gewaltsam in das verschlossene Haus eindringen mußte?

Welches Licht werfen die gerichtlichen Entscheidungen also auf unsere Vorstellungen vom Mannsein und vom Frausein? Es gibt Vergewaltigungsphantasien bei Frauen und Männern. Aber welche Rechte und Pflichten räumen wir im Handlungsraum Mann und Frau ein? Bizarre Vorstellungen können entstehen, die nicht mit der Realität des Mannes und nicht mit der Realität der Frau zu tun haben: Der Mann, der sein sexuelles Begehren nicht regulieren kann und selbstverständlich Gewalt anwendet, das Bild der Frau, die ihre Verteidigung in Vorsorge oder im Kampf nicht gezielt für sich einsetzen kann, die nicht die Wahl hat, keine Chance hat. In dem Umfeld dieser Prozesse und in manchen Urteilen spiegelt sich also eine Vorstellung wider von der Aggression und Gewalttätigkeit des Mannes und der Wehrlosigkeit der Frau, die aber im normalen Leben so nichts mit der Realität beider Geschlechter im 20. Jahrhundert zu tun hat. Werden diese Bilder aber nicht auf diese Weise weitergegeben? Auf den Zusammenhang dieser Vorstellungen über Männer und Frauen und unsere Geschichte und Religion ist von anderen Autoren und mir (vgl. u.a. Bell u. Burkhardt 1992, Burkhardt 1994, Rohde-Dachser 1992 u.a.) an anderer Stelle schon häufiger hingewiesen worden.

Neue Fragen sind nun möglich: Zieht sich ein Mangel an Orientierung durch die Entwicklungsphasen der Mädchen, weil wir noch in alten Klischeevorstellungen und unbewußten Vorurteilen verfangen sind? Auf welche Ermunterung durch die Erwachsenen treffen sie? Stimmen die bewußten Phantasien der Eltern über Weiblichkeit mit ihren unbewußten überein? Sind die Vorstellungen über weibliche Aggression klar und eindeutig, oder sind sie diffus, unsicher? Muß Aggressives verdeckt bleiben und hat so wenig Chancen, in die weibliche Identität integriert zu werden? Oder führt die Orientierungslosigkeit zu der „Unentschiedenheit des weiblichen Individuationsprozesses" wie Beck (1986, S. 172) es nennt?

An dieser Stelle möchte ich zu meiner Eingangshypothese vom Umgang der Umwelt mit weiblichen Säuglingen, Mädchen und erwachsenen Frauen zurückkommen.

Wachsen Frauen in einem Umfeld auf, in dem ihr ursprüngliches Erleben keine empathische Antwort findet, so geraten sie in einen Teufelskreis von Unbehagen, tiefer Einsamkeit und Ratlosigkeit, der entweder zu einer resolut-burschikosen Angepaßtheit mit chronisch aggressivem Verhalten führt oder zu Resignation und Rückzug. Das ist bei Männern natürlich nicht anders, es stellt sich aber die Frage, ob die Themen sich unterscheiden. In Analysen mit Frauen geht es nach meiner Erfahrung eher um die Entwicklung oder die Stabilisierung des Selbstempfindens im Zusammenhang mit aggressivem Erleben und Spannungsgefühlen im Zusammenhang mit Abgrenzungswünschen. Wichtig ist die Erfahrung mit der Angst vor dem Beziehungsabbruch in der Analyse. Ich werde hinausgeworfen, wenn ich meine Phantasien und Wünsche zeige. Die Tiefe und Größe der schwarzen Löcher, die sich im Zusammenhang mit dieser Angst auftun, geben Hinweise, wie früh die Orientierungslosigkeit in der Entwicklung begonnen hatte und wie intensiv sie war. Der Erhalt der Verbundenheit in der therapeutischen Beziehung führt dann dazu, daß die Patientinnen zu sich selbst und ihrem Selbstempfinden auch im aggressiven Erleben verbunden bleiben können.

Zum Schluß möchte ich noch einen Gedanken ausführen: Welche Gegenübertragungsgefühle leiten uns in unserer Arbeit im Zusammenhang mit Tötungsphantasien? Äußert ein Mann zum Beispiel Tötungsphantasien, sind wir dann nicht erleichtert, lehnen wir uns dann nicht im Sessel zurück „na endlich" und wissen, daß er nicht tatsächlich jemanden umbringen will, sondern daß er vermutlich diese Phantasie benötigt zum Abschied von wichtigen Bezugspersonen, zum Beispiel zum Abschied von der Mutter aus seinen Kindertagen und daß diese Mutter dann ersetzt werden kann durch das Bild der Mutter eines erwachsenen Mannes. Wir setzen also auf Progression. Was aber geschieht uns, wenn eine Frau von ihren Tötungsphantasien berichtet. Gibt es da noch immer ein „hab' ich's doch gewußt", oder sehen wir diese Phantasien auch als einen progressiven Schritt und können die Frage anders stellen: Menschen haben Tötungsphantasien und Mordgedanken. Wie bringen Frauen es fertig, nicht zu morden, und tut ihnen das gut?

Die Sicherheit in der therapeutischen Beziehung, der Erhalt der Verbundenheit, macht das Verlassen des Teufelskreises und das Erleben archaischer Wut oder noch früherer diffuser Spannungszustände möglich. Wenn der Kontakt in der therapeutischen Situation und zu den Erlebensweisen gleichzeitig aufrechterhalten bleiben kann, ist das Erkennen und Benennen und die Zuordnung des Erlebens möglich. Eine „Nachentwicklung" des aggressiven Erlebens macht die Integration in die weibliche Identität möglich. Die Vorstellung von der eigenen Kraft, von der weiblichen Potenz führt zur Sicherheit im Selbst. Ausdruck findet das z.B. in der Veränderung der oben erwähnten Träume. Das Haus als Symbol des Selbst darf nun schön aussehen, es hat einen Vorgarten; Fenster und Türen sind gut zu öffnen und zu schließen, müssen aber nicht verbarrikadiert sein. Mit der Integration des aggressiven Erlebens und dem damit verbundenen Erleben der eigenen Potenz ist es möglich, den „schöpferischen Menschengeist" zu entwickeln, für sich selbst zu nutzen und sich in der Kunst des Lebens und Liebens zu üben.

Literatur

Beck, U. (1986): Risikogesellschaft. Auf dem Weg in eine andere Moderne. Frankfurt a.M. (Suhrkamp).
Bell, K. u. Burkhardt, C. (1992): Frauen in der psychoanalytischen Ausbildung. In: Streek, U., Werthmann, H.-V. (Hg.) (1992): Lehranalyse und psychoanalytische Ausbildung. Göttingen (Vandenhoeck u. Ruprecht), S. 162-173.
Burkhardt, C. (1994): Weiblicher Masochismus – Normalität oder Pathologie. In: Streek, U. u. Bell, K. (Hg.) (1994): Die Psychoanalyse schwerer psychischer Erkrankungen. München (Pfeiffer), S. 30 – 43.
Dornes, M. (1994): Der kompetente Säugling. Frankfurt a.M. (Fischer).
Fairbairn, W. R. D. (1952): An Objekt-Relations Theory of the Personality. New York (Basic books).
Formanek, R. (1982): On the Origins of Gender Identity. In: Mendell, D. (Hg.) (1982): Early Female Development. Lancaster, England (MTP Press Limited).
Freud, S. (1923): Das Ich und das Es. GW Bd. 13, S. 235 – 289.
Freud, S. (1925): Über einige psychische Folgen des anatomischen Geschlechtsunterschieds. GW Bd. 14, S. 17 – 30.
Freud, S. (1931): Über die weibliche Sexualität. GW Bd. 14, S. 515 – 537.
Freud, S. (1933): Neue Folgen der Vorlesungen zur Einführung in die Psychoanalyse. GW Bd. 15, S. 6 -197.
Fromm, E. (1956/1980): Die Kunst des Liebens. Frankfurt a.M., Berlin, Wien (Ullstein).
Gilligan, C. (1991): Woman's Psychological Development: Implications for Psychotherapy. In: Gilligan, C., Rogers, A. G., Tolman, D. L. (Hg.) (1991): Women, Girls and Psychotherapy. New York, London, Sydney (Harrington Park Press).
Heigl-Evers, A. u. Nitzschke, B. (1994): Das analytische Prinzip „Deutung" und das interaktionelle Prinzip „Antwort". In: Heigl-Evers, A. u. Ott, J. (Hg.) (1994): Die

psychoanalytisch-interaktionelle Methode. Göttingen und Zürich (Vandenhoeck & Ruprecht), S. 53 – 108.

Horney, K. (1923/ 1977): Zur Genese des weiblichen Kastrationskomplexes. In Horney, K.: Die Psychologie der Frau. Frankfurt a.M. (Fischer), S. 10 – 25.

Horney, K. (1926/1977): Flucht aus der Weiblichkeit. In Horney, K: Die Psychologie der Frau. Frankfurt a.M. (Fischer), S. 26 – 42.

Rohde-Dachser, Ch. (1992): Expedition in den dunklen Kontinent. Berlin, Heidelberg (Springer).

Rohde-Dachser, Ch. (1994): Im Schatten des Kirschbaums. Bern (Huber).

Stern, D. (1977/1979): Mutter und Kind. Die erste Beziehung. Stuttgart (Klett-Cotta).

Stierlin, H. (1986): Delegation und Familie. Frankfurt a.M. (Suhrkamp).

Paarbeziehungen in der psychoanalytischen Therapie

Karl König

Die langjährige Arbeit mit Paaren an der Abteilung für klinische Gruppenpsychotherapie der Universität Göttingen hat mich angeregt, aktuelle Probleme heutiger Paarbeziehungen zu reflektieren und verstärkt auf die Auswirkungen einer Einzelpsychotherapie auf den Partner eines Patienten zu achten.

Aus einem Aufsatz von Bolk-Weischedel (1978) scheint hervorzugehen, daß Einzelanalyse eine Paarbeziehung nicht nur destabilisieren kann, was man auf jeden Fall erwarten würde, wenn ein Partner sich ändert, sondern auch stabilisieren kann, wenn die Flexibilität der Partner zunimmt. Sie kann allerdings auch zur Beendigung einer Paarbeziehung beitragen. Aus einer Arbeit von Hessler und Lamprecht (1986) über stationäre Psychotherapie scheint hervorzugehen, daß Paarbeziehungen stabiler werden. Die beiden Untersuchungen sind bezüglich der Stichproben und der Untersuchungsmethodik, auch bezüglich der Therapiedauer und der Untersuchungszeitpunkte nicht unmittelbar vergleichbar.

Uns allen ist aus der klinischen Erfahrung bekannt, daß sich eine Psychotherapie ganz unterschiedlich auf den Bestand einer Paarbeziehung auswirken kann. In dem Buch, das ich gemeinsam mit Kreische über „Psychotherapeuten und Paare" verfaßt habe (König und Kreische 1991), gehen wir auf verschiedene Ursachen der Auflösung einer Paarbeziehung durch Psychotherapie ein. Zum Beispiel können die Motive der Partnerwahl überwiegend neurotisch gewesen sein; wenn sie aufgearbeitet werden, bleibt nicht genug übrig. Das muß natürlich nicht so sein, weil ein Paar ja eine gemeinsame Geschichte hat und das Miteinander-vertraut-werden oft einen stabilisierenden Faktor darstellt. Wenn der Alltag des Paares aber von der neurotischen Funktionsweise der Partner bestimmt war, ist die Wahrscheinlichkeit ziemlich groß, daß eine Bearbeitung der neurotischen Störungen eines der Partner zu einer Auflösung der Beziehung führt. Die beiden haben nicht genug gesunde Anteile in ihrer gemeinsamen Geschichte.

Es kann auch sein, daß der Partner den zunehmenden gesunden Bedürfnissen eines Patienten nicht entgegenkommen kann, zum Beispiel emotionalen Bedürfnissen. Es gibt aber auch das Umgekehrte: Ein vorher abhängiger Patient kann weniger Ansprüche stellen, was den Partner, der sich auf große Ansprüche eingestellt hat, beunruhigt und ihm das Gefühl gibt, für den Partner unnütz zu sein; und in Grenzen ist da auch etwas dran. Der Patient braucht nicht mehr, was der Partner so gut angeboten hat.

Davon zu unterscheiden sind Schwierigkeiten, die in einer Paarbeziehung auftreten können, bei der ein Partner den anderen klein machen will, indem er immer genau das verlangt, was der Partner nicht bieten kann. Besonders gut kann man das bei Akademikerpaaren beobachten, bei denen der Mann Karriere macht. Solange er noch keine beruflichen Erfolge aufzuweisen hat, verlangt die Frau von ihm mehr Erfolg und mehr Geld; hat er Erfolg, ist das oft mit einer Zunahme der zeitlichen Belastung verbunden. Die Annahme, irgendwann könne ein erfolgreicher Mann sich auf seinen Lorbeeren ausruhen, erfüllt sich meist nicht. Natürlich gibt es Professoren, die nach Erlangung einer Professur nur noch wenig veröffentlichen und es darauf anlegen, das Leben zu genießen. In der Regel wachsen aber mit zunehmender Verantwortung auch die zeitlichen Lasten. So hat ein internistischer Kollege am Klinikum in Göttingen die zeitliche Belastung eines Medizinprofessors mit 70 bis 80 Wochenstunden geschätzt. Nun gilt Göttingen schon seit jeher als sogenannte Arbeitsuniversität. Ich vermute aber, an anderen Universitäten ist es nicht viel anders.

Eine Frau, die immer etwas vom Mann möchte, was dieser nicht bieten kann, verlangt vom erfolgreichen Mann vielleicht Zeit und findet den beruflichen Erfolg nicht mehr so wichtig. Hier kann eine Psychotherapie der Frau dazu verhelfen, daß sie sich über ihre Wünsche an den Mann und über die Ursachen und Motive dieser Wünsche klar wird; vielleicht beurteilt sie den Mann dann nach anderen Kriterien.

Wird der Mann arbeitslos, ist er oft auf die Rolle des Hausmannes reduziert; eine Rolle, die er nicht angestrebt hat. Arbeitet seine Frau weiter, wird der Mann sich gegenüber der Frau meist abgewertet fühlen und sie um ihre Arbeit beneiden. Um den Unterschied im sozialen Ansehen zwischen sich und seiner Frau zu verkleinern, wird er vielleicht die Arbeit der Frau herabsetzen. Das hat auch noch den Vorteil, daß er sie weniger beneiden muß.

Seitdem den Frauen in vielen, allerdings nicht in allen Bereichen auch die höchsten Positionen, wenngleich unter Schwierigkeiten zugänglich geworden sind, haben sich Rivalität und Neid in Paarbeziehungen vermehrt. Eine Frau, die Hausfrau und Mutter von Kindern war, konnte sich in früheren Zeiten, als das die einzige Rolle war, die ihr zur Verfügung stand, als jemand fühlen, der das tut, was von ihm erwartet werden kann. Heute, wo viele Frauen berufstätig sind, wird der Wunsch, Karriere zu machen und zugleich Mutter von Kindern zu sein, die Beziehung zum Partner stärker bestimmen. Die Frau erwartet, daß der Mann sich mehr um Kinder und Haushalt kümmert, damit sie mehr Zeit für den Beruf hat. Das bewirkt aber oft, daß der Mann weniger beruflichen Erfolg hat, als er als Partner einer Nur-Hausfrau und Nur-Mutter haben könnte. Er fühlt sich gegenüber den Kollegen, mit denen er konkurriert, gehandicapt. Männer, die sich viel um die Kinder kümmern, fühlen sich nicht immer als bessere Väter. Sie wollen vielleicht ein Vater sein, auf den die Kinder stolz sein können.

Bei Konflikten, die aus solchen Konstellationen entstehen, kann Psychotherapie helfen, wenn auch nur begrenzt. Was sie tun kann, ist zum Beispiel, den bewußten, vorbewußten und unbewußten Bedeutungsaspekt von Wünschen aufzuklären, die der eine an den anderen hat. Zum Beispiel fehlen einer Frau, die in einer Kleinfamilie lebt, oft die Gegenwart und das Wirken einer mütterlichen Person. Wenn eine Frau sich wünscht, daß der Mann sich mehr an der Hausarbeit beteiligt, kann das bedeuten, daß sie wünscht, er möge mütterliche Aspekte repräsentieren. Nach meinen Befunden ist der Wunsch der Frau, der Mann möge kochen und putzen, nicht immer nur dadurch motiviert, daß sie selbst weniger Arbeit haben möchte. Sie möchte auch, daß der Mann *etwas Mütterliches für sie tut*.

Umgekehrt ist es oft so, daß der Mann mütterliche Aspekte im Verhalten seiner Partnerin wünscht. Zum Beispiel kann er Wert darauf legen, daß die Frau ihm Kaffee kocht. Er könnte sich den Kaffee unter Benutzung einer Kaffeemaschine ohne große Mühe selbst kochen, aber es ist nicht das gleiche, wie wenn die Frau es tut.

Daß es sich bei dem Wunsch, der Partner möge etwas im Haushalt machen, nicht immer nur um ein Abschieben von Arbeit oder um einen Wunsch nach Entlastung handelt, wird oft übersehen.

Ich komme nun auf die Diskrepanz zwischen den Befunden von Bolk-Weischedel und Lamprecht zurück. Ich will versuchen darzustellen, wie ich mir die Wirkungsweise einer ambulanten Einzeltherapie und einer stationären Therapie vorstelle. Ich werde mich dabei auch auf eine Arbeit von Rohde-Dachser (1981) beziehen. Der Titel dieser Arbeit heißt: „Dyade als Illusion" und stellt dar, daß die Beziehung zwischen Patientin und Therapeut illusionäre Vorstellungen bezüglich der Möglichkeiten einer Paarbeziehung auslösen kann. In einer Einzeltherapie besteht Rollenasymmetrie. Der Therapeut belastet die Patientin nicht mit seinen eigenen Problemen (so daß es aussehen kann, er hätte keine). Er hört ihr intensiv zu. Seine eigenen Interessen stellt er zurück. Erwartet die Patientin Ähnliches von einem Partner außerhalb der therapeutischen Situation, wird sie enttäuscht sein. Tatsächlich kann niemand seiner Partnerin in der gleichen Weise zuhören wie der Therapeut einer Patientin zuhört. Voraussetzung dafür, daß der Therapeut das tun kann, ist eben die Rollenasymmetrie. Eine therapeutische Rollenasymmetrie, wie ich sie beschrieben habe, würde sich auf eine Partnerschaft ungünstig auswirken. Die Partnerin würde sich infantilisiert fühlen und dem Partner vorwerfen, daß er sich durch sein Verhalten über sie erheben wolle; übrigens ein Vorwurf, den ja auch manche Patientinnen und Patienten dem Therapeuten machen, vor allem dann, wenn sie in einer Liebesübertragung eine private Beziehung zum Therapeuten möchten. Die therapeutische Beziehung ist persönlich, aber nicht privat, und es ist gut, das auseinanderzuhalten.

Ich komme jetzt auf einen wesentlichen Geschlechtsunterschied, der die Erwartungen von Männern und Frauen an den Therapeuten oder die Therapeutin bestimmt. Ich will nicht sagen, daß dies für den einzelnen Fall zutreffen muß; ich beziehe mich auf das sogenannte statistische Mittel. (Obwohl es sicher ist, daß es viele männliche Tennisspieler gibt, die gegen Steffi Graf verlieren, ist es ebenso wahr, daß es männliche Tennisspieler gibt, die gegen sie gewinnen würden. Daß männliche Spitzensportler schneller laufen und weiter springen als Frauen, sieht man in den Olympischen Spielen. Viele Sportlerinnen laufen aber schneller und springen weiter als viele männliche Sportler. Frauen sind im Durchschnitt feinmotorisch geschickter und sprachgewandter als der Durchschnitt der Männer, nicht als alle.)

Ich beziehe mich im folgenden auf Geschlechtsunterschiede bezüglich der Wünsche in Beziehungen. Darüber gibt es eine umfängliche Literatur. Bekannt geworden ist das Buch von Deborah Tannen (1991), „Du kannst mich nicht verstehen", ein Buch, das im amerikanischen Stil populärwissenschaftlich geschrieben ist, aber von einer Expertin auf dem Gebiet der Psycholinguistik, die eigene Forschungen und die aktuelle Fachliteratur zugrundegelegt hat.

Man kann nach Tannen beobachten, daß Frauen im Durchschnitt mehr Wert darauf legen, daß man ihnen zuhört, als Männer das tun. In Konsultationen wegen Paarkonflikten wird den Partnern von den Partnerinnen häufig der Vorwurf gemacht, daß der Partner zu wenig zuhöre, was die Frau zu der Einschätzung führt, daß er kein Interesse an ihr habe. Männer werfen ihren Partnerinnen eher vor, daß sie nicht mit ihnen schlafen wollen oder daß sie zu wenig reale Arbeit für den Haushalt und die Kinder leisten. Frauen, die um den Stellenwert der Sexualität für ihren Partner wissen, benutzen Sexualität oft als Machtmittel. Sie schlafen nicht mit dem Mann, wobei die Verweigerung etwas Aggressives hat. In England habe ich übrigens das Umgekehrte gefunden, daß Männer nicht mit der Frau schlafen wollen, wobei die Verweigerung ebenfalls einen aggressiven Aspekt hat. In England bestimmen es im wesentlichen die Männer, ob jemand „ein wirklicher Mann" ist oder ein „richtiger Mann": die Berufskollegen, Freunde, die er im Pub trifft, die Kumpel in seinem Sportverein oder Klub. In Deutschland wird dies mehr durch die Frauen bestimmt – vermutlich seit dem letzten Krieg mehr als vorher, weil wir, zumindest in Westdeutschland, stark amerikanisiert worden sind und das, was ich eben referierte, in den USA noch deutlicher gilt. Es wäre sicher interessant, über diese Dinge vergleichende Untersuchungen zwischen den alten und den neuen Bundesländern anzustellen.

Wir hören also von Frauen oft, daß die Männer ihnen wenig zuhören. Männer gehen weniger mit Worten und mit Gefühlen an eine Situation heran als Frauen, was ihnen die Frauen zum Vorwurf machen. Ebenso wie Professor Higgings in dem Musical „My fair Lady" singt: „Warum kann eine Frau nicht mehr sein wie ein Mann", sagen viele Frauen: „Warum kann ein Mann nicht mehr sein wie eine Frau?". Geht im Haushalt der Staubsauger kaputt, will eine Frau vielleicht über ihren Ärger, ihre Enttäuschung reden, daß schon wieder etwas kaputt ist. Viele Männer wollen sich das gar nicht anhören. Sie denken nur daran, wie der Staubsauger am besten repariert werden könnte oder ob man einen neuen kaufen muß.

In einer Einzeltherapie wird der Patientin, der ihr Mann nicht zuhört, vom männlichen Analytiker genau das geboten, was sie am Partner oft vermißt: Der Analytiker hört ihr intensiv zu. Schon fünfzig Minuten Zuhören einmal pro Woche kann für manche Patientinnen eine Neuerfahrung sein und in ihnen die Vorstellung wecken, eigentlich müßte der Mann oder Freund so zuhören wie der Analytiker.

Männer erwarten von einer Analytikerin emotionale Zuwendung, etwas Bergendes, Schützendes und Betreuendes, das der Analytiker im analytischen Setting auf symbolische Weise vermitteln kann, allerdings nicht auf direkt-körperliche Weise. Allerdings habe ich mehrere Bilder von malenden Therapeutinnen gesehen, bei der eine Frau einen Mann bergend umfängt, und ich glaube, damit ist auch getroffen, was viele Männer von einer Analytikerin erwarten.

Im therapeutischen Setting kann man mit Wünschen interpretierend umgehen, sofern die Wünsche nicht extreme Grade erreichen, wie Freud sie schon 1915 in seinem Artikel über die Übertragungsliebe dargestellt hat. Hier möchte ich nur festhalten, daß sowohl Männer als auch Frauen von ihren Therapeuten und Therapeutinnen oft Verhaltensweisen erwarten, die sie auch von ihren Partnern gerne hätten und die sie nun in der Therapie in gewisser, wenn auch in manchen Aspekten eingeschränkter Weise erfüllt bekommen: Der Therapeut oder die Therapeutin hören zu, und sie verhalten sich bergend, schützend und stützend. Die „mütterliche" Form der Psychoanalyse ist ja übrigens von einem Mann entwickelt worden, nämlich von Ferenczi (1988).

Ungünstige Wirkungen auf eine Partnerbeziehung entstehen also dadurch, daß ein falsches Vorbild wahrgenommen wird, wie Rohde-Dachser es in ihrem Artikel dargestellt hat (1981).

Verliebt sich nun die Patientin in den Therapeuten und weiß sie gleichzeitig, daß ihre Liebeswünsche nicht erfüllt werden, kann das dazu beitragen, daß sie ihre Wünsche per Verschiebung auf einen Mann außerhalb der analytischen Dyade richtet, der ihr besser zuhört als zum Beispiel der derzeitige Partner oder der Ehemann, eben so wie ein Therapeut.

Nehmen wir nun an, daß eine stationäre Psychotherapie bestehende Beziehungen tatsächlich weniger gefährdet als eine ambulante Therapie – und das trotz der Möglichkeit des Fremdgehens mit einem sogenannten Kurschatten. Als Grund könnte man anführen, daß Patienten und Patientinnen, die in einer solchen Klinik behandelt werden und keine ambulante Psychotherapie anschließen, wahrscheinlich zu denen mit geringerem Leidensdruck gehören, bei denen sich in einer Psychotherapie auch wenig tut.

Ein Grund könnte aber auch sein, daß es während einer stationären Therapie vielfältige Beziehungen gibt. Die einzeltherapeutischen Sitzungen sind in der Regel kürzer. Die Gruppentherapie spielt eine große Rolle. In einer Gruppe hört ein Therapeut nicht nur einer Person zu, sondern einer ganzen Gruppe. Im offenen Umgang mit anderen Patientinnen und Patienten entdeckt der einzelne Patient oder die einzelne Patientin, daß verschiedene Menschen ganz unterschiedliche Vorzüge haben können. *In der Regel ist eine Patientin oder ein Patient in einer stationären Therapie weniger auf eine Person fixiert als in der ambulanten Einzeltherapie.* Die unterschiedlichen Ergebnisse von Bolk-Weischedel und Lamprecht könnten also auf die unterschiedliche Form der Therapie zurückzuführen sein. Man kann nicht ohne weiteres ambulante und stationäre Psychotherapie unter der Überschrift „Psychotherapie" subsumieren, so als ob es sich um das gleiche handeln würde: Die Ziele mögen ähnlich sein, die Wege sind es nicht.

Der Zweck meiner Darstellung war, auf Probleme hinzuweisen, mit denen Therapeuten besser umgehen können, wenn sie sich ihrer bewußt sind.

Literatur

Bolk-Weischedel, D. (1978): Veränderungen beim unbehandelten Partner des Patienten während einer analytischen Psychotherapie. Zsch. Psychosom. Med. Psychoanal. 24, S. 116-128

Ferenzci, S. (1988): Ohne Sympathie keine Heilung. Das klinische Tagebuch von 1932. Frankfurt/M. (Fischer).

Freud, S. (1915): Bemerkungen über die Übertragungsliebe. G.W. X, S. 305-321. 6. Aufl. 1973, Frankfurt/M. (Fischer).

Hessler, M.; Lamprecht, F. (1986): Der Effekt stationärer psychoanalytisch orientierter Behandlung auf den unbehandelten Partner. Prax. Psychother. Psychosom. 36, S. 173-214.

König, K., Kreische, R. (1991): Psychotherapeuten und Paare. Göttingen (Vandenhoeck & Ruprecht).

Rohde-Dachser, C. (1981): Dyade als Illusion? Überlegungen zu einigen Strukturbedingungen der Zweierbeziehung am Beispiel von Partnerschaft und Psychoanalyse. Zsch. Psychosom. Med. 27, S. 318-337.

Tannen, D. (1991): Du kannst mich einfach nicht verstehen. Hamburg (Kabel).

Von der Zwangsliebe zum Liebesspiel

Gisela Richter

Zusammenfassung

Meine Arbeit stellt ein Konzept vor, mit dem es möglich ist, Patienten zum Spiel mit psychoanalytischen Verknüpfungen anzuregen. Dabei überlasse ich es ihnen, wie oft sie kommen und ob sie sitzen oder liegen möchten. Kontinuität ergibt sich wie von selbst. Sorgen über Ausuferung oder Abflachung erweisen sich als unbegründet. Mein Behandlungsangebot bringt Bewegung in die Abhängigkeit von meiner Person und regt an, auch in meiner Abwesenheit mit neuen Einsichten zu experimentieren. Zur Veranschaulichung stelle ich eine bei Behandlungsbeginn 27jährige Frau vor, die zu mir kam, als von ihrer ursprünglichen Liebe nur noch Enttäuschung, Schuldgefühle und Angst vor Trennung übriggeblieben waren. In die Zukunft blickte sie mit Verzweiflung und glaubte, ihr Leben nicht mehr bewältigen zu können. In der Behandlung eröffneten sich ihr neue Lebens- und Liebesmöglichkeiten, deren Realisierbarkeit das Verhältnis zwischen Angst und Neugier, Hoffnungslosigkeit und neuer Hoffnung, Wiederholungszwang und neuer Kreativität durch Vielfalt so veränderte, daß sie die von ihr gewünschte Berufsausbildung abschließen konnte, einen bindungswilligen Mann „eroberte" und inzwischen Mutter eines Sohnes ist.

„Psychotherapy takes place in the overlap of two areas of playing, that of the patient and that of the therapist. Psychotherapy has to do with two people playing together. The corollary of this is that where playing is not possible then the work done by the therapist is directed towards bringing the patient from a state of not being able to play into a state of being able to play« (D. W. Winnicott 1971).

Als zu meiner großen Freude mein Vorschlag, die DGPT-Tagung 1996 in Lindau der „Psychoanalyse der Liebe" zu widmen, angenommen war, schien es mir an der Zeit, von meinen seit Beendigung meiner Weiterbildung vor zehn Jahren gewonnenen Einsichten und Erfahrungen zu berichten, wie Liebesfähigkeit in psychoanalytischen Behandlungen erworben werden kann. Es geht dabei um Spielregeln in zu erweiternden und zu vertiefenden Spielräumen. Bekanntlich hatte bereits Freud (1913, S. 454) seine Behandlungsregeln Spielregeln genannt, und Winnicott hat das Konzept des Spielens, wie oben zitiert, weitergeführt.

Ich möchte versuchen, erfahrbare Hilfs-Ich-Funktionen aufzuzeigen, die aus Sackgassen in wachsende Freiheit führen. Sie wirken desintegrierend und neu integrierend. Ziel ist die Fähigkeit, mit psychoanalytischen Verknüpfungen zu spielen. Reifungsprozesse kommen wieder in Gang, und es bilden sich im günstigen Fall anhaltende Strukturveränderungen der Arbeits- und Liebesfähigkeit.

Als erstes suche ich im Patienten (im verallgemeinernden Text benutze ich die männliche Form für beide Geschlechter) nach unbewußter Orientierungslosigkeit und nach Zeichen der Hoffnung auf neue Orientierung. Wenn ich merke, daß ich Neugier auf Veränderung im Patienten beleben kann, bin ich in der Lage, mit ihm zu arbeiten. Offen bin ich besonders für Wünsche, die der Patient äußert. Alle mit meiner Rolle und mit meiner Kompetenz zu vereinbarenden Wünsche erfülle oder versage ich aushandelnd und deutend. Dabei suche ich zuerst nach den ausgebildeten und erst dann nach den verkümmerten Fähigkeiten.

Ich bin im Vergleich zum Patienten zunächst beweglicher für Vor- und Zurück-, Hin- und Her-, Auf- und Ab-, Kreuz- und Quer- und Kreisbewegungen. Ich bleibe ausschließlich im Dialog. Weil die Selbstbestimmung des Patienten im Vordergrund steht, nimmt er teil an der Suche und Dosierung der Interventionen. Unsere Arbeit trägt, verbindet und trennt.

Die Tatsache, daß ich dem Patienten Wege zeige, über sich, über andere und über mich zu reflektieren, wird von ihm als mehr oder weniger ängstigend und mehr oder weniger Neugier weckend erlebt. Sein zunächst nicht hinreichend entwickeltes Ich bekommt eine Chance, sich zu erweitern und zu vertiefen. Alles kommt darauf an, daß meine Interventionen für den Patienten durchschaubar werden, damit er die Freiheit erwirbt, mit neuen Einsichten zu experimentieren. Ich versuche, intra- und interpsychische Spielarten bewußt zu machen und zu bewegen, und sorge dafür, daß psychoanalytische Verknüpfungen einleuchtend werden.

Diese Arbeit eröffnet dem Patienten in vielfältiger Weise Entwicklungsmöglichkeiten. Es steht in der Freiheit des Patienten, ob er meine größere

Beweglichkeit aufgreift, um sich neu zu organisieren. Ich versuche, ihm Fähigkeiten zu vermitteln, den Heilungsprozeß zunehmend unabhängig von mir fortsetzen zu können.

Was ich anbieten kann, ist meine Fähigkeit, mich laufend in Frage stellen zu lassen und dabei meine berufliche Kompetenz zu erhalten, so daß auch ihm die Hoffnung auf Reifung erhalten bleiben kann. Werde ich enttäuscht, versuche ich nach Klärung für mich, den Patienten zur Deutungssuche anzuregen. Ebenso versuche ich, Enttäuschungen des Patienten an mir, wo immer sie erkennbar werden, so zu deuten, daß er sie auflösen kann.

Das therapeutische Ziel ist, daß der Patient unabhängig von mir die Fähigkeit erwirbt, Konfliktlösungen zu finden, die es ermöglichen, für „Eroberungsarbeit" (M. Balint 1948; 1966, S. 144) wachsende Freiheit zu gewinnen.

Eine Behandlung kann als gelungen gelten und beendet werden, wenn folgende neun Schritte möglich sind:
– wenn der Patient liebesfähige Ideale kultivieren und liebesunfähige Ideale wie z. B. Harmonie um jeden Preis für Veränderung nutzen kann,
– wenn er die Kluft zwischen seinen Wünschen und seiner Wirklichkeit erleben, zulassen und als brauchbar begreifen kann, wozu wesentlich die Unterscheidungsfähigkeit für Gefühle gehört,
– wenn er sein Objekt introspektiv kritisieren und aus der Kritik seine Wünsche ableiten und begründen kann,
– wenn er im nächsten Schritt für den klärenden Austausch mit anderen Menschen einen geeigneten Rahmen schaffen kann,
– wenn er in diesem Rahmen seinen Konfliktpartner zum Dialog anregen und öffnen kann,
– wenn er eine Phantasie zu dem darin erscheinenden Problem formulieren kann,
– wenn er diese Phantasie, die eine Illusion sein könnte, an der Realität prüfen kann,
– wenn er planen kann, die nun realistischere Phantasie in die Realität umzusetzen
– und wenn er dabei den Dialog intrapsychisch und interpersonell aufrechthalten kann.

Die Reihenfolge der Schritte ist nicht zwingend.

Die Kriterien fußen auf der Annahme: Je konflikt- und liebesfähiger der Mensch wird, desto größer ist die Wahrscheinlichkeit für seelische Beweglichkeit und körperliche Gesundheit. Psychische Eigenständigkeit wird in diesem Prozeß zu einer Fähigkeit, intra- und interpsychisch Beziehungen herzustellen und brauchen zu können. Damit wird erreicht, die Kraft der Triebe gegen frühere Traumen in Bewegung zu halten. Für die Stärkung des liebesfähigen Ich ist die Flexibilität der Abwehr eine lebenslange Arbeitsanforderung. Die durch den analytischen Prozeß in Gang gesetzte Reifung führt zu einem neuen Gleichgewicht mit neuen Befriedigungsmöglichkeiten. Das schließt Wiedergutmachung verlorener Befriedigung wie auch Vernarbung nicht nachholbarer Befriedigung in Übertragungen ein.

Im folgenden stelle ich die Behandlung einer bei Behandlungsbeginn 27-jährigen Patientin dar, die an einem in Wiederholungszwängen erstarrten Liebesunglück litt. In 80 Sitzungen, die über etwas mehr als ein Jahr verteilt waren und nun vier Jahre zurückliegen, gelang es ihr, Bedingungen für ein glücklicheres Leben zu schaffen.

Sie hatte sich ihrer Flötenlehrerin anvertraut, die bei mir eine Behandlung abgeschlossen und sie ermutigt hatte, sich an mich zu wenden. Zum Erstgespräch kam sie in einem abgetragenen verwaschenen weinroten Sweatshirt und beiger Hose. Ihre Kleidung wie ihre halblangen, glatten, mittelblonden, stumpf wirkenden Haare ließen an Vernachlässigung denken. Das bestätigte sich, als die Patientin von ihrer Verzweiflung, ihrem inneren Durcheinander und Gedanken an Selbstmord sprach. Sie war von Eßanfällen gequält, in denen sie Süßigkeiten verschlang. Während sie davon erzählte, löste sie sich mehrfach in Tränen auf, schämte sich ihrer Tränen, konnte sich aber wieder fassen, als ich sie anregte, weinend weiterzusprechen. Sie klagte, daß sie ihr Leben nicht mehr in den Griff bekomme und sich deshalb schuldig fühle. Aber sie wirkte entschlossen, und ihre Stimme hatte gelegentlich einen angenehm melodischen Klang.

Im Leistungsbereich waren ihre Ich-Funktionen intakt. Einen Beruf zu erlernen, sagte sie mir, sei schon während der Schulzeit ihr Wunsch gewesen, um sich zu achten und unabhängig sein zu können. Prüfungen schaffe sie mit Fleiß. Abitur und eine Schreinerlehre habe sie bestanden. Nun wolle sie die vor einem Jahr begonnene Ausbildung zur Beschäftigungstherapeutin abschließen.

Die Schwierigkeit, ihr Leben mehr nach ihren Wünschen zu gestalten, wurde deutlich, als sie begann, von Anforderungen zu sprechen, denen sie bisher nicht gewachsen war. Sie sei sich schon seit früher Kindheit ein Rätsel. Sie werde von Zuständen überrrascht, die sie nicht verstehen und nicht steuern könne. Menschen, die ihr wichtig seien, falle sie mit ihren Problemen zur Last und überfordere sie. Der Wunsch, für einen Mann anziehend zu sein, mit dem sie eine Familie gründen könne, sei für sie bisher unerfüllbar. Sie klebe an einer problembeladenen Beziehung mit einem Mann, der mehrere hundert Kilometer entfernt lebe, sie auch sonst auf Abstand halte, unzuverlässig sei und nach schon erfolgter Scheidung kein Interesse an einer nochmaligen Familiengründung habe. Mit ihm zu leben, erscheine ihr genauso aussichtslos wie ohne ihn.

Nicht nur die unauflösbaren Konflikte mit ihrem Geliebten waren für sie beunruhigend, sondern auch die mangelnde Ablösung von ihren Eltern und von ihrem einzigen, zwei Jahre älteren Bruder, mit dem ihr eine gute Beziehung besonders wichtig sei. Sie wolle sich nicht damit befassen, aber es verfolge sie laufend.

Ich sagte ihr, daß die Kluft, die sie zwischen ihren Wünschen und ihrer Wirklichkeit erkenne, hilfreich für unsere Arbeit werden könne. Sie könne sie für Veränderungen nutzen. Das sei etwas, was sie suche, erwiderte sie.

In den weiteren Sitzungen erfuhr ich traumatische Ereignisse, die sie, wie sie sagte, „wie Naturgewalten überfallen" hätten.

Das erste war, als sie vierjährig für vier Wochen wegen Schmerzen in einem Bein auf einer Isolierstation lag, zusammen mit Säuglingen, die nicht sprechen konnten. Ihre Eltern durften sie zwar besuchen, sie aber nur durch eine Glasscheibe sehen.

Das zweite Ereignis war ein Umzug von Nord- nach Süddeutschland im ersten Oberschuljahr, als sie elf Jahre alt war. Darauf habe sie mit extremer Verletzlichkeit, mit sprachlosen Weinanfällen bei Tag und mit heimlichem Weinen vor dem Einschlafen, voller Sehnsucht nach der verlorengegangenen Heimat, reagiert.

Einen weiteren Tiefpunkt habe sie erlebt, als die Familie in das von den Eltern gebaute Haus umgezogen und die Mutter wieder ganztags berufstätig geworden sei. Sie sei damals 14 Jahre alt und von da an viel allein zu Hause gewesen. Mit ihr aufgetragenen Pflichten, die sie neben ihren Schularbeiten habe erledigen müssen, habe sie sich überfordert gefühlt. Damals habe sie begonnen, übermäßig Süßigkeiten zu essen.

Ihr „größtes Tief", wie sie es nannte, erinnerte sie 17-jährig auf einer Klassenfahrt in der Obersekunda. Die vielen Menschen um sie herum seien sehr anstrengend gewesen. Sie habe sich als Außenseiterin und einsam gefühlt. In einem bestimmten Moment, als sie plötzlich unerwartet allein, erschöpft und ausgekühlt gewesen sei, habe sie, wie sie wörtlich sagte, „psychisch den Tod erlebt". Sie habe Angst bekommen, sei in sich zusammengefallen und habe wie automatisch um Hilfe gerufen. Klassenkameradinnen seien herbeigeeilt, hätten sie aufgerichtet, aufs Bett gelegt, gewärmt und beruhigt. Seither achte sie darauf, in der Gemeinschaft zu bleiben, sie nicht nur passiv zu ertragen, sondern auch aktiv auf andere zuzugehen.

Wir vereinbarten eine Behandlung, die ein gutes Jahr dauern konnte. Sie wußte, daß ich danach wegziehen würde. Es fiel ihr nicht schwer, sich auf die Couch zu legen. Sie war vorher schon einmal in einer analytischen Psychotherapie gewesen, hatte die Behandlung aus bearbeitbaren Gründen abgebrochen, aber dort bereits geübt, sich dem Fluß der Einfälle zu überlassen. Sie begann damit, daß sie seit früher Kindheit Probleme mit anderen fürchte. Ich antwortete ihr: „Weil Sie nicht wußten, daß auch Sie mit der Lösung von Problemen Liebe und Glück gestalten können". Diese Antwort beschäftigte sie sehr. Viele Stunden sprach sie über ihre Familiengeschichte und über deren Konfliktkultur.

Die Macht habe dem Vater gehört. Er habe sie vierjährig ins Krankenhaus gebracht, er habe bestimmt, daß ein Haus gebaut und wann umgezogen wurde, er habe den Bruder verprügelt, wenn dieser sich sträubte, sich den Familienbergwanderungen anzuschließen. Die Mutter habe sich ihm schweigend untergeordnet. In seiner Abwesenheit sei sie einfühlsam gewesen und habe sich auf die Bedürfnisse der Kinder einstellen können, solange sie brav waren. Bei Widerspruch hingegen habe sie unberechenbar reagiert.

Den Bruder habe die Patientin mehr als ihre Eltern geliebt. Er sei ihr Spielgefährte gewesen und Freund geworden. Mit ihm habe sie sich heimlich verbündet, wenn der Vater auf ihn einschrie und ihn verprügelte. Mit ihm habe sie sich lustvoll gegruselt, als er später, während beider Pubertät, Greifvögel und Reptilien hielt, einen Adler, einen Leguan und Gekkos. Immerhin schien es mir bemerkenswert, daß die Eltern das gestatteten.

So wie ihr Vater werden wolle sie nicht. Er sei in der Arbeit vorbildlich, aber gönne sich keine Freude im Leben. Ihre Mutter gefalle ihr besser mit ihrer Einfühlsamkeit, aber sie werde mit ihrem Leben nicht fertig und sei sogar während des Tages betrunken. Ihr Bruder lebe mit der Mutter seiner Kinder unverheiratet gut zusammen, aber er arbeite unter seinem Niveau. Ich zeigte ihr: „Alle drei haben Eigenschaften, die Ihnen gefallen, und alle drei haben Eigenschaften, die Ihnen mißfallen. Darin können Sie weiter Ihren eigenen Weg suchen." In diesem Zusammenhang betonte die Patientin, am wohlsten habe sie sich seit ihrem Eintritt ins Gymnasium in Judogruppen gefühlt. Die Kameradschaft, die sie dort erfuhr, setzte sich fort in einigen guten Freundschaften, die meinem Eindruck nach, der sich auch später bestätigte, tragfähig waren.

Durch unsere Arbeit angeregt, merkte sie, wie sie angesichts der verschwendeten Zeit unter Druck geriet, falls sie an ihrem Geliebten festhielt. Sie versuchte, sich von ihm zu trennen. Er überfiel sie mit überraschenden Besuchen. Nach einigem Schwanken und heftigem Hin und Her erreichte sie die Trennung. Ein gegenseitiges Versprechen für die Chance zu einer Freundschaft folgte.

Wenige Wochen später kam sie überrascht und aufgeregt in eine Stunde und erzählte mir, daß sie auf einem U-Bahnhof von einem Mann angesprochen worden sei, der sofort ihr Interesse erregte und „Nils" (der Name wurde geändert) heiße. Sie wolle mit Hilfe unserer Arbeit prüfen, sagte sie von sich aus, ob er der Mann sei, den sie für eine gemeinsame Zukunft erobern wolle.

Wie sie von ihm erzählte, schien es mir, daß es sich lohnen würde, an dieser neuen Bekanntschaft so zu arbeiten, daß sie nicht erneut in einen Wiederholungszwang verfallen müßte. Die Beziehung zu mir mit ihren Wünschen nach Orientierung wurde enger und offener. Ihre Wünsche nach Hilfs-Ich-Funktionen konnte sie wahrnehmen, und sie war dankbar, daß sie sich von mir ernstgenommen und erkannt fühlte.

Auf die erste Ferienunterbrechung zwei Monate nach Behandlungsbeginn reagierte sie, alte Trennungen wiederbelebend, ängstlich, aber freute sich auch auf eigene Unternehmungen, die wir gemeinsam vorbereiteten.

Tatsächlich ereignete sich viel in den vier Wochen meiner Abwesenheit. Zentrales Thema wurde ihre Identität als Freundin und Geliebte von Nils. Mit ihrer genitalen Triebhaftigkeit hatte sie weniger Probleme als mit ihren Bedürfnissen, ihre Liebeschancen zu vermehren. Sehnsüchte, die zunächst auf ihre Eltern, ihre Lieblings-Großmutter, ihren Bruder und ihren ehemaligen Geliebten gerichtet waren, wurden nun auf mich und auf Nils verschoben und damit der Bearbeitung zugänglich. Einiges erfuhr ich über die Intimität mit Nils. In ihren Träumen zeigte sich, wie stark ihr Wunsch nach Ausschließlichkeit war. Äußerlich veränderte sich die Patientin sichtbar. Sie wurde schlanker. Ihr Gesicht bekam weiblichere Züge und einen strahlenden Ausdruck. Ihre langen Haare verwandelte sie in eine leicht verspielte Knoten-Frisur. Wie ich erfuhr, geschahen diese Veränderungen nach vorheriger Arbeit in unseren Stunden, über die sie dann mit Nils beriet. Ihr verändertes Äußeres ergab sich aus Übereinstimmung beider Wünsche oder aus einem Kompromiß. Mit weiblicher Kleidung brauchte sie noch etwas länger. Phantasiereichtum war zunächst nur mit viel Geld für neue Kleider verbunden, was sich aber veränderte, als sie anfing, mit dem zu spielen, was sie hatte, um in kleinen Schritten Neues dazuzukombinieren.

Gegen Ende der Behandlung ging Nils in einen längeren Urlaub. Beide erlebten, wie sehr sie sich nacheinander sehnten. Nun wurde offenbar, wie sehr sie ineinander verliebt waren.

Während sich ihre Liebe zu Nils entwickelte, lösten sich nach und nach ihre bisherigen unreflektierten Rückzugstendenzen und ihre quälende Einsamkeit. Zog sie sich nun zurück, so folgte sie ihren Wünschen. Sie sprach viel über ihre Eltern und ihren Bruder. Das gab ihr Gelegenheit, die Realitäten klarer zu sehen und mit ihnen besser auszukommen. Nicht nur, wie sie Bruder und Eltern sah, veränderte sich, Veränderungen, auf die sie Einfluß genommen hatte, fanden auch in der Realität statt. Der Vater sei geselliger geworden und habe angefangen, mit der Mutter freie Zeit zu genießen. Ebenso ging es mit anderen, ihr wichtigen Menschen.

Viel Freude und Erfolg brachte ihr zudem ihre Ausbildung zur Beschäftigungstherapeutin. Sie war geschickter darin geworden, Konflikte mit ihren Lehrern, ihren Mitstudierenden und mit den ihr anvertrauten Patienten zu klären und zu lösen.

Als wir nach 80 Stunden die Behandlung abschlossen, fühlte sich die Patientin noch nicht sicher genug, um von der Haltbarkeit ihres Erfolges überzeugt zu sein. Aber als ich sie sieben Monate später zweimal hintereinander wiedersah, hatte sie Zutrauen zu ihrer Fähigkeit gewonnen, auch unabhängig von meiner Person zurechtzukommen.

Drei Jahre später schickte sie mir einen Brief mit einem Hochzeitsbild und einem Photo ihres zehn Wochen alten Sohnes. Einen Teil des Briefes möchte ich hier wiedergeben:

„Liebe Frau Richter, nun will ich es endlich in die Tat umsetzen und Ihnen diesen Brief schicken. In Gedanken habe ich Ihnen bereits einige Male geschrieben. Ich möchte Ihnen ganz einfach danken! Durch Ihre Hilfe in der Therapie bei Ihnen hat sich bei mir so vieles zum Positiven verändert. Für mich sind Dinge möglich geworden, die zu meinen innigsten Träumen gehören. Ich kann tatsächlich sagen, daß ich mit meiner jetzigen Lebenssituation sehr zufrieden, ja glücklich bin. Das schließt allerdings auch Aufs und Abs im Alltag, Beziehungsarbeit und das immer wieder erneute Überwinden wunder Punkte mit ein. Jedoch habe ich in der Therapiezeit bei Ihnen Wesentliches gelernt, sozusagen das Handwerkszeug, um die Dinge anzupacken. Darüber bin ich sehr froh, und ich wollte, daß Sie davon erfahren.

Vergangenes Jahr haben mein Freund und ich geheiratet...Inzwischen sind wir beide Eltern geworden von unserem Wunschkind Moritz. Sowohl die Schwangerschaft als auch die Geburt verliefen sehr gut. Mit drei Jahren Erziehungsurlaub und in der Mutterrolle beginnt für mich nochmal ein ganz neuer Lebensabschnitt. Natürlich verändert sich auch in unserer Beziehung vieles – ein Stück neue Beziehungsarbeit und auch neue Herausforderung beginnt..."

Wir brauchen das Erlebnis der geglückten Behandlung, um Vertrauen in unsere Behandlungsmethode zu gewinnen. Es war mir wichtig, die Patientin zur Äußerung ihrer Wünsche zu bewegen und auf diese zu achten, wie realistisch oder irreal sie auch zunächst sein mochten. In dieser Hinsicht bleibt die Grundregel wichtig. Zensur soll nicht stattfinden. Abweichend vom klassischen Konzept, daß man „wie absichtslos" zu verfahren habe (Freud 1912, S. 377), verfolge ich im weiteren Absichten, jedoch nicht meine, sondern diejenigen, die sich aus den Wünschen der Patienten nach genauer Destillierung herausschälen lassen. Dabei ermuntere ich, diese Wünsche an der Realität zu prüfen, was heißt, mit ihnen zu spielen, so daß im Hin und Her des Austauschs gegenseitiger Wünsche Einigung gefunden werden kann.

Abschließend will ich verdeutlichen, wo die Bearbeitung der negativen Übertragung bleibt: In der Arbeit an Desillusionierung, Trennung und Verlust, und sonst nirgends, ist mein Bestreben. Ich halte es in diesem Punkt mit Kollegen, die empfehlen, weniger mit dem Haß, mehr mit der Liebe zu arbeiten. Die narzißtische Spaltung, die dem Selbst die Liebe, dem Objekt den Haß zuschiebt, relativiert sich, wenn die Liebe zu den Objekten wieder und neu gewonnen wird. In meinen Behandlungen erkenne ich diesen wichtigen Entwicklungsschritt daran, wie die Patienten zu mir kommen. In der Regel kommen sie gern, wie oft sie auch seufzen, daß ich ihnen in der Wunschäußerung wie in der Realitätsprüfung und in der Auseinandersetzung mit den Objekten nichts ersparen kann.

Literatur

Balint, M. (1948): Über genitale Liebe. In: Ders.: Urformen der Liebe und die Technik der Psychoanalyse. 2. Aufl., Stuttgart 1966 (Klett), S. 144ff.
Bergmann, M. (1987): The Anatomy of Living; Story of Man's Quest to Know What Love Is. New York (Columbia University Press). Dt.: Eine Geschichte der Liebe. Frankfurt a.M. (S. Fischer) 1994.
Freud, S. (1913): Zur Einleitung der Behandlung. GW VIII, S. 454-478.
Freud, S. (1937): Die endliche und die unendliche Analyse. GW XVI, S. 59-99.
Winnicott, D.W. (1971): Playing and Reality. Tavistock Publications, London, 5. Aufl., 1994.

Die Liebe in der psychoanalytischen Behandlung: Übertragung und Gegenübertragung

Übertragungsliebe und Urszenenphantasie im analytischen Schöpfungsprozeß

Zur Bedeutung des Falls Dora*

Vera King

In den folgenden Ausführungen wird die Bedeutung von Übertragungsliebe und Urszenenphantasie im analytischen Schöpfungsprozeß anhand des *Falls Dora* untersucht. Im Jahre 1900 behandelte Freud die 18-jährige „Dora" und publizierte 1905 das „Bruchstück einer Hysterie-Analyse" als erste große psychoanalytische Fallgeschichte im engeren Sinne. Diese Fallgeschichte erzählt eine Behandlung, die nach etwa 11 Wochen mit Abbruch endete. Und eben dieser Abbruch, dieses „Bruchstück", führte Freud zur Entdeckung der Übertragung – oder, wie es Pontalis formuliert hat, zur Konfrontation mit der „Maßlosigkeit" der Übertragung (1992, S. 57). Der Fall Dora ist in diesem Sinne eine Ursprungssituation, die immer wieder neu aufgegriffen und mit den Weiterentwicklungen in Theorie und Methode kontrastiert und aufgefüllt worden ist – ein kanonischer Text und Stein des Anstoßes zum psychoanalytischen Konzept der Übertragung (vgl. Thomä und Kächele 1985, Bd. 1, S. 74 ff.) und der Übertragungsliebe (vgl. Berg-

---

* Leicht erweiterte Fassung des Vortrags vom 27. 9. 96 in Lindau. Abschnitte des mittleren Teils sind überarbeitete Fassungen von Vorträgen, gehalten im Salzburger Arbeitskreis für Psychotherapie mit Kindern und Jugendlichen (1993); im Salzburger Arbeitskreis für Psychoanalyse (1993), anläßlich eines Adoleszenzsymposions der psychiatrischen Poliklinik Wintherthur (1995) und des Heidelberger Instituts für Gruppenanalyse (1995), sowie einer Veranstaltungsreihe zur Geschlechterbeziehung im Kito-Kolleg Bremen, gesendet von Radio Bremen im Juli 1996.

mann 1987, Eickhoff 1995). Dabei ist die Rezeption geprägt von den differierenden Perspektiven auf die Geschlechterbeziehung in dieser Konstellation des männlichen Forschers und Analytikers mit einer jungen weiblichen Patientin (vgl. Kahane 1985). So hat einerseits, im Anschluß an Jones (1955) und Deutsch (1957), ein breiter Strom der Rezipienten Dora als phallisch-kastrierende Rächerin stilisiert. Andererseits ist an Freuds patriarchaler Vereinnahmung deutliche Kritik artikuliert worden, wie beispielsweise im deutschsprachigen Raum in den Deutungen von Cremerius (1989), Stephan (1992), Poluda-Korte (1992a) oder Streeck-Fischer (1994b), die in je unterschiedlichen Analysen den Machtgestus Freuds im Verhältnis zur adoleszenten Dora hervorgehoben haben. Eine stärkere Akzentuierung der Liebesthematik findet sich z. B. bei Cixous (1976), Wellendorf (1987), Krutzenbichler und Essers (1991). Auch Schimmel (1973) sowie Muslin und Gill (1978) haben in ihrer Deutung des analytischen Prozesses im Fall Dora die Signale einer positiven Übertragung Doras herausgearbeitet, indem sie ihre Aufmerksamkeit im besonderen den Beziehungs*formen* in der Übertragung gewidmet haben. Denn die Liebesregungen in der Übertragung sind keineswegs offenkundig oder eindeutig. Sie inszenieren sich eher als eine verneinte Übertragungsliebe, wie es Major (1974) formuliert hat: wie ein „non d'amour" – ein „Liebes-Nein", das seinen Höhepunkt im Abbruch findet. Im Ausgang dieser zentralen Spannung sollen nun die psychischen Bewegungen in der Übertragung rekonstruiert werden, um damit die adoleszente Liebes- und Selbstfindungsdramatik zu erhellen. Dabei werde ich, um es kurz vorwegzunehmen, die *Übertragungsentwicklung als eine Aktualisierung von Doras innerem Bild der Vereinigung von Mann und Frau im weiblichen Geschlecht, als eine Aktualisierung ihrer bedrohlichen Urszenenphantasien*

Eine Interpretation des Falls Dora ist in abgewandelter Form publiziert in King (1996): „Halbierte Schöpfungen. Die Hysterie und die Aneignung des genitalen Innenraums - Urszenenphantasien in der Adoleszenz", in: Seidler, G. (1996): Hysterie heute. Metamorphosen eines Paradiesvogels, Stuttgart, Enke Verlag.
Eine ausführliche Interpretation und Rekonstruktion der Fallgeschichte sowie ihrer Bedeutung im Theorie-Entstehungsprozeß der Psychoanalyse, ein Überblick zur Sekundärliteratur und eine Diskussion der Rezeptionsgeschichte finden sich in King (1995a): Die Urszene der Psychoanalyse. Adoleszenz und Geschlechterspannung im Fall Dora. Stuttgart, Verlag Internationale Psychoanalyse.

rekonstruieren. Im Zentrum der Analyse steht insofern Doras *Kampf um Aneignung ihres weiblichen inneren Geschlechts*, ihres *Innenraums*, und das damit verbundene *Ringen um Neubeginn und sublimatorische Umarbeitungen* – ein Ringen, welches Licht wirft auf die Bedeutung der Übertragungsliebe im schöpferischen Prozeß.

Die Entstehungssituation: Theoretische Interessen und psychische Bewegungen

Vergegenwärtigen wir uns jedoch noch einen Moment lang Freuds eigenen Impetus in Behandlung und Publikation: Freud ging es in dieser Fallgeschichte bewußt vor allem darum, endlich die sexuelle Ätiologie der Neurosen beweisen, die Traumdeutung in der Behandlung anwenden und die wunscherfüllende Funktion des Traumes unterstreichen zu können. Diese Interessen prägten die Analyse und kollidierten mit der methodischen Notwendigkeit, die psychischen Wahrheiten sich eigensinnig und ihrer eigenen Zeit folgend aus der analytischen Beziehung heraus entwickeln zu lassen. Es macht zum zweiten deutlich, daß Freuds Vorgehen noch ganz in der Logik der Selbstanalyse steht. So deutete er Doras Träume, als seien es seine eigenen – unter Umgehung des Widerstands und des Bildungsprozesses der anderen, noch dazu geschlechtsdifferent anderen. Freud selbst hat den Fall Dora als Fortsetzung der Traumdeutung bezeichnet – ein Gedanke, der sich auch auf eine Fortsetzung seiner Selbstanalyse beziehen läßt. So ist häufig darauf aufmerksam gemacht worden, daß aus der Traumdeutung die Thematisierung von Liebe und Sexualität überwiegend ausgeschlossen blieb. Demgegenüber kann der Fall Dora als eine Form der selbstanalytischen Auseinandersetzung Freuds mit den Themen Liebe, Sexualität, Adoleszenz und Weiblichkeit vermittels dieser überdeterminierten Figur 'Dora' rekonstruiert werden.

Aus dieser Perspektive wird deutlich, daß Freuds Selbsterforschungsimpulse ebenso wie sein leidenschaftlicher Wissens- und Beweisdrang gleichsam rivalisierend neben Doras eigener Entwicklungs- und innerer Beziehungslogik stehen. Und es zeigt sich, daß in dieser Sturm- und Drang-Geschichte der psychoanalytischen 'Wissenseroberungs'-Phase nicht nur die weibliche Patientin eine Adoleszente war, sondern auch Freud in mehrfacher Hinsicht als adoleszenter Analytiker oder analytischer Adoleszenter betrachtet werden kann, – soweit die Selbstanalyse als eine Form der schöpferischen adoleszenten Regression zu begreifen ist, – soweit Freud dazu in eine als adoleszent zu charakterisierende Beziehung zu seinem Freund und theoretischen Begleiter Wilhelm Fließ eingetreten war, – soweit Freud in seinen Reaktionen auf Dora, wie hier gleichfalls nur erwähnt werden kann, Momente seiner ersten Liebe als Sechzehnjähriger wiederholt und neuinszeniert (vgl. zu den einzelnen genannten Aspekten ausführlich King 1995a, 1995b), – soweit die Analyse beidseitig geprägt war von adoleszenztypischen Wünschen, Ängsten, Größenphantasien oder narzißtisch abwehrenden Auflösungen der Geschlechterspannung, – soweit, wie ich in Hinblick auf die weitere Interpretation hervorheben möchte, der adoleszente Analytiker Freud mit der adoleszenten Analysandin Dora rivalisierend um den adoleszenten Schöpfungsraum kämpft. Eine Vergegenwärtigung der adoleszenten Konstellation verdeutlicht, welche Perspektive wir einnehmen, wenn wir uns im weiteren um eine Aufdeckung des Übertragungsgeschehens bemühen und den Fall Dora als *Doras Geschichte* betrachten: Wir vervollständigen die Bewegung des analytischen Schöpfungsprozesses durch seine verschwiegene Rückseite, durch einen Nachvollzug der lediglich hysterisch sich artikulierenden adoleszenten Bildungs- und Aneignungsprozesse der Weiblichkeit. Es bedeutet, aus dem Hintergrund des Studierzimmers des männlich-adoleszenten Forschers gleichsam das schattenhaft verborgene Studierzimmer der adoleszenten jungen Frau einzublenden – den Raum der adoleszenten Erkundungen der Außen- und Innenwelt im Sinne des Eriksonschen Moratoriums oder Virginia Woolfs „Zimmer für sich allein", in dem die komplexe Spannung von Liebeswünschen und Selbstbehauptung neu gestaltet und mit den Bildern des Geschlechts verknüpft werden muß. Und es heißt, die Gestalten der Übertragungsliebe aus der Perspektive dieser psychischen Arbeits- und Integrationsanforderungen zu betrachten.

Freud selbst hat nun in der Fallgeschichte hervorgehoben, und dies kann als metaphorische Leitlinie gelten, daß es in Doras Träumen und Einfällen immer wieder um Bilder geht, um Gemälde, Abbildungen, Ansichtskarten und ähnliches. Er hat das Thema der Bilder oder des Bildes mit der Frage nach dem Weibsbild oder dem Bild vom Weibe verknüpft. In der Rekonstruktion dieser bilderreichen Geschichte wird in diesem Sinne deutlich werden, daß der Fall Dora – allerdings auf adoleszente und insofern auch immer wieder abwehrende Weise – Bilder vom Weib entwickelt: Imaginationen vom weiblichen Innen und Entwürfe der Beziehungsgestaltung zwischen Mann und Frau, wie sie sich im *Bild der Vereinigung im weiblichen inneren Geschlecht* paradigmatisch verdichten – im Bild der verschmelzenden Vereinigung von

Mann und Frau, der *Urszenenphantasie*, deren Ausgestaltung in der Adoleszenz und im analytischen Schöpfungsprozeß eine zentrale Rolle spielt.

Die Behandlung: Auftakt und Anlaß

Zunächst sei der Ablauf der Behandlungsgeschichte in Erinnerung gerufen: Dora wurde von ihrem Vater im Herbst 1900 zu Freud in Behandlung gebracht. Sie litt an hysterischen Hustenanfällen mit langanhaltendem Stimmverlust, an vaginalem Ausfluß und Verdauungsbeschwerden, an chronischer Müdigkeit und depressiven Verstimmungen. Die familiäre Situation war gekennzeichnet durch eine schon lang andauernde *Entfremdung der Eltern*, die sich durch die bedrohlichen Krankheiten des Vaters verstärkt hatte. Der Vater, ein wohlhabender und trotz seiner Leidensgeschichte vital wirkender Industrieller, litt unter anderem an den Spätfolgen einer vorehelichen Syphilisinfektion, mit der er auch seine Ehefrau angesteckt hatte. So litt die Mutter ihrerseits – wohl als Folge der Geschlechtskrankheit – an chronischen vaginalen Beschwerden und hatte im Verlauf ihrer Ehe einen ausufernden Reinlichkeitszwang entwickelt, mit dem sie die Familie quälte. Dora war schon als Kind zur Vertrauten und zärtlichen Pflegeperson des Vaters geworden und hatte ihm am Krankenlager gleichsam die Ehefrau ersetzt. Als sie 12 Jahre alt war, trat der Vater in das ernsteste Stadium seiner Syphilisinfektion ein. Dora wurde in der Pflege des Vaters von einer Freundin der Familie, Frau K., abgelöst, und bald darauf begann zwischen dieser Frau K. und dem Vater eine Liebesbeziehung. Auch Dora hatte zu Frau K. ein sehr intimes Verhältnis entwickelt. Wenn sie beispielsweise bei Familie K. zu Besuch war, teilte sie das Schlafzimmer mit Frau K., deren Gatte ausgeschlossen wurde. Dieser Gatte wiederum, Herr K., empfand eine besondere Zuneigung für Dora, die sie sich gerne gefallen ließ, solange es zu keinen unmittelbar sexuellen Verführungsversuchen kam. Dora empfing Geschenke und traf sich mit ihm. Insbesondere teilten sie beide ein fürsorgliches Interesse für die beiden Kinder des Ehepaares K.

Diese Beziehung zwischen Dora und Herrn K. zerbrach nun in der Folge eines Antrags, den Herr K. der inzwischen 16-jährigen bei einem Spaziergang machte. Dora versetzte Herrn K., nachdem er ihr gegenüber geäußert hatte: „Sie wissen, ich habe nichts an meiner Frau", eine Ohrfeige und ging davon. Etwa zwei Wochen später berichtete Dora den Vorfall der Mutter. Herr K. wurde vom Vater zur Rede gestellt und leugnete entschieden. Frau K. stellte sich vor ihren Mann und bezichtigte Dora der Lektüre unanständiger Schriften, aus denen sie ihre Phantasieproduktionen wohl geschöpft hätte. Der Vater zog es vor, Herrn K. zu glauben, um damit, wie Dora scharfsinnig vermutete, ungestört seine Beziehung zu Frau K. weiterführen zu können. Dora war also von allen wichtigen und geliebten Personen – dem Vater, Frau K., Herrn K. – verraten und enttäuscht worden. Ihre Verstimmung steigerte sich und kulminierte in der Forderung an den Vater, seine Beziehung zu Frau K. zu beenden. Als diese Auseinandersetzungen sich zuspitzten, brachte der Vater Dora zu Freud. Der Vater leugnete gegenüber Freud seine Liebesgeschichte mit Frau K., betonte jedoch zugleich – und Freud referierte diesen Satz wortgleich wie die bereits erwähnte Äußerung Herrn K.s gegenüber Dora – „Sie wissen, ich habe nichts an meiner Frau". Er forderte Freud auf, Dora zur Vernunft zu bringen.

Deutungslinien und Beziehungsdynamik

Die 18-jährige Dora war unterdes, wie Freud formulierte, „zu einem blühenden Mädchen von intelligenten und gefälligen Gesichtszügen herangewachsen" (1905a, S. 101). Er bezeichnete sie als reif und sehr selbständig im Urteil und erwähnte nicht näher bezeichnete *Studien*, die sie betrieb, sowie, daß sie Vorträge für Damen besuchte. Dora hatte als Kind im Lernen – wie Freud berichtete – ihrem 1 1/2 Jahre älteren Bruder – dem später berühmt gewordenen Politiker und Autor Otto Bauer – nachgeeifert. Im Jugendalter wurde die Ausbildung des Bruders von der Familie selbstverständlich unterstützt. Das Studium diente ihm, wie Arnold Rogow (1979) in seiner Analyse der Biographie Otto Bauers feststellte, auch der psychischen Bewältigung der Wirrnisse und dem Rückzug aus der Familie. Dora hingegen war auf eher unbefriedigende autodidaktische Bildungsversuche angewiesen und konnte ihre Begabungen und intellektuellen Interessen nur sehr bedingt entfalten oder befriedigen (vgl. auch Decker 1991). Dieser Gesichtspunkt hatte für Freud jedoch keinen systematischen Stellenwert, obgleich Freuds Kollege Breuer bereits 5 Jahre zuvor in den „Studien über Hysterie" geäußert hatte:

> „Die Adoleszenten, welche später hysterisch werden, sind vor ihrer Erkrankung meist lebhaft, begabt, voll geistiger Interessen; ihre Willensenergie ist oft bemerkenswert. Zu ihnen gehören jene Mädchen, die nachts aufstehen, um heimlich irgendein Studium zu betreiben ..." (1895, S. 259).

Breuers Formulierungen machen deutlich, daß der Konflikt zwischen dem sehnsüchtigen Drang der jungen Frauen nach intellektueller Beschäftigung und den leidvollen kulturellen Einschränkungen durchaus bekannt war. Freuds Deutungslinien in der Analyse Doras bewegten sich jedoch vor allem entlang der Vorstellung, daß sie unbewußt die ganze Zeit über und noch immer in Herrn K. verliebt gewesen sei. Ihr wütendes Verhalten gegenüber dem Vater und die ständige Beschäftigung mit seiner Beziehung zu Frau K. deutete er als eine Abwehr dieser Liebe und versuchte eindringlich, die sexuelle Determiniertheit ihrer Symptome, Fehlhandlungen und Träume nachzuweisen. Freuds Deutungsduktus trug damit, wie auch häufig hervorgehoben worden ist, zu einer problematischen Sexualisierung der Übertragung in der Analyse einer Adoleszenten bei. Konzentrieren wir uns jedoch ausschließlich auf diesen Aspekt, so besteht die Gefahr, sich dadurch auch von den von Freud noch lebhaft und ausgiebig ausgemalten Körpervorstellungen und entsprechenden Phantasien zu entfernen und sich damit wiederum den Zugang zum Kern des Übertragungskonfliktes zu verstellen. Um diesen Gedanken zu erläutern, soll zunächst das Behandlungsende geschildert werden. Das Behandlungsende fällt mit der Deutung des zweiten Traumes zusammen. Die Deutung dieses zweiten Traumes nahm drei Sitzungen in Anspruch. Mit seiner „Erledigung", wie es Freud formulierte, brach die Analyse ab. In der vorletzten Sitzung erinnerte sich Dora anhand von Assoziationen zu ihrem Traum an eine vermeintliche Blinddarmentzündung:

„Sie habe kalte Umschläge bekommen, sie aber nicht vertragen; am zweiten Tage sei unter heftigen Schmerzen die seit ihrem Kranksein sehr unregelmäßige Periode eingetreten. An Stuhlverstopfung habe sie damals konstant gelitten" (S. 169).

Es stellte sich im Verlauf der Sitzung heraus, daß diese Erkrankung neun Monate nach der Verführungsszene mit Herrn K. eintrat. Freud kam zu dem Schluß, daß die „angebliche Blinddarmentzündung ... die Phantasie einer *Entbindung* realisiert (hatte) mit den bescheidenen Mitteln, die der Patientin zu Gebote standen, den Schmerzen und der Periodenblutung." (1905a, S. 169). Freud versuchte Dora klarzumachen, daß sie den Ausgang der Szene, den Abbruch der Verführung, bedauert und ihn im Traum korrigiert habe, daß ihre Liebe zu Herrn K. sich bis auf den „heutigen Tag" unbewußt fortsetzt. „Sie widersprach dem auch nicht mehr." So gab Freud am Ende der zweiten Sitzung seiner „Befriedigung über das Erreichte Ausdruck". Dora antwortete daraufhin „geringschätzig: Was ist denn da viel herausgekommen?

und bereitete", so Freud, ihn „so auf das Herannahen weiterer Enthüllungen vor." (S. 171)

Die dritte Traumdeutungssitzung begann Dora mit der Ankündigung: „Wissen Sie, Herr Doktor, daß ich heute das letzte Mal hier bin?" (S. 171) Freud akzeptierte erstaunlicherweise Doras Entschluß unmittelbar und schlug lediglich vor, an diesem Tag noch zu arbeiten. Er zeigte ihr während dieser Stunde erneut auf, daß sie gehofft hatte, daß Herr K. trotz ihrer Abweisung seine Werbung wiederholen und damit die Ernsthaftigkeit unter Beweis stellen würde. Freud wunderte sich im Verlauf der Sitzung, daß Dora erstmals in aller Deutlichkeit zugestand, daß sie sich Hoffnungen bezüglich Herrn K. gemacht hatte, auch und gerade nach ihrer Abweisung. Auch am Ende dieser Sitzung schien sie „ergriffen, nahm auf die liebenswürdigste Weise mit warmen Wünschen zum Jahreswechsel Abschied (es war der 31. 12. 1900) – und kam nicht wieder" (S. 174). Dora kehrte jedoch zurück, 1 1/4 Jahre später, nachdem sie von seiner Ernennung zum Professor in der Zeitung gelesen hatte. Sie kam mit einer halbseitigen Gesichtsneuralgie und bat Freud um Hilfe. Freud deutete ihr Symptom als Selbstbestrafung für die Ohrfeige, die sie ihm in der Übertragung wie Herrn K. durch die abrupte Beendigung gegeben hatte – und weigerte sich, sie erneut in Behandlung zu nehmen. Er versprach ihr jedoch, ihr zu verzeihen.

Die Übertragungsentwicklung – eine zerbrochene Urszene

„Was stellt denn die Urszene für uns bildlich dar? Die Verbindung zwischen der biologischen Tatsache der Empfängnis (und der Geburt) und der symbolischen Tatsache der Filiation, zwischen dem 'wilden Akt' des Koitus und der Existenz einer Triade Mutter-Kind-Vater" (Laplanche und Pontalis 1985, S. 43).

Die Szenarien bei der Beendigung der Kur erscheinen symptomatisch für die grundlegende Übertragungs- und Gegenübertragungs-Problematik während der Analyse, die nicht begriffen und daher auch nicht aufgelöst werden konnte. Es zeichnen sich zwei Paarbeziehungsbilder ab, die von Freud und Dora abwechselnd durchgespielt und in unterschiedlichen Positionen inszeniert wurden: So handelt es sich zum einen um eine Bewegung der Produktivität, bei der die Worte, Geschenke, Zuwendungen und Gaben des einen vom anderen aufgenommen, anerkannt und produktiv verwandelt werden können; zum anderen um eine immer zugleich präsente destruktive Bewegung, die die Produktivität im selben Moment einholt, in dem sie sich entfaltet und gezeigt hat. Entsprechend hat Freud in seinem Kommentar die Beendigung auf den Punkt gebracht: „Es war ein unzweifelhafter Racheakt, daß sie in so unvermuteter Weise, als meine Erwartungen auf glückliche Beendigung der Kur den höchsten Stand einnahmen, abbrach und diese Hoffnungen vernichtete". Offenbar kam Doras Abbruch in Freuds Erleben einer kastrierenden Vernichtung seiner Erwartungen gleich, gerade als diese „den höchsten Stand einnahmen". Eine verwunderliche Bemerkung Freuds andererseits, da er sonst permanent betont, wie widerspenstig sich Dora gegenüber seinen Deutungsversuchen verhalten habe. So wirft Freuds widersprüchliche Darstellung eine Irritation auf. Sie verweist auf eine Verzerrung in Freuds Wahrnehmung, die aus einer spezifischen Gegenübertragungsposition resultieren muß, auf einen zentralen Konflikt: Auf einen Konflikt, der sich zeigt in dem Wechselspiel von Kooperationswunsch und Verweigerung, bei dem sich die beiden Partner des Paares immer wieder systematisch verfehlen – und damit, wie schon Dora und Herr K., Verführung und Kastration, Annäherung und Abbruch zusammenfallen lassen.

Verknüpft man jedoch diesen zentralen Übertragungskonflikt mit den ausgebreiteten Szenarien aus Doras Geschichte, so wird die zugespitzte Ambiguität von großer Hoffnung und gleichzeitiger Enttäuschungserwartung in Freuds Gegenübertragungsposition verstehbar: Offenbar wiederholt sich in dieser symptomatischen Übertragungsfigur, in der sich wiederholenden Konstellation des sich ständig verfehlenden Paares – wenn Dora will, will Freud nicht, und umgekehrt – Doras verinnerlichtes Bild ihrer Wahrnehmung der elterlichen Beziehung. Das Übertragungsgeschehen bringt in diesem Sinne die von Dora verinnerlichte destruktive Urszene zur Darstellung, eine Urszene, bei der Verführung und Kastration zusammenfallen, bei der „nichts" oder nichts Gutes herauskommt – gemäß dem in der Erzählung immer wieder auftauchenden Satz: Sie wissen, ich habe *nichts* an meiner Frau. Ein Satz, der in Umkehrung auch aus dem Munde der Frauen hätte kommen können, denn der Vater hat die Mutter krankgemacht, ihr den schmutzigen vaginalen Ausfluß gegeben; die Mutter hat den Vater impotent und krank zurückgelassen – Dora vernichtet Freuds Hoffnungen, gerade als sie auf dem „höchsten Stand" sind, Freud vernichtet Doras Hoffnungen, verweigert sich ihr usw... Ihre Beziehung bricht genau in jenem Moment ab, als anhand des zweiten Traums Doras Wünsche über Defloration und Verkehr, Schwangerschaft und Entbindung zum Vorschein gekommen sind – zu einem Zeitpunkt also, als Dora Freuds Deutungen in aller Deutlichkeit in sich aufnehmen kann und dies von

Freud auch realisiert wird. Was Freud jedoch nicht realisieren kann, ist die Übertragungsbedeutung dieser sich in der Analysebeziehung entfaltenden Szenen und der von ihm erkannten Thematik der Schwangerschaft und Entbindung: So zeigt ihm Dora in ihren Träumen ihre analytische Befruchtung. Sie läßt sich die Phantasie einer Entbindung enthüllen und trägt diese Phantasie über den Traum in die Analysesituation hinein. Sie bringt ihre Konfliktthemen darin zur Darstellung und macht ihm ihre Träume zum Geschenk. Freud jedoch verharrt in der Identifizierung mit dem *abgewiesenen* Herrn K. und hat sich dessen Rehabilitierung in seinen Gegenübertragungsreaktionen zur höchsten Aufgabe gemacht. Gerade darin – und hier liegt wohl die folgenreichste 'Paradoxie' in der Behandlung – gerade darin verfehlt er systematisch Doras Angebote: *Er deutet sie gewissermaßen immer wieder auf Herrn K. zurück und drängt sie damit von sich weg.* Diese Bewegung zeigt sich zum Beispiel in seiner Erläuterung zum Stand der Analyse kurz vor Doras zweiter Traumerzählung.

> „Dora warf seit einiger Zeit selbst Fragen über den Zusammenhang ihrer Handlungen mit den zu vermutenden Motiven auf...(und kurz darauf:) Ich fand es überhaupt noch der Erklärung bedürftig, daß sie sich durch die Werbung K.s so schwer gekränkt fühlte ... usw." (S. 163).

Freuds Formulierungen bestärken die Vermutung, daß seine wiederkehrende Behauptung, Dora verweigere die Analyse, auf einer unbewußten Gegenübertragungsidentifizierung Freuds beruhen muß. Denn wenn Dora anfängt, *sich selbst* diejenigen Fragen zu stellen, die sie zu Beginn der Analyse noch zurückgewiesen hatte, so signalisiert sie Freud damit eben jene Veränderung, die als 'analytische Befruchtung' gelten kann: Sie hatte begonnen, die analytische Haltung in sich aufzunehmen. In eine ähnliche Richtung geht auch die Äußerung Doras, daß es zwar sein möge, daß sie in Herrn K. verliebt gewesen war, daß dies sich inzwischen aber verändert habe. Freud begreift diese Äußerung lediglich als Widerstand und nicht auch als Liebesangebot an ihn und an die Analyse. Freud widerspricht damit seiner eigenen Vorstellung, die innere und nicht die äußere Realität zum wesentlichen Bezugspunkt der Analyse zu machen. In dem Maße, wie er mit dem Gedanken spielt, Dora in Hinblick auf die *äußere* Realität zu Herrn K. zurückzubringen, verläßt er den Rahmen der Analyse, stellt doch Freud Überlegungen dahingehend an, daß es für alle Beteiligten die beste Lösung gewesen wäre, wenn Dora nach einer möglichen Scheidung der K.s Herrn K. geheiratet hätte. Dabei mißversteht

Freud zum einen, welche Bedeutung Herr K. für Doras *innere* Realität hat. Und er übersieht zum anderen, daß eine Seite in Dora verzweifelt versucht, mit dem Analytiker eben das herzustellen, was ihr in der äußeren Realität (mit Herrn K.) mißlungen ist: nämlich eine produktive Mann-Frau-Beziehung, anstelle einer sadistischen, zerstörerischen – eine nicht-destruktive Urszene, entgegen dem verinnerlichten Modell der Elternbeziehung.

Auch aus einer anderen Perspektive hatte Dora in der äußeren Realität versucht, an der Herstellung oder Aufrechterhaltung eines sich anerkennenden Paares mitzuwirken: nämlich dadurch, daß sie zunächst bemüht war, die Beziehung zwischen dem Vater und Frau K., dem einzig überdauernden Liebespaar, zu schützen. Ihre Beziehung zu Herrn K. stellte insofern auch ein Opfer an das Ersatzpaar dar, an dessen Liebe sie versuchte zu partizipieren, und mit dem sie sich in unterschiedlichen Positionen identifizierte. Diese – ohnehin prekäre, da zwangsläufig mit Schuldgefühlen gegenüber der Mutter verbundene – Konstruktion brach zusammen im Moment des realen Verführungsversuchs durch Herrn K. Dieser Zusammenbruch war zum einen Ausdruck einer Überforderung, insofern Herr K. schließlich auch ein ödipales Ersatzobjekt für den Vater darstellte und die für ihre adoleszente Verfassung notwendige Schutzmembran durchdrungen und das Reich der Phantasie verlassen hatte. Diese Überforderung verknüpfte sich jedoch zum anderen damit – und hier präzisiert sich nun der Kern und Knoten des in der Übertragung ausgestalteten Konflikts – daß Herr K. mit seiner Formulierung, „Sie wissen, ich habe nichts an meiner Frau", die in Doras Erleben ohnehin bedrohlich bereitliegende Vorstellung des Zusammenfallens von Verführung und Vernichtung nahelegte. Abgesehen von der Kränkung, die für Dora darin lag, daß Herr K. dieselben Worte auch an das Dienstmädchen gerichtet hatte, vernichtete er damit die labile Basis von Doras weiblicher Identifizierung, die wesentlich die Gestalt der idealisierenden Bewunderung für Frau K. hatte. Seine Aggression traf von daher seine Frau und Dora in einem. Auf diese Weise wiederholte sich in der Beziehung zwischen ihm und Dora das sadistische ‚nichts', das – für Dora in leidvoller Weise – die Beziehung zwischen den Eltern charakterisierte. Die äußere Szene, in der Verführung und Schlagabtausch sich in einem Atemzug entfalteten, aktualisierte und dramatisierte Doras unbewußte Vorstellung über die Urszene.

Ihre Überforderung wurde vervielfacht durch die Enttäuschung und Kränkung, von allen in dem Moment fallengelassen zu werden, als sie aus ihrer Funktion im Beziehungsreigen heraustrat. Ihre Hoffnungen, aus einer geschützten Position heraus weniger bedrohliche Bilder einer heterosexuellen

Beziehung entwickeln zu können, waren damit zunächst zunichte gemacht. Die aus dieser Verzweiflung heraus sich zuspitzenden Auseinandersetzungen mit dem Vater führten Dora zu Freud. Doras unbewußtes Anliegen in der Analyse läßt sich von daher als Versuch kennzeichnen, Zerstörtes wiederaufzubauen, *und* durch die Darstellung und Wiederholung ihrer Erfahrung des Mißlingens. Die Wiederholung verschärfte sich durch die Wahrnehmung, auch von Freud in Funktion genommen zu werden – etwa als Objekt der Bestätigung und Weiterentwicklung seiner Traum- und Hysterietheorie. So verfolgte Freud nicht nur spezifische theoretische Interessen und verführte Dora dabei zu einem erregenden Diskurs über Sexualität. Freud verleugnete zugleich die verführerischen Momente dieser Beziehung und neigte im Gegenzug dazu, immer wieder die Position des Zurückgewiesenen und Kastrierten einzunehmen und damit das Wiederholungsszenario zu komplettieren. Freuds unbewußte Identifizierung mit dem werbenden Abgewiesenen, die ihn aus dem analytischen Rahmen hinaustreten ließ in die Konkretion seiner Eheempfehlungen, mußte umgekehrt auf Dora wie eine unterschwellig von Paradoxien aufgeladene Abweisung wirken. Sein Beharren darauf, ihr ein Liebeseingeständnis in bezug auf Herrn K. abzuringen, konnte aus der Perspektive von Doras Wünschen gegenüber Freud zwangsläufig nur die ständige Wiederholung ein und derselben Äußerung zum Ausdruck bringen: '*Ich will mit deinen Liebeswünschen nichts zu tun haben*' – eine Vorstellung, die Doras Beunruhigungen über die Gefährlichkeit ihrer Erregungen, Liebeswünsche und Leidenschaften, über ihr Geschlecht und ihre Sexualität entsprach. Diese Perspektive soll in einem weiteren Schritt vertieft und mit Überlegungen darüber verknüpft werden, wie die produktiven oder destruktiven Urszenenphantasien mit der psychischen Repräsentanz des genitalen Innenraums in Zusammenhang stehen.

Urszenenphantasie und Aneignung des genitalen Innenraums

Freud hatte in mehreren nachträglichen Fußnoten auf die homosexuellen Strebungen Doras hingewiesen. In seinem Rückblick ging er sogar so weit zu behaupten, daß das Scheitern der Analyse zentral durch das Verkennen dieser stärksten libidinösen Tendenz in Doras Seelenleben bedingt gewesen wäre. Dieser Gedanke blieb unverbunden mit seiner anderen Vorstellung, daß das Mißlingen der Analyse vor allem mit dem Verkennen der Übertragung von Herrn K. auf ihn basierte. Die Ausgestaltungen von Liebe und Haß in der

Übertragung auf ihn als Mann lassen sich mit Doras homosexuellen Wünschen verknüpfen, wenn wir uns die Bedeutung Frau K.s aus der Perspektive von Doras angstvollen Phantasien über das Paar und die Urszene vergegenwärtigen. Offenkundig suchte Dora nach dem Bild einer Frau, die nicht wie die Mutter ein zerstörtes inneres Geschlecht mit einem endlosen Ausfluß hatte. Entsprechend basierten Doras Identifizierungsversuche auf einer intensiven Idealisierung gleichsam *im Körperäußeren* – deutlich beispielsweise an ihrer Bewunderung für den wunderschönen *weißen* Körper Frau K.s. – eine defensiv beruhigende Entgegensetzung zu den angstvollen Vorstellungen über das gefährliche *Dunkel* des *inneren* Genitals. Entsprechend vermied es Dora auch, Frau K., die bewunderte Frau, als genital aktive oder empfangende zu sehen, und stellte sich vor, daß Frau K. und der als impotent vermutete Vater ausschließlich oral-genitalen Verkehr hatten. Doras homosexuelle Idealisierung entspricht in diesem Sinne ihren destruktiven Vorstellungen über die heterosexuell ausgerichtete Genitalität. Aus dieser Perspektive kann das systematische Verfehlen der produktiven Begegnung mit Freud, das Mißlingen der Herstellung einer produktiven Analyse-Beziehung, auch als Ausdruck einer mißlungenen Integration aggressiver oder analsadistischer Impulse in das genitale Erleben verstanden werden: Aus ihrer Beziehung zur Mutter und aus der Wahrnehmung der Eltern-Beziehung hatte Dora ein Bild vom inneren Geschlecht der Frau entwickelt, das durch Phantasien von Zerstören und Zerstörtsein geprägt war. Entsprechend oszillierten ihre Versuche der Auseinandersetzung mit ihrem Geschlecht zwischen Aneignung und Wegstoßen, zwischen Annehmen und Verleugnen. Doras Identifizierung mit dem Bild der innerlich zerstörten oder zerstörenden Mutter zeigt sich zum Beispiel darin, daß sie an einem vaginalen Ausfluß wie die Mutter leidet. Die Ausgestaltung dieser Identifizierung in der analytischen Beziehung zu Freud wird von ihm an einer Stelle explizit wahrgenommen:

„Sie identifizierte sich einige Tage lang in kleinen Symptomen und Eigentümlichkeiten mit der Mutter, was ihr Gelegenheit gab, Hervorragendes an Unausstehlichkeit zu leisten ... Ihr Verharren in der Identifizierung nötigte mir fast die Frage auf, ob sie denn auch eine Geschlechtskrankheit habe, und nun erfuhr ich, daß sie mit einem Katarrh ... behaftet sei ..." (1905a, S. 146).

Dieser Ausfluß steht im Erleben sicherlich auch für das 'Naßwerden' durch die sexuelle Erregung und für die Menstruation, was jedoch in der Analyse nicht thematisiert wird. Er verweist insofern auch darauf, wie sie Erregung und Menstruation erlebt: nämlich als Krankheit, Bedrohung und Zeichen von Zerstörung. Ihr Kampf um *Aneignung* ihres Geschlechts wiederum zeigt sich in Form der in einer vermeintlichen Blinddarmentzündung verkleideten Entbindungsinszenierung, bei der sie unter Schmerzen ihre seit langem ausgebliebene Periodenblutung wieder hervorbringt – und darin, daß sie diese Entbindungsphantasie über den Traum in die Analyse hineinträgt und damit reaktualisiert.

Ähnlich beispielhaft für Doras Aneignungsbemühungen ist auch die Szene, die Dora als Assoziation zum zweiten Traum berichtete: Nämlich wie sie in der Dresdener Kunstgalerie zwei Stunden lang vor dem Bild der Sixtinischen Madonna von Raphael versunken war – ein Ausdruck ihres Wunsches nach mütterlicher Zuwendung wie auch ihrer Suche nach dem Bild eines gleichsam unversehrt-schönen Weiblichen im Sinne eines Mutterbildes, welches von keiner schmutzigen und zerstörerischen Empfängnis befleckt worden ist. Freud kommentierte diese Szene mit der Vermutung, daß die „mütterliche Sehnsucht nach einem Kinde" bei „Fortsetzung der Analyse" als „dunkles, aber mächtiges Motiv ihres Handelns aufzudecken gewesen wäre" (Anm. 2, S. 170). So bebildern Doras hysterische Entbindungsphantasie und ihr Versinken im Bild der Madonna mit dem Kind sowohl Doras Angst als auch den adoleszenten Schöpfungswunsch, ihr „dunkles, aber mächtiges Motiv" in der Analyse. Und es wird dabei deutlich, daß die Aneignung der weiblichen Genitalität, des genitalen Innenraums, sich im Bild des Phantasiekindes, seiner Zeugung, Empfängnis und Entbindung verdichtet. Dabei hat das Phantasiekind in der weiblichen Entwicklung immer eine vielschichtige, gleichsam überdeterminierte Bedeutung:

Das imaginierte Kind steht sowohl für die Adoleszente selbst in ihrem Wunsch nach Neubeginn, Ablösung und Entbindung von den kindlichen Beziehungskonfigurationen, nach Hervorbringung einer erwachsenen Identität. Zugleich steht das Phantasiekind für die Aneignung der weiblichen Potenz, für die Fähigkeit, mit der Mutter zu konkurrieren, phantasmatisch ihren Platz in der Urszene einnehmen zu können und in der Rückbesinnung auf das Eigene, das an oder in der Mutter Beneidete *im eigenen Körper* zu finden. Das Kind symbolisiert die Fähigkeit, sich des eigenen Geschlechts zu bemächtigen und den genitalen Innenraum als Ort der Produktivität und der Lust mit einem Mann zu imaginieren. Der Wunsch nach dem Kind bezeichnet den Versuch, das Bild des schöpferischen Paares auszugestalten und zu integrieren.

'Ein Zimmer für sich allein' – Adoleszenz und Sublimierung

Freud brachte mit seiner eindrücklichen Formulierung über Doras mütterliche Sehnsucht nach einem Kinde, die bei *Fortsetzung* der Analyse als dunkles und mächtiges Motiv zu erkennen gewesen wäre, eine Ahnung zum Ausdruck, daß es eben jene Bewegung der *sublimatorischen Aneignung dieses Wunsches* war, die aus der Analyse ausgeschlossen blieb – aus der erkennenden Bewegung in der Analyse, die eben nicht fortgesetzt, sondern genau beim Auftauchen dieses Wunsches abgebrochen wurde. Er drückte damit auch eine Ahnung davon aus, daß Doras Kampf um eine produktive Vorstellung von ihrem inneren Geschlecht bereits von Anfang an die Analysesituation prägte. Dabei zeigte sich dieser Wunsch nach einer Möglichkeit der Ausgestaltung ihrer Vorstellungen über ihren Körper, ihre Genitalien und die darin verborgenen Gefahren und Potenzen innerhalb eines geschützten Raumes – des geschützten Adoleszenz-Spielraums im Sinne eines Moratoriums – auch im letzten Traumelement ihres zweiten Traums: Im nachgetragenen Schlußbild dieses Traumes geht sie „*ruhig*" (S. 167) die Treppe hinauf zu ihrem Zimmer, sitzt an ihrem Schreibtisch und liest „in einem großen Buche" (S. 162). Freud verstand das große Buch als Anspielung auf die für Jugendliche typische Lexikonlektüre, bei der Dora über die weibliche Anatomie, Defloration, Schwangerschaft und Geburt nachgelesen hat. Es läßt sich zugleich auch verstehen als Wunsch nach Selbsterforschung und Selbstbetrachtung. Es zeigt Doras Wunsch, in Ruhe, ohne Angst vor Übergriffen und Funktionalisiertwerden, ihre eigenen Erregungen und Empfindungen in ihrem Geschlecht erleben und schrittweise integrieren zu können. Das Traumbild ist zugleich Ausdruck und Wunsch in bezug auf die Analysesituation, in der sie sich Freud zeigt und zeigen möchte und ihn in sich lesen läßt wie in einem „großen Buche". Schließlich enthält das Traumbild eine Anspielung auf das Privileg des Bruders, der in Ruhe in seinem Studierzimmer sitzen kann und nicht in Funktion genommen wird innerhalb der familiären Verwicklungen. Es verweist auf den Bruder, der seine kreativen und sexuellen Potenzen ebenso wie seine Ängste und Nöte – dem adoleszenten Entwicklungsbedarf entsprechend – sublimierend bearbeiten kann, und nicht wie Dora ausschließlich in Heiratsvorstellungen gedrängt und in Liebesverwicklungen hineingezogen wird. Insofern enthält das Traumbild auch eine Anspielung auf Freud, der Dora Herrn K. als Ehemann anempfahl, sie damit ihres adoleszenten Entwicklungsraumes beraubte und aus der Analyse drängte und dabei seinerseits – wie der Bruder – in *Ruhe* in seinem Studierzimmer arbeitete, las und schrieb, und sich Dora als Gegenstand seiner theoretischen Bearbeitungen aneignete, anstatt Dora sich in Ruhe ihre Geschichte und ihr Geschlecht aneignen zu lassen.

Es sei daran erinnert, daß Freud selbst noch mit seinem eigenen „großen Buche" befaßt war, der gerade herausgekommenen Traumdeutung, seinem Traumbuch. Freud selbst befand sich in großer Spannung in Hinblick auf die Rezeption dieses großen Buches, dem Resultat seiner eigenen selbstanalytischen Betrachtung, und war in diesem Sinne in hohem Maße mit seinen eigenen adoleszent schöpferischen Prozessen befaßt, und schließlich stand die Behandlung Doras auch in der Funktion, die Entdeckungen seines Traumbuchs erneut unter Beweis zu stellen.

„Die Deutung dieses Traumes", schreibt Freud, „ging nicht ohne Schwierigkeiten vor sich. Infolge der eigentümlichen, mit seinem Inhalte verknüpften Umstände, unter denen wir abbrachen, ist nicht alles geklärt worden" (1905a, S. 162).

Dora mußte sich von Freud losreißen, ohne entbunden und sich als Frau hervorgebracht zu haben, da das destrukive Sich-verfehlen der Geschlechter nicht hatte gelöst werden können. Dora konnte die Potenzen ihres inneren Raumes nicht aufspüren und entfalten, da die Wiederholungsmacht der gegenläufigen Strömungen sich in der Analyse-Beziehung unbegriffen durchgesetzt hatte. Freud profitierte in vieler Hinsicht theoretisch und technisch aus den Erkenntnissen der Behandlung, fixierte jedoch auch die problematischen Bewegungen, die sich in diesem abgebrochenen Fall durchgesetzt hatten. Dazu gehört beispielsweise, daß – zunächst in den „Drei Abhandlungen zur Sexualtheorie" (Freud 1905b), im selben Jahr erschienen wie der Fall Dora – die Bedeutung des inneren Geschlechts unbegriffen blieb, wie auch die Möglichkeiten eines eigenständigen adoleszenten Entwicklungsprozesses bei Mädchen oder jungen Frauen im allgemeinen.

Aus der *rekonstruktiven Erkenntnis* dieses hysterisch-negierten Bildungsprozesses – in methodischer Anknüpfung an Freuds bedeutsamste Entdeckung in der Fallgeschichte, der stets zwischen „Neuauflage" und „Neubearbeitung" (Freud 1905a, S. 181) changierenden Übertragung – konnte jedoch eine Reihe von Schlußfolgerungen in Hinblick auf den analytischen und adoleszenten weiblichen Schöpfungsprozeß gezogen werden, die ich abschließend zusammenfassen möchte.

Übertragungsliebe, Urszenenphantasien und Aneignung der weiblichen Genitalität

Der adoleszente Neubeginn, eingebettet in die stets aufeinander bezogenen Pole von Trennung und Neuschöpfung, aktualisiert die Frage nach dem eigenen Ursprung. Mit der Frage nach Ursprung und Geschichte – „Wie bin ich geworden, was ich bin?" – erlangt das Bild *vom hervorbringenden Elternpaar* Bedeutung: Um eine eigene erwachsene Identität hervorbringen zu können, muß das Bild vom hervorbringenden Elternpaar im Verlauf der Adoleszenz schrittweise integriert werden. Dabei repräsentiert der herangewachsene genitale und fortpflanzungsfähige Körper zum einen, wie Laufer und Laufer (1989) sowie Bründl (1994) hervorgehoben haben, die einschneidende Trennung von den kindlichen Objekten; zum anderen erweckt der genitale Körper die Phantasien, selbst Teil eines sich vereinigenden oder hervorbringenden Paares zu werden. Entsprechend wurde anhand Doras Analyse deutlich, daß das innere Bild des adoleszenten genitalen Körpers auf ambivalente, beunruhigende Weise von den Bildern des Sexuellen, von Zeugung und Empfängnis erfüllt ist. Dies hat im Fall der Weiblichkeit eine besondere Bedeutung und Brisanz, da sich die Vereinigung im weiblichen Körper vollzieht und psychisch verortet ist. Die psychischen Repräsentanzen des genitalen Innenraums (vgl. z. B. Kestenberg 1968, Gambaroff 1984, Eicke-Spengler 1988, Pines 1988, Bernstein 1990, Kramer Richards 1992) bekommen somit in der Adoleszenzentwicklung eine herausragende Bedeutung: Mit der Menarche und der Öffnung des genitalen Innenraums in der Adoleszenz wird die Phantasie eines neuen Ursprungs, einer neuen Urszene in Gang gesetzt, die im weiblichen Körper und Geschlecht, im weiblichen Innenraum verortet ist; in diesem Sinne ist die Repräsentanz des weiblichen genitalen Körpers zugleich ein genuiner Entwurf des Objektbezugs, ein potentiell mütterlicher – virtuell den Penis und das Kind empfangender oder nährender und gebärender (vgl. ausführlicher King 1995a, 1996, 1997). So wird in der Adoleszenz, in der sich das stürmische Wiedererwachen der Sexualität in einer nun leiblich herangewachsenen Genitalität vollzieht, die junge Frau damit konfrontiert, daß ihr Körper vom Objekt im wahrsten Sinne des Wortes durchdrungen ist – eine potentielle Quelle und Grundlage von Potenz wie auch von Angst vor Zerstörung. Die „schwierige Balance" zwischen Tochter und Mutter (Bell 1996), die komplexe Spannung zwischen Identifizierung, Abgrenzung und Rivalität zwischen Tochter und Primärobjekten berührt im fundamentalen Sinne die inneren Zentren des Körper-Ich, denn konflikthafte verinnerlichte Objektbeziehungen, mangelnde Selbst-Objekt-Abgrenzungen und entsprechend destruktive Bilder der Vereinigung können dazu führen, daß der weibliche Körper und Innenraum als bedrohlich erlebt wird. Insofern erfordert diese fundamentale Objektdurchdrungenheit eine ausgiebige Arbeit an der Differenzierung von Selbst und Objekt. Die adoleszenten Prozesse von Trennung, Selbst-Verlust und aktiver Selbst-Vergewisserung auf einer neuen Stufe der Integration des Narzißmus (vgl. z.B. Boothe 1990, Rohde-Dachser 1990, Poluda-Korte 1992 b, Leuzinger-Bohleber und Dumschat 1993, Streeck-Fischer 1994a) erhalten eine spezifische Ausrichtung aus den inneren Entwürfen, die mit den psychischen Repräsentanzen des weiblichen Körpers einhergehen. Die spezifische Objektdurchdrungenheit der Körperrepräsentanz bedarf einer sublimatorischen Bearbeitung dieser, zudem von der adoleszenten Triebhaftigkeit in bedrohlichen Schwung und Erregung gebrachten, inneren Objektbeziehungen und eines dafür zur Verfügung stehenden Raums für Trauer und neue Erfahrungen, eines Moratoriums. Andernfalls ist tatsächlich die Geschlechtsreife in der Pubertät, wie dies um die Jahrhundertwende zum Zeitpunkt der Dora-Analyse häufig der Fall war, der Ausgangspunkt einer Art von Kurzschluß – der Ausgangspunkt kurzschlüssiger Lösungen für die adoleszente Spannung zwischen der überwiegend kindlichen Psyche und der *genitalen Leiblichkeit*. Die zentrale Integrationsaufgabe der Adoleszenz liegt aus dieser Perspektive darin, Selbst und Objekte im Innern neu zu ordnen und damit eine Brücke zu schlagen zwischen der kindlichen Psyche im genitalen Körper und der schrittweise zu erlangenden *psychischen Genitalität, in der die Urszenenphantasien, die Bilder der Vereinigung im genitalen Innenraum, neu ausgestaltet worden sind.*

Beziehen wir diese Integrationsaufgaben zurück auf die analytische Situation, so kann, wie der Fall Dora zeigt, der *Widerstand* gegen die Übertragungsliebe ebenso wie die *idealisierende Suche* nach einer Liebesheilung dazu dienen, die bedrohlichen Phantasien über die Selbst-Objekt-Beziehung im genitalen Innenraum abzuwehren. So kann die Empfindung, vom Objekt durchdrungen zu sein, abgewehrt werden durch Externalisierung – die wiederum in der Gegenübertragung (gemäß dem Bild der „phallischen Rächerin" in der Rezeptionsgeschichte des Falls Dora) als phallische Attacke empfunden werden kann – oder auch durch die häufig beobachteten masochistisch getönten Liebesidealisierungen. Verbündet sich die Übertragungsliebe jedoch im Durcharbeiten der Widerstände mit dem analytischen Prozeß (vgl. die Beispiele von Chasseguet-Smirgel 1984, Bergmann 1987, Person 1994, Kernberg 1994), so können sich daraus schrittweise Vorformen der Sublimierung entwickeln. Denn das Durcharbeiten der Liebeswünsche erfordert, einen Wunsch reflexiv zu halten, der genuin nach unmittelbarer handelnder Erfüllung drängt. Die Legierung der Übertragungsliebe mit dem analytischen Prozeß verdichtet die Anforderung, die gleichzeitige An- und Abwesenheit des Objekts – die eigentümliche Verbindung von Nähe und Distanz, die die analytische Situation charakterisiert (Pontalis 1988) – zu ertragen und die damit verbundenen Empfindungen zu bearbeiten. Daraus entwickelt sich im analytischen Prozeß ein Rahmen dafür, die bedrohlichen inneren Bilder über die Vereinigung, die Urszenenphantasien, in ihren verschiedenen Facetten zugänglich zu machen und die verletzlichen Repräsentanzen von Selbst und Objekt, wie sie im Körperinneren phantasiert werden, in den analytischen Raum zu projizieren. Analog dem adoleszenten Entwicklungsprozeß kann dabei das infantile Phantasiekind im Durcharbeiten der damit verknüpften Affekte und Hemmnisse in die analytischen Neuschöpfungen des Ich sublimiert werden. Damit ist zugleich eben jener Übergangsraum konstituiert, in dem sich eine Abgrenzung zwischen Selbst und Objekt in der inneren und äußeren Realität einerseits neu konturiert, andererseits im Sinne eines schöpferischen Gebrauchs der Phantasie verflüssigt – eine Voraussetzung, um die hemmenden Lösungen und Abkürzungen der Adoleszenz zu revidieren und für die Ausgestaltungen von Liebe und Arbeit im weiblichen Lebensentwurf einen Entwicklungsspielraum hervorzubringen.

Literatur

Bell, K. (1996): Mütter und Töchter – die schwierige Balance. In: Forum der Psychoanalyse Bd. 12, S. 128-141.
Bergmann, M. (1987): Eine Geschichte der Liebe. Vom Umgang des Menschen mit einem rätselhaften Gefühl. Frankfurt/M. 1994 (Fischer).
Bernstein, D. (1990): Weibliche genitale Ängste und Konflikte und die typischen Formen ihrer Bewältigung. In: Psyche 47, S. 530-559, 1993.
Boothe, B. (1990): Trennung – Alleinsein – Aufbruch als Schritte weiblicher Entwicklung in psychoanalytischer Sicht. In: Zeitschrift für psychosomatische Medizin 36, S. 316-331.
Bosse, H. (1994): Innere und äußere Determinanten für einen neuen Entwurf weiblicher Identität im Verlaufe 'innerer Modernisierung'. Junge Frauen beim Übergang von ethnisch-dörflicher zu modern-städtischer Kultur. In: V. Haller (Hg.), (1994): Mädchen zwischen Tradition und Moderne. Österreichischer Studienverlag.

Breuer, J. und S. Freud (1895): Studien über Hysterie. Frankfurt/M. 1991 (Fischer).
Bründl, P. (1994): Adoleszente Entwicklungskrise in der Übertragung. In: M. Endres (1994): Krisen im Jugendalter. München (Ernst Reinhardt Verlag). S. 220-236.
Cixous, H. (1976): Portrait de Dora. Dtsch.: Dora. Frankfurt/M. 1977 (Fischer).
Chasseguet-Smirgel, J. (1984): Ein „besonderer" Fall. Zur Übertragungsliebe beim Mann. In: dies. (1988): Zwei Bäume im Garten. Zur psychischen Bedeutung der Vater- und Mutterbilder. München (Verlag Internationale Psychoanalyse), S. 68-87.
Cremerius, J. (1989): Freuds Konzept der psychosexuellen Entwicklung der Frau schließt deren autonome Entwicklung in der psychoanalytischen Behandlung im Prinzip aus. In: Brede, K. (Hg.): Was will das Weib in mir? Freiburg (Kore), S. 111-130.
Decker, H., (1991): Freud, Dora and Vienna 1900. New York (Free Press).
Deutsch, F. (1957): A Footnote to Freud's 'Fragment of an Analysis of a Case of Hysteria'. In: The Psychoanalytic Quarterly. Vol. 26., S. 159-167.
Eicke-Spengler, M.(1988): Über Schuld- und Schamgefühle bei Frauen. In: Zeitschrift für psychoanalytische Theorie und Praxis III, S. 77-93.
Eickhoff, F.-W. (1995): Sigmund Freuds „Bemerkungen über die Übertragungsliebe", achtzig Jahre danach. In: Haas, J.-P. und G. Jappe (Hg.): Deutungs-Optionen. Für Wolfgang Loch. Tübingen (edition diskord), S. 48-75.
Erdheim, M. (1988): Psychoanalytische Jugendforschung. In: Die Psychoanalyse und das Unbewußte in der Kultur. Frankfurt/M. (Suhrkamp), S. 215-236.
Erikson, E. (1959): Identität und Lebenszyklus. Frankfurt/M. (Suhrkamp) 1966.
Flaake K. und V. King (1992): Weibliche Adoleszenz. Zur Sozialisation junger Frauen. Frankfurt/M. (Campus).
Freud, S. (1905a): Bruchstück einer Hysterie-Analyse. Studienausgabe Bd. VI, Frankfurt/M. (Fischer) 1969.
Freud, S. (1905b): Drei Abhandlungen zur Sexualtheorie. Frankfurt/M. (Fischer) 1982.
Gambaroff, M. (1984): Utopie der Treue. Reinbek (Rowohlt).
Jones, E. (1955): Das Leben und Werk Sigmund Freuds: Bd. 2. Bern (Huber) 1962.
Kahane, C. (1985): Why Dora Now? In: Bernheimer, Ch. und C. Kahane (Eds.): Dora's Case. Freud – Hysteria – Feminism. New York (Virago Press), S. 19-31.
Kernberg, O. (1994): Liebe im analytischen Setting. In: Psyche 48, 9/10, S. 808-826.
Kestenberg, J. (1968): Outside and Inside. Male and Female. In: Journal of the American Psychoanalytic Association, 26, S. 457-520.
King, V. (1995a): Die Urszene der Psychoanalyse. Adoleszenz und Geschlechterspannung im Fall Dora. Stuttgart (Verlag Internationale Psychoanalyse).

King, V. (1995b): Anna, Irma und Dora. Der Schlüssel zu den Müttern im Schöpfungsprozeß der Psychoanalyse. In: Psyche 49, 9/10, S. 838-866.

King, V. (1996): Halbierte Schöpfungen. Die Hysterie und die Aneignung des genitalen Innenraums – Urszenenphantasien in der Adoleszenz. In. Seidler, G. (Hg.) (1996): Hysterie heute. Metamorphosen eines Paradiesvogels. Stuttgart (Enke), S. 144-165.

King, V. (1997): Weibliche Adoleszenz im Wandel. Innere und äußere Räume im jugendlichen Schöpfungsprozeß. In: Krebs, H., u.a. (Hg.) (1997): Lebensphase Adoleszenz. Mainz (Grünewald).

Kramer Richards, A. (1992): The Influence of Sphincter Control and Genital Sensation on Body Image and Gender Identity in Women. In: The Psychoanalytic Quarterly. Vol. LXI, 1991. No. 3, S. 331-351.

Krutzenbichler, S. und H. Essers (1991): Muß denn Liebe Sünde sein? Über das Begehren des Analytikers. Freiburg (Kore).

Laplanche, J. und J.-B. Pontalis (1985): Urphantasie. Phantasien über den Ursprung, Ursprünge der Phantasie. Frankfurt/M. (Fischer).

Laufer, M. und M.E. Laufer (1989): Adoleszenz und Entwicklungskrise. Stuttgart (Klett).

Leuzinger-Bohleber, M. und R. Dumschat (1993): Separation, Trauer und Autonomie. Eine zentrale Dimension spätadoleszenter Identitätsbildung bei heutigen Studentinnen? In: Leuzinger-Bohleber, M. und E. Mahler (Hg.) (1993): Phantasie und Realität in der Spätadoleszenz. Gesellschaftliche Veränderungen und Entwicklungsprozesse bei Studierenden. Opladen (Westdeutscher Verlag).

Major, R. (1973): Introduction: Un non d'amour. In: Revue Française de Psychanalyse 37, S. 303-312.

Muslin, H. und M. Gill (1978): Transference in the Dora Case. In: Journal of the American Psychoanalytic Association 26, S. 311-328.

Person, E. (1995): Die erotische Übertragung bei Männern und Frauen: Unterschiede und Folgen. In: Psyche 48, 9/10; S. 783-807.

Pines, D. (1988): Wozu Frauen ihren Körper unbewußt benutzen. Eine psychoanalytische Betrachtung. In: Zeitschr. f. psychoanal. Theorie und Praxis III., S. 94-112.

Poluda-Korte, E. (1992a): Freud und die Töchter – Versuch einer Emanzipation von patriarchalen Vorurteilen in der Psychoanalyse. In: Jahrbuch der Psychoanalyse 29. S. 92-139.

Poluda-Korte, E. (1992b): Identität im Fluß. Zur Psychoanalyse weiblicher Adoleszenz im Spiegel des Menstruationserlebens. In: Flaake K. und V. King (Hg.) (1992), S. 147-165.

Pontalis, J.-B. (1988): Aus dem Blick verlieren. Im Horizont der Psychoanalyse. München (Kirchheim).

Pontalis, J.-B. (1992): Die Macht der Anziehung. Psychoanalyse des Traums, der Übertragung und der Wörter. Frankfurt/M. (Fischer).

Rohde-Dachser, Ch. (1990): Über töchterliche Existenz. In: Zeitschrift f. psychosomatische Medizin und Psychoanalyse, 36. Jg.

Rogow, A. (1979): Dora's Brother. In: International Journal of Psychoanalysis 6, S. 239-259.

Schimmel, I. (1973): Rêve et transfert de 'Dora'. In: Revue Française de Psychanalyse 37, S. 313-321.

Stephan, I. (1992): Die Gründerinnen der Psychoanalyse. Eine Entmythologisierung Sigmund Freuds in zwölf Frauenporträts. Stuttgart (Kreuz).

Streeck-Fischer, A. (1994a): Entwicklungslinien der Adoleszenz. Narzißmus und Übergangsphänomene. In: Psyche 48, S. 745-768.

Streeck-Fischer, A. (1994b): Vortrag über Dora, weibliche Adoleszenz und die mißbräuchliche Beziehung, anläßlich der 45. Jahrestagung der DGPT in Lindau.

Thomä, H. und H. Kächele (1985/88): Lehrbuch der psychoanalytischen Therapie. Band 1: Grundlagen, Berlin (Springer).

Wellendorf, F. (1987): Der Fall Dora: eine Mesalliance. Überlegungen zu Liebe und Erkenntnis in der Psychoanalyse. In: Belgrad, J. u.a. (Hg.). Zur Idee einer psychoanalytischen Sozialforschung. Dimensionen des szenischen Verstehens. Frankfurt/M. (Fischer), S. 70-84.

Woolf, V. (1928): Ein Zimmer für sich allein. Frankfurt/M. 1981 (Fischer).

Abwehr der destruktiven Dimension in der Gegenübertragungsliebe

Marina Gambaroff

Wie wir wissen, hat die Handhabung der spezifisch analytischen Intimität von den Anfängen der Psychoanalyse an zu Entgleisungen seitens der Analytiker geführt und tut dies bedauerlicherweise gelegentlich auch heute noch.

1909 schreibt Freud an Jung aus gegebenem Anlaß und gebraucht hier den Begriff der Gegenübertragung zum ersten Mal:

> „Ich selbst bin zwar nicht so hereingefallen, aber ich war einige Male sehr nah daran und hatte 'a narrow escape'. Es schadet aber nichts.
> Es wächst einem so die nötige harte Haut, man wird der 'Gegenübertragung' Herr, in die man doch jedesmal versetzt wird, und lernt, seine eigenen Affekte verschieben und zweckmäßig plazieren" (Freud 1909, S.112).

Dieser Brief steht im Zusammenhang mit der Affäre von C.G. Jung und Sabina Spielrein. Es fällt mir schwer, nichts zu sagen über die verhängnisvolle Männerbündelei zwischen Freud und Jung, auf die vor allem Cremerius (1986/87) hingewiesen hat: Männerbündeleien und projektive Männerphantasien über Frauen, wie sie auch immer wieder in der Geschichte der Psychoanalyse aufgetreten sind und gelegentlich auch Eingang in Theoriebildung gefunden haben. Aber das gehört nicht zu meinem Thema.

Freud verwendet den Begriff der Gegenübertragung insgesamt nur fünfmal, 1915 in seiner Arbeit „Bemerkungen zur Übertragungsliebe" tut er dies zum letzten Mal. In dieser frühen Zeit der Psychoanalyse ist das so neutral klingende Wort „Gegenübertragung" noch gleichbedeutend mit der Gegenliebe des männlichen Analytikers zu einer Patientin, die ihm starke, erotisch-sexuelle Gefühle entgegenbringt, ihre sogenannte „Übertragungsliebe".

Der Analytiker befindet sich also in großer Gefahr und Versuchung, korrespondierende Gefühle zu entwickeln. Gegenübertragung meint in diesen Zeiten nichts anderes als Gegenübertragungsliebe. Über die verschiedenen Ausprägungsformen der Übertragungsliebe wurde allerdings wesentlich mehr nachgedacht als über die dazugehörige Gegenübertragungsliebe.

Auf Grund der Ereignisse in der psychoanalytischen Gesellschaft formuliert Freud (1915) aus mehrfach gegebenem Anlaß: die Kur habe in der Abstinenz (Entbehrung) stattzufinden, der Analytiker sei mit einem kalten Chirurgen zu vergleichen und habe die Funktion eines Spiegels zu übernehmen, auf dem möglichst wenig blinde Flecken zu finden sein sollten.

Vermutlich ist es in der Pionierzeit der Psychoanalyse, die ja gerade wegen der hohen Bedeutung, die sie der Sexualität beimaß, außerordentlichen Anfeindungen ausgesetzt war, ganz besonders schwer gewesen, sich auf eine flexiblere, weniger starre Weise mit dem sich in der Kur entwickelnden Begehren zwischen Arzt und Patientin auseinanderzusetzen.

Für Freud (1915) hatte der Analytiker einen dreifachen Kampf zu führen: gegen die viktorianische Gesellschaftsprüderie; in seinem Inneren, um nicht im analytischen Niveau durch seine sexuellen Regungen herabgezogen zu werden; gegen die Patientinnen, die den Analytiker mit ihrer „unbändigen Leidenschaft" gefangennehmen wollten.

Für diese Art der Beziehung, die diese Frauen eingehen, wird später von Blitzsten (vgl. Krutzenbichler, Essers, 1991) der Begriff der „erotisierten Übertragung" eingeführt. Hier droht Gefahr seitens der heftigen Wünsche der Patientin.

Es entstand also aus einer Angst heraus eine starre Haltung in der psychoanalytischen Gemeinschaft im Umgang mit der Gegenübertragung. Jahrzehntelang behält die Gegenübertragung eine negative Bedeutung, wird geradezu tabuisiert, weil sie ihre sexuelle Konnotation behält. Die Gegenübertragung wird zum „Aschenputtel" der psychoanalytischen Technik, wie Thomä/Kächele (1985) sagen. Es gibt in diesen Jahren nur wenige Arbeiten zu dem Thema, und diese sind vor allem defensiv, mahnend oder verbietend und fordern, die Gegenübertragung zu kontrollieren und sich in Abstinenz zu üben.

Erst Jahrzehnte später setzt eine deutlichere Wendung in der Einschätzung des Phänomens der Gegenübertragung ein, die auf den Vortrag Paula Heimanns auf dem Internationalen Kongreß in Zürich 1949 zurückgeht. Ihr Vortrag ist der Wendepunkt zu einer „ganzheitlichen" Auffassung: „alle" Gefühle des Analytikers dem Patienten gegenüber werden als Gegenübertragung betrachtet, und zwar induziert durch den Patienten. „Zugleich mit der gleich-schwebenden Aufmersamkeit benötigt der Analytiker eine leicht ansprechbare Sensibilität, um den Gefühlsregungen des Patienten und seinen unbewußten Phantasien folgen zu können. Unsere Grundannahme ist, daß das Unbewußte des Analytikers das des Patienten versteht. Dieser Rapport auf einer tiefen Ebene kommt in der Form von Gefühlen zur Oberfläche, die der Analytiker als Antworten auf seinen Patienten bemerkt, eben in seiner Gegenübertragung" (Heimann, 1950, zit. nach Thomä/Kächele 1985, S. 88).

Die Gegenübertragung wird damit zu einem Forschungsinstrument im psychoanalytischen Prozeß erhoben und als „Schöpfung des Patienten" angesehen, was damals von Heimann ausschließlich als projektive Identifikation im Sinne Kleins verstanden wurde, wovon sie in späteren Jahren laut Thomä/Kächele aber wieder abrücken sollte. Die Präokkupation mit dem sexuellen Aspekt tritt somit in den Hintergrund.

In meiner Ausbildung gehörte die Beachtung der Gegenübertragung als äußerst nützliche Möglichkeit der Erkenntnis und des Erfassens der spezifischen Vorgänge in den Behandlungen stets dazu, und ich bin meinen damaligen Supervisoren Hans Müller-Braunschweig, Peter Fürstenau und Horst-Eberhard Richter dankbar, daß sie stets ermutigten und nie moralisierten. Doch ich meine mich zu erinnern, daß es mir stets wesentlich leichter fiel, Gefühle wie Gereiztheit, Zorn, Überdruß, Kummer, Schmerz, zärtliche Zuneigung bei mir zu beobachten und mitzuteilen als sexuell getönte Stimmungen. Da gab es dann doch eher eine Scheu und Ängstlichkeit, und es kostete größere Überwindung. Meiner Erfahrung nach trifft das im allgemeinen auch heute auf Supervisionen und Fallseminare zu. Es wird durchaus plastisch von allen möglichen Gegenübertragungsgefühlen, wenn sie denn zugänglich sind, berichtet. Doch bei sexuell gefärbter Gegenübertragung muß man in Kontrollanalysen und Supervisionen ein besonders akzeptierendes Klima herstellen, in dem eingeräumt werden kann, daß man sich durch die Patienten auch in dieser Weise berührt fühlt. Und bei intensiven Übertragungen werden wir ja berührt.

Es gibt unterschiedliche Haltungen, wie denn nun Übertragungsliebe, vor allem in ihrer erotisierten Form, einzuschätzen sei.

J. Sandler (1976) bringt die erotisierte Übertragung in ihrer „mangelnden Realitätsprüfung" mit der psychotischen Übertragung in Verbindung und deklariert sie so als maligne Formen der Übertragung.

Einige Autoren unterscheiden zwischen „triebgereinigter" Übertragungsliebe, die für das Arbeitsbündnis nutzbar zu machen sei und der erotisierten

Übertragung, in der exzessive, unrealistische Forderungen an den Analytiker gestellt würden. Beim Persistieren dieser Form der Übertragung, also bei therapeutischer Resistenz, wird empfohlen, die Behandlung abzubrechen und sie später bei einem gleichgeschlechtlichen Therapeuten fortzusetzen (vgl. Krutzenbichler, Essers, 1991; Kumin, 1985/86).

Blum (1973) versteht die erotisierte Übertragung dagegen durchaus als Teil einer analysierbaren Übertragungsneurose und diagnostiziert narzißtische und präödipale Aspekte hinter einer ödipalen Fassade und beschränkt das Phänomen nicht auf Borderline-Patienten.

Sehr bemerkenswert ist auch Coen's (1981) Überlegung, die erotisierte Übertragung als eine Haltung der Abwehr aggressiv-destruktiver Impulse gegen den Analytiker zu verstehen, ein Abwehrmechanismus, den er allen Patientengruppen – unabhängig vom Grad der Pathologie – zuordnet.

Krutzenbichler und Essers (1991) führen Helen Silvermann an, die versuchte, ihren männlichen Analytikerkollegen die Furcht vor einer gierigen, infantil-libidinösen Frau, die keine Grenzen kenne, zu nehmen. Sie lehne den Terminus der erotisierten Übertragung ab. Sie halte sie für eine Form der erotischen Übertragung, die sich allerdings in Stärke und Intensität des Begehrens von dieser unterscheide. Die Wahrnehmung der Intensität und Stärke der erotischen Übertragung sei abhängig von der Persönlichkeit des Analytikers, und das habe Auswirkungen auf das Übertragungsgeschehen. Eine negative Reaktion auf die erotische Übertragung auf seiten des Analytikers, wie Ängstlichkeit, Vermeidung oder Zurückweisung, könne eine normale erotische Übertragung verschärfen oder intensivieren.

Johannes Grunert (1989) spricht in einer sehr beeindruckenden und ausgewogenen Arbeit von der notwendigen „Verführungsbereitschaft" des Analytikers, die mit bewußten und unbewußten Verführungsintentionen der Patienten korrespondiere: „Nimmt der Analytiker die Übertragung voll an, so muß er sich auch in die Vorstellung hineinversetzen können, Liebhaber seiner Patientin zu sein. Vorurteilsfrei und unbefangen sollte er in der Lage sein, ohne Hemmungen etwas zu denken, was durch das Inzest-Tabu der Menschheit zu denken – und erst recht zu tun – verboten ist. Er muß fähig sein zu denken, was die Abstinenz zu tun verbietet, weil es die analytischen Erfordernisse gebieten. Damit steht der Analytiker in dem Konflikt, Trieberleben des Patienten zu dessen besserer Entfaltung annehmen zu müssen und sich davon berühren zu lassen, ohne es in Triebleben umsetzen zu dürfen" (Grunert 1989, S. 224/25). Diese Vermeidung der Konkretisierung bezeichnet Grunert mit dem schönen Begriff „Intimitätsdistanz".

Und weiter sagt er: „Intimität und Abstinenz erweisen sich als zwei Pole der Interaktion, die zu verbinden die eigentliche Kunst der psychoanalytischen Arbeit darstellt. Es ist ein Weg zwischen Scylla und Charybdis. Nur wer diese Klippen am eigenen Leibe schmerzhaft spürte, weiß, wovon die Rede ist. Dabei ist – und dies mag paradox erscheinen – produktive Intimität nur möglich im Schutze zuverlässiger und verantwortlicher Abstinenz, d.h. bei Wahrung der Intimitätsdistanz" (Grunert 1989, S. 228). Oder, wie Racker (vgl. Krutzenbichler, Essers 1991) sagt, die Nichtbeachtung der sexuellen Gegenübertragungsgefühle komme einem „Untergehen in der Übertragung" gleich. Es handelt sich also um ein Paradox: Je klarer man sich die eigene Gegenübertragungsreaktion macht, desto weniger muß es zum Ausagieren kommen. Hier dürfte der bekannte Satz zutreffen: Wer sich nicht in Gefahr begibt, kommt darin um.

Seit 1972 arbeite ich als Psychotherapeutin, seit 1975 bin ich Psychoanalytikerin. Ich kann also auf eine gewisse Zeit dieser Form eigenartigen, streckenweise gratifizierenden, streckenweise ermüdend-erschöpfenden Arbeitens zurückblicken. In dieser Zeit sind mir einige wenige, dann jedoch umso beeindruckendere und erschreckendere Fälle von Mißbrauch im Rahmen von Psychotherapien begegnet, sei es, daß ich von Patientinnen direkt von solchen Umständen aus früheren Therapien erfuhr oder von Kollegen, die derart geschädigte Patientinnen übernommen hatten, sei es, daß ich mir über Kollegen Gedanken zu machen hatte, die sich in sexuelle Beziehungen zu ihren Patientinnen verstrickt hatten. Es kam zu Suizidversuchen, Aufflammen psychosomatischer Leiden, extremen emotionalen, das Lebensgefühl erschütternden Verstörungen. Da es nun einmal eine nicht zu verleugnende Tatsache ist, daß diese Übergriffe auch in den „feineren Kreisen" der Psychotherapieszene, zu denen ich die psychoanalytisch orientierten Fachgesellschaften zählen möchte, vorkommen, halte ich es für notwendig, immer wieder Überlegungen anzustellen, unter welchen Umständen eine Situation so weit entgleisen kann, daß sich ein Therapeut oder eine Therapeutin im Behandlungsprozeß mit ihren Patienten ins sexuelle Agieren verstricken kann.

Kinder und Patienten haben alles Recht der Welt, ihre realen Eltern oder die Analytikerväter und -mütter verführen zu wollen, und sie versuchen es gelegentlich mit aller Macht auch zu tun. Doch haben die Eltern und ganz besonders die Analytikerväter und -mütter die Verpflichtung, diesen Verführungsversuchen nicht nachzugeben oder gar selbst zur eigenen Befriedigung die inzestuöse Verwicklung in den verschiedenen Formen bis hin zum realen sexuellen Kontakt zu stimulieren. Was in Familien geschehen kann und geschieht, hat sich im Übertragungs-Gegenübertragungs-Gewebe zu wiederholen, das manifeste Ausagieren nicht. Stattdessen steht die manchmal unsäglich mühevolle Durcharbeitung, die in vielen Fällen gelingt, aber gelegentlich unzureichend bleibt. Für mich erscheint als eine der destruktivsten Formen des Mißlingens langfristiger intensiver psychoanalytisch-psychotherapeutischer Arbeit die Etablierung sexueller Kontakte zwischen Patientin und Analytiker, wesentlich seltener zwischen Patient und Analytikerin und vermutlich noch seltener in der homosexuellen Konstellation – zumindest ist mir kein solcher Fall bekannt. Unabhängig von der Konstellation der Geschlechter in der psychoanalytischen Dyade kann die Thematisierung der Sexualität für beide Seiten etwas Erregendes, Verführerisches haben. „Von sexuellen Dingen reden ist eine Realität; diese Realität ist eine Verführung" (Neyraut, zit. nach Grunert, 1989, S.209).

Ivrie Kumin (1985/86) sieht im Akt der Verdrängungsaufhebung, wenn diese sexualisiert werde, verführerische Momente. Dann erinnere das Erlangen von Erkenntnis an das Übertreten eines Tabus und sei deswegen verboten und erregend zugleich. In so einer Situation könne Sprache als Vehikel psychoanalytischen Wissens im Wechselspiel von Patientin und Analytiker erotisiert werden: Der Patient oder die Patientin würden in der Abwehr still, während der Analytiker oder die Analytikerin mit Lust seine/ihre Fähigkeit genössen, „tiefe", „eindringende" Deutungen zu geben. Die Gefahr, zum Objekt frustrierter Begierden zu werden, bestehe für Patient wie Analytiker: Die analytische Situation errege in beiden Teilnehmern den Wunsch, sich gegenseitig zu explorieren und kennenzulernen, doch werde beiden durch die Abstinenzregel die unausweichliche Frustration dieses Wunsches auferlegt. Von beiden werde erwartet, daß sie sich „anständig" verhielten, von Patient oder Patientin, indem sie frei assoziierten, von den Analytikern, indem sie eine professionelle Haltung bewahrten – während ihnen gleichzeitig gestattet sei zu regredieren. Die Patienten regredieren in der Übertragung, die Analytiker regredieren, um empathischen Kontakt mit den Patienten aufrechtzuerhalten und in dem Versuch, für die Projektionen der Patienten ein Reservoir anzubieten. Die Regression der Analytiker sei üblicherweise wesentlich partieller und kurzfristiger als die der Patienten, aber unterschiedliche Patienten hätten unterschiedliche Ansprüche an ihre Therapeuten und keine Regression, die diesen Namen verdiene, selbst diejenige im Dienste des Ich, sei jemals unter völliger Kontrolle (vgl. Kumin 1985/86).

Auch Morgenthaler sieht einen Aspekt der Verführung, die vom Analytiker oder der Analytikerin ausgeht: „Wir können keinen Analysanden in Analyse nehmen, ohne daß dieser versucht, uns zu verführen, und wir können keinen analytischen Prozeß einleiten, wenn wir uns nicht eingestehen, daß wir ihn dazu verführen" (Morgenthaler, 1978, zit. nach Grunert, 1989).

Ich gehe mit Ermann (1987) konform, daß in Abhängigkeit von der tiefer werdenden Regression und der Intensivierung der Dynamik des Behandlungsprozesses auch die archaischen Gegenübertragungsinhalte intensiver werden können, wodurch sich entsprechend intensivere Widerstände im Analytiker als Abwehr gegen diese Inhalte entwickeln.

Diese kurze und unzureichende Zusammenfassung sollte verdeutlichen, daß inzwischen viel offener über die erotisch-verführerische Komponente im analytischen und damit auch therapeutischen Setting gesprochen werden kann; daß klarer geworden ist, wie bedeutungsvoll für diesen Prozeß auch die erotisch-sexuelle Resonanz des Therapeuten ist und wie wichtig es ist, daß sie nicht der Verdrängung anheimfällt. Insofern kann man sicher sagen, die psychoanalytische Theorie und Praxis haben sich, was die Konzeptualisierung der Übertragungs-Gegenübertragungs-Einheit und die Einstellung zur Gegenübertragung betrifft, erweitert und gewandelt.

Woran ist aber zu denken, wenn sehr heftige sexuelle Gefühle in der Gegenübertragung auftauchen, die so bedrängend werden, daß das Setting gesprengt zu werden droht? Ein Setting, das beide Beteiligten eingehen mit der Hoffnung auf konstruktive Veränderung und, zumindest partiell, Überwindung von destruktiven Wiederholungszwängen.

Was ist, wenn die sogenannte Gegenübertragungsliebe zum Zusammenbruch des therapeutischen Bündnisses zu führen droht?

Für meinen Vortrag in Lindau hatte ich zwei Fallbeispiele vorbereitet, in denen ich beschrieb, wie ich mit zwei Patienten (mit einem Studenten, wohl Borderline-Patient, und mit einem kurz vor seiner Pensionierung stehenden älteren Mann, bei dem am ehesten an eine Charakterneurose zu denken war) in eine Gegenübertragungsverfassung geraten war, bei der nicht viel gefehlt hätte meinerseits, und es wäre zu sexuellen Kontakten gekommen. Ich hatte mir Bedenkzeit erbeten, bevor ich endgültig zusagte, in Lindau darüber zu berichten. Mir war das Forum zu groß, zu öffentlich. Ich hatte mich dann doch dazu entschlossen, weil ich glaubte, weitgehend verstanden zu haben, warum diese verwirrende Bedrängnis mich ergriffen hatte und weil letztlich nichts von all dem stattgefunden hat, was ich – lichterloh entbrannt – phantasiert habe. Mein Wunsch war, daß meine Erfahrungen etwas dazu beitragen könnten, den Schutz der so verletzbaren inzestuösen Grenze immer wieder zu gewährleisten.

Meine Erfahrungen haben mir gezeigt, daß der heftige, geradezu unbezähmbar scheinende Wunsch, zu einem Patienten eine sexuelle Beziehung aufzunehmen, stets ein Hinweis auf traumatische Erfahrungen (in der Kindheit, aber auch im späteren Lebensalter) der Patienten sein dürfte, die nicht in vollem Umfange und mit der vollen emotionalen Wucht zur Sprache gebracht werden können und beide – Patient/in wie Therapeut/in – in unaussprechlicher Weise ängstigen. In solchen Fällen kann eine Kollusion bzw. Übertragungs-Gegenübertragungs-Verschränkung hoch erotisierter Art entstehen, die dazu dienen soll, das Grauen gemeinsam abzuwehren. Ich bin der Meinung, daß diese heftige Erotisierung nicht nur ein Phänomen ist, das bei Borderline- oder frühgestörten Patienten auftreten kann. Es ist die Traumatisierung, deren emotionales Äquivalent sich einen Weg zu bahnen sucht, wovor Patienten und Therapeuten die Flucht in ein vermeintliches sexuellerotisches Paradies ergreifen.

Meine Erfahrungen stellen einen bestimmten Ausschnitt aus der Vielfalt der möglichen Bedingungen dar, die die Gefahr der sexuellen Entgleisung einer Psychotherapie konstellieren.

1. Fallbeispiel

Herr A. kam, von der Studentenberatung an mich überwiesen, in meine Praxis. Er wirkte wie ein trauriger Teddybär, dicklich, mit zerzausten Haaren, das Gesicht blaß und teigig. Seine Sprache war undeutlich nuschelnd, er lief gebeugt und schlurfend wie ein alter Mann. Er klagte über extreme Arbeitsschwierigkeiten, das Stipendium lief in zwei Semestern aus, und ihm fehlten noch wichtige Scheine für die Abschlußprüfung in Germanistik. Er verbrachte lange Tage im Bett, versteckt hinter der Lektüre von Karl May und Micky Maus, zwanghaft masturbierend. Nur wenn er von seiner Liebe zu Gedichten sprach, blitzte für Sekunden ein anderes Wesen hinter der Maske des traurigen unattraktiven Teddybären auf. Es gelang ihm, mir das Gefühl zu geben, ich könne ihm helfen. Ich habe sogar den Verdacht, es gelang ihm, mir das Gefühl zu geben, nur ich könne ihm helfen. Damals hatte das noch eine gewisse Wirkung auf mich, die zu hinterfragen mir nicht in den Sinn kam. Jedenfalls bot ich ihm eine Behandlung an.

Der Patient berichtete über chaotische Verhältnisse in seiner Familie. Der Vater, selbständiger Uhrmacher, war durch seine paranoid-jähzornige Persönlichkeitsstruktur kaum in der Lage, sein Geschäft zu führen. Seine körperliche Ungepflegtheit und Einäugigkeit (Kriegsverletzung) machten ihn in den Augen des Patienten unheimlich. Er war unberechenbar, schloß sich im Erdgeschoß ein, verjagte die Familie und schlug die beiden älteren Brüder des Patienten gnadenlos, während er den Patienten verschonte. Dennoch hatte dieser unter körperlicher Gewalt zu leiden, weil die älteren Brüder ihm seinen Sonderstatus als verschontem Jüngsten mit schweren Schlägen und sadistischen Quälereien zurückzahlten, was sich möglicherweise in seinen gelegentlichen, eher masochistisch getönten homosexuellen Kontakten wiederholte. Die Mutter war an der regressiven Abhängigkeit und Verfügbarkeit der Söhne interessiert – so versorgte sie den mittleren Bruder, einen Trinker, stets heimlich mit Alkohol. Der Patient, der eigentlich ein Mädchen hätte werden sollen, wurde lange Zeit als Nesthäkchen in Unselbständigkeit gehalten. Seine Tante, eine Schwester des Vaters, an der der Patient sehr hing, versuchte, das Nesthäkchen von der Mutter fort und an sich zu ziehen. Vermutlich psychotisch, spann sie den Patienten in ihre Traumwelt ein. Die enge Bindung an diese zweite, „bessere" Mutter zeigte sich u.a. in dem Gefühl des Patienten, sich mit ihr auf den langen Streifzügen durch Wald- u. Flußauen wortlos verständigen zu können. Eine große Verstörung seiner Kindheit kam immer wieder zur Sprache: wie die Eltern die Tante fesselten und schlugen, als diese sich entblößt hatte und nackt davonlaufen wollte. Der Patient begann erst mit sieben Jahren fließend und deutlich zu sprechen. Sein Schicksal war es, auf der Flucht vor den Vereinnahmungen der Mutter wiederum in eine symbiotische Verschmelzung zu geraten – diesmal in die verwunschen-unheimliche Zauberwelt der Tante, die an seinem Heimatort von vielen als „Hexe" angesehen wurde. So war er entweder die „plattgedrückte Puppe" seiner Mutter oder das Anhängsel seiner Tante, während die älteren Brüder und der Vater gefährlich und unzugänglich blieben.

Einige Monate nach Behandlungsbeginn begann der Patient, Gedichte und Erzählungen zu schreiben, die er in die Stunde mitbrachte und die ich für ihn aufbewahren sollte. Es wurden im Laufe der Behandlung zwei größere Kartons. Er arbeitete viel an diesen Texten, aber nichts für die Universität, durch deren Bürokratie er sich permanent betrogen fühlte. Als meine erste Schwangerschaft für den Patienten sichtbar wurde, begann er, intensiv Urszenen-Material zu produzieren: kopulierende Monstren bevölkerten seine Träume. Der Vater, von dem er phantasierte, er habe nach dem Krieg sein Geschäft mit dem Zahngold ermordeter Juden wieder aufgebaut, erschien als Menschenfresser. Die Mutter, wimmernde Schreie ausstoßend, wurde Opfer und Hexe zugleich. Gespenster begannen, in seinem regredierten Zustand einen Totentanz aufzuführen. Er erinnerte sich, daß er bis zu seinem siebenten Lebensjahr im Bett der Eltern geschlafen hatte und konnte diese für ihn traumatische Zeit in Schreckträumen und dem Wiedererleben seiner kindlichen Sprachstörung doch auch etwas bearbeiten, blieb aber am Rande einer Dekompensation. Er übernachtete mehrmals volltrunken im Eingang unseres Hauses und hinterließ als Zeichen seiner Anwesenheit leere Schnapsflaschen, die ich des Morgens zwar fand, aber nicht als Zeichen lesen konnte, weil ich nicht im Traum darauf gekommen wäre, daß mein Patient sie dort deponiert haben könnte. Auf jeden Fall hatte er eine Sonderstellung unter meinen Patienten. Er beschäftigte mich auch zu Hause, mehr als mir lieb war.

Eines Abends, ich war allein im Haus, sah ich im Fernsehen einen Dokumentarfilm, wie ich meine, über Venedig. Ich hatte vorher an den Patienten und seine Ängste im Zusammenhang mit dem elterlichen Beischlaf gedacht und hatte plötzlich das Gefühl: „Jetzt wirst Du selber verrückt". Denn was ich zu den Filmbildern hörte, war heftiges sexuelles Stöhnen in seiner gesamten Variationsbreite. Ich brauchte einige Zeit, um mich in der äußeren Realität zu orientieren. Die heftigen sexuellen Laute kamen nicht aus meinem Inneren, auch nicht aus den Wänden, ich war nicht verrückt geworden, sondern die Geräusche kamen – so unwahrscheinlich das auch war – aus dem Fernseher. Im Sender hatte man den falschen Soundtrack unterlegt. Am nächsten Tag war es auch in der Zeitung nachzulesen.

Kurz nach der Veröffentlichung meines Artikels „Utopie der Treue" im „Kursbuch" kam der Patient mit einem Text, in dem er die sexuelle Thematik, die darin anklingt, fortgeschrieben hatte. Zum einen wollte er mir damit zeigen, was für ein Hasenfuß ich sei, daß ich nicht explizit in sexuelle Details gegangen war, zum anderen tat er es, um seinen Neid auf mein „Publikationsglück" für sich erträglicher zu machen. Er wollte mir beweisen, daß er viel besser als ich in der Lage war, offen und bilderreich über Sexualität zu schreiben. Gleichzeitig begann er, mir – mehr oder weniger indirekt – Avancen zu machen und gegen die Abstinenzregel zu protestieren. Er rief mich betrunken zu Hause an, er müsse meine Stimme hören. Könnten wir uns nicht auch mal in einem Café treffen? Warum ich nichts von mir erzählen würde, er sei an meinem Leben interessiert. Ich fühlte mich mal mehr, mal weniger bedrängt, setzte mich für das Setting ein, in dem Gefühl, einen sehr kranken und bedürftigen Menschen vor mir zu haben, für den ich trotz aller Schwierigkeiten ein positives Grundgefühl empfand, aber ich spürte keine sexuelle Resonanz. Ich entdeckte allerdings manchmal, daß ich mich geschmeichelt fühlte, wenn er mit Gedichten kam, in denen er mit Hilfe meines Vornamens poetische Bilder entwickelte. Ich fühlte mich narzißtisch aufgewertet und hielt mich für eine besonders gute Therapeutin.

Und dann hat es mich in einer Sitzung gerissen: Ich saß auf meinem Stuhl dem Patienten gegenüber und hatte plötzlich den geradezu unbezähmbaren Wunsch, sexuellen Kontakt mit ihm zu haben. Ich hatte das Gefühl, ich müßte mich auf meinem Stuhl festbinden, um nicht aufzuspringen und ihn auf die Couch zu ziehen. Ich weiß nur, daß es in der Stunde um kein deutlich artikuliertes sexuelles Thema ging. Im Gegenteil, dieser Wunsch war wie ein Fallbeil auf mich niedergesaust, und ich mußte alle Kraft und Konzentration aufbringen, mich auf dem Stuhl zu halten und die Stunde vorübergehen zu lassen. Nach der Stunde war dieses starke sexuelle Begehren verschwunden, wie weggefegt, und ich war erschrocken über diese unerklärliche Heftigkeit, die mir völlig unverständlich blieb.

Nur wenige Sitzungen später kündigte mir der Patient an, er wolle sich nackt vor mir ausziehen. Sie können sich vielleicht vorstellen, wie mir zumute war. Ich wandte mich an den Lieben Gott, er möge diesen Kelch an mir vorübergehen lassen. Der Patient versicherte mir, das müsse nun einmal sein, er habe das schon einmal deklarieren wollen. Da in vielen Sitzungen nichts derartiges geschah, glaubte ich, meine Stoßgebete seien erhört.

Kollegen, denen ich gelegentlich von dem Patienten erzählt hatte, beruhigten mich: Er versuche, mich unter Druck zu setzen, weil ich seinem Agieren gegen das Setting nicht nachgäbe; das sei als Phantasie sexueller Annäherung zu werten, aber sei eben Phantasie. Ich war dennoch ängstlich und nicht in der Lage, diese Phantasie mit ihm anzusprechen. Weitere Stunden vergingen, und das Ganze war mir nur noch am Rande meines Bewußtseins präsent.

Und dann geschah es doch! Der Patient kam, setzte sich kurz hin und sagte, heute sei es soweit, jetzt würde er sich vor mir nackt ausziehen. Was er auch tat. Er zog sich Pullover und Hemd aus, ließ Hose und Unterhose fallen, stieg aus der auf dem Boden liegenden Hose heraus, drehte sich einmal um die eigene Achse, zog sich wieder an und setzte sich mir gegenüber. Während ich diese Aktion beobachtete, wurde mir klar, warum er sich mir zeigen wollte: der Patient war über und über mit Muttermalen besät, sein Oberkörper war geradezu gescheckt. Er hatte nie über seine Haut gesprochen, er hatte mir allerdings erzählt, seine Mutter habe ihm als wenige Wochen altem Säugling ein großes Muttermal auf der Stirn wegoperieren lassen, weil sie kein so „häßliches" Baby gewollt habe. Sie hatte mit ihm eine doppelte Enttäuschung erfahren: Er war kein Mädchen, und er war abstoßend häßlich. Die narzißtische Wunde, von der Mutter nicht so angenommen worden zu sein, wie er war, erst einmal von ihr zu einer Puppe kosmetisch „plattgedrückt" werden zu müssen, bevor sie ihn akzeptieren konnte, war sein tiefer, mit Worten nicht auszudrückender Schmerz, der nicht auszuhalten war, weder von ihm noch von mir.

Ich vermute, daß das sexuelle Verlangen nach dem Patienten, das mich plötzlich und unvermutet und mit aller Wucht getroffen hatte, mein Versuch war, gemeinsam mit dem Patienten den unerträglichen Schmerz, aber auch den ungeheuren Zorn abzuwehren, den eine solche narzißtische Abwertung durch die Mutter verursacht und zwar mit Hilfe einer stark sexualisierten Gegenübertragung. Sicher kann man hier von Gegenübertragungswiderstand sprechen, der unbewußten Identifikation mit dem Widerstand des Patienten. Daß dies jedoch in dieser heftigen Form geschah, hatte vermutlich auch mit einer Verschränkung seiner und meiner unbewußten Anteile zu tun: Erst lange Zeit später, lange nach Abschluß der Behandlung, fiel mir ein, daß meine Mutter mir erzählt hatte, sie habe – nach der schwierigen Geburt mit mir aus der Narkose erwacht – dieses durch die Zange verformte, dichtbehaarte, häßliche Baby gar nicht anfassen mögen.

2. Fallbeispiel

Mit der Überlegung, meine eigene Abstammung könnte für das Verständnis des Patienten förderlich sein, hatte ein befreundeter Kollege den aus Osteuropa vor etwa 30 Jahren nach Deutschland eingewanderten Herrn B. an mich überwiesen. Er stammte aus einer Region, in der Deutsch, Rumänisch und Ungarisch gesprochen wurde. Ich erwähne dies, weil es im späteren Verlauf eine Bedeutung haben wird. Sein Akzent, obwohl etwas anders als der meiner Eltern, klang mir dennoch wohlvertraut in den Ohren und weckte Erinnerungen an die Emigrantenkolonie meiner Kindheit.

Der damals etwa 64jährige Patient, ein Naturwissenschaftler, klagte über folgendes Symptom: Er würde nachts durch Erektionen aus dem Schlaf gerissen. Er erlebe das wie eine „Folter", sei durch den Schlafentzug sehr gereizt und erschöpft. Die Erektionen seien nicht von Lustgefühlen begleitet, seien auch nicht schmerzhaft, aber er erlebe sie dennoch als extrem quälend. Seit einiger Zeit nehme er versuchsweise ein Hormonpräparat, Androcur, was zu einer gewissen Verstärkung depressiver Verstimmungen, einer erhöhten Verletzbarkeit und Liebesbedürftigkeit geführt habe. Außerdem werde bei dieser Hormonbehandlung empfohlen, sich in eine begleitende Psychotherapie zu begeben. Das sei der Grund, warum er eine Behandlung suche.

Es wurde jedoch spürbar, daß es nicht allein diese von außen kommende

Empfehlung war, die ihn zu mir geführt hatte. Er stand kurz vor der Pensionierung, was ihn offensichtlich ängstigte und seine depressive Neigung verstärkte. Wir verabredeten eine tiefenpsychologisch orientierte Therapie von 50 Stunden.

Die Anfangsphase war gekennzeichnet durch seine exakte, relativ zwanghafte und affektisolierte Art, mir sämtliche Details seiner Symptomatik zu berichten, sowie Konvolute wissenschaftlicher Korrespondenz bei mir zu deponieren – er stand im Schriftverkehr mit den verschiedensten Kapazitäten, mit denen er sich über seine Erektionen beriet.

Er war anerkannt an seinem Arbeitsplatz, und hatte, im wesentlichen durch die kommunikative Fähigkeit seiner Frau, einen recht großen Bekanntenkreis. Dennoch schien er ein emotional ausgetrocknetes, mißmutig-verdrießliches Leben zu führen.

Er klagte gelegentlich über das mit dem Alter zunehmende sexuelle Desinteresse seiner Frau, während er sich selbst in dieser Hinsicht noch für recht aktiv hielt. Sein sexuelles Interesse an anderen Frauen war deutlich. Er verbot sich dies jedoch sowohl aus moralischen Gründen, als auch wegen einer Unsicherheit im Selbstwertgefühl. Er hielt sich nämlich wegen seines kaum wahrnehmbaren Hinkens auf Grund eines angeborenen Hüftschadens nicht für attraktiv genug.

Ich fand, daß Herr B. in seiner etwas altmodischen Soigniertheit eine angenehme Erscheinung war. Mit der Zeit berichtete er über eine glückliche Kindheit in seiner Heimat, seine gute Beziehung zur jüngeren Schwester und zum Großvater; eine starke Bindung an seine dominierende Mutter, eine vom eher schwachen Vater verwöhnte Dame der Gesellschaft, wurde deutlich. Mir fiel auf, daß er wenig emotional über die Beziehung zu seiner Frau und seinen Kindern sprach. Er war stolz auf Sohn und Tochter, aber er fühlte sich ihnen fern. Auch seine Kontakte zu seiner deutschen Umgebung und einigen Landsleuten schienen eher funktional als von Gefühlen getragen.

Wir sprachen viel von der bevorstehenden Pensionierung, und ihm wurde emotional etwas zugänglicher, daß ihn die Angst vor Alter und Sterben quälte.

Es dauerte einige Zeit, bis sich herausstellte, daß Herr B. aus einer jüdischen Familie stammte, weder sein Name noch die Geschichte seiner Emigration hatten mir Hinweise darauf geliefert. Als wir darauf zu sprechen kamen, wurde mir klar, daß er seit 40 Jahren die Erinnerung an die Verfolgungen in sich abgekapselt hatte und daß die Todesthematik, aktualisiert durch die Pensionierung, noch einen ganz anderen Resonanzraum hatte. Weder vor seinen Kindern, noch im Freundes- oder Bekanntenkreis hatte er je davon gesprochen. Die Affektlosigkeit, mit der er seine Erfahrungen als Jude kurz erwähnte, stand im Gegensatz zu der gereizten Affektivität, mit der er über Kleinigkeiten im Alltag berichtete, die ihn in schwere Mißstimmungen stürzen konnten, etwa, wenn seine Frau sich verspätete oder seiner stets zuverlässigen Sekretärin ein kleiner Lapsus unterlief.

Zu mir entwickelte er mit der Zeit eine positive, durchaus erotisch getönte Beziehung. Er kam gern zu mir, war besonders fesch gekleidet, und mehrmals konnte ich sehen, wie er noch rasch mit einem Kämmchen Haar und Schnurbart glättete, bevor er das Praxiszimmer betrat. Er sprach viel über seine sexuellen Wünsche und wie enttäuscht er über die sexuelle Trägheit seiner Frau sei.

Als er mich zufällig in einer Fernsehsendung gesehen hatte, kam er strahlend zu mir – er war stolz auf mich, und es hatte ihm gefallen, wie ich gekleidet war. Ich hätte wirklich gut ausgesehen! Als er bald darauf hörte, daß ich in Frankfurt einen Vortrag gehalten hatte, kam er mit einem Vorwurf: Ich hätte ihn schließlich informieren können, er wäre dann zum Vortrag gekommen. Als ich ihm klar machte, daß ich dies grundsätzlich nicht täte, weil dies nicht zu unserem therapeutischen Arrangement gehöre, war er sehr gekränkt und begann von diesem Zeitpunkt an, an mir herumzunörgeln: Warum ich mich für die therapeutische Arbeit nicht ebenso schön kleide wie fürs Fernsehen, warum ich so eine ungepflegte Frisur habe, er erlebe dies als eine Nichtachtung seiner Person; er hätte ein Foto von mir in einer feministischen Zeitschrift gesehen, wie könnte ich mich nur einem solchen Forum zur Verfügung stellen und dann noch mit diesem unmöglichen Foto?!

Er landete eine Breitseite nach der anderen. Ich fühlte mich recht hilflos, aber auch verärgert über seine Maßregelungen, seine Ansprüche, seine endlose Kritisiererei, war auch narzißtisch gekränkt und überzeugte mich mehrmals nach den Sitzungen im Spiegel, daß mein Haar nicht gar zu ungepflegt, meine Kleidung nicht gar zu nachlässig-schlampig war. Ich spürte, daß er sich wie ein gekränkter, eifersüchtiger Liebhaber fühlte, der das unerreichbare Objekt seiner Begierde entwerten muß. Dann setzte eine gewisse Modifikation seiner narzißtischen Entwertungen meiner Person ein, sowie der Versuch, sich von seiner sexuell gefärbten Übertragung mit Hilfe von Projektion zu befreien. Er nörgelte nicht mehr an meinem Äußeren, sondern zweifelte an meiner therapeutischen Befähigung in seinem speziellen Fall: Er hatte erfahren, daß ich getrennt von meinem Mann lebte; da sei ich ja wohl in einer Notsituation, „chercher l'homme"; ich müßte doch ganz besonders befangen sein ihm gegenüber.

Das ging eine ganze Zeitlang so, bis ich eines Tages in einer der Sitzungen ebenfalls an unserem Arrangement zu zweifeln begann: Warum sollte ich mit dem Patienten die Therapie fortsetzen? War dies nicht eine wunderbare Gelegenheit, diesem frustrierten Mann zweimal wöchentlich ein erotisches Paradies zu bereiten, ihm jeden seiner sexuellen Wünsche zu erfüllen und ihn auf diese Weise endlich in seinem Leben einmal glücklich zu machen? Ich war von dieser Idee geradezu besessen, beschäftigte mich damit unter der Woche exzessiv und wußte nicht, wie mir geschah angesichts dieser Obsession, die ähnlich abgespalten in meinem Leben ihre Wirkung entfaltete, wie sein affektabgespaltenes Erektionssymptom. Mich verfolgten sexuelle Phantasien mit dem Patienten. Ich begann, über den Unsinn therapeutischer Abstinenz in gewissen Behandlungen nachzudenken. Gerettet hat mich wohl doch das Bedürfnis, meine professionelle Identität nicht zu zerstören, aber auch eine Form von narzißtischen Selbsterhaltungswünschen: Ich hatte Angst, der Patient könnte weiterhin – auch nach der Erfüllung seiner sexuellen Wünsche – an mir herumnörgeln, an meinem Körper herumkritisieren und mich auch auf dieser Ebene zu entwerten beginnen. Vielleicht sorgten auch Tradition und Konvention hinsichtlich meiner Rolle als Frau für einen gewissen Halt. Vielleicht hätte ein männlicher Therapeut es in einer vergleichbaren Übertragungs-Gegenübertragungs-Situation noch schwerer gehabt, sich zurückzuhalten. Außerdem hatte ich die Möglichkeit, meinem damaligen Partner davon zu erzählen, der natürlich einigermaßen konsterniert war, um es milde auszudrücken.

Jedenfalls beruhigte ich mich im Laufe von etwa 10 Tagen wieder. Als ich mich in meiner therapeutischen Identität wieder einigermaßen balanciert fühlte und das Setting wieder seine stabilisierende Kraft entfaltet hatte, begann der Patient, zum ersten Mal etwas ausführlicher aus seiner Vergangenheit als verfolgter Jude zu berichten. Seine gesamte Familie war in den KZs umgekommen, er selbst war, in einem Arbeitslager interniert, der Vernichtung nur knapp entkommen. Und dann erzählte er eine sehr aufwühlende Geschichte: Als erstes seien sein Großvater und seine Schwester deportiert worden, die Eltern hatten sich noch einige Zeit mit Hilfe von Bekannten im Heimatort aufhalten können. Eines Tages sei aus einem der Lager eine Postkarte gekommen, geschrieben von einer Freundin der Schwester, die gemeinsam mit dieser deportiert worden war. Sie war an die Eltern gerichtet und teilte mit, daß die Schwester am vorherigen Tag „Herrn Grab"– und dieses Wort war auf Rumänisch geschrieben – geheiratet habe. Der Vater lief, die Postkarte schwenkend, von Nachbar zu Nachbar und rief: „Meine Tochter hat geheiratet, meine Tochter hat geheiratet !" Erst der zweite oder dritte oder vierte Nachbar hatte den Mut, dem Vater klarzumachen, daß er gerade eben die Nachricht vom Tode seiner Tochter erhalten hatte.

Die Verquickung von Sexualität und Tod, Lebenshoffnung und Vernichtung in der Vergangenheit und im Symptom des Patienten wurde evident. Beide hatten wir versucht, die Vernichtungsangst mit Sexualisierung zu übertönen. Meine gewaltige, ja überwältigende sexuelle Erregung hatte dazu geführt, das ganze Ausmaß des Schreckens abzuwehren und dürfte als Gegenübertragungswiderstand, vielleicht im Sinne einer unbewußten Identifikation mit dem Widerstand des Patienten, zu verstehen sein. Die Sexualität als Lebenstrieb sollte den Tod, sollte die Konfrontation mit dem Holocaust-Geschehen, die aber für eine, wenn auch nur partielle Durcharbeitung notwendig war, verhindern und in der Verdrängung halten. Ich vermute, daß die Herkunft des Patienten vieles aus meiner Kindheit in mir zum Klingen gebracht hatte, somit auch ödipale Muster. Hätte ich dem starken sexuellen Sog nachgegeben, hätte ich den ödipalen Triumph oder die ödipale Illusion genossen, die verführerischste Frau der Welt für den Vater zu sein, ein Hochgefühl, das, in der Phantasie vorweggenommen, das Grauen von Verfolgung und Vernichtung zum Schweigen bringen sollte.

Im Nachhinein war es hilfreich, erleben zu können, daß in Analysen oder Therapien nur die richtige Interpretation wirklich befriedigen kann. Bald danach liefen die verabredeten 50 Stunden aus, der Patient hatte nicht den Wunsch, die Behandlung fortzusetzen. Quasi zum Abschied erzählte er mir in einer der letzten Stunden, daß er das Zusammensein mit seiner Enkeltochter, die während der Therapie geboren worden war, ganz besonders genieße. Die Kleine sei der einzige Mensch auf der Welt, den er wirklich lieben könne. Seit einiger Zeit schreibe er ihr Briefe, die solle sie in der Zukunft einmal lesen, darin wolle er ihr sein ganzes Leben erzählen. Dazu würde er ja nach der Pensionierung ausreichend Zeit haben...

Literatur

Blum, H. (1973): The Concept of Erotized Transference. In: J. Am. Psychanal. Assn., 21, S. 61-76.

Coen, St. (1981): Sexualization as Predominant Mode of Defense, In: J. Am. Psychoanal. Assn., 29, S. 893-920.

Cremerius, J. (1986): Vorwort. In: Carotenuto, A. (Hg), (1986), Tagebuch einer heimlichen Symmetrie, Sabina Spielrein zwischen Jung und Freud, Freiburg.

Cremerius; J. (1987): Sabina Spielrein – ein frühes Opfer der psychoanalytischen Berufspolitik, In: Forum Psychoanalyse, S. 127-142.

Ermann, M. (1987): Behandlungkrisen und Widerstände des Psychoanalytikers; Bemerkungen zum Gegenübertragungswiderstand, In: Forum Psychoanalyse 2, S. 100-111.

Freud, S. (1909): Sigmund Freud – C. G. Jung Briefwechsel. (1984), Frankfurt/M.

Freud, S. (1915): Bemerkungen zur Übertragungsliebe, In: GW, X, S. 305-321, Frankfurt/M.

Grunert, J. (1989): Intimität und Abstinenz in der psychoanalytischen Allianz, In: Jahrb. Psychoanal., 25, S. 203-235.

Krutzenbichler, H.S., Essers; H. (1991): Muß denn Liebe Sünde sein? Über das Begehren des Analytikers, Freiburg.

Kumin, I. (1985/86): Erotic Horror: Desire and Resistance in the Psychoanalytic Situation. In: Int. J. Psycho-Anal., Psychoth. XI, S. 3-20.

Sandler, J. (1976): Gegenübertragung und Bereitschaft zur Rollenübernahme, In: Psyche 30, S. 297-305.

Thomä, H., Kächele, H. (1985): Lehrbuch der psychoanalytischen Therapie, Berlin, New York.

Über Gegenübertragungsliebe

Mathias Hirsch

Die Scheu, über die Liebe zum Patienten zu sprechen, wird sich aus ihrer Brisanz erklären. Gegenübertragungsliebe kann man als zweifach inzestuös verstehen: Einmal würde der Analytiker die eigene inzestuöse Liebe zur Mutter (oder zum Vater) auf die Patientin oder den Patienten übertragen, oder er würde sich mit seiner Liebe in der Rolle des das Kind mißbrauchenden Elternteils erleben. Der Begriff Gegenübertragung ist ja aus einer Art Entsetzen Freuds entstanden, daß die Psychoanalytiker mit dem Feuer der Liebe nicht umgehen, von ihrer explosiven Kraft überschwemmt werden könnten.

Nach einem ursprünglich „defensiven" Konzept der Gegenübertragung entstand durch Paula Heimanns Arbeit von 1950 ein „instrumentelles" – Gegenübertragung als das wichtigste Werkzeug des Analytikers. Aber auch das ist nur ein „vereinfachendes Einbahnstraßenmodell" (Körner 1990, S. 95), das die Forderung Balints nach einer Zwei-Personen-Psychologie nicht erfüllt. Es ist ein seltsames Zögern zu bemerken, die Übertragungs-Gegenübertragungs-Einheit tatsächlich als Funktion einer beidseitigen Analytiker-Analysand-Beziehung zu realisieren. Es fällt wohl schwer, die Gefühle des Analytikers als unter Umständen primär von ihm selbst ausgehend anzusehen. Das Konzept der Übertragung hat durchaus noch seine Berechtigung, man kann sagen, Übertragung findet innerhalb einer komplexen therapeutischen Beziehung statt. So könnte der Analytiker auch auf den Patienten übertragen, worauf der Patient reagieren wird, wie auch der Analytiker auf die Übertragungen des Patienten reagiert. Nehmen wir das Phänomen der projektiven Identifikation hinzu, wird das Konzept der Gegenübertragung noch weiter erschüttert: Durch das Eindringen „einer spezifischen affektiven Erfahrung" (Modell 1990, S. 65) in den Empfänger wird dieser dazu gebracht, so zu empfinden und so zu reagieren, wie es den unerträglichen Teilen des Selbst des Senders entspricht. Es „findet eine Vermischung der inneren Realität von Patient und Therapeut statt, die in einem Gefühl von Verwirrung für beide Teilnehmer mündet" (ebenda S. 90). Durch diese Grenzverwischung ist gar nicht mehr klar auszumachen, wo der Ursprung der affektiven Beziehungsqualität liegt. Ist die Verliebtheit des Analytikers durch die Verführung durch seine Analysandin aufgrund projektiver Identifikation zustandegekommen, er selbst im übrigen „unschuldig"? Oder liebt er jemanden mit sexuellem Begehren, der wie ein Inzestopfer-Kind lediglich Zärtlichkeit und Verständnis braucht, während er den anderen für seine sexuellen Bedürfnisse ausbeuten möchte?

Projektive Identifikation wird in aller Regel als unidirektionales Geschehen beschrieben; der Patient legt etwas projektiv in den Analytiker hinein, das der dann vehement affektiv in sich spürt und das Selbst- oder Objektrepräsentanzen des Patienten entspricht, die er loswerden muß. Also wieder eine Einbahnstraße. Aber ist nicht auch die umgekehrte Projektionsrichtung denkbar? Kann nicht auch der Analytiker, als Kind z. B. selbst mißbraucht oder mißhandelt, einen Selbstanteil in die Patientin projizieren? So würde der sexualisierte Narzißmus des Analytikers in Form heftiger Verliebtheit und starken Begehrens in der Patientin entstehen, so daß einer mißbräuchlichen sexuellen Beziehung in der Analyse Tür und Tor geöffnet wird.

Heute sprechen wir von Intersubjektivität (Stolorow und Atwood 1984; Ulmann u. Stolorow 1985; Gill 1982; Natterson 1991), d. h. die therapeutische Beziehung wird von beiden Beteiligten wechselseitig gestaltet, so daß man sagen kann, daß die Gegenübertragung sowohl vom Patienten bestimmt wird als auch von der Persönlichkeit, dem Charakter und dem, was man Restneurose genannt hat, des Analytikers. Ist man so weit gekommen, befindet man sich in einem Bereich des radikalen Konstruktivismus, in dem es nur noch subjektiv konstruierte Realitäten gibt, und der Analytiker muß sich klar sein, daß er am analytischen Prozeß „selbst teilhat und Ursache für diejenigen Wirkungen ist, die er an seinem Patienten beobachtet." (Brocher u. Sies, 1986, S. 120). Der Begriff der Gegenübertragungsliebe kann also nur mehr als Ausschnitt eines größeren Gesamtgeschehens verstanden werden.

Liebe in der Analyse und Therapie ist durchaus eine reale affektive Beziehungsqualität. Nicht die Existenz der Liebe zwischen Analytiker und Analysand ist gefährlich oder antitherapeutisch, sondern der nicht professionelle Umgang mit ihr – sie nämlich entweder zu unterdrücken und zu verleugnen oder in die Realität hinein auszuagieren. Ich möchte die Beschreibung der Erscheinungsformen der Liebe mit der Entwicklung möglicher Formen ihrer Dynamik verbinden.

Sympathie kann sicher als Voraussetzung jeder analytischen Therapie angesehen werden, sie entspricht wohl dem, was Freud (1914, S. 131) als „milde, unausgesprochene positive Übertragung" oder ihre „unanstößige Komponente" (1912, S. 37) genannt hat, hier aber von der Seite des Analytikers betrachtet. Wenigstens einen Teil der Persönlichkeit des Patienten sollte man mögen können, sozusagen das traumatisierte Kind in ihm. Sympathie setzt sich aus mehreren Anteilen zusammen, wie ich vermute. Ein Gefühl des Zusammenpassens beruht auf Identifikation, dem Eindruck, zu verstehen und verstanden zu werden, auf der Vorstellung oder dem Wunsch, seinerseits gemocht zu werden. Sympathie stellt sich vielleicht erst später ein, wie sie im Therapieverlauf auch wieder geringer werden oder ganz verschwinden kann.

Ähnlich wie die Sympathie wird leicht eine gewisse erotische Spannung entstehen können und gut auszuhalten sein. Dabei bleibt entsprechend dem Wesen der Erotik das Spielerische, Unreale erhalten; solange ein Flirt anhält, ist man sich sicher, daß er ungefährlich ist. Die erotische Beziehungsqualität erfüllt beispielhaft die Bedingung des sowohl Existierenden als auch Nicht-Wirklichen, das in der Schwebe, der Suspension gehalten für die analytische Beziehung überhaupt in allen ihren Wechselfällen charakteristisch ist und auch im Falle viel mehr andrängender Qualitäten der Liebesgefühle aufrechterhalten bleiben muß. Die erotische Gegenübertragung bzw. der Anteil der gemeinsamen Beziehung, den man so bezeichnet, sollte am ehesten den wünschenswerten Reaktionen der Eltern auf die ödipalen Bestrebungen ihres Kindes entsprechen, die in der Lage sind, sein erotisches Angebot freundlich zu akzeptieren, es anzuerkennen und ebenso spielerisch zu erwidern (vgl. Pfannschmidt 1987; Massing und Wegehaupt 1987).

Ein Verliebtsein des Analytikers, ein Gefühl von beschwingtem Hochgefühl bzw. von traurigem Verzichten-müssen, entspricht weniger einer präödipalen, vielmehr eher einer ödipalen oder postödipalen Dynamik. Im Gegensatz zur erotischen Begegnung mit der Patientin wird sich das Verliebtheitsgefühl auch nicht auf ihre tatsächliche Anwesenheit beschränken, sondern die sehnsüchtigen Gedanken werden einen viel größeren Raum einnehmen. Vorsicht ist geboten, wenn nun Neid und Eifersucht im Zusammenhang mit den sexuellen Aktivitäten der Patientin so stark werden könnten, daß sie die gebotene Zurückhaltung überrollten. Die Verliebtheit kann durchaus in ein länger dauerndes Gefühl der Liebe zusammen mit allen denkbaren Gefühlen und Phantasien übergehen; die lange Dauer macht es nicht gerade leichter, die Beziehung „durchzustehen", ohne sie zu beenden oder die Abstinenz zu verletzen.

Sexuelle und Liebesgefühle des Analytikers seiner Patientin, natürlich auch der Analytikerin ihrem Patienten gegenüber, auch zwischen gleichgeschlechtlichen Beteiligten, können entweder aus einer ödipalen Übertragung auf den Patienten entstanden sein (Searles 1959; Racker 1959) oder aber eine Reaktion auf die ödipalen Gefühle des Patienten darstellen (Searles 1959). Sicher können ödipale Gefühle eine große Kraft entfalten, auch mit enormer Enttäuschungswut einhergehen (Pfannschmidt 1987), aber die meisten Autoren sind sich einig, daß mit den ödipalen meist auch narzißtische und archaische Bindungsqualitäten vermischt sind. Diese drängen viel stärker zur Realisierung, je mehr sie archaisch-narzißtische Anteile enthalten, und das „Als-ob-Gefühl" bei Analysand und Analytiker verschwindet um so mehr, je größer der archaische Anteil ist.

Von der Seite der Patientin hat Blum (1973) von erotisierter (nicht erotischer!), drängender Übertragung gesprochen, die gänzlich Realitätscharakter im Erleben der Patientin annehme. Massing und Wegehaupt (1987, S. 72) ordnen die erotisierte Übertragung Borderline-Patienten zu, „bei denen typischerweise präödipale und ödipale Triebbedürfnisse stark verdichtet sind." Meines Erachtens wird diese Verdichtung häufig durch sexuellen Mißbrauch in der Kindheit hervorgerufen, wie auch die in den entsprechenden Fallbeispielen bei Blum (1973) vorgestellten Patienten sexuelle Traumata erlitten hatten. Die entsprechende Reaktion des Analytikers hat Gabbard (1991) „erotized countertransference" genannt, sie zeichnet sich Massing und Wegehaupt (1987, S. 72) zufolge „durch ihre archaische Impulsivität ... und ihren zum Agieren drängenden Charakter aus. Durch das offenkundig ‚niedere Niveau' (Kernberg 1975) dieser sexuellen Gegenübertragung bei Borderline-Patienten kann sich der Analytiker wie von einem Inkubus besetzt fühlen." Grunert (1989, S. 208) hat derartige Impulse auf geradezu körperliche Aspekte der frühen Mutter-Kind-Beziehung zurückgeführt, es spielen „sehr persönliche und schwer zu enträtselnde Momente von Anziehung eine Rolle ... Es handelt sich um Vorgänge elementarer Natur, die sich im Gefolge oft unerklärbarer archaischer, körpernaher Kommunikationsprozesse noch jenseits des durchschaubaren Übertragungs-Gegenübertragungs-Geschehens abspielen."

Neben diesem lautstarken Gefühlsagieren sehen wir sexualisierte narzißtische Bedürfnisse, um die es im Folgenden besonders gehen soll. Eine junge Frau klagt über ihre Unfähigkeit, sowohl berufliche als auch Partnerbeziehungen längere Zeit durchzuhalten. Vor dem ersten Gespräch hat sie im Wartezimmer den Stuhl so gedreht, daß sie mir den Rücken zukehrt. Als ich dann ihr Gesicht sehe, entstehen in mir gleich Gefühle von erotischem Interesse und einem starken Angezogensein. Sie berichtet von einem weiteren Symptom: Wenn es ihr nicht gut gehe, bleibe sie auf der Straße stehen und starre Männer an. Sie könne sich dann nicht rühren; entweder gingen die Männer weg oder würden sie verwundert oder anzüglich ansprechen, so daß der Bann gebrochen sei. Sie sexualisiere Beziehungen, sehne sich nach Berührung ungeachtet ihrer Berührungsangst. Die Brüder wurden von der Mutter vergöttert, mit dem Mädchen konnte sie nichts anfangen. Als kleines Kind sagte die Patientin: „Morgen, wenn ich ein Junge bin, komme ich auch in den Kindergarten." Vor dem Vater hatten alle Angst, „wir haben uns oft gewünscht, er käme nicht mehr nach Hause." Im Alter von 11 Jahren sei sie von zwei Jugendlichen sexuell mißbraucht worden und habe sich seither ganz zurückgezogen.

Ich denke, hier hat sich auf ein frühes Entbehrungstrauma, das mit dem Erleben der Minderwertigkeit des weiblichen Geschlechts und einer unerfüllten Vatersehnsucht verbunden war, ein späteres Mißbrauchstrauma aufgepfropft im Sinne eines zweizeitigen Traumas (Hirsch 1989), so daß ein frühkindlicher Mangel mit sexualisierten Beziehungen zu Männern kompensiert werden sollte. Während ich in dem eben genannten Fallbeispiel zuerst offenbar auf einer Ebene der erotischen Anziehung Kontakt aufnahm, erlebte ich im zweiten Vorgespräch durch den ununterbrochenen monotonen, aber völlig affektlosen Bericht der Patientin eine lähmende, endlose Leere, die dem basalen Mangel entsprach.

Wie diese Patientin die Männer mit bedürftigem Blick fixierte, kann es wohl auch besonders dem männlichen Analytiker gehen, der in Zuständen von narzißtischer Bedürftigkeit aufgrund seiner Persönlichkeit, seiner besonderen belastenden oder tragischen Lebensumstände oder aber ausgelöst durch die Identifikation mit dem deprivierten Kind in der Patientin seinerseits einen saugend bedürftigen Blick auf die Brust, als wäre es die entbehrte Mutterbrust heftet oder auf ein Dekolleté (das wäre der „dream screen", den Levin 1946 beschrieben hat), das Gesicht oder auch auf einen unbedeckten Bereich der Haut einer Patientin. Die Bedürfnisse können also sowohl vom Patienten wie vom Analytiker ausgehen, und die größere Bedürftigkeit kann sowohl auf der einen Seite wie auf der anderen liegen. Die Anziehungskraft wird besonders stark sein, wenn sich die Sehnsucht des Analytikers nach mütterlicher Versorgung (vgl. Grunert 1989, S. 208) mit der Vater-Sehnsucht, dem Vater-Hunger (Herzog 1980) der Patientin verbindet, so daß sich beide potenzieren.

Die Sexualisierung der basalen Bedürfnisse beim männlichen Protagonisten, z. B. dem männlichen Analytiker, dürfte nach dem Muster der sexuellen Perversion erfolgen. Es geht nicht so sehr um eine reife Beziehung zu einem bestimmten individuellen Menschen, vielmehr wird ein Bildnis begehrt, ein Idol, das narzißtische Vervollständigung bringen soll. Dabei sind Aggression (vgl. Stoller 1975), Macht, besonders auch die Nähe-Distanz-Regulierung durch die Sexualisierung und die mit ihr gegebene Beherrschbarkeit in der Phantasie bzw., wenn ausagiert, im perversen Ritual, miteinbezogen. So kann man Sexualisierung auch als Abwehr der bedrohlichen Verschmelzungsängste verstehen, da man als Mann so eine Überlegenheit zu behalten meint.

Verschmelzungswünsche haben eine andere Seite, die zu ertragen eher möglich scheint, die nämlich der narzißtischen Verbundenheit mit einem idealisierten, jugendlich-strahlenden, Allmacht und Unsterblichkeit gewährleistenden Mutterobjekt, das man in der Patientin erlebt. Bereits 1959 hat Searles (1959, S. 187) einer bis dahin nur ödipal zu denkenden Quelle der Liebe in der Gegenübertragung eine narzißtische hinzugefügt: Wenn die Patientin Fortschritte macht, spricht das „den narzißtischen Rest der Persönlichkeit des Analytikers an, den Pygmalion in ihm. Er neigt dazu, sich in die so schön entwickelnde Patientin zu verlieben, die er auf dieser narzißtischen Ebene als seine eigene Schöpfung betrachtet." Besonders in Lehranalysen wird der Pygmalion-Komplex eine Rolle spielen, die Phantasie also, der Analysand sei das Produkt des Analytikers, in das sich dieser wie in einen idealisierten Teil seiner selbst, sozusagen in eine vollkommene jugendliche Neuauflage, verliebt. Grunert (1989, S. 215) schreibt zum Beispiel: Die Patientin nimmt „unbewußt nicht nur die Rolle der umsorgenden Mutter ein..., sondern auch die der – oft jungen – Geliebten, erhöht von der Phantasie der selbsterschaffenen Mutter-Tochter-Schwester-Geliebten."

Auch sadistische Anteile sind zu finden; die Schwäche einer Frau mag sadistische Impulse, sie beherrschen zu können, sie zum Sexualobjekt erniedrigen zu können, hervorrufen. Gabbard (1994, S. 1089) beschreibt, wie die Tränen der Patientin eine sexuelle Erregung des Analytikers bewirken können. Sadistische Aggression ebenso wie Verachtung (Gabbard 1994, S. 1088) können sowohl zur Abwehr der erotisierten Gegenübertragung eingesetzt werden als auch gerade eine ihrer Komponenten sein.

Narzißtische Liebe beruht häufig auf einer kollusiven gegenseitigen und gemeinsamen Vorstellung, einander zu ergänzen, einander Vollständigkeit zu bringen (vgl. die entsprechende Inzest-Dynamik Hirsch 1987). Die junge Patientin gibt dem alternden Analytiker Jugendlichkeit, Lebenskraft, Lebendigkeit, sie verleiht ihm in der Phantasie bisexuelle Vollkommenheit und

Unsterblichkeit. Die Patientin wiederum erhält den Penis, der sie vollständig macht, das Wissen und die – vermutete – Weisheit und Lebenserfahrung des Älteren.

Es wird rätselhaft bleiben, wie Liebe entsteht; manchmal dient sie der Trennungsabwehr, wenn die Analyse dem Ende zugeht oder Bestrebungen des Analysanden auftauchen, sie zu beenden. Ein solches Motiv läßt sich natürlich auch für eine mißbräuchlich-sexuelle Beziehung von Analytiker und Analysand finden, wenn sie erst nach dem formalen Ende der Analyse begann. Sagt der Analytiker zum Ende der Analyse: „Sie dürfen mich besuchen, wann immer Sie wollen", so ist die Frage angebracht, ob die (narzißtischen oder erotischen) Bedürfnisse des Analytikers nicht größer sind als die der Patientin.

Schafer (1993, zit. von Coen 1994, S. 1111) sieht als eine Komponente für die Entstehung von erotisch-sexuellen Gefühlen in der Gegenübertragung auch die Abwehr aggressiver Gefühle in der analytischen Beziehung, und zwar auf beiden Seiten. Sich in die Patientin zu verlieben, könnte also den Zweck haben, Wut zu vermeiden. Das ist auch der zentrale Gedanke Pfannschmidts (1987), der als wesentlichen Faktor für die Entstehung von sexuellem Mißbrauch in der Therapie die Unfähigkeit des Analytikers ansieht, die ödipalen Wünsche der Patientin zurückzuweisen, weil er ihre Aggression fürchtet.

Innerhalb eines Konzepts der Intersubjektivität erscheint es konsequent, von Inszenierung in der analytischen Situation zu sprechen; in den USA nennt man es „enactment" (vgl. Gabbard 1994; Renik 1993a; 1993b; Coen 1994), es wird ein „leidenschaftliches Engagement" (Coen 1994, S. 1112) gefordert; die Gegenübertragung wird eher durch Aktion als durch Reflexion erfahren (Renik 1993b). Die Frage ist längst nicht mehr, ob der Analytiker den Patienten lieben darf, sondern vielmehr, wie er damit umgeht (Coen 1994, S. 1112). Es gibt keine deutliche Grenze mehr zwischen analytischer Zurückhaltung und „enactment". Das bedeutet aber nicht Agieren und Mitagieren in die Realität hinein, sondern ein kontrolliertes Einfließenlassen der eigenen Gefühle und Impulse, auch ein unter Umständen psychodramatisches Inszenieren (Gedo 1993). Verliebtheitsgefühle des Analytikers können hier durchaus mitgeteilt werden, wenn sie einem Entwicklungsstand der Beziehung entsprechen, das heißt wenn angenommen werden kann, daß sie nicht nur einseitig empfunden werden. Dabei sind eher spielerische Gesten und Anspielungen als direktes Aussprechen angebracht. Das schließt eine Haltung der Abstinenz keineswegs aus, wenn sie so verstanden wird, daß die

Bedürfnisse des Analytikers in keinem Moment an die erste Stelle treten dürfen. Wenn sie, unvermeidlich, in die Interaktion einfließen, muß er in der Lage sein, sozusagen wieder in die zweite Reihe zurückzutreten, um die analytische Reflexion, gegebenenfalls verbunden mit der Benennung seines Anteils, wieder zu ermöglichen. Aber außer dem Honorar und der Gratifikation durch das Wachstum der Patientin darf er nichts haben wollen, d.h. wollen schon, aber er darf es nicht einfordern. Das bedeutet auch, daß der Analytiker bei allem Mitspielen, dem enactment, doch vermeidet, einen symbolischen therapeutischen Raum zu verletzen. Wie in die Mutter-Kind-Beziehung soll also auch der Analytiker seine „Geste" im Winnicottschen Sinne nicht einbringen. Allerdings haben wir gesehen, daß es unmöglich ist, das nicht zu tun, man denke an das „Schnörkelspiel" Winnicotts (1971); im Mitspielen wird auch immer das primär Eigene mit einfließen; die Aufgabe muß sein, diesen Anteil in jedem Moment durch Selbstanalyse zu erkennen und wieder zurückzunehmen, wenn er nicht gleich zurückgehalten werden konnte oder auch bewußt kontrolliert eingesetzt worden war.

Das Moment des Wieder-Zurücknehmens erinnert daran, daß die analytische Situation von einer selbstverständlichen Asymmetrie der Beziehung bestimmt sein muß; eine mutuelle Analyse kann es nicht geben. Der Patient hat nicht nur in seinen Bedürfnissen, sondern in allem den Vortritt (vgl. Gutwinski-Jeggle 1995, S. 63), jede Interaktion soll durch seine Geste initiiert werden.

Der analytische Rahmen, die genaue Einhaltung des vereinbarten Settings und des Therapievertrags ist ein weiteres Bollwerk gegen ein Überschwemmtwerden beider Beteiligten mit archaisch sexuell-narzißtischen oder auch ödipalen Wünschen.

Die Wahrung der Abstinenz, der Asymmetrie und des Rahmens hält die Beziehung gleichsam in der Schwebe, in einer Art Suspension, die ihren „Als-ob-Charakter" ausmacht. In einer solchen Beziehung sind kognitive und affektive Anteile sowohl real als auch gleichzeitig irreal (vgl. Neyraut 1976; Schafer 1993; Gill 1982, S. 216; Coen 1994, S. 1110; Gabbard 1994), mit Hilfe von therapeutischer Ich-Spaltung und Selbstanalyse (Coen 1994, S. 1108) muß ständig zwischen ihren Anteilen differenziert werden.

Der Mißbrauch allerdings wäre ein Bruch eines implizierten Versprechens, stets die Bedürfnisse des Patienten wie die eines Kindes an die erste Stelle zu setzen. Die Analyse ist beendet, der therapeutische, symbolische Raum zerstört. Die Dynamik des Mißbrauchs kann allen Möglichkeiten der Liebe in der Gegenübertragung entsprechen, die wir besprochen haben; archaische

Verschmelzungssehnsucht, narzißtische Größenphantasien oder ödipale Bestrebungen des Analytikers. Die archaische Dimension kommt am ehesten nach dem Mißbrauch ans Licht, wenn der Analytiker sich von einer Mutterfigur, die er in der Patientin erlebt, verführt, seinerseits betrogen und ins Verderben gestürzt fühlt. Dann wird in einer typischen Täter-Opfer-Umkehr von der „Leiche des Vaters" und „Beseitigung des Vaters" gesprochen (Hirsch 1987, 3. Aufl., S. 194). Gesichert ist, daß es narzißtische Männer sind, die am ehesten Sexualität in der Therapie realisieren: Kernberg (1994, S. 816) spricht von „narzißtischer Charakterpathologie des Analytikers, die von einer gewichtigen Über-Ich-Pathologie begleitet ist". Macht, sadistische Aggression und Selbstaufwertung sind besonders bei Wiederholungstätern mit Sexualität verbunden, die in einer Weise zur Regulation der Nähe und Distanz in der Beziehung eingesetzt wird, die der Dynamik der sexuellen Perversion nahekommt (Hirsch 1993). Zynischerweise werden zwei von den Bedingungen, die, wie gesagt, die analytische Situation definieren, Rahmen und Asymmetrie, von den Mißbrauchstherapeuten gerade für die eigenen Zwecke mißbraucht: Wenn die Patientin denkt, sie habe zwar die Analyse verloren, dafür aber eine reale Liebesbeziehung bekommen, sieht sie sich getäuscht (Anonyma 1988), denn der Analytiker besteht auf dem Rahmen: Feste Zeiten, 45 bzw. 50 Minuten, selbstverständlich das übliche Honorar, sogar ein Anflug eines therapeutischen Gesprächs werden vom Analytiker gefordert, eine Beziehung in der gesellschaftlichen Realität ist absolut ausgeschlossen (vgl. auch Augerolles 1989), die Sexualität muß in der Sitzung und ritualisiert stattfinden, damit der Analytiker die absolute Kontrolle behält. Ich habe ein solches, oft bizarres Verhalten als Abwehr großer Symbioseangst gedeutet, das Pseudo-Setting schützt nicht die Analysandin, sondern im Gegenteil den Analytiker. Ebenso die Asymmetrie: Nichts erfährt die nun Geliebte wirklich von dem, was im nun Geliebten vor sich geht, bestenfalls wird sie im Sinne der Rollenumkehr wiederum benutzt, um vielfältige Unpäßlichkeiten und Beschwerden des Analytikers auszugleichen (vgl. Hirsch 1993).

Kann man etwas tun?

Die Unterdrückung der Gegenübertragung sieht man heute als Gegenübertragungswiderstand (Searles 1959; Weinstein 1986; schon Ferenczi 1919, S. 53). Je weniger man sexuelle und erotische Gefühle in sich zuläßt, je weniger man andererseits über sie mit anderen spricht und sie in geeigneter Weise dem Patienten mitteilt, desto größer ist die Wahrscheinlichkeit, sie mißbräuchlich auszuagieren (Racker 1959, S. 75; Krutzenbichler u. Essers 1991, S. 106). Ferenczi (1919, S. 50 f.) hat bereits die Notwendigkeit geschildert, einen Mittelweg zwischen enthusiastischem Mitagieren und übermäßiger Zurückhaltung der Gegenübertragungsgefühle zu finden: „Er (der Analytiker) muß es verstehen, seine Anteilnahme zu *dosieren*" (Hervorhebung original), Coen (1994, S. 1133) fordert, dem Patienten etwas Liebe, „some love", zu geben. Gabbard (1994, S. 1101) spricht von der Notwendigkeit, sexuelle Übertragungs-Gegenübertragungs-Gefühle im Sinne der Containerfunktion zu metabolisieren. Kernberg (1994, S. 815) empfiehlt, sich nicht zu scheuen, sich die erotischen und sexuellen Phantasien, die die Patientin betreffen, ausführlich auszumalen, „sie sich sogar bis zu der ausformulierten Geschichte einer imaginären sexuellen Beziehung fortentwickeln zu lassen."

Sexuelle Wünsche, Gefühle und Triebspannungen können sehr stark werden, und sie zuzulassen und sich entfalten zu lassen, ohne sie zu realisieren, bedeutet, ein großes Maß an Ich-Stärke, Souveränität und Verzichtfähigkeit aufzubringen, einen Hiatus (Körner u. Rosin 1985) zwischen Realisierungswunsch und Abstinenzgebot auszuhalten. Entstehen heftigere Gefühle der Liebe im Sinne einer erotisierten Gegenübertragung nur auf seiten des Analytikers, drohen durch ihre Konkretisierung Grenzüberschreitungen schon lange vor einer mißbräuchlichen Realisierung. In einem Fallbeispiel Gabbards (1994, S. 1097) wollte die Analytikerin, Dr. A., die Nähe des Patienten, Mr. B. Sie liebte ihn, aber obwohl „sie sich von ihm ausgeschlossen fühlte" (S. 1096), „versuchte sie ihm zu helfen, seine Distanziertheit zu analysieren... Dr. A. fragte: ‚Was, meinen Sie, will ich von Ihnen?' Er sagte: ‚Ich habe Angst, Sie wollen mich für Ihre eigenen Zwecke benutzen.' Das war ein Aspekt seiner Mutterübertragung. Trotz ihrer drängenden Gefühle und Phantasien konnte Dr. A. die Übertragung auf sie zulassen." Obwohl es stimmte, daß sie ihn (am liebsten) für ihre Zwecke benutzt hätte, ihn über seine Sexualität ausfragen wollte, konnte sie ihm doch seine Phantasien, seine Ängste und seine Erinnerungen lassen, indem sie nicht sagte, was sie fühlte.

Ich möchte aus der Sicht des männlichen Therapeuten von einem eigenen „narrow escape" berichten, von einer langdauernden Beziehungsphase, die von sexuellem sehnsüchtigen Begehren bestimmt war. Eine Patientin, Frau C., kam mit schwerer Depression nach einer gescheiterten Ehe in aussichtslosem beruflichen Chaos vor zwölf Jahren in die analytische Einzeltherapie. Als eine der ersten teilte sie den sexuellen Mißbrauch durch den Vater gleich anfangs mit. Die ersten Jahre waren von der empathischen Identifikation mit dem Mißbrauchsopfer, der aggressiven Auseinandersetzung in der Mutter-Übertragung und immer wieder eifersüchtig-wütenden Gefühlen meinerseits bestimmt, wenn sie ihre Leere mit destruktiven promiskuösen Kontakten bekämpfte. Erst nachdem sie mit einem Partner zusammengezogen war, entwickelte ich nach und nach Liebesgefühle sehnsüchtigen Charakters, die einen beträchtlichen Raum meiner Phantasiewelt beanspruchten und von starkem sexuellen Begehren begleitet waren. Sicher entstand meine Verliebtheit aus einer Art Trennungsbedrohung durch ihre Partnerbeziehung, vielleicht einer ödipalen Rivalität meinerseits, oder sie war mir auch erst möglich, nachdem ein anderer Mann als Dritter eintrat wie ein Schutz vor zu großer symbiotischer Bedrohung (vgl. McDougall 1986). Eher erleichtert war ich, daß Frau C. die Therapie aus verschiedenen Gründen in einer analytischen Gruppe unter meiner Leitung fortsetzte. Die Intensität meiner Gefühle schwankte in langen Wellen, aber außer einigen Anspielungen durch die Gruppenmitglieder, Bevorzugungen und Lieblingstöchter betreffend, und außer manchen Blicken und vielleicht Gesten eines stummen gegenseitigen Wissens kam es nicht in Frage, das Thema anzusprechen. Ich hatte immer das Gefühl, ich würde auf maßloses Unverständnis stoßen und Verwirrung stiften, schon durch das Wort eine traumatische Realisierung herstellen. Hätte ich es getan, wäre es bereits meine Geste gewesen, wäre der therapeutische Raum bereits zerstört worden. Da aber sicher auf nonverbalem Wege durch Körpersprache und Ausstrahlung, vielleicht von beiden nicht bewußt erlebt, Mitteilungen über die Befindlichkeit des Analytikers den Patienten erreichen, wird vielleicht ein stummes Wissen um die Beziehung ausreichen, eine Zeit zu überbrücken, in der eine gewisse Schwäche und Unzulänglichkeit des Analytikers ertragen und toleriert werden kann, wie ein Kind eine Krankheit von Vater oder Mutter in der Hoffnung übersteht, daß eines Tages Gesundung eintreten wird. Und vielleicht ändert sich auch die Liebeskrankheit des Therapeuten mit der Zeit. Ich denke, daß der Sinn einer Liebe wie der zu Frau C. in der Wiederholung einer inzestuös-narzißtischen Vater-Tochter-Beziehung lag, die nur dadurch reparativ, als Wiederherstellung der Ödipalität, wirken konnte, daß sie so intensiv war, ohne aber, wie damals, real zu werden, was ich, aus welchen Gründen auch immer, jedenfalls unter Schmerzen, tatsächlichen Herzschmerzen, vermeiden konnte.

Hat man den Eindruck, daß die Liebesgefühle die analytische Arbeit behindern oder daß dem Realisierungsdruck kaum standgehalten werden kann, sollte man einen Dritten, einen Zeugen, durch Supervision hinzuziehen. Es scheinen eher weibliche Analytikerinnen zu sein, die wagen, einen

Supervisor zu konsultieren (z. B. die zwei Kolleginnen in Gabbards [1994] Arbeit), oder eigenes Erleben mitzuteilen (Poluda-Korte 1993).

Ein Abbruch der Beziehung, an den man denken könnte, nach dem Motto: „Meine Gefühle zu Ihnen sind zu persönlich, als daß ich mit Ihnen weiterarbeiten könnte...", ist sicher eine schlechte Lösung, da er ja eine Trennung auch in allen anderen Beziehungsqualitäten bedeutet. Wenn der Anteil des Analytikers an der therapeutischen Liebesbeziehung sehr groß ist, scheint alles falsch zu sein; ein Abbruch wäre ein Trauma, eine Deutung wäre eher eine Beschreibung der eigenen Situation als die der inneren der Patientin.

Um die emotionale Kraft der analytischen Beziehung zu illustrieren, die sie gerade dadurch erhält, daß sie nicht realisiert wird, möchte ich zum Schluß aus dem Brief einer Patientin, die ich sehr mochte, zitieren: „Irgendwann einmal habe ich gesagt, daß ich eigentlich bei dem schönen Wetter keine Lust auf die Sitzung hätte. Vielleicht erinnern Sie sich noch daran, was Sie damals darauf gesagt haben: 'Wir könnten ja spazierengehen', und ich war erschrocken und habe spontan NEIN geantwortet. Vielleicht hätte ich damals JA sagen sollen, dann wären all die Sachen über diese unglaubliche, schmerzhafte, faszinierende und einmalige Patient-Therapeut-Beziehung möglicherweise schon früher zur Sprache gekommen, denn Sie wären doch nicht ernsthaft mit mir spazieren gegangen!? Die Faszination dieser Beziehung besteht für mich darin, daß ich sie tatsächlich tausendmal intimer erlebte als jede andere Beziehung, tausendmal intimer als jede noch so leidenschaftliche sexuelle Beziehung es jemals gewesen ist. Es gibt nichts Vergleichbares, zumindest habe ich nichts Vergleichbares kennengelernt."

Literatur

Anonyma (1988): Verführung auf der Couch. Freiburg (Kore).
Augerolles, J. (1989): Mein Analytiker und ich. Tagebuch einer verhängnisvollen Beziehung. Frankfurt a. M. (Fischer) 1991.
Blum, H. (1973): The concept of erotized transference. J. Am. Psychoanal. Ass. 21, S. 61-76.
Brocher, T. H., Sies, C. (1986): Psychoanalyse und Neurobiologie. Zum Modell der Autopoiese als Regulationsprinzip. Stuttgart – Bad Cannstatt (Frommann Holzboog).
Coen, S.J. (1994): Barriers to Love Between Patient and Analyst. J. Am. Psychoanal. Ass. 42, S. 1107-1135.

Ferenczi, S. (1919): Zur psychoanalytischen Technik. In: Bausteine zur Psychoanalyse, Bd. II. Bern – Stuttgart (Huber) 2. Aufl. 1964.

Freud, S. (1912): Zur Dynamik der Übertragung. G.W. VIII.

Freud, S. (1914): Erinnern, Wiederholen, Durcharbeiten. G.W. X.

Gabbard, G.O. (1991): Psychodynamics of Sexual Boundary Violations. Psychiat. Annals 21, S. 651-655.

Gabbard, G.O. (1994): Sexual Excitement and Countertransference Love in the Analyst. J. Am. Psychoanal. Assoc. 42, S. 1083-1106.

Gedo, J.E. (1993): Psychoanalytische Interventionen. Überlegungen zur Form. Psyche 47, S. 130-147.

Gill, M. M. (1982): Die Übertragungsanalyse. Theorie und Technik. Frankfurt a. M. (Fischer) 1996.

Grunert, J. (1989): Intimität und Abstinenz in der psychoanalytischen Allianz. Jahrbuch Psychoanal. 25, S. 203-235.

Gutwinkski-Jeggle, J. (1995): Zum Verhältnis von Gegenübertragung und projektiver Identifikation. Luzifer-Amor 8, S. 61-83.

Heimann, P. (1950): On Countertransference. Int. J. Psychoanal. 31, S. 81-84.

Herzog, H. (1980): Sleep Disturbance and Father Hunger in 18- to 28-month-old Boys: The Erlkönig Syndrome. Psychoanal. Study Child 35, S. 219-236.

Hirsch, M. (1987): Realer Inzest. Psychodynamik sexuellen Mißbrauchs in der Familie. Berlin – Heidelberg (Springer) 3. Aufl. 1994.

Hirsch, M. (1989): Psychogener Schmerz. In: Hirsch, M. (Hrsg.): Der eigene Körper als Objekt. Zur Psychodynamik selbstdestruktiven Körperagierens. Berlin - Heidelberg (Springer).

Hirsch, M. (1993): Zur narzißtischen Dynamik sexueller Beziehungen in der Therapie. Forum Psychoanal. 9, S. 303-317.

Kernberg, O. (1975): Borderline-Störungen und pathologischer Narzißmus. Frankfurt a. M. (Suhrkamp) 1978.

Kernberg, O. (1994): Liebe im analytischen Setting. Psyche 48, S. 808-826.

Körner, J. (1990): Übertragung und Gegenübertragung, eine Einheit im Widerspruch. Forum Psychoanal. 6, S. 87-104.

Körner, J., Rosin, U. (1985): Das Problem der Abstinenz in der Psychoanalyse. Forum Psychoanal. 1, S. 25-47.

Krutzenbichler, S., Essers, H. (1991): Muß denn Liebe Sünde sein? Über das Begehren des Analytikers. Freiburg i. Br. (Kore).

Lewin, B. D. (1946): Sleep, the Mouth, and the Dream Screen. Psychoanal. Quart. 15, S. 419-434.

Massing, A., Wegehaupt, H. (1987): Der verführerische und verführte Analytiker.

Bemerkungen zur sexuellen Gegenübertragung. In: Massing, A., Weber. I. (Hrsg.): Lust & Leid, Sexualität im Alltag und alltägliche Sexualität. Berlin - Heidelberg - New York (Springer).

McDougall, J. (1986): Identifizierungen, neuartige Bedürfnisse und neuartige Formen von Sexualität. Psyche 40, S. 1007-1029.

Modell, A. (1990): Other Times, other Realities. Toward a Theory of Psychoanalytic Treatment. Cambridge MA - London (Harvard University Press).

Natterson, J. (1991): Beyond Countertransference. The Therapists Subjectivity in the Therapeutic Process. Northvale, London (Jason Aronson).

Neyraut, M. (1974): Die Übertragung. Eine psychoanalytische Studie. Frankfurt a. M. (Suhrkamp) 1976.

Pfannschmidt, H. (1987): Das Erleben von Patient und Analytiker bei der Übertragung ödipal-inzestuöser Wünsche. Forum Psychoanal. 3, S. 205-214.

Poluda-Korte, E.S. (1993): Sexualität in der Gegenübertragung. Z. Sexualforsch. 6, S. 189-198.

Racker, H. (1959): Übertragung und Gegenübertragung. Studien zur psychoanalytischen Technik. München - Basel (Reinhardt) 2. Aufl. 1982.

Renik, O. (1993a): Countertransference Enactment and the Psychoanalytic Process. In: Horowitz, M.J., Kernberg, O.F., Weinshel, E.M. (eds.): Psychic Structure and Psychic Change: Essays in honor of Robert S. Wallerstein. Madison, CT (Int. Univ. Press).

Renik, O. (1993b): Analytic Interaction: Conceptionalizing Technique in Light of the Analyst's Irreducible Subjectivity. Psychoanal. Quart. 62, S. 553.

Schafer, R. (1993): Five Readings of Freud's „Observation on transference-love". In: Person, E.S., Hagelin, A., Fonagy, P. (eds.): On Freud's „Observation on Transference-love." New Haven, CT (Yale Univ. Press).

Searles, H. (1959): Oedipal Love in the Countertransference. Int. J. Psycho-Anal. 40, S. 180-190.

Stoller, R. J. (1975): Perversion. Die erotische Form von Haß. Reinbek (Rowohlt) 1979.

Stolorow, R. D., Atwood, G. (1984): Structures of Subjectivity. Explorations in Psychoanalytic Phenomenology. Hillsdale, N (Analytic Press).

Ulman, R., Stolorow, R. D. (1985): The Transferencecountertransference Neurosis in Psychoanalysis: An Intersubjective Viewpoint. Bull. Menninger Clin. 49, S. 37-51.

Weinstein, R.S. (1986): Should Analysts Love Their Patients? In: Modern Psychoanalysis, S. 103-110.

Winnicott (1971): Vom Spiel zur Kreativität. Stuttgart (Klett-Cotta) 2. Aufl.1992.

„Ich kann Sie einfach nicht lieben"

Überlegungen zur Übertragungsliebe

Thomas Soeder

„Die Heilkunde ist nämlich im wesentlichen die Erkenntnis der Liebesregungen des Leibes zur Füllung und Leerung, und wer hierin den schönen und häßlichen Eros unterscheidet, der ist der Heilkundigste, und wer den Wandel bewirkt, so daß man statt des einen Eros den anderen erwirbt, und wer denen, welchen keine Liebe inne ist und doch inne sein sollte, sie einzupflanzen versteht..., der wäre der rechte Meister. Denn er muß fähig sein zu bewirken, daß das Feindlichste im Leibe sich Freund wird und einander liebt."

Mir scheint, dieser Text aus dem Symposion von Plato ist dem Satz von Freud, daß Psychoanalyse Heilung durch Liebe sei, nahe verwandt. Die Nähe Freudscher Gedanken zu platonischen Ideen hat Bergmann (1982) im übrigen wohl überzeugend dargelegt.

Versuche, Liebe zu definieren

Freud nannte als Ziel jeder analytischen Kur, Liebes- und Arbeitsfähigkeit zu erlangen. Ich möchte mich in dieser Arbeit ausdrücklich auf die Liebesfähigkeit beschränken, wobei vielleicht anzumerken ist, daß Arbeitsfähigkeit sinnvollerweise als geglückte Sublimation enttäuschter Liebe zu verstehen sein könnte.

Im Rahmen dieser Darstellung ist Liebe als eine Objektbeziehung zu verstehen, die zuförderst imstande ist, Befriedigung zu gewähren. Ich gehe davon aus, daß eine Störung der Liebesfähigkeit grundsätzlich deletär auf individuelles wie soziales Leben wirkt. Auf den immer wieder kritischen Antagonismus zwischen Liebes- und Todes-Trieb sei hier ausdrücklich nicht eingegangen. Es genügt wohl, zunächst anzunehmen, daß ein Versagen von auf Bindung und Gemeinschaft gerichteten Antrieben notwendigerweise destruktive

Mechanismen überwiegen lassen muß, gleichgültig, ob primär im Sinne eines Todestriebs oder sekundär-reaktiv im Sinne destruktiven Hasses.

Wenn ich also annehme, daß Liebe womöglich die wichtigste Grunderfahrung zur Bewältigung des scheinbar Unerträglichen ist, ergibt sich zwangsläufig, daß diese Grunderfahrung auch in der analytischen Beziehung eine hervorragende Rolle spielt.

„*The term love lacks precision*" – darin kann man Bergmann (1980) nur zustimmen. Liebe ist kein isolierbarer Affekt, wie etwa Angst, Scham oder Begehren; und Liebe ist auch keine von der Art der Objektbeziehung her definierbare Gefühlsregung, da Liebesobjekte ja in allen möglichen Beziehungsformen bedeutsam sein können. In meiner Darstellung beziehe ich mich daher auf die üblicherweise notwendigen und wichtigen personalen Liebesobjekte (Eltern, Geschwister, Freunde, Partner, Kinder). Wesentlich ist dabei natürlich die Unterscheidung zwischen den Ebenen des sexuell erlaubten und des inzestuösen Liebesobjekts. Sprachlich kommt noch hinzu, daß das Wort „Liebe" sehr wohl oft in Kontexten verwandt wird, wo eine entsprechende emotionale Beziehung nicht besteht, von Seiten des Über-Ich aber gefordert wird, oder andererseits einen einfachen sexuellen Akt bezeichnet.

Freud hat sich kaum auf eine Definition der Liebe eingelassen, obwohl das Wort in seinen Schriften nicht selten vorkommt. Vielleicht geht es für ihn um „Objektlibido" (Freud 1905, S. 121). Man könnte dabei auf den Gedanken kommen, daß „Liebe" als etwas schwer Definierbares zu den Seiten des dunklen Kontinents gehört, mit denen Freud sich nicht so gern beschäftigte.

Kernberg versucht, Liebe bzw. die Fähigkeit, sich zu verlieben, zu definieren als die Fähigkeit, Idealisierung und Erotik miteinander zu verbinden und so eine tiefe Objektbeziehung herzustellen (Kernberg 1984, S. 872). Allerdings scheint Kernberg sich dabei auf das zu beziehen, was er „ödipale Liebe" nennt.

In Anlehnung an Lichtenberg ergäbe sich die Vorstellung, Liebe könnte die gemeinsame Resultante zweier motivationaler Systeme, des nach Bindung und späterer Verbundenheit Strebenden, und des nach sinnlichem Vergnügen und sexueller Erregung Strebenden sein (Lichtenberg 1991).

Balint stellt den Wunsch nach dem Erleben primärer Liebe in das Zentrum der seelischen Entwicklung: „Die Liebe erscheint ... als ursprünglichere Form der Objektbeziehung" (Balint 1965, S. 142). Des weiteren unterscheidet Balint zwischen einer „primären Liebe", die passiver Natur ist: „Ihr Ziel ist: Ich soll geliebt, befriedigt werden, ohne die kleinste Gegenleistung meinerseits" (Balint 1965, S. 91). „Dies ist und bleibt das Endziel allen erotischen

Strebens." „Die Realität zwingt uns dann Umwege auf ... nach dem Narzißmus ist ... der andere Umweg ... die aktive Objektliebe." Daran anschliessend beschäftigt Balint sich mit der Relativität der Unterscheidung zwischen prägenitaler und genitaler Liebe, wobei er rein genitale Liebe als „Artefakt der Kultur" beschreibt (Balint 1965, S. 125).

Mit all diesen Definitionsversuchen verbleiben wir in einem theoretischen Dilemma: Wir können Liebe zwar deskriptiv-verhaltensorientiert, intrapsychisch-wunschorientiert oder bindungsbildend-systemorientiert beschreiben, aber wir wissen nicht, wovon wir eigentlich sprechen; es gibt keine abgrenzbare psychische Funktion, die wir als „lieben" identifizieren könnten. Vielmehr geht es wohl um eine Beziehungsbeschreibung, wobei die Zahl der Teilfunktionen, die mitzudenken sind, allerdings groß ist. Hierher gehören Funktionen des Nährens, Tragens und Haltens, der Gewährung von Sicherheit, der Erregung und der Erregungsbewältigung, der Akzeptanz und des Verstehens, der prägenitalen wie der genitalen Befriedigung, und zwar alles sowohl in aktiver wie passiver Zuschreibung. Dabei halte ich es für wesentlich, daß für die emotionale Erfahrung, die traditionell als Liebe bezeichnet wird, das teilweise oder vollständige Fehlen einzelner Bestandteile kein Hinderungsgrund ist. Gerade inzestuöse Liebe (damit bezeichne ich Liebe unter dem Verbot sexueller Vereinigung, nicht den realen Inzest) bildet eine wesentliche und notwendige Erfahrung.

Liebe und Übertragungsliebe

Man könnte mit gewissem Recht behaupten: Nach der primären Liebe, die sich auf das primäre Objekt richtet, gibt es nur noch Übertragungsliebe (Freud 1915, S. 227). Ob man das so beschreiben muß, mag offenbleiben; es ist letztlich eine definitorische Frage der Kategorien und Subkategorien.

Der Umgang mit Liebe und Übertragungsliebe gestaltet sich stets schwierig, und diese Erkenntnis steht am Anfang der Entwicklung der psychoanalytischen Wissenschaft, bezeugt durch den Fall Anna O. und den Fall Dora. Eine Folge davon könnte sein, daß es schwierig ist, über Übertragungsliebe bzw. Liebesübertragung zu sprechen; zu nah sind die Verdächtigungen, die wohl auch Freud schon beängstigten, hier gehe es um sexuellen Mißbrauch – eine Phantasie, die allgegenwärtig ist. Eine Patientin kam, nachdem sie sich mit dem Liegen auf der Couch arrangiert hatte, zuerst auf den Einfall: „Und? Soll ich mich jetzt ausziehen?"

Hinzu kommt, daß man die Auswahl der Analysanden, zumindest solange nicht materielle Not oder damit verknüpfte Angst den Analytiker motiviert, wohl am besten als Ausdruck einer Gegenübertragungsliebe verstehen kann. Mit einem gewissen Zweifel sind wohl Konstruktionen zu bedenken, bei denen die Auswahl geeigneter PT-Patienten ausschließlich auf rationale Kriterien zurückgeführt werden soll.

Ein treffendes Beispiel findet sich in M. Bonapartes „Journal d'analyse" vom 22.10.1925 (zitiert nach Bertin 1989, S. 285). Sie notiert die Sätze von Freud: „Sehen Sie, ich kenne Sie erst seit drei Wochen und erzähle Ihnen mehr als anderen nach zwei Jahren ..." „ich schenke mein Vertrauen und bin dann enttäuscht. Vielleicht werden auch Sie mich enttäuschen ...". Die Prinzessin reagiert wortlos: „Ich streckte meine Hand über die Kissen nach hinten, und er nahm sie ...". Abgesehen davon, wie deutlich die Bedürftigkeit des Analytikers hier wird, fasziniert die Fähigkeit zu einer enttäuschungsbereiten Liebes-Gegenübertragung.

Bedeutung der Übertragungsliebe für den analytischen Prozeß

Bergmann formuliert zunächst (Bergmann 1980, S. 57), er betrachte „sich Verlieben als besonderen Ich-Zustand – *falling in love as a special ego state*"; später wird aber in derselben Arbeit deutlich, daß es um Ich-Fähigkeiten geht: „Ich möchte fünf Funktionen hervorheben, die das Ich für ein geglücktes Sich-Verlieben vollbringen muß – *I would stress five additional functions for the ego to perform, ... in a felicitous falling in love*". Dem möchte ich mich anschließen, nicht wegen der fünf verschiedenen Leistungen, sondern wegen der Annahme, daß sich zu verlieben und zu lieben wesentliche Fähigkeiten des Ich sind, indem das Ich hier verschiedene und unterscheidbare Strebungen so koordiniert, daß eigene und soziale Befriedigung möglich wird. Dementsprechend beschreibt Waelder (1936, S. 45 ff.): „Erfüllung der Triebwünsche, tiefster Wiederholungsimpuls, Befriedigung von Über-Ich-Ansprüchen und der Forderungen der Realität sind alle darin enthalten; ebenso wie die Wiederherstellung und Selbst-Entdeckung des Ich. – *Fulfilment of the instinctual need, the deepest repetition impulse, a satisfaction of the demand of the superego, and the claims of reality are all contained therein as well as the redemption and the self-discovery of the ego.*". Analog argumentiert Chasseguet-Smirgel (1976, S. 356 f.), daß Liebe, auch unerwiderte Liebe, das Ich (oder Selbst) bereichert und es nicht beraubt: „Liebe ist Begeisterung, Verzückung, Übersteigerung des Ich, auch in den Fällen, in denen die Liebe nicht geteilt wird. – *Love is exaltation, ecstasy, and exaggeration of the ego even in those cases when love is not shared.*" Und: „Liebe stellt daher, manchmal in regressiver, manchmal in reifungsbezogener Weise, die Verbindung des Ich mit seinem Ideal dar und ist einer der wesentlichsten menschlichen Wege, die im Ich nach der primären Ausstoßung verbliebene Wunde zu heilen. – *Love therefore represents in an sometimes regressive, sometimes maturational way, the marriage of the ego and its ideal and is one of the essential human ways to heal the wound left in the ego after primary defusion.*"

Dies legt die Folgerung nahe, daß Übertragungsliebe, sei es als Neuauflage oder Neubearbeitung, die Grundlage für eine Bearbeitung und Bewältigung pathogener biographischer Konflikte darstellen könnte.

Das Geschehen der Übertagungsliebe läßt stets zumindest zwei Seiten erkennen: die Seite der Wiederholung und die Seite der Neuerfahrung.

Wenn man Balints Türbeispiel folgt (Balint 1965, S. 214), kann jeder Analytiker in jeder Situation zum Objekt vorbestehender, möglicherweise unbewußt gewordener Affekte oder Triebregungen werden. Balint beschreibt in seiner Darstellung eine Analogie zwischen der Übertragung auf den Analytiker und dem Umgang mit der Tür des Behandlungszimmers, die der Analysand je nach seinem inneren Zustand öffnet, schließt, zuknallt oder sonst etwas mit ihr machen könnte. Der entsprechende Vorgang ist in Erstbegegnungen auch immer wieder zu beobachten: Mitunter entsteht eine Szene, die mit der Person des Analytikers (fast) nichts, mit der inneren Situation des Analysanden (fast) alles zu tun hat und entspricht somit nahezu ausschließlich einer Wiederholung. Erst dadurch, daß der Analytiker eben keine Tür und kein anderes unbelebtes Objekt ist, entsteht die Möglichkeit einer Neubearbeitung.

Im weiteren Verlauf einer Behandlung entstehen also insofern andere Bilder, als der Analysand wohl (eine gelingende Behandlung vorausgesetzt) lebendige Bilder des Analytikers internalisiert und sich damit auseinandergesetzt hat und ihn in der Folge, zunächst entsprechend den frühen Modi, als liebenswertes Objekt anerkennen kann. Danach handelt es sich in der Analyse nicht mehr darum, daß der Analytiker ein unbelebtes Übergangsobjekt ist (was er genaugenommen natürlich nie war), vielmehr wird er zum Kristallisationskern unbewußter und vorbewußter Sehnsüchte nach einem Objekt, das befriedigendere Beziehungen erlaubt als die bislang bekannten Objekte. Dies spielt sich sowohl auf genitaler wie auf prägenitaler Ebene ab.

Einer solchen günstigen Entwicklung steht regelmäßig der Zwang entgegen, die Art von Liebesbeziehung, die vormals erlebt wurde, mit dem Analytiker zu wiederholen, d.h. eben eine befriedigende Beziehung zu vermeiden.

Übertragungsliebe und Übertragungshaß

Bei der Arbeit an diesem Text fiel mir auf, daß das Stichwort „Übertragungshaß" in der Literatur nicht zu finden ist, obwohl es naheliegend wäre, dieses Gegenüber der Liebe zumindest zu erörtern. Balints Bemerkung, daß Liebe primär, Haß aber eher sekundär sei (Balint 1965, S. 142), könnte im Rahmen seiner Theoriebildung befriedigen, reicht aber nicht aus, die fehlende Thematisierung in anderen Darstellungen zu erklären. Ohne diese Lücke jetzt füllen zu wollen, könnte ich mir aber vorstellen, daß die Bearbeitung auch eines primär gedachten Übertragungshasses bzw. primärer Destruktivität nur dann möglich ist, wenn es, wie latent auch immer, die Möglichkeit einer primären Liebe zwischen Analytiker und Analysand gibt.

Das Schicksal der Übertragungsliebe

Ein wesentliches Merkmal der Liebesunfähigkeit beim Erwachsenen besteht darin, daß er ein früheres, überlebtes oder unbefriedigendes Liebesobjekt nicht verlassen kann, d.h. entweder an das primäre Objekt oder an den Modus der primären (passiven) Liebe gebunden bleibt. Wenn nun also das Phänomen Übertragungsliebe für den therapeutischen Prozeß nutzbar werden soll, muß es eine enttäuschte Liebe sein. Die Enttäuschung aber muß in einer Weise geschehen, die ermöglicht, daß die unter der Wirkung der Übertragungsliebe entstandenen hilfreichen Introjekte bzw. Modifikationen früherer Objektrepräsentanzen erhalten bleiben können. Gelingt dies nicht, kommt es vermutlich eher zu einem persistierenden Übertragungshaß als zu einer libidinös befreienden Entwicklung.

Ich möchte für eine derartig gelingende Entwicklung der Übertragungsliebe den Begriff „sekundäre Liebe" verwenden. Damit meine ich nichts anderes als die im glücklichen Fall normale Entwicklung: Das elterliche Liebesobjekt kann verlassen werden zugunsten eines pubertären Objekts; dieses wird dann sehr hoch besetzt, enttäuscht aber wiederum, um den Weg frei zu machen für reife Objektbeziehungen, in die die zumindest vorbewußte Phantasie des Endes, des Verlustes und letztlich des Todes integriert werden kann.

Drei Klippen

Schwierigkeiten in der Entwicklung der Übertragungsliebe entstehen wohl zwangsläufig und individuell ganz unterschiedlich. Drei Schwerpunkte scheinen mir wichtig.

Die erste Klippe ist, ob Übertragungsliebe überhaupt entstehen darf und bewußt werden kann. Insbesondere bei schwer narzißtisch gestörten Menschen und Borderline-Persönlichkeiten ist dies zu beobachten. Kernberg (1974, S. 487) meint zu dieser Entwicklungsstörung, sie, die „... sich als eine fast vollständige Unfähigkeit zur Herstellung genitaler und zärtlicher Beziehungen zu irgendeinem Menschen darstellt, ist charakteristisch für die schwersten Formen narzißtischer Persönlichkeitsstruktur. – *... represented by an almost total incapacity for establishing genital and tender relations with any other human being, is characteristic of the most severe types of narcissistic personality structure.*" Und weiter: „Viele Patienten mit narzißtischer Persönlichkeitsstruktur haben sich niemals verliebt oder geliebt. – *Many patients with narcissistic personality structure have never fallen or been in love.*" Dieser m. E. immer wieder beobachtbare Tatbestand erschwert natürlich die Entwicklung einer Übertragungsliebe, die in diesen Fällen zwangsläufig zunächst, wenn sie denn überhaupt entsteht, auf die Ebene der primären Liebe rekurriert und rekurrieren muß, da andere Liebesvorstellungen ja nicht verfügbar sind.

Die zweite Klippe taucht auf (vorausgesetzt, eine Übertragungsliebe konnte sich entwickeln), wenn der Patient diese inzwischen bewußte Liebe als unerträglich, als Zumutung, als unerfüllbare Hoffnung wahrzunehmen beginnt, d.h. wenn er mit dem Schmerz der Sehnsucht konfrontiert wird. Bergmann (1980, S.72) meint dazu: „Im Sich-Sehnen wird zum ersten Mal Getrenntheit erlebt ... Sehnsucht kennzeichnet den Beginn der Liebe. – *In the state of longing, separateness is experienced for the first time ... Longing marks the birth of love.*"

Die dritte Klippe schließlich besteht in der Erfahrung, daß die Übertragungsliebe keine vollständige Erfüllung finden darf. Wie in der Kind-Eltern-Beziehung ist die Übertragungsliebe nur dann fruchtbar, wenn sie letztlich enttäuscht wird und den Übergang zu anderen Liebesobjekten ermöglicht. Mit der notwendigen Enttäuschung der Übertragungsliebe meine ich nicht nur, daß ihr sebstverständlich die körperlich-sexuelle Erfüllung fehlen muß. Vielmehr ist auch die Erfahrung der Begrenztheit und Endlichkeit unumgänglich, um es dem Individuum zu ermöglichen, auch die Entfernung, Entfremdung und den Verlust von Liebesobjekten ohne Zerstörung des narzißtischen Gleichgewichtes zu ertragen.

Mehrere Autoren haben auf das spezifische Mann-Frau-Problem bei der Übertragungsliebe hingewiesen, u.a. E. Person (1994) und J. Chasseguet-Smirgel (1988, S. 88 ff.). In der Tat scheint es so zu sein, daß männliche Analysanden sehr viel mehr Schwierigkeiten haben, eine Übertragungsliebe wahrzunehmen, besonders bei einem männlichen Analytiker – das Verbot der homosexuellen Liebe scheint bei Männern ausgeprägter als bei Frauen. Mein Eindruck ist, daß die Behandlung männlicher Patienten mit ausgeprägten narzißtischen Störungen schwieriger ist als die von Frauen mit ähnlicher Pathologie; was allerdings eben auch damit zu tun haben dürfte, daß mich als Mann in diesen Fällen das Verbot der Liebesübertragung besonders trifft.

Überlegungen zum Gelingen analytischer Beziehungen

Neben vielen anderen Parametern wäre zu überlegen, inwieweit die Bereitschaft von Analytiker und Analysand, den anderen als liebenswertes Objekt wahrnehmen zu können, den analytischen Prozeß bestimmt. Eine Analyse, bei der der Analytiker den Analysanden nicht potentiell lieben könnte, wäre möglicherweise zum Scheitern verurteilt, weil es niemals möglich würde, die konflikthaftesten und beschämendsten seelischen Zustände des Analysanden bewußt werden zu lassen und zu bearbeiten, in Worten zu beschreiben und zu integrieren. Es scheint mir fraglich, ob eine rein neutrale emotionale Einstellung des Analytikers die immensen affektiven Kräfte von Scham und Angst aushaltbar machen könnte.

Dazu ein kleiner Exkurs: Victor Tausk, ein Adept und von Freud anfangs als „nützlich" erachteter Anhänger der Analyse, fand letztlich nicht Freuds affektiven Gefallen. Die gewünschte Analyse delegierte er an seine damalige Analysandin Helene Deutsch. Nachdem diese Dreiecksbeziehung mißlang, brachte sich Tausk um. Freud schrieb an Abraham: „Tausk hat sich vor einigen Tagen erschossen. Sie erinnern sein Benehmen auf dem Kongreß ... Trotz seiner bedeutenden Begabung war er für uns unbrauchbar" (zitiert nach Gay 1989, S. 440). Die Vermutung, daß Freud Tausk nicht hätte lieben können, liegt nicht allzu fern.

(Es ist anzumerken, daß man das Geschehen im Sinne von Übertragungshaß verstehen könnte, da Tausk vorher vermutlich ein Verhältnis mit Lou Andreas-Salome hatte.)

Es sei noch einmal gefragt: Wie kommt es zur Auswahl der Analyse-Patienten, wenn nicht gerade die materielle Bedürftigkeit des Analytikers im Vordergrund steht? Ich denke, daß das, was dann letztlich als Analysierbarkeit oder ähnlich distanzierte Termini auftaucht, im Grunde die Möglichkeit des Analytikers beschreibt, den Patienten im Rahmen der inzestuösen Beziehung zu lieben, und diesen Rahmen zu halten. Freuds Satz: „Analyse ist Heilung durch Liebe" war für ihn selbst vermutlich nur sehr teilweise erträglich, wie sich aus der Tausk-Geschichte ergeben könnte. Hier ist vielleicht der Konflikt des alten, voranalytischen gegen den neuen Freud erkennbar; seine lebensgeschichtlich zu verstehende Verhaftung an die „Verwertbarkeit" von Individuen war mit der Ahnung der Bedeutung emotionaler Kontexte noch nicht vereinbar.

Drei Konstellationen.

Grob vereinfacht ergeben sich zumindest drei Darstellungen der Übertragungsliebe in einer analytischen Beziehung: Eine, in der eine bewußte libidinöse Besetzung mehr oder minder vermieden wird; eine, in der sie akzeptiert und gebraucht wird, ohne sie zu klären; und eine dritte, bei der die Art der Liebesbeziehung zum Kristallisationskern der Bindungs- und Beziehungsanalyse wird. In dieser schematischen Trennung ist die Wirklichkeit analytischer Behandlung natürlich verzerrt, da es überall um Mischungen der jeweils vorherrschenden Modi geht.

Ich möchte anhand zweier Fallbeispiele Konkretionen des Auftretens oder der Vermeidung der Problematik einer Liebesübertragung darstellen.

Fallbeispiel 1: Die Vermeidung

Die 40jährige Frau A. kam wegen ausgeprägter Ängste und Depressionen in Behandlung, wobei sich bald herausstellte, daß psychosenahe Beziehungsideen, Gedankenausbreitung und Identitätsverluste ihr Leiden prägten; allgegenwärtig war die Angst, verrückt zu werden. Sowohl aus der Übertragungssituation als auch aus der Biographie ergab sich eine extreme Spannung zwischen sehr schambesetzten Beziehungswünschen und der Angst, mit jeder Beziehung das Risiko des Selbst-Verlustes einzugehen. Teils bewußt, teils unbewußt vermied Frau A. in den ersten drei Jahren jede Wahrnehmung der Bindung an den Analytiker, obwohl in den erzählten Träumen lebhafte prägenitale wie genitale Wünsche erkennbar waren. In der Behandlungssituation ergab sich immer mehr eine Verwirrung, so daß nicht nur das (teilweise fachkompetente) Umfeld von Frau A., sondern auch ich immer wieder mit einer psychotischen Dekompensation rechnete. Zum Zeitpunkt eines relativen Höchstmaßes an Verwirrung kam es zu der Äußerung, die ich für den Titel dieses Vortrags wählte: „Ich kann Sie einfach nicht lieben." Dieser Satz fiel auch im Verlauf der Stunde völlig aus dem Rahmen, und zunächst vermied Frau A. jedes weitere Eingehen darauf, was sie damit gemeint haben könnte. Dennoch blieb er eine Art roter Faden, an den ich im weiteren Verlauf immer wieder erinnert wurde, zumal Frau A. immer wieder von ihren unbefriedigenden Bindungen und Bindungsversuchen an andere Menschen berichtete. Sofort schweifte sie dann aber ab, um sich wiederum in unklaren, manchmal mystisch anmutenden Beziehungsüberlegungen zu verirren, etwa in folgender Art: „Ich weiß nicht, manchmal ist mein Mann eher meine Mutter ... oder vielleicht bin ich ja auch Mutter für ihn ... vielleicht sind wir das gegenseitig ...". In meinen Interpretationen versuchte ich, ihre schmerzliche Gehemmtheit hervorzuheben, konkrete und wünschbare Objektbeziehungen wahrzunehmen und, mit dem Risiko einer Zurückweisung, aktiv ein Liebesobjekt zu wählen. Zudem führte der trotzig anmutende Affekt, der bei jenem Satz mitschwang, auf die Spur des inneren Protestes, überhaupt auf Liebe angewiesen zu sein, wodurch die ersehnte narzißtische Vollkommenheit sich ja als unrealistisch und für ein befriedigendes Selbsterleben unangemessen erweisen würde. Die immer wieder auftauchenden psychotisch anmutenden Zustände erklärten sich im weiteren Verlauf als Auswirkungen des verzweifelten Kampfes, im Rahmen der von ihr erfahrenen Beziehungsstrukturen so etwas wie Ordnung zu schaffen und einen geeigneten Platz für den Analytiker zu finden bzw. zu erfinden. In dem Maße, in dem dies gelang, konnte sie sich auch erinnern, wie sie in einer der ersten Stunden ein Gefühl hatte, als ob es gefunkt hätte; danach aber erlebte sie mich über Jahre als immer entfernter, unerreichbarer und wie im Nebel – eine Wahrnehmung, die ich durchaus teilen konnte.

Fallbeispiel 2: Die Überflutung

Die 55jährige Frau B. hatte eine schwere körperliche Erkrankung, eine vollständige Lähmung aufgrund einer Polyradikulitis ohne zuzuordnende Ätiologie hinter sich und war danach in eine depressive Lähmung aller Lebensbereiche verfallen. Sie hatte ihr bisheriges, sehr arbeits- und erfolgreiches Leben verloren. Nach längerem inneren Kampf, überhaupt die Hilfe eines Analytikers in Anspruch zu nehmen, ergab sich nach wenigen Stunden eine heftige positive Übertragung, unter der Frau B. zunehmend zu leiden begann. Die analytische Beziehung ließ ihr alle unerfüllten Wünsche nach Nähe und Befriedigung bewußt werden, sie erlebte im Behandler den früh verstorbenen Vater, die Mutter, den Sohn, den ersten Geliebten und alle denkbaren Erfüllungswünsche. Die Übertragungsliebe entsprach sowohl einem Versuch der aktuellen Konfliktlösung als auch der Darstellung der lebensgeschichtlichen Enttäuschungen, abgewehrter Liebeswünsche, von denen Frau B. sich jetzt in schier unerträglichem Ausmaß überflutet fühlte. Hinzu kam der Kampf, ob sie sich ihre diesbezügliche Gefühlswahrnehmung überhaupt gestatten dürfte; das Unerlaubte und Beschämende ihrer Liebe quälte sie bis zu dem Zeitpunkt, zu dem sie sich zu sagen erlaubte: „Schließlich darf auch ich mich einmal in meinem Leben verlieben."

Im Verlauf traten konkrete Wünsche und Erwartungen an mich auf, die zwar von Frau B. bewußt abgewehrt wurden, aber letztlich die Hoffnung auf eine reale Liebesbeziehung bedeuteten. Erst die wiederholte Interpretation der unvermeidlichen Enttäuschung ermöglichte eine Betrachtung des Verzichtes, der Kränkung durch das Unmögliche, bei gleichzeitiger Erhaltung der neuen und helfenden Anteile der therapeutischen Beziehung.

Überlegungen zu den Verläufen

In beiden Fallgeschichten ging es neben anderen Schwierigkeiten, auf die ich hier nicht weiter eingehen möchte, um die Störung der Entwicklung der primären Liebe. Frau A. war bis zu ihrer Erkrankung in einer passiven Erwartungshaltung verblieben, in der sie sich die sehr besitzergreifende und inaktivierende Zuwendung der Mutter, die den Vater ausschloß, als einzige Form der Liebe vorstellen konnte. Die einzige Wahl, die ihr zu bleiben schien, war die Wahl der Seite, die der Mutter oder die des Kindes. Eine adoleszente Liebe bzw. Verliebtheit im engeren Sinne hatte bei ihr gar nicht entstehen können. Von wenigen Situationen und der Beziehung zu ihren Kindern abgesehen, wählte sie meist die kindlich-passive Position, was auf die Dauer aber zu ständiger Unbefriedigtheit führte. Diese Art der Ordnung ihrer Liebesbeziehungen war aber so sehr verfestigt, daß jeder Ausbruchsversuch zu paranoid anmutender Verwirrung und heftiger Angst führte. Bei Frau A. sah der Konflikt vermutlich so aus: Der Wunsch nach Befriedigung hätte die Bindung an das einzige vorstellbare

Objekt, die Mutter, so zerstört, daß eine identische innere Wirklichkeit, ohne Verfolgung und Verlust der Ich-Wahrnehmung, nicht mehr möglich gewesen wäre. Im Kontakt mit Dritten kam es zu panischen Reaktionen, die die jeweiligen Männer (aber auch Frauen) natürlich verunsicherten und abstießen. Die letztlich bewußt gewordene Lösung war: „Ich kann nicht lieben."

Auch Frau B. war mit dem Prozeß der Ablösung der primären Liebe nicht zurechtgekommen. Ihre Mutter war nach dem unglückshaften frühen Tod des Vaters mit allem überfordert gewesen und hatte bald viele Aufgaben an die Älteste delegiert. Diese gab im Verlauf der Adoleszenz eigene reifende Liebeswünsche weitgehend auf. Auf eine kurze intensive Verliebtheit verzichtete sie unter dem Eindruck mütterlichen Mißfallens. Ihre Bindungsbedürfnisse erfüllte sie später durch mütterlich-versorgende Zuwendung zu Kindern, Angestellten, zur Kirchengemeinde etc. Dabei wurden die passiven primären Bedürfnisse vollständig unbewußt, ohne tatsächlich integriert zu sein. Es kam zu dem bewußten Konstrukt: „Ich liebe alle." Die unbewußte Kehrseite war: „Mich liebt niemand, aber das brauche ich auch nicht". Mit dieser Haltung wurde Frau B. naheliegenderweise allseits gebraucht, manchmal wohl auch benutzt.

Übertragungsliebe als Möglichkeit der Neubearbeitung

In der Behandlung von Frau A. war die zentrale Schwierigkeit, die ständige Vermeidung von Bindung und Nähe, verbunden mit sich immer wiederholenden paranoiden Vorstellungen, zu verstehen als Ergebnis der erfahrenen Unfähigkeit, jenseits der primären Liebe eine andere Beziehungsform entwickeln zu können. Insofern war es ihre Aufgabe, den von ihr anfänglich wahrgenommenen „Funken" der Übertragungsliebe so zu verarbeiten, daß sich ihr neue Beziehungsmöglichkeiten erschlossen, sozusagen die Entdeckung eines neuen Kontinents.

Bei Frau B. entsprach die so heftig entstandene Übertragungsliebe eher der Neuauflage ihrer adoleszenten Verliebtheit, die sie jedoch unter den verschiedenen Varianten der an Mutter, Vater und Kinder gerichteten Befriedigungswünsche erst identifizieren, sich ihrer bewußt werden mußte. Dies alles geschah unter dem Einfluß massiver Angst und Scham vor dem Ungelebten und auch Verbotenen, bis zu dem Punkt der beginnenden Entlastung, daß auch sie sich verlieben darf. Danach stand dann im Vordergrund der Behandlung, die Katastrophe der befürchteten emotionalen Auslieferung zu verarbeiten und die Wut über entgangene Befriedigung zu bewältigen.

Die Enttäuschung

Indem ich denke, daß die Entwicklung einer Übertragungsliebe für das Gelingen einer analytischen Behandlung erforderlich ist, denke ich gleichzeitig, daß die Enttäuschung dieser Liebe und die Verarbeitung dieser Enttäuschung notwendig ist. Die Fähigkeit, eigene aktive Liebeswünsche im Gegensatz zur passiv erfahrenen Liebe zu entdecken, ist die eine (befriedigende) Seite; die andere Seite ist die Bewältigung des Verzichts auf gewünschte Beziehungen, wobei die Objektwahl im Rahmen der analytischen Beziehung zwar Sicherheit bietet vor Mißbrauch und anderer Schädigung, der Schmerz über das Unerreichbare aber oft kaum erträglich erscheint. Hier entsteht dann möglicherweise eine Gegenübertragungsangst, da es vermeintlich dem Patienten nicht zumutbar sein könnte, die Enttäuschung auszuhalten (und dem Analytiker, die Enttäuschungswut auszuhalten – oder auch den Verzicht auf die eigene Befriedigung). Im Vorgriff auf diese bedrängende Situation kann es natürlich sein, daß von Seiten des Analytikers die Entwicklung der Übertragungsliebe von vornherein behindert wird. Auch könnte die Angst auftauchen, etwas zu fördern, was mehr den eigenen Wünschen, geliebt zu werden, entspricht, als den Erfordernissen der Analyse. Hier scheint mir allerdings, daß die Wahrnehmung eigener Liebeswünsche dem Prozeß eher förderlich sein dürfte, solange der Analytiker die Enttäuschung in sich wahrhaben kann; wohingegen die Verleugnung oder Abspaltung zum Gegenübertragungswiderstand geraten dürfte.

Literatur

Balint, M. (1965): Die Urformen der Liebe und die Technik der Psychoanalyse. Frankfurt (Fischer).

Bergmann, M.S. (1980): On the Intrapsychic Function of Falling in Love. In: Psa. Quart. 49, S. 56-77.

Bergmann, M.S. (1982): Platonic Love, Transference Love, and Love in Real Life. In: J. Amer. Psa. Ass. 30, S. 87-111.

Bertin, C. (1989): Die letzte Bonaparte. Freiburg (Kore).

Chasseguet-Smirgel, J. (1976): Some Thoughts on the Ego-Ideal. In: Psa. Quart. 55, S. 345-371.

Chasseguet-Smirgel, J. (1988): Zwei Bäume im Garten. München (Verlag Internationale Psychoanalyse).

Freud, S. (1905): Drei Abhandlungen zur Sexualtheorie. Studienausgabe Bd. 5, Frankfurt 1972 (S. Fischer) S. 121.

Freud, S. (1915): Bemerkungen über die Übertragungsliebe. Studienausgabe Ergänzungsband, Frankfurt 1972 (S. Fischer) S. 227.

Gay, P. (1989): Freud. Frankfurt (S. Fischer).

Kernberg, O.F. (1974): Barrieres to Falling and Remainig in Love. In: J. Amer. Psa. Ass. 22, S. 486-510.

Kernberg, O.F. (1984): Das sexuelle Paar. In: Psyche 48, S. 866-885.

Lichtenberg, J.D. (1991): Motivational-funktionale Systeme als psychische Strukturen. Forum Psychoanal. 7, S. 85-97.

Person, E.S. (1994): Die erotische Übertragung bei Männern und Frauen. In: Psyche 48, S. 783-807.

Plato: Symposion. (Reclam) 1979, S. 51.

Waelder, R. (1936): The Principle of Multiple Function. In: Psa. Quart. 5, S. 45-62.

Partnertrennung und Übertragung im psychoanalytischen Prozeß

Sabine Trenk-Hinterberger

Problemstellung

Da Analysen heute mehrere Jahre dauern, läßt es sich häufig nicht vermeiden, daß der Patient innerhalb dieser Zeit wichtige Entscheidungen trifft. Anders als zu Freuds Zeiten, als die Behandlungen nach einigen Monaten abgeschlossen wurden, hat sich die Forderung nach Aufschieben von wichtigen Veränderungen relativiert: Es erweist sich manchmal als unrealistisch, vom Patienten ein Zuwarten zu verlangen, in Bereichen, die seine äußere Lebensgestaltung berühren.

Am Beispiel des Umgangs von Patienten mit ihren Partnern läßt sich diese Problemstellung konkretisieren: Daß ein Analysand zu seiner Partnerin zieht, heiratet, sich trennt oder sich scheiden läßt, während seine Behandlung andauert, wird deshalb so kritisch betrachtet, weil der Anteil der Übertragung an diesem Geschehen häufig eine große Rolle spielt. Man fürchtet, es könne sich nicht um eine unabhängige, reife Entscheidung handeln, vielmehr um ein Agieren, mit dem der Analysand eher seinen Widerstand untermauert. Wenn wir also einerseits nicht rigide auf einer Abstinenz des Analysanden in seiner äußeren Lebensführung bestehen können, so zeigt sich doch andererseits deutlich, daß wesentliche Veränderungen in seinen sozialen Beziehungen eher als den analytischen Prozeß behindernd und daher unerwünscht angesehen werden. Wenn es zu schwerwiegenden Entscheidungen im Hinblick auf den Partner kommt, wäre es wünschenswert, diese für die Analyse fruchtbar zu machen: Dies könnte ein konstruktiver Weg aus dem Dilemma sein, die Übertragungsprozesse nur innerhalb der analytischen Situation angehen zu können, aber mit Handlungen des Patienten außerhalb konfrontiert zu sein, die einer Erklärung bedürfen und ohne Bezug auf die Übertragung nicht zu verstehen sind.

Ausgangspunkt für diese Überlegungen ist die Erfahrung in meiner Praxis, daß Patienten sich von ihren langjährigen Ehefrauen/Partnerinnen getrennt haben, wenn sie sich in analytische Behandlung begaben, eine Zeitlang in Analyse waren oder sich dem Ende der Analyse näherten. Die Frage ist, welche Prozesse das sind, die einen Patienten zu Beginn oder in einem späteren Stadium seiner Analyse zu einer radikalen Veränderung in seiner Lebenssituation veranlassen, die eine Trennung vom Liebesobjekt durchsetzen und damit zu weitreichenden Konsequenzen über den Patienten hinaus – nämlich in sein soziales Umfeld hinein – führen.

Um darauf eine Antwort zu finden, wurden die Behandlungen in meiner Praxis untersucht, in denen es während der Analyse zur Trennung vom Partner gekommen war. Dabei blieb die Auswahl auf männliche Patienten begrenzt, um die Komplexität des Geschehens einzuschränken. Es fanden sich drei Analysanden, an denen sich solche Trennungsprozesse zu unterschiedlichen Zeitpunkten ihrer Analyse studieren ließen. Sie sind an anderer Stelle beschrieben.*

Im Rahmen dieser Abhandlung kann hier nur eine der Falldarstellungen zugänglich gemacht werden, was zwar eine Verkürzung bedeutet, aber dennoch dazu dienen kann, die wesentlichen theoretischen Überlegungen zu erläutern. Die grundlegende These von der Partnertrennung als Lösung eines Übertragungs-Dilemmas soll durch diesen Fallbericht illustriert werden.

Zuvor noch eine Anmerkung zur geschlechtsspezifischen Form der im folgenden verwendeten Begriffe: Sobald es um allgemeine Aussagen geht, ohne Spezifizierung des Geschlechtes, werden herkömmliche Begriffe wie Analytiker, Partner, Analysand eingesetzt. Damit sind Analytikerin, Partnerin, Analysandin jeweils mitgemeint. In allen anderen Fällen wird auf das Geschlecht der Beteiligten Bezug genommen.

Partnertrennung im ersten Analysejahr – ein Fallbericht

Dieser Analysand, zu Beginn der Behandlung 41 Jahre alt, kam mit einer sexuellen Problematik in die Analyse. Er erhoffte sich, wie er im Vorgespräch ausführte, eine Verbesserung seiner Möglichkeiten als Mann, befriedigende sexuelle Beziehungen zu haben. Er litt unter der Angst, den Ansprüchen der Frauen nicht zu genügen und insbesondere für seine Frau nicht gut genug zu sein. Ins-

---

* Dabei handelt es sich um eine umfangreichere Arbeit gleichen Titels, die im Frühjahr 1995 zum Erwerb der ordentlichen Mitgliedschaft in der DPV führte.

gesamt ging es ihm, so verstand ich ihn, um ein schuldfreieres Erleben von Sexualität; darüber hinaus aber vermittelte er seine Schwierigkeit, abgelöst vom Primärobjekt ein eigenständiges Leben ohne Schuldgefühle führen zu können.

Obwohl er schon in den Vorgesprächen auf Probleme in der Ehe und Trennungsgedanken hingewiesen hatte, trat diese Thematik in den ersten Analysemonaten völlig zurück. Der aus bäuerlichem Milieu stammende Patient war mit einer Frau verheiratet, die in der Welt der Mode zu Hause war und ihn mit ihrem Flair der „großen weiten Welt" zugleich faszinierte und ängstigte. Zwar hatte er seine Eltern und Geschwister durch ein Studium und einen akademischen Beruf weit überflügelt, er fühlte sich aber seiner Frau dennoch unterlegen, als sei seine Herkunft ein unauslöschlicher Makel. Er schämte sich dafür, in einem kleinen Dorf aufgewachsen zu sein, während seine Frau sich in großstädtischem Milieu bewegte. Wenn er sich bei Auseinandersetzungen nicht verstanden fühlte, kam ihm sehr schnell der Gedanke, er passe nicht mit ihr zusammen. Entsprechend rasch hatte er die Phantasie, man müsse sich trennen.

Daß es dann zur Trennung kam, wurde von der Frau initiiert, die ihn nicht mehr darüber informierte, wann sie zu Hause zu erwarten sei u.ä. Als sie einmal eine ganze Nacht wegblieb, schlug seine anfängliche Besorgnis in archaische Wut um, und er beschloß, sich zu trennen. Er betonte dabei, wie wichtig es ihm sei, seinen Analyseplatz zu haben und zu wissen, daß er kontinuierlich kommen könne. Später, als die Scheidung schon hinter ihm lag, bedankte er sich bei mir für die Hilfe, die ich ihm in der schwierigen Trennungsphase gewesen sei.

Als er sich trennte, hatte er eine Ahnung davon, daß seine Beziehung zu seiner Mutter entscheidend daran Anteil hatte, wie er die Situation erlebte. Er hatte herausgefunden, daß es für ihn zwei Gruppen von Frauen gab, auf die er sehr unterschiedlich reagierte: Während er kleine rundliche Frauen mit der Mutter in Verbindung brachte und wenig attraktiv fand, galt sein sexuelles Interesse großen schlanken Frauen, die er aber schnell als „eine Nummer zu groß" beschrieb. Seine Frau gehörte zum zweiten Typus, er hatte demnach das Gegenbild zur Mutter gewählt, als er heiratete. Er hatte sich ja auch in ein völlig anderes Milieu begeben, so daß seine Heirat in mehrfacher Hinsicht eine Entfernung vom mütterlichen Objekt war. Als es in der Analyse um die inzestuöse Verstrickung mit der Mutter ging, wurde deutlich, daß er schon früh die – räumliche – Entfernung von der Mutter suchte, wohl weil die – emotionale – Nähe zu ihr sehr groß gewesen sein muß. Mit der Trennung von seiner Frau könnte die radikale Abkehr von der Mutter aufgehoben sein, der

Analysand löste sich vom Gegenbild der Mutter ab. Die Analytikerin rechnete er zwar zum zweiten Frauentypus, stattete sie aber gleichzeitig mit mütterlich-versorgenden Zügen aus. In ihrem Schutz konnte er sich von einem Liebesobjekt trennen, das seinem Primärobjekt sehr wenig ähnlich war.

Stand der Forschung

Es ist vorauszuschicken, daß die vorhandene Literatur hier nur gestreift werden kann, da eine ausführliche Darstellung den vorgegebenen Rahmen sprengen würde. Eine Vertiefung in diese Thematik ist aber jederzeit möglich, da sich die Fundstellen in der ausführlichen Fassung nachlesen lassen (vgl. Anm. S. 2).

Um eigenen Vorstellungen und Erklärungsmodellen einen Platz geben zu können, schien es notwendig zu sein, das Forschungsgebiet genau anzuschauen und in seiner Bedeutung für die Fragestellung einzuschätzen: So interessierte vor allem, wieweit der Partner während laufender Behandlungen überhaupt in seiner Problematik wahrgenommen wurde, in welcher Art und Weise das geschah und wie das neue Wissen in die bisherigen Auffassungen integriert wurde. Dabei hat sich gezeigt, daß gezielte Untersuchungen in diesem Bereich nur spärlich zu finden sind.

Bei Freud (1914, S. 213) findet sich der Hinweis, man solle den Patienten verpflichten, während der Kur keine lebenswichtigen Entscheidungen zu treffen, wie z.B. kein definitives Liebesobjekt zu wählen. Über die Trennung vom Liebesobjekt, wiewohl ein vergleichbares Thema, hat er sich dagegen nicht geäußert, wohl aber über die Angehörigen der Patienten, mit deren Gegnerschaft er rechnete (1912, S. 386/387).

Die Entwicklung nach Freud ging dahin, daß das Interesse an dieser Fragestellung zunächst sehr gering war: Bis Anfang der sechziger Jahre ist kaum eine Untersuchung bekannt, die sich mit der Auswirkung der Analyse auf den Partner des Analysanden befaßt hätte. Im deutschsprachigen Raum waren es Thomä/Thomä (1968), die sich des Themas erstmals wieder annahmen. Sie haben den Widerwillen der Analytiker gegen Interviews mit Angehörigen von Patienten als „überindividuelle professionelle Gegenübertragung" bezeichnet.

Die vorgefundenen Untersuchungsergebnisse zu Auswirkungen der analytischen Behandlung auf den Partner des Patienten lassen sich wie folgt zusammenfassen:

Der seinerseits unbehandelte Partner nimmt an der Therapie des Patienten teil, indem er

- sich ebenfalls bessert (Sager et al. 1968),
- veränderte Einstellungen entwickelt (Bolk-Weischedel 1978) oder
- durch „heilsame Unruhe" gefördert wird (Neumann 1987).

Es kommt aber viel häufiger zu Belastungen, die der Partner, wenn damit alleingelassen, offensichtlich nur schwer bzw. mit erheblichen Störungen bewältigen kann.

- Den gebesserten unbehandelten Partnern stehen bei Sager et al. (1968) auch solche mit deutlicher Verschlechterung gegenüber.
- Der Partner erlebt den Zuwachs an Eigenständigkeit, die Steigerung des Selbstwertgefühls und den Symptomabbau des Patienten als Gefahr und Bedrohung, so daß seine Angst wächst (Hessler/Lamprecht 1986).
- Der gebesserte Patient lockert seine symbiotische Beziehung zum Partner (Bolk-Weischedel 1978), bzw.
- er stellt sich vor, den Partner zu verlassen (Riehl 1986).
- Die Teilidentifikation des Patienten mit seinem Therapeuten kann dazu führen, daß dieses Verhältnis in der Beziehung zum Partner reproduziert wird: Der Partner gerät demnach in die Patientenrolle (Neumann 1987).
- Die „heilsame Unruhe" kann sich auch destabilisierend auf das Paar auswirken (Neumann 1987).
- Die von Heising et al. (1982) beschriebene Reizbarkeit, Nervosität und Verweigerung des sexuellen Verkehrs beim Patienten führen dazu, daß der Partner sich benachteiligt fühlt.
- In seiner Not behindert der Partner die Genesung (Kohl 1962),
- er erkrankt selbst (Bolk-Weischedel 1978, Kohl 1962), bzw.
- übernimmt die Symptome des Patienten (Hessler/Lamprecht 1986).
- Daß es vermehrt zu Suizidversuchen kommen kann (Hessler/Lamprecht 1986), weist auf die Schwere der Belastungen hin.

Insgesamt ist der Eindruck entstanden, es handle sich bei den Belastungen um unerwünschte Nebenwirkungen, die durch entsprechende Maßnahmen möglichst gering gehalten werden sollten. Das verwendete Denkmodell ist, die therapeutische Situation als dyadische Beziehung zu verstehen, als Dyade, in deren Umfeld es – wenn man so will, dummerweise – zu Störungen gekommen ist. Hier wäre ein Umdenken hilfreich: Ausgangspunkt könnte die Überlegung sein, daß man der Beziehung zum Partner viel mehr Raum geben sollte als bisher, daß man also über das analytische Geschehen hinaus das partnerschaftliche nicht aus den Augen verlieren sollte. Daß der Partner aus der Sicht des Analytikers bzw. Untersuchers viel mehr Bedeutung, Präsenz, Besetzung erfahren könnte als bisher, wäre eine Weiterentwicklung all dieser Denkansätze in den oben erwähnten Untersuchungen, eine Weiterentwicklung, die zu einer Veränderung in der Sichtweise des Analytikers führen könnte.

Das Übertragungs-Dilemma in der triangulären Beziehungskonstellation

Übertragung bei der Partnerwahl und in der Analyse

Wie aus den obigen Ausführungen hervorgeht, wirkt sich die Veränderung bei einem Partner eines Paares so aus, daß auch der andere Partner davon betroffen ist. Die Inanspruchnahme eines Analytikers durch einen der beiden hat zur Folge, daß das bisherige Gleichgewicht des Paares in Frage gestellt wird. Diese bis dahin bestehende Paar-Balance kann als eine Entwicklung verstanden werden, innerhalb derer es zu einem – meist unbewußten – Konsens zwischen beiden Partnern gekommen ist, darüber, was man füreinander bedeutet. (Hier sei an den Kollusionsbegriff – z.B. bei Willi 1975, 1978 – erinnert.) Diese Bedeutung, die man sich im Paar wechselseitig zuschreibt, hat ihren Ursprung in den jeweiligen Erfahrungen mit den Primärobjekten, die mit Sicherheit die Partnerwahl entscheidend beeinflussen. So wird z.B. die Qualität ihrer Vaterbeziehung ganz entscheidend dafür sein, welche Bedürfnisse eine Frau an einen Partner heranträgt und wie sie dessen Reaktionen erlebt.

Mit solchen Fragen haben sich König und Mitarbeiter befaßt: Ihr Interesse gilt den innerpsychischen Vorgängen bei der Partnerwahl, die weitgehend durch die Übertragung innerer Selbst- und Objektimagines bestimmt werde. Man suche Partner aus, die entsprechende Übertragungsauslöser zeigten (König/Kreische 1985). An anderer Stelle kommen sie zu dem Schluß: „Bei der Partnerwahl findet also etwas Ähnliches statt wie bei der Übertragung in der Therapie" (1991, S. 10/11). In der Alltagsbeziehung habe der Übertragende mehr Möglichkeiten, seine Phantasie über den anderen zu überprüfen als im therapeutischen Prozeß, er nutze sie aber nicht immer, wohl um den Partner weiterhin so erleben zu können, wie es seinen Phantasien entspreche.

Um die Partnerwahl zu analysieren, sind König/Tischtau-Schröter (1982) von der Fiktion einer dyadischen Situation bei der Partnerwahl ausgegangen. Sie haben sich auf die Verhältnisse in der psychoanalytischen dyadischen

Behandlungssituation bezogen und geprüft, ob sich entsprechende Erfahrungen und deren Konzeptualisierungen auf die Partnerwahl und Partnerveränderung anwenden lassen. Die Autoren sprechen von einem Selbstheilungspotential in der Partnerschaft, das nach Kriebel/Tress (1987) bei ungünstigen Früherfahrungen mittleren Schweregrades wirksam werden könne. Die wechselseitige Übertragung in einem Paar, so läßt sich zusammenfassen, besteht demnach aus (meist unbewußten) Gefühlen für die wichtigen Primärobjekte und aus Versuchen, diese in der Interaktion zu beleben.

Der Begriff „Übertragung"

Obwohl die Autoren die Übertragung bei der Partnerwahl und die in der Analyse vergleichen, halten sie beide Bereiche getrennt, so daß man vergeblich nach einer Verbindung sucht. Es liegt aber nahe, in dem Begriff „Übertragung" im jeweiligen Bereich Gemeinsamkeiten zu sehen. Laplanche/Pontalis (1972) betonen die Nähe des Begriffes „Übertragung" zur psychoanalytischen Behandlung. Daß Übertragung auch außerhalb stattfindet, weiß man seit Freuds Zeiten. Wie also den Begriff fassen, ohne ihn allzusehr auszuweiten?

„Übertragung" soll hier verstanden werden als Wiederholung frühkindlicher Objektbeziehungsmodalitäten in der aktuellen Situation mit einer intensiv besetzten Bezugsperson.

In dieser Arbeitsdefinition läßt sich „intensiv besetzte Bezugsperson" mit dem Analytiker oder mit dem Partner gleichsetzen. Die Wiederholung in der Beziehung zum Analytiker wird der Bearbeitung zugeführt und wird idealiter bewußt, während sie in der Partnerschaft – da in der Regel unbearbeitet – weitgehend unbewußt bleibt. Der Prozeß der Wiederholung frühkindlicher Objektbeziehungsmodalitäten in der aktuellen Situation muß aber auf alle Fälle als der gleiche gedacht werden, ob er sich nun an den Analytiker oder an den Partner anheftet. Daß es sich um Übertragung handelt, ist ein Vorgang, den wir erschließen können, der als Erklärungsmodell dient, um dessen Beweisbarkeit im empirischen Sinne es aber nicht gehen kann. Diese Verwendung des Übertragungsbegriffes kann zu Mißverständnissen führen, da über die herkömmliche Auffassung hinausgegangen wird. Es hat sich aber keine andere Sprachregelung finden lassen, mit der man den Gemeinsamkeiten dieser Prozesse besser hätte gerecht werden können. Im folgenden soll daher versucht werden, „Übertragung" jeweils zu spezifizieren, d.h. die Bezogenheit auf den Analytiker oder aber auf den Partner zu verdeutlichen.

Das Übertragungsdilemma

Begibt sich nun einer der Partner in Behandlung, so wird sich unweigerlich die Frage stellen, wie er mit seinen unterschiedlichen Übertragungen zurecht kommen kann. Die Übertragung auf den Partner einerseits und die auf den Therapeuten andererseits stehen wohl kaum wie unverbunden nebeneinander, man wird mit Wechselwirkungen und gegenseitigen Bedingtheiten rechnen müssen. Daß es hier zu Konflikten beim Patienten kommen kann, die z.B. in der Trennung agiert werden, liegt auf der Hand. Man wird davon ausgehen müssen, daß es zu einem regelrechten Übertragungsdilemma kommen kann, durch das mancher Patient sich völlig überfordert fühlt.

Zusammenfassend kann man von zwei Grundvoraussetzungen ausgehen: Es besteht wohl unstrittig Einigkeit darüber, daß die analytische Arbeit ohne Übertragung nicht denkbar ist. Nach Neyraut (1988) ist Übertragung nicht alles in der Analyse, wohl aber deren Motor und Bremse (S. 820: „Le transfert n'est pas le tout de l'analyse, il en est le moteur et le frein."). Racker (1959, dt. 1993, S. 5) bezeichnet sie als „Achse des analytischen Prozesses". Ebenso besteht kein Zweifel daran, daß die Übertragung in der Beziehung zum Partner eine entscheidende Rolle spielt. Sobald nun ein Partner aus einem Paar sich in Therapie begibt, werden sich bisher bestehende Übertragungsmuster zwangsläufig verändern: Der Patient wird sich damit auseinandersetzen müssen, daß die – vorhandene – Partner-Übertragung mit der – sich entwickelnden – Therapeuten-Übertragung in Konflikt gerät.

Versetzt man sich in den Patienten, so wird deutlich, daß er mit seinen Übertragungsbereitschaften in Bewegung kommen muß, sobald er sich an einen Analytiker wendet. Karme (1979) unterscheidet Übertragungsphänomene von der Übertragungsneurose, die ein einzigartiges Phänomen sei, das nur in der analytischen Situation vorkomme. Auch Ross/Dunn (1980) weisen darauf hin, daß Übertragungsneurosen etwas anderes seien als z.B. Teilobjekt-Übertragungen. So ist denkbar, daß mit der vollen Entfaltung der Übertragungsneurose andere Übertragungsmanifestationen – wie Beziehungen zu Kindern, Kollegen, Freunden, besonders aber zum Partner – ihre Bedeutung verändern. Der Analysand überträgt ja – so die oben dargestellte These – auf beide, auf den Partner und den Analytiker, so daß es auf das Wie entscheidend ankommt. Haesler (1992) nähert sich der Problematik der unterschiedlichen Übertragungen aus einem anderen Blickwinkel, wenn er der Frage der Deutung von Übertragung und Außerübertragung nachgeht. Er mißt dem Konzept des Analytikers eine entscheidende Bedeutung zu. In jedem Falle stellt sich aber auch die Frage, welche Möglichkeiten der Patient in diesem Beziehungsdreieck hat. In der oben dargestellten Literatur wird dieser Konflikt nicht ausdrücklich untersucht. Lediglich bei Neumann (1987) findet sich der Hinweis, daß durch die Besetzung von Übertragungspositionen durch den Therapeuten sich der Abstand zwischen Patient und Partner vergrößern könne, so daß der unbehandelte Partner in Gefahr sei, ins Abseits zu geraten.

Eine systematische Darstellung dieser komplexen Thematik ist Rohde-Dachser (1981) zu danken, die einen soziologischen Bezugsrahmen gewählt hat, um mögliche Verflechtungen und Konflikte zwischen Patient, Partner und Analytiker aufzuzeigen. Sie beschreibt, wie die zwei exklusiven dyadischen Primärbeziehungen Patient/Partner und Patient/Analytiker zueinander in Konkurrenz treten, ohne jedoch die Möglichkeit zu haben, diese offen auszutragen. Da die Kommunikation zwischen Analytiker und Partner des Patienten blockiert ist, verlagert sich der Konflikt regelhaft in die Partnerbeziehung. Rohde-Dachser spricht hier von einem strukturellen Konflikt, den der Analytiker rasch als psychopathologisches Phänomen deute und dem Partner des Patienten anlaste. Für den Patienten entstehe ein Loyalitätskonflikt zwischen seinen beiden wichtigsten Bezugspersonen, ein Konflikt, für den die Autorin modellhaft verschiedene Lösungen aufzeigt. Trennung vom Partner wird als eine Rückzugs-Strategie beschrieben, mit der der Patient sein Beziehungsdilemma zu beenden versuche.

Übertragung und Gegenübertragung in der Analyse meines Patienten

Die Übertragung

Die Tatsache, einen Analyseplatz gefunden zu haben und für lange Jahre sich auf einen sicheren Ort stützen zu können, spielte für den Analysanden eine große Rolle. Er konnte quasi von einem Schutz, Rückhalt für seine Person ausgehen, wodurch er sich gestärkt und ermutigt fühlte, Schritte zu wagen, die ihn vorher stärker geängstigt hätten. Dennoch überstürzte er nichts und ließ sich so viel Zeit, wie er sie für die Klärung seiner Gefühle benötigte.

Was seine Partnerin betraf, so bemühte er sich sehr um eine Erfassung ihrer gesamten Person, er nahm bei ihr gute und schlechte Eigenschaften wahr. Die Trennung erfüllte ihn mit Trauer, er sah darin eine unumgängliche Konsequenz aus dem Gefühl, nicht mit der Partnerin zusammenzupassen.

Schaut man sich seine Trennung genauer an, so finden sich folgende Hinweise auf ihren unbewußten Gehalt: Vor Jahren hatte er eine Frau gewählt, die ein Gegenbild seiner Mutter war – wenn er diese Partnerin aufgab, konnte das im Unbewußten eine Verringerung seiner Angst vor der mütterlichen Vereinnahmung bedeuten, über die er so oft gesprochen hatte. Mit der Trennung stellte er sich der Gefahr, sich mit der Mutter auseinanderzusetzen, er wagte eine Konfrontation mit seinen Gefühlen.

Gleichzeitig und eng damit verbunden, signalisierte er mit der Trennung, daß die Analytikerin große Bedeutung für ihn gewann, er glaubte, ihr die Treue halten zu müssen, andere Frauen nicht – oder nur mit Schuldgefühlen – dauerhaft für sich gewinnen zu dürfen. Auf dem Wege der Übertragung konnte er seine Bedürfnisse an seine Mutter neu beleben und durcharbeiten, ohne erneut die Flucht ergreifen zu müssen. Dabei handelte es sich um sehr frühe – symbiotische – Wünsche, in denen er kleinkindhaft von der Mutter geliebt werden wollte, wie auch um Wünsche einer späteren Entwicklungsstufe, in der ödipale Strukturen im Vordergrund standen. Auch hier zeigte sich ein Bedürfnis nach einer ausschließlichen Beziehung: Er wollte die Mutter für sich alleine haben, einen anderen Mann (z.B. den Vater) sollte es nicht geben.

Im Laufe der Analyse machte er die Erfahrung, daß seine beiden Frauentypen in der Analytikerin repräsentiert waren: Neben der mütterlich-versorgenden Seite (sie war immer für ihn da, ließ ihn nie warten) nahm er in ihr ja auch Züge der „fremden" Frauen wahr, durch die er sich abgewiesen und erregt fühlte. Durch die Phantasie, die Analytikerin verführen zu wollen, erlebte er – erschreckt und verwirrt – die ödipale Bindung an die Mutter. Die Trennung von der Ehefrau hatte ihm den Blick frei gemacht für das, was an der Mutter anziehend war. Die Inzest-Thematik kehrte in einigen Varianten wieder, jedesmal verstand er besser, warum sie ihn so viel anging. Sein Wunsch, die Analytikerin möge ihn als Mann anerkennen, hieß gleichzeitig, daß er aus der Rolle des Sohnes entlassen werden wollte.

Unbewußt bedeutete seine Trennung demnach, daß er sich im Schutz der Analyse seiner ödipalen Fixierung stellen wollte. Er stattete die Analytikerin-Mutter, so läßt sich die Übertragungsneurose verstehen, mit prägenitalen wie auch ödipalen Attributen aus und trennte sich in ihrem Schutz von einem Objekt, das in seiner Welt unzureichend integriert war.

Die Gegenübertragung

Bevor es endgültig zur Trennung kam, bemühte der Patient sich sehr, Gespräche mit seiner Frau zu vereinbaren und zu klären, warum die jahrelange Beziehung zum Scheitern verurteilt sein sollte. Er ließ mich an diesem Prozeß intensiv teilhaben und erweckte in mir den Eindruck, daß er alles, aber auch wirklich alles, tue, um die Ehe zu retten. Seine anfänglich geäußerte Ambivalenz im Hinblick auf seine Ehe war ihm zu jenem Zeitpunkt völlig aus dem Blick geraten, er betonte immer wieder sein Bemühen, an der Beziehung festzuhalten.

In dieser Phase seiner Analyse hatte ich großes Mitleid mit dem Patienten, der sich so sehr – und doch vergeblich – mühte, seine Frau zu einem Umdenken zu bewegen. Als seine Frau dann eine ganze Nacht wegblieb und er am nächsten Morgen seine Ängste und Sorgen bei mir ausbreitete, war ich ganz auf seiner Seite und, in meiner Identifikation mit ihm, geneigt, ihr alle Schuld am Scheitern der Ehe zuzuschreiben. So verführerisch es auch war, diesen Verlauf aus seinem Blickwinkel zu sehen, so rasch wurde mir aber klar, daß ich in eine intensive Gegenübertragungs-Reaktion hineingeraten war. Der Patient hatte sich als unschuldiges Opfer einer schlechten Frau dargestellt, er zeigte mir, wie er litt, so daß ich mütterlich-teilnehmend auf seine Klagen reagierte und in Gefahr war, das Böse in der untreuen Ehefrau zu lokalisieren und – gemeinsam mit ihm – die therapeutische Beziehung davon freizuhalten.

Ich teilte seine Wut auf die Partnerin, die ihm so übel mitgespielt hatte, obwohl ich davon überzeugt war, daß er das Ende dieser Beziehung ebenfalls wünschte. Eine Zeitlang kam er mir wie verloren vor, es war die Zeit seiner Neuorientierung, als er allein in die Ehewohnung zurückkehrte und sich anschickte, die Sachen seiner Frau auszuräumen. Es wiederholte sich oft, daß ich in eine wohlwollend-mütterliche Gegenübertragung geriet, mit Gefühlen von Bedauern und Mitleid darüber, daß es alles so gekommen war bei ihm. Es lag nicht in meiner Macht, seine Situation zu ändern, obwohl er mir deutlich zu verstehen gab, daß er von mir erwartete, für seine Unbill entschädigt zu werden. Ich kam innerlich unter Druck, mich rechtfertigen zu müssen für meine begrenzten Möglichkeiten im analytischen Setting und fand es traurig, daß seine Entwicklung für ihn so schmerzlich war.

Über lange Strecken erlebte ich ihn tatsächlich so, wie er befürchtete, nämlich als lieben kleinen Kerl, der viel von einem Sohn, wenig von einem Mann hatte. Nur gelegentlich, z.B. wenn er sich charmant fürs Wochenende verabschiedete, blitzte eine Sekunde lang für mein Erleben eine verführerische

Qualität auf, bezeichnenderweise in dem Augenblick, in dem er weg konnte. Das waren dann die wenigen Momente, in denen in meiner Gegenübertragung kein Bedauern vorherrschte, sondern die Zuversicht, daß er seinen Weg machen werde. Diese hysterische Abwehr seiner Depression und Trauer erlebte ich als eher progressiv. Ich sah darin seine Befreiung aus seiner lange gehegten Ideologie, im Grunde ein „armer Kerl" zu sein, und freute mich, ihn auf einem Weg zu sehen, auf dem er zu einem „ganzen Kerl" werden konnte.

Diskussion

Gründe für die Vernachlässigung des Themas

Daß die Partnerbeziehung des Analysanden seit Freud nur zögerlich Interesse bei den behandelnden Analytikern gefunden hat, läßt sich nach dieser Übersicht nun folgendermaßen verstehen: Wie immer wieder betont wird, liegt der analytischen Behandlung das Modell einer dyadischen Beziehung zugrunde, das Konzept der analytischen Arbeit setzt voraus, man ist zu zweit. Die Reinheit der analytischen Situation ist eine Idealvorstellung in unseren Köpfen, an der wir gern festhalten möchten, sie erlaubt ein Verständnis von komplexen psychischen Prozessen, macht überschaubar, was sich in verwirrender Vielfalt bietet. Wir haben uns darauf eingestellt, mit Hilfe von Begriffen wie Widerstand, Übertragung und Gegenübertragung Ordnung in das sich entwickelnde Beziehungsgefüge zu bringen, mit dem der Analysand auf unser Angebot reagiert. Daß wir aber tatsächlich nicht nur zu zweit sind, daß es andere sehr wesentliche Beziehungen unseres Analysanden gibt, in denen möglicherweise vergleichbare Prozesse eine entscheidende Rolle spielen, ist auf diesem Hintergrund beunruhigend und unbequem. Wie man die analytische Situation in diesem Kontext anders begreifen könnte, wie der Partner als Dritter Raum gewinnen könnte, diesen Fragen ist man bisher weitgehend ausgewichen. Offensichtlich steht es noch aus, diese Gedanken zu Ende zu denken.

Alles, was die Vorstellung der analytischen Dyade stören könnte, scheint zur Verunsicherung und Beunruhigung des Analytikers beizutragen. Er betrachtet häufig voller Argwohn Einmischungen und Störversuche von ausserhalb. Je realer eine wichtige Bezugsperson des Analysanden in Erscheinung tritt, desto weniger läßt sich leugnen, daß zu ihr außerhalb der Analyse eine wichtige Beziehung besteht. Sobald der Partner von Analytiker und Analysand als eigene Person wahrgenommen wird, sobald sich die ersten Konflikte ankündigen, müssen die Partner der Dyade feststellen: Man ist zu dritt. Das ist dann schlagartig eine andere Konstellation als vorher, deren Handhabung offensichtlich große Probleme macht.

Wie oben ausgeführt, spielt die Übertragung bei der Partnerwahl eine entscheidende (oft unbewußt bleibende) Rolle. In der Wahl unseres Liebesobjektes werden wir mit Sicherheit von den Erfahrungen geleitet, die wir mit unseren primären Bezugspersonen gemacht haben. So ist davon auszugehen, daß die Analysanden vor ihrer Analyse mit bestimmten Übertragungen an ihre jeweiligen Partner herangingen und sich in ihrer Partnerwahl auf Gefühle verließen, die sich aus der Übertragung speisten. Die Partner ihrerseits müssen mit einer Art Gegenübertragung reagiert haben. Die Hauptirritation für den Analytiker dürfte nun darin liegen, daß die Übertragungsmanifestationen sich zwischen ihm und der weiteren Bezugsperson aufteilen und daß er nie die „ganze" Übertragung wird auf sich ziehen können, wie es ja seiner Arbeitshypothese entspräche.

Es ist denkbar, daß Übertragungsbesetzungen zwischen Partner und Analytiker hin- und hergeschoben werden, so daß es in dem Dreieck zu einer deutlichen Dynamik kommt. Je nach Übertragungsauslöser könnte der Analysand seine Empfindungen besser beim Analytiker oder besser beim Partner aufgehoben wissen, bzw. diesem „anheften". Ausschlaggebend für diese Bewegungen dürften die Erfahrungen mit den Primärpersonen sein, die ihrerseits auf das Anliegen des Patienten in ganz bestimmter Weise reagierten. Ob der Partner oder der Analytiker die ganze Wucht der Übertragung zu spüren bekommt, wie sich positive und negative Übertragungsaspekte auf beide Personen verteilen und ob der Patient ein Bewußtsein für seine Übertragungsverhaftung entwickelt, das sind Fragen, deren Klärung noch ansteht.

Da aber der Analytiker die im analytischen Setting implizierte größere narzißtische Gratifikation anbietet und von daher auf längere Sicht günstiger gesehen wird als der Partner, der den Alltag mit dem Analysanden teilt, wird der Konflikt regelhaft zu Lasten des Partners gehen (so auch Rohde-Dachser). Die häufiger beschriebene Form der Spaltung in ein gutes und ein böses Objekt, nämlich Analytiker und Partner, kann aus diesen Prozessen resultieren und die Trennung vorbereiten. Das Unbehagen des Analytikers an dieser Situation liegt wohl vor allem darin, daß es sich um einen unauflösbaren Konflikt handelt, dem er nicht ausweichen kann.

Zusammenfassend läßt sich sagen: Daß der Partner des Analysanden so wenig Interesse findet während der analytischen Behandlung, hat demnach in erster Linie damit zu tun, daß es zwangsläufig für den Analytiker zu einem Dilemma kommt: Ist ihm die Brisanz konkurrierender Übertragungen bewußt, sieht er die Erweiterung der Dyade in eine trianguläre Situation, kann er sich der Einsicht nicht entziehen, daß hier ein Konfliktpotential gegeben ist, dessen Bearbeitung letztlich auch zu seiner Aufgabe wird. Es bedeutet für den Analytiker mehr Aushalten-Müssen, unvorhergesehene Komplikationen, differenziertere Gegenübertragungs-Analyse, wenn sich der Blick für diese Zusammenhänge öffnet. Die Erweiterung des Blickes von der Zweier- zur Dreierbeziehung verspricht einen Zugewinn an Erkenntnis, bedeutet sie doch, sich Übertragungsphänomenen auf Wegen anzunähern, die über die bisherigen Auffassungen hinausführen.

Die Möglichkeiten und Motive des Analytikers

Was haben die damit befaßten Analytiker aus der Erkenntnis gemacht, daß die Partnerbeziehung ganz erheblich tangiert ist von einer analytischen Behandlung?

Das Wissen um die Bedeutung der Partnerbeziehung während einer Analyse hat dazu geführt, daß die Autoren in der Literatur folgende Lösungen anbieten:

1. Zu Beginn der Behandlung weist der Therapeut auf die möglichen Irritationen des Partners hin, entweder dadurch, daß er seinen Analysanden informiert oder indem er ein Gespräch zu dritt führt (z.B. Moeller 1994).

2. Wenn es während der Analyse zu einer Krise in der Paarbeziehung kommt, bietet der Therapeut für einen begrenzten Zeitraum Dreiergespräche an (z.B. Wilke 1981, 1984).

3. Während der Behandlung findet regelmäßig ein Gespräch zu dritt statt, unabhängig von einer krisenhaften Zuspitzung in der Paarbeziehung, aber zu einem günstigen Zeitpunkt für alle Beteiligten. Dieser Zeitpunkt wird von Analytiker und Patient gemeinsam festgelegt, ebenso die Anzahl der Dreiergespräche (z.B. Pouplier 1978).

Eine weitere Möglichkeit besteht in der zeitweiligen Zuweisung des Patienten und seines Partners zu einem Paar-Therapeuten, ein Vorgehen, das in der hier aufgeführten Literatur nicht erwähnt wird.

Alle diese Maßnahmen sind ja auch Eingriffe in die Übertragungsbeziehung des Analysanden, so daß nun von großem Interesse ist, welche Bedeutung diese Vorgehensweisen für die analytische Arbeit haben können.

Dabei stellt sich die Frage, wieweit der Analytiker hier in der Gefahr ist zu agieren, bzw. aus seiner Gegenübertragung heraus zu handeln. Ihm liegt ja offensichtlich sehr viel am Einbezug des Partners, am Erhalt des Paares, so viel, daß er eine ganze Menge dafür zu tun bereit ist. Dem Einbestellen des Partners kommt wohl eher der Charakter des Gegenübertragungsagierens zu als dem aufklärenden Gespräch mit dem Analysanden, aber auch dieses stellt eine Modifizierung der analytischen Technik dar. Was also bewegt einen Analytiker, wenn er sich um die Partnerbeziehung seines Analysanden sorgt?

Wenn das Ziel psychoanalytischer Therapien in erster Linie darin besteht, die Beziehungsfähigkeit zu anderen Menschen zu verbessern (so Bräutigam, 1984), könnte eine Trennung des Analysanden ja zunächst eher als „Rückschritt" verstanden werden. Statt anderen Menschen als erwachsener und selbständiger Partner gegenübertreten zu können, würde unser Analysand dann eher wie ein Versager dastehen. Das Bemühen des Analytikers um den Partner käme dann dem Versuch gleich, einen „gesünderen" Analysanden zu haben. Diese Gegenübertragungsreaktion paßt zu der (unspezifischen) Elternübertragung des Analysanden, der signalisiert, daß der Analytiker umfassend für ihn sorgen möge. Hat der Analytiker die Elternübertragung seines Analysanden angenommen, wird er diesen aus einer fürsorglichen Haltung heraus vor Schaden bewahren wollen. Das impliziert, daß er das Leben im Paar dem Leben als einzelner vorzieht und dies seinem Analysanden weitergibt.

Es sind aber auch weitere Motive denkbar, die ihn zum Handeln veranlassen, z.B. eigene Erfahrungen mit Bindungen und Trennungen, durch die er besonders sensibilisiert sein könnte für Paarprozesse. Die Betonung der Partnerbeziehung kann auch ein Schutz vor inzestuösen Wünschen des Analytikers sein. Darüber hinaus kann sein Interesse am Paar in der Gegenübertragung einen voyeuristischen Hintergrund haben, kann Ausdruck sein für das fortgesetzte Interesse an der Sexualität des Elternpaares, gar als Drängen in die Urszene verstanden werden. Das würde eine Übertragungssituation beim Analysanden voraussetzen, in der dieser eine parentifizierte Rolle übernommen hätte.

Was es für den Analysanden heißen kann, wenn der Analytiker so nachhaltig auf die Partnerbeziehung hinweist, läßt sich quasi spiegelbildlich zu den Motiven des Analytikers darstellen: Zunächst überwiegt vermutlich das Erleben eines besorgten Elternteils, der möglichen Irritationen vorbeugen will, dem es vor allem um das Wohl seines Analysanden geht. Der Einbezug des Partners bedeutet auch für den Analysanden einen Schutz vor dem Aufkommen inzestuöser Wünsche. Die Frage nach dem ödipalen Gehalt dieser Konstellation muß zwangsläufig auftauchen: Auf einmal ist man zu dritt, so daß der Analytiker als Eindringling erscheinen könnte, der sich ungefragt in die Paarbeziehung einmischt. Für den Analysanden könnte sein Analytiker dann durchaus – zumindest zeitweise – zum Störenfried werden, wenn das auch meist unbewußt bleiben dürfte. Im Bemühen des Analytikers um das Paar ließen sich, je nach Übertragungskonstellation, vom Analysanden kupplerische Tendenzen phantasieren oder aber Größenideen entwickeln, daß dieser zur Rettung der Paarbeziehung berufen sei.

Stellungnahme und Ausblick

Abschließend soll folgender Frage nachgegangen werden: Ist es denkbar, die neu gewonnenen Erkenntnisse über die Partnerbeziehung bei Analysen nicht zu vernachlässigen und dennoch nicht unter Druck zu geraten, handelnd eingreifen zu müssen? Wie die oben dargestellten Ergebnisse zeigen, scheint es sehr schwierig zu sein, die Beteiligung des Partners zu sehen, von seinen vielfältigen Reaktionen zu erfahren und ihm dennoch kein konkretes Hilfsangebot zu machen. Wir müssen darüber nachdenken, ob und wie – angesichts dieses veränderten Zugangs zum Analysanden – unsere abstinente Haltung aufrechterhalten werden kann. Ohne die endgültige Anwort zu wissen, scheint mir nach all den obigen Überlegungen folgende Lösung angemessen zu sein: Wenn der wichtige Dritte in den Köpfen von Analytiker und Analysand präsent sein kann, ohne daß seine reale Präsenz benötigt wird; wenn die Verflechtungen der drei Beteiligten miteinander zur Sprache kommen können, ohne daß das Setting aufgegeben werden muß – dann spricht alles dafür, unter veränderten Voraussetzungen so weiterzuarbeiten wie bisher.

Wenn wir mit Rohde-Dachser wissen, daß es sich um einen strukturellen Konflikt handelt, in den wir mit unserem Analysanden unausweichlich hineinkommen, für den es keine zufriedenstellende Lösung gibt, dann bietet sich derzeit folgende Haltung an: Unser Bemühen kann nur dahin gehen, an diesem Dilemma mit dem Analysanden zu arbeiten und zu versuchen, es mit den Mitteln der Analyse anzugehen. Im Grunde heißt das, vor allem hinzuschauen und auszuhalten, daß wir an dieser Unausweichlichkeit nicht vorbeikommen, und es heißt, dem Analysanden die Chance zu geben, an dieser Erkenntnis teilzuhaben. Wenn er im Laufe seiner Behandlung ein Verständnis für seine Übertragungsmanifestationen entwickeln kann, wenn er begreifen lernt, wie sich frühe Erfahrungen an aktuellen Objekten festmachen, dann besteht auch eher die Möglichkeit, die Partnerprobleme in die psychoanalytische Arbeit reflektierend einzubeziehen.

Unter behandlungstechnischen Gesichtspunkten würde das bedeuten, daß der Analytiker sehr hellhörig mit dem „Ohr für den Partner" (Neumann 1987) auf die Paarentwicklung achtet und die Übertragungsbewegungen beim Analysanden (die zwischen dem Partner und dem Analytiker hin- und hergehen können), seine konkurrierenden Übertragungspositionen und die Spaltungen in seinen Übertragungen deutet. Sein Wissen um die herausragende Bedeutung früher Objektbeziehungen, die in den unterschiedlichen Übertragungsmanifestationen aktuell Gestalt gewinnen, wird ihn bei seinem Vorgehen leiten: Er kann seinem Analysanden deutend vermitteln, daß die Partnerübertragung aus denselben Quellen gespeist wird wie die Übertragung auf den Analytiker und daß die Rückkehr zu diesen Quellen ein Weg ist, der Wahrheit näherzukommen.

Zum Schluß sei noch ein letzter Blick auf den Analysanden geworfen, um folgende Überlegungen anzustellen: Wie sich im Laufe der Analyse zeigte, wiederholte dieser Patient vor der Analyse im Zusammenleben mit seiner Partnerin Aspekte seiner Mutterbeziehung, die ihm bis zur Aufnahme des Kontaktes mit der Analytikerin nicht bewußt gewesen sein dürften. Er übertrug offensichtlich auf die Partnerin, was er mit der Mutter erfahren hatte: Für ihn war die Partnerin ein Gegenbild zur Mutter, so daß er sich in einer sehr großen Distanz zu dieser eingerichtet hatte. Die Aufnahme des Kontaktes zur Analytikerin mit den sich entwickelnden neuen Übertragungen brachte die bis dahin bestehende Balance zwischen Patient und Partnerin ins Wanken. Der Analysand entdeckte seine Bedürfnisse nach positiver mütterlicher Nähe allmählich in der Übertragung zur Analytikerin und zog entsprechende Wünsche von seiner Frau weitgehend ab. Er konnte in der Analyse Übertragungsaspekte zulassen, in denen sich die Entfernung von der Mutter verringerte. So kam er in ein Übertragungsdilemma, das er mit der Trennung von der Partnerin zu lösen suchte.

Dazu sei noch angemerkt, daß der Mutterübertragung in dem oben beschriebenen Verlauf eine zentrale Bedeutung zukam. Um den Rahmen der vorliegenden Arbeit nicht zu sprengen, erfolgte eine Beschränkung auf die Darstellung dieser mütterlichen Übertragungsaspekte.

Zusammenfassung

Die vorliegende Arbeit nahm ihren Ausgang von der Frage, warum ein Analysand sich zu einem bestimmten Zeitpunkt seiner Analyse von seiner Partnerin trennt. Nach der Darstellung einer Fallvignette wurde aus der Literatur belegt, daß die Partner von Analysanden in vielfältiger Weise von der Behandlung betroffen sind. Zentral für die untersuchte Fragestellung ist die Überlegung, daß Übertragung sowohl die Beziehung zum Partner als auch die Beziehung zum Analytiker bestimmt. Die unterschiedlichen Übertragungen in dieser triangulären Beziehungskonstellation führen beim Analysanden zu einem Dilemma, aus dem die Partnertrennung ein Ausweg sein kann. Daß diese Thematik bisher vernachlässigt wurde, wird u.a. unter dem Aspekt der Gegenübertragungsentwicklung diskutiert.

Literatur

Bolk-Weischedel, D. (1978): Veränderungen beim unbehandelten Partner des Patienten während einer analytischen Psychotherapie. Zschr. psychosom. Med. 24:116-128.

Bräutigam, W. (1984): Werte und Ziele in psychoanalytischen Therapien. Zschr. psychosom. Med. 30:62-71.

Freud, S. (1912): Ratschläge für den Arzt bei der psychoanalytischen Behandlung. GW VIII, 376-387.

ders. (1914): Erinnern, Wiederholen und Durcharbeiten. GW X, 126-136.

Haesler, L. (1992): Die Beziehung zwischen Außerübertragungsdeutungen und Übertragungsdeutungen. Zschr. psychoanal. Therapie u. Praxis 7:380-397.

Heising, G., Brieskorn, M., Rost, W.-D. (1982): Sozialschicht und Gruppenpsychotherapie. Göttingen (Verlag für Med. Psychologie im Verlag Vandenhoeck u. Ruprecht).

Hessler, M., Lamprecht, F. (1986): Der Effekt stationärer psychoanalytisch orientierter Behandlung auf den unbehandelten Partner. Psychother. med. Psychol. 36:173-178.

Karme, L. (1979): The Analysis of a Male Patient by a Female Analyst: the Problem of the Negative Oedipal Transference. J. Psycho-Anal. 60:253-261.

König, K., Kreische, R. (1985): Partnerwahl und Übertragung. Familiendynamik 10:341-352.

dies. (1991): Psychotherapeuten und Paare. Göttingen (Vandenhoeck und Ruprecht).

König, K., Tischtau-Schröter, R. (1982): Der interaktionelle Anteil der Übertragung bei Partnerwahl und Partnerveränderung. Zschr. psychosom. Med. 28:266-279.

Kohl, R. N. (1962): Pathologic Reactions of Marital Partners to Improvement of Patients. Am. J. Psychiat. 118:1036-1041.

Kriebel, A., Tress, W. (1987): Liebe und Partnerschaft im Erwachsenenalter: Fortbestehen oder Korrektur frühkindlicher Erfahrungen? Zschr. psychosom. Med. 33:276-293.

Laplanche, J., Pontalis, J.-B. (1972): Das Vokabular der Psychoanalyse. Verlag Frankfurt (Suhrkamp).

Moeller, M.L. (1994) : Nebenwirkungen der Psychoanalyse. Unveröff. Vortrag am Institut für Psychoanalyse und Psychotherapie Gießen.

Neumann, H. (1987): Ein Ohr für den Partner. Forum Psychoanal. 3:112-126.

Neyraut, M. (1988): Les destins du transfert: problèmes méthodologiques. Rev. franc. Psychoanal. 52:815-828.

Pouplier, M. (1978): Über die Einbeziehung von Partnern (Partnerinnen) in die stationäre Psychotherapie. In: Beese, F. (Hrg.): Stationäre Psychotherapie, Göttingen (Vandenhoeck u. Ruprecht) 119-132.

Racker, H. (1959): Estudios sobre tecnica psicoanalitica, dt: Übertragung und Gegenübertragung. München (Reinhardt) (4. Aufl. 1993).

Riehl, A. (1986): Influence of Partnership on the Outcome of Psychotherapy. Psychother. Psychosom. 45:37-45.

Rohde-Dachser, Ch. (1981): Dyade als Illusion? Zschr. Psychosom. Med. 27:318-337.

Ross, J. M., Dunn, P. B. (1980): Notes on the Genesis of Pathological Splitting. Int. J. Psycho-Anal. 61:335-349.

Sager, C.J., Gundlach, R., Kremer, M., Lenz, R., Royce, J.R. (1968): The Married in Treatment. Arch. Gen. Psychiat. 19:205- 217.

Thomä, H., Thomä, B. (1968): Die Rolle der Angehörigen in der psychoanalytischen Technik. Psyche 22:802-822.

Wilke, H.-J. (1981): Die Beziehungskrise in der Einzelanalyse. Analyt.Psychol. 12:255-267.

ders. (1984): Symbolischer und konkreter Zugang zur Partnerbeziehung in der Einzelanalyse. Analyt. Psychol. 15:37-49.

Willi, J. (1975): Die Zweierbeziehung. Reinbek b. Hamburg (Rowohlt).

ders. (1978): Therapie der Zweierbeziehung. Reinbek b. Hamburg (Rowohlt).

Stimmungszentrierte Übertragung

Alfred Drees

Zur Einführung in den Themenkomplex Stimmungsübertragung möchte ich ein sinnlich-metaphorisches Kurzgespräch mit einer sterbenden Patientin voranstellen. Es läßt sich hierbei zeigen, wie traumabedingte Kommunikationsblockaden sich stimmungszentriert bildsprachlich lösen lassen und wie im Anschluß hieran beziehungsrelevante Aufarbeitungsstrategien möglich werden. Zuvor möchte ich andeuten, daß mir dieser Vortrag in der Vorbereitungsphase einige Schwierigkeiten bereitet hat, da er mir die Möglichkeit eröffnet, im vertrauten Kreis von Kolleginnen und Kollegen meiner psychoanalytischen Heimat spezielle Praxiserprobungen mit zum Teil spekulativen Erklärungsversuchen vorstellen und diskutieren zu können.

Sinnlich-metaphorische Visite bei einer sterbenden Patientin

Eine 54-jährige krebskranke Patientin weiß um ihre unheilbare Erkrankung. Bisher hat sie jedoch noch mit niemandem über ihre Ängste sprechen können. Auch die Angehörigen haben Angst vor dieser Aussprache. Der Stationsarzt der Patientin wendet sich ratsuchend an einen befreundeten Psychiater, der ihm kürzlich von seinen eigenartigen Phantasiegesprächen mit Patienten erzählt hatte. Der Stationsarzt berichtet, daß er regelrecht gehemmt sei, bei dieser Frau eine Visite zu machen. Seit etwa drei Wochen rede die Patientin nicht mehr, seitdem die Diagnose Karzinom, infaust, auf der Station bekannt sei. Die Patientin habe noch einige Wochen, vielleicht noch zwei bis drei Monate zu leben.

Der Psychiater begleitet den Stationsarzt bei seiner Visite mit einer in Phantasiegesprächen ausgebildeten Krankenschwester. Es gelingt ihm jedoch weder, Blickkontakt zur Patientin zu gewinnen, noch mit ihr ins Gespräch zu kommen. Auf seine Frage, wie es ihr gehe, wie sie sich fühle, bleibt sie mit leerem Blick sprachlos. Es folgt eine bedrückende Stille. Der Psychiater erklärt jetzt der Patientin, daß er von ihrer bedrohlichen Krankheit erfahren habe und auch von ihrer Sprachlosigkeit, und deshalb sei er hier. Nach einer weiteren Pause äußert er sein Erschrecken über die Kargheit in dem Zimmer: Keine Bilder, nicht einmal Blumen. Auch draußen sei das Wetter trostlos und traurig. Ihm würde vor allem auffallen, wie blaß und grau und erstarrt ihr Gesicht sei. Er fühle sich davon regelrecht angesteckt. Und nach einer kurzen Pause: Er möchte ihr seine Phantasieeinfälle schildern, die hier, in diesem Zimmer in ihm wachgeworden seien. Als erstes habe er ein altes zerfallenes Holzkreuz gesehen. Ein karger Hügel. Keine Blumen. Kein Grün. Dann phantasiere er einen langen Zug von Menschen in grauen Kutten, vielleicht wie ein Wallfahrtszug, die durch eine weite Ebene ziehen. Beim genaueren Hinsehen zögen sie an einem langen Stacheldrahtzaun vorbei, und dahinter seien Holzkreuze ohne Namen, grau, alles grau. Da sei eine Unzahl von Holzkreuzen, ganz ungeordnet.

An dieser Stelle schaltet sich die Krankenschwester ein. In einem fröhlichen, fast sprudelnden Ton bringt sie sich ein: Eigenartig. Bei ihr sei es am Anfang auch dunkel und grau und neblig-verhangen gewesen. Dann habe sie sich an ihren letzten Urlaub erinnert. Sie sei damals mit ihrem Mann und ihren zwei Kindern im Gebirge in ein Gewitter geraten, und sie hätten Schutz unter einem Felsvorsprung gesucht. Aber dann sei das Gewitter doch vorbeigezogen. Sie seien nur wenig naß geworden, und sie hätten einen herrlichen Blick tief in das Tal gehabt. Sie hätten... An dieser Stelle beginnt die Patientin zu sprechen. Ihr laufen dabei die Tränen herunter, und gleichzeitig lächelt sie. Sie berichtet, wie sie mit ihrem Mann jedes Jahr in die Berge gefahren sei: „Ja, damals – bis vor vier Jahren...''

Auf Nachfrage erzählt sie dann, daß ihr Mann vor vier Jahren an einem Herzinfarkt gestorben sei. Seit dieser Zeit sei sie nicht mehr in den Bergen gewesen. Sie schildert jetzt zunehmend lebendiger ihre Erlebnisse in U-Dorf. Sie beschreibt im einzelnen ihre gute Beziehung zu der Wirtin, zu der sie seit Jahren gefahren seien. Der müsse sie endlich einmal schreiben. Noch immer laufen die Tränen über ihre Wangen. Gleichzeitig strahlt ihr Gesicht in glücklichen Erinnerungen. Dem Stationsarzt fällt vor Überraschung der Schlüsselbund auf den Boden. Daraufhin lacht die Patientin und berichtet, wie ihr Mann bei einer Bergwanderung die Autoschlüssel eine Schlucht habe hinunterfallen lassen. Das hätte den Urlaub um einen Tag verlängern helfen. Die Patientin wirkt jetzt erschöpft, aber dankbar. Sie bittet den Stationsarzt, er möge ihr doch den Priester schicken: „Wissen Sie, den Kurzhaarigen, der immer so ein verschmitztes Lächeln im Gesicht hat.''

Der Stationsarzt berichtet am nächsten Tag, daß die Patientin wie verwandelt sei. Sie rede mit den Schwestern und Gott sei Dank auch wieder mit ihm und mit den Angehörigen. Die Wirkung des nur sieben Minuten dauernden Phantasiegesprächs gestern sei einfach unglaublich.

In drei weiteren Gesprächen kann die Patientin schrittweise die bis dahin blockierte Trauer über den Tod ihres Mannes zulassen und sich darüber öffnen für das eigene Sterben. Ihre latenten Schuldgefühle lassen sich auflösen. In den Mittelpunkt der Gespräche geraten immer wieder Erinnerungsgeschichten über ihren tolpatschigen Ehemann, über gemeinsame Erlebnisse und über wunderbare Gebirgswanderungen. Als der Psychiater über ähnliche eigene Erlebnisse berichtet, strahlen ihre Augen, halten ihre Hände liebevoll die seinen, die er ihr Trost spendend hingehalten hat. Eine stimmungszentrierte Liebesübertragung, in der gelebtes Leben und beziehungsübergreifende Begegnungsfelder sich verschränken? Das bedarf einer theoretischen Vertiefung.

Stimmungsübertragung

Die Begriffe „Stimmungszentrierte Übertragung" und „Stimmungsübertragung" (Drees 1995), versuchen Phänomene einzufangen, die im dualen Beziehungsrahmen klassischer Übertragung nur unzureichend verstanden und aufgearbeitet werden können. Darüber hinaus ermöglicht Stimmungszentrierte Kommunikation im Behandlungsfeld die Entfaltung regressionsvermeidender Strategien, vor allem in der Therapie und Betreuung von Krebskranken, Sterbenden, psychotischen und gewalttraumatisierten Patienten. Sie überwindet damit die dort nicht selten vorherrschenden Kommunikationsblockaden und eröffnet partnerschaftliche Zugangswege zu dieser Patientengruppe. Schließlich erleichtert Stimmungsorientierung in der Supervision eine Aufarbeitung von Beziehungs- und Team-Konflikten, die als Abwehr von subjekt- und beziehungs-überfordernden chaotischen Gefühlsprozessen verstanden werden können. Beziehungsübergreifende institutionelle und soziokulturelle Zusammenhänge geraten damit in den Blick. In psychoanalytischen Einzeltherapien mit neurotischen und vor allem mit psychosomatischen Patienten ermöglichen stimmungszentrierte Einschübe, festgefahrene Übertragungen, Widerstände und körperliche Symptomfixierungen rascher zu lösen. Vor allem in Kurztherapien können sie das Mittel der Wahl werden. Hierbei gelingt es, beziehungsübergreifende gesellschaftliche und familiäre Introjekte sowie kreative Lösungs- und Transformationswege sichtbar zu machen und damit den psychoanalytischen Behandlungsrahmen um den vernachlässigten gesellschaftlichen Kontext zu erweitern. Übertragungsliebe beinhaltet in einem stimmungszentrierten Setting die Transformation dualen Liebesbegehrens in sinntragende mitmenschliche Gemeinsamkeiten. Gerlinde Herdieckerhoff beschreibt 1988 meines Wissens erstmals gefühlsspezifische Besonderheiten in Stimmungsprozessen. Stimmung als wertvolles Behandlungs-Instrumentarium wird bisher von fast allen therapeutischen Schulen nur unzureichend gewürdigt.

Nach dieser Beschreibung von Anwendungsmöglichkeiten stimmungszentrierter Übertragung, die sich inzwischen auf eine Erprobungszeit von 20 Jahren stützen kann, möchte ich einen kurzen Einblick in Vorstellungen von analytischen Lehrmeistern geben, die mich am stärksten geprägt und die mir Mut gemacht haben, diese Neulanderprobung weiterzuführen.

Michael Balint

Nachdem ich die Balintgruppenmethode bereits erfolgreich einzusetzen gelernt hatte, wurde mir Michael Balint mit seiner psychoanalytischen Neurorientierung Mut und Hoffnung spendende Leitfigur. Michael Balint hatte in den 40er, 50er und 60er Jahren Arbeitsmethoden und Vorstellungen entwickelt, die, weitgehend unbeachtet vom analytischen main-stream erst in den 70er und 80er Jahren breitere Beachtung und Zustimmung fanden. Seine Vorstellungen zur primären Liebe und zur Rolle des Therapeuten im Übertragungsfeld der Grundstörung gaben mir erste Einblicke in Möglichkeiten deutungsfreier Einstellungen im therapeutischen Prozeß. Der Therapeut sollte sein wie die Luft zum Atmen, notwendig präsent, aber möglichst ohne eigene Konturen, um sich gebrauchen lassen zu können. Er sollte nicht Objekt sein, sondern Substanz im therapeutischen Prozeß der Selbstfindung des Patienten (Balint 1959). In diesem Rahmen zeichnete Balint das Bild von der harmonischen Verschränkung des Menschen mit seiner Außenwelt. Er stützte sich dabei auf die „friedlichen Weiten" Ferenczis, die dieser als frühe Beziehungsform des Kleinkindes beschrieb. Romain Rolands Gedanken zum „oceanischen Gefühl", das er Freud in einem Briefwechsel vergeblich anzutragen suchte, enthält eine ähnliche Verschränkung von Subjekt und Außenwelt, hier jedoch progressiv, im gemeinsamen Erleben ästhetischer und kreativer Prozesse.

Winnicott

Winnicotts Schriften eröffneten mir weitere Zugangswege zu beziehungsübergreifenden Arbeitsvorstellungen. Seine unkonventionellen Theorie- und Praxisbeschreibungen erleichterten es mir, subjekt-objekt-freie Räume als spannungsfreie regressive Spielwiesen und gleichzeitig als progressiv kreative Entfaltungsräume zu verstehen, in denen sich, wie Winnicott schrieb, alle kulturellen Kräfte treffen und mischen können. Diesen „potentiellen Raum" bezeichnete Winnicott als „schöpferischen Handlungs- und Spannungsbereich", in dem kulturelle Erfahrungen und kreatives Spiel Trennungs- und Verselbständigungsprozesse ermöglichen. Mit Blick auf die notwendige Arbeit mit den tieferen Schichten der Persönlichkeit formulierte Winnicott: „Dennoch bewerten wir Spiel und Kulturerfahrung ganz besonders hoch, denn sie verbinden Vergangenheit, Gegenwart und Zukunft. Und sie umfassen Raum und Zeit."

Kreativität

Kritisch sah Winnicott die Subjektivierung von Kunstwerken, Künstlern und künstlerisch-kreativen Schaffensprozessen. Bereits Freuds Studie über Leonardo da Vinci träfen „nicht das Wesentliche am Thema der Kreativität". Er formulierte: „Wo die Psychoanalyse versucht hat, sich dem Thema der Kreativität zu widmen, hat sie in einem großen Ausmaß den Blick für das Wesentliche verloren" und: „Das Geschaffene steht zwischen dem Beobachter und der Kreativität des Künstlers." In der Therapie sprach Winnicott von der „primary creativity", die eine intermediäre Dimension „zwischen dem Individuum und der Umwelt" erzeugt, innerhalb dessen sich spielerische und kulturschöpferische Ereignisse bilden können, wie Wolfgang Loch, der meine Suchbewegungen wohlwollend begleitete, Winnicotts Denkansatz kommentierte.

Michael Balint betonte in seiner Arbeit „Die drei seelischen Bereiche", daß im therapeutischen Prozeß das „Subjekt ...im Bereich des Erschaffens ...für sich allein" steht, d.h. daß hier „kein äußeres Objekt beteiligt" ist. Der Therapeut ist zwar anwesend, notwendige Substanz für den Schaffensprozess, aber nicht Übertragungsobjekt. Und, er solle sich hier Beziehungsdeutungen weitgehend enthalten. In diesem Kontext ist ein Zitat von Winnicott zu verstehen: „Ich glaube, meine Interpretationen haben heute vor allem die Aufgabe, dem Patienten die Grenzen meines Verstehens erkennbar werden zu lassen. Dabei gehe ich davon aus, daß der Patient und nur er die Antwort weiß."

Transformationsbereich

Ich habe die Einführung in Balints und Winnicotts Vorstellungen zu subjekt-objekt-freien Behandlungsfeldern vorangestellt, um die nachfolgenden Überlegungen zu dem von mir konzeptualisierten „Transformationsbereich", in dem stimmungszentrierte Übertragungsprozesse sich entfalten können, im Rahmen einer verbreiterten psychoanalytischen Theorie diskutieren zu können.

Der Transformationsbereich versteht sich als eine Weiterentwicklung des „Potentiellen Raums" Winnicotts und den der „Primären Liebe" Balints. Er enthält im Unterschied zu den als spannungsfrei bereits von Ferenczi beschriebenen frühkindlichen freundlichen Weiten emotionale Spannung als energetische Voraussetzung. Im Transformationsbereich kumulieren emotionales Erleben, Beziehungs- und Übertragungsprozesse, sowie identifikatorische und projektive Mechanismen, die sich hier sinnlich-metaphorisch transformieren lassen. Dieser Transformationsprozeß, in dem sich intrapsychische, beziehungsbezogene, sinnlich-metaphorische und sozio-kulturelle Dimensionen des Erlebens mischen und ineinander umwandeln können, läßt sich mit chemischen Prozessen vergleichen, in denen Makromoleküle, in ihre Einzelbestandteile gelöst, zahlreiche Neukombinationen ermöglichen.

Primär- und Sekundärprozesse

Bei der Frage, wie und in welche Richtung sich diese Transformationsvorgänge vollziehen, hat es sich als sinnvoll herausgestellt, eine dritte Prozeßebene einzuführen. Primärprozeßhaftes Erleben ist uns vertraut als der Bereich des individuell Unbewußten mit seiner spezifischen Traumsprache. Sekundärprozeßhaft verstehen wir im Sinne Freuds, die rational-sprachliche Zielorientierung, unbewußte Kräfte, Haltungen und Beziehungskonstellationen eines Patienten durchzuarbeiten und zu verstehen.

Es zeigt sich jedoch, daß der Bezugsrahmen dieser zwei Prozeßformen zu eng geworden ist, daß hiermit zahlreiche Phänomene unserer heutigen therapeutischen Praxis nicht oder nur unzureichend verstanden werden und daß eine zunehmend größere Anzahl ernstzunehmender psychotherapeutischer Schulen sich von dieser Modellvorstellung abwendet. Ganzheitlich integrative, musische, künstlerische, systemische, gestaltende und gestalttherapeutische Therapieverfahren könnten ihre Nähe zum psychoanalytischen Denkansatz zurückgewinnen. Die Analytische Psychologie C.G. Jungs wie die Daseinsanalyse, die sich auf Heidegger, Binswanger und Boss stützt, könnten den Rahmen ihrer Gemeinsamkeiten zum psychoanalytischen Denkansatz erweitern. Aber auch das Abdriften in esoterische Erklärungswelten auf dem heutigen Psychomarkt ließe sich reduzieren mit Hilfe rational getragener Vorstellungen für die bereits von Freud und vor allem von C.G. Jung diskutierten quasi-parapsychologischen Phänomene, die sich nur unzureichend in Übertragungs- und Gegenübertragungs-Muster einbinden lassen. Ich denke hier u.a. an die von Balint beschriebenen Flash-Phänomene sowie an psychotische Erlebensformen.

Der schöpferische Erlebensbereich des Menschen

Bereiche des Sterbens und der Sinnfindung, traumatische und psychotische Erlebnisse, die sich nicht ins Ich integrieren lassen, verdrängte und verleugnete gesellschaftlich-politische, sozio-kulturelle und institutionelle Rollenzuschreibungen sowie Vorstellungen zur familiären Delegation nach Helm Stierlin und zur Internalisierung historisch eingelagerter dämonischer Instanzen nach Tilmann Moser könnten vermehrt unsere Aufmerksamkeit gewinnen mit der Einführung eines dritten Wahrnehmungs-, Erlebens- und Prozeßbereiches. Die bisher noch unzureichende Aufarbeitung unserer Nazi-Vergangenheit in Tätern und Opfern sowie das von Horst-Eberhard Richter eingeforderte stärkere gesellschaftspolitische Engagement der Psychoanalyse könnte hierüber Anregungen gewinnen. Es zeigt sich hier ein weites, farbiges Spektrum, das bereits in zahlreichen Reformdiskussionen aufleuchtet. Hierzu zählt als eine weitere wichtige Facette die schöpferische Gestaltungsfähigkeit des Menschen, seine Kreativität.

Die Beurteilung kreativer und künstlerischer Leistungen als Sublimation individueller Triebverarbeitung oder als Beziehungsmodus wurde schon von Freud kritisch gesehen, obwohl er selbst den Reigen von Künstler-Pathographien eröffnete mit seiner Leonardo da Vinci Studie. Inzwischen gibt es jedoch eine Vielzahl auch analytischer Autoren, welche die Kreativität und vor allem das Produkt künstlerischen Schaffens primär in ästhetischen und

Formgestaltungs-Bedingungen und Kräften, in ihrer sinnlich-sinngebenden Vermittlungsfunktion sowie in ihrem historischen, gesellschaftlich-kritischen und utopischen Kontext zu verstehen suchen.

Winnicott, der die Kulturerfahrung des Menschen als wichtigste Entwicklungsbühne beschrieb und der die kreativen Impulse seiner Patienten in subjekt-objekt-freien Spielräumen zu entfalten suchte, fragte ganz prosaisch: „Wo sind wir, wenn wir genießen? Was geschieht mit uns, wenn wir eine Symphonie von Beethoven hören, in eine Gemäldegalerie gehen, abends im Bett lesen oder Tennis spielen?" Er suchte über diese Fragen, einen dritten „Erlebnis-, Erfahrungs- und Handlungsbereich" des Menschen einzuführen, den er von dem der inneren psychischen Welt mit ihren internalisierten und projizierten Anteilen und von dem der äußeren Realität mit seinen Sachbezügen abzugrenzen suchte. Balint konzeptualisierte ebenfalls drei seelische Bereiche, um die schöpferischen Prozesse in ihrer Eigenständigkeit besser beschreiben zu können.

Tertiärprozesse

Anknüpfend an Vorstellungen zu Primär- und Sekundärprozessen habe ich den Begriff „tertiärprozeßhaft" eingeführt, um entsprechend dem Freudschen Ansatz: „aus Es soll Ich werden", analog postulieren zu können: „aus Ich soll Wir werden". Die primärprozeßhaft bestimmte Erlebniswelt des Menschen entwickelt sich hiernach sekundärprozeßhaft in eine Halt gebende und Individualität schaffende Welt familiärer Beziehungsmuster, um in einem nächsten Schritt, tertiärprozeßhaft, die Welt in ihren soziokulturellen und Sinnbezügen erschließen zu können.

In dieser Modellvorstellung wäre das in seiner Beziehungsfähigkeit sich entwickelnde Ich ein wichtiger Schritt auf dem Weg zur Entfaltung seiner kreativen Gestaltungs- und seiner toleranten Begegnungsfähigkeiten. Die Therapie psychotischer und gewalttraumatisierter Patienten zeigt dabei, daß es sinnvoll sein kann, die tertiärprozeßhafte Aufarbeitung von nicht beziehungsfähigem Erlebnismaterial zeitlich vor der beziehungsorientierten Übertragungsarbeit anzusiedeln.

Als tertiärprozeßhaft beschreibe ich die sinnlich getragene Erlebens- und Gestaltungsfähigkeit des Menschen. Als Erlebnisraum dieser tertiär-prozeßhaften Abläufe habe ich bereits den Transformationsbereich dargestellt, in dem psychische, körperlich-sinnliche, stimmungsbezogene und sozio-kulturelle Dimensionen des Erlebens in neuer Weise verknüpft, transformiert und transzendiert werden können. Die von Winnicott und Balint unterschiedenen drei Erlebnisbereiche in ihren psychischen, realen und kreativen Dimensionen lassen sich in diesem Transformationsbereich in neuer Weise aufeinander beziehen und ineinander umwandeln. Einzelelemente dieser tertiärprozeßhaften Arbeitsweise: Stimmungsorientierung und Befindlichkeit, freie Phantasien, körperlich-sinnliche Resonanz, Konfliktdefokussierung und prismatische Prozeßorientierung konnte ich bereits detailliert in den Büchern „Freie Phantasien" (1995) und „Folter: Opfer, Täter, Therapeuten" (1996) beschreiben.

Die Sterbeszene

Begonnen hatte die stimmungsorientierte Arbeit mit freien Phantasien 1976 auf der onkologischen Station einer Hochschule, wo ich mit Hilfe einer Balintgruppe versuchte, den Mitarbeitern zu ermöglichen, blockierte Gespräche zu ihren sterbenden Patienten wiederherzustellen und ihre damit verbundenen Teamkonflikte zu lösen.

Das normale hierarchische Rollengefüge dieser kleinen Abteilung blockierte jedoch nach nur wenigen Gruppenstunden eine beziehungsorientierte Aufarbeitung der Probleme und, wie ich erst später verstand, eng damit verknüpft, auch das Trauma des „Sterbenmüssens". Ich nannte die Gruppe anfangs verschämt „Balintgruppen-Verschnitt", da ich gruppendynamische und beziehungsorientierte Fragen, Gefühlsäußerungen und Deutungen aus dem Gruppenprozeß heraushalten mußte. Aber was bleibt, wenn die mir vertrauten gefühls- und beziehungsklärenden Prozesse nicht mehr zugelassen sind?

Verblüfft erlebte ich, wie die Umorientierung der Gruppenmitglieder auf ihre jeweilige Gestimmtheit und Befindlichkeit, verknüpft mit der Aufgabe, hierfür bildsprachlich einen Ausdruck zu suchen, das Gruppenklima entscheidend veränderte. Wechselnde und erstaunlich differierende Stimmungen und Bilder entfalteten sich im Gruppenprozeß. Der konsequente Umstieg auf sinnliche Gefühle, auf Gestimmtheit und Befindlichkeit der Gruppenteilnehmer und auf ihre freischwebenden Phantasien brachte verblüffende Ergebnisse. Es gelang nicht nur, die üblichen Gefühlsblockaden zwischen Mitarbeitern unterschiedlicher Hierarchiestufen zu reduzieren, auch der Inhalt der Gruppenarbeit – die gestörte Arzt-Patienten-Beziehung – öffnete, sinnlich und phantasieorientiert, unerwartet neue Wahrnehmungsbereiche. Der Gruppenprozeß wurde farbiger und offener. Gruppen- und Teammitglieder lernten, freundlicher und liebevoller miteinander zu sprechen.

Als gruppendynamisch trainierter Balintgruppenleiter reagierte ich anfangs verblüfft bis skeptisch. Ich fragte mich, was denn aus diesen freien Phantasien, die nicht mehr auf die vorgetragene Beziehungsstörung gedeutet wurden, erwachsen könnte. Ich war gewohnt, die symbolische Bedeutung von Phantasien und Träumen im Unbewußten und in den Beziehungsmustern der Patienten zu suchen. In der Fokussierung auf sinnliche Gefühle und ihre Phantasien war ich anfangs ratlos, ohne jedoch zu kapitulieren, da hierbei ein farbiger und kreativer Prozeß in Gang kam.

Aber, was sagte mir ein galoppierendes Pferd, die Phantasie eines Gruppenteilnehmers auf den Bericht einer Arzt-Patienten-Problematik mit seiner sterbenden Patientin? Sollte ich das bedrohliche Tempo des herannahenden Todes oder die übereilte Du-mußt-sterben-Nachricht dahinter suchen? Sollten Gruppenassoziationen zu diesem Pferd, zu dieser sterbenden Patientin, zu dieser blockierten Arzt-Patienten-Beziehung, gesucht werden? Wir entschlossen uns, jeweils nur die eigene Befindlichkeit und Gestimmtheit zu schildern und hiervon getragene Phantasien zu entwickeln. Jetzt wurde die Szenerie noch unverständlicher. Stimmungsschilderungen von zähflüssiger Müdigkeit, lustigen Clownerien und von erotischen Träumen wechselten ab mit Berichten über wärmendes Wohlgefühl und traurigen Weltschmerz. Die Stimmungsschilderungen wurden angereichert mit Bildern von rotglühender Lava, von einem glücklich sich anschmiegenden Säugling, von gefährlichen Schluchten, verlockenden Hexenhäusern und leeren, angstvoll weiten Augen.

Jeder Gruppenteilnehmer entwickelte sein eigenes Stimmungsbild, ohne Erklärungsbrücken zum Beziehungsproblem und zu den Bildern der anderen Teilnehmer zu suchen. Wir lernten, dieses Nebeneinander von Stimmungsbildern, das wir inzwischen als prismatisches Prozeßgeschehen bezeichnen, noch farbiger zu gestalten, indem wir auf Detailbeschreibungen der vorgestellten Bilder Wert legten. Also zum Beispiel: War das galoppierende Pferd schwarz oder braun? Wo galoppierte es? War es eher ein lustvoller oder ein beängstigender, gefährlicher Ritt? Wie waren die Augen des Pferdes? Eine genaue Beschreibung der Landschaft, des Himmels, der Jahreszeiten wurde dabei angestrebt. Galoppierte das Pferd allein, mit Zaumzeug, mit einem Reiter?

Waren diese „galoppierenden Phantasien" freien Assoziationen vergleichbar? Wurde die bisherige Arbeitsorientierung ersetzt oder ergänzt durch eine an der Form einer Phantasie sich abarbeitenden Detailbeschreibung? Zum Teil war mir diese Arbeit vertraut aus der Psychosomatik, in der eine körperliche Verspannung über eine detaillierte metaphorische Phantasiegestaltung sich beeinflussen ließ. Fokussierung und gestalttherapeutische Methoden suchen unter anderem auf diesem Weg den Zugang zu körperlich fixierten Erlebenskomplexen. Und doch reichen diese Erklärungen nicht aus, um das freie Schwingen einer Vielzahl von Stimmungen und Phantasien im Gruppenprozeß in ihrer konfliktlösenden Funktion zu verstehen. Welch eine Bedeutung gewannen sie für die schwierige Arzt-Patienten-Beziehung mit einer sterbenden Patientin? Der den Problemfall vorstellende Kollege hatte in der Gruppe am Anfang geschildert, daß er Angst vor jeder Visite bei dieser Patientin habe, da er nicht wisse, wie er überhaupt noch mit ihr reden solle. Sie schaue ihn mit großen, fragenden Augen an. Alles sei eigentlich schon gesagt.

In der nächsten Gruppensitzung schilderte der Kollege, daß er über sich selbst erstaunt gewesen sei. Er sei bereits wenige Stunden nach unserer letzten Sitzung, ohne lange zu überlegen, in das Zimmer der Patientin gegangen, habe sich auf ihr Bett setzen können und, ganz erstaunlich, die Patientin habe über ihre Flitterwochen gesprochen und, was noch erstaunlicher gewesen sei, besonders wehmütig über ihren Felix, einen Araberhengst, der schon vor einigen Jahren gestürzt sei und dann erschossen werden mußte. Der Kollege schilderte weiter, daß er Stimmungen, die im letzten Gruppengespräch aufgetaucht seien, in dem etwa halbstündigen Gespräch mit seiner Patientin wiedererlebt habe. So habe sich die gleiche traurige Weltschmerzstimmung eingestellt, als die Patientin mit „weitem leeren Blick" über den Tod ihres Pferdes sprach und dabei wohl ihren eigenen Tod anzunehmen schien.

Wir hatten in der Gruppe die einzelnen Stimmungen und Phantasien in ihrer symbolischen Bedeutung für den Sterbeprozeß der Patientin und für die Arzt-Patienten-Beziehung nicht diskutiert. Und doch hatte sich die Situation des „Nicht-miteinander-sprechen-Könnens" radikal verändert. Der Arzt konnte sich angstfrei auf das Bett der Patientin setzen, und die Patientin vermochte gefühlsgetragen Ereignisse aus ihrem Leben zu schildern.

Waren es die unterschiedlichen Stimmungsphasen, die im Gruppenprozeß durchlaufen werden mußten, um eine neue Kommunikationsebene zu öffnen? Dienten Phantasien, wie Thure von Uexküll schrieb, der bildhaften Ausgestaltung einer Stimmung, um sie darüber aufzulösen und Erlebensräume zu öffnen für eine neue Stimmung, dann würden Stimmungen und Phantasien eine Bedeutung gewinnen, auf die bisher nur unzureichend geachtet wurde.

Dann besäßen Phantasien Stimmungs-gestaltende und -bewegende Funktionen und damit prozeßorientierte Konfliktlösungsmöglichkeiten.

Die hier gewonnenen Erfahrungen ließen sich in den folgenden Jahren in entsprechenden Trainingsgruppen umsetzen und weiterentwickeln, in der Sterbeszene mit Seelsorgern, medizinischen Fachkräften und Laienhelfern, in weiteren emotionsbelastenden Behandlungs-, Beratungs- und Ausbildungseinrichtungen, im Studentenunterricht sowie in entsprechenden prismatischen Balintgruppen mit niedergelassenen Ärzten und Psychologen. Eine interessante Variante wurden für mich Gruppen mit Lehrern, mit denen sich diese Arbeitsform als prismatische Textinterpretation erproben ließ. Ihre Umsetzung im Unterricht ermöglichte, emotionale und gruppendynamisch bedingte Lernstörungen zu reduzieren und das Klima in der Klasse freundlicher und toleranter zu gestalten.

Schließlich und endlich fand ich den Mut, auch mit Patienten, in Einzel- und Gruppengesprächen, stimmungsorientiert sinnlich-metaphorische Gespräche zu erproben. Ich nenne diese Gesprächseinschübe inzwischen „poetische Gesprächsführung". Vor allem die Defokussierung des Sterbetraumas, die mit Hilfe freier Phantasien sterbenden Patienten ermöglicht, ihr vielfältiges Eingebundensein in dieser Welt erneut zu erleben, um dann schrittweise Abschied nehmen zu können, halfen mir später, mit gefolterten, psychotischen und traumafixierten Patienten sinnlich-metaphorisch zu arbeiten. Im Rahmen stimmungsorientierter Übertragungsprozesse lassen sich beziehungsübergreifende Ursachenbündel von Symptomen und unbewußten Konfliktkonstellationen subjektentlastend abkoppeln. Hiermit wird bei zahlreichen Patienten erst die Voraussetzung geschaffen für eine vertiefende beziehungsorientierte Übertragungsarbeit.

Gewalt-Opfer

Stellvertretend für eine Vielzahl von Patienten, die in einem klassischen Übertragungssetting sich nicht zu öffnen vermögen, möchte ich eine Gruppe von Patienten vorstellen, die einen großen Bedarf nach psychotherapeutischer Hilfe signalisieren, die jedoch gleichzeitig eine auffallend hohe Abwehrmauer errichtet haben gegen die lebensgeschichtliche Aufarbeitung durchlittener Traumata.

Die Aufarbeitung der Folter in einer klassischen Übertragung ist meines Erachtens eine Überforderung von Patient und Therapeut. Das ist wohl auch der Grund dafür, daß Patienten sich der therapeutischen Aufarbeitung entziehen und daß nur wenige Therapeuten bereit sind, sich dieser Aufgabe zu stellen. Mathias Hirsch beschreibt die ausgeprägten Aggressionsgefühle in Übertragungsprozessen mit gewalttraumatisierten Patienten. Er favorisiert weiterhin „die Externalisierung der Introjekte in die Übertragung" (1996). Mir war es jedoch nicht möglich, die Rolle des Folterers oder des Opfers in der Übertragung zu übernehmen. Es gelang mir allenfalls, qualvolle, schamhafte und schuldhafte Erlebnisse der Patienten in mir zuzulassen. Tilman Moser beschreibt ähnliches. Er favorisiert „die Verwendung der Inszenierung statt der Übertragung", verbunden mit der Hoffnung, „der Psychoanalyse ihre politische Dimension wiederzugeben".

Ich muß gestehen, daß wir längere Zeit zögerten, bis wir den Mut fanden, in den Gesprächen mit gewalttraumatisierten Patienten freie Phantasieeinfälle zuzulassen. Denn, läßt sich verstehen und vertreten, wenn im Rahmen erinnerter Foltererlebnisse lustvolle, tanzende, zärtlich gestimmte, farbenfrohe Vorstellungsbilder auftauchen? Wir fragten uns, kann ein Patient das verkraften, muß er das nicht als fehlendes Einfühlungsvermögen erleben? Die Ergebnisse jedoch waren verblüffend. Patienten, die ihre Berichte angstvoll und körperlich angespannt vortrugen, konnten über die farbigen Bildberichte der jeweils anderen ihre angespannte Körperhaltung aufgeben und ihre angstvollen Spannungen lösen. Einigen Patienten gelang es, Galgenhumor freizusetzen. Wir suchten diese Haltungsänderung so zu verstehen: Folteropfern gelingt es in einem gemeinsamen Stimmungsfeld, die Phantasiebilder der jeweils anderen erstaunt wahrzunehmen, als eine Welt außerhalb ihrer inneren Gefängnisse. Es gibt ja noch immer Sonne, Blumen, vorbeiziehende Wolken und spielende Kinder und: In diesen Bildern leuchten eigene, durch die Foltererlebnisse blockierte prätraumatische Erlebnisse auf.

Wir sind also in einem höheren Maße, als es uns unser empathisches Einfühlungsvermögen ermöglicht, in der Lage, blockierte Erlebensanteile eines Patienten in uns wachzurufen, wenn wir stimmungsorientiert uns auf ihn einstellen. Dabei können auch gesunde, reife, beziehungsübergreifende und sinntragende Erwachsenenanteile eines Patienten in uns wach werden und die ihn beherrschenden Gefühlsfixierungen lösen helfen. Der Patient kann sich in uns, symptom- und konfliktdefokussierend, in seiner ganzen Persönlichkeits- und Erlebensbreite wiedererkennen und akzeptieren lernen. Seine prätraumatische Gefühlswelt kann im Therapeuten erlebt und abgerufen werden. Auf dieser Basis kann er sich dann schrittweise seinen quälerischen Foltererlebnissen öffnen.

Damit verknüpft konnten wir uns schrittweise der Vorstellung nähern, daß die durchlittenen Folterqualen eines Menschen individuell erlebte, zum Teil sich lebenslang in ihm festsetzende individualisierte Repräsentanzen gesellschaftlicher Gewalt darstellen. Tilmann Moser spricht in diesem Zusammenhang von Dämonie-Speichern, die aus verdrängten, geschichtlich-sozialen Quellen gespeist, im einzelnen Individuum abgelagert wurden und die in einem hohen Maße seine Wahrnehmung und seine Motivation beherrschen können (1996). Moser sucht diese Blockierungen aufzulösen, indem er an Stelle der Übertragung die Inszenierung internalisierter dämonischer Instanzen praktiziert. Wir haben in Duisburg eine Kombination sinnlich-metaphorischer und inszenierender Strategien in Kurztherapien von Folteropfern versucht. Der Behandlungsverlauf und das Ergebnis von Kurztherapien über fünf bis fünfzehn Stunden war häufig beeindruckend. Wir haben jedoch bei weniger Ich-starken und bei isoliert lebenden Patienten sowie bei zu ausgeprägten und mehrjährigen Folterschädigungen auf die Reinszenierung von Foltersituationen verzichtet und überwiegend sinnlich sich einfühlende, metaphorisch das Foltertrauma defokussierende Strategien eingesetzt.

Inszenierung in einer sinnlich-metaphorischen Kurztherapie einer Folterdepression

Eine 25-jährige türkische Studentin wird mir von einem praktischen Arzt zur Mitbehandlung überwiesen. Die Patientin ist seit knapp einem halben Jahr in Deutschland und wartet auf ihre Annahme als politischer Flüchtling. Da sie kein Deutsch versteht, erscheint sie mit einer befreundeten Nachbarin, wie sich später herausstellt, mit einer politischen Kampfgefährtin. Sie mustert mich kritisch und hilfesuchend, setzt sich verspannt wie zusammengefaltet in die Ecke eines Sessels. Sie spricht anfangs mißtrauisch zögernd, aber energisch. Sie versucht dabei eine leidende Stimme und Haltung zu meiden. Sie läßt übersetzen: Sie habe ständig bohrende Kopfschmerzen, fühle sich manchmal wie taub, unruhig und wie gejagt. Häufig habe sie die Hände ineinander verkrampft. Nachts schlafe sie sehr unruhig, knirsche mit den Zähnen. Sie wache immer wieder erschreckt auf. Bei ihren politischen Freunden fühle sie sich einigermaßen sicher, aber das ginge nicht so weiter. Sie wage sich nicht allein außer Haus, habe oft panische Angst auf der Straße und in Kaufhäusern. Hier weint sie trocken, leer, nach Beherrschung ringend.

Nach einem längeren, politische Gemeinsamkeit suchenden Gespräch über die Probleme der Türken in Deutschland, die Probleme speziell der politischen Flüchtlinge und über die Unfreiheit in ihrem Land spricht sie zunehmend lockerer. Übergangslos spricht sie dann von ihren sexuellen Störungen. Sie sei total schmerzhaft verkrampft beim Versuch sexueller Annäherung. Stakkatoartig, wie gefühlsentleert schildert sie, daß sie ein halbes Jahr gefoltert worden sei. Vor allem die Elektrostimulation und die Knüppel könne sie nicht vergessen. Mehr könne und wolle sie auch nicht erzählen. Ich verschreibe ihr Amitriptylin und vereinbare Gespräche in 14tägigen Abständen, entsprechend ihrem Bedürfnis nach ausreichendem Distanzschutz. Wir vereinbaren, phantasieorientiert zu arbeiten und hierin eingebettet Foltererlebnisse durchzuarbeiten.

Wir sprechen in der ersten Stunde über Märchen und Träume, über das Böse in der Welt und in uns. Mein Versuch, ihre Traum- und Phantasiewelt zu öffnen, von ihr Märchen zu hören, scheitert im ersten Ansatz. Es gäbe keine schönen Träume mehr, und Märchen seien reaktionär. Als Prozeßphantasie verbalisiert sie ein großes Bild, das sie tiefrot übermalt. Alles, Wiese, Bäume, alles sei stark rot durchtränkt. Der Himmel sei ganz in schwarz gehüllt. Hierauf schluchzende Tränen. In meinem Phantasiebild sehe ich eine weiße Wüste, einen nackten Oberkörper mit einem Fischschwanz und einen blutig abgeschlagenen Männerkopf, von dem es auf ein weißes Laken tropft. Nach der Verbalisierung beider Phantasien schildert sie, wie sie an den Händen gebunden aufgehängt worden sei. Sie bricht wieder ab: „Mehr will ich nicht erzählen". Sie habe Schwierigkeiten mit ihrer rechten Hand. Sie meine, wenn sie etwas in die rechte Hand nehmen würde, daß was kaputt ginge. Wir sprechen abschließend über Probleme mit der Flüchtlingsbehörde.

Nachdem in der dritten Stunde lockeres Phantasiematerial über Wildbäche, tiefe Schluchten, paradiesische Landschaften und Kinderspielzeug die Folterberichte verbreitern hilft, sitzt die Patientin in der vierten Stunde wiederum verschlossen in ihrem Sessel. Die Beschwerden seien nur geringfügig besser geworden. Ich bitte sie, im Detail einen Tagesablauf im Gefängnisalltag zu schildern. Nach detaillierten Beschreibungen der Geräusche, der Fülle der Zellen der Mitgefangenen, schildert sie schließlich, wie sie erlebt, wie ein elfjähriger Junge gefoltert wird. Seine Schreie seien fast nicht zu ertragen gewesen. Diese relativ spärliche Schilderung wird von einer so starken Gefühlsaufwallung getragen, daß die Dolmetscherin und auch ich mit unseren Gefühlen und unseren Tränen kämpfen müssen. Die Patientin schildert jetzt, daß sie ihre Folterer selbst nie sehen würde. Man würde ihr immer ein Tuch über das Gesicht halten, wenn der eigentliche Folterer käme.

Ich setze mich jetzt auf den Boden vor die Patientin und sage mit energischer Stimme im Befehlston, die Dolmetscherin immer wieder anschreiend, sie solle das übersetzen. Es säße der Folterer vor ihr. Sie könne ihn sich jetzt ansehen. Sie solle ihm alles sagen, was sie gegen ihn in sich trage. Nach mehrfacher Aufforderung krümmt sich die Patientin in ihrem Sessel zusammen. Sie steigt auf den Sessel und schreit von oben herunter, daß sie mich umbringen müsse. Sie springt über meinen Kopf weg in die Mitte des Raumes und bleibt dort winselnd, die Fingernägel in die Handballen verkrampft, total verspannt liegen. Wir tragen sie zu zweit auf die Couch, sprechen tröstende Worte. Ich streiche ihr über das Haar und lasse übersetzen, daß sie traurig sein dürfe. Es sei alles vorbei. Sie weint jetzt längere Zeit still vor sich hin.

In der nächsten Stunde kommt die Patientin mit leicht mißtrauischem Blick. Sie habe in den letzten Tagen auch mit den Freunden nicht reden können. Die eigenen Worte seien ihr durcheinandergegangen, hätten keinen logischen Zusammenhang mehr gehabt. Sie habe sich gefragt, warum sie so geworden sei. Sie denke mehr an die Türkei. Früher sei sie anders gewesen. Warum sei jetzt alles in Frage gestellt. Sie schildert, daß sie erstmals wieder geträumt habe. Sie habe durch einen Tunnel laufen, laufen, laufen müssen, ohne Ende. Die politischen Freunde hätten dabei das Lager gewechselt. Pistolenschüsse seien gefallen. Manchmal habe sie das Gewehr gegen Freunde gerichtet. Freunde hätten sich als Polizisten verkleidet und würden gegen sie schießen. Sie habe dann beim Aufwachen große Angst gehabt.

Auf ihre Gestimmtheit und Phantasie angesprochen, schildert die Patientin, wie sie ins Leere fällt. Sie möchte sich festhalten. Es sei alles schwarz. Sie falle wie ins Weltall. Aber es mache ihr nicht mehr solche Angst wie bei den früheren Bildern. Sie brauche jedoch noch Halt. Wir setzen uns jetzt beide auf den Boden, ich gebe ihr die Hand und bitte sie, mit geschlossenen Augen sich an einen vergleichbaren haltgebenden Zustand zu erinnern. Sie schildert, wie der Vater sie aus dem Zug trägt, sie hoch über sich über den Gartenzaun hebt. Sie phantasiert vom Meer, das sie ans Ufer spült, sie möchte aber drinbleiben. Ich phantasiere einen riesigen Müllabgrund, die Dolmetscherin phantasiert Folterszenen.

In der vorletzten, der siebenten Stunde berichtet die Patientin, daß es ihr wesentlich besser ginge. Sie spricht über ihre politischen Aktivitäten. Der Schlaf sei besser. Sie habe auch keine Ängste mehr. Eigentlich habe sie ein richtiges Wohlgefühl. Sexuell hätte sie noch manchmal Abwehr, aber eigentlich ginge es schon. Sie erzählt positive Erinnerungen aus ihrer Familie und ihrer Kindheit.

In der letzten Stunde, vier Monate nach Beginn der Therapie, erscheint die Patientin aufgeräumt, fraulicher gekleidet. Die Haare verändert. Ich erlebe sie erstmals wie eine schöne, verlockende, orientalische Frau. Wir sprechen über die Rolle der modernen Frau in der Türkei. Sie spricht über ihr positives Muttergefühl. Ich erhalte eine Einladung für die anstehende Hochzeit. Sie schildert dabei ihre Trauer, daß ihr Vater nicht an der Hochzeitsfeier teilnehmen könne. Die Familie sei auch für eine emanzipierte türkische Frau ein wichtiger Halt. Ihre Folterängste seien jetzt weit zurückgetreten. Wenn sie daran denke, gerieten ihre Gefühle zwar immer noch durcheinander. Aber sie könne das jetzt hinter sich lassen. Sie bittet mich herzlich, zu ihrer Hochzeit zu kommen. Meine Teilnahme an der Hochzeitsfeier wird für mich ein großes Erlebnis. Etwa 150 Teilnehmer. Ich werde liebevoll versorgt wie ein naher Anverwandter.

Abschlußüberlegungen

Stimmungszentrierte Übertragungen öffnen Behandlungsmöglichkeiten vor allem für Patienten, die sich beziehungsorientierten Aufarbeitungsstrategien nicht oder noch nicht stellen können. Gesellschaftlich bedingte Introjekte und damit historisch-politische Fragen geraten damit in den Blick. Inwieweit Überlegungen zur Kreativität des Menschen im Rahmen einer tertiärprozeßhaft gestimmten Transformations-Theorie den soziokulturellen Horizont der Psychoanalyse erweitern helfen und dabei eine größere Toleranz und Akzeptanz zu verwandten tiefenpsychologischen Schulen ermöglichen, bedarf wohl noch weiterer Erprobungen, Fragestellungen und Diskussionen. Sinnfragen und die Suche nach dem Unbewußten im Morgen bei Ernst Bloch lassen sich da stellen, ebenso wie Fragen nach der beziehungsübergreifenden Liebe in der Morgenröte bei Albert Camus, im oceanischen Gefühl bei Romain Roland und in der Begegnung bei Heidegger und Martin Buber.

Literatur

Balint, M. (1957): Die drei seelischen Bereiche. In: Psyche II, 321-344.
Balint, M. (1960): Angstlust und Regression. Stuttgart (Ernst Klett).
Balint, M. (1975): Forschung in der Psychotherapie. In: Enid Balint: Fünf Minuten pro Patient. Frankfurt (Suhrkamp).
Buber, M. (1979): Das dialogische Prinzip. Gambert, Heidelberg (Schneider).
Bloch, E. (1977): Experimentum Mundi. Frankfurt (Suhrkamp).
Drees, A. (1995): Freie Phantasien. Göttingen (Vandenhoeck und Ruprecht).
Drees, A. (1996): Folter: Opfer, Täter, Therapeuten. Gießen (Psychosozial).
Drees, A. (1997): Innovative Wege in der Psychiatrie. Gießen (Psychosozial).
Heidegger, M. (1977): Sein und Zeit. Tübingen (Max Niemeyer).
Herdieckerhoff, G. (1988): Stimmung und Stimmungsübertragung in psychoanalytischer Therapie. In: Forum der Psychoanalyse 4 S. 204-215.
Hirsch, M. (1996): Wege vom realen Trauma zur Autoaggression. In: Forum der Psychoanalyse 1 S. 31-44.
Moser, T. (1992): Vorsicht Berührung. Über Sexualisierung, Spaltung, NS-Erbe und Stasi Angst. Frankfurt (Suhrkamp).
Moser, T. (1993): Politik und seelischer Untergrund. (Suhrkamp).
Moser, T. (1996): Übertragung und Inszenierung. In: Karin Bell u. Kurt Höhfeld: Psychoanalyse im Wandel, Gießen (Psychosozial).
Moser, T. (1996): Dämonische Figuren. Frankfurt (Suhrkamp).
Uexküll v., Th (1982): Sprechen und Sprachformen in der Medizin. In: A. Drees: Patientenbezogene Medizin, Heft 5, S. 21-34.
Winnicott, D.W. (1973): Vom Spiel zur Kreativität. Stuttgart (Klett).
Winnicott, D.W. (1974): Die Fähigkeit zum Alleinsein. In: Reifungsprozesse und fördernde Umwelt. München (Kindler).

Übertragungsliebe und Todesfurcht

Klaus Rodewig

Vorbemerkung

Abb.1: Siesta, 1980

Als Einstimmung in mein Thema stellte ich eine Zeichnung von Tomi Ungerer (Siesta, 1980, Abb.1) an den Beginn meines Beitrages. Der Betrachter schaut in den Schoß einer hämisch grinsenden Frau, wobei ihr Schoß als Totenschädel stilisiert ist. Dieses Bild hat eine entrüstete Reaktion bei den Zuhörern ausgelöst mit Unverständnis für den schwarzen Humor, den dieses Bild auszudrücken scheint (ungeachtet der Motive, mit der Unger dieses Bild tatsächlich produziert hat), und den man angesichts des Themas für unangemessen hielt. Die Lockung der Liebe verbunden mit dem Symbol der Endlichkeit schien unvorbereitet ein schwer zu ertragendes Paar darzustellen.

Tod und Sexualität als zusammengehörig zu betrachten, erfordert eine gewisse Gelassenheit den aggressiven Anteilen der Sexualität gegenüber, d.h. sowohl den eigenen aggressiven Anteilen gegenüber wie der Gefahr, der man sich in der Aggressiviät des Partners oder der Partnerin gegenübersieht. Die Frau scheint den Betrachter einzuladen zu einem sexuellen Stell-dich-ein und lacht – ob sarkastisch oder verschmitzt, kommt auf die Ausgangsposition des Betrachters an – während sie ihm ihren Schoß als Todesbild öffnet. Das Ausleben sexuellen Begehrens führt uns in Grenzbereiche des Lebens, deren wir uns selten bewußt werden. Sie ins Bewußtsein zu heben, ist für die Bereitschaft zur Übertragungs- bzw Gegenübertragungsliebe gerade in der Therapie eines somatisch kranken Patienten von grundsätzlicher Bedeutung und soll das Ziel der folgenden Erörterung darstellen.

Einleitung

Abb. 2: Anatomie der Wollust (Eros und Thanatos), 1962 Paris, Sammlung P. Waldberg

Eros und Thanatos – die scheinbaren Gegenspieler unseres Daseins – sind nicht nur in der Kunst ein widersprüchliches und doch so eng verbundenes Paar. Die Begegnung mit dem Tod kann sich in einer orgiastischen Verflechtung wie in dem japanischen Film *Im Reich der Sinne* oder wie in der Zeichnung von Hans Bellmer: *Anatomie der Wollust* (1962, Abb. 2) verdichten, in der der Tod in die entblößten Schenkel eines umgekehrt rittlings auf seinen Schultern sitzenden Mädchens beißt. Der Tanz des Todes mit der Jungfrau ist Sinnbild für seine Beziehung zum Eros, schamlos greift er ihr im Bild von Niklas Manuel (gen. Deutsch, 1517, Abb. 3) unter das Kleid, als ob er es nötig habe, deutlich zu machen, daß auch sie, die Sexualität, seinem Willen untergeordnet ist. Heute haben wir den Begriff des *fucking death* kreiert, als die gleichzeitige Übersteigerung wie auch die Negation des Todes. Nicht nur im ausklingenden Barock wurden Liebesszenen auf Friedhöfen bildnerisch gestaltet. Heute finden im Zeichen des Satanskults sexuelle Exzesse auf Friedhöfen statt, ein scheinbares Opfer, um den Tod zu bannen. In der Identifikation mit ihm wird er verfügbar, indem seine Jünger ihn an tierischen oder manchmal an menschlichen Opfern zelebrieren oder ihm eine ungezügelte Lebensgier zur Seite stellen – wer die Macht des Todes in sich aufnimmt, dem ist auch die Gier gestattet. In der bürgerlichen Gesellschaft hingegen werden die

Abb. 3: Manuel. Der Tod und die Jungfrau

Themen Tod und Sexualität umgekehrt proportional zueinander zugelassen. Je offener die Sexualität in unserem gesellschaftlichen Leben thematisiert wurde, desto tabuisierter wurde der Tod. Winau (1984) weist darauf hin, daß sich in den USA bereits eine Gegenbewegung etabliert hat, die den Tod bis ins Kitschige öffentlich zelebriert, wohingegen die Sexualität im Zeitalter des AIDS aus der Öffentlichkeit zunehmend verdrängt wird.

Eros und Thanatos in der Person des Arztes/Therapeuten

Schon immer hat sich die Kunst Themen zugewandt, die Antinomien enthalten, unauflösbare Widersprüche. Gerade im Bereich der Medizin werden wir hiermit konfrontiert, sind dem Leben verpflichtet und müssen dem Tod Tribut zollen. Unsere Patienten erwarten, daß wir sie heranführen an diese angstbesetzte Wegscheide des Lebens. Wer, wenn nicht wir Ärzte und Therapeuten, so scheinen sie zu denken, ist des Spagats fähig, Leben und Tod in sich zu vereinen.

In einer Gruppentherapie spielte ein depressiver Patient, der sich vor der Therapie mit Suizidgedanken beschäftigt hatte, den Gruppenleiter mit sichtlichem Spaß und Witz. In den vorangegangenen Stunden hatte sich die Gruppe intensiv mit Themen der Sexualität beschäftigt. Der Patient berichtete dabei in mutloser Stimmung von einer seit längerem bestehenden erektilen Dysfunktion, die er auf seinen Diabetes mellitus zurückführte und für die seine Frau wenig Verständnis aufbringe. Seine kabarettistische Einlage erfolgte, nachdem ihm seine passiv-vorwurfsvolle Haltung vorgehalten wurde und mehrfach auf das in Patientenkreisen kursierende Buch „Pessimisten küßt man nicht" (Seligman 1990) Bezug genommen wurde. Nach der Therapiestunde wurde seine Einlage von einem weiblichen Mitglied der Gruppe als Clownerie bezeichnet, die ein anderes Extrem zu seiner sonst passiv-depressiven Haltung darstelle. Am folgenden Abend reagierte er mit Suizidimpulsen. Ich verstand seine erneute Suizidalität als Ausdruck seines gescheiterten Versuchs, die sexuellen Wünsche, die in den letzten Stunden thematisiert wurden, mit seinen depressiven, suizidalen Seiten in der Person des Therapeuten zu vereinen. Der Therapeut ist hier in seiner Phantasie in der Rolle des potenten Clanführers, dem alle Frauen, sprich weiblichen Gruppenmitglieder, zu Füßen liegen. Er scheint mit der Beherrschung der Sexualität auch den Verlust allgemein und den der Vitalität im besonderen im Griff zu haben. Diese Identifikation wurde dem Patienten verwehrt.

Bedeutung von Eros und Thanatos in der therapeutischen Beziehung

Bei der Behandlung von körperlich kranken Patienten kann, je nach Art und Ausmaß der vitalen Gefährdung, die Herstellung einer empathisch mitfühlenden Beziehung die therapeutische Hürde darstellen.

Die körperliche Erkankung regt bei Patienten und Ärzten/Therapeuten spezifische Phantasien an, die sich an dem allgemeingesellschaftlichen wie wissenschaftlichen common sense orientieren (Rodewig 1995).

Diese Phantasien beinhalten z.B. Gedanken auf Seiten des Patienten, den Therapeuten infizieren zu können und auf Seiten des Therapeuten, durch abgrenzendes Verhalten den Patienten zu kränken und psychisch so zu belasten, daß eine Progression der Erkrankung daraus folgt. D.h. der Patient wird so für den Therapeuten zum bedrohlichen Objekt, und der Therapeut tritt an die Stelle der heilbringenden Gottheit Apollo, der neben dem Heil gleichzeitig auch die Pfeile der Pest unter die Menschen brachte (Starobinski 1993). Der Therapeut muß demzufolge nicht nur Herr der von außen kommenden Bedrohung werden, sondern auch eine Einstellung gewinnen zu den eigenen destruktiven Kräften.

Das Ringen um eine tragfähige Beziehung stellt sich hin und wieder dar als ein Todesreigen, in dem mit sinnlicher Ausgelassenheit der Tod ignoriert und ihm gleichzeitig gehuldigt wird.

Eine milde Übertragungs- und Gegenübertragungsliebe ist die Voraussetzung einer hilfreichen therapeutischen Beziehung. Dem körperlich bedrohlich kranken Patienten fällt es meistens nicht so schwer, vertrauensvoll und mit dem Wunsch nach einer liebevollen Begegnung in die Beziehung zu dem i. d. R. gesunden Therapeuten zu treten. Er hat hierbei den Wunsch, an der scheinbaren Vitalität und Unsterblichkeit des Therapeuten teilzuhaben und ihn deswegen natürlich für sich zu gewinnen. Für diesen stellt sich die Problematik gänzlich anders dar. Er ist gesund und muß sich auf eine Beziehung einlassen, die mehr oder weniger vom Tode bedroht erscheint. Wie sehr dies als ein Gegenübertragungsproblem in die Beziehung eingreift, verdeutlichen Arbeiten über die Behandlung von Krebspatienten (Rennecker 1958, Searles 1963, Rodewig 1995). Diese Ergebnisse lassen sich aber auch auf die Behandlung anderer schwerwiegender körperlicher Beeinträchtigungen wie nach Organtransplantationen oder unter Hämodialyse übertragen.

Hiernach scheitert die therapeutische Beziehung, wenn nicht der Therapeut die Illusion der Heilbarkeit ein Stück weit mit dem Patienten teilt. Und er scheitert ebenfalls, wenn er sich ganz dieser Illusion hingibt und die

Erkrankung progredient verläuft, der Patient evtl. sogar stirbt. Im ersten Fall bricht der Patient die Behandlung ab, im zweiten versäumt der Therapeut, die Bedrohung zu thematisieren und muß sich erst spät und durch die Umstände gezwungen mit der Entidealisierung durch den Patienten und seiner Ohnmacht auseinandersetzen.

Der Tod in der Gegenübertragung

Freud (1915) geht in „Zeitgemäßes über Krieg und Tod" auf unser Verhältnis zum Tod eines anderen ein. Er sieht es als einen Effekt der Kulturentwicklung an, daß wir den Tod in unserem Erleben aus den Beziehungen verbannen, so als ob er nicht existiere. Diese Neigung tritt besonders bei den Menschen zutage, die uns emotional nahestehen. So wie wir im Unbewußten von unserer eigenen Unversehrtheit überzeugt zu sein scheinen, so erscheint uns das Leben dieser Menschen als Garant für die Wahrheit dieser Überzeugung. Und doch spielt die Präsenz des Todes für die Qualität des Lebens eine zentrale Rolle, und nicht umsonst zieht Freud auch hier den Vergleich mit der Art und Weise unserer Liebesabenteuer. Er schreibt, daß das Leben schal werde und an Interesse verliere, wenn es den Tod ausschließe und weiter „Es wird so schal, gehaltlos wie ein amerikanischer Flirt, bei dem es von vornherein feststeht, daß nichts vorfallen darf, zum Unterschied von einer kontinentalen Liebesbeziehung, bei welcher beide Partner stets der ernsten Kon-

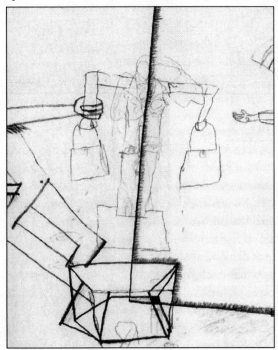

Abb. 4: „Der Gekreuzigte" oder „Ich habe Anne Frank umgebracht"

sequenzen eingedenk bleiben müssen." Statt den Tod ins eigene Leben einzubeziehen, verbannen wir ihn in die Welt der Kunst. „Dort" so Freud (ebenda, S. 51), „ finden wir noch Menschen, die zu sterben verstehen, ja, die es auch zustandebringen, andere zu töten." Hier können wir in der Identifikation mit einer fiktiven Gestalt das eigene Leben riskieren und es im Falle des Scheiterns doch behalten. Stellvertretend für die Motivation anderer Kunstschaffender sei der Regisseur John Cassevetes zitiert, der sein Interesse am Filmemachen charakterisiert als Interesse *für das Älterwerden, den Verlust an Sexualität oder der Fähigkeit, geliebt zu werden ... (für) jene Ungewißheit, die mit dem Verstreichen des Lebens zusammenhängt und mit dem Tod.* (Schauspielhaus Bochum, 1996).

Felix Droese, ein Schüler von Beuys, zeichnet in der Auseinandersetzung mit Nietzsches Dionysos Dithyramben die Sexualität als Gegenspieler des Todes. In seiner Zeichnung stellt er einen Menschen dar, der krampfhaft seine Einkaufstüten festhält, der bereits im Leben gestorben ist, während die Sexualität den Menschen dem Tode zu entreißen sucht (1982, Abb. 4).

Der Einsatz des Lebens gerade in Zusammenhang mit der Liebe wird in der bildgebenden Kunst eindrucksvoll gestaltet. Oben erwähne ich bereits den japanischen Film „Im Reich der Sinne". Zwei Bilder Picassos mögen die Verbindung von Sexualität und Einbeziehung des Todesrisikos beispielhaft verdeutlichen. So die Zeichnung „Minotaurus und Frau" (1933, Abb. 5) und „Mann und Frau" (1940, Abb. 6). In beiden Bildern wird eine bedrohliche männlich aggressive Sexualität dargestellt, der auch den Tod als Folge in Kauf zu nehmen scheint. Daß dies nicht nur in der einseitigen gesellschaftlich fixierten männlich-weiblichen Rollenverteilung gesehen wird, zeigt eine Collage aus der Zeitung des Bochumer Schaulspielhauses (1996, Abb.7). Sie zeigt

Abb. 5: Minotaurus und Frau, 28. Juni 1933, Zeichnung Paris, Musée Picasso

Abb. 6: Mann und Frau, 11. Juli 1940, Zeichnung Paris, Musée Picasso

Abb. 7: ohne Titel

eine nackte Stierkämpferin aggressiv aufreizend vor den phallischen Hörnern des angriffslustigen Stiers. Das Risiko dieser sexuellen Lebensgier stellt Picasso in seinem Gemälde „Der Tod der Stierkämpferin" (1933) dar. Die nackte Kämpferin liegt tot auf dem Rücken des Stieres umgeben von phallischen Insignien, die den Rücken des siegreichen Tieres durchbohren.

In welchem Zusammenhang steht dies nun zu unserem Thema? Sexualität, vitale Lebensgier, steht in unmittelbarem Zusammenhang mit dem Wagnis des Lebens unter Einbeziehung des Todes. Dies hat natürlich auch entscheidende Bedeutung in der Gestaltung einer Übertragungs- und Gegenübertragungsliebe, wenn diese Gefahr in die Nähe des Bewußtseins rückt oder bereits bewußt geworden ist. Die fiktive Todesbedrohung, in Form körperlicher Versehrtheit, ist dem Therapeuten in der Arbeit mit körperlich Kranken möglicherweise bewußt, nicht unbedingt jedoch in seiner Verknüpfung mit der Bereitschaft zur Liebe.

Sexualisierte Übertragung

Kommt es jedoch zu einer tragfähigen therapeutischen Beziehung, so spielt häufig sowohl die Liebe wie der Tod eine zentrale Rolle im therapeutischen Prozeß. Hierbei kommt es nicht selten auch zu einer sexualisierten Übertragung, indem der Wunsch nach einer sexuellen Beziehung mehr oder weniger offen an den Therapeuten herangetragen wird. So äußerte während einer analytischen Psychotherapie eine Krebspatientin mir gegenüber mehrfach den Wunsch, mich „umfassend", wie sie es nannte, kennenlernen zu wollen. Meinen Hinweis, daß damit die Therapie zu Ende wäre, wollte sie nicht gelten lassen, im Gegenteil sie würde es als Bereicherung erleben, auch auf „diesem Gebiet" meine Qualitäten kennenzulernen. Im Verlauf der gemeinsamen Arbeit entwickelte sie ein lokales Tumorrezidiv und in der Trennungsphase eine multilokuläre Metastasierung. Eine andere Krebspatientin tätschelte während einer stationären Psychotherapie den Po des Therapeuten mit der Bemerkung, wenn er nicht verheiratet wäre, wäre sie einer Beziehung mit ihm nicht abgeneigt; ein Jahr später verstarb sie.

Die Sexualisierung der Übertragung dient hier der Abwehr der andrängenden Todesphantasien. Die körperliche Erkrankung aktualisiert auch für den Therapeuten seine Kastrationsängste bis hin zur Todesfurcht, die sich in dem Wunsch des Patienten nach Verschmelzung in der Sexualität zu einem regressiven Sog verstärkt. Dieser Sog kann eine distanzierende Gegenübertragung aktivieren.

Die oben bereits erwähnte Krebspatientin kehrte nach einer Analysestunde in mein Zimmer zurück. Ihr Wagen sprang nicht an, und sie bat mich, ihr mit meinem Wagen Starthilfe zu geben. Es regnete in Strömen, trotzdem lehnte ich ihr Angebot, mit ihr unter ihrem Regenschirm zu gehen ab mit dem Hinweis, ich würde den Regen genießen. Zur nächsten Stunde kam sie angriffslustig und erzählte mir mit einem überlegenen Lächeln, das könne ich ihr doch nicht erzählen, daß ich gerne durch den Regen gehen würde. „Ich will Ihnen mal sagen, was los ist, Sie haben Angst vor Nähe. Als wir uns verabschiedet haben, hatten Sie eiskalte Hände." Sie hatte recht. Mir vorzustellen, ich ginge mit ihr in engem Körperkontakt unter ihrem kleinen Regenschirm, sie hake sich womöglich noch bei mir ein, bereitete mir ein sichtliches und, wie die Patientin schilderte, wohl auch fühlbares Unbehagen. Heute würde ich vielleicht antworten: „Ja, wahrscheinlich hatte ich die Sorge, an Ihrer Seite würde es mir zu heiß." So aber schwieg ich betroffen, ich fühlte mich ertappt, so als wenn sie bei mir damit eine nicht zu rechtfertigende

Ablehnung ihrer Person entlarvt hätte. Dieses schlechte Gewissen, das sich bei mir regte, bezog sich auf unbewußte feindselige Impulse, die auf der Ablehnung ihres vom Krebs gezeichneten Körpers beruhte.

Bei einer stationären Therapie der ebenfalls bereits oben beschriebenen Krebspatientin, führten die sichtbaren Folgen einer parallel durchgeführten Chemotherapie zu einer reaktiven Mobilisierung erotisierender Aktivitäten. Die sehr attraktive Patientin bedeckte ihren vom Haarverlust gezeichneten Kopf mit einer schicken Baseballmütze. Zwei ca. 20 Jahre alte Mitpatientinnen kauften sich die gleiche Mütze, setzten sie auf ihre üppige Haarpracht und verkündeten stolz, abends damit in die Disco zu gehen, was die Krebspatientin als eine ziemliche Provokation empfand. Obwohl natürlich auch sie selbst die Kappe zur Steigerung ihrer angeknacksten Attraktivität benutzte, nahm sie ihren Mitpatientinnen übel, daß sie es nicht nur bei der Demonstration beließen, sondern aktiv damit auf „Männerfang" gingen, was die Patientin an den Verlust ihrer eigenen sexuellen Attraktivität erinnerte. Natürlich hatten diese Mützen für die beiden Mädchen in ihrem Discobesuch auch eine kontraphobische Funktion, nämlich die Todesbedrohung, mit der sie auf der Station konfrontiert waren, zu bannen.

Die Sexualisierung der Übertragung mag auch ein Versuch sein, die körperliche Versehrtheit gegenüber dem Therapeuten zu überspielen.

Freud (1938, 1940, S. 414) weist darauf hin, daß an die Stelle der analytischen Situation die Absicht des Patienten tritt, „dem Analytiker zu gefallen, seinen Beifall, seine Liebe zu gewinnen. Sie wird die eigentliche Triebfeder der Mitarbeit des Patienten, das schwache Ich wird stark, unter dem Einfluß bringt es Leistungen zustande, die ihm sonst unmöglich wären, stellt seine Symptome ein, wird anscheinend gesund, nur dem Analytiker zuliebe."

Die Überzeugung, daß er mit einfacher Bewunderung und Zuneigung oder einem netten Lächeln zu gewinnen sei, scheint gerade diesen Patienten fragwürdig zu sein, die ihr Selbst in ihrem bisherigen Leben wesentlich über ihre äußere Attraktivität und sexuelle Anziehungskraft stabilisiert haben. Sie scheinen davon überzeugt zu sein, etwas mehr in die Waagschale werfen zu müssen, um die für sie so schwer erreichbare Liebe des Therapeuten doch noch für sich zu gewinnen und ihm über seine Todesängste hinwegzuhelfen. Die Sexualisierung der Übertragung dient also nicht nur dazu, die eigenen Todesängste, sondern auch diejenigen des Therapeuten zu bannen.

Im Falle der oben beschriebenen Patientin lehnte ich eine sexuelle Beziehung bestimmt ab, aber mit dem unguten Gefühl, sie könne dies auf ihre Erkrankung beziehen und mit Resignation beantworten. Wenige Stunden später berichtete sie, daß sie sich in einen 15 Jahre jüngeren Vikar verliebt habe, auf den auch ihre Tochter ein Auge geworfen habe und der ihrem Werben keinesfalls abgeneigt sei. Da auch ich einige Jahre jünger war als sie, wollte sie mir damit wohl sagen, daß dies für eine gelebte Beziehung zwischen uns kein Hindernis darstelle und auch andere junge Männer sie noch als begehrenswerte Frau wahrnähmen, die es durchaus mit einer 23-jährigen Frau, ihrer Tochter, aufnehmen könne. Ich fürchtete die Kränkbarkeit und offene Ablehnung der Patientin und ließ die Situation ungedeutet. Ich ertrug ihr beständiges Werben, aber um den Preis einer inneren Distanzierung. In dieser Zeit verglich sie unsere Beziehung mit einer Wippe, auf der sie oben und ich unten säße. Ich allein hätte die Kraft, sie herunterzulassen. Die Angst, mit einer Deutung die sexuelle Thematik offener in die Auseinandersetzung zu bringen, verbunden mit einer Ablehnung ihrer Befriedigung, verband ich unbewußt damit, die Patientin schonungslos mit dem Tod zu konfrontieren, dem sie in meiner Phantasie dann gegenüberstand. Ich meinte sie damit eines vitalen Erlebens ihres Seins zu berauben. Was, wenn es die Liebe nicht sein kann, bleibt dann noch übrig? – schien ich mich unbewußt gefragt zu haben. Ich hatte offensichtlich das Gefühl, ich sei dafür verantwortlich, dem andrängenden Tode die Liebe entgegenzusetzen, von mir könne sie das erwarten, denn von den anderen Sterblichen wissen wir, daß sie gerne vor dem Tode davonlaufen. Wer, wenn nicht ich, könnte mit ihm tanzen? Was die Gegenübertragungsliebe anbetrifft, hatte sie recht, zu ihr müßte ich schon fähig sein und zur Sexualität, zumindest in der Phantasie ist es von dort nicht weit. Dies ist mehr ein gradueller als ein prinzipieller Unterschied.

Bei aller Kritik gegenüber meiner damals unbewußten Motivation halte ich die Deutung der sexuellen Übertragung als Abwehr der Todesbedrohung für wenig sinnvoll. Der Widerstand stellt hier eine vorübergehende Begrenzung der Bedrohung dar, der sich im Laufe der Auseinandersetzung mit den verbleibenden Lebensmöglichkeiten reduziert. Zu dieser Auseinandersetzung gehört auch das Erleben, den Therapeuten nicht zum Geliebten machen zu können. Allein dies wirft die Patientin zurück auf ihre realen Lebensmöglichkeiten und damit auch auf die Bedeutung der erlittenen Versehrtheit. Die Bedeutung des Therapeuten besteht in einer „holding function", in der er die unbewußten Ängste und Wünsche des Patienten, in unserem Falle der Patientin, in sich aufnimmt, d.h. sie spürt und deutlich macht, daß er sie ertragen und in sich integrieren kann. Erlebt der Patient am Therapeuten die Handhabbarkeit dieser Gefühle, im wesentlichen der Angst vor dem Tode mit der kontraphobischen Aktivierung der sexuellen Impulse und der Wut auf diejenigen, die unversehrt zu bleiben scheinen, so nimmt es ihm die Angst, sich ihnen zu stellen.

Die obige Patientin war sich langsam meiner liebevollen empathischen Zuwendung sicherer geworden, so wie auch ich mir meiner von ihr ausgelösten Gefühle und Impulse sicherer geworden war, und ihr Wunsch nach einer sexuellen Beziehung zu mir verlor an Bedeutung. Als sie später die Analyse beenden wollte und meine spontane Trauerreaktion bemerkte, erlebte sie unsere Wippe als ausgeglichen, was sie mit Genugtuung registrierte.

Zusammenfassung

Körperliche Liebe ist potentiell in jeder Übertragungs- und Gegenübertragungsliebe enthalten. Sexualität und Lebensgier stehen in einem engen Zusammenhang mit der unbewußten Bereitschaft, Vertrautes oder sogar sich selbst aufs Spiel zu setzen. Diese Bereitschaft sinkt, wenn die Todesbedrohung bewußtseinsnah oder sogar bewußt wird, wie in der Beziehung zu einem körperlich schwer Kranken. Hier versagt die Verleugnung der eigenen Sterblichkeit. Die fortwährende Phantasie der unbewußt angenommenen eigenen Unsterblichkeit bedarf, quasi als Beweis, der Unversehrtheit der uns emotional nahestehenden Menschen. In der Entwicklung einer Gegenübertragungsliebe zu einem körperlich Kranken versagt je nach Ausmaß der Todesnähe diese Verleugnung. Dies behindert die Entwicklung der therapeutischen Beziehung auf der Seite des Therapeuten. Der Patient mag bereiter sein, die Übertragungsliebe zu sexualisieren, zum einen als Verleugnung der Todesnähe, zum anderen aus dem unbewußten Gefühl heraus, dem Therapeuten mehr bieten zu müssen, damit er sich auf eine Beziehung zu ihm einlassen kann, wo er doch den Makel der Versehrtheit und des fiktiven Todesrisikos in sich trägt.

Die Wahrnehmung sowohl der Todesfurcht oder in abgeschwächter Form der Kastrationsangst, als auch der möglichen Tendenz zur kontraphobischen Sexualisierung der Beziehung ist unbedingte Voraussetzung für die Gestaltung einer therapeutischen Beziehung zu körperlich Kranken. Dies ermöglicht, die Gefühle des Kranken wie Liebe, Angst und Aggression in uns aufzunehmen, zu ertragen und sie als handhabbar an den Patienten zurückzugeben. Dies vermittelt ihm das Gefühl der Gleichwertigkeit in der Beziehung und des Angenommenseins. Die empathisch liebevolle Zurückweisung seiner sexuellen Wünsche an den Therapeuten ermöglicht es dem Patienten letztlich, sich mit seinen realen Lebensmöglichkeiten auseinanderzusetzen und seine Versehrtheit in ein neues Lebenskonzept zu integrieren.

Literatur

Bellmer, H. (1962): Anatomie der Wollust (Eros und Thanatos). Paris, Sammlung Patrick Waldberg. In: Jean Baudrillard L'échange symbolique de la Mort. Paris (Editions Gallimard), 1976.
Droese, F. (1981) Nr. 82. In: Ausstellungskatalog des Kunstgeschichtlichen Instituts der Ruhr-Universität Bochum, 1995.
Freud, S. (1915): Zeitgemäßes über Krieg und Tod. Bd.IX, Frankfurt/M. (S. Fischer), 1974.
Freud, S. (1940,[1938]): Die psychoanalytische Technik. In: Schriften zur Behandlungstechnik. Ergänzungsband, Frankfurt/M. (S. Fischer), 1975.
Manuel N. (gen. Deutsch, 1517): Der Tod und die Jungfrau. In: Hart Nibbrig Ch.L: Ästhetik der letzten Dinge. Frankfurt/M. (Suhrkamp), 1989.
Picasso, P. (1933): Minotaurus und Frau. Paris, Musee Picasso.
Picasso, P. (1940): Mann und Frau. Paris, Musee Picasso.
Picasso, P. (1933): Stierkampf: Der Tod der Stierkämpferin. Musee Picasso. alle 3 Bilder in: Picasso P.: Todesthemen. Katalog der Kunsthalle Bielefeld, 1984.
Schauspielhaus Bochum: Zeitung 4/ 1996.
Searles, H.F. (1981): Psychoanalytic Therapy with Cancer Patients – Some Speculations. In: Goldberg J. (Hg.): Psychotherapeutic Treatment of Cancer Patients. New York (Free Press).
Seligman, M. (1990): Pessimisten küßt man nicht. München (Knaur).
Starobinski, J. (1993): Medizin und Antimedizin. Freibeuter, Heft 57, S. 3-18.
Rennecker, R.E. (1957): Countertransference Reactions of Cancer. Psychosom. Med., 19, S. 409-418.
Rodewig, K. (1995): Körperliche Krankheit in Übertragung und Gegenübertragung. Psyche 6, S. 563-580.
Ungerer, Tomi (1980): Siesta. Wilhelm Busch Museum, Hannover.
Winau, R. (1984 : Einstellung zu Tod und Sterben in der europäischen Geschichte. In: Winau, R., Rosemeier, H.P. (1984): Tod und Sterben. Berlin-New York (de Gruyter).

Der Körper der Übertragungsliebe

oder: Auf der Suche nach dem verlorenen Körper

Hansjörg Pfannschmidt

Die Forderung, daß die „psychoanalytische Kur in der Abstinenz durchgeführt werden" muß (Freud 1915) und die Einsicht, daß ohne ein gewisses Maß an „Glücksbefriedigung des einzelnen" (Freud 1910) keine Analyse durchführbar sein dürfte, ist eine Spannung, die unsere gesamte Arbeit bestimmt.

Dabei zeigt unser Körper mit all seinen Ausdrucksmöglichkeiten, wieweit wir in der Lage sind, all das zu tun oder geschehen zu lassen, was in unserem Beruf notwendig ist.

Eine Kollegin erzählte mir, als ich sie in der Supervision nach ihrem Erleben in einer von ihr berichteten Stunde fragte, daß sie bis vor kurzem ganz bewußt eine bestimmte, verspannte Haltung auf dem Sessel eingenommen habe, damit möglichst keine Gefühle von der Brust an abwärts in ihrem Körper entstünden.

Für unsere Patienten, vor allem für deren Unbewußtes, ist unser Körper der Ausdruck all unserer Erfahrungen, die wir in unserem Leben und in unserer Ausbildung als Analytiker gemacht haben. Unsere Lehranalytiker begegnen ihnen in diesem Körper ebenso wie unsere Beziehung zu uns selbst.

Im vorliegenden Beitrag möchte ich über meine eigenen Körpererfahrungen in der Ausbildung und in meiner Arbeit berichten. Dazu möchte ich zunächst darstellen, wie ich mich während meiner Ausbildung und meiner Analysen fühlte, wobei ich mit Freud (1913) von meinem Ich als von einem *„Körper-Ich"* sprechen möchte.

Ich gebrauche die Formulierung „Körper-Ich", d.h. ich rede von mir als von meinem Körper deswegen, weil wir uns nach meiner Erfahrung das sogenannte Selbst oder auch die Seele in alter christlicher Tradition oft körperlos phantasieren. Vielleicht ist diese Phantasie der Grund dafür, daß immer wieder die Forderung laut wird, die Psychoanalyse durch körpertherapeutische Ansätze und Verfahren zu ergänzen.

Ich beschränke mich bei meiner Erzählung auf die Erfahrungen aus Weiterbildung und Beruf.

Mein Entschluß, Theologie zu studieren und Pfarrer werden zu wollen, war nach meiner heutigen Sicht nicht zu einem geringen Teil bestimmt von dem Versuch, in ein lebbares Verhältnis zum Körper zu gelangen. Bei der in der christlichen Tradition, vor allem in ihrer protestantischen Ausprägung verbreiteten Leib-Seele-Spaltung, die ich als Entseelung des Körpers verstehe, mußte das erwartungsgemäß mißlingen.

So nahm ich die Anregung auf, eine Psychotherapie zu beginnen. Empfohlen wurde mir damals eine Jungianerin, eine Schülerin von Gustav Richard Heyer.

Bei ihr lernte ich die faszinierende Welt der Symbole, der eigenen und der kollektiven Träume kennen und – auch das sehe ich erst heute so – mein Körper witterte Morgenluft. Ich fing in einer Therapiestunde an zu „bildern", das heißt, ich überließ mich Bildern über mein Körperinneres, Bilder, die mich rasch in Abgründe meiner selbst zu führen schienen. Diese Art der Beschäftigung mit mir selbst war meiner Analytikerin jedoch für mich zu gefährlich, sie verbot es mir mit der Androhung, sonst die Analyse abzubrechen.

Ein anderes Feld, auf dem sich mein Körper regte, waren meine erotischen Gefühle zu dieser Frau, die mich faszinierte. Doch „das Wasser war viel zu tief". Äußerlich bestand es in einem großen, breiten Schreibtisch, hinter dem sie saß und deutlich machte, daß es nicht um meine Gefühle ihr gegenüber, sondern um meine seelische Entwicklung ginge – und die glaubte sie, genau an meinen Träumen ablesen zu können.

Die Träume selbst wurden für mich im Laufe der weiteren Analyse zum Über-Ich-Alptraum. In meinem Bemühen, meine persönlichen Schwierigkeiten durch angestrengtes Arbeiten an meiner seelischen Entwicklung zu beheben, bekam ich zunehmend Angst vor meinen Träumen wie vor einem unerbittlichen Zuchtmeister, der mir Mal um Mal bescheinigte, wie sehr ich immer noch hinter dem zu erreichenden Ideal zurückgeblieben war.

Ich sprach gerade von meinen *„erotischen Gefühlen"* meiner Analytikerin gegenüber. Ursprünglich wollte ich sagen, *„mein sexuelles Begehren"*; jedoch ist der Ausdruck *„Begehren"* für das, was ich ausdrücken möchte, zu triebzielorientiert und zu dem Begriff *„sexuell"* assoziiert man im erzählenden Zusammenhang zu eingeengt Genitales. – Was ich *heute* formulieren kann, ist, daß meine damaligen sexuellen Bedürfnisse nicht darin bestanden, mit ihr tatsächlich ins Bett zu gehen, oder ein Verhältnis mit ihr anzufangen, sondern ich hätte das Bedürfnis gehabt, mir körperlich phantasieren zu dürfen, sie zu lieben und zu wissen, daß das sein kann, ohne daß sie mich auslacht, ohne daß sie sich tatsächlich verführen läßt, mit mir zu schlafen und vor allem ohne daß dadurch die für mich lebenswichtig gewordene Beziehung zu ihr als meiner Analytikerin gefährdet gewesen wäre. Ich hätte spüren mögen, wie es sich anfühlt, mit meinem männlichen Körper den Körper dieser Frau zu lieben und wie es sich anfühlt, zu merken, daß und wie sie sich davon berühren läßt, daß ihr Körper mir antwortet.

Mein durch meine ungelösten Probleme irritierter, durch die aufregende Beschäftigung mit meinen Affekten, Trieben und Wünschen angeheizter Körper mußte sich außerhalb der Analyse Platz und Möglichkeiten suchen, um die Hoffnung aufrechterhalten zu können, doch noch zu dem Leben zu kommen, von dem er zwar nicht wußte, wie es aussehen sollte, von dem er nur wußte, daß es ganz anders sein müßte als das, was er jetzt lebte.

Was aber von dieser zum Teil mißglückten Analyse blieb, war eine Ahnung, daß es möglich sein könnte, wirklich zu leben, wenn der Körper an den Platz käme, der ihm zusteht.

Ich entschloß mich zur Weiterbildung zum Psychoanalytiker und hatte die Hoffnung, in der Ausbildung und in der Lehranalyse die Aspekte zu erfahren, die mir zum Leben fehlten. Ich begann an einem Institut, an dem damals noch in der Tradition des Berliner Göring-Institutes die drei Richtungen, Freud, Jung und Adler, vertreten waren.

Als Lehrer, der ich damals war, ich unterrichtete Deutsch und Religion, war ich von einem Mann angezogen, der selbst Lehrer gewesen war, das Stadtjugendamt leitete, Analysen durchführte, der bei Freud Vorlesungen gehört und noch bei Adler seine Lehranalyse gemacht hatte.

Ich lernte in der Lehranalyse bei ihm eine wichtige psychoanalytische Tugend kennen und schätzen, es war sein unvoreingenommenes Interesse an dem, was ich erzählte. Ich bekam das Gefühl, daß ich es wert war, daß man sich mit mir beschäftigte.

Es interessierte ihn nicht in erster Linie, wie etwas sein sollte, sondern, wie etwas war. Ich erfuhr, was Schutz und Ruhe ist, und mein Körper bekam wohl eine erste Ahnung davon, wie es sich anfühlt, nicht ständig angetrieben zu werden, eine erste Ahnung davon, wie es sein könnte, sich in seinem eigenen Körper zu Hause zu fühlen.

Mein Lehranalytiker, den ich bewunderte, ließ sich von mir jedoch nicht berühren als der Mann, mit dessen Körperlichkeit ich mein unsicheres Körpergefühl hätte in Resonanz bringen können, sondern er achtete sorgfältig darauf, daß er mir gegenüber der Lehrer und Förderer blieb, der Analytiker meiner Schwierigkeiten im Privatleben und im Beruf. Von Übertragung hielt er nicht so viel, ich hatte aber wohl inzwischen eine Ahnung davon, daß es auf diesem Gebiet für mich noch Entscheidendes zu entdecken geben könnte.

Als sich dann das Adlerinstitut unter meinem damaligen Lehranalytiker selbständig machte, die Jung'sche Dependance war inzwischen verkümmert, entschied ich mich dafür, etwas, was wir damals eine Freud'sche Analyse nannten, anzuschließen und meine Ausbildung an dem Institut der Deutschen Gesellschaft für Psychoanalyse, Psychotherapie, Psychosomatik und Tiefenpsychologgie (DGPPT) weiterzuführen.

Mein zweiter Lehranalytiker war ein Analysand von Fritz Riemann, der unser Institut maßgebend geprägt hatte. Riemann, ebenso wie mein neuer Lehranalytiker, waren Mitglieder der Deutschen Psychoanalytischen Gesellschaft (DPG) und standen so auch in der Tradition von Schultz-Hencke.

Ich lag also nun endlich auf der Couch, konnte meinen Gedanken und Gefühlen nachgehen und erfuhr die intensive und einfühlsame Begleitung eines klugen, humorvollen und zutiefst freundlichen Menschen. Er machte mich auf die unbewußten Wiederholungen kindlichen Erlebens und Reagierens aufmerksam, und ich bekam eine andere Vorstellung vom Unbewußten, als ich sie aus meiner Jung'schen Analyse kannte. Es war bunter, lebendiger, weniger guruhaft, aber erheblich chaotischer. Für meinen Körper war das wohl das Signal, heftige und zum Teil sehr beängstigende Träume zu produzieren. Die verständnisvolle, angstfreie Begleitung meines Analytikers bei der Betrachtung dieser Träume befreite mich von einem wesentlichen Teil meines in der Jung'schen Analyse erworbenen Mißtrauens meinem eigenen Unbewußten gegenüber.

Ich glaubte zu spüren, daß mein Analytiker mich schätzte, und das äußere Zeichen dafür waren gesellschaftliche Einladungen in den Kreis seiner Freunde und Kollegen am Institut. Natürlich war das für mich als Weiterbildungskandidat eine große Ehre, doch überblickte ich damals nicht, daß es unter solchen Bedingungen nicht möglich sein würde, an einem so freundlichen, mir derart wohlgesonnenen Menschen meine destruktiven und beängstigend chaotischen Inhalte oder gar die homoerotischen Anteile meines gut versperrten Unbewußten auszuprobieren; zumal sie ja auch tatsächlich unbewußt waren, eine Dimension dieses Raumes, von dem ich damals noch keine zutreffende Vorstellung hatte.

Sein Konzept war es, eine gute, vertrauensvolle Atmosphäre herzustellen, in der alte Wunden heilen, schlechte Erfahrungen eine positive Korrektur erfahren und betrauert werden konnten. Er wurde zu meinem Vorbild als Psychotherapeut. Es hat mich sehr beeindruckt, daß er, als er psychotische Patienten in Behandlung hatte, über mehrere Jahre keinen Urlaub machte, ohne dabei an Gelassenheit zu verlieren und seinen Humor einzubüßen.

Ich beendete meine psychoanalytische Weiterbildung und meine Lehranalyse, ich möchte fast sagen in Freundschaft mit meinem Analytiker, aber, wie sich bald herausstellte, in Unfrieden mit meinem Körper.

Der meldete sich in den Jahren darauf mit immer intensiveren Ängsten und Beklemmungen, die keine Gründe zu haben schienen. Ich konnte sie mir nicht erkären, konnte sie aber auch nicht abstellen. – Ich war über mich und meine Situation, in der ich mich vorfand, enttäuscht und entsetzt.

Inzwischen dämmerte mir, daß bei meiner ganzen Ausbildung ich selbst als mein Körper nicht recht vorgekommen war.

Die Vorstellung Reichs vom Charakterpanzer sprach mich direkt an. Bei einem Workshop mit Alexander Lowen merkte ich, daß ich bei der Beschäftigung mit meiner Körperhaltung, mit den in bestimmten Muskelpartien körperlich festgehaltenen Affekten, in ganz neuer Weise Kontakt mit meinem Unbewußten aufnehmen konnte. Da ich es genau wissen wollte und mir die Workshoperfahrung zu schnell wieder entglitt, begann ich eine bioenergetische Ausbildung und damit verbunden eine Körper-Lehranalyse.

Es war äußerst eindrucksvoll für mich, die psychoanalytischen Vorstellungen, die Abwehrstrukturen, Widerstände im wörtlichsten Sinn be-greifen zu können. Zu merken, wie Verdrängungen spürbar, sichtbar werden, wenn man bestimmte Körperhaltungen einnimmt, wie man an verschüttete Affekte und Gefühle herankommt, wenn bestimmte Muskelpartien gelockert oder angespannt werden.

Auf der einen Seite erfuhr ich dabei, wie befreiend es sein kann, Affekte, die ein Leben lang angestaut waren, ausdrücken zu können, und ich sah den Körper und auch meinen Körper auf ganz neue Weise. Auf der anderen Seite gelang es mir auch auf diese Weise nicht, die Verbindung zu mir als meinem Körper wirklich herzustellen. Ich möchte versuchen, das so auszudrücken: Durch die Körperinterventionen, die Übungen, die Ein-Griffe (im wörtlichsten Sinn) stellte mein Analytiker äußerst intensive Kontakte zu Teilen und Teil-Erinnerungen meines Körpers her, die ich jedoch nicht über die Beziehung zu ihm in der Stunde zu einem ganzen Körper-Selbst integrieren konnte. Ich habe den Eindruck, daß die ganze **Körper**-be-**Hand**-lung unbewußterweise auch dazu da war, zu verhindern, daß ich ihn mit meinem Körpergefühl berühren konnte.

So wurde eher eine Desintegration meines Körpers verstärkt als seine Integration.

Was in all diesen Analysen offenbar unter allen Umständen vermieden werden mußte, war, daß es in der Beziehung zwischen der Analytikerin oder dem Analytiker und mir zum beiderseitigen Erleben der körperlichen Wirklichkeit gekommen wäre, und zwar zum Erleben meiner körperlichen Wirklichkeit in ihren destruktiven wie in ihren lustvollen Aspekten.

Ich denke, daß es in der Art Psychoanalyse, die ich erfahren habe, darum ging, eine therapeutische Atmosphäre zu schaffen, in der jede negative Übertragung als Verfälschung der Wirklichkeit erschien. Auch auftauchende sexuelle Bedürfnisse wurden sozusagen „verstanden" und auf ein dem Analytiker geeignetes Objekt verschoben.

Körperinterventionen können dabei ebensogut wie mythologische Amplifikationen, genetische Deutungen, gute Ratschläge oder einfühlsame Fragen – so habe ich das erfahren – der Abwehr von Begegnung und Berührung dienen.

In meinen eigenen Lehranalysen mit meinen männlichen Analytikern habe ich eine Erfahrung nicht gemacht, die ich für notwendig halte, wenn es um die Analyse der geschlechtlichen Identität bei einem gleichgeschlechtlichen Analytiker geht. Ich meine, es ist notwendig, daß der Analysand den Analytiker in der Analysestunde dergestalt berühren können muß, daß es ihm möglich wird, in seiner Körperphantasie seine eigene geschlechtliche Identität aus der emotionalen Berührung mit dem Körper des Analytikers aufzubauen. Dazu ist es allerdings notwendig, daß der auch bereit ist, seinen Körper selbst wahrzunehmen und für diese emotionale Berührung zu öffnen.

Meine berufliche Sozialisation bewirkte also, daß ich als Psychoanalytiker mit der geschilderten Art der Vermeidung von Berührung identifiziert war, die sich hinter den Idealen beispielsweise von Verständnis, Empathie und unerschütterbarer Begleitung verbarg.

Soweit man mit dieser Haltung Psychotherapie machen kann, habe ich das getan. Zunehmend merkte ich jedoch, daß ich in einer ganzen Reihe von schwierigen Fällen die Konflikte, die im Therapieprozeß auftraten, mit den mir zur Verfügung stehenden Mitteln nicht mehr lösen konnte. Dies stürzte mich in eine schwere Krise, die ich für mich mit therapeutischer Hilfe lösen konnte.

Meine Therapiefälle konnte ich glücklicherweise mit einem Kollegen durchsprechen und bearbeiten, in dessen Psychoanalysekonzept die Art der körperlichen Berührtheit, so wie ich sie vorstellen möchte, eine zentrale Rolle spielt. Ich mußte und konnte dabei erkennen, daß ich aufgrund meiner

Erfahrung, in den Analysen immer beschwichtigt worden zu sein, bis dahin nicht in der Lage gewesen war, wirklich aufdeckend zu arbeiten und daß ich erst in diesem Zusammenhang eine Vorstellung vom Unbewußten bekam.

Das Elend mit dem Körper

Um verständlich zu machen, warum wir uns mit dem Körper im Leben, in der Liebe und in der Analysestunde oft so schwer tun, möchte ich eine Stelle aus dem Neuen Testament ins Gedächtnis rufen, welche die lust- und phantasiefeindliche Tradition unserer durch das Christentum geprägten Kultur verdeutlicht.

In der Bergpredigt wird Jesus folgende aus der spätjüdischen Tradition stammende Lehre in den Mund gelegt: *„JR habt gehört / das zu den Alten gesagt ist / du solst nicht ehebrechen / Jch aber sage euch / Wer ein Weib ansihet jr zu begeren / Der hat schon mit jr die Ehe gebrochen in seinem Hertzen. Ergert dich aber dein rechts Auge / So reis es aus / vnd wirffs von dir. Es ist dir besser / das eins deiner Gelied verderbe / vnd nicht der gantze Leib in die Helle geworffen werde."* (Übersetzung: Martin Luther 1545) Auch Luthers Randglosse zu dieser Stelle ist aufschlußreich: *„Geistlich ausreissen ist hie geboten / das ist / wenn der Augen Lust getödtet wird im Hertzen / vnd abgethan."*

Das körperliche Erleben des sexuellen Begehrens wird dabei moralisch gleichgesetzt mit der Umsetzung dieses Begehrens in Handlung. Ein Charakteristikum dieser Haltung ist die massive Kontrolle und Einschränkung der Körperphantasien, denn schon die falsche sexuelle Phantasie kann zur Verdammnis führen.

Die Kollegin, die ihren Körper in den Analysestunden fühllos machte, versuchte, dieser Norm gerecht zu werden. Sie bewerkstelligte das mit der uns allen geläufigen Trennung von Reflexion und Körpergefühl. Geschichtlich fußt diese Technik auf der Leib-Seele-Spaltung der christlichen Gnosis, die sich mit ihrer Körperfeindlichkeit der lustfeindlichen spätjüdischen Tradition verband.

Das Selbst *ist* dann nicht mehr länger Körper, sondern es *hat* einen Körper, und in diesem steckt die Seele wie der Sträfling in der Zelle.

Bei einem bestimmten Typ von Heiligengestalten, ebenso wie bei dem gleichen Typ von Predigern oder geistlichen Würdenträgern, kann man an der Kopfhaltung – der Kopf ist leicht abgewinkelt – und am Stimmklang – die Stimme ist vom Resonanzraum der Brust und des Bauches abgeschnitten – nachempfinden, wie sich diese Spaltung körperlich herstellen läßt.

Eine Implikation dieses Amalgams von Lustfeindlichkeit und Leib-Seele-Spaltung ist die Phantasie, daß die wahre und edle Liebe körper- und geschlechtslos ist. Die Kehrseite davon ist die Vorstellung, daß die geschlechtliche Liebe ein im wesentlichen körperlicher Vorgang ist, gesteuert von seelenlosen körperlichen Trieben, deren einziger Sinn im Erreichen des Triebzieles besteht und der, wenn es gut geht, in einem sekundären Prozeß beseelt werden kann.

Ich habe den Eindruck, daß in unseren Vorstellungen von uns selbst, in unserem Denken allgemein, bis hin zu dem Begriff „Psycho-somatik" immer noch die gnostisch-christliche Trennung von Leib und Seele weiterwirkt.

Nach meiner Erfahrung wird sexuelle Abstinenz in der Analysestunde häufig im Sinne des in der Bergpredigt zum Ausdruck kommenden Mißtrauens gegenüber der Sinnlichkeit verstanden und gehandhabt. Es gibt ein – mehr praktisch gelebtes als theoretisch vertretenes – Neutralitätsideal, bei dem der Analytiker nicht als Geschlechtswesen wahrgenommen werden und seine Zuwendung zum Analysanden rein geistig-seelisch-körperlos sein sollte.

Der Analytiker jedoch, der einer sexuell mißbrauchten Patientin versichert, daß sie bei ihm vor einem sexuellen Übergriff sicher sein könne, oder der keinen sexuellen Impuls an sich heran- und bei sich zuläßt, in der Vorstellung, ihre Seele heilen zu können, indem er seinen Körper herausläßt, wird ihr letztlich keinen Gefallen tun. Denn er sagt und zeigt ihr, daß sie nach den Erfahrungen, die sie gemacht hat, keine Frau mehr ist, die man überhaupt noch begehren könnte.

In unserem Kulturraum scheint es so zu sein, daß das erotische Berührtsein, die erotisch-sexuelle Atmosphäre, die nicht triebzielorientiert ist, keinen eigenen Wert hat. Es scheint zwischen der bewußten Wahrnehmung der erotisch-sexuellen Atmosphäre, und dem Umsetzen in eine Handlung, die zu dem zu führen hat, was wir landläufig als Geschlechtsverkehr bezeichnen, keinen Spielraum zu geben.

In Analysen, in denen die Fiktion von der Körperlosigkeit nicht aufrechterhalten werden kann, führt das möglicherweise zum anderen Extrem, nämlich der scheinbar einzigen Alternative zur Kontaktstörung von Analytiker und Analysand, zur Trieberfüllung. Die Folge davon ist dann, daß der körperliche Phantasieraum zerstört wird. In der sogenannten „abstinenten", in Wirklichkeit aber unbezogenen Beziehung hingegen wird dieser Raum gar nicht zugelassen.

Der Körper im Übertragungsraum – der Körper als Übertragungsraum – der erotisch-sexuelle Spiel-Raum

Ich habe auf das Fehlen eines erotisch-sexuellen Spiel-Raumes hingewiesen, in dem körperliches Erleben ohne Verletzung der Abstinenz möglich sein soll. Wie kann dieser Spiel-Raum aussehen, wie kann er in der Analyse hergestellt werden?

Das erste, was ich auf den Analysanden übertrage (Neyraut, 1974, verweist darauf, daß die Übertragung des Analytikers auf den Analysanden der des Analysanden auf den Analytiker vorausgeht), ist der Raum, in dem ich ihn empfange. Äußerlich sind es die vier Wände, in denen die Stunde stattfindet. Diese vier Wände bestehen aus Dingen, Bildern, Farben, Möbeln, Teppichen, in denen ich mich wohlfühle. So bin ich körperlich in dem Raum mit dem Analysanden beisammen, der ihn körperlich mit Dingen umgibt, die für mich von Bedeutung sind; man könnte sagen, er sitzt schon in der ersten Stunde nicht nur mir gegenüber, sondern ist auch von mir umgeben. So erlebt er mich körperlich sich ihm selbst gegenüber und sich selbst in gewisser Weise körperlich in mir.

Dieser konkrete Raum ist dann auch der Raum, in dem der Analysand mit der Zeit erfährt, daß seine Phantasien, sein Körpererleben, welches er in Worten, mit seiner Stimme und in seinen körperlichen und sprachlichen Gesten äußert, daß all das geschützt ist, er wird diesen Therapieraum, der auch ein Aspekt meines Körpers ist, mit der Zeit körperlich als den Raum in sich spüren und in seinem Erleben befestigen können, in dem er seine Phantasie spielen lassen kann.

Wenn ich von „Spiel-Raum" spreche, dann meine ich den Begriff in einem ähnlichen Sinn, in dem Winnicott (1971) den Ausdruck „intermediärer Bereich" gebraucht hat, nur möchte ich diese Vorstellung auf die Entfaltung der Sexualität anwenden.

Ich bin davon überzeugt, daß es in der Sexualität, wie in anderen den Menschen ausmachenden Erlebnis- und Entwicklungsbereichen immer eine scheinbare Alternative gibt, bei der es so aussieht, als ob es um Erfüllung oder Versagung ginge. In Wirklichkeit geht es aber darum, die scheinbare Alternative zu transzendieren, indem beide Pole in der Lösung aufgehoben sind. Winnicott schildert sehr eindrucksvoll, auf welche Weise das Übergangsobjekt gleichzeitig die Gegenwart der Mutter und ihre Abwesenheit darstellt.

In der Analysestunde werden wir beim Auftauchen erotisch-sexuellen Erlebens darauf achten müssen, daß in der Regel nicht der sexuelle Impuls bzw. die Wahrnehmung der sexuellen Erregung im eigenen Körper verdrängt wird. Verdrängt wird *die Wahrnehmung, den anderen mit dem eigenen erotisch-sexuellen Gefühl berührt und eine körperlich spürbare emotionale Antwort erhalten zu haben.*

Die Deutung der Abwehr muß demgemäß diesen Punkt treffen, was natürlich heißt, daß ich als Analytiker ausdrücke, daß der Analysand etwas wahrgenommen hat, was auch ich wahrgenommen habe, mit anderen Worten, ich gebe zu erkennen, daß er mich erotisch-sexuell berührt hat.

Das ist ein entscheidender Unterschied zur Verführung des Analysanden, die dann geschieht, wenn nicht die Abwehr der Wahrnehmung, sondern der Inhalt der Wahrnehmung vom Analytiker formuliert wird. Formuliere *ich* statt der Analysandin die sexuelle Wahrnehmung, z.B.: „Sie spüren doch, daß Sie mich begehren!" so *stimuliere* ich einen abgewehrten, unbewußten oder vorbewußten Impuls statt ihn zu deuten. Eine derartige Intervention hat die Struktur eines inzestuösen Übergriffes.

Ich möchte Ihnen zu zeigen versuchen, wie ich mir eine Interventionsstruktur vorstelle, welche den Spielraum des körperlichen Erlebens der Sexualität zwischen einem Analytiker und seiner Analysandin in der Analysestunde öffnen könnte.

Ein Kollege erzählte in einer Supervisionssitzung, daß im Zusammenhang mit einem erotischen Traum der Analysandin zwischen ihm und ihr das Thema Sexualität besprochen worden war; sie habe dabei im einzelnen von den sexuellen Praktiken mit ihrem Freund berichtet, der impotent sei, was ihr zu schaffen gemacht habe. – Der Kollege selbst schildert die Atmosphäre der Stunde dicht, nahe und ihn erotisch stimulierend. Er spricht mit der Patientin dann allerdings über die Potenzschwierigkeiten ihres Freundes.

In der nächsten Stunde kommt die Patientin mit einer niedergeschlagenen, vorwurfsvollen Miene in die Stunde. Sie beklagt sich in einem überheblichen und nörgelnden Tonfall über die Inkompetenz von Ärzten, die sie in der letzten Zeit konsultiert hatte, was den Kollegen zu seinem eigenen Erstaunen so aus der Fassung bringt, daß er ihr Vorhaltungen macht. Dies veranlaßt die Patientin ihrerseits, die Therapie in Frage zu stellen und zu sagen, dann brauche sie ja überhaupt nicht mehr zu kommen.

Nun hatte sich schon seit einiger Zeit in den Analysestunden das Thema der verkappten sexuellen Wünsche der Patientin gegenüber dem Analytiker gezeigt. – Wir analysierten in der Supervisionsstunde die gemeinsame unbewußte Abwehr von Analytiker und Patientin gegen die in der Stunde mit dem Traum entstandene erotisch-sexuelle Nähe.

Ich selbst überlegte mir später, wie wohl eine passende Interventionsstruktur zu formulieren wäre. Nach dem Schema von Ezriel (1960) könnte ich mir das etwa so vorstellen:

„Sie haben ja gemerkt, daß Sie mich in der letzten Stunde mit Ihrer Kritik an den Ärzten so ärgerlich gemacht haben, daß ich Sie angegriffen habe. Ich denke inzwischen, daß Ihre eigentliche Kritik, ohne daß Ihnen das vielleicht klar war, wohl mehr mir gegolten hat, weil es mir in der Stunde davor nicht gelungen war, Sie zu verstehen. Es passiert ja immer wieder, daß in einer Stunde Spannungen zwischen uns entstehen, die man gar nicht so recht begreifen kann. Mir ist aufgefallen, daß solche Stunden gerade dann vorkommen, wenn Sie sich in der Stunde zuvor eher verstanden fühlten. Ich denke mir, es könnte sein, daß Sie mich deswegen so in Ärger gebracht haben, weil Sie in der Stunde mit Ihrem Traum wohl nahe daran waren zu spüren, daß Ihre Wünsche und Ihre sexuelle Erregung uns beide meinen könnten. Ich denke, daß der sexuelle Teil Ihres Körpergefühls jedoch so gefährlich wäre, daß wir uns lieber in den Bereich gemeinsamer Aggression begeben haben, als diese Wünsche und Bedürfnisse hier in der Stunde körperlich zu spüren. Wahrscheinlich könnten Sie sich nur zwei mögliche Reaktionen von mir darauf vorstellen: Entweder Sie erreichen mich mit Ihrem Gefühl und können mich dazu verführen, mit Ihnen ein sexuelles Verhältnis anfangen zu wollen, dann müßten Sie fürchten, die für Sie lebenswichtige therapeutische Beziehung wäre zerstört. Oder aber Sie fürchten, daß Sie mich mit Ihren Gefühlen sowieso nicht erreichen könnten, weil ich Sie als Frau nicht reizvoll genug finde, und das wäre genausowenig auszuhalten. So kann ich verstehen, daß der Ärger zwischen uns immer noch erträglicher erscheint als das, was nach der Phantasie zu befürchten steht."

Analysestunden, in denen erotische und sexuelle Gefühle und Wünsche zugelassen werden dürfen, ermöglichen Erfahrungen von intensiver erotischer körperlicher Nähe und Übereinstimmung mit sich selbst.

Eine Gruppenpatientin beispielsweise erzählte – zunächst mit großer Scham, dann zunehmend freier – einen Traum, dessen Körpergefühl die Tage bis zur Gruppensitzung angehalten habe. Wir beide, sie und ich, hätten im Kreis der Gruppe gestanden und hätten uns ganz selbstverständlich vor den anderen geliebt. Sie habe das Gefühl gehabt, jede Zelle in mir sei mit jeder Zelle in ihr verschmolzen.

In diesem Traum kam es nicht zur Triebabfuhr, sondern das körperliche Erleben des Traumes hatte angehalten bis zur Gruppensitzung und wirkte darüber hinaus weiter.

Es könnte so scheinen, als würden diese Vorstellungen die Forderung, daß die Analyse in der Abstinenz stattzufinden habe, in Frage stellen. Das wäre ein Mißverständnis. Allerdings verstehe ich die Abstinenz nicht in erster Linie als *Versagung und Verzicht*, sondern als *Herausforderung*, womit meines Erachtens der psychoanalytische Prozeß im ganzen besser charakterisiert ist.

Bei dem lustvollen Erleben im intermediären Raum der Sexualität handelt es sich nach meiner Vorstellung nicht um Triebbefriedigung, sondern um ein initiatorisches Geschehen, das zwar in sich ein geglücktes Ganzes ist, als Ganzes aber über sich hinausweist wie das Übergangsobjekt auf die erwachsene, eigenständige Identität des Individuums.

Die erotisch-sexuelle Beziehung beispielsweise, die Eltern und Kinder miteinander verbindet, ist ein ähnlicher initiatorischer Erlebnis-Raum, der über sich hinausweist, denn er stellt die Basis für die Entfaltung erwachsener Sexualität dar.

Daß dieses lustvolle Erleben in der Analysestunde zugelassen werden kann, hat zur Voraussetzung, daß es im Körpererleben des Analytikers eine Repräsentanz dieses Spiel-Raumes gibt, in welchem es zu einem intensiven erotisch-sexuellen Körpererleben kommen kann, ohne daß das Ziel die Triebabfuhr wäre.

Unter der Annahme und der Inanspruchnahme des genannten Spiel-Raumes müssen Abstinenz und Wunscherfüllung einander ebensowenig ausschließen, wie die anwesende und die abwesende Mutter im Übergangsobjekt.

Literatur

Ezriel, H. (1960): Übertragung und psychoanalytische Deutung in der Einzel- und Gruppen-Psychotherapie. Psyche 9, S. 496-523.

Freud, S.: Über Psychoanalyse, Fünf Vorlesungen etc. 1910, GW VIII S. 59.

Freud, S.: Das Ich und das Es, 1913, GW XIII S. 253/255.

Freud, S.: Bemerkungen über die Übertragungsliebe, 1915 GW X S. 313.

Neyraut, M. (1974): Die Übertragung. Frankfurt/M. (Suhrkamp) 1976 S.15 ff.

Luther, M.: Die gantze Heilige Schrifft Deudsch, Wittenberg 1545. Letzte zu Luthers Lebzeiten erschienene Ausgabe. Herausgegeben von Hans Volz unter Mitarbeit von Heinz Blanke. Textredaktion Friedrich Kur. – Rogner & Bernhard München 1972.

Winnicott, D.W. (1985): Vom Spiel zur Kreativität. 3.Auflage Stuttgart, (Klett-Cotta), S. 10-36.

Wer liebt wen?

Ein Schicksal der Übertragungsliebe in der psychotischen Regression

Christian Maier

Es gibt eine umfangreiche Literatur über die Besonderheiten und Schwierigkeiten in der Therapie mit Patienten, die eine Borderline-Persönlichkeitsstörung oder eine psychotische Struktur aufweisen. Über eine solche Besonderheit, die psychotische Übertragung, will ich berichten. Ich tue das nicht ohne Scheu, denke ich an die bekannte Meinung, eine psychotische Übertragung trete bevorzugt dann auf, wenn es zu Versäumnissen oder Nachlässigkeiten in der Bearbeitung der Übertragung gekommen sei (vgl. Kernberg 1975). Es kommt hinzu, daß ich psychotische Übertragungen mit einem heiklen paranoiden Thema beschreiben werde, zu dem ich in der mir bekannten Literatur zur psychotischen Übertragung keinen Hinweis finden konnte. Es handelt sich um die folgende Übertragungseinstellung: Bislang entwickelten im Verlauf der analytischen Therapie vier meiner Patienten, drei Frauen und ein Mann, die meist Wochen oder Monate anhaltende Überzeugung, ich hätte mich in sie verliebt und würde meine Verliebtheit nur nicht zeigen, sondern diese mühsam, letztlich aber doch unzureichend verbergen. Das Thema ist also der Liebeswahn in der Übertragung. Bedeutungen und Funktionen dieser Übertragungsmanifestation darzustellen, ist die Absicht meines Beitrags.

Ob der Liebeswahn in der Übertragung nun selten oder vielleicht doch häufiger auftritt, kann ich nicht beurteilen. Daß er nicht erwähnt wird, mag ich nicht als Hinweis für die Seltenheit eines Auftretens werten, weil über die Inhalte einer psychotischen Übertragung generell wenig mitgeteilt wird. Hin und wieder erwähnt fand ich passagere feindselige paranoide Übertragungsäußerungen. Ich vermute jedoch, daß der Liebeswahn in der Übertragungsbeziehung ein gar nicht so seltenes Phänomen ist, wenn man Patienten mit relevanten psychotischen Strukturanteilen analytisch behandelt. Deshalb möchte ich hier meine Behandlungserfahrungen darstellen. Gestützt wird meine Vermutung durch eine Mitteilung von Bryce Boyer (1983, S. 193), die ich in seinem Buch „The Regressed Patient" fand. Boyer berichtet dort von Patienten, die ihre Liebesgefühle für bedrohlich und destruktiv halten. Diese Patienten pflegen im Verlauf einer Behandlung ihre Liebesgefühle auf den Therapeuten zu projizieren, ihn, wie Boyer es nennt, als „Verwahrungsort" (S. 193: „repository") zu verwenden, um sie dann später wieder zurücknehmen zu können. Boyer vergleicht diese Gegebenheiten mit Bions Mitteilung, daß regredierte psychotische Patienten ihre seelische Gesundheit oder den nicht-psychotischen Anteil ihrer Persönlichkeit auf den Therapeuten projizieren (vgl. Bion 1956).

Die Zurückhaltung, konkret über die Inhalte psychotischer Manifestationen in der Übertragungsbeziehung zu berichten, ist wohl mitverantwortlich dafür, daß der Begriff „psychotische Übertragung" unterschiedlich verwendet wird. Häufig werden die Begriffe „psychotische Übertragung" und „Übertragungspsychose" synonym gebraucht. Kernberg trifft in einer Arbeit aus jüngerer Zeit folgende Unterscheidung: „Die Übertragungspsychose unterscheidet sich von der einfachen paranoiden Regression in der Übertragung darin, daß sich die Psychose außerhalb der Übertragungsbeziehung ausweitet und sekundäre Wahnvorstellungen und Halluzinationen mit einschließt" (Kernberg 1993, S. 174). Im Unterschied zu Kernberg, der psychotische Übertragung wie Übertragungspsychose als möglichst zu vermeidende Komplikationen ansieht, werten andere Autoren (vgl. Benedetti 1983; Little 1981; Modell 1968; Rosenfeld 1954; Searles 1990) die paranoide Regression in der Übertragungsbeziehung überwiegend positiv und sehen sie als eine für manche Patienten notwendige Entwicklungsphase in der Therapie. Searles (1990) vertritt die Auffassung, daß ein Borderline-Patient die Möglichkeit braucht, in einer Therapie eine Übertragungspsychose zu entwickeln, und daß er, wenn die Behandlung gut voranschreitet, das auch tun wird. Die Bezeichnung Übertragungspsychose geht auf Rosenfeld (1954) zurück. Rosenfeld schildert, wie sich die psychotischen Manifestationen an die Übertragung binden und darüber für Deutungen zugänglich werden. In Rosenfelds Konzept schließt die Übertragungspsychose sowohl psychotische wie nicht-psychotische Übertragungsmanifestationen mit ein. Der Liebeswahn bei den von mir beschriebenen Patienten ist eine Übertragungsmanifestation, dem, wenn sie auch Ausdruck einer Übertragungspsychose sein kann, ein umschriebener Stellenwert im analytischen Prozeß zukommt. Um das zu veranschaulichen, komme ich zu meinem ersten Beispiel.

Eine 56-jährige Patientin, Frau C., die an einer chronischen paranoid-halluzinatorischen Psychose mit häufigen akut-psychotischen Episoden litt, hatte im zweiten Jahr ihrer Therapie seit einigen Therapiestunden Erotik und Sexualität, entweder verschoben und externalisiert oder rückblickend die eigene Vergangenheit betreffend, zum Thema gemacht. Dann hatte sie einen Traum, den eine dumpfe erotische Stimmung durchzog. Die Patientin war in der Stunde, in der sie diesen Traum berichtete, so ausweichend, daß ich mich noch zurückhielt, einen Übertragungsbezug deutend hervorzuheben. Dann rief mich die Patientin in meiner Sprechstunde an, um mir einen weiteren Traum zu erzählen, in dem ich nun offenkundig eine Rolle spielte. Es war ein kurzer Traum: Sie ist in meiner Wohnung und hilft, diese zu putzen. Die Wohnung ist noch nicht vollständig eingerichtet, denn im Schlafzimmer fehlt noch das Bett. Dafür liegen in der Ecke, die für das Bett vorgesehen ist, Plüschtiere. Ich sagte ihr, ich glaubte, der Traum mache sie und mich darauf aufmerksam, daß sie bislang ihre erotischen Gefühle aus unseren Gesprächen heraushalten mußte, weil sie befürchtete, diese könnten unsere Beziehung stören. Frau C. hörte sich meine Deutung an, schwieg ein paar Atemzüge lang, dann sagte sie, ihr falle noch ein, daß ihr im Traum ihre Schuhe abhanden gekommen seien und an deren Stelle Kindersandalen dagestanden hätten. Schließlich habe sie in meiner Wohnung noch eine wertvolle Bibel gefunden. In die nächste Stunde kam Frau C. ganz aufgeregt. „Ich will nicht lange herumreden. Ich werde mich jetzt ganz ausliefern, aber Sie haben ja das Buch", sagte sie und spielte auf die Bibel des Traums an. Sie habe mich immer sehr gemocht, nun habe sie sich in mich verliebt. Im Traum der letzten Stunde habe sie unterschlagen, daß sie beim Putzen vor mir kniete und ihre Brust frei gewesen sei. „Jetzt sind Sie dran", sagte sie dann zu mir. Ich sagte nur: „Es ist gut, daß Sie mir das gesagt haben." Die Patientin lächelte, war aber damit noch nicht zufrieden. Sie wisse, daß ich in sie verliebt sei, denn sonst hätte sie sich nicht in mich verlieben können, und es gehe nicht an, daß ich mich jetzt hinter einer psychotherapeutischen Haltung verstecke. Meine Erklärung, daß sie mir wichtig sei und ich gerne Therapie mit ihr mache, ich aber nicht in sie verliebt sei, konnte sie nicht akzeptieren. Wenn dem so wäre, wie ich sagte, dann hätte ich sie manipuliert, sie kalt lächelnd in etwas hineingelockt, in das sie von alleine nie hineingegangen wäre. Sie könne das gar nicht glauben. Letztlich hat Frau C. es mir nie wirklich geglaubt. Die Therapie trat nun in eine wesentlich intensivere Phase ein und der chronische paranoid-halluzinatorische Anteil der Psychose bildete sich zurück. Es handelt sich dabei übrigens um erotisch gefärbte Halluzinationen: Jede Nacht wähnte sich Frau C. von einem Mann besucht, der mit ihr sprach, auch seine Körpergröße veränderte, mal ganz klein, mal sehr groß war, und der mit ihr schlief.

Diese Fallvignette mit einer Patientin, die an einer sehr schweren seelischen Störung leidet, finde ich geeignet, die Entstehung des Liebeswahns in der Übertragung darzustellen. Dieser durch den analytischen Prozeß hervorgebrachte Liebeswahn geht stets mit unmittelbaren oder mittelbar erkennbaren Äußerungen der Übertragungsliebe einher und scheut die Asymmetrie. Er ist bei diesen Patienten geradezu eine Bedingung für das Auftauchen der Übertragungsliebe. Das geht auch aus den Worten von Frau C. hervor: Ohne die Überzeugung, daß ich in sie verliebt gewesen sei, hätte ihre Verliebtheit nicht entstehen können. Diese Vorgänge stellen eine Variation unseres Wissens dar, daß der Paranoiker eine äußere Veranlassung an die Stelle eines inneren Beweggrundes setzt (Freud 1895). Die Abfolge Projektion zu Introjektion vollzieht sich bei diesem projektiv-identifikatorischen Vorgang sehr rasch. Mir kam dabei die Funktion zu, eine besondere Form des Bewahrenkönnens zu erfüllen. Es ging zunächst oberflächlich darum, daß ich meine „Erkenntnisse" lange genug für mich behalten konnte und nicht versuchte, mich vorzeitig von meinem Wissen zu trennen. So waren bei Frau C. schon seit längerem Anzeichen der Übertragungsliebe deutlich erkennbar gewesen, aber noch starr in Verschiebung und Externalisierung gehalten. Nach meinen Erfahrungen mit ihr hätte eine Deutung zu diesem Zeitpunkt, welche allzu frühzeitig die Liebesregungen in die therapeutische Beziehung hineinzulenken versucht hätte, den laufenden analytischen Prozeß gestört. Sie reagierte stets mit Unverständnis oder Verleugnung, wenn ich Übertragungsanspielungen, die für mich deutlich genug waren, aufgriff, bevor sie dazu bereit war. Behielt ich meine Interpretation hinreichend lange für mich, so brachte sie selbst einen unverkennbaren Übertragungsbezug, so wie sie es mit dem berichteten Traum getan hatte. Während der Phase des Bewahrens liefen zwei Entwicklungen ab: Die archaischen Phantasien von oft grob sexuellem Gehalt wichen zurück, und die auf die Übertragungsbeziehung gerichteten Liebesgefühle nahmen an Intensität zu. Mit anderen Worten: Die verpönten Liebesgefühle wurden zusehends annehmbarer und fanden durch die Pforte des Liebeswahns Zugang zum Bewußtsein. Das Schicksal der Liebesregungen in der Übertragungsbeziehung war es, nur unter der Voraussetzung des Liebeswahns akzeptabel zu erscheinen. Die psychotische Übertragung ermöglichte es Frau C., intensive Gefühle zuzulassen, was bislang an ihrer Angst, von den eigenen Gefühlen unkontrolliert mitgerissen und überwältigt zu werden, gescheitert war.

Eine wesentliche Funktion paranoider Einstellungen ist es, die als bedrohlich verschlingend erlebten eigenen Abhängigkeitswünsche des Paranoikers abzuwehren (Searles 1955). Diese Funktion hat auch der Liebeswahn, denn in der Phantasie ist es nun vor allem der Therapeut, der als abhängig erlebt wird und sich gegen die Erkenntnis seiner Liebeswünsche sträubt. Frau C. war es mit dem Liebeswahn nun auch möglich, ihre eigenen Abhängigkeitswünsche weitaus ungehinderter zuzulassen und die Therapie höher zu besetzen. Analog verhielt es sich bei den anderen Patienten, die alle an einer weniger gravierenden seelischen Störung litten als Frau C. Herr N., ein kreativer Lehrer, der wegen schwerer Schulddepressionen in Behandlung kam und in seiner Jugend an wahnähnlichen Zwangsbefürchtungen gelitten hatte, entwickelte nach etwa einem Jahr Therapie die Vorstellung, ich hätte mich in ihn verliebt. Einen Monat später nahm er seine Feststellung zurück und korrigierte sich dahin, daß er meinte, er habe es in gewisser Weise niemals wirklich geglaubt und wahrscheinlich austesten wollen, was hier möglich sei und ob ich ihn heftig zurückweisen würde. Nach dieser Episode wurde die Therapie für ihn wichtiger, und er konnte sich tiefer in die Übertragungsbeziehung einlassen.

Weil Borderline-Störungen und narzißtische Neurosen auf dem Boden präödipaler Fixierungen entstehen, ist es innerhalb der neueren Psychoanalyse schon fast Tradition geworden, bei diesen Störungen den ödipalen Konflikten wenig Beachtung zu schenken. Wie André Green bin ich der Meinung, daß bei diesen Patienten die durch die Abwehroperationen bewirkten Regressionen oft dazu dienen, ödipale Konflikte zu verdecken (Green 1995). Die damit verbundenen unerträglichen Eifersuchtsgefühle, die geringe Frustrationstoleranz, das quälende Ausmaß der unvermeidlichen Enttäuschungen am Objekt, auch wegen dessen Andersseins, die heftigen Gefühlsstürme in einer Objektbeziehung, die damit einhergehende Furcht vor Kontrollverlust stellen eine ständige Gefahr für diese Patienten dar und müssen demzufolge mit Hilfe von primitiven Abwehrmechanismen so gering als möglich gehalten werden. So kommt dem Liebeswahn die Funktion zu, die Verleugnungstendenz der ödipalen Dimension in der Übertragungsbeziehung zu vertreten. Würde der Analytiker seinen Patienten in der Form lieben, wie es die psychotische Übertragung suggeriert, dann gäbe es keinen störenden Rivalen, und die schier unerträglich quälenden Gefühle, welche die Erkenntnis des Ausgeschlossenseins in der ödipalen Situation mit sich bringen kann, wären gebannt. Der Liebeswahn dient also der Verleugnung der Urszene. Die Erkenntnis der Möglichkeit, daß der Analytiker eine Partnerbeziehung, die von Sinnlichkeit und Leidenschaft erfüllt ist, haben könnte, muß ausgeblendet, respektive paranoid bekämpft werden. Stimmigerweise tritt diese psychotische Übertragung stets erst dann auf, wenn Urszenenphantasien vorausgegangen waren, und sie stellt schließlich sogar eine Variation des Urszenenthemas dar. Der Patient mit einem Liebeswahn leugnet das Ausgeschlossensein aus der Szene der sich umarmenden Eltern, gibt somit den Realität gründenden Beobachterstatus auf und betrachtet sich nun selbst als Teilnehmer der Urszene. Die psychotische Übertragung hat für den analytischen Prozeß den gleichen Stellenwert, wie ich sie an anderer Stelle für Urszenenphantasien in der Übertragungsbeziehung beschrieben habe (Maier 1995). Beide Phänomene sind Indikatoren für die Vertiefung des analytischen Prozesses.

Berücksichtigt man, daß die psychotische Übertragung die Urszene leugnet, so rückt eine Besonderheit dieses Phänomens in das Zentrum des Interesses. Den Paranoiker mit einem Liebeswahn, der diesen ohne therapeutische Einwirkung, also spontan entwickelt, drängt es selten, die Stellungnahme des Liebesobjekts zu fordern. Gerade aber dazu treibt es den Patienten mit dieser Form der psychotischen Übertragung. Er ruht nicht eher, bis er vom Therapeuten die Grenzen setzende Stellungnahme erhalten hat. Man könnte natürlich einwenden, daß der Analytiker sich einer expliziten Stellungnahme zu enthalten habe, daß er das Offenlegen seiner Einstellung, das Bekenntnis seiner Gefühle als Gegenübertragung vermeiden und dem Mittel der Deutung den Vorrang einräumen sollte. Abgesehen von meiner Überzeugung, daß diese Patienten ein solches technisch „sauberes" Vorgehen nicht zuließen, meine ich auch eine theoretische Begründung liefern zu können, warum es notwendig ist, sich dieser wichtigen Frage des Patienten in der psychotischen Übertragung zu stellen. Außerdem habe ich einmal unfreiwilligerweise erfahren, daß ein Vorgehen, das allein auf Empathie und Deutung basiert, den therapeutischen Prozeß lähmt. Eine Borderline-Patientin hatte einen Liebeswahn entwickelt, mir von ihrer Romanze, in der die Liebesgefühle der Beteiligten dem Bericht nach über nicht eindeutig zu identifizierende Verhaltensweisen ausgedrückt würden, erzählt und ich hatte den Liebeswahn darin lange nicht erkannt. Auf ihre immer wieder vorgebrachten Fragen hatte ich deutend reagiert, so z.B. daß sie sich erhoffte, ich könnte sie von ihren quälenden Gefühlen der Unsicherheit entlasten, und Ähnliches mehr. Ich war auch davon ausgegangen, daß eine Nebenübertragung vorlag. Als ich erschrocken feststellte, daß es sich um einen Liebeswahn handelte und ich über Monate mit der Patientin in einer folie à deux gefangen war, sagte ich ihr, ich machte mir Sorgen, sie würde sich in etwas verrennen oder hätte das schon gemacht, was nicht der Realität entspräche. Kurze Zeit danach trat der Liebeswahn in der Übertragungsbeziehung zutage und die Stockung des therapeutischen Prozesses verflüchtigte sich.

Von diesem Fallbeispiel komme ich auf die drängende Frage des Patienten zurück, die notwendigerweise einen Widerpart der psychotischen Übertragung auf die Bildfläche ruft. Weigerte sich der Analytiker, diese Frage zu beantworten, so bliebe das Paranoid unwidersprochen und erhielte kein Gegengewicht. Die Stellungnahme des Therapeuten stellt die Urszene wieder her, indem sie dem Patienten unmißverständlich die schmerzliche Rolle des Ausgeschlossenen in der erregten Beziehung der Eltern zuweist und damit der Realität zu ihrem Recht verhilft. Als Konsequenz ruft sie heftige Gefühlsbewegungen hervor. Einerseits entstehen in der Konfrontation mit dem Ausgeschlossensein Gefühlserlebnisse von Ohnmacht, Hilflosigkeit, Haß, Neid und Eifersucht, aber auch Ausbrüche oraler Gier sowie passive Wünsche. Andererseits ermöglicht die Stellungnahme dem Patienten, sich mit dem ausschließenden Analytiker zu identifizieren. Damit meine ich, daß der Patient sich verstärkt mit den analytischen Fähigkeiten des Analytikers identifiziert und in noch ausgeprägterem Maße den aktiven analytischen Part mitgestaltet. Ferner bedeutet das, daß auch die autonomen Strebungen zunehmen. Nicht zuletzt deshalb flackert der Liebeswahn zum Ausklang der Analyse, wenn sich als weitere Version des Ausgeschlossenseins das Ende der therapeutischen Beziehung abzeichnet, nochmals auf oder leitet überhaupt eine längere Abschlußphase der Therapie ein. Am Anfang dieser fruchtbaren Entwicklung steht das Klärungsbedürfnis des Patienten, das die Aufhebung des Liebeswahns anstrebt. Hier wird auch der Unterschied zwischen psychopathologisch gemeinter psychotischer Symptomatik und psychotischer Übertragung faßbar: Der Liebeswahn der psychotischen Übertragung wird von der unbewußten Motivation des Patienten getragen, seine unbewältigten Konflikte in der Übertragungsbeziehung zu aktualisieren und darüber pathogene Fixierungen zu lockern.

In dieser Sicht erhält diese Form der psychotischen Übertragung einen besonderen Wert und wird als eine psychische Bildung angesehen, welche die Therapie voranbringt. Das gilt nicht nur für den Liebeswahn, sondern auch für andere Spielarten der psychotischen Übertragung. Daraus die Schlußfolgerung abzuleiten, die psychotische Übertragung sei eine notwendige Phase in der analytischen Therapie von schweren Borderline- und psychotischen Störungen, getraue ich mir nun doch nicht zu, auch wenn viele dieser Patienten irgendwann im Verlauf der Therapie eine meist kurz dauernde psychotische Übertragung entwickeln. Länger anhaltende psychotische Übertragungen habe ich bislang nur in Gestalt des Liebeswahns kennengelernt, was wohl nicht zuletzt daran liegt, daß sich andere paranoide Phantasien nicht mit einer als stützend erlebten Beziehung vertragen. Kernberg vertritt die Auffassung, daß der Regression in der Übertragung, wie sie in der Bildung einer psychotischen Übertragung ihren Ausdruck findet, durch eine „entschiedene Strukturierung der therapeutischen Situation" zu begegnen sei, wodurch man entsprechende Entwicklungen entweder verhindern oder doch zumindest frühzeitig blockieren könne (Kernberg 1976, S. 92). Margaret Little ist eine Vertreterin der analytischen Richtung, welche die Meinung vertritt, daß man den frühgestörten Patienten die „Regression in die Abhängigkeit" („regression to dependence") ermöglichen müsse (Little1990, S.83). Little sieht den Wert der Regression in die Abhängigkeit darin, daß sie eine Möglichkeit darstelle, seelische Bereiche, in denen psychotische Ängste vorherrschen, zu erkunden, frühe Erfahrungen aufzudecken und grundlegende wahnhafte Ideen über die Übertragungs-Gegenübertragungs-Partnerschaft zu erkennen und aufzulösen (Little 1990). Allerdings sei das, so fügt sie hinzu, in der Praxis gar nicht so einfach. Das entspricht auch meiner Erfahrung.

Rekapituliere ich meine bisherigen Ausführungen, die Darstellungen der Fallvignetten und meine Interpretationen der psychotischen Übertragung, so hören sie sich für mich zu glatt, fast schöngefärbt an, wenn ich die aufwühlenden Therapiestunden erinnere, welche der Liebeswahn meiner Patienten mir beschert hat. Ließe ich meine Darstellung dabei bewenden, käme eine Idealisierung der psychotischen Übertragung heraus, welche die besondere Belastung des Liebeswahns verleugnete. Erwartungsgemäß traten in der Konfrontation mit der Versagung, welche die negative Übertragung neben die positiv-idealisierende stellte und damit die Überwindung der Spaltungstendenz vorbereitete, Ausbrüche oraler Wut auf, gelegentlich verbunden mit Übertragungsagieren. Die besondere Belastung jedoch entstand für mich durch den Angriff auf meine Realität. Üblicherweise sind die Wahnthemen, die an uns herangetragen werden, nicht in speziellem Maße persönlich beunruhigend, etwa wenn ein Patient sich nach einer von ihm als gut und befriedigend erlebten Therapiestunde vom Analytiker in der Stadt verfolgt fühlt. Bis zur nächsten Stunde flackert diese Übertragungsphantasie vielleicht noch einige Male auf und läßt sich dann über die Deutung der Abwehr passiver Wünsche nachhaltig auflösen. Völlig anders habe ich den Liebeswahn erfahren. Weil ich keine vorgefertigte Erklärung für die emotionalen Erschütterungen, die mich stets aufs neue erfaßt haben, vorweisen will, beschreibe ich zunächst meine unmittelbaren Reaktionen auf die Offenlegung der psychotischen Übertragung: „Jetzt ist sie verrückt geworden", denke ich mir, weiche ungläubig zurück, „das kann doch nicht wahr sein". Aber Zweifel an der Gültigkeit der neuen Entwicklung sinken schnell wieder zurück. „Was ist da nur schief gelaufen?", frage ich mich. Die Hoffnung, daß der Spuk durch therapeutische Interventionen ein rasches Ende finden möge, erhält keine Nahrung. Mit großer Vorsicht höre ich zu, mit Bedacht wähle ich meine Worte, die ich, nachdem ich geduldig gewartet zu haben meine, schließlich wieder so einsetze, um bei der Patientin doch Zweifel an ihrer Überzeugung zu wecken. Vergebens, mit noch mehr Nachdruck wird mir die Psychose entgegengeschleudert. „Jetzt weiß ich erst wirklich, was Wahnsinn ist", staunt es in mir. Ich versetze mich zeitweilig in die Rolle eines Beobachters, der diese Szene betrachtet, um meine Verstrickung einzuschätzen, und katapultiere mich derart aus der bedrängenden Nähe der Beziehung. Mir macht der Übergriff zu schaffen, diese anmaßende Gewißheit des anderen, sein selbstverständlicher Anspruch, meine Gefühle besser beurteilen zu können als ich selbst. Kaum zu ertragen ist es, weil intimste Gefühle in Frage gestellt werden: Auch wenn das eigene Ich energisch verneint, ist sich der andere seiner Sache sicher. Mir fällt das Bild eines Schmarotzers ein, der unter meine Haut zu kriechen versucht. Die Psychose des anderen wird nun zu meiner ganz persönlichen Angelegenheit und fällt aus dem psychopathologischen Rahmen, der bislang als fester Bezugspunkt Sicherheit versprochen hat. Kurz verspüre ich die Neigung, mich auf das psychopathologische Denken, dieses vertraute, kühle Bollwerk der Vernunft zurückzuziehen. Doch ich zügle mich und halte meinen Rückzug früher an. Gleichwohl hat sich meine Einstellung verändert: Ich bin ein Stück weit vorsichtiger geworden und habe mich mehr in die Rolle des Beobachters begeben. Letzteres vor allem, um mich nicht weiter zu verstricken und dem nun stets mehr oder weniger wahrnehmbaren Drang des Patienten, mich in eine folie à deux hineinzuziehen, entgegenzuwirken.

Ein Patient mit einer psychotischen Struktur befürchtet, einerseits sich in der Nähe des ersehnten, idealisierten Objekts zu verlieren, andererseits ohne dieses Objekt nicht existieren zu können (vgl. Mentzos 1992). Es sind die nicht zu vereinbarenden gegensätzlichen Strebungen nach Nähe und nach Distanz, die den zentralen Konflikt psychotischer Patienten bilden. Gerade aus dieser Perspektive kommt dem Liebeswahn in der Übertragungsbeziehung eine bedeutende Rolle zu. Betrachte ich meine Gegenübertragung, sehe dabei großzügig über persönlichkeitsgebundene Details hinweg und suche nach dem kleinsten gemeinsamen Nenner, so stelle ich bei mir eine deutliche Fortbewegung, eine Tendenz zur Distanzierung fest, just in einer Phase, in der sich der Patient mit der Offenlegung seiner Liebesgefühle in einer für ihn bedrohlichen Weise anzunähern wagt. Der Leser ahnt bereits meine neuerliche Interpretation: Der Liebeswahn ist eine kreative Phantasiebildung des Patienten, die auf einem neuen, weitaus gefühlsintensiveren Niveau die Balance zwischen Nähe und Distanz abzusichern hilft. Die dem Liebeswahn eigene Kraft zur emotionalen Abstoßung des ersehnten Objekts gewährt dem psychotischen Patienten den erforderlichen Raum zur relativ angstfreien Entfaltung seiner Liebesgefühle. Was im übrigen den zentralen Konflikt des Patienten angeht, so sind diesbezüglich nun die Rollen vertauscht, denn der Analytiker gerät von jetzt ab verstärkt in diesen schwer zu meisternden Konflikt: Einerseits droht die verschlingende Nähe in Form der Unterwerfung unter das Paranoid, im Extremfall die folie à deux, andererseits droht der Verlust des für die Therapie existentiell notwendigen intensiven Kontakts zum Patienten, sollte sich der Analytiker in die überwiegend psychopathologische Betrachtung flüchten und darüber die nun anderweitig noch mögliche analytische Arbeit vergessen. Sieht man sich die Gefahren an, welche die extremen Pole des zentralen Konflikts bergen, so beinhaltet für die Beteiligten der Nähepol die Gefahr des Realitätsverlusts, während über die Distanzierung der Objektverlust droht. Das zentrale Ziel der Therapie, das Ringen um die bedrohte Realität und die Wahrung der angstbesetzten Objektbeziehung, wird nun in der Übertragungsbeziehung erlebbar.

Aber damit ist meine Interpretation von Bedeutung und Funktion des Liebeswahns noch nicht beendet. Ich muß den Leser noch um Geduld für eine weitere Interpretationslinie bitten. Sie nimmt ihren Ausgang von dem Umstand, daß die Patienten ihre Liebesgefühle erst über den anderen erfahren können. Das ist die Bedingung: Sie müssen im Therapeuten wahrgenommen werden, um schließlich selbst intensiv erlebt werden zu können. Der Liebeswahn fungiert dabei wie ein imaginärer Spiegel, der dem grandios-exhibitionistischen Selbst eine Bühne schafft. Das scheint nicht nur für den Liebeswahn zu gelten, denn nach Benedettis Erfahrungen gehen Übertragungspsychosen, ungeachtet ihrer inhaltlichen Gestaltung, häufig mit Spiegelbeziehungen einher (Benedetti 1983). Der Liebeswahn ist Ausdruck und eine psychotische Spielart der Spiegelübertragung und wird vom Wunsch nach Bestätigung grandioser Phantasien begleitet. Daß traumatisierende Früherfahrungen eine maßgebliche Rolle spielen, liegt auf der Hand. Meine Patienten litten an Störungen des Selbstwertgefühls, an Depressionen und quälenden Gefühlszuständen von Verlassenheit und innerer Leere. Die psychosexuelle Identität war in einer besonderen Weise nachteilig verformt und vermochte nicht die Vorstellung einer harmonischen Ganzheit zu vermitteln: Bei ansonsten gesicherter Geschlechtsidentität bestand eine ausgeprägte Unsicherheit, was das

Gefühl für die eigene Attraktivität einem Geschlechtspartner gegenüber anbelangte. Die tiefsitzende Unsicherheit über die eigene Attraktivität hatte nichts mit einer äußeren, gleichsam objektiven Attraktivität zu tun. Das Thema Attraktivität, ihrer eigenen und gelegentlich der des Analytikers, nahm in den Analysen der Patientinnen einen breiten Raum ein. Dieses Thema hatte bereits in Kindheit und Jugend aller Patienten eine bemerkenswert große Rolle gespielt. Die Aussage einer Patientin: „Ich war kein schönes Kind, dafür war ich sehr gescheit", kann als Leitthema dieses Selbstaspekts verstanden werden. Die Mütter meiner Patientinnen hatten ihre Töchter nie in ihrem Aussehen bestätigt und standen ihrem Äußeren indifferent, wenn nicht sogar eher ablehnend gegenüber. Zwei Patientinnen wurden in ihrer Kindheit wie Jungen gekleidet und erhielten die Haare kurz geschoren. Eine Mutter riet ihrer pubertierenden Tochter zu einer kosmetischen Gesichtsoperation. Es war aber keineswegs so, daß die Wünsche nach Anerkennung und Bewunderung durch die primären Bezugspersonen generell nicht erfüllt worden wären. Die geistig-intellektuelle Potenz aller Patientinnen wurde schon früh anerkannt, gleichzeitig gefordert und gefördert. Manches wurde von den primären Bezugspersonen erwartet, was für das Alter des Kindes eine Überforderung darstellen mußte, dem sich das Kind wegen der grandios-narzißtischen Verführung, mit der die Aufgaben und Delegationen an es herangetragen wurden, nicht entziehen konnte, vielmehr wurde das Kind infolge des Mangels an primärer Spiegelung von diesen Angeboten abhängig. In der Übertragungs-Gegenübertragungsentwicklung entstand das Bild einer Mutter, welche die weibliche Geschlechtsidentität, die eigene wie die der Tochter gering achtete oder gar ablehnte und sich von ihr die Erfüllung grandios-ehrgeiziger Pläne erwartete. Besonders eindrücklich fand ich in der Übertragungsbeziehung die induktive Kraft grandios-exhibitionistischer Phantasien, was sich z.B. darin zeigte, daß ich bisweilen den Phantasien der Patientinnen, die das Erreichen großartiger Ziele zum Inhalt hatten, ungebührlich Realitätscharakter zubilligte, während die naheliegenden, greifbaren Erfolge und Fortschritte darüber in den Hintergrund zu rücken drohten, weil sie vermeintlich selbstverständlich waren und deshalb vergleichsweise wenig Beachtung forderten. Auf diese Weise konstellierte sich die entwicklungsgerechte Spiegelung und Stimulierung des Selbsterlebens auch in der Übertragungsbeziehung.

In der Literatur wird darauf hingewiesen, daß eine psychotische Übertragung traumatische Früherfahrungen widerspiegeln kann (Holzman, Ekstein 1959; Kernberg 1975). Das gilt sicherlich für den Liebeswahn, der die Frustration frühkindlicher Größe und Omnipotenzphantasien wieder gutzumachen versucht. Die einander anscheinend widersprechenden Aussagen auf der einen Seite, daß eine psychotische Regression sich günstigenfalls in der Übertragung entfalte, auf der anderen Seite, daß die psychotische Übertragung möglichst gering gehalten werden müsse, sind an diesem Beispiel nochmals zu verdeutlichen. Die Notwendigkeit der psychotischen Regression, die Abhängigkeitswünsche intensiv zulassen zu können und über die projektividentifikatorisch bewirkte Distanzierung des anderen die Selbstabgrenzung zu wahren, habe ich erwähnt. Das Verständnis dieser Vorgänge sehe ich vor allem für die in den Therapien mit psychotisch strukturierten Patienten besonders wichtige Funktion des Containing für bedeutsam an, weil es erleichtert, die empathische Haltung zu bewahren, auch dann, wenn das Instrument der Deutung vom Patienten kaum zugelassen wird. Die Auffassung des Liebeswahns als Spiegelübertragung hat darüber hinausgehend Konsequenzen für die Art der Interventionen des Analytikers. Daß eine Bestätigung dieser Größenphantasie nichts zur Absicherung und Festigung des Selbsterlebens beitragen würde, liegt auf der Hand. Andererseits beansprucht der Wunsch, vom Analytiker positive Spiegelung zu erfahren, von ihm bestätigt und auch bewundert zu werden, eine angemessene Beantwortung. Findet das Bedürfnis nach Spiegelung keinen Widerhall, droht die Regression sich auszuweiten. Für das therapeutische Vorgehen hat das folgende Konsequenzen: Während es gilt, dem Liebeswahn die versagende Realität entgegenzuhalten, übernimmt der Analytiker so weit wie möglich die Funktion, einen positiven Spiegel für den psychotischen Patienten darzustellen. Konkret habe ich ausdrücklich und verstärkt versucht, die Patienten in ihren Eigenheiten und Fähigkeiten zu bestätigen und zu bewundern, ihre Leistungen und Fortschritte hervorzuheben und zu würdigen, ihre Erfolge zu bestaunen und ihr Vermögen zur Bewältigung konflikthafter Situationen, insbesondere auch in der Übertragungsbeziehung positiv anzuerkennen. Mein Katalog positiver Spiegelungsbemühungen mag den Leser vielleicht eigenartig berühren, weil man völlig zu Recht anführen kann, daß manches davon selbstverständlich sein sollte, anderes, wie das Bewundern und Bestaunen, schwierig durchzuführen wäre, wollte man eine manipulative Eintönung der therapeutischen Interventionen vermeiden. Das Selbstverständliche auszuführen fiel mir in diesen Therapien deshalb besonders schwer, weil das energische Drängen auf die Bestätigung des Liebeswahns mir zeitweise den Blick auf andere Bereiche, etwa die in dieser Phase außerhalb der therapeutischen Beziehung rasch voranschreitende Autonomieentwicklung, verstellte. Bewunderung zu zollen, war hingegen nicht so schwierig, da meine Patienten allesamt sehr begabt waren. Bei einer Patientin wäre im Strudel der psychotischen Regression und im Ringen um die Realität beinahe untergegangen, daß sie aktuell wegen ihrer hervorragenden beruflichen Leistungen Beachtung und Geltung fand. Die eingangs vorgestellte Patientin mit der chronischen Schizophrenie schrieb nun nach Jahren schöpferischer Leere wieder schöne Gedichte und treffende Kurzgeschichten. Gelingt es in der Therapie, die positive Spiegelung kontinuierlich zu verwirklichen, verliert die psychotische Übertragung an Bedeutung.

Das Auftreten des Liebeswahns war für mich immer überraschend und irritierend. Mein anfänglich ungläubiges Staunen rührte in besonderem Maße von den Erfahrungen her, die ich mit diesen Patienten bis zur psychotischen Regression gemacht hatte. Sie hatten oft ein erstaunliches Gespür für meine Stimmungen und Phantasien bewiesen. Umso beunruhigender, bisweilen zutiefst verwirrend empfand ich daher die anmaßende Behauptung der psychotischen Übertragung. Wie paßten diese besondere Sensibilität und die fehlgehende Verrückung zusammen? Könnte es nicht doch sein, daß ein Körnchen Erkenntnis im Irrglauben enthalten war? In Freuds Einschätzung der Psychose findet diese Erwägung kräftige Unterstützung: „Wir haben längst begriffen, daß in der Wahnidee ein Stück vergessener Wahrheit steckt, das sich bei seiner Wiederkehr Entstellungen und Mißverständnisse gefallen lassen mußte, und daß die zwanghafte Überzeugung, die sich für den Wahn herstellt, von diesem Wahrheitskern ausgeht und sich auf die umhüllenden Irrtümer ausbreitet" (Freud 1939, S. 190-191). Um diesen Gedanken weiter zu verfolgen, stelle ich meine bisherigen Erklärungen des Liebeswahns beiseite und will den manifesten Wahn beim Wort nehmen, also versuchsweise den Standpunkt einnehmen, daß in der Aussage der psychotischen Übertragung etwas Wahres enthalten sei. Auch die folgende Aussage einer Patientin halte ich in diesem Kontext für bedenkenswert. Sie lautete: „Das, was Sie sich bieten lassen, hat sich noch niemand von mir bieten lassen. Dann müssen Sie mich doch lieben!"

Daß wir mit „autonomen" Ichfunktionen analysieren würden, ist eine Illusion, die nur so lange aufrechterhalten werden konnte, weil über Jahrzehnte hinweg die Beseitigung der Gegenübertragung ein analytisches Ideal darstellte. Betrachten wir aber das Zusammenspiel von Gegenübertragung und Übertragung, so werden wir eines Besseren belehrt. Über die Vorgänge, die der psychoanalytische Überbau verdeckt, schreibt Parin (1977, S. 174): „Jede, auch die wissenschaftliche Neugier wird von infantilen, voyeuristischen Regungen getragen; in den Wunsch zu helfen, können sich magische Allmachtswünsche einfügen; sogar der unerläßliche Wunsch, den Analysanden zu verstehen, ist ohne eine emotionelle Beteiligung nicht möglich, in die unbewußte sexuelle Regungen eingehen. Die tiefe Befriedigung, die wir in 'guten' Analysestunden empfinden, ist auf die wechselseitige Übertragung zielgehemmter objektbezogener Wünsche zurückzuführen und erneuert sich im identifikatorischen Austausch von Gefühlen im gemeinsamen Erleben. Daran kann der muntere Ausdruck 'Arbeitsbündnis', der die Lust an der Analyse zu versachlichen sucht, nichts ändern."

Die Vorgänge, die während des Analysierens ständig und immer wieder aufs neue ablaufen und deren Wirken entlang der Endstrecke von der Erfassung der Gegenübertragung bis hin zur analytischen Reaktion teilweise wahrgenommen werden kann, fasse ich unter dem Begriff der Sublimierung zusammen. Der Begriff Neutralisierung stellt eine Ausweitung von der Desexualisierung auf die aggressiven Regungen dar und wird von Hartmann synonym mit Sublimierung verwendet. Indem die Triebregungen das Objekt wechseln, an einem Verschiebungsersatz ablaufen und sich das Ziel der Befriedigung verändert, resultiert „ein Vorgang zunehmender Distanzierung von den ursprünglich sinnesgebundenen Affekten" (Sandler, Joffe 1968, S. 87). Schließlich entwickelt sich während einer bestimmten Therapie zudem eine konstante Objektbeziehung mit „„positiven Wertakzenten" (Hartmann), die sich darüber äußern, daß die Therapie für den Analytiker wichtig ist und ihm das Wohlergehen und das Fortkommen des Patienten am Herzen liegen. Die Wertverschiebung, welche die Sublimierungsvorgänge mit sich bringen, dehnt sich auch auf den Tätigkeitsbereich aus, was sich bei mir z.B. darüber äußert, daß in aller Regel frische Blumen im Behandlungszimmer stehen.

Ein Charakteristikum der Psychose ist die Umkehrung dieser Vorgänge, die Entneutralisierung bzw. regressive Sexualisierung und Aggressivierung. Der Psychotiker behandelt ein Symbol so, als wäre es mit dem Objekt oder der Beziehung, für die es steht, identisch (vgl. Hartmann 1953). Der therapeutische Prozeß bewirkt, daß sich diese Eigenheit der Psychose auf die Übertragungsbeziehung ausdehnt, während im außertherapeutischen Bereich ein Gewinn an funktioneller Ich-Autonomie zu beobachten ist und die Konflikte sich entspannen. Die Bedeutung, die der Analytiker der Therapie und dem Patienten beimißt, erfährt in der psychotischen Übertragung eine Umwertung, und der Patient erkennt in der Wichtigkeit seiner Person für den Therapeuten die Spuren der sublimierten Objektliebe. Es kommt also beim Psychotiker zu einer Annäherung von nicht-sinnlichem und sinnlichem Empfinden, während der Analytiker über die sublimierende Tätigkeit des Analysierens eine ständige Distanzierungsarbeit leistet. Deshalb konnte eine meiner Patientinnen sagen: „Sie sagen, daß Sie nicht in mich verliebt sind. Aber Sie stellen doch die Blumen in Ihrer Praxis nur für mich auf!" Wenn auch der psychotische Patient einerseits bewußt oder unbewußt auf den Analytiker einen Druck ausübt, um diesen von der analytischen Einstellung abzubringen (s.a. Rosenfeld 1981), so ist er andererseits doch darauf angewiesen, daß der Therapeut die Überwindung der Triebspannungen im Sublimierungsvorgang vorlebt, um die Verinnerlichung dieser Objekteigenschaften, die das Sublimierungspotential des psychotischen Patienten zu erhöhen vermögen, vorzubereiten. Auf die Quellen der Sublimierungsvorgänge spielte Frau C., die Patientin mit der chronischen Schizophrenie, gegen Ende ihrer Therapie an, als sie sagte: „Es mag ja sein, daß Sie nie in mich verliebt waren, aber ein im weitesten Sinne erotisches Erleben muß vorgelegen haben. Das geht gar nicht anders. Wer Rosen pflanzt, muß sich die Hände schmutzig machen!" Wer mich öfters in meiner Praxis besucht, kann unschwer erkennen, daß Rosen zu meinen Lieblingsblumen gehören.

Literatur

Benedetti, G. (1983): Todeslandschaften der Seele. Göttingen (Vandenhoeck & Ruprecht).
Bion, W.R. (1956): Development of the Schizophrenic Thought. In: International Journal of Psychoanalysis 38, S. 266-275.
Boyer, Bryce L. (1983): The Regressed Patient. New York (Aronson).
Freud, S. (1895): Manuskript H. In Freud, S. (1986): Briefe an Wilhelm Fließ. Frankfurt/M. (Fischer).
Freud, S. (1939): Der Mann Moses und die monotheistische Religion. GW XVI.
Green, A. (1995): Has Sexuality Anything to do with Psychoanalysis? In: Int. J. Psychoanal. 76, S. 871-883.
Hartmann, H. (1953): Ein Beitrag zur Metapsychologie der Schizophrenie. In: Hartmann, H.: Ich-Psychologie. Studien zur psychoanalytischen Theorie. Stuttgart (Klett), S. 181-204.
Holzman, P. S., Ekstein, R. (1959): Repetition-functions of Transitory Regressive Thinking. In: Psychoanal. Quarterly 28, S. 228-235.
Kernberg, O.F. (1975): Borderline Conditions and Pathological Narcissism. New York (Aronson). Dt. Kernberg, O.F. (1978): Borderline-Störungen und pathologischer Narzißmus. Frankfurt/M. (Suhrkamp).

Kernberg, O.F. (1993): Psychodynamische Therapie bei Borderline-Patienten. Bern (Huber).

Little, M. (1981): Transference Neurosis and Transference Psychosis. New York (Aronson).

Little, M. (1990): Psychotic Anxieties and Containment. New York (Aronson).

Maier, C. (1995): Urszenenphantasien in der analytischen Beziehung. In: Forum Psychoanal.11, S. 201-220.

Mentzos, S. (1992): Psychose und Konflikt. Göttingen (Vandenhoeck & Ruprecht).

Modell, A.H. (1968): Object Love and Reality. New York (International Universities Press).

Parin, P. (1977): Abstinenz? In: Befreiung zum Widerstand. Aufsätze zu Feminismus, Psychoanalyse und Politik. Frankfurt (Fischer), S. 172-178.

Rosenfeld, H. (1954): Zur psychoanalytischen Behandlung akuter und chronischer Schizophrenie. In: Rosenfeld (1981): S. 135-148.

Rosenfeld, H. (1981): Zur Psychoanalyse psychotischer Zustände. Frankfurt (Suhrkamp).

Sandler, J., Joffe, W.G. (1968): Über Fertigkeiten und ihre Beziehung zur Sublimierung. In: Psyche 22, S. 81-98.

Searles, H. (1955): Abhängigkeitsprozesse bei der Psychotherapie von Schizophrenie. In: Searles, H. (1965): Der psychoanalytische Beitrag zur Schizophrenieforschung. München (Kindler), S. 9-49.

Searles, H. (1990): My Work with Borderline Patients. New York (Aronson).

Die Psychologie der Liebe in der ungarischen Psychoanalyse

Andor Harrach

Die ungarische Psychoanalyse wird international hauptsächlich mit den Namen Sandor Ferenczi und Michael Balint verbunden. Im Zusammenhang mit dem Thema „Liebe in der ungarischen Psychoanalyse" möchte ich noch zwei Namen hervorheben: Alice Balint (die erste Ehefrau von Michael Balint) und Imre Hermann. Die Psychologie der Liebe war in der ungarischen Psychoanalyse schon immer ein zentrales Thema. Die vier Autoren, auf die ich mich hauptsächlich beziehe, haben sich mit unterschiedlichen Facetten des Problems befaßt, andererseits entsteht jedoch auch ein einheitliches Bild der Problematik. Die ungarische Sprache verwendet zwei Ausdrücke für „Liebe". Das Wort „szeretet" beinhaltet eher das, was man in Deutsch mit „mögen" bezeichnet. Das andere Wort „szerelem" beinhaltet eher die erotische Liebe, das Verliebtsein. Inzwischen glaube ich, daß diese selbstverständliche und natürliche, im ungarischen sehr alltägliche Differenzierung die Entwicklung des Themas in der ungarischen Psychoanalyse sehr begünstigt hat. Liebe, Anklammerung und Trennung sind die häufigsten Begriffe, die man in der Sprache ungarischer Psychoanalytiker benutzt. In den letzten vier Jahrzehnten ging das vermutlich hauptsächlich auf das Wirken von Imre Hermann zurück. Das heutige Bild des wissenschaftlichen Standortes der Gesellschaft ist jedoch uneinheitlicher-differenzierter: Objektbeziehungstheorie, Kleinianische Einflüsse, Selbstpsychologie, Ich-Psychologie, Einflüsse durch Lacan existieren neben der klassischen Auffassung (Szönyi 1995). Zur Geschichte der ungarischen Psychoanalyse muß man die Arbeit von Janos Paal (1982) aus Frankfurt/Dreieich nennen, außerdem das Buch von Harmat (1988) und in ungarischer Sprache den Aufsatz von Vikar (1984). Die Glanzzeit der Budapester Schule waren die 20er Jahre bis zum Tod von Ferenczi 1933. Nach seinem Tod zerfiel die Gruppe in zwei Fraktionen, gleichzeitig schlugen der Nationalsozialismus, dann der Zweite Weltkrieg und der Kommunismus zu. Aber hauptsächlich um Imre Hermann herum überlebte die Psychoanalyse in Ungarn diese Katastrophen als „Wissenschaft im Unterbewußten" in der Gesellschaft, wie es Nemes (1985) formulierte. Im „Gulasch-Kommunismus" entwickelte sich die Psychoanalyse wieder in der Öffentlichkeit Schritt für Schritt. Heute gibt es selbstverständlich eine offizielle analytische Gesellschaft (gegründet 1989) mit IPV-Mitgliedschaft, mit Ausbildung, mit regelmäßigen Tagungen. Man pflegt so intensiv wie möglich die internationalen Verbindungen, mit einem Schwerpunkt der Kontakte mit den Exil-Ungarn in aller Welt. Einige Namen möchte ich noch nennen, die mit der ungarischen Psychoanalyse in Verbindung zu sehen sind, auch mit deren Grundthemen aus früheren Zeiten oder aktuell: Melanie Klein, David Rapaport, Margaret Mahler, Rene Spitz, Franz Alexander, Sandor Rado, Geza Roheim, John Gedo, Bela Grunberger, Andre Haynal, Rodulph Pfitzner, Peter Fonagy, Lajos Szekely, Stephan Geröly. Es gibt eine ungarische psychoanalytische Zeitschrift namens „Thalassa", eigentlich eine Zeitschrift der „Ferenczi-Gesellschaft"; diese Gesellschaft versteht sich über die klinische Psychoanalyse hinaus auch ausdrücklich als kulturelles Forum. Psychoanalyse ist seit Sandor Ferenczi ein wichtiger Teil des ungarischen kulturellen Lebens.

Sandor Ferenczi (1873 – 1933)

Der zentrale Gedanke in Ferenczis Auffassung zu unserem Thema ist, daß der Mensch grundsätzlich die Tendenz, den Wunsch in sich trägt, in den Mutterleib zurückzukehren. Der Säugling, aber auch der Erwachsene, insbesondere der psychisch gestörte Mensch, ist bestrebt, die von Außenreizen geschützte Mutterleibsituation wiederherzustellen. Die menschliche Entwicklung ist jedoch eine unaufhörliche Kette von „Katastrophen", die diese Rückkehr unmöglich machen. Die größte Katastrophe ist die Geburt (Ferenczi 1913). Alle weiteren Katastrophen sind Ereignisse des Lebens, die diese „Mutterleibregression" verhindern. Das Kind, aber auch der Neurotiker, versucht mit Hilfe seiner Phantasiewelt diesen regressiven Zustand dann doch immer wieder zu erreichen. Die Traumatisierungen durch die äußere Wirklichkeit werden in dieser magisch-halluzinatorischen Welt überwunden. Die Autoerotik und die narzißtischen Phantasien der Allmacht sind Brückenschläge dieser Entwicklung. In der genitalen Sexualität verwirklicht sich annähernd dieser Zustand, in der „Verschmelzung" mit dem Liebesobjekt. Freud beschäftigt sich in der Arbeit „Hemmung, Symptome und Angst"

(1926) ausführlich mit diesen Annahmen, ja er beschäftigt sich darin ausführlich mit der Trennungsproblematik; seine Ausführungen sind jedoch bruchstückhaft geblieben. Ferenczi nennt die Mutterleibregression auch „thalassale Regression". In seiner Arbeit „Versuch einer Genitaltheorie" (1924) zeichnet er ein archaisch-monumentales Bild, bezogen auf die Phylogenese des Menschen über das Herauswachsen des Menschen aus der Vereinigung mit dem Meer (Thalassa = Meer). Von dieser Zeit an (1924) erscheint in der Technik von Ferenczi immer deutlicher ein Zug der Mütterlichkeit, stellt Vikar (1984) fest. Nicht unbedingt die von Freud postulierte Neutralität, sondern ein „mütterliches" Verhalten legt Ferenczi zumindest zeitweise nahe. „Man verfährt also etwa wie eine zärtliche Mutter, die abends nicht schlafen geht, ehe sie alle schwebenden kleinen und großen Sorgen, Ängste, böse Absichten, Gewissensskrupel mit den Kindern durchgesprochen und in beruhigendem Sinne erledigt hat" (Ferenczi, 1931). Ferenczi beschreibt aber auch, daß nach dieser Phase der Analyse die wohl bekannte „Versagungssituation" eintreten müsse, in der das Erlebte gedeutet werden müsse. In dieser „Kinderanalyse" gäbe es also nicht nur das Moment der Reproduktion der traumatischen Szene, sondern auch die analytische Arbeit auf dem Niveau der Konflikte zwischen den intrapsychischen Energien. In seinem berühmten Vortrag in Wiesbaden im Jahre 1932 kommt Ferenczi auf das Thema zurück. Er bekennt sich vehement zur Traumatheorie der Neurosen und warnt in technischer Hinsicht davor, das Trauma in der analytischen Situation durch die reservierte Kühle, durch die berufliche Hypokrisie (Heuchelei, Verstellung) und auch durch die dahinter versteckte Antipathie gegen den Patienten zu wiederholen (Ferenczi 1933). So entsteht bei Ferenczi der Satz in jenem Jahr 1932: „Ohne Sympathie keine Heilung", der später wohl sehr zutreffend der Titel seines klinischen Tagebuches werden sollte.

Alice Balint (1898 – 1940)

Alice Balint geb. Kovács ist in einer durch die Psychoanalyse geprägten Familienatmosphäre aufgewachsen. Ihre Mutter, Vilma Kovács, war eine zentrale Figur der damaligen ungarischen Gruppe. Sie beschäftigte sich hauptsächlich mit Ausbildungsfragen, von ihr stammt die ursprüngliche Beschreibung des sog. ungarischen Ausbildungssystems. V. Kovács leitete auch Gruppenseminare zur Gegenübertragung. Diese Sitzungen können als eine Quelle der Balint-Gruppenarbeit aufgefaßt werden. Das Haus der Familie Kovács war ein Treffpunkt der ungarischen Gruppe, dort wurde auch das erste psychoanalytische Ambulatorium eingerichtet. Der junge Michael Balint lernte seine spätere Frau in dieser Gesellschaft kennen. Interessant ist, daß Margaret Mahler eine Weile als Freundin von Alice bei der Familie Kovács lebte. Sie stammte aus der westungarischen Stadt Sopron und besuchte in Budapest das Gymnasium. Alice Balint entwickelte neben ihrer analytischen Tätigkeit breite Aktivitäten auf dem Gebiet der Erziehungspsychologie und veröffentlichte dazu zahlreiche Arbeiten für das breitere Publikum. Damit war sie, von Ferenczi ausgehend, Mitbegründerin einer wichtigen Entwicklungslinie in der ungarischen Psychoanalyse zur Erziehungspsychologie. Ihre Hauptarbeit zu unserem Thema „Psychologie der Liebe" ist in deutscher Sprache gut zugänglich im Buch ihres Mannes „Die Urformen der Liebe und die Technik der Psychoanalyse" mit dem Titel „Liebe zur Mutter und Mutterliebe" (1939). Im folgenden berichte ich im wesentlichen über diese Arbeit. Die Liebe des Kindes zur Mutter in der frühesten Phase bezeichnet sie als archaisch-egoistisch. Dem Kinde fehlt der Realitätssinn für die eigenständige Existenz der Mutter. Die Beziehung ist durch die orale Einverleibung geprägt. Egoistisch heißt auch, daß das Kind in dieser Liebe nicht passiv ist, wie es z.B. Ferenczi meint. Auch die neuere Säuglingsforschung bestreitet bekanntlich diese Passivität, gibt also Alice Balint recht. Nach ihr ist diese Liebe ein rücksichtsloses Geliebtwerden-wollen, was von der Mutter unbedingte Selbstlosigkeit und Uneigennützigkeit fordert. Die Liebe zur Mutter behält diese Züge auch im Erwachsenenalter bei. Alice Balint entdeckt und beschreibt diese Haltung auch in den Übertragungsmanifestationen von erwachsenen Patienten. Es gäbe eine charakteristische Blindheit der Realperson des Analytikers gegenüber – mit Rücksichtslosigkeit und Egozentrismus. Der Analytiker dürfe z.B. nicht krank sein, keinen Urlaub machen, solle ständig zur Verfügung stehen, solle alles wissen, sich an alles erinnern. In der Vaterliebe fehle der Realitätssinn übrigens nicht so stark, der Vater wird vielmehr als real existierende Person erkannt und anerkannt. Und wie sieht die Liebe der Mutter zum Kind aus? Alice Balint bringt hier ein klinisches Beispiel. Eine Patientin erzählt empört über eine Zeitungsmeldung, daß eine Mutter zu 15 Jahren Haft verurteilt wurde, weil sie ihre beiden Kinder umgebracht habe. Die Patientin meint, die Mutter sei doch nicht gemeingefährlich. Sie habe nur ihre eigenen Kinder getötet, das sei eine innere Angelegenheit der Mutter, „denn das eigene Kind ist doch nicht die Außenwelt". Hier geht es also um die archaische Welt der Mutter. Alice Balint bezieht sich auch auf ethnopsychologische Untersuchungen von Geza Roheim, nach dem Kindesmord oder das

Essen des Fötus bei primitiven Völkern nichts Außergewöhnliches sei. Diese archaisch-gefährliche mütterliche Macht zeige sich auch in der Tatsache der „Abtreibung". Kinder werden geboren oder nicht geboren, je nach Triebwünschen der Mutter. Die Mutter könne die Liebe zum Kind auch beenden, sie könne sich von der Bindung lösen. Mutter und Kind seien also triebhaft aufeinander bezogen. Das Kind bleibe immer in dieser Position, die Mutter könne sich aber von dieser triebhaften Bindung lösen. Deswegen seien Liebe zur Mutter und Mutterliebe doch auch grundsätzlich unterschiedlich. Das Trauma der Trennung beginne bei der Loslösung der Mutter vom Kind. Die fortschreitende Ausdehnung der Herrschaft des Realitätssinnes auf das Gefühlsleben ermögliche später jedoch die Liebesfähigkeit im sozialen-reiferen Sinn: Takt, Einsicht, Rücksichtnahme, Dankbarkeit, Zärtlichkeit entwickeln sich. In der Erwachsenenliebe werde diese triebhafte Abhängigkeit wieder lebendig. Dies mache auch den Kern der erotischen Bindung aus. Wenn diese Triebhaftigkeit gestört wird, z.B. durch zu viel Rücksichtnahme, könne dies zu Sexualstörungen führen. In der Übertragung wird das Trennungstrauma ebenfalls lebendig. Daß der Analytiker auch andere Patienten behandelt oder frei gewordene Stunden anders besetzt, sei schon ein Trauma. Die fortschreitende Entwicklung bringe aber die Aussöhnung in der Anerkennung der Tatsache, daß der Analytiker auch ein realer Mensch mit eigenen Interessen ist. Erwachsenes Liebesleben fange also dort an, wo der Realitätssinn für die Existenz des anderen vorhanden ist. So werde das Kind vor die Aufgabe gestellt, sich den Wünschen jener anzupassen, deren Liebe es bedarf.

Imre Hermann (1889 – 1984)

Imre Hermann gehörte zu den wenigen Psychoanalytikern, die die nationalsozialistische Zeit überlebt haben, ohne die Heimat verlassen zu haben. Seine erste wissenschaftliche Arbeit erschien 1920, seine letzte Arbeit 1980. Er starb 1984 in Budapest 94-jährig. Sein Hauptwerk erschien 1943 und hatte den Titel: „Die Urtriebe des Menschen". Das Buch blieb damals glücklicherweise praktisch ohne Echo. Irgendwie ist das Buch, zusammen mit der Psychoanalyse selbst, in der nationalsozialistischen Zeit untergegangen. Später wurde das Buch ins Französische und Italienische übersetzt. In deutscher Sprache ist es nie erschienen. Das zentrale Konzept des Buches ist der von ihm benannte „Anklammerungstrieb" bzw. in klinischer Hinsicht das sog. „Anklammerungssyndrom". Den Kern des Konzeptes hatte Hermann allerdings bereits 1936 in der „Internationalen Zeitschrift für Psychoanalyse" mit dem Titel veröffentlicht: „Sich anklammern, auf Suche gehen". Im deutschen Sprachraum wird meist diese Arbeit zitiert (Berner, 1996). Die ersten Thesen formulierte Hermann übrigens bereits 1923. Der zentrale Gedanke des Konzeptes ist, daß der Wunsch, sich an den Körper der Mutter anzuklammern, ein Trieb sei, der in der frühesten Lebensphase eine primäre Bedeutung habe und in späteren Lebensphasen als Partialtrieb wirksam bleibe. In regressiven Zuständen wirke er wieder verstärkt, werde aktiviert und könne einen wesentlichen Teil der Pathologie ausmachen. Hermanns Lieblingsbeschäftigung war es, im Zoo von Budapest die Affen zu beobachten. Mit dem Anklammerungsverhalten der Affenkinder begründete er seine Thesen auf breiter Basis. Er beschäftigte sich sonst auch viel mit Tierpsychologie. Der Ersatz für die Anklammerung bei den Affenkindern sei die Hauptpflege, das Lausen. Erwachsene Tiere betrieben das auch, und das habe bei Affen auch eine gesellschaftliche Bedeutung. Es gäbe außerdem Übergänge zu ausgesprochen sexuellen Handlungen. Beim Menschen fehle aber das Fell, außerdem sei das Bein zur Anklammerung nicht geeignet. Das Bedürfnis nach Anklammerung bleibe aber nach Hermann erhalten. Nach Hermann sei dies der Urzustand, in dem auch Mutter und Kind untrennbar in „Dualunion" (seine Wortschöpfung) zusammengelebt haben. Der Trieb sei stets wirksam und zeige sich auch in Ersatzhandlungen. So sei in der psychoanalytischen Behandlungssituation das Hochlegen der Arme in Richtung des Behandlers zum Beispiel so deutbar. Das Daumenlutschen sei auch ein wichtiges Beispiel, so ein Satz eines 3-jährigen Mädchens dazu: „Alleine kann ich nicht einschlafen." Die Beschäftigung mit den Haaren und die Hautpflege symbolisieren auch als Ersatzhandlung die Anklammerung. Die enorme Bedeutung der Hände hebt Hermann noch hervor. So sei das nervöse Spielen mit den Händen auch als Abkömmling der Anklammerung zu sehen. In Angstsituationen drücke die Bewegung der Hände Anklammerungstendenzen aus. In diesem Zusammenhang schrieb Hermann mehrfach über Handerotik. Parallel zur Anklammerung sei aber auch der Trennungswunsch wirksam. Dies sei zum einen eine Reaktionsbildung, also eine Abwehrkonstellation des Anklammerungswunsches, zweitens sei es aber auch die Wiederholung der gewaltsamen Trennung im Sinne des Wiederholungszwanges. Trennungswunsch könne sich genauso wie der Anklammerungswunsch in regressiver Form zeigen. In der Hauptpflege bedeute die Entfernung von Hautteilen die Wiederholung der traumatischen Trennung. Dies könne man aber auch bei selbstschädigendem Verhalten beobachten. Nägelkauen, Nägelreißen, Haare ausreißen, Wunde aufreißen können die Wiederholung der gewaltsamen Trennung symbolisieren. Der erste Trieb sei also die Anklammerung, dessen Abwehrformation die Trennung. In Ergänzung der Anklammerung sei das Suchen als Triebäußerung zu verstehen, wenn das Objekt nicht vorhanden ist. Im direkten Körperbereich sei dies die Suche z.B. nach der Brust, nach dem Mund. Als komplexes Verhalten sei das Wandern eine Form des Suchens. Trennungsmotive zeigten sich spielerisch oder als Abwehrformation in dem Sich-verstecken. Die Suche nach Wärme sei auch ein Ausdruck des Anklammerungswunsches, ebenso die Orientierung nach Gerüchen. Die beiden beschriebenen Partialtriebe (Anklammerung und Suchen) bzw. ihre Abwehrkonstellationen (Trennung und Sich-Verstecken) treten fast immer als komplexe Erscheinungen auf. Diesen Komplex nennt Hermann *Anklammerungssyndrom*. In diesem Zusammenhang formulierte Hermann auch sein *Angstkonzept*. Die Angst leitet Hermann zunächst direkt aus dem Anklammerungssyndrom, also aus der frühesten Lebensphase ab. Hierzu kommen dann Aspekte der Angst, die die ödipale Situation betreffen, ganz im Sinne der Freudschen Theorie.

Angst ensteht nach Hermann dann, wenn die Gefahr besteht, die Anklammerungsposition zu verlieren. Diese Verlustsituation kann ein realer Verlust sein, aber auch symbolisiert im Sinne des Signals. Die Ausbildung dieser Signalfunktion lokalisiert Hermann auf das Ende des ersten Lebensjahres. Der allgemeinste und bekannteste Inhalt der Angst sei die Trennung vom geliebten Objekt, der Verlust der geliebten Person oder deren Liebe, die Unmöglichkeit, sich zu ihr zu flüchten und die sich daraus ergebende Isolation. Daher die enorme Bedeutung des Sich-Anfassens in Gefahrensituationen auch im späteren Lebensalter. Die zweite ursprüngliche Gefahr sei die Kastrationsdrohung, die Angst vor dem Zorn des Vaters. In diese zweite Stufe der Angst mischte sich aber die erste kräftig hinein. Der Verlust des Penis bedeute erst den endgültigen Verlust der Mutter, ohne Penis sei die raumüberbrückende Vereinigung mit der Mutter nicht mehr möglich. Deswegen sei die Urszene so angsterregend. Die Mutter sei in der Urszene in der Macht des Vaters, die Verlassenheit sei höchst bedrohlich, es sei dann nicht mehr möglich, sich Zuflucht bei ihr zu suchen. Hier schließt sich auch die *Aggressionstheorie* von Hermann an. Die Hand sei einerseits das Organ der Anklammerung, aber auch das der Bemächtigung. Es gehe also nach der Einstellung: Bist Du nicht willig, so brauche ich Gewalt. Es ist eine Verstärkung der Anklammerung. Das Anklammern selbst bedeute noch keine Aggression, aber durch Versagung der Anklammerung werde der Drang nach aggressiver Bemächtigung durch regressive Verstärkung der Anklammerungswünsche stärker. Hier sieht Hermann die sado-masochistische Beziehungsdynamik als Folge des Anklammerungstriebes. Aggression ist für Hermann nicht der angeborene Todestrieb, sie resultiert aus dem frustranen, regressiv-verstärkten Anklammerungstrieb und ist objektgerichtet: Sie könne die aggressive Beherrschung bedeuten, einen Kampf gegen gewaltsame Trennung, einen Kampf um die Mutter und einen Kampf gegen die Konkurrenz um die Mutter. Zusammenfassend kann man also feststellen, daß Hermann in seiner "Anklammerungstheorie" die Aufmerksamkeit auf einen Problembereich lenkt, der von höchster Relevanz für die gesunde und pathologische Entwicklung ist, auf die Bindungs-Trennungs-Thematik. Diese Thesen findet man heute in der neueren Bindungsforschung. Das Verhältnis von Bowlby, dem Begründer der Bindungstheorie zu Hermanns Konzept bedarf jedoch noch der Aufklärung.

Michael Balint (1896 – 1970)

Das Konzept von Michael Balint über die „primäre Liebe" ist psychoanalytisches Allgemeingut geworden. Die Grundidee hat Michael Balint 1937 in Budapest bei der sog. 4-Länder-Tagung vorgetragen und betont, daß es eigentlich eine Gemeinschaftsarbeit zusammen mit Alice Balint und Imre Hermann sei. Er betont später auch, daß das Buch von Ferenczi (Versuch einer Genitaltheorie, 1924) den Weg zu diesen Gedanken eröffnete. Die primäre Liebe beschreibt Balint (1937) wie folgt. „Die von uns beschriebene Phase der Objektbeziehung – nennen wir sie primäre oder primitive Objektliebe – fällt in eine ziemlich frühe Entwicklungsphase, diese Phase ist unüberspringbar, eine unvermeidlich notwendige Stufe der seelischen Entwicklung. Alle späteren Reaktionen lassen sich aus ihr ableiten, d.h. weisen Spuren und Überbleibsel von ihr in sich auf. Diese Form der Objektbeziehung ist nicht an irgendeine erogene Zone gebunden, sie ist nicht orale, oral-saugende, anale, genitale oder dergleichen Liebe, sondern etwas für sich... Als die biologische Basis dieser primären Objektbeziehung ergab sich die triebhafte Aufeinanderbezogenheit von Mutter und Kind; die beiden sind aufeinander angewiesen, aber zugleich auch aufeinander abgestimmt, sie befriedigen sich selbst durch einander, ohne aufeinander Rücksicht nehmen zu müssen. Tatsächlich ist dem einen gut, was dem anderen recht ist. Diese enge Verbundenheit wird durch unsere Kultur viel zu früh zerrissen. Daraus resultieren u.a. die so wichtigen Anklammerungstendenzen, aber auch die allgemeine Unzufriedenheit die unersättliche Gier unserer Kinder... Falls der Triebwunsch – oft durch körperliche Nähe – befriedigt wird, übersteigt das Befriedigungsbedürfnis nie das Vorlustniveau, das Gefühl des stillen, ruhigen Wohlbehagens. Eine Versagung löst dagegen äußerst heftige Reaktionen aus". An anderer Stelle (Balint, 1968) stellt Balint fest, daß sich die Theorie des primären Narzißmus als widersprüchlich und unfruchtbar erwiesen hat und macht den Vorschlag, an Stelle des primären Narzißmus eine neue Theorie aufzustellen, und das sei eine Theorie, die auf eine Theorie der primären Beziehung zur Umwelt abzielt: auf primäre Liebe. Narzißmus sei immer sekundär, eine Reaktion auf Frustration, auf Traumatisierung innerhalb der Dualeinheit zwischen Mutter und Kind. Parallel dazu führt Balint die Aggression ebenfalls auf die Traumatisierung zurück, als Reaktion auf die Störung dieser Objektbeziehung, er lehnt also das Konzept des Todestriebes ab. Cremerius (1983) zählt eine ganze Reihe von Autoren auf, die die primäre Objektbindung ebenfalls betonen, sie aber auch unterschiedlich benennen (bei Winnicott primäre Mütterlichkeit, bei Margaret Mahler extrauterine Matrix, bei Bion Containerfunktion, bei S. Nacht liebevolle Präsenz der Mutter etc.). Wie bereits erwähnt, meint Bowlby mit Bindung etwas Vergleichbares. Abgeleitet von dieser Annahme entwickelt Balint seine bekannte Charaktertypologie, die klinisch höchst relevant ist, wegen der sperrigen Benennung jedoch nicht die grundsätzliche Verbreitung findet, wie sie es eigentlich verdient. Es geht dabei um Bindungs- und Trennungsdynamik. Der oknophile Mensch sucht eher die Bindung, er klammert sich; der philobatische Mensch sucht eher die Weite, er sucht die Freiheit, er scheut die Objekte und sucht eher die objektlose Welt. Sowohl die klinische Erfahrung als auch z.B. die Säuglingsbeobachtung und die Bindungsforschung bestätigen die grundsätzliche Bedeutung dieser Annahmen. Balint beschäftigt sich auch ausdrücklich mit dem Erwachsenen-Liebesleben, so in der Arbeit „Über genitale Liebe" (1947) und in der Arbeit „Über Liebe und Haß" (1951). Er stellt fest, daß über genitale reife Liebe relativ wenig geschrieben werde. Sie werde auch eher negativ definiert, d.h. es werde beschrieben, was die genitale Liebe nicht beinhalte: keine unersättliche orale Gier, keine sadistischen Züge, keine Entwertungstendenzen, keinen Ekel, kein Sich-Brüsten mit dem Besitz des Penis, keine Angst vor Sexualorganen des Partners, keinen Neid auf die Genitalien des Partners, keine Spur von phallischen Tendenzen oder vom Kastrationskomplex. Es geht also um ein Ideal, das in der Wahrheit nicht existiert. Positiv formuliert heißt es, man liebt seinen Partner, weil er einen befrie-

digen kann, weil man ihn befriedigen kann, weil man mit ihm gemeinsam, fast oder völlig gleichzeitig einen vollen Orgasmus erleben kann. Eine echte Liebesbeziehung beinhaltet die Idealisierung des Partners; sie beinhaltet auch Zärtlichkeit (die nicht als Triebhemmung definiert wird). Balint unterscheidet die genitale Befriedigung von der genitalen Liebe. Die genitale Liebe beinhalte auch eine gesellschaftliche Dimension, d.h. die Lustfeindlichkeit der Gesellschaft werde in ihr überwunden, und sie werde auf eine gesellschaftlich lange Bindung aufgebaut: Hierzu gehöre auch nicht nur das Geben in der Partnerschaft, sondern die Lust am Geben selbst. Zur genitalen Liebe gehöre eine unaufhörliche Eroberungsarbeit und die ständige Anpassung an die Bedürfnisse des anderen. Hierzu gehöre auch Rücksicht, Ehrfurcht, Achtung, Dankbarkeit. In der reifen Partnerschaft werden die eigenen Wünsche, Interessen, Empfindlichkeiten, Gefühle und Schwächen gleichrangig mit denen des Partenrs betrachtet. Die reife Liebe sei auf lange Zeit unveränderlich, sie sei gleichmäßig, sie sei beinahe unerschütterlich, verständnisvoll, vergebend, geduldig. Der reifen Liebe stellt Balint (1951) die primitive Liebe gegenüber mit folgenden Merkmalen: Das schwache Ich verträgt nur schwer irgendwelche ernsteren Versagungen, es werde schnell Abwehr und Angst mobilisiert; die Realitätsprüfung sei unentwickelt und falsch; sadistische Tendenzen prägten die Beziehung; Spaltungsprozesse seien wirksam; an Stelle von Liebe träten Herzlosigkeit, Haß und Grausamkeit; Starke narzißtische Tendenzen seien prägend; starke depressive Ängste hinderten den Menschen, Rückschläge zu ertragen; starke orale Gier sei wirksam. Die primitive Objektbeziehung, auch prägenital benannt, hat nach Balint drei wichtige Folgen:
1. ohnmächtige Abhängigkeit,
2. Verleugnung dieser Abhängigkeit durch eigene Allmachtsphantasien,
3. Annahme eines Objektes als etwas fraglos Gegebenes, also ohne Sinn für die Realität des anderen.

Ein Versuch der Klärung der Begriffe

Beim Studium der genannten Schriften entsteht der Eindruck, daß die Begrifflichkeit dieser Theorien nicht zu Ende sortiert ist. Hierzu möchte ich nun einen Versuch wagen:
1. Ausgangspunkt der Theorien ist die Annahme einer primären Objektbeziehung (Anklammerungstrieb, primäre Liebe), die triebgesteuert und primär objektgerichtet ist.

2. Diese Beziehung ist etwa mit dem gleichzusetzen, was Bowlby (Sprangler und Zimmermann, 1995) Bindung nennt.
3. Diese Basisbeziehung prägt auch die späteren Lebensphasen sehr stark. Diese Bindungslinie hat am ehesten Kohut (Bacal u.Neumann 1990) zu Ende gedacht, und er nennt sie Selbstobjektbeziehung.
4. Die gestörte primäre Bindung nennt Balint Grundstörung.
5. Die Grundstörung erscheint auch im späteren Erwachsenen-Liebesleben als primitive Liebe, als ein Teil dessen, was wir heute frühe Störung nennen, man nennt sie auch prägenitale Liebe.
6. Sehr klar beschreibt Balint auch die reife Erwachsenenliebe, auch genitale Liebe genannt.
7. In der reifen genitalen Liebe sind frühe gesunde Bindungsanteile wirksam. Nach Kohut ist diese Bindungsdimension im Erwachsenenleben gesund und wichtig – gleichsam ist sie nicht so dringlich existentiell. Mit Alice Balint könnte man vielleicht sagen, auch die reife Erwachsenenliebe bleibt noch ein Stück Liebe zur Mutter und Mutterliebe.

Charakteristika der ungarischen Schule

Die ungarische Schule könnte man demnach mit folgenden Inhalten komprimiert und vereinfacht charakterisieren:
1. Die Ablehnung der Theorie von Freud über den primären Narzißmus und die Betonung demgegenüber der primären Objektbeziehung in der frühesten Lebensphase.
2. Die vergleichsweise starke Betonung der frühen realen Traumatisierung im Gegensatz zur Betonung der konflikthaften Triebdynamik der klassischen Auffassung.
3. Die Ablehnung der Todestriebhypothese; die Aggression wird als sekundäre Folgeerscheinung begriffen.
4. Das Prinzip „Mütterlichkeit" (Dyade, Dualunion) bekommt hier mehr Aufmerksamkeit, das Prinzip „Väterlichkeit" (Ödipusthematik) dominiert hier nicht so eindeutig.
5. Mehr Betonung der Beziehungsdynamik neben der Triebdynamik, sie ist im Grunde eine Objektbeziehungstheorie.
6. Deutlichere Betonung der gelebten realen Sexualität neben der metapsychologischen Triebtheorie.

Die nun noch folgenden Charakteristika wurden im vorliegenden Aufsatz

nicht weiter erörtert, ich möchte sie jedoch kurz zusammenfasssen, damit über die Budapester Schule ein umfassendes Bild entstehen kann (siehe auch Harrach, 1990).
7. Die Gegenübertragung als realer Wirkfaktor bekommt mehr Gewicht.
8. Versuche, die psychoanalytische Methode zu modifizieren, um breitere Anwendungsmöglichkeiten zu erreichen („kleine Psychoanalyse" bei Hermann, Fokaltherapie bei Balint), Anwendung bei Psychosen.
9. Die Anwendung psychoanalytischer Kenntnisse in der allgemeinen Medizin z.B. Balintgruppe (Harrach, 1986 u. 1990).
10. Die Anwendung der Erziehungspsychologie in der Pädagogik.
11. Im sog. ungarischen Ausbildungssystem wird ein Teil der Kontrollanalysen ausdrücklich vom Lehranalytiker durchgeführt.

Literatur

Bacal, H.A. (1990): Michael Balint In: Bacal, H.A., Neumann K.M.: Objektbeziehungstheorien – Brücken zur Selbstpsychologie. (frommann holzboog) (1994).

Balint, Alice (1939): Liebe zur Mutter und Mutterliebe In: Balint, M. (1965): Die Urformen der Liebe und die Technik der Psychoanalyse. Stuttgart (Klett).

Balint, M. (1937): Frühe Entwicklungsstadien des Ichs, Primäre Objektliebe. In: Balint, M. (1966): Die Urformen der Liebe und die Technik der Psychoanalyse. Stuttgart (Klett), S. 93 – 115.

Balint, M. (1951): Über Liebe und Haß. In: Balint, M. (1966): Die Urformen der Liebe und die Technik der Psychoanalyse. Stuttgart (Klett), S. 151 – 169.

Balint, M. (1947): Über genitale Liebe. In: Balint, M. (1966): Die Urformen der Liebe und die Technik der Psychoanalyse. Stuttgart (Klett), S. 136 – 150.

Balint, M. (1966): Die Urformen der Liebe und die Technik der Psychoanalyse. Stuttgart (Klett).

Balint, M. (1968): Therapeutische Aspekte der Regression. Stuttgart (Klett) 1970.

Berner, W. (1996): Imre Hermanns „Anklammerung", die Pädophilie und eine Sicht der Triebe. Psyche 50, S. 1036 – 1054.

Cremerius, J. (1983): Die Sprache der Zärtlichkeit und der Leidenschaft. Psyche 37, S. 988 – 1015.

Ferenczi, S. (1913): Entwicklungsstufen des Wirklichkeitssinnes In: Bausteine zur Psychoanalyse (Huber) 1961 Bd. I, S. 62 – 83.

Ferenczi, S. (1924): Versuch einer Genitaltheorie. In: Schriften zur Psychoanalyse (Fischer) 1972, S. 317 – 402.

Ferenczi, S. (1926): Das Problem der Unlustbejahung. In: Bausteine zur Psychoanalyse. Bd. I, S. 84 – 100.

Ferenczi, S. (1931): Kinderanalysen mit Erwachsenen. In: Bausteine zur Psychoanalyse. Bd. III, S. 490 – 510.

Ferenczi, S. (1933): Sprachverwirrung zwischen den Erwachsenen und dem Kind. In: Bausteine zur Psychoanalyse. Bd. III, S. 511 – 526.

Freud, S. (1926): Hemmung, Symptome und Angst. Studienausgabe Bd. VI.

Harmat, P. (1988): Freud, Ferenczi und die ungarische Psychoanalyse. Tübingen (Edition diskord).

Harrach, A. (1986): Das Konzept der Gruppe in der Balint-Gruppenarbeit. In: Petzold, H. R. Frühmann (Hrsg.): Modelle der Gruppe. Paderborn (Junfermann), S. 155 – 169.

Harrach, A. (1990): Frühe Quellen der Balint-Arbeit in Ungarn. In: Die Balintgruppe in Klinik und Praxis. Bd. 5. (Springer), S. 204 – 219.

Hermann, I. (1936): Sich anklammern – Auf Suche-Gehen. Internationale Zeitschrift für Psychoanalyse 72, S. 349 – 370.

Hermann, I. (1943): Az ember ösi ösztönei (Die Urtriebe des Menschen). Budapest (Pantheon) (1984).

Nemes, L. (1985): Tudat alatti tudomany (Wissenschaft im Unterbewußten) Elet es irodalom Nr. 41.

Nemes, L. (1990): Die klinische Bedeutung der Anklammerungstheorie von I. Hermann. Zeitschrift für Psychoanalytische Theorie und Praxis 5, S. 112 – 121.

Paal, J. (1982): Psychoanalyse in Ungarn. In: Eicke, D. (Hrsg.): Kindler 's Psychologie des 20. Jhs. Bd. 2, Weinheim, Basel (Beltz).

Sprangler, G., Zimmermann P. (1995): Die Bindungstheorie Stuttgart (Klett-Cotta).

Szönyi, G. (1995): Die Lage der ungarischen Psychoanalyse und die Psychoanalyse in Europa. In: Lukács, D. (1995)Tendenzen und Forschung in der ungarischen Psychoanalyse Budapest (Animula Verlag).

Vikar Gy. (1984): Die „Budapester Schule" der ungarischen Psychoanalyse. In: Gyogyitás és öngyogyitás. Budapest (Magvetö), S. 5 – 31.

„Primäre Liebe" und süchtiges Verlangen in der Psychoanalyse von frühgestörten Patienten

Doris Bolk-Weischedel

Mit dem Konzept von der „primären Liebe" schuf Balint (1937, S. 94) einen wichtigen Zugang zum Verständnis der Zweierbeziehung zwischen Therapeut und Patient in tief regressiven Entwicklungen im Laufe einer psychoanalytischen Behandlung. Über die paranoide und die depressive Position regrediert der Patient auf die Ebene der „Grundstörung". Das Klima in der analytischen Situation ändert sich, Empfindsamkeit und Hellsichtigkeit scheinen vorzuherrschen, die Bedeutung von Worten ändert sich, der verbale Austausch kann ganz versiegen. Manche Patienten benötigen in diesem Zustand eine Umgebung, die sie annimmt und bereit ist, sie „zu stützen und zu tragen, wie die Erde oder das Wasser einen Menschen trägt... die Substanz, der Analytiker ... muß einwilligen, ... muß sich als mehr oder weniger unzerstörbar erweisen, ... er muß die Entwicklung einer Art von Vermischung zwischen ihm und dem Patienten zulassen", „eine harmonische Verschränkung", wie Balint (1967, S. 177) es später nannte. Gelingt dies, so ist dem Patienten ein „Neubeginn" (Balint 1952, S. 246), eine innere Revision seiner Probleme möglich.

Ich berichte hierzu eine Sequenz aus der Behandlung des 28-jährigen Herrn C., der sich während der ersten 60 Behandlungsstunden in eine mißtrauisch-paranoide Übertragungsbeziehung zu mir begeben hatte. In der 61. Stunde berichtet er, daß in seiner Umgebung vieles gar nicht so böse gegen ihn gerichtet sei, wie er es immer empfunden hatte. „Ich konnte die Wirklichkeit gar nicht richtig wahrnehmen, jetzt löst sich alles auf, schwimmt weg, ich hab' Angst davor". Er verspürt eigenartige Wünsche, probiert wieder am Daumen zu lutschen, es schmeckte ihm aber nicht. Auf dem Weg in die 69. Stunde hat er die Phantasie, er werde sich in einen Babykorb vor die Haustür legen und schreien. In der Therapiestunde kommt es dazu, daß wir aneinander vorbeireden, wir können uns nicht mit Worten verständlich machen. Er sagt: „Mir fällt es so schwer, Ihnen zu folgen, ich will vielleicht gar nichts von Ihnen hören. Was Sie von mir wollen, verstehe ich nicht." Ich deute die Situation zwischen uns schließlich wie zwischen einer Mutter und ihrem kleinen Kind, wo einer etwas vom anderen will und sich nicht verständlich machen kann. Er reagiert darauf mit starkem Affekt, er fühlte sich so, daß er am liebsten wild um sich schlagen möchte. Unmittelbar nach der Stunde erkundigt sich Herr C. bei seiner Mutter, wie er als Baby und Kleinkind gewesen sei. „Schwierig" war die Antwort; er beginnt zu ahnen, daß vielleicht eine Kette von Mißverständnissen von ganz früh an zu seinem heutigen Weltbild beitrug. Die Atmosphäre bei uns in den Stunden entspannt sich, es kommen kaum noch paranoid getönte Einfälle. Tante Johanna taucht auf, die immer zu ihren Kindern stand. „Die ließ die Glucke im dunklen Zimmer ihre Küken ausbrüten. Wenn man die Tür aufmachte, dann blinzelte die, saß dick und fett, gemütlich, ließ sich nicht stören".

Ich fühlte mich in dieser Phase fast wie die beschriebene Glucke: Gefühlsmäßig sehr beteiligt, dabei aber gelassen und ruhig, zuversichtlich. Wir waren auf der Ebene der Grundstörung angekommen.

Zur 73. Stunde brachte Herr C. folgenden Traum:

„Ich war auf einem Schiff mit Willy, wir trugen Taucherbrillen und Schwimmflossen und sprangen ins Wasser. Ich sah erschreckt eine Schwimmflosse neben Willy, ich dachte an einen Haifisch, es war aber keiner. Ich tauchte, ich brauchte unter Wasser keine Luft und sah den Delphinen zu, das war lustig und interessant. An der Oberfläche verlor ich eine Schwimmflosse, ich sah, daß die zu tief gesunken war. Es wäre ohne Effekt gewesen, nach ihr zu tauchen."

Er schweigt, regelmäßige Atemzüge zeigen mir bald an, daß er eingeschlafen ist. In der nächsten Stunde berichtet er, er sei während des Erzählens plötzlich ins Lallen abgeglitten, „ich schämte mich, ich hatte das Gefühl, ich kann mich nicht verständlich machen und ließ mich fallen. Zwei- oder dreimal hatte ich ein angenehmes Auflösungsgefühl. Ich dachte, die ist damit einverstanden, sagt nichts, dann kann ich schlafen."

Ich selbst war während der Stunde hellwach, meine Gedanken blieben auf den Patienten gerichtet. Ich stand ganz unter dem Eindruck des Wohlbefindens, das er im Traum und vermutlich während des Berichts erlebte. Von diesem Gefühl ließ ich mich bestimmen, ihn gewähren zu lassen. Im Traum ist er heiter und eins mit dem ihn umgebenden und tragenden wässerigen Element – in einer harmonischen Verschränkung und gegenseitiger Durchdringung zwischen dem sich entwickelnden Individuum und seinem primären Objekt. Er kann zugleich auf seine alte mißtrauische Abwehr verzichten und vertrauensvoll einschlafen. Nach Aufgabe seiner paranoiden Haltung wuchs die Fähigkeit zu einer arglosen und vertrauenden Objektbeziehung, der Neubeginn fand statt.

Die Behandlung lief danach – überwiegend auf ödipaler Ebene – recht zufriedenstellend weiter; 20 Jahre nach Abschluß berichtet Herr C., er sei durch die Psychoanalyse ein vertrauensvoller, offener Mensch geworden, liebesfähig, ohne sie hätte er niemals Familienvater werden können.

Längst nicht immer gelingt es Patienten, aus der gewährenden therapeutischen Zweierbeziehung heraus für sich einen Neubeginn zu finden. Die Atmosphäre der Arglosigkeit zerfällt immer wieder, es entwickeln sich Symptome verzweifelten Anklammerns, „es droht die Gefahr einer endlosen Spirale von Forderungen und Bedürfnissen mit schließlicher Entwicklung suchtartiger Zustände" (Balint 1967, S. 179). Mit Heftigkeit wird die Befriedigung durch äußere Handlungen des Therapeuten eingefordert, die Bedürfnisse sind unaufschiebbar und sehr intensiv, ohne Erfüllung herrscht unerträgliche Leere.

Hierzu ein Fallbeispiel:

Frau G., eine tatkräftig und entschlossen wirkende 33-jährige Lehrerin, kam wegen bis in die Kindheit zurückreichender depressiver Verstimmungen zur Behandlung, dreimal wöchentlich im Liegen. Sie war zweiter, unerkannt gebliebener Zwilling nach einem Bruder, der siebenjährig durch Unfall verstarb und der fortan – für die Patientin unerreichbar – in der Familie idealisiert wurde. Ihre Mutter war stets überlastet, kränklich und leidend.

Die Patientin regredierte recht rasch in kindlich-klagende Zustände hinein, sie träumte von Milch und Gestilltwerden, spürte dabei Schmerzen im Leib, weinte unaufhörlich und war untröstlich. Später mußte sie ihre Aknepusteln immer wieder aufkratzen, um sich selbst Schmerzen zuzufügen. Sie kommentierte: „Die Wunde ist da, sie darf nicht zuheilen, es wäre eine Lüge."

Ich hatte immer wieder den Eindruck, daß wir uns auf Grundstörungsebene bewegten, aber der Neubeginn konnte der Patientin bzw. uns nicht gelingen. Meine Interventionen wies sie zurück, sie waren nicht das Richtige, Frau G. mußte mich fortgesetzt entwerten. Statt der gesuchten Liebe meldete sich der Haß auf die Mutter: Nach den Stunden mähte die Patientin voller Wut im nahen Wald halbe Lichtungen nieder, schließlich warf sie bei mir im Treppenhaus mit Kleiderbügeln und konnte dann mich direkt für meine

Unfähigkeit beschimpfen und niedermachen. Ich fühlte mich in der Tat unfähig; die Patientin beendete nach einiger Zeit in notdürftig stabilisiertem Zustand die Behandlung.

Drei Jahre später – nach einer grenzüberschreitenden lesbischen Beziehung – kommt sie wieder: Mit dem Wunsch nach einer strukturierten Behandlung von einjähriger Dauer im Sitzen. Es wird deutlich, daß sie sich vor der regressiven Versuchung schützen will: „In mir ist ein unendliches, nicht zu stopfendes Loch regressiver Wünsche, sich fallenzulassen, gefüttert und umsorgt zu werden wie ein Säugling."

Sie beichtet, daß sich mindestens die Hälfte ihrer während der früheren Behandlung verschwiegenen Träume bei mir im Haus abgespielt hatten, sie lebte da als Kind und bekam etwas zu essen. Außerdem hatte sie sich im Haus nach den Behandlungsstunden öfter mal umgesehen.

Eine heftige Wut- und Neidproblematik kommt zur Bearbeitung. Neid auf „meine Kinder, die vielen Klamotten und Schuhe, vor allem aber auf die Wirtschafterin, die den ganzen Tag den Haushalt versorgt". Aus halbgeschlossenen Lidern beginnt sie, mich kritisch zu betrachten und ihre Gefühle der Zu- und Abneigung spielen zu lassen. Aber immer wieder empfindet sie den „Abgrund der Regression als schwarzes uferloses Loch".

Sie meidet den Blickkontakt mit mir, kann aber dazu sagen: „Ich habe Angst, daß ich versuche, in Ihren Augen zu lesen: Liebt sie mich? Mag sie meine Erscheinung? Mag sie mein Gesicht und meine Hände? Bin ich aushaltbar, ertragbar?"

Schließlich berichtet Frau G. einen Traum: „Ich liege auf der Couch wie ein Baby. Sie stehen oder knien daneben und betrachten mich. Sie können es ertragen, mein Gesicht so ganz aus der Nähe anzusehen, ungeschminkt, ohne sich abzuwenden von den vielen Narben. Sie schauen bekümmert drein."

Von da an ändert sich die Atmosphäre zwischen uns, sie wird vertrauensvoll und hoffnungsvoller. Einige Zeit später kann sich die Patientin entschließen, Mutter zu werden.

Im Laufe der zweiten Behandlung wird deutlich, daß die suchtartigen regressiven Bedürfnisse nach Füttern und Nähe, die einen großen Teil der ersten Behandlung förmlich durchwucherten, im Dienste der Abwehr des alles aushöhlenden Gefühls der Leere standen. Es ist das Verdienst Ferenczis (1930), das kindliche Agieren von Erwachsenen als Antwort auf frühe Traumata zu verstehen. Bei dieser Patientin ging es um das „Erkanntwerden" nicht nur im symbolischen Sinne: Durch ihr Setting hat sie dafür gesorgt, daß sie körperlich und seelisch von mir angeschaut wurde und dabei ihren Schamaffekt (Fraiberg) – der ja nach den Erkenntnissen der Säuglingsforscher im In-den-Augen-der-Mutter-nicht-richtig-Sein seine Wurzeln hat – überwinden konnte.

Ferenczi schlug vor, bei Patienten, die unter der klassischen neutral-abstinenten Methode nicht vorankommen, die Technik zu modifizieren und den Bedürfnissen dieser Patienten anzupassen. Er postulierte in „Relaxationsprinzip und Neokatharsis" (1931) das „Prinzip der Gewährung". Im einzelnen beschrieb er Großzügigkeit in finanziellen Regelungen, das Aufspringen des Patienten von der Couch, die Hand nehmen, dem Analytiker um den Hals fallen und anderes, also relativ lärmende Äußerungsformen im Vergleich zu den von Balint beschriebenen im Zusammenhang mit dem Neubeginn stehenden Bedürfnisäußerungen des Patienten. Er verstand das Agieren als Reaktivierung der Kindlichkeit und eine Reproduktion der frühen Traumata des Patienten, die es durch Erinnern zu entschlüsseln und durchzuarbeiten gilt.

In der psychoanalytischen Arbeit mit Frühgestörten ist die Frage des Umgangs mit solchen laut und heftig und nicht selten suchtartig auftretenden Erscheinungen nach wie vor aktuell und aus meiner Sicht keineswegs befriedigend gelöst. In der jeweiligen Behandlung bleibt das Bemühen um Gleichgewicht auf dem schmalen Pfad zwischen Abstinenz und Bedürfnisbefriedigung dem Analytiker überlassen, wobei er – und auch darauf wies bereits Ferenczi hin – vor allem auf die Wahrnehmung und Handhabung seiner Gegenübertragungseinstellung angewiesen ist.

Ich möchte Ihnen auch hierzu eine Fallskizze vorstellen:

Frau O., eine vor allem vom Vater schwer traumatisierte 30-jährige Patientin mit Borderline-Störung, setzt sich in den ersten zwei Jahren ihrer streckenweise hochfrequent geführten Behandlung (im Sitzen) mit ihrem Vater auseinander, die Identifizierung mit ihm löst sich allmählich auf. In idealisierter und entwerteter Form kommt dann das mütterliche Introjekt in die Behandlung: Die Patientin sagt mir: „Sie sind vollkommen in allem, lieb und manchmal streng, gütig, Sie kennen das Leben, nehmen nicht übel, Sie sind einfach das Leben... Meine Mutter ist wie ein Schatten, grau und alt, so eng, man traut sich nicht, etwas zu nehmen ..." Neben heftigen oral-aggressiven Phantasien vom Auffressen von Mutter bzw. mir gibt es auch regressive Phantasien wie: „Ich will im Kinderzimmer sein, umgeben von allen Kuscheltieren", und: „Ich bin Ihre einzige Patientin, alles andere sagen Sie ab. Ich schlafe in Ihrem Bett und halte alle von Ihnen fern." Um die Zeit der aufkeimenden Vorstellungen und Wünsche nach mütterlicher Nähe und Versorgung springt die Patientin in der Stunde nach der Zurückweisung eines Wunsches durch mich plötzlich auf, umarmt mich heftig und beißt mich in die Schulter. Ich weise sie energisch ab, sie macht jedoch in der Folge immer wieder Versuche, mit mir zu „kuscheln", wie sie das nennt. Es wird dann deutlich, daß die Patientin in Zuständen innerer Verlorenheit bereits seit einiger Zeit aktiv Phantasien pflegt, in denen ich sie kose und hätschele. Nach immer wieder versuchten Annäherungen in den Stunden ist sie jedesmal gekränkt, fühlt sich zurückgestoßen, ergeht sich in Haßtiraden gegen mich und beginnt wieder, sich an den Armen zu schneiden, was sie für lange Zeit hatte unterlassen können. Hierzu sagt sie: „Ich mache ja keine neuen Wunden, ich mach die sowieso vorhandenen Wunden nur sichtbar. Wenn ich überall blute, dann stimmt das äußere Bild mit dem inneren überein... Ich fresse die Stunden auf, genauer gesagt, nur den Kuschelteil. Ich brauche das, für etwas Ruhe. Dafür fühl ich mich schuldig... Jedesmal die Erwartung, Sie heilen mich, und immer die Enttäuschung und das entsetzliche Gefühl im Leib, leer, hohl, unerträglich. Ich muß weinen, weinen, weinen. Wenn Sie heile-heile-Segen machen (das hatte ich tatsächlich in einer der letzten Stunden wie in einer Kindertherapiestunde getan), machen Sie mich an der Seele gesund, denn der Haß und die Schuld werden getilgt und von mir weggenommen." Andererseits meint die Patientin aber auch: „Ich hab schon gemerkt, daß ich kuscheln immer gerne zwischenschiebe, wenn in der Therapie so fiese Gefühle hochkommen, so daß einem schlecht wird und man in einen tiefen Abgrund stürzt. Wenn Sie mir dann gegenübersitzen, möchte ich lieber zu Ihnen kuscheln kommen, als daß ich mich der Angst aussetze, die unbekannte Gefühle mir verursachen."

Ich denke, in den Aussagen der Patientin wird ihr ganzes inneres Dilemma, das sie in die Stunden trägt, sichtbar. Ich selbst versuche, mich in dem Strudel der Affekte anhand meines jeweiligen Gegenübertragungs-Gefühls zu orientieren:

Zum einen fühle ich mich manchmal benutzt, überwältigt, es schlägt mir gierige Triebbefriedigung entgegen, als ob ich ein unbelebtes Objekt wäre. Die Patientin will mich sich einverleiben, als ob ich eine Droge als Ersatz für heftig begehrte Zuwendung wäre (Heigl-Evers 1977, Voigtel 1996). Eine eigentliche psychoanalytische Arbeit ist dann nicht möglich. Die Patientin hält dem entgegen: „Ich brauche das zum Überleben, zum Ausruhen." In letzter Zeit gelingt es zunehmend, diese heftigen suchtartigen, aggressiv durchsetzten Liebesäußerungen als Widerstand zu deuten. Die Patientin wird dann eine Zeitlang ruhiger, kann die Arbeit wieder aufnehmen. Hier geht es immer wieder neu um die Klärung und Deutung von sie kränkenden Situationen und um Angst vor Neuem. Unter diesen Umständen kann ich ihr dann gelassen und freundlich zugewandt oder auch tröstend begegnen, bin von meinem Gefühl aus körperlicher Berührung gegenüber nicht grundsätzlich abgeneigt. Hier müssen sicherlich Balints Warnungen vor zu sorglosem Umgang mit eigenen Bedürfnissen in so hoch emotional aufgeladenen therapeutischen Situationen bedacht werden (Balint 1967, S. 223).

Ein wichtiges Problem in dieser Behandlung ist derzeit noch, daß die Patientin die ihr in der Therapie gebotene gute Objektbeziehung nur sehr kurze Zeit für sich halten kann, sie sozusagen nicht einpflanzen kann, wie sie neulich sagte. In den Zuständen tiefer Verzweiflung und Verlorenheit, die sie zu Hause überkommen, muß sie dann immer wieder auf das Hilfsmittel der suchtartigen Liebe zurückgreifen.

Bei genügender Geduld und langer Behandlungsdauer sind solche Zustände aber wohl auch mit Hilfe von Trauer über das Verlorene oder nie Gehabte und allmählicher Nachstrukturierung in der Beziehung mit einem tragfähigen Objekt auflösbar.

Hierzu noch eine letzte Skizze aus der Behandlung eines 48-jährigen Patienten, Herrn F., in der Kindheit schwer durch die Mutter traumatisiert, mit suchtartiger homosexueller Bedürfnisbefriedigung.

Häufig nach narzißtischer Verletzung fühlt er in der Gegend der Magengrube etwas „wie ein schmerzendes Loch, eine Höhle, ein Schaber sitzt da drin, der immer mehr wegfrißt, aushöhlt, ein wahnsinniger Schmerz".

Er hat inzwischen gelernt, sich auf diese Zustände innerlich einzustellen: „Es tut weh, aber es geht vorbei, ich versuche mir die Farbe gelb vorzustellen, wie eine warme Sonne, das füllt mich und das beruhigt; es wird allmählich dann ein volles rundes Gefühl, dann geht das Leben weiter."

In der Stunde berichtet er mir in diesem Zusammenhang, daß er seit einiger Zeit nach der Therapiestunde morgens beim Bäcker in der Nachbarschaft mit einer älteren Frau, „einer richtigen Berliner Pflanze" spricht. „Wir verstehen uns", meint er, „das gibt mir ein richtig warmes Gefühl, das nährt mich. Sie tut mir gut, erzählt mir warmherzig von ihren drei Söhnen. Ja, das ist wie gute Nahrung, das hält über Stunden an."

Diese Erfahrung ist für den Patienten neu. Es gelingt ihm, sie auch im Zusammenhang mit unserer Beziehung zu sehen. Er muß nun dem Drang zur Herrentoilette nach den Stunden nicht mehr so häufig nachgehen. Wir haben Hoffnung auf Gesundung.

Schlußfolgerung

Bei den mir näher bekannt gewordenen Patienten mit früher Störung war deren Schwere immer bedingt durch das Ausmaß an früher Traumatisierung (in Form von Vernachlässigung, instabiler Beziehung, körperlichem oder sexuellem Mißbrauch), die in vollem Umfang erst bei längerdauernder Behandlung zutage trat. Die Genesung hängt u.a. davon ab, ob während der Behandlung frühere gute Introjekte – wie Tante Johanna bei meinem ersten Patienten, Herrn C. – haltgebende Bedeutung gewinnen, und inwieweit der Patient die jeweiligen tragenden und strukturierenden Angebote in der therapeutischen Beziehung selbst im Sinne einer Nachreifung für sich nutzbar machen kann.

Die Behandlung kann dann sehr lange dauern, auch hochfrequent; die Psychoanalyse ist aus meiner Sicht auf jeden Fall das Verfahren der Wahl.

Literatur

Balint, M. (1937): Frühe Entwicklungsstadien des Ichs, Primäre Objektliebe. In: Balint 1969.

Balint, M. (1952): Der Neubeginn, das paranoide und das depressive Syndrom. In: Balint 1969.

Balint, M. (1967): Therapeutische Aspekte der Regression. Die Theorie der Grundstörung. Stuttgart (Klett).

Balint, M. (1969): Die Urformen der Liebe und die Technik der Psychoanalyse, Frankfurt/M., (Fischer).

Ferenczi, S. (1930): Relaxationsprinzip und Neokatharsis. In: Schriften zur Psychoanalyse, Bd. II. Frankfurt/M. (Fischer) 1972.

Ferenczi, S. (1931): Kinderanalysen mit Erwachsenen. In: Schriften zur Psychoanalyse, Bd. II. Frankfurt/M. (Fischer) 1972.

Fraiberg, S. (1982): Pathological Defenses in Infancy. In: Psychoanal. Quart. LI, S. 612 – 635.

Heigl-Evers, A. (1977): Möglichkeiten und Grenzen einer analytisch orientierten Kurztherapie bei Suchtkranken. Kassel (Nicol).

Voigtel, R. (1996): Die Überlassung an das unbelebte Objekt. Zur begrifflich-diagnostischen Abgrenzung der Sucht. In: Psyche 50, S. 715 – 741.

Liebe im psychoanalytischen Denken Erich Fromms

Rainer Funk

Daß das Thema „Liebe" Gegenstand einer psychoanalytischen Fachtagung werden könnte, war vor 40 Jahren, als Erich Fromm sein Buch „Die Kunst des Liebens" (1956a) veröffentlicht hat, noch kaum vorstellbar. Tatsächlich war dieses kleine Buch, das inzwischen allein im deutschen Sprachraum etwa fünf Millionen mal verkauft wurde, das erste Buch eines Psychoanalytikers zur ars amandi – sieht man einmal von Sándor Ferenczis Beitrag zur Liebe in der Psychoanalyse und Michael Balints Arbeiten über Liebe ab. Fromms Psychoanalyse der Liebe fristet in psychoanalytischen Kreisen eher ein Aschenputteldasein, als daß sie zu einer Rezeption der Frommschen Perspektive geführt hätte. Eigentümlicherweise spielt Erich Fromm gerade im deutschen Sprachraum im psychoanalytischen Diskurs kaum eine Rolle.[1] Ich möchte deshalb mit meinem Beitrag zum Verständnis von Liebe bei Fromm zugleich mit seinem besonderen psychoanalytischen Ansatz bekanntmachen.

---

1 Diese Vergessenheit der Psychoanalyse Fromms und des Psychoanalytikers Fromm hat viele Gründe. Der wichtigste ist sicher darin zu sehen, daß Fromm kaum Beiträge zu therapeutisch-praktischen Fragen veröffentlicht hat. In dem Maße, in dem sich Psychoanalyse in erster Linie oder ausschließlich als Theorie für therapeutisches Handeln versteht, gerät Fromm mit seinem psychoanalytischen Ansatz in der eigenen „Zunft" in Vergessenheit. Erschwerend kommt hinzu, daß sich Fromm bereits Mitte der dreißiger Jahre von der Freudschen Libidotheorie lossagte und deshalb von der psychoanalytischen Orthodoxie mit Ignorieren bestraft wurde. Ein anderer Grund, der zum Teil mit dem erstgenannten zusammenhängt, ist in der „sozialen Amnesie" zu sehen, die für die Psychoanalyse der Gegenwart insgesamt weitgehend typisch ist. Ein Grund ist offensichtlich auch, daß der Jude

Der psychoanalytische Ansatz Erich Fromms

Von seinem Studium her promovierter Soziologe (vgl. Fromm 1989b) wandte sich Fromm in den zwanziger Jahren – vermittelt durch seine Freundin und nachmalige Frau Frieda Fromm-Reichmann – der Psychoanalyse zu. Seine psychoanalytische Ausbildung schloß er 1930 am Berliner Institut ab. Durch das Talmudstudium geprägt, rezipierte Fromm von Anfang an die Psychoanalyse unter sozialpsychologischer Perspektive. Auf Grund seiner jüdischen Religiosität betrachtete er den einzelnen Menschen schon immer in seiner Bezogenheit auf andere, und zwar nicht nur in seiner zwischenmenschlichen Bezogenheit, wie dies Martin Buber, die Existenzphilosophen, die interpersonelle Psychoanalyse Harry Stack Sullivans oder die heute gängigen Objektbeziehungstheorien tun, sondern in seiner gesellschaftlich geprägten Bezogenheit.[2]

Dieser andere Ansatz beim vergesellschafteten Subjekt[3] führte bei Fromm zu einer psychoanalytischen Theoriebildung, das heißt zu einer Theorie des Unbe-

---

und Marxist Fromm, der zwischen 1930 und 1939 zur sog. Frankfurter Schule gehörte, aus Deutschland emigrieren mußte. Hat die Tatsache, daß Fromm – abgesehen von einigen Kontakten zu Vertretern der DGP in den sechziger und siebziger Jahren (Schwidder, Dührssen, Heigl, Bach, Riemann, Beese) – in keinem Land von der Psychoanalyse so gründlich ignoriert wurde und wird wie in Deutschland, vielleicht doch auch mit der Schwierigkeit bei der Vergangenheitsbewältigung in der deutschen Psychoanalyse zu tun?

2 Inzwischen ist es – vor allem in der amerikanischen Fromm-Rezeption – üblich geworden, Fromm als Vertreter der psychoanalytischen „Objektbeziehungstheorien" zu verstehen und hierbei Fromm der „Interpersonal School of Psychoanalysis" zuzurechnen (vgl. zum Beispiel Ortmeyer 1995). So sehr es stimmt, daß Fromm „eine Hauptfigur bei der Entwicklung des interpersonellen Ansatzes in der Psychoanalyse war" (S. 18), so wenig wird man dem besonderen psychoanalytischen Ansatz gerecht, den Fromm entwickelt hat. Denn Fromm sieht den einzelnen nicht nur als schon immer auf andere und die Gesellschaft bezogen, sondern als ein a priori „gesellschaftliches" Wesen. – Für Fromm hat es nie die für das Denken der Neuzeit seit Descartes übliche Trennung von Individuum und Gesellschaft gegeben. Gesellschaft ist für Fromm nicht dem Individuum entgegengesetzt – so als ob hier das Individuum und dort drüben die Gesellschaft ist und die Gesellschaft einen gewissen – meist verhängnisvollen – Einfluß auf das Subjekt hat, dem

wußten, der Verdrängung, des Widerstands, der Abwehr, der Übertragung usw. ohne Zuhilfenahme der Freudschen Triebtheorie. Wenn ich im folgenden den Frommschen Versuch nachzeichne, bin ich mir des Einwands bewußt, daß die Triebtheorie für die Psychoanalyse konstitutiv sei, weshalb – um Bernd Nitzschke (1993, S. 90) zu zitieren – „diese als das Fundament der Freudschen Psychoanalyse bezeichnet werden muß, dessen Zerstörung auch den klinisch-therapeutischen Bau zum Einsturz bringen" müsse. Wie Fromm, so teilen heute viele praktizierende Psychoanalytikerinnen und Psychoanalytiker diese Meinung und die Triebtheorie nicht und verdanken dennoch ihren Umgang mit dem Unbewußten, Verdrängten, Abgewehrten, Übertragenen den Einsichten Freuds. Gerade die Frommsche psychoanalytische Theoriebildung kann zeigen, wie sehr die Freudsche Triebtheorie zu einer Fessel für die Psychoanalyse werden kann, wie sehr sie der „sozialen Amnesie" Vorschub leistet und die Psychoanalyse daran hindert, die Auswirkungen gegenwärtiger gesellschaftlicher und wirtschaftlicher Entwicklungen auf die Psyche zu erkennen.

Das libido-theoretische Erklärungsmodell menschlichen Verhaltens, das von einer oder mehreren, körperlich verankerten Triebquellen im Menschen ausgeht, hat weitreichende Konsequenzen für das Verständnis des Zivilisationsprozesses und der Fähigkeit des Menschen zur Sozialität, die übrigens durch die Änderung der Triebtheorie, nämlich durch Freuds Einführung eines Lebens- und Todestriebes im Jahr 1920, nicht beseitigt wurden; im Gegenteil, der tragische Aspekt der Unausweichlichkeit des Destruktiven wurde noch verschärft. Eben weil Freud die Dynamik menschlichen Verhaltens mit Hilfe von körper-

---

dieses sich nach Möglichkeit entziehen sollte. Gesellschaft, das bin ich, das ist der andere, das sind wir, insofern wir ein Lebensschicksal teilen. Gesellschaft gibt es psychologisch gesehen nur als Gleichförmigkeit des leidenschaftlichen Strebens vieler einzelner, die sich auf Grund ihres gemeinsamen Lebensschicksals in gleicher Weise mit den Erfordernissen des Zusammenlebens identifizieren und hierbei mit Lust nach dem streben, was sie entsprechend den Erfordernissen des Wirtschaftens, der Arbeitsorganisation und des Zusammenlebens tun müssen.

3 Fromm selbst wurde von der chassidischen Tradition des Judentums geprägt (vgl. Funk 1978, S. 231 – 278; ders. 1983 sowie 1987 und 1992), doch wurde ein solcher Ansatz auch bei sozialistischen Denkern und Psychoanalytikern wie Siegfried Bernfeld und Wilhelm Reich oder auch im sozialpsychologischen Denken der Völkerpsychologie (vgl. Keupp 1995, S. 36 – 40) gepflegt.

lich verankerten Trieben erklärt, muß jeder einzelne zum Zwecke des friedlichen und sozialen Zusammenlebens einen Teil seiner Triebenergie den Anforderungen der Realität opfern. Kulturelle und zivilisatorische Höherentwicklung hängt beim Freudschen Erklärungsversuch von der Fähigkeit zum Triebverzicht ab; die Fähigkeit zu einer liebenden Bezogenheit auf andere wird erst möglich, wenn der Mensch auf sein primäres Bedürfnis, narzißtisch auf sich selbst bezogen zu sein, überwindet und die Libido auf andere richtet.

Erich Fromm hat schon in den dreißiger Jahren seine Zweifel am libidotheoretischen Erklärungsmodell des Unbewußten als Verdrängtem formuliert und davon abgesehen, daß es einen oder mehrere körperlich verankerte Triebe geben könnte, die die Ursache für die Vielfalt der leidenschaftlichen Strebungen sind. Seine Zweifel nährten sich vor allem durch seinen geschärften Blick für andere Kulturen, in denen ganz andere „Triebschicksale" zu beobachten sind, weshalb es zum Beispiel in nicht-patriarchalisch organisierten Kulturen keinen Ödipuskomplex gibt (vgl. Fromm 1934a; 1935a.).

Der entscheidende Grund für eine andere Triebtheorie ist in Fromms sozialpsychologischer Ausgangsfragestellung zu sehen. Von seinem jüdischen Hintergrund her interessierte sich Fromm schon immer für das, was Menschen, die unter ähnlichen Bedingungen leben, an gemeinsamen psychischen Haltungen und Leidenschaften entwickeln. Er schärfte seinen Blick für den Zusammenhang zwischen wirtschaftlichen und gesellschaftlichen Gegebenheiten und Erfordernissen der Produktionsweise und deren Widerspiegelungen in entsprechenden leidenschaftlichen Strebungen. Was die Menschen mit Lust und Leidenschaftlichkeit tun, wonach sie also „triebhaft" streben, dies ist nach Fromm in Wirklichkeit das Ergebnis eines Anpassungsprozesses an das wirtschaftlich und gesellschaftlich Erforderliche. Das psychische Streben wird nach Fromm nicht nur durch konstitutionelle und individuelle Besonderheiten determiniert, sondern ist vor allem gesellschaftlich verursacht. Wären der Begriff „Trieb" und „Triebenergie" nicht mit der Vorstellung einer physischen Triebquelle konnotiert, könnte man sagen, daß Fromm nicht von körperlich verankerten Trieben ausgeht, sondern in erster Linie von gesellschaftlich erzeugten, psychischen „Trieben".[4]

---

4 Fromm hat bereits Ende der dreißiger Jahre seinen eigenen Ansatz auch begrifflich neu gefaßt, indem er das von Harry Stack Sullivan entwickelte Paradigma der „Theorie der interpersonellen Beziehungen" benutzte. Für seinen eigenen wie für

Die Abkehr von der Vorstellung eines körperlich verankerten Triebes als Energiequelle eröffnete Fromm die Möglichkeit eines bezogenheitstheoretischen Ansatzes. Kern- und Angelpunkt dieses Ansatzes ist die Erkenntnis, daß der Mensch schon immer auf sich und seine menschliche und natürliche Umwelt bezogen ist, ja daß es den Menschen – psychisch gesehen – gar nicht anders gibt. Damit vermeidet Fromm nicht nur die für Freuds Ansatz typische Widersprüchlichkeit zwischen Triebwunsch des einzelnen und Erfordernissen der Kultur und Gesellschaft und dem damit einhergehenden Antagonismus zwischen Triebbefriedigung und Sozialität. Es eröffnet sich überhaupt ein anderer Zugang zu gesellschaftlich relevanten Fragen und zur Verantwortung des Menschen. Das menschliche Verhalten wird psychoanalytisch nicht aus Triebquellen gespeist verstanden, sondern von gesellschaftlich erzeugten leidenschaftlichen Strebungen auf Grund der vorgängigen Bezogenheit des Menschen.

Die Bezogenheit und die Art dieser Bezogenheit ist nicht erst das Ergebnis einer bestimmten Triebentwicklung; vielmehr ergibt sich aus der Tatsache, daß der Mensch immer auf irgendeine Weise auf sich und auf andere bezogen sein muß, die Notwendigkeit, leidenschaftliche („triebhafte") Strebungen und affektbesetzte Vorstellungen zu entwickeln, die die Aufgabe haben, das Bedürfnis nach Bezogenheit zu befriedigen. Die Tatsache, immer bezogen zu sein und also ein unverzichtbares Bedürfnis nach Bezogenheit befriedigen zu müssen, gehört zur Unbeliebigkeitsstruktur des Menschen. Fromm hat neben dem Bedürfnis nach Bezogenheit noch einige andere psychische Bedürfnisse (wie das nach Verwurzelung, nach einem Identitätserleben, nach einem Rahmen der Orientierung und nach einem Objekt der Hingabe – vgl. Fromm 1955a, S. 20-50) erkannt, die sich nur beim Menschen beobachten lassen. Ähnlich wie die im Dienste des Überlebens stehenden physischen Bedürfnisse zu essen, zu trinken, zu schlafen, die Sexualität zu befriedigen usw. müssen auch die psychischen Bedürfnisse befriedigt werden. Die Art und Weise ihrer

---

Sullivans beziehungstheoretischen Ansatz gilt, daß „das Schlüsselproblem der Psychologie ... das Problem der besonderen Art der Bezogenheit des einzelnen auf die Welt, und nicht die Befriedigung oder Frustrierung einzelner triebhafter Begierden" ist (1941a, S. 287). Schließlich hat Fromm seinen eigenen beziehungstheoretischen Ansatz auch terminologisch mit seiner Charaktertheorie in „Die Furcht vor der Freiheit" (1941a) und in „Psychoanalyse und Ethik" (1947a) und mit seiner „Bedürfnislehre" in „Wege aus einer kranken Gesellschaft" (1955a) gefaßt.

Befriedigung ist aber gestaltbar und von den jeweiligen historischen Gegebenheiten und Erfordernissen des Zusammenlebens abhängig.

Die historische Gestaltbarkeit der psychischen Bedürfnisse bedeutet nicht, daß eine Änderung der Befriedigungsformen bzw. – wie Fromm sagt – der Charakterorientierungen und Charakterzüge[5] – ohne weiteres möglich wäre. Charakterorientierungen und Charakterzüge sind habitualisierte Reaktionsmuster zur Befriedigung der psychischen Bedürfnisse und werden deshalb erlebt wie Triebe und triebhafte Strebungen, mit der gleichen Dringlichkeit und „Trieb"-haftigkeit wie jene Triebe, die der Mensch zu seinem physischen Überleben spürt.

Um ein Beispiel zu geben: Das heute so tief verwurzelte Streben der Menschen, alles berechnen und quantifizieren zu müssen und nur das als wertvoll ansehen zu können, was sich messen und zählen läßt, hat sich erst in diesem Jahrhundert als Charakterzug vieler Menschen entwickelt, weil bei unserer Art zu produzieren das Messen, Zählen und Quantifizieren (auch in jenen Bereichen, die gar nicht adäquat quantifizierbar sind, wie in der Politik, in der Psychotherapie oder in der Sozialarbeit) zum A und O geworden ist. Dabei hat dieses heute massenhaft auftretende Streben, alles berechnen zu wollen, im allgemeinen eben gerade nichts mit einer Zwangsstruktur dieser Menschen zu tun. Und doch ist dieses psychische Streben tief verwurzelt: Wollte man den Menschen verbieten, sich nach einer berechenbaren Politik zu sehnen und nach meßbaren Fortschritten etwa beim Sport zu streben, würde man völlig verkennen, in welche Unsicherheiten, Ängste und Depressionen man Menschen, die alles quantifizieren wollen und müssen, stürzen würde.

---

5 Die Revision der Freudschen Triebtheorie schlug sich auch in einer geänderten Terminologie bei Fromm nieder. Da sich Fromm für seine sozialpsychologischen Erkenntnisse des Charakterbegriffs bediente, formulierte er die Triebtheorie als Charakterologie; die Triebstruktur wird zur Charakterstruktur oder zur psychischen Struktur, die Triebstrebungen zu Charakterzügen oder einfach zu leidenschaftlichen Strebungen; der Trieb selbst wird als psychisches Bedürfnis gefaßt, der libidinöse Trieb heißt nun psychisches oder existentielles Bedürfnis (im Unterschied zu den instinktiven oder physiologischen Bedürfnissen); die libidinöse Struktur einer Gesellschaft wird zum sozial-typischen Charakter bzw. - ab 1941 - zum Gesellschafts-Charakter, und statt von Libido spricht Fromm - ähnlich wie Jung - nur noch von psychischer Energie.

Es mag der Eindruck entstehen, daß Fromm den Menschen in seinem leidenschaftlichen Streben nur als Spiegelbild der sozial-ökonomischen Erfordernisse sieht – wie wenn ausschließlich die Gesellschaft und ihre Agenten Leidenschaften erzeugen könnten und zwar jede beliebige. Abgesehen davon, daß sich auch konstitutionelle Faktoren und individuelle Lebensumstände determinierend auf die psychische Struktur auswirken und daß die Internalisierung der sozialökonomischen Erfordernisse beim einzelnen vielfach gebrochen, bewußt und unbewußt sein und nur konflikthaft und abgewehrt zum Vorschein kommen kann, ist es tatsächlich so, daß das Spektrum der psychischen Strebungen, die gesellschaftlich erzeugt werden können, fast unbegrenzt ist.[6]

So sehr jede, selbst eine die Menschheit zerstörende psychische Grundstrebung gesellschaftlich erzeugt werden kann und es deshalb allein in der Verantwortung des Menschen liegt, ob es dazu kommt oder nicht, so eindeutig nimmt Fromm gegen jeden psychologischen Relativismus und Fatalismus – als ob das, was psychisch möglich ist, auch schon gerechtfertigt sei – Stellung, indem er die gesellschaftlich erzeugten Charakterorientierungen auf ihre psychischen Auswirkungen hin beurteilt.[7]

---

6 Eine der wichtigsten Entdeckungen, die Fromm in den sechziger Jahren gemacht hat, ist die Gesellschafts-Charakterorientierung der Nekrophilie, also jene in den Industrienationen immer stärker aufkommende Grundstrebung, sich von allem was leblos, tot, dinghaft ist, oder was in diesen Zustand durch Gewalt, Brutalität, Destruktivität gebracht werden kann, angezogen zu fühlen. Viele gesellschaftlichen Phänomene der Gegenwart – von der Umweltzerstörung über die atomare Bedrohung bis zu sensationslüsternem Reality-TV, der Verherrlichung von Gewalt und Zerstörung, der porentiefen Reinheit domestosbegeisterter Hausfrauen oder einer Verbraucherkultur, die konsumiert, daß etwas ver-braucht und also kaputt-gemacht ist – alle diese Phänomene sind meist Ausdruck dieser nekrophilen Gesellschafts-Charakterorientierung, die auf die Vernichtung der Lebensgrundlagen zielt und darin von keinem körperlich verankerten Lebens-"trieb" gehindert wird.

7 Eine Übersicht und systematische Darstellung der Charaktertheorie Fromms sowie der einzelnen nicht-produktiven Orientierungen und Charakterzüge habe ich in der Dokumentation einer empirischen Pilotstudie zum Gesellschafts-Charakter von ost- und westdeutschen PrimarschullehrerInnen versucht, die von der Internationalen Erich-Fromm-Gesellschaft zwischen 1990 und 1994 durchgeführt wurde (vgl. Funk, 1995).

Bei der Bestimmung der Wirkungen hat Fromm verschiedene Parameter benutzt, wobei die Unterscheidung zwischen der produktiven und der nicht-produktiven Wirkung der Charakterorientierungen ab 1947 in seinem Werk am häufigsten anzutreffen ist. Andere Parameter, mit denen die psychischen Qualitäten der Charakterorientierungen erfaßt werden, sind die biophile oder nekrophile Orientierung bzw. im Spätwerk die Unterscheidung zwischen der Orientierung am Haben oder der am Sein.

Welche Parameter Fromm auch benützt, immer geht es um den aktivierenden Effekt der Bezogenheitsformen, bei dem es zur Entfaltung der Eigenkräfte des Menschen kommt, oder um den „passivierenden", also passiv machenden Effekt der Charakterorientierungen. Eben dieser Unterschied wird mit dem Attribut „produktiv" (= aus sich selbst hervor-geführt) und „nicht-produktiv" beschrieben. Die eine Orientierung führt zu seelischer Reife und Gesundheit und ermöglicht ein solidarisches Zusammenleben; die andere hemmt die psychische Entwicklung des einzelnen und macht die Menschen abhängig, so daß sie nicht „aktiv" aus eigenen Kräften leben, sondern „passiv" von ihnen fremden, inneren und äußeren Mächten „gelebt" werden.

Die für den bezogenheitstheoretischen psychoanalytischen Ansatz Fromms zentrale Unterscheidung zwischen produktiver und nicht-produktiven Orientierungen des Charakters nimmt die bei Freud triebtheoretisch gefaßte Unterscheidung zwischen prägenitalen und genitalen Triebstrebungen auf. Da es bei Fromm ja auch kein Phasenmodell für die Entwicklung der Libido gibt, begründet er auch die Unterscheidung zwischen produktiver und nicht-produktiver Orientierung anders. Die nicht-produktiven Orientierungen sind nach Fromm als Ergebnisse einer Entfremdung von der produktiven Orientierung zu begreifen (vgl. Fromm 1955a; 1991e.). Die produktive Antwort wird als primäre Möglichkeit verstanden, die existentiellen Bedürfnisse zu befriedigen. Wird diese Möglichkeit zu einer produktiven Antwort verhindert, weil die Eigenkräfte nicht stimuliert und gefördert wurden oder weil der Mensch sich bei der Identifizierung mit den Erfordernissen des Wirtschaftens und des sozialen Zusammenlebens von seinen Eigenkräften wieder entfremdet hat, kommt es kompensatorisch und sekundär zur Ausbildung nicht-produktiver Reaktionsmuster. Mit dem Konzept der „Entfremdung" vermeidet Fromm zugleich den für die spätere Freudsche Triebtheorie typischen Dualismus eines gleichursprünglichen Lebens- und Todestriebs (vgl. hierzu Fromm 1979a, S. 337 – 358).

Die Unterscheidung zwischen primärer und sekundärer Möglichkeit und die Suche nach Belegen für die primäre Tendenz zur produktiven Orientierung (vgl. Fromm 1973a, S. 212 – 219; Fromm 1976a, S. 341 – 346; Fromm 1991h, S. 145 – 197) wird durch das Ausmaß der menschlichen Destruktivität in Frage gestellt. Vor allem Fromms eigene Entdeckung der Destruktivität um der Destruktivität willen, die in der Nekrophilie in Erscheinung tritt, scheint die primäre Tendenz zur produktiven Orientierung zu widerlegen. (Eine systematische Aufarbeitung dieser Fragestellung findet sich in Fromm 1964a und 1973a mit der Entwicklung des Konzepts der „Biophilie".) Weil sich die Nekrophilie gegen das Leben selbst richtet, wird die Frage nach der produktiven Orientierung zur Frage, ob sich zeigen läßt, daß jede lebende Substanz die primäre (biophile) Tendenz hat, das Leben zu erhalten, und ob sich die Nekrophilie mit der Hemmung und Vereitelung dieser primären biophilen Tendenz erklären läßt.

Nach Fromm ist für jede lebende Substanz nicht nur typisch, „das Leben zu erhalten und sich gegen den Tod zu wehren", jede lebende Substanz tendiert darüber hinaus dazu, „sich mit andersartigen und gegensätzlichen Wesenheiten zu vereinigen und einer Struktur gemäß zu wachsen. Vereinigung und integriertes Wachstum sind für alle Lebensprozesse charakteristisch, und dies trifft nicht nur für die Zellen zu, sondern auch für das Fühlen und Denken." (1964a, S. 185f.) „Wer das Leben liebt, fühlt sich vom Lebens- und Wachstumsprozeß in allen Bereichen angezogen" (a. a. O., S., 186).

Fromm stellt sich die Entstehung von Destruktivität als einen Umwandlungsprozeß vor, bei dem sich gehemmte biophile Energie in nekrophile Energie wandelt: „Wird der Tendenz des Lebens, nämlich zu wachsen und zu leben, entgegengearbeitet, dann macht die gehemmte Energie einen Umwandlungsprozeß durch und bildet sich in lebenszerstörende Energie um. ... Die individuellen und gesellschaftlichen Bedingungen, die eine solche Blockierung der lebensfördernden Energie bewirken, bringen die Destruktivität hervor, die ihrerseits zur Quelle der verschiedensten Manifestationen des Bösen wird." (1947a, S. 137) Sind hingegen die Bedingungen so, daß die primäre lebens-liebende Tendenz zum Zuge kommt, dann kommt es zur Ausbildung der produktiven Orientierung und zur Entwicklung der Liebesfähigkeit.

Die Fähigkeit zu lieben als Ausdruck einer produktiven Art der Bezogenheit hat also in der Psychoanalyse Fromms einen zentralen Stellenwert. Natürlich ist „Liebe" ein völlig ungeschützter Begriff, und jeder Mensch versucht, sein Verhalten, und sei es noch so destruktiv, als „Liebe" zu rationalisieren. Eben darum unterscheidet Fromm zwischen produktiver und nichtproduktiver Liebe. Leider ist es in diesem Rahmen nicht möglich, die nicht-produktiven Liebesformen in Abhängigkeit von den entsprechenden nichtproduktiven Gesellschafts-Charakterorientierungen aufzuweisen. Um die wichtigsten wenigstens zu nennen: Liebe als Unterwerfung und Selbstlosigkeit bei einer masochistisch-autoritären Gesellschaft und Orientierung der psychischen Struktur; Liebe als Beherrschung und bevormundende Fürsorglichkeit bei einer sadistisch-autoritären Orientierung; Liebe als Fairplay und Sich-Gebrauchen bei einer marktwirtschaftlich organisierten Gesellschaft und der ihr entsprechenden Marketing-Orientierung des Charakters; Liebe als selbstsüchtige Verzweckung oder Liebe als narzißtische Vereinnahmung des anderen; und schließlich Liebe als Angezogensein vom Leblosen bei einer nekrophilen Charakterorientierung (vgl. Funk 1992a; 1995).

Ich möchte statt dessen das, was produktive Liebe als zentrale Kategorie der Frommschen Psychoanalyse bedeutet, vertiefen. Nach Fromm ist das Ziel der Psychoanalyse und jeder therapeutischen Arbeit, die produktive Orientierung zu stärken bzw. das, was eine liebende Bezogenheit zu sich und zur menschlichen und natürlichen Wirklichkeit hindert, mit allen Mitteln psychoanalytischer Kunst aufzulösen. Die produktive liebende Bezogenheit ist dabei nicht nur das Ziel, sondern zugleich auch das therapeutische Mittel und das Kennzeichen therapeutischer Beziehung. Ich möchte im abschließenden Teil zwar nicht über die Liebe in der Psychoanalyse sprechen, aber doch anhand von fünf Merkmalen produktiver Liebe aufzeigen, woran sich das Produktive liebender Bezogenheit erkennen läßt.

Liebe als Ausdruck produktiver Charakterorientierung

Produktive Liebe bedeutet Aktivierung der menschlichen Eigenkräfte

Ein erstes Wesensmerkmal produktiver Liebe ist die Aktivierung der menschlichen Eigenkräfte bei der Befriedigung des Bedürfnisses nach Bezogenheit. Der Mensch hat die Möglichkeit, sein Bezogensein mit Hilfe fremder, ihm nicht zugehörender Kräfte zu gestalten oder mit Hilfe von Eigenkräften. Solche Eigenkräfte können geistig-intellektueller, psychischer oder körperlicher Art sein. Eine geistig intellektuelle Eigenkraft ist zum Beispiel die Merkfähigkeit, die Denkfähigkeit oder die Phantasie. Psychische Eigenkräfte sind etwa die Fähigkeit zu vertrauen, zärtlich zu sein, sich konzentrieren zu können, interessiert zu sein, lieben zu können. Eine körperliche Eigenkraft ist zum Beispiel die Fortbewegungsfähigkeit oder die Muskelkraft.

Während die körperlichen Eigenkräfte sich durch das physische Wachstum und den Lebensvollzug im wesentlichen von alleine entwickeln, bedürfen die emotionalen und intellektuellen Möglichkeiten einer aktivierenden Stimulation durch eine emotionale Bindung, um ihre Aktivität zu entfalten und als Eigenkraft zum Vorschein zu kommen. Neurophysiologische Untersuchungen und beobachtende Säuglingsforschung stützen gleichermaßen die Annahme, daß die psychischen und emotionalen Eigenkräfte bereits dann eine Eigenaktivität (Selbsttätigkeit) zeigen, wenn sie von der mütterlichen Bezugsperson aufgenommen, wahrgenommen, mitgetragen, befriedigt, gespiegelt werden, das heißt wenn sie in einer zugewandten und tragenden emotionalen Bindung sich ausdrücken können. Andererseits kann sich diese Fähigkeit zur produktiven Eigenaktivität nicht entwickeln, wenn die zugewandte und tragende emotionale Bindung an die mütterliche Figur nicht als aktivierender Stimulus für die Eigentätigkeit zur Verfügung steht (etwa weil die mütterliche Figur depressiv, psychotisch oder durch einen Todesfall psychisch absent ist) oder – noch schlimmer – wenn die mütterliche Figur die Bereitschaft des Säuglings und Kleinkindes zur Eigentätigkeit absichtlich ignoriert, hemmt, erstickt, vereitelt.

Diese Eigengesetzlichkeit der intellektuellen und psychischen Entwicklung wirkt sich sicher in den ersten Lebensjahren stärker aus als im späteren Leben. Und doch gilt sie während des gesamten psychischen Geburtsprozesses, also bis zum Ende des Lebens. Immer geht es darum, sein Bezogensein auf sich und seine Umwelt durch eine Aktivierung seiner menschlichen Eigenkräfte zu gestalten. Fromm hat diese Erkenntnis begrifflich dadurch zu fassen versucht, daß er von einer Alternative zwischen der Orientierung am Haben und der Orientierung am Sein sprach (vgl. Fromm 1976a, 1989a; 1993b). Die Orientierung am Haben lebt von der vor allem in der marktwirtschaftlich organisierten Gesellschaft geförderten Illusion, daß die menschlichen Eigenkräfte (Liebe, Vertrauen, Lebendigkeit, Interesse, Aktivität, Freude, Erlebnisfähigkeit usw.) Attribute der vom Menschen geschaffenen Produkte sind, die der Mensch sich über den Konsum der Produkte von außen aneignen zu können glaubt, statt sie aus der Eigentätigkeit und aus der Praxis der Eigenkräfte von innen aus seinem Eigen-Sein hervorzubringen.

Um dies an einigen Beispielen zu konkretisieren: Zärtlichkeit ist eine Eigenkraft des Menschen, die nur dadurch zu einem Charakterzug und zu einer Eigenschaft der Persönlichkeit wird, daß sie praktiziert wird. Kein Mensch ist bisher durch Mariacron-Likör oder Chantrée zärtlicher geworden. Aktivsein kann man sich weder durch Marlboro noch durch Reebok-Schuhe aneignen; Aktivsein ist eine psychische Fähigkeit, die durch die übende Praxis einer von innen kommenden Aktivität und Lust entsteht. Auch wenn die Pepsi- oder Coca-Cola-Werbung uns noch so sehr glauben machen will, daß sich mit Cola die Erlebnisfähigkeit steigern läßt, dann gilt dies höchstens deshalb, weil jede Droge, also auch das Koffein, eine vorübergehende stimulierende Wirkung hat; von einer Erlebnisfähigkeit als Eigenschaft kann aber keine Rede sein. Erlebnisfähigkeit ist vielmehr eine psychische Eigenschaft, die in dem Maße wächst, als wir es wagen, ein lebendiges Interesse für Menschen und Dinge zuzulassen und uns deshalb belebt zu spüren.

Die Aktivierung der Eigenkräfte ist also ein Wesensmerkmal und Effekt der produktiven Orientierung und darum auch der produktiven Liebe. Wer in produktiver Weise liebt, der gestaltet seine Bezogenheit zu sich und zu anderen dadurch, daß er seine affektiven und geistigen Eigenkräfte aktiviert und so immer mehr aus seinem Eigensein lebt. Umgekehrt gilt, daß nichtproduktive Liebesformen immer einen passivierenden Effekt haben und die Tendenz verstärken, daß der Mensch sich von Gegenständen des Habens und von anderen Menschen abhängig macht, von ihnen belebt werden muß und immer mehr zur Kompensation seiner inneren Leere auf konsumistische Stimuli angewiesen ist. – Um es mit den Worten Fromms zu sagen (1956a, S. 453): Liebe ist „eine Aktivität und kein passiver Affekt. Sie ist etwas, das man in sich selbst entwickelt, nicht etwas, dem man verfällt. Ganz allgemein kann man den aktiven Charakter der Liebe so beschreiben, daß man sagt, sie ist in erster Linie ein Geben und nicht ein Empfangen."

Produktive Liebe potenziert die menschlichen Eigenkräfte

Ein zweites Merkmal produktiver Liebe neben der Aktivierung ist die Potenzierung der menschlichen Eigenkräfte. Wann immer die menschlichen Eigenkräfte praktiziert werden, gewinnen sie an Stärke, und es kommt zu einem Wachstumsprozeß des Selbst. Menschliche Eigenkräfte sind der körperlichen Muskelkraft vergleichbar. Diese steht nur zur Verfügung und trägt zur Entfaltung von Körperkraft bei, wenn sie praktiziert wird. Sie bildet sich zurück, wenn sie nicht geübt wird. Je mehr sie aber geübt wird, desto körperlich stärker wird der Mensch. Diese Eigengesetzlichkeit gilt für alle psychischen Eigenkräfte. Je mehr sich jemand darin übt, sich, anderen Menschen und der Umwelt zu vertrauen, desto sicherer und vertrauensvoller lebt er und desto unverbrüchlicher wird das innere Bild von seiner Fähigkeit zu vertrauen. Und je mehr jemand seine Liebesfähigkeit praktiziert, desto stärker und überfließender ist diese Liebe. Das potenzierende, überfließende Moment ist immer ein Effekt der produktiven Orientierung und deshalb auch ein Kennzeichen produktiver Liebe.

Ganz anders ist die Erfahrung der Haben-Orientierung oder der Praxis nicht-produktiver Orientierungen überhaupt: Die Orientierung am Haben schwächt die menschlichen Eigenkräfte und verstärkt das Angewiesensein auf und die Abhängigkeit von Ersatzkräften. Hat die Praxis der Eigenkräfte eine potenzierende Wirkung, so führt die nicht-produktive Orientierung des Habens zu einer Sucht nach Substituten für die Eigenkräfte. Mit dem Haben anderer Menschen und im Verfügen über sie sowie im Antrainieren und Konsumieren menschlicher Eigenschaften sollen die geschwächten Eigenkräfte und das brüchige Selbst kompensiert werden. Die Potenzierung der nichtproduktiven Orientierung zeigt sich in einer Gier nach Mehr-Haben und einem immer größeren Hunger. Der Grund hierfür ist einfach: Wer sich am Haben orientiert und sich deshalb die menschlichen Eigenschaften durch den Konsum aneignen will, bleibt hungrig, denn diese menschlichen Eigenschaften lassen sich nicht von außen durch Konsum erwerben, sondern nur durch Praxis der Eigenkräfte. Die Befriedigung der Haben-Orientierung ist eine halluzinatorische und illusorische und macht in Wirklichkeit nur gieriger und süchtiger.

Produktive Liebe fördert das emotionale Bezogensein auf die Wirklichkeit

Ein drittes Merkmal produktiver Liebe ist das emotionale Bezogensein auf die Wirklichkeit außerhalb und innerhalb von uns. Die produktive Liebe beinhaltet „immer ein aktives Interesse am Wachstum und an der Lebendigkeit dessen, was wir lieben." Das, was lebendig ist, zieht den produktiv Liebenden an „und zwar nicht, weil es groß und mächtig ist, sondern weil es lebendig ist" (Fromm 1967e, S. 218f.) Das Interesse am Lebendigen entspringt dabei dem emotionalen Bezogensein auf alles Lebendige und zeigt sich sowohl in der Liebe zum Leben wie in dem der Ehrfurcht vor dem Leben. Im zwischenmenschlichen Bereich ist produktive Liebe an dem Bedürfnis zu erkennen, das Leben teilen und sich mitteilen zu wollen, sich für das Schicksal des anderen zu interessieren und Verantwortung zu tragen. Solidarität, Mitgefühl, Mitleid, Nächstenliebe und Fremdenliebe sind Merkmale produktiver

Liebe im Umgang mit anderen, echtes Selbstinteresse und akzeptierende Selbstliebe sind Merkmale produktiver Liebe im Umgang mit sich selbst. Die nicht-produktiven Orientierungen und speziell die Gier des Habenwollens zielen entweder auf die symbiotische oder narzißtische Vereinnahmung des anderen oder auf eine Distanz schaffende bzw. entemotionalisierte Abgrenzung vom anderen und auf die selbstsüchtige Sicherung und Mehrung des Eigenen. Fremdenangst, Fremdenfeindlichkeit, Verlustängste und übermäßiges Sicherheitsstreben sind typische Ausdrucksweisen der schizoiden und paranoiden Aspekte nicht-produktiver Liebesformen.

Produktive Liebe fördert die Fähigkeit zu Autonomie und Abgrenzung

Durch die Praxis der menschlichen Eigenkräfte werden nicht nur die emotionalen Bindungskräfte zu anderen und zu sich selbst gestärkt, sondern auch – und dies ist das vierte Merkmal produktiver Liebe – die Fähigkeit zu Autonomie und Abgrenzung. Wer produktiv liebt, verdankt diese Fähigkeit nicht der Tatsache, daß er oder sie von Gott, von den Eltern, vom Ehepartner, vom Therapeuten oder der Therapeutin geliebt wird, sondern seiner Eigenkraft, selbst lieben zu können. So sehr Liebe sich im Erlebnis des Einswerdens mit sich und mit anderen realisiert, so zeichnet sich produktive Liebe doch gerade dadurch aus, „daß man sich dabei sein Integritätsgefühl und seine Unabhängigkeit bewahrt" (1955a, S. 27).

Diese Fähigkeit zu Autonomie und Abgrenzung betrifft sowohl die Wahrnehmung des eigenen Selbst wie die Wahrnehmung des anderen. Produktive Liebe zeichnet sich gerade dadurch aus, daß man zu einer emotionalen Bindung fähig ist, bei der weder das Subjekt der Liebe auf sich, seine Wünsche und Bedürfnisse verzichten muß, noch daß das Objekt der Liebe erst umgemodelt werden muß, um liebenswert zu sein. Wo über die Aktivierung und Potenzierung der Eigenkräfte das eigene Selbst immer weniger fremd, unbewußt und beängstigend ist, da bekommt das Fremde und Andersartige des anderen immer mehr Anziehungskraft und verliert gleichzeitig immer mehr seinen bedrohlichen Charakter.

Anders ausgedrückt: Liebe bestimmt sich nicht nur vom Wunsch her, zu geben, zu teilen und sich mitzuteilen, sondern muß sich gleichzeitig an den Bedürfnissen und der Eigengesetzlichkeit des Objekts der Liebe orientieren. „Solange ich nicht weiß", sagt Fromm (1967e, S. 214), „was eine Pflanze, ein Tier, ein Kind, ein Mann, eine Frau brauchen und solange ich nicht von meiner Vorstellung, was für den anderen das Beste ist, und von meinem Wunsch, ihn zu kontrollieren, ablassen kann, ist meine Liebe destruktiv – ein Kuß des Todes."

Das Stehen auf eigenen Füßen, frei und unabhängig, und doch emotional auf sich und auf andere bezogen – gibt es bei den nicht-produktiven Orientierungen nicht. Gerade die Haben-Orientierung des Marketing-Charakters macht deutlich, wie groß die Abhängigkeit von den vermeintlichen Trägern der menschlichen Eigenschaften, den Waren, ist und daß die Haben-Orientierung eigentlich eine Suchtlogik verkörpert: Der einzelne ist nur, insofern er hat: Konsumgüter, ein gutes Image, Erfolg im Beruf, die Wahrheit, die richtigen Connections usw. Wie suchthaft abhängig der Haben-Orientierte ist, zeigt sich, wenn er „auf Entzug" kommt, wenn ihm vorenthalten wird, was sein Sein begründet. Dann fehlt ihm alles, weil er aus sich heraus und ohne die Gegenstände des Haben nichts ist.

Produktive Liebe belebt und stellt eine Energiequelle dar

Ein fünftes Merkmal produktiver Liebe ist schließlich, daß diese Art von Bezogenheit selbst eine Quelle psychischer Energie ist. Im Gegensatz zu Freud, der annahm, „die Energiequelle menschlichen Verhaltens sei weitgehend sexueller Natur" (Fromm 1948a, S. 150), unterscheidet Fromm zwischen zwei Quellen psychischer Energie. Die eine wurzelt in der Chemie unseres Körpers. „Von dieser Energiequelle", sagt Fromm in einer nachgelassenen Schrift (Fromm 1991e, S. 75.), „wissen wir, daß sie etwa ab dem 25. Lebensjahr langsam wieder abnimmt. Aber es gibt noch eine andere Energie. Diese entspringt unserem Bezogensein auf die Welt, unserem Interessiertsein. Man kann sie manchmal wahrnehmen, etwa wenn man mit jemandem, den man liebt, zusammen ist, oder wenn man etwas ganz Interessantes, Aufregendes liest. Man wird dann nicht müde. Man spürt eine Energie aufkommen, die nicht erwartet wurde. Man spürt ein tiefes Gefühl von Freude. Bei achtzigjährigen Menschen, die ein Leben intensiver Bezogenheit, Liebe, Betroffenheit, Interessiertheit gelebt haben, kann man die tatsächlich überraschende und überwältigende Beobachtung machen, daß diese Menschen ganz frisch und voller Energie sind, ohne daß diese Frische und Energie etwas mit ihrer Körperchemie und den Quellen zu tun hätte, die ihnen ihr Körper zur Verfügung stellt."

Tatsächlich ist es die Eigenart aller produktiven Eigenkräfte und also auch der produktiven Liebe, daß sie in dem Maße, wie sie gebraucht werden, psychische Energie freisetzen und deshalb belebend sind. Weitere Anzeichen dieses belebenden Effekts der produktiven Orientierung ist das Erleben von Zeitlosigkeit, Konzentriertheit, Gegenwärtigkeit und Unmittelbarkeit. Wer verliebt ist oder in etwas ganz Interessantes vertieft ist, merkt nicht, wie die Zeit vergeht, ist ganz bei der Sache, ganz aufmerksam und konzentriert, lebt die Gegenwart.

Die gegensätzliche Erfahrung machen Menschen, deren Charakter nichtproduktiv und am Haben orientiert ist. Hier gilt eben nicht, daß der Gebrauch Energie zur Verfügung stellt, sondern Energie verbraucht. Die Orientierung am Haben macht müde, erschöpft, lähmt, kostet Kraft und Aufmerksamkeit und führt schnell zu einem Nachlassen der Konzentration. Auch die Wahrnehmung der Zeit ist anders: Sie wird als Dauer, endlos dauernd, langweilig erlebt. Uns allen ist diese unterschiedliche Wahrnehmung der Zeit wie auch der ermüdenden oder belebenden Bezogenheit aus den Therapien wohlvertraut. Wenn es uns gelingt, die Abwehr, mit der die neurotische Konfliktlösung den Zugang zu einer produktiven Bezogenheit zu verhindern sucht, zu überwinden bzw. mit den produktiven Eigenkräften eines Menschen Kontakt aufzunehmen, erleben wir dies als belebend und wundern uns, daß die Stunde schon zu Ende ist.

Ich habe zu zeigen versucht, wie Erich Fromm die dynamische Natur menschlichen Verhaltens und Strebens aus dem vorgängigen Bezogensein des Menschen und nicht aus Trieben erklärt und den historischen Bedingungen – vor allem den für viele Menschen geltenden wirtschaftlichen und gesellschaftlichen Erfordernissen – eine die Psychodynamik prägende Funktion zuerkennt. Gleichzeitig mißt Fromm die so entstehenden Charakterorientierungen an ihren Wirkungen: Ob sie hinsichtlich der motorischen, kognitiven, sensorischen, intellektuellen und insbesondere der affektiven Potentiale des Menschen einen produktiven – weil aktivierenden – oder einen nichtproduktiven – weil passivierenden und Destruktivität erzeugenden-Effekt haben. Neben der Fähigkeit zu einer vernunftbestimmten Wirklichkeitswahrnehmung, also zu produktivem Denken, und der Fähigkeit zu schöpferischem Gestalten, also zu produktiver Arbeit, realisiert sich die produktive Orientierung vor allem in einer liebenden Bezogenheit auf die innere und äußere Wirklichkeit. Diese liebende Bezogenheit fördert nicht nur die Aktivierung und Potenzierung der affektiven, kognitiven und anderen Eigenkräfte des Menschen, sondern befähigt zu einer emotionalen Bindungsfähigkeit bei gleichzeitiger Abgrenzung und Autonomie und stellt bis ins hohe Alter eine Quelle psychischer Energie dar. Um mit einem Wort Erich Fromms aus

„Die Kunst des Liebens" (1956a, S. 501) zu schließen: „Ob Harmonie waltet oder ob es Konflikte gibt, ob Freude oder Traurigkeit herrscht, ist nur von sekundärer Bedeutung gegenüber der grundlegenden Tatsache, daß zwei Menschen sich vom Wesen ihres Seins her erleben, daß sie miteinander eins sind, indem sie mit sich selbst eins sind, anstatt vor sich selber auf der Flucht zu sein."

Literatur

Fromm, E. (1980/81): Erich Fromm Gesamtausgabe (GA), 10 Bände, hrsg. von R. Funk, Stuttgart (Deutsche Verlags-Anstalt); München 1989 (Deutscher Taschenbuch Verlag).

Fromm, E. (1989-1992): Schriften aus dem Nachlaß, 8 Bände, hrsg. von R. Funk, Weinheim und Basel (Beltz); München 1994-1996 (Heyne):

Fromm, E. (1934a): Die sozialpsychologische Bedeutung der Mutterrechtstheorie, GA I, S. 85-109.

Fromm, E. (1935a): Die gesellschaftliche Bedingtheit der psychoanalytischen Therapie, GA I, S. 115 – 138.

Fromm, E. (1941a): Die Furcht vor der Freiheit (Escape from Freedom), GA I, S. 215 – 392.

Fromm, E. (1947a): Psychoanalyse und Ethik. Bausteine zu einer humanistischen Charakterologie (Man for Himself), GA II, S. 1 – 157.

Fromm, E. (1948b): Sexualität und Charakter (Sex and Character), GA VIII, S. 377 – 385; sowie in: (1994a), S. 149 – 160.

Fromm, E. (1955a): Wege aus einer kranken Gesellschaft (The Sane Society), GA IV, S. 1 – 254.

Fromm, E. (1956a): Die Kunst des Liebens (The Art of Loving), GA IX, S. 437 – 518.

Fromm, E. (1964a): Die Seele des Menschen. Ihre Fähigkeit zum Guten und zum Bösen (The Heart of Man. Its Genius for Good and Evil), GA II, S. 159 – 268.

Fromm, E. (1967e): Die Faszination der Gewalt und die Liebe zum Leben. In: (1994a), S. 211 – 224.

Fromm, E. (1973a): Anatomie der menschlichen Destruktivität (The Anatomy of Human Destructiveness), GA VII.

Fromm, E. (1976a): Haben oder Sein. Die seelischen Grundlagen einer neuen Gesellschaft (To Have Or to Be?), GA II, S. 269 – 414.

Fromm, E. (1979a): Sigmund Freuds Psychoanalyse – Größe und Grenzen (Greatness and Limitations of Freud's Thought), GA VIII, S. 259 – 362.

Fromm, E. (1989a): Vom Haben zum Sein. Wege und Irrwege der Selbsterfahrung (Schriften aus dem Nachlaß, Band 1), Weinheim und Basel (Beltz Verlag) 1989, München (Heyne Taschenbuch) 1994.

Fromm, E. (1989b): Das jüdische Gesetz. Ein Beitrag zur Soziologie des Diasporajudentums. Dissertation Heidelberg 1922, (Schriften aus dem Nachlaß, Band 2), Weinheim und Basel (Beltz Verlag) 1989, München (Heyne Taschenbuch) 1996.

Fromm, E. (1991b): Die Pathologie der Normalität. Zur Wissenschaft vom Menschen (Schriften aus dem Nachlaß, Band 6), Weinheim und Basel (Beltz Verlag) 1991, München (Heyne) 1996.

Fromm, E. (1991e): Die Pathologie der Normalität des heutigen Menschen. Vier Vorlesungen aus dem Jahr 1953. In: (1991b), S. 15 – 105.

Fromm, E. (1991h): Ist der Mensch von Natur aus faul? In: (1991b), S. 145 – 197.

Fromm, E. (1992a): Gesellschaft und Seele. Beiträge zur Sozialpsychologie. Beiträge zur Sozialpsychologie und zur psychoanalytischen Praxis (Schriften aus dem Nachlaß, Band 7), Weinheim und Basel (Beltz) 1992, München 1996 (Heyne).

Fromm, E. (1993b): Leben zwischen Haben und Sein, hrsg. von R. Funk, Freiburg 1993 (Herder).

Fromm, E. (1994a): Liebe, Sexualität, Matriarchat. Beiträge zur Geschlechterfrage, hrsg. von R. Funk, München (Deutscher Taschenbuch Verlag; Dialog und Praxis 35071).

Funk, R. (1978): Mut zum Menschen. Erich Fromms Denken und Werk, seine humanistische Religion und Ethik. Mit einem Nachwort von Erich Fromm, Stuttgart (Deutsche Verlags-Anstalt); engl.: Erich Fromm: The Courage to Be Human, New York 1982 (Crossroad/Continuum).

Funk, R. (1983): Erich Fromm. Mit Selbstzeugnissen und Bilddokumenten., Reinbek (Rowohlt)

Funk, R. (1987): Von der jüdischen zur sozialpsychologischen Seelenlehre. Erich Fromms Weg von der einen über die andere Frankfurter Schule. In: R. Sesterhenn (Hrsg.): Das Freie Jüdische Lehrhaus – eine andere Frankfurter Schule, München/Zürich (Schnell & Steiner), S. 91 – 108.

Funk, R. (1992): Der Humanismus in Leben und Werk von Erich Fromm. Laudatio zum 90. Geburtstag. In: Wissenschaft vom Menschen / Science of Man. Jahrbuch der Internationalen Erich Fromm-Gesellschaft, Münster (LIT), S. 133 – 152.

Funk, R. (1992a): Wege und Irrwege der Liebe. Die Kunst des Liebens nach Erich Fromm. In: Eu. Ethik und Unterricht, Tübingen (Attempto), Band 3, Nr. 4, S. 8 – 13.

Funk, R. (1995): Der Gesellschafts-Charakter: 'Mit Lust tun, was die Gesellschaft braucht'. In: Internationale Erich-Fromm-Gesellschaft (Hrsg.): Die Charaktermauer. Zur Psychoanalyse des Gesellschafts-Charakters in Ost- und Westdeutschland. Eine Pilotstudie bei Primarschullehrerinnen und -lehrern, Göttingen (Vandenhoeck und Ruprecht), S. 17 – 73.

Keupp, H. (1995): Der Mensch als soziales Wesen. Sozialpsychologisches Denken im 20. Jahrhundert. In: H. Keupp (Hrsg.): Der Mensch als soziales Wesen. Sozialpsychologisches Denken im 20. Jahrhundert, München 1975 (Piper), S. 11 – 49.

Nitzschke, B. (1993): Triebtheorie. In: W. Mertens (Hrsg.): Schlüsselbegriffe der Psychoanalyse. Stuttgart (Verlag Internationale Psychoanalyse), S. 87 – 95.

Ortmeyer, D. H., (1995): History of the Founders of Interpersonal Psychoanalysis. In: Handbook of Interpersonal Psychoanalysis, Hillsdale: The Analytic Press, 1995, pp. 11 – 27.

Liebe im Schatten ihrer Zeit

Liebe im freien Fall

Claudia Sies

Mighty Aphrodite

Die Begegnung im bunten Spielzeugwunderland am Schluß von Woody Allens Film „Mighty Aphrodite" ist purer Zufall. Oder ist es der letzte Coup der Götter? Lenny, seinen Adoptivsohn an der Hand, und Linda, ihr Baby im Kinderwagen, stolpern übereinander und können sich kaum fassen vor Oh! und Ah! über den entzückenden Nachwuchs des anderen. Was Lenny wohl, aber Linda nicht weiß: Sie ist die leibliche Mutter des kleinen Max an Lennys Seite, den sie unmittelbar nach der Geburt zur Adoption freigegeben hat. Was Linda wohl, aber Lenny nicht weiß: Er ist, seiner einzigen, geraume Zeit zurückliegenden Liebesnacht mit Linda sei's gedankt, der Vater des Babys im Kinderwagen. So tut jeder der beiden dem eigenen Abkömmling schön und meint doch gerade das Gegenteil von Eigenlob. So gönnt jeder dem anderen sein Glück und prüft doch insgeheim, ob nicht gemeinsam die Erfüllung hätte winken müssen"(Seidel 1996). Heute gibt es einen Namen dafür: „Verdeckte Verwandtschaftsbeziehungen".

Obwohl im Film Ödipus in Gestalt des Chores der antiken Tragödie dauernd im Hintergrund winkt, wird im Vordergrund Ödipalem und Präödipalem gefrönt, Halluzination wird Wirklichkeit, und Wirklichkeit wird Halluzination. Und aus der Verflechtung der beiden Seelenebenen ergibt sich immer wieder die Einsicht, die der Tragödie ein Schnippchen schlägt: „Das Leben ist unglaublich, voller seltsamer Wendungen, einfach wunderbar" (i.c.).

Postmoderne Vielfalt ist nicht „Beliebigkeit"

Wie sehr hat Woody Allen mit diesem Spiel zwischen Ödipalem und Präödipalem den „Zeitgeist" der Paarbeziehungen erfaßt und ebenso ein Problem, das die Psychoanalyse heute zu bewältigen hat, auch im Hinblick auf die Liebe!

Um den heutigen Partnerbeziehungen, die sich längst nicht mehr an das Diktat „reifer" postödipaler, d.h. ausschließlicher und „dauerhafter" Beziehungen halten, gerecht werden zu können, ist vielleicht noch einmal die Erinnerung wichtig, daß die Psychoanalyse selbst viel zur Lockerung der Sexualmoral, der Familienstruktur und der gesellschaftlichen Verhältnisse beigetragen hat und dazu, daß Rationalität und Normen nicht mehr die höchsten Werte sind (s.a. Loewald 1978, S. 396, zit. in Whitebook 1995, S. 215). Und die Frage wäre, ob die Psychoanalyse sich selbst genügend lockern kann, sodaß sie in der Lage ist, auf die neuen Verhältnisse flexibel zu antworten, um den vielfältigen Anarchismen der Liebes- und Lebensarten gerecht zu werden. In diesem Sinne verstehe ich meine Gedanken als ein postödipales Nebeneinander vieler Möglichkeiten, psychoanalytisch auf die Vielfalt zu antworten, die sich postmodern, postindustriell, postfamilial, postempiristisch und was für post- sonst noch nennt. Der Umgang mit vielen Möglichkeiten wird von manchen mit dem eher abwertenden Begriff Beliebigkeit belegt, was aus meiner Sicht ein psycho-logischer Denkfehler ist. Denn: Mehr denn je sind wir an unserer Subjektivitäts-Stelle gefordert. Und nur, wer glaubt, Subjektivität sei im Es angesiedelt, wo es nicht darauf ankommt, ob ein Tag 24 oder 25 Stunden hat, muß ihre Willkür und Beliebigkeit fürchten. Wer Subjektivität aber im Ich ansiedelt, kann sich auf die Objektivität subjektiver Vorgänge verlassen. Nicht ohne Grund ist das neue Stichwort „Intersubjektivität". Diese funktioniert, wie man aus der Säuglingsforschung weiß, auf Millisekunde und Millimeter genau – nicht nur im körperlichen, sondern auch im seelischen Bereich.

Ist die Gegenübertragung für den therapeutischen Prozeß und die wissenschaftlichen Erkenntnisse wichtig, dann ist eine entscheidende Variable in der Behandlung einzelner oder in der Paartherapie die bewußte und die unbewußte Vorstellung der Psychoanalytiker über geglückte Partnerschaft. Und ob wir nicht, wenn wir uns selbst überprüfen, manchmal noch den psychoanalytischen Blick auf Frauen und Männer vom Ende des letzten Jahrhunderts mit uns herumtragen?

Damals entsprang die Psychoanalyse einer Situation, in der die Rollen von Frauen und Männern scharf konturiert und im Klischee festgelegt waren. Wer als Frau sogenannte männliche und als Mann sogenannte weibliche Eigenschaften leben wollte, mußte das Geschlecht wechseln, wovon Erscheinungen wie Anorexie und Transsexualität zeugen (vgl. Hirschauer 1993, Sies 1993).

Für die Konstruktion des Ödipuskomplexes waren diese Festlegungen eine wichtige Voraussetzung. Da brauchte es in Mutter und Vater klar definierte

Rollen, und Mädchen und Jungen wurden im weiblichen und männlichen Klischee mehr oder weniger ängstlich und exakt beantwortet.

Was wird aber zur Zeit aus den ödipalen Strukturen? Unter der Überschrift: „Die Schaufensterfiguren der Londoner Firma Adel Rootstein zeigen dem Menschen, was kommen wird und wie er auszusehen hat" kann man lesen, was die Trendforscher der Firma, die monatelang die Jugendlichen beobachteten, herausgefunden haben: „Geschlechtslosigkeit ist in, denn keiner weiß mehr, was es heißt, Mann oder Frau zu sein. Und wenn er es weiß, dann macht es ihm Angst. Und so wurde Adels neue Boy-Girl/Girl-Boy-Kollektion an Schaufensterpuppen geboren. In ihr sehen Jungen aus wie Mädchen und Mädchen wie Jungen und alle zusammen wie traurige Schlucke edlen Wassers. Wenn eine Frau nach Frau aussehen möchte, dann ist Glamour angezeigt, ansonsten wird alles immer androgyner" (Berg 1995, S. 38).

Kommen solche Klienten, die Geschlechtslosigkeit bevorzugen, in die Praxis, ist es aus meiner Sicht wichtig, nicht nur eine Vorstellung über Androgynie zu haben, sondern offen dafür zu sein, welche Lösung darin liegen kann. Sie kann Vollkommenheit und Selbstgenügsamkeit ausdrücken oder die Fähigkeit enthalten, sich mit dem anderen Geschlecht zu identifizieren und so „den Weg zum anderen eröffnen".

Oft sieht man aber hinter der Fassade der Androgynie nicht Kreativität, sondern eine Neutralität oder Indifferenz, „bei der die Spannung der Liebe zu einem eisigen Desinteresse verkümmert" (Molfino 1995, S. 567).

Wir haben in diesen Patienten, aber auch in anderen Fällen Menschen vor uns, die mit den Sexualrollen auch die Ungleichheit und Minderwertigkeit abschaffen möchten. Manchmal treffen wir dahinter Menschen an, deren geschlechtsspezifisches Zentrum so schwach besetzt ist, daß der Trieb ins Leere stoßen würde, was mit aller Macht verhindert werden muß und durch zusätzliches sexuelles Desinteresse gesichert wird.

Die Androgynie kann aber auch ein Pendelschlag sein zwischen den Festlegungen der vorgeschriebenen weiblichen und männlichen Eigenschaften (die jeweils nur einen Teil menschlicher Möglichkeiten zulassen) und der Geschlechtslosigkeit als Tarnung, weil es im Zentrum der Person noch nicht heißt, „Ich bin – eine Frau", „Ich bin – ein Mann", womit man dem festlegenden Zugriff auf Eigenschaften und Rollenzwänge als Frau und Mann jederzeit entkommen könnte.

In vielen Familien sieht man heute junge Väter, die ihre Kinder genauso nähren, pflegen und erziehen wollen wie ihre Frauen. Frauen machen heute häufig von Anfang an deutlich, daß sie nur Kinder bekommen werden, wenn der Mann entweder ganz Hausmann wird oder mindestens zur Hälfte die Arbeit an den Kindern und der Hausarbeit übernimmt. Männer wollen sich Gefühlsqualitäten wie „empfangen", „gebären", „nähren" und „einfühlsam sein", bewahren und zwar nicht als weibliche Eigenschaften, sondern als männliche Qualitäten. Das gleiche gilt für Frauen und Fähigkeiten wie „penetrieren können", „sich wehren können", „durchschlagend sein" usw., die sie als weibliche Eigenschaften integrieren möchten und nicht als Phallizität abgeben wollen (vgl. Sies 1993).

Zu erörtern, nicht zu beantworten wäre hier auch, welche Folgen dies alles auf die Geschlechtspartnerorientierung haben kann – und um diese ringt die ödipale Phase – wenn die Verhaltensweisen der Eltern gesellschaftlich nicht mehr über die Festlegung auf Eigenschaften und Attribute der Geschlechtsrolle entlang den biologischen Geschlechtsmerkmalen zentriert sind, sondern um die spezifischen Begabungen und Möglichkeiten des jeweiligen Menschen, gleichgültig, welchen Geschlechts er ist. Lief die klassische ödipale Beziehung über die gegenseitige Bewunderung mit dem gegengeschlechtlichen Elternteil wegen der Weiblichkeit und der Männlichkeit des jeweiligen Gegenübers, läuft nun die Bewunderung eher über Fähigkeiten, die durch Kompetenz und Temperament hervortreten.

Wie verstehen wir dann aber Homosexualität, wenn die Geschlechter sich so angleichen? Kann die Psychoanalyse ein schwules oder ein lesbisches Paar überhaupt verstehen und behandeln? Wie wollen wir ihnen gerecht werden, wenn wir – mit Molfino – vielleicht annehmen, der „wahre Gegenstand der Liebe sei Zwietracht und Differenz" (Molfino 1995)? Dies paßt nun gar nicht zu der Vorstellung über eine geglückte homosexuelle Entwicklung, wie sie z.B. Morgenthaler nachzeichnet, und die ja gerade von einer stärkeren Besetzung des Gleichen ausgeht: „Ist dieses belebte, Gestalt annehmende, hochdifferenzierte Objekt die Repräsentanz der eigenen Person, weil sich die entsprechenden Strukturen aus dem Funktionswandel der Autoerotik gebildet haben, entwickelt sich die homosexuelle Liebesbeziehung" (Morgenthaler 1980, S. 342). Gerade wenn der Homosexuelle in einem Partner „befremdende Züge" anziehend findet (also die Differenz) im Vergleich zur eigenen Person, anstatt Ähnlichkeiten, ist es oft eine fehlgehende, neurotische Objektwahl, unter der er leidet und deretwegen er in Behandlung kommt.

Auch lesbische Paare kommen nicht in die Behandlung, weil sie heterosexuell werden wollen, sondern weil sie Konflikte haben. Hier habe ich den Zwiespalt gesehen, sich mit einem Teil der Person trennen zu wollen, d.h. aushalten zu können, daß die andere unterschiedlich ist, tiefer aber das star-

ke Bedürfnis bestehen blieb, sich gegenseitig ins Gleiche zu zwingen.
Die exemplarischen Themen sind: „Wir sind uns einig, daß wir gleich sind" und: „Wir sind uns einig, daß wir verschieden sind". All das Gesagte soll aber nicht davon ablenken, daß es heutzutage mehr denn je in der Psychoanalyse darauf ankommt, nicht mit festen Vorstellungen und Theorien in die Situation zu gehen, sondern genau zuhören zu können, welche Stellen in der Beziehung lebendig sind.

Objektivität versus Objektivität der Subjektivität

In den letzten hundert Jahren liefen in der Wissenschaft, der Gesellschaft und in der Psychoanalyse gleichartige Entwicklungen parallel, und es entstanden psychoanalytische Theorien, die entlang sozialer und gesellschaftlicher Veränderungen die Kenntnisse über das Seelenleben erweitert haben. Der ganze Bereich des präödipal-narzißtischen Erlebens und die Probleme der Separation und Individuation gehören dazu.

Die ödipale Konstruktion führt den Dritten als objektivierende Dimension gegen die undifferenziertere Dyade ein, um, wie in der modernen cartesisch-galileischen Wissenschaft, sauber zwischen dem erkennenden Subjekt und dem zu erforschenden Objekt unterscheiden zu können (vgl. Whitebook 1995).

Auf der Wissenschaftsebene, im Gefolge der post-empiristischen Wissenschaftstheorien, wurde immer deutlicher, „daß wissenschaftliches Forschen gegen die Einwirkungen des erkennenden Subjekts oder der Forschergemeinschaft nicht in dem Maße abgeschottet werden kann, wie die Positivisten behauptet hatten. Die psychoanalytische Variation dieser Problematik ist (...) die Gegenübertragung (...)" (i.c. S. 212). Die Objektivität des subjektiven Beobachterstandpunktes war auch in die Psychoanalyse eingesickert.

So wie man nun aber mit der Kritik an den alten Objektivitätsvorstellungen Wissenschaftlichkeit und Rationalität überhaupt desavouieren kann oder sie aber dazu benutzen kann, „eine entidealisierte und gleichzeitig reichere Vorstellung von wissenschaftlicher Rationalität zu rekonstruieren, so kann man auch die Perspektive des Ödipus wegen seiner Betonung des Rationalen destruieren und damit die Psychoanalyse in Verruf bringen. Man kann aber auch „diese Entdeckungen einer umfassenderen und vielschichtigeren Darstellung der menschlichen Entwicklung und des psychischen Lebens einverleiben" (i.c., S. 212).

Die archaische Dimension der Psyche wird zunehmend zugelassen

Das alles läuft darauf hinaus, daß das Freudsche Erbe zwar bewahrt werden sollte, aber „...die Bedeutung der archaischen Dimension der Psyche vollständig in die klassische Theorie integriert werden muß, wenn die Psychoanalyse Verluste wettmachen und die frühere Vitalität zurückgewinnen soll, nicht nur als eine klinische, sondern auch als kulturelle und wissenschaftliche Disziplin" (i.c., S. 213).

Dazu gehört, daß im „postklassischen Patienten der psychotische Kern viel zugänglicher ist", weswegen Loewald (1978, S. 396) denn auch damals schon eine spezielle technische Sorgfalt und Professionalität forderte. Whitebook sieht in diesem Patienten auch das Phänomen „einer Gesellschaft, in der ein zunehmend freierer Ausdruck des psychotischen Kerns toleriert wird (Whitebook 1995 S. 217).

Die Psychoanalytiker würden präödipalen Spaltungsmustern folgen, wenn sie ein Entweder-Oder über Ödipales oder Präödipales fällen würden, und sie würden eher ödipalen Werten folgen, wenn sie sich selbst neue Wege suchen könnten – entlang ihrer Wahrnehmung dessen, was real in einer Beziehung möglich ist und nicht verstellt von Vorstellungen über Beziehungen. Denn in den Menschen steckt viel mehr als das, was sein darf. Aber das kann man erst sehen, wenn man frei davon ist, wie eine Beziehung sein sollte und die aktuelle vitale Beziehung wahrnehmen kann. Spürt der Patient diese Haltung, dann kann er sich bis an den psychotischen Kern heranwagen und zulassen, was noch nie verstanden worden ist, auch auf die Gefahr hin, daß es dieser Psychoanalytiker nicht versteht (vgl. Sies 1997 im Druck). Wenn ich heute von Ehe, Familie und Elternschaft spreche, klingt das nur so, als ob wir alle wüßten, wovon ich spreche. Aber allein hinter dem Begriff Vater können sich verbergen: alleinerziehender Vater, in Scheidung lebender Vater, Hausmann, Stiefvater, Wochenendvater, Vater seiner, ihrer und beider Kinder, ausländischer Vater, Vater in Wohngemeinschaft, arbeitsloser Vater, unehelicher Vater, unwissender Stiefvater.

Oder ich spreche von einer Familie und plötzlich wird mir klar, welch aufregendes Gebilde sich dahinter verbirgt:
Ein jung verheiratetes Paar, sie fünfundvierzig, er siebenundzwanzig Jahre alt, hat ein gemeinsames Kind. Die Frau ist mit dem zweiten Kind schwanger und hat aus erster Ehe zwei weitere Kinder, jetzt zwölf und fünfzehn Jahre alt. Diese wohnen beim Exehemann, mit dem man sich gut verträgt – so gut, daß das zweijährige Kind oft lieber bei ihm ist. Dieses Kind ist das einzige ehelich

geborene Kind der Mutter, allerdings wurde es während ihrer ersten Ehe mit dem jetzigen Ehemann gezeugt. In der neuen Ehe vergaß man, dieses Kind nach dem leiblichen Vater umzubenennen, was nun nicht mehr geht. Das stört aber nicht, denn nun heißt es so wie seine geliebten älteren Geschwister.

Wir sitzen zwischen den Stühlen

Wir haben es heute also mit Menschen zu tun – und dazu gehören wir selbst auch –, für die sich in einem verschärften Tempo feste traditionelle Vorgaben wie z.B. Berufslaufbahn, Klasse, Rangordnungen und Hierarchien in der Arbeitswelt, Geschlechtsrolle, Familie, Heiratsalter, Elternschaft, altersangemessenes Verhalten, die Kleiderordnung, der Tod, das Sterben und die Religion aufgelöst haben. Und hinter Begriffen wie „Individualisierung" und „Authentizität" verbergen sich neue, starke Anforderungen an unsere Fähigkeit, die eigenen Interessen, Wünsche und Gefühle in der Beziehung zu anderen Menschen und zu Institutionen bis ins Detail selbst zu steuern.

Das Ganze zielt also tiefer auf ein umfassendes, zeitgenössisches, gesellschaftliches Problem und – in Antwort darauf – auf einen gegenwärtig ubiquitären seelischen Konflikt, der besonders in die Partnerschaften hineinwirkt: Nämlich die Notwendigkeit, sein eigenes Leben selbst zu führen unter dem Zwang, sich permanent entscheiden zu müssen – mit all der seelischen Kompetenz, die dazu gebraucht wird. Die frühe Sozialisation der heutigen Menschen zielt zumindest bis zur Pubertät nicht darauf ab. Sie kommen daher besser im Zusammenspiel mit autoritären äußeren Institutionen zurecht und weniger mit den gegenwärtigen Institutionen, die das Risiko falscher Entscheidungen dem Individuum überlassen (vgl. Beck 1986).

Und während die Individuen immer mehr selbst verantworten müssen, bekommen seelische Vorgänge immer mehr Wichtigkeit, Ansprüche und Macht über die Menschen (s.a. Simon 1990). Niklas Luhmann sagt dazu: „Die Gesellschaft zeichnet nicht mehr die Lösungsrichtungen vor, sondern nur noch das Problem, sie tritt dem Menschen nicht mehr als Anspruch an moralische Lebensführung gegenüber, sondern nur als Komplexität, zu der man sich auf je individuelle Weise kontingent und selektiv zu verhalten hat" (Luhmann 1994).

In Anlehnung an Beck kann man sagen: anstatt der gewohnten Normalpartnerschaften blühen heute: Bastel-, Drahtseil-, Wahl- und Bruchpartnerschaften (vgl. Beck 1986, S. 37). Hannah Ahrendt spricht von einer „Tyrannei der Möglichkeiten" (i.c.).

Drei Entwicklungen laufen also parallel, die unseren heutigen Blick auf die Partnerbeziehungen auf neue Art herausfordern:
1. Wegfall der Traditionen, die das Zusammenleben regelten und von daher konfliktmindernd wirkten;
2. das Ansteigen und salonfähig Werden präödipal-narzißtischer Ausdrucksformen der Seele;
3. das vermehrte Zulassen in der Gesellschaft von präödipalen, nicht reglementierten Mustern in den Formen des Zusammenlebens.

Nehmen wir einen Fall aus unserer Praxis: Ein Paar, sie ist achtundzwanzig Jahre alt, er zweiunddreißig. Beide geschieden. Sie hat zwei, er drei Kinder, sie lernten sich vor zwei Jahren kennen und lieben und sind nun zusammengezogen. Seitdem leidet sie unter Kopfschmerzen, Rückenschmerzen, Selbstzweifeln und Unzufriedenheit. Sie schiebt ihre Beschwerden darauf, daß er sie nicht heiraten will.

Noch vor vier Jahrzehnten wäre die Situation der beiden Partner durch äußere Normen und Werte geregelt worden: Die beiden hätten geheiratet, wären zusammengezogen und hätten dann noch ein oder zwei gemeinsame Kinder bekommen. Der Mann hätte die Familie ernährt, sie den Haushalt geführt. Damit hätten sie sich in Einklang mit der gesellschaftlichen Umwelt befunden. Die heute eher als depressiv-masochistisch imponierenden Versorgungsansprüche der Frau wären früher gesellschaftlich konform und normal erschienen und der Wunsch des Mannes, trotz so vieler zu versorgender Kinder nicht heiraten zu wollen, wäre eher als Verantwortungslosigkeit oder Bindungsangst erschienen. Durch den Wegfall von Traditionen sind diese Übergänge von Zusammenziehen, Heiraten und erstem Kind heute der Tummelplatz für den Ausbruch von Beziehungskrisen, Symptomen und neurotischen Entwicklungen (vgl. Sies 1991). Die Selbstverständlichkeit ist verlorengegangen und damit auch die Entlastung durch Routine (vgl. Beck 1986). Suchen diese Paare Behandlung, dann oft deswegen, weil im Fall, wenn sie doch Entscheidungen treffen, vom Unbewußten her die Katastrophen der Zusammenstöße in den frühen Objektbeziehungen aufsteigen und zu massiver Unlust führen können, die sie dann mit Streit, Depression, Essen, Trinken, Rauchen oder psychosomatischen Symptomen zu anästhesieren versuchen. Nun, wenn es auf die Einzelpsyche ankommt, machen unbewußte Phantasien und Konflikte ihre Ansprüche geltend.

Wie empirische Forschungen zeigen, exisitieren heute nebeneinander viele Mischformen dessen, was man Liebe nennt. Die gleichberechtigte, gleichwertige Form ist dabei die seltenste, vielleicht weil spannungsreichste, die tra-

ditionelle gibt es aber auch immer weniger, und dazwischen blühen viele
Variationen, die die Partner in Eigenregie managen. Im Gegensatz zu früher,
sind heute vor-, inner- und nacheheliches Zusammenleben möglich, Single-Dasein, variierende Elternschaften, große Altersunterschiede nach beiden
Seiten, Großfamilien aus verschiedenen Scheidungsvorgängen zusammengesetzt – all das ist nebeneinander, aber auch in eine einzige Biographie integrierbar.

Wer spürt, wer er ist, ist auch zu einem Partnerwechsel fähig, wenn mit
dem gegenwärtigen die Lebensaufgabe nicht lösbar ist. Die Psychoanalyse
kann sich auch von der neuen Generation viel sagen lassen und erforschen,
was heute zwischen den Menschen entsteht. Was heißt es z.B., wenn die Jungen und Mädchen – alle im gleichen ohren- und individualitätsbetäubenden
Lärm und Rhythmus in der Disco springen? Welche Grenzen, welche Verkrustungen, welche Schalen versuchen sie niederzureißen (Wendl-Kempmann 1996, persönliche Mitteilung)? Oder was denken wir über eine
75jährige Claire Goll, die mit einem 25jährigen Mann ihren ersten Orgasmus
erlebte und erstaunt war, daß sie in diesem Alter neu erfahren konnte, daß sie
als Frau Sexualität auch anders als unterwürfig erfahren konnte (vgl. Goll
1976, Sies 1997, in Druck)?

Der neue Trend: Vom Reiz der Gemeinheit zur Interaktions- und Verhandlungsmoral

Die seit der Französischen Revolution proklamierte Gleichwertigkeit von
Frau und Mann widersetzt sich also am hartnäckigsten der Realisierung. Bis
in die Tiefenschichten der Person sind die hierarchischen Verknüpfungen
wirksam. Vielfach scheint auch heute der Reiz zwischen den Geschlechtern
im Gefälle zu liegen. In dem Gefälle von stark und schwach, groß und klein,
mächtig und ohnmächtig, aggressiv und schüchtern, alt und jung, berühmt
und unbedeutend. Im Unbewußten sind damit aber, wenn ein Großes auf ein
Kleines trifft, Inzest, Vergewaltigung, ja Mord verknüpft, weswegen auf diesem Reiz aufgebaute Beziehungen nach einiger Zeit auch von Lustlosigkeit
geprägt sind (vgl. Sies 1995). Aber Schmidt führt aus, wie die Theorien von
Bataille bis Stoller, von Susan Sontag bis Jessica Benjamin, die als Ingredienzien leidenschaftlich erlebter Erotik Aggression, Macht, Kampf, Übergriff,
Risiko und Triumph über die Gefahr sehen, auf dem Wege sind, anstößig zu
werden. Durch die ständige Gewaltdebatte, deren „Diskurs inzwischen alle

Bereiche der Sexualität der Erotik, aber auch der Sinnlichkeit erreicht hat, nicht nur den zwischen Eltern und Kindern, Jungen und Alten, Frauen und Frauen..., Kindern und Kindern... Sexuelle Gefahr, wird überall beschworen" (Schmidt 1995, S. 2).

Die gängige Sexualmoral weicht einer neuen Art von Liebe, die von Interaktion und Verhandlung getragen wird. Gegen die Unruhe der Monster, genannt unbewußte Phantasien, die dazu neigen, sich in Handlung durchzusetzen und die die alten Gewaltverhältnisse wieder erzwingen könnten, wurde in einem kleinen College am Ohio, in Antioch, USA, die neue sexuelle Ordnung idealtypisch entwickelt. In der Weltwoche Zürich vom 4.11.1993 war unter dem Titel: „Bevor Du ihr die Hand aufs Knie legst, mußt Du fragen", zu lesen: „Dort beschloß die Vollversammlung der Studenten und Studentinnen für beide Geschlechter und alle sexuellen Orientierungen einen Katalog sexueller Korrektheit, Regeln fürs Flirten, Küssen, Streicheln, Schmusen und Beischlafen. Das Prinzip ist einfach: explizite Fragen und explizite verbale Zustimmung für jede neue Ebene des sexuellen Kontakts, also: ein klares „Ja" zum Kuß, zur Körperberührung, bei jeder erogenen Zone, zu jeder Form der Stimulation. Die Universitätsverwaltung mußte das neue Reglement in ihre Verfassung aufnehmen und ihren Sanktionskatalog für die Relegation von Studenten der neuen Moral anpassen.

Die Geschichte aus Antioch ist außergewöhnlich, beleuchtet aber grell und wahrhaftig eine allgemeine und verblüffende gesellschaftliche Tendenz: Die Abschaffung der Sexualmoral und ihr Ersatz durch eine Interaktions- oder Verhandlungsmoral der Geschlechter oder der Partner. „Da sie nicht sexuelle Handlungen oder Praktiken bewertet, sondern die Art und Weise ihres Zustandekommens, hat die Interaktionsmoral durchaus liberale Züge. Die Studenten von Antioch sind nicht prüde. Ob hetero-, homo- oder bisexuell, ehelich oder außerehelich, genital, anal oder oral, zart oder ruppig, bieder oder raffiniert, sadistisch oder masochistisch ist moralisch ohne Belang. Von Belang ist, daß es ausgehandelt wird" (i.c., S. 3). Natürlich fällt uns auf, daß die Verständigung zwischen den Partnern hier auf Verbales reduziert wird, wo wir doch andererseits wissen, wieviel in Beziehungen averbal abläuft.

Die „reine Beziehung"

Mit der Entropie, im Sinne sich steigernder Unordnung durch den Zerfall der Gesamtwerte in unendlich viele subjektive Werte und Normen, können die neuen Wertehierarchien nicht Schritt halten, um die Verunsicherungen auszubalancieren. Also versucht man es auch gar nicht erst, sondern stellt sich darauf ein. Bei der Jugend ist das selbstverständlicher, die sagt: Vergeßt alle Systeme. Dazu gehört eine neue Form der 'LIEBE', die sogenannte 'reine Beziehung', wie der britische Soziologe Anthony Giddens sie nennt: Sie „wird nicht durch materielle Grundlagen oder Institutionen gestützt, sie wird nur um ihrer selbst willen eingegangen und besteht nur, solange sich beide darin wohlfühlen, solange beide einen emotionalen 'Wohlfahrtsgewinn' haben. Dadurch ist ihre Stabilität riskiert, ja, es gehört zu ihrer Reinheit, prinzipiell instabil zu sein. Weder Abhängigkeit, noch Dominanz und Besitz können diese Liebe sichern, sondern beide Partner müssen vielfältige Talente entwickeln." „Die reine Beziehung ist nicht notwendig monogam"(i.c. S. 4).

Auch die Psychoanalyse hat das Problem, in der heutigen extrem schnellen Wandlung der gesellschaftlichen, kulturellen und sozialen Verhältnisse, aber auch neben den rasanten Fortschritten der Nachbarwissenschaften ihren eigenen Bestand dauernd zu riskieren.

Literatur

Beck, U. (1986): Risikogesellschaft, Frankfurt a. M. (Suhrkamp).
Berg, S. (1995): Puppen von Adel. In: Zeit-Magazin, Nr. 15. vom 5.4.95, S. 36 – 39.
Goll, C. (1976): Ich verzeihe keinem. München (Scherz).
Hirschauer, S. (1993): Die soziale Konstruktion der Transsexualität, Frankfurt a. M. (Suhrkamp).
Loewald, H.W. (1978): Das Dahinschwinden des Ödipuskomplexes. Zit. in: Whitebook, J. (1995): Psychoanalytische Theorie und Zeitgeist. In: Psyche, Nr. 3, S. 207 – 223.
Luhmann, N. (1994): Soziale Systeme. Frankfurt a. M. (Suhrkamp).
Molfino, F. (1995): Neutralität, Bisexualität und Androgynie. In: Psyche, 6, S. 560 – 573.
Morgenthaler, F. (1980): Homosexualität. In: Sigusch, V.: Therapie sexueller Störungen. Stuttgart – NewYork (Thieme), S. 329 – 367.
Schmidt, G. (1995): Über den Wandel heterosexueller Beziehungen. Z. Sexualforschung, 8, S. 1 – 11.
Seidel, H. D. (1996): Schaumgeboren. In: Frankfurter Allgemeine Zeitung vom 15.8.1996.
Sies, C. (1991): Schwellen des Begehrens. In: Borer, C. und Ley, K.: Fesselnde Fami-

lie. Tübingen (Edition diskret), S. 106 – 130.

Sies, C. (1993): Die Gruppenleiterin – Wahrnehmungsdifferenzen aus weiblicher Perspektive. Psychotherapie, Forum 1, S. 215 – 219.

Sies, C. (1995): Urszene und Generationenschranke, in: Tress, W., Sies, C. (Hrsg.): Subjektivität in der Psychoanalyse, Göttingen – Zürich (Vandenhoeck & Ruprecht), S. 193 – 212.

Sies, C. (1997, im Druck): Liebe und Leidenschaft in der zweiten Lebenshälfte.

Sies, C., Brocher, T. (1997, im Druck): Achtung vor dem kognitiven System. Ethische Einstellungen in Psychoanalyse, radikalem Konstruktivismus und Chaostheorie. In: Tress, W., Langenbach, M.: Ethik in der Psychotherapie, Göttingen – Zürich (Vandenhoeck & Ruprecht). Im Druck.

Simon, W. (1990): Die Postmodernisierung der Sexualität, in: Zeitschrift für Sexualforschung, Nr. 2, S. 99 – 114.

Whitebook, J (1995): Psychoanalytische Theorie und Zeitgeist. Psyche 3, S. 207 – 226.

Liebende im Schatten der Zeit

Christa Marahrens-Schürg und Michael Froese

Liebe West, Liebe Ost

„Ich weiß nicht einmal, ob Liebe einbricht oder ausbricht. Manchmal glaube ich, sie bricht in uns ein wie ein anderes Wesen, das uns monatelang, sogar jahrelang umlauert, bis wir irgendwann, von Erinnerungen oder Träumen heimgesucht, sehnsüchtig unsere Poren öffnen, durch die es in Sekunden eindringt und sich mit allem mischt, was unsere Haut umschließt. Oder sie bricht ein wie ein Virus, das sich in uns einnistet und still verharrt, bis es uns eines Tages anfällig und wehrlos genug findet, um als heillose Krankheit auszubrechen. Ich kann mir aber auch vorstellen, daß sie von Geburt an wie eine Gefangene in uns lebt. Nur manchmal gelingt es ihr, sich zu befreien und aus ihrem Gefängnis, das wir sind, auszubrechen. Wenn ich sie mir als ausgebrochene lebenslange Gefangene vorstelle, kann ich am ehesten verstehen, warum sie in den seltenen Augenblicken der Freiheit so tobt, warum sie uns so gnadenlos quält, uns in alle Verheißung stürzt und gleich darauf in alles Unglück, als wollte sie uns vorführen, was zu vergeben sie imstande wäre, wenn wir sie nur ließen, und welche Strafe wir verdienen, weil wir sie nicht herrschen lassen" (Maron 1995, 28ff).

Das läßt die Autorin eine Frau über ihre Liebe sagen. Es ist eine Liebe zwischen einem Mann aus dem Westen und einer Frau aus dem Osten Deutschlands. Für die Frau stellt diese Liebe alles in den Schatten und sprengt die Zeit. Alles vorher und alles nachher wird ihr unwichtig, gerät in Vergessenheit. Daß diese Liebe sich ereignet, kann geschehen, weil draußen, zwischen Ost und West, Mauern gefallen sind. Wie sich diese Liebe ereignet, ist sehr von den kulturellen Hintergründen der beiden Liebenden aus Ost und West beeinflußt. Denn die Veränderung des einen und der anderen sind sehr verschieden.

Für die Frau aus dem Osten wird es ein anderes, ein vereinzeltes Leben, der Mann aus dem Westen bleibt in seinen Verhältnissen. Sie erlebt nicht nur eine neue Liebe, sie erlebt mit dieser Liebe den Mann aus der anderen Kultur. Um dieser Liebe willen hat sie den Bezug zu ihrem alten Leben aufgegeben. Es sieht so aus, als bliebe ihr nichts anderes übrig, als gäbe es nur die eine Lösung, herauszuspringen aus dem alten Leben. Alles was bisher gewesen ist, gerät in Vergessenheit. Für ihn findet offensichtlich keine kulturelle Veränderung statt. Er springt nicht mit ihr aus seiner Zeit. Das, was ihn durch die Begegnung mit ihr verändern könnte, erreicht ihn deshalb nicht, weil sie ihren Zeitbezug so gänzlich aufgibt. Er verläßt sie, kehrt zurück in seine westdeutsche Stadt, und sie lebt weiter, in Erinnerung an diese Liebe, ohne jede Orientierung in der Zeit.

Heute wie zu anderen Zeiten geht es, wenn es um Liebesfragen geht, um den Antagonismus von Trieb und Gesellschaft. Freud hat als zentrales Moment aller Liebesphänomene den im Kern unversöhnlichen Antagonismus zwischen Triebforderungen des Individuums und den von der Zivilisation auferlegten Einschränkungen beschrieben. Er sprach von einer „gegensätzlichen Beziehung zwischen Kultur und freier Sexualitätsentwicklung" (Freud 1905, S.11).

Ging es zu Freuds Zeiten noch um die Schwierigkeiten mit der rigiden Sexualmoral viktorianischer Prägung, so geht es heute um eine viel freiere Sexualität mit den Schwierigkeiten individueller Triebregulierungen und denen der jeweiligen Identitätsfindung. Die Notwendigkeit der sexuellen Triebregulation ist weiterhin und immer mehr die Aufgabe des einzelnen Menschen und geschieht immer weniger unter dem Einfluß kollektiver Normen und Instanzen. Das ist Trend der Zeit.

Die gesellschaftliche Entwicklung der letzten 50 Jahre im Westen, die ja auch die Lebensweisen der Liebes- und Ehepaare deutlich verändert hat, ist im Osten ganz anders verlaufen. Die Menschen im Osten müssen diese Entwicklung in rasantem Tempo nachholen, wollen sie nicht ins gesellschaftliche Aus geraten. Diese beschleunigten Entwicklungsprozesse können den Menschen das Gefühl geben, sich wie in einem Zeittunnel zu befinden. Veränderungen von 50 Jahren müssen in vielleicht 5-10 Jahren nachvollzogen werden. Effekte und Auswirkungen zeigen sich schärfer, gelegentlich wie mit einer Zeitrafferkamera hervorgehoben.

Wir vermuten, daß sich solcherart Unterschiede im Bereich von Liebe und Sexualität im therapeutischen Alltag zeigen. Wir – eine Psychoanalytikerin West und ein Psychoanalytiker Ost – haben versucht, mit dem jeweils fremden Blick auf den therapeutischen Alltag des anderen zu sehen. Dabei nahmen wir an, deutlicher zu sehen, was man als Teilnehmer der gleichen Kultur oft nur undeutlich bemerkt. Uns war aufgefallen, daß wir in unseren Gesprächen über eigene Behandlungsfälle immer wieder auf bestimmte kul-

turelle Besonderheiten stießen. Wir hatten das in verschiedenen spontanen Gesprächen wahrgenommen und wollten es unter der oben genannten Fragestellung systematisch verfolgen. Dazu interviewten wir einander und analysierten das auf diese Weise gewonnene Material in vier Schritten:
1. Als erstes berichtete jeder von uns dem anderen ohne bewußte Vorauswahl über seine analytische Arbeit mit einem gegengeschlechtlichen Patienten. Beide Interviews verliefen assoziativ und unstrukturiert. Der Interviewer und sein Partner sollten lediglich nach dem Prinzip freischwebender Aufmerksamkeit vorgehen.
2. In einem zweiten Schritt wurden die Gespräche vollständig transkribiert.
3. Im darauf folgenden Schritt lasen wir die Texte der Gespräche gemeinsam. Die hierbei jeweils aufkommenden Einfälle, Stimmungen, Gefühle und Phantasien haben wir notiert. Sie bezogen sich auf den Ablauf der Interviews und besondere Prozeßmomente.
4. Schließlich nutzten wir diese unsere Assoziationen, um unbewußte Anteile in den therapeutischen Beziehungen und auch in den Interviews zu untersuchen.

Ursprünglich hatten wir geglaubt, wir würden aus den Äußerungen unserer Patienten und dem therapeutischen Prozeß Aufschlüsse erhalten. Aber die Kasuistik geriet immer mehr in den Hintergrund, denn die eigentlich interessanten Ergebnisse erhielten wir aus der Analyse der Interviewverläufe. Deshalb haben wir uns ganz bewußt dazu entschlossen, weder die Patienten selbst noch die Behandlungen darzustellen. Unser Blick ist ganz auf die Untersuchung der unbewußten Prozesse in den Interviews ausgerichtet. Das Material, das wir auf diesem Weg gewinnen, wird zum Ausgangspunkt für unsere Interpretationen.

Interviewanalysen

Um die Leserinnen und Leser an dem Interaktionsprozeß teilhaben zu lassen, unterbrechen wir die indirekte Beschreibung und gehen in unserer Darstellung zur wörtlichen Rede über; es ist die zusammengefaßte Rede aus dem oben genannten dritten Schritt, die Auswertung der Assoziationen zu dem jeweiligen Interview. Wir beginnen mit dem Verlauf des ersten Interviews. Michael Froese hatte über seine Patientin berichtet, Christa Marahrens-Schürg hatte zugehört, gefragt und kommentiert, und sie reflektiert im folgenden dieses Interview:

„Du beginnst verallgemeinernd, berichtest mir wie Deinem Chef, dem Du eine gelungene Kasuistik vortragen möchtest. Daraufhin reagiere ich konkretisierend, befrage Dich auf das Spezifische hin. Ich greife Deine Art zu berichten an. Das tue ich, indem ich in das Komplizierte, das Erotische hineinfrage, inquisitorisch manchmal und mit unflätiger Neugier. Du läßt Dich davon auch leiten. Du vergleichst Deine Behandlungsweise früher und heute: „Im analen Bereich konnte ich sprechen, im erotischen Bereich konnte ich es nicht."

Du kommentierst Deine Arbeit mit der Patientin als „vorsichtig und unter der Hand". Gemeint sind die Stellen, in denen es um das Verbotene, das Erotische geht. Dieses Heimliche klingt in meinen Ohren „stasimäßig". Ich vermute ein „Ostler-Wir", das sich zwischen Euch entfaltet und habe den Impuls, dieses „Wir" anzugreifen. An dieser Stelle des Interviews gewinnen wir zum ersten Mal einen einvernehmlichen Blick auf den Fall. Jetzt kannst Du formulieren, es gehe wohl für die Patientin um „eine von Kontrolle befreite Liebe". Diese Hoffnung ist nach der Wende belebt worden, im Gefolge aufbrechender neuer Lebens- und Entwicklungsmöglichkeiten. Die Hoffnung hat aber auch alte Ängste aktiviert, ein frühes Trauma. Davon erzählst Du und kannst jetzt nicht nur ihre Wünsche und Ängste, die Wirkung des alten Traumas, sondern auch die ersten Bezüge zu Eurer Übertragungskonstellation sehen.

Als ich dann aber ergänze, daß das traumatische Geschehen bis in die Behandlung hineinwirkt und als ich Dich in Deiner Rolle als Traumatisierer anspreche, wendet sich das Interview noch einmal. Jetzt kannst Du von eigenen Ressentiments sprechen ihr, der Ehefrau eines Stasiangehörigen gegenüber, von Deinen indirekten und direkten Erfahrungen mit diesen Leuten, von der Wut über die erlittene Kontrolle. Jetzt wird uns beiden sichtbar, wie sehr dies auf einer unbewußten Ebene die Behandlung beeinflußt hat. Plötzlich liegen uns eure unmerkliche und unreflektierte Vergangenheitsbezogenheit und ihre Auswirkungen auf die erotischen Befreiungswünsche der Patientin klar vor Augen. Wir sehen, wie sie latent von Machtimpulsen durchsetzt sind, wie in der Behandlung schon in frühen Phasen erotisch-sexuelle Befreiungswünsche der Patientin durch unbewußte Racheimpulse von Dir behindert und niedergehalten werden."

Im zweiten Interview berichtete Christa Marahrens-Schürg über ihren Patienten, Michael Froese hatte zugehört, gefragt und kommentiert. Es folgt seine Reflexion auf dieses zweiten Interview: „Du beginnst den Bericht über Deine Behandlung, und es geht sofort um Aggressionen. Du berichtest differenziert über Details und Widerstände von diesem Mann, den Du in Zweitanalyse genommen hast. Ich spüre Schwierigkeiten, meine Position als Interviewer zu finden. Um mich besser orientieren zu können, beginne ich, mich für Einzelheiten des sozialen Kontextes zu interessieren. Du bist verwundert darüber und erachtest intrapsychische Details für wichtiger gegenüber den von mir herangezogenen sozial-kulturellen Bezügen. Während Du berichtest, fällt mir auf, wie unmittelbar Du das Erotische in die Behandlung hineinbringst. Meine diesbezüglichen Fragen machen Dich aber auch nachdenklich.

Darauf folgt ein neuer Themenbereich im Interview. Über meine Einfühlung in den Mann, den Du beschreibst, beginnen wir unsere Bilder von Mann- und Frausein in unseren Kulturen zu vergleichen. Ich identifiziere mich mehr und mehr mit dem Mann. Wo Du in einem seiner Träume versteckte genital-sexuelle Wünsche siehst, sehe ich ein phallisches Schamproblem. Du hattest berichtet, wie ihr mit der Tatsache umgegangen seid, daß er sich vor Jahren hatte sterilisieren lassen. Plötzlich sah auch ich ein Wir, eine gemeinsame Haltung aus der nach-68'er Zeit, die ich nicht verstand. Wir mußten jetzt am Beispiel der Sterilisationen über Euer kulturspezifisches Geschlechterverhältnis sprechen. Du hast mir dann wichtige Momente Deiner Entwicklung zu einer emanzipierten Frau beschrieben. Aber auch wie Du Dich als Opfer gefühlt hast, trotz aller Emanzipation, als Mutter mit zwei kleinen Kindern und einem bohrenden Neid auf die Freiheit der Männer.

Du konntest jetzt sehen, daß Dein Umgang mit seiner Sterilisation, nämlich diese als Ausdruck einer Verweigerung von Leistung und männlicher Aggression aufzufassen, eine unbewußte Übernahme des allgemeinen Kulturauftrags war. Identifiziert mit dem Ziel, am Ende der Therapie den Patienten als einen leistungsstarken, potenten Mann ins Leben zu entlassen, übergingst Du sein Verweigerungspotential und wolltest ihn direkt phallisch mobilisieren. Dieser Umgang enthielt, das konnten wir jetzt verstehen, Anteile einer unbewußten Rache an einer von männlichen Leistungsidealen geprägten Gesellschaft, die die Frauen in ihrem Konflikt zwischen beruflicher Selbstverwirklichung und Mutterschaft allein läßt."

Wer liebt, hat recht

Wir hatten ursprünglich daran gedacht, an den Problemen unserer Patienten zu zeigen, daß neben den individuellen Gründen für das Leiden an der Liebe auch allgemeine, kulturell bedingte Beeinträchtigungen wirksam sind. Weiterhin hatten wir uns vorgestellt, daß aus der Therapie der Ost-Patientin Aussagen zu einem Zeittunneleffekt möglich sein könnten. Die Untersuchung unserer Gespräche läßt uns aber zuerst die Besonderheiten der jeweils anderen Therapeut-Patient-Beziehung wahrnehmen. Diese Wahrnehmung mit dem fremden Blick führt unweigerlich dazu, daß das eigene Eingebundensein in die Kultur bewußter wird. Von daher müssen wir uns zuerst stärker mit uns selbst und der zwischen uns entstandenen Beziehungsdynamik befassen.

In der analytischen Untersuchung der Interviewprozesse bemerken wir, was unsere Supervision mit dem Blick aus der anderen deutschen Kultur zutage bringt:

1. Beide Interviews beginnen durchaus schwierig. In ihren frühen Phasen gibt es aggressive Spannungen zwischen Berichterstatter/in und Interviewer/in. Die Schwierigkeiten sind vom Inhalt her unterschiedlicher Natur. Versucht man, diese als Ausdruck einer Übertragungs-Gegenübertragungs-Dynamik zu deuten, ergibt sich folgendes Bild: Der sachliche, um Korrektheit bemühte Bericht von Michael Froese im ersten Interview kann als Ausdruck einer Übertragung auf eine Autoritätsperson, wie auf einen Vorgesetzten, gesehen werden. Die Gegenübertragung von Christa Marahrens-Schürg folgt der Figur einer Beziehung, in der jemandem berichtet wird, der sich aber ärgert, weil er zugleich nichts Wesentliches erfährt und er sich herausgehalten fühlt.

Im zweiten Interview ist es die detaillierte Fülle, die den Hinweis auf eine Übertragung liefert. Unbewußt anvisiert wird von Christa Marahrens-Schürg der sie bewundernde Kollege. Die Gegenübertragung von Michael Froese, nämlich kritisch und bremsend nach dem sozialen Kontext zu fragen, reagiert auf die Bewunderungserwartung mit Konkurrenz. Würde er sich nicht so verhalten, käme er in Gefahr, an die Wand gespielt zu werden. Die initialen Spannungen in den Interviews spiegeln die Stimmungen in den therapeutischen Beziehungen wider. Im ersten Interview hängt die aggressive Spannung stärker mit einem Autoritätskonflikt zusammen, im zweiten geht es mehr um Konkurrenz unter Kollegen.

2. In beiden Interviews taucht die Figur eines Wir-Gefühls auf. Eine bis dahin gemeinsame unbewußte Abwehrstrategie in der Behandlung, eine Art Kollusion. Im ersten Interview ist es das unter-der-Hand-Auslassen, das stasi-mäßige Verschweigen, das die-Macht-Unterlaufen. Die unbewußte Rede der Kollusion ist etwa so: Die Patientin sagt: „Ich komme, bereit die Analyse zu machen, ich will Dich mit Liebe gewinnen, aber erst einmal werde ich Dich unter meine Kontrolle bringen". Die Antwort des

Therapeuten darauf ist sinngemäß: „Ich werde mit Dir arbeiten und kann Dir zum Glück verhelfen, aber mit Dir als Tochter eines früheren Funktionärs und Frau eines ehemaligen Stasi-Offiziers, kann ich nicht wirklich über Liebe und Sexualität sprechen. Denn Du kontrollierst mich wie früher die Stasi, weckst Existenzängste in mir, und nun behindert mich mein unterschwelliges Rachebedürfnis." Die hierin zu vermutende unbewußte kulturelle Einigung ist: „Über die Stasi-Vergangenheit in uns sprechen wir nicht, wir kennen sie und leben mit ihr in der Therapie."
Im zweiten Interview bildet die gemeinsame inhaltliche Bestimmung von Männlichkeit als aggressiv und erfolgreich das Wir-Gefühl. Innerhalb dieser Kollusion könnte die unbewußte Rede des Patienten sein: „Ich konnte bei meinem ersten Analytiker nicht wirklich zum Mann werden. Jetzt suche ich eine Frau, bei der ich die Sicherheit finde, ein Mann zu sein. Aber ich will mein Begehren nicht zum Ausdruck bringen, um mich nicht auszuliefern."Die Antwort der Therapeutin darauf: „Ich, als potente Frau, werde Dir helfen, vom sich selbst kastrierenden Softy zum Mann zu werden, der keine Angst hat vor der Zeugungspotenz. Aber Du erinnerst mich an meinen Neid auf die Männer, ich werde Dich vorführen und muß verhindern, daß Deine Potenz wirklich zum Zuge kommt." Die unbewußte kulturelle Einigung in dieser Konstellation ist: „Den Preis, den wir zahlen, Männer und Frauen, für die Emanzipation, über den sprechen wir nicht, wir leben damit."

3. In beiden Interviews gibt es Momente, in denen der fremde Blick plötzlich das Behindernde der kulturellen Einigung entdeckt. Symptomatisch erscheinen sie uns als Momente starker Betroffenheit. Wir werden aufmerksam auf je eine schwer zugängliche kulturtypische Abwehrhaltung. Die Bewußtmachung dieser Abwehren führt dazu, daß im Gespräch die Ebenen wechseln. Wie wir es aus Behandlungen kennen, folgt dem Zusammenbruch der Abwehr ein mit Betroffenheit einhergehendes Erinnern. So auch hier. Im ersten Interview sind es die Erinnerungen an die im Rahmen ödipaler Thematik erlebten Kontrollen und Beeinträchtigungen der eigenen Weiterentwicklung zu Kompetenz und Kreativität. Im zweiten Interview sind es die Erinnerungen an die Emanzipationskämpfe, die Hoffnungen und Enttäuschungen und der Neid der Frau gegenüber den Brüder-Männern, die sowohl Kinder haben als auch Karriere machen können.

4. Ein weiteres Ergebnis der Interviewanalyse ist die Entdeckung und kulturspezifische Bedeutung von Verweigerungen. Wir kamen darauf über die

Verweigerungshaltungen von uns Therapeuten. Und wir konnten diese als Gegenübertragungshaltungen zurückführen auf die jeweiligen Beziehungsangebote unserer Patienten. Wie sehr die Patienten auch unter der fehlenden erfüllten Sexualität leiden, so sehr können sie ihre Partner und uns über die Gestaltung oder Verweigerung dieses Triebbereichs kontrollieren. Leid und Ohnmacht in der Liebe werden so zum Machtfaktor in der Beziehung. Die Formen der Verweigerung, der konkreten Dynamik von Liebe und Macht sind, so zeigt die Interviewanalyse, wiederum kulturell geprägt. Die Verweigerung des Ost-Therapeuten, der Patientin einen Zugang zu einer libidinösen Dimension in der Therapie und zu einer Beziehung zu ihm zu ermöglichen, entspricht der kontrollierenden, latent autoritären Haltung, die die Patientin in die Therapie mitbringt. Die Verweigerung der Therapeutin aus dem Westen ist sublimer; sie ist hinter einer aktivierenden und pseudo-emanzipatorischen Haltung versteckt. Sie hält die Beziehung mit ihren Möglichkeiten der Interpretations- und Deutungsmacht in der Geschwisterkonkurrenz fest, und damit spiegelt sie die von ihm zurückgehaltene generative Potenz.

Wohin geht die Zeit?

An dieser Stelle möchten wir die Darstellung und Interpretation unseres Materials verlassen. Liebende im Schatten der Zeit. Wir haben nicht, wie im Stile einiger Soziologen, Journalisten und anderer Kritiker der Gesellschaft, ein düsteres Szenarium entworfen von zerstörten Familien und Ehen, der Entwicklung zur narzißtischen und Single-Gesellschaft, mit einer Konsumhaltung in Sachen Liebe. Dieser häufig verbreitete Kulturpessimismus entspringt einem Unbehagen an unserer Kultur. Diese Vorstellungen enthalten zugleich die meist unbemerkte regressive Phantasie von einer immerwährenden harmonischen Gemeinschaft der Liebenden, die es zu keiner Zeit gegeben hat.

Folglich konnte es uns nur darum gehen, Sehnsüchte von Menschen nach Liebe und ihre Schwierigkeiten, in einer konkreten gesellschaftlichen Situation mit ihren Liebeswünschen zu leben, in unserer täglichen Arbeit zu untersuchen. Wir wollten sehen, ob sich mit Hilfe der von uns beschriebenen Interviewanalyse der Blick öffnet für Schatten, die die Zeit auf Liebende wirft. Da wir aus unterschiedlichen Kulturen stammen, bot es sich für uns an, mit einer vergleichenden Untersuchung eine Annäherung an das Thema zu suchen.

Als Ergebnisse lassen sich verschiedene Besonderheiten konstatieren. Wir sind auf ost- und westtypische Formen von Liebe-Macht-Dynamiken gestoßen, und diese unterscheiden sich deutlich. Wir sind über ein Wir-Gefühl gestolpert und finden die darin zum Ausdruck gebrachten kulturellen Selbstverständlichkeiten. Die Übertragungs-Gegenübertragungs-Dynamik hat sich als gemeinsame Abwehrform (Wir-Gefühl) kultureller Bedingungen bedient oder sich ihnen angepaßt. Wie im Behandlungsbericht aus der ehemaligen DDR der Umgang mit Macht und Kontrolle zur Selbstverständlichkeit geraten war, so blieb der heimliche Konkurrenzkampf zwischen Mann und Frau im Behandlungsbericht aus Westdeutschland zunächst unsichtbar.

Nun liegt es nahe, daß eine autoritäre Gesellschaft das Machtthema nicht nur in die politischen, sondern auch in die privaten Verhältnisse transportiert. Wir haben gefunden, wie sich die analen Widerstandsformen gegen die Übertragungs- und Gegenübertragungsliebe tatsächlich niederschlagen. Dabei sind Rollenfragen und Geschlechtsidentität kaum relevant. In der demokratischen Westgesellschaft hingegen dominieren Unsicherheiten in der Geschlechtsrolle seit längerem. Das zeigt sich vielfältig in der öffentlichen Diskussion seit mehr als 20 Jahren.

Auch im Geschlechterverhältnis geht es, wenn es um Liebe geht, immer auch um Macht. Die Auflösung tradierter Rollenvorgaben mobilisiert den Kampf um alte und neue Machtbereiche zwischen den Geschlechtern. Abgrenzungen verlieren ihre Selbstverständlichkeiten bis hin zum Verlust alter Rollen und zur Übernahme von Rollenanteilen des anderen Geschlechts. Aber auch neue Formen des Zusammenlebens werden erprobt. Neue Flexibilitäten sind entstanden oder bilden sich heraus.

Wie wir mit unseren Bemühungen um das spezifisch Weibliche oder Männliche in den Behandlungen dieser neuen Entwicklung Rechnung tragen, ist auch in unserem Material sichtbar geworden. Weil die männliche Geschlechtsrolle in der Gesellschaft nicht mehr eindeutig klar ist, wird sie zum Thema in der Behandlung als ein wichtiger emotionaler Schatten, der auf die Liebenden der westlichen Gesellschaft fällt, kann die Unsicherheit im eigenen Geschlecht ausgemacht werden.

Und hinzu kommt, bedenkt man die Konkurrenz, die unser zweites Interview durchzieht, eine Bereitschaft zum Kampf zwischen neidischen Geschwistern. Die gesellschaftliche Veränderung scheint also voranzuschreiten von einer mehr paternalistischen Rivalität, der ödipalen Auseinandersetzung mit Autoritäten in einer hierarchischen Ordnung, zu einer Geschwisterrivalität mit einer Auflösung starrer Identitätsmodelle vor allem in bezug auf die Geschlechtsidentität. Das hat Alexander Mitscherlich schon 1973 vorausgesehen. In seiner Studie über die vaterlose Gesellschaft beschreibt er die Entwicklung in der Massengesellschaft. Sie schaffe „ein Riesenheer von rivalisierenden, neidischen Geschwistern. Ihr Hauptkonflikt ist nicht durch die ödipale Rivalität, die mit dem Vater um die Privilegien des Genusses von Macht und Freiheit ringt, bezeichnet, sondern durch Geschwisterneid auf den Nachbarn, den Konkurrenten, der mehr bekommen hat" (S. 328).

Einen Zeittunnel- oder Zeitraffereffekt für die Ostdeutschen, wie wir ihn zu Beginn unserer Untersuchung vermutet hatten, konnten auch wir nachweisen. Wir fanden wichtige Momente einer Bewegung vom Autoritären zum Demokratischen, vom Ödipalen zum Geschwisterlichen, von der Furcht vor dem Vater zum Neid unter Kindern, die von den Ostdeutschen als Entwicklung nachvollzogen werden, die im Westen bereits fortgeschritten ist. Zum differenzierteren Nachweis dieses Zeittunneleffekts wären systematischere Untersuchungen spannend und sinnvoll.

An dieser Stelle wird der Weg der Frau im Roman von Monika Maron noch einmal neu verständlich. Die Hauptperson des Romans wird nach 1989 von einem kulturellen Sprung erfaßt. Sie gerät in eine Liebe, die ein Symbol für den allgemeinen Aufbruch ist. Ihre Entwicklung kann nicht in einem menschlichen Tempo mitwachsen. Sie wird so überrollt, daß sie – wie als Überlebensstrat – diese Liebe ganz und gar in ihren Mittelpunkt stellt. Sie verliert den Bezug zu Zeit und Kultur und lebt nur noch in der Liebe. Da sie ihre Kultur verleugnet, ihre Wurzeln herausreißt und die Bezüge zu ihrer Zeit kappt, scheitert sie.

Es gibt drei Wege der Liebe, sagt Peter v. Matt (1991), die Heirat, den Wahnsinn und den Tod. Der Roman von Monika Maron endet tödlich und unsterblich zugleich. Die Frau glaubt schließlich, ihren Geliebten getötet zu haben. Und sie lebt mit ihrem Erinnern an ihn, 100 Jahre schon.

Wohin wird es gehen? Es könnte sein, daß es uns Psychoanalytikern, wie Franz Wellendorf (1995) vermutet, an theoretischem Verständnis für diese in ihren Rollen und in ihrer Identität nicht mehr eindeutigen Menschen fehlt. Es könnte sein, daß wir in unseren Behandlungen mit den Bemühungen um Eindeutigkeit von Männlichkeit und Weiblichkeit unmerklich eine Restabilisierung versuchen, die die Zeit, in der die Dinge klarer waren, festhalten soll. Längst sind hetero-, homo- und bisexuelle Sexualität keine Festlegungen mehr. Spielerisch wird nach verschiedenen Möglichkeiten gesucht. Alte Identitäten sind aus den Gipsbetten der Tradition gelöst.

Wie werden sich diese neuen Möglichkeiten auf unsere Patienten, auf die Entwicklung unserer Kinder und Jugendlichen und ihre Weise zu lieben auswirken? Werden unsere Vorstellungen, Theorien und Techniken genügen, um diese neuen Entwicklungen besser zu verstehen als es oft heute geschieht? Werden wir es eines Tages nicht mehr mit einem wie auch immer brüchigen, aber kohärenten, sondern mit einem virtuellen Selbst zu tun haben? Unsere Ergebnisse legen nahe, bei enormen sozialpsychologischen Veränderungen, die wir z. Z. alle durchmachen und durchmachen werden, die Mühe für genaue Analysen nicht zu scheuen.

Nach dem Zusammenbruch des Ostblocks gerät jetzt die westliche Gesellschaft in vielen Lebensbereichen in systematische Krisen, die sich auf unsere Patienten in vielfältiger Weise auswirken können. Es genügt nicht mehr, mit pathologisierenden Diagnosen etwa der Art einer Zunahme früher Störungen zu reagieren. Die zeitspezifischen Ausprägungen des Widerspruchs zwischen Trieb und Gesellschaft sind neu und genauer zu analysieren. Wir haben versucht, einen Weg in diese Richtung zu zeigen. Die Schwierigkeit, hier zu forschen, hängt mit der Blindheit gegenüber der eigenen Kultur zusammen, und die ist leichter mit einem fremden Blick aufzuheben.

Literatur

Freud, Sigmund (1905): Drei Abhandlungen zur Sexualtheorie. Leipzig
Maron, Monika (1996): Animal triste. Frankfurt a. M. (Suhrkamp).
Mitscherlich, Alexander (1973): Auf dem Weg in die vaterlose Gesellschaft. Frankfurt a. M. (Suhrkamp).
von Matt, Peter (1991): Liebesverrat, Die Treulosen in der Literatur. München.
Wellendorf, Franz (1995): Psychoanalytische Identität in der Postmoderne. 30 Jahre Lehrinstitut Hannover. Festschrift S. 93 – 106.

Liebe in den Zeiten der Beliebigkeit

Elmar Struck

Die Liebe widersetzt sich ihrer Analyse

Über die Liebe ist alles gesagt worden, und doch ist sie uns rätselhaft – eine Sphinx, ein *oiseau rebelle*, ein wilder, bunter Vogel, den wir auch hier nicht fangen werden.

Als Therapeuten der Seele begegnen wir der Liebe mit einer gewissen Skepsis. Privat hingegen schlägt sie uns mit den gleichen Illusionen in Bann wie unsere Patienten. Diese – soweit sie tiefer verliebt sind – sprechen nicht gern über sie. Es ist ihnen irgendwie unangenehm, ihre Liebe zu analysieren. Sie fürchten intuitiv, am Ende ihrer schönsten Hoffnungen beraubt zu sein. Lieber schützen sie die eigenen Liebesideale vor analytischer Gefahr und sprachlicher Profanisierung. So widersetzt sich die Liebe der Analyse, zeigt sich oft unbeeindruckt von ihr, macht was sie will. Erst durch ihre Verwandlung in „Übertragungsliebe" glauben wir, sie besser handhaben und untersuchen zu können.

Wir haben es also mit einem schwierigen Thema zu tun. Es spottet leicht dem rationalen Diskurs. So möchte ich Ihr Augenmerk auf etwas anderes lenken, etwas, von dem die Liebe beeinflußbarer scheint, etwas, das ihr mehr zusetzt als jede Vernunft. Neben ihrem großen Gegenspieler, dem Haß, ist es die Zeit, die ihr mehr zu schaffen macht als alles andere. Von den Bedingungen der Zeit läßt sie sich irritieren, stärken, schwächen oder verwandeln.

Ja, es gab Zeiten, da existierte die Liebe nicht in den Formen, in denen wir fühlen und denken; Zeiten, in denen sich die Menschen nicht als Individuen erlebten, in denen ihnen nicht ein individuelles Gegenüber lieb und heilig war, sondern allein die geschlechtliche Spannung zwischen gebärendem und erzeugendem Prinzip – verehrt in frühen Religionen der „Schöpfungswonne" (Schubart 1989).

In einer bekannten Fußnote, die Freud seinen „Drei Abhandlungen zur Sexualtheorie" später hinzufügte, heißt es: „Der eingreifendste Unterschied zwischen dem Liebesleben der Alten Welt und dem unsrigen liegt wohl darin, daß die Antike den Akzent auf den Trieb selbst, wir aber auf dessen Objekt verlegen. Die Alten feierten den Trieb und waren bereit, auch ein minderwertiges Objekt durch ihn zu adeln, während wir die Triebbetätigung an sich geringschätzen und sie nur durch die Vorzüge des Objekts entschuldigen lassen" (1905, S. 60).

Wehe dem Menschen in den Zeiten der Schöpfungswonne, der den Liebesakt von der Person des Partners abhängig gemacht hätte, der sich gar „bei der sakralen Umarmung den Priester oder die Hierodule auf ihre persönlichen Eigenarten hin betrachtet hätte" (Schubart 1989, S. 124).

Den späteren Erlösungsreligionen liegen nicht mehr die Gefühle der Schöpfungswonne, sondern der Schöpfungsschmerz der sich vom Mutterschoß getrennt erlebenden Individuen zugrunde. Ihr Motiv steht unter dem Gesetz der Spaltung, die nach Erlösung verlangt und das heißt: Ergänzung durch den anderen.

Nun rückt der andere als Person, rücken persönliche Beziehungen ins Zentrum des Bewußtseins.

Die Problematik persönlich antwortender Liebe wächst allerdings mit der Dynamik ihrer Möglichkeiten. Hier sind wir unserem Thema bereits sehr nah. Nahe auch der kulturkritischen Auffassung der Psychoanalyse, nach der es sowohl die Unterdrückung als auch die Unerfüllbarkeit unserer usprünglichen Liebessehnsucht ist, die nach Bereitstellung einer endlosen Reihe von Ersatzbefriedigungen verlangt. Als Folge davon leidet ein jeder an einem tiefen Unbehagen und an zahlreichen neuen Illusionen, die man als den höchsten Preis bezeichnen kann, den wir für die Zivilisation zahlen.

Unsere Frage gilt also den Schicksalen der Liebe in einer Zeit, die ich unter dem Aspekt der Beliebigkeit in der Nutzung der Vielfalt ihrer Möglichkeiten darstellen werde.

Das Wenige, was wir als Analytiker zur Liebe sagen können

Halten wir zunächst in kürzester Form die wenigen gemeinsamen Grundüberzeugungen zur Psychoanalyse der Liebe fest:

Die Stellung der Liebe im Zentrum der Psychoanalyse

Psychoanalysen lassen sich im Grunde verstehen als Geschichten über die Schicksale des Liebens. „Jede psychoanalytische Behandlung ist ein Versuch, verdrängte Liebe zu befreien, die in einem Symptom einen kümmerlichen Kompromißausweg gefunden hatte" – mit diesen Worten verdeutlichte Freud (1907, S. 80) die Stellung der Liebe im Zentrum aller psychotherapeutischen Bemühungen. Auch wir können sagen: An der Liebe entscheidet sich letztendlich, ob uns das Leben glückt. Alles andere wird in der Rückschau vom Sterbebette aus verblassen.

Niemand wird dies bestreiten, gehört es schließlich zu den wesentlichsten Charakteristika der uns so vertrauten Neurosen, Liebe einzuklagen. „Endlich aber muß man beginnen zu lieben, um nicht zu erkranken und muß erkranken, wenn man infolge von Versagung nicht lieben kann." (Freud 1914, S. 52).

Liebe und Sicherheit

Wir alle haben folglich gute Gründe, in unserem Leben nach Liebe zu suchen. Aber wir haben ebenso gute Gründe, uns vor ihr zu schützen, denn „niemals sind wir ungeschützter gegen das Leiden, als wenn wir lieben, niemals hilfloser unglücklich, als wenn wir das geliebte Objekt oder seine Liebe verloren haben" (Freud 1930, S. 214). Es gibt sicherheitsbedachte Kräfte in uns, die der Liebe entgegenstehen.

Die Entwicklung einer Psychologie der Triebe und Affekte ist von zahlreichen Versuchen gekennzeichnet, dem Eros einen gleichwertigen Gegenspieler an die Seite zu stellen. Die erschreckendste Polarität liegt hierbei in der Annahme eines – wie auch immer zu verstehenden – Elements der Zerstörung.

In seinem Buch „Oedipus and Beyond" hatte Jay Greenberg nach Sichtung der jahrzehntelangen wissenschaftlichen Diskussion zuletzt erneut einer dualistischen Konzeption den Vorzug gegeben, indem er vorschlägt, einen „effectance drive" und einen „safety drive" zu unterscheiden, eine sicherheitsbedachte Kraft. In seiner breit gefaßten Sicht erlaubt dieses Konzept, eine Vielzahl unterschiedlicher Befunde zur Psychologie der Liebe und des Hasses aufzunehemen – so z. B. Balints Überlegungen zur philobatischen und oknophilen Welt (1961).

Das Schibboleth, also das Kennzeichen verbindender Überzeugung, ist für Greenberg immer noch der Ödipus-Komplex mit den von ihm evozierten Affekten und Gefühlszuständen, die beide Triebvektoren einfärben und organisieren. Wir stimmen darin überein, daß dieser Komplex die von Balint unterschiedene und für unser Thema so bedeutsame Ein-, Zwei- und Mehrpersonenpsychologie auf das intensivste ausgestaltet und erstmalig die für die

Entwicklung der Liebesfähigkeit so entscheidende Spannung zwischen dualen und triangulären Beziehungen provoziert.

Liebe als Wiederfindung eines verlorengegangenen Objekts

Nachdem Freud entdeckt hatte, daß die Wurzeln der Sexualität bis in die Kindheit zurückreichen, war es nur noch ein kleiner Schritt hin zu der Erkenntnis, daß dort auch die Ursprünge der Liebe zu finden sind. Im Mittelpunkt seiner Überlegungen steht der Gedanke – und dem stimmen wir zu – daß jede „Objektfindung" eigentlich eine Wiederfindung ist. Bereits ganz im Sinne des platonischen Mythos schreibt Freud 1883 seiner Braut: „Ich bin ja nur ein halber Mensch im Sinne der alten platonischen Fabel, die Du gewiß kennst, und meine Schnittfläche schmerzt mich, sobald ich außer Beschäftigung bin. Wir gehören doch schon zusammen." Anders jedoch als bei Platon ist es für ihn später die Beziehung zur Mutter, die vorbildlich für jede Liebesbeziehung bleibt und von der als erster und wichtigster aller sexuellen Beziehungen Spuren übrigbleiben, die spätere Objektwahlen vorbereiten und das verlorene Glück wiederherstellen sollen (Freud 1905). Hieraus folgt, daß jeder von uns seine eigenen Liebesbedingungen hat und noch folgenschwerer, daß alles Lieben einen Ersatzcharakter trägt und jede Liebe an unbewußte Bedingungen gebunden und somit voller infantiler Rückstände ist.

Liebe und Sexualität

Die Entwicklung der Fähigkeit zu lieben ist eng mit der Entwicklung der Sexualität verbunden, ja teilweise mit ihr identisch, so daß Freud in „Triebe und Triebschicksale" (1915) dazu neigt, von der Liebe als „Ausdruck der ganzen Sexualstrebung" zu sprechen (S. 96). Er meint damit, daß alle sexuellen Triebkomponenten sich auf *eine* Person konzentriert haben.

Die insgesamt unsichere Verbindung von Liebe, Libido und Genitalität ist trotz dieser und anderer Überlegungen bis heute keineswegs befriedigend geklärt. Durch den Sexualtrieb allein ist die Liebe nicht zu erklären – ohne ihn allerdings auch nicht. Anders gesagt: Liebe ist nicht allein die Manifestation eines Triebes, sondern eben auch ein Affekt und gehört damit der Sphäre des Ich an. Einmal auf eine Person gerichtet, besteht dieser Affekt auf deren Unverwechselbarkeit und läßt sich einen Austausch nicht so leicht gefallen wie der Trieb, der die Austauschbarkeit seiner Objekte oft ohne Minderung hinnimmt.

Vergessen wir jedoch nicht, daß die Liebe ebenso tief in die Sphäre der Triebe hineinreicht und somit dem Es verbunden bleibt und sich vor allem hierdurch ihre unbeeindruckbare Macht sichert.

In unserer Arbeit haben wir gelernt, zwischen ungehemmter und zielgehemmter, sinnlicher und zärtlicher, „irdischer" und „himmlischer" Liebe zu unterscheiden. Das Nichtzusammentreffen dieser Strömungen ist es vor allem, welches uns eines der Ideale des Sexuallebens, nämlich die „Vereinigung aller Begehrungen in einem Objekt" und damit die Empfindung von Liebe nicht erreichen läßt. Freud hatte es lakonisch formuliert: „Wo sie lieben, begehren sie nicht, und wo sie begehren, können sie nicht lieben" (1912, S. 202). Verantwortlich hierfür ist neben ungelöster Ödipalität die Stärke der prägenitalen Strebungen. Für uns alle gilt, daß das Gesamt unserer Sexualität aus einer Vielzahl von Komponenten zusammengesetzt ist, und daß je nach deren Mischung und Stärke die Möglichkeiten ihrer Befriedigung unterschiedlich ausfallen. Die Stärke mancher Komponenten erlaubt uns Sexualität scheinbar ohne Liebe wie auch Liebe scheinbar ohne Sexualität. In letzterem Fall sind wir gewohnt, nach Einsprüchen des Über-Ich gegen schuldhaft erlebte Sexualität zu fragen. Wir tun heute gut daran, unser Augenmerk in gleicher Weise auch darauf zu richten, ob sich innere Einschränkungen und Verbote nicht ebensogut auch gegen die Liebe richten können. Martin Bergmann gibt in seiner „Geschichte der Liebe" hierzu einen interessanten Hinweis: „Wie in der Liebe ersetzt auch beim leidenschaftlichen Sex der Partner den geliebten Elternteil und tritt an dessen Stelle, doch anders als bei der Liebe ist es nicht gelungen, für diesen Tausch die Zustimmung oder Duldung des Über-Ich zu erlangen. Trotz des sexuellen Glücks bleibt daher das Gefühl der Liebe aus." (1994, S. 377/378).

Liebe und Haß

Manche analytischen Beobachtungen lassen uns glauben, daß etwas im Eros verborgener Haß ist, zumindest heimliche Stimmung des Gegensatzes. Daher kann auch Liebe so leicht in Haß umschlagen, ähnlich wie die Anbetung Gottes in seine Verfluchung. Liebe hat oft weniger mit dem Eros zu tun als wir glauben und mehr mit Aggression als uns lieb ist.

Wir müssen uns in diesen Zusammenhängen vor Idealisierungen hüten, wie sie z. B. das Konzept des Genitalprimats nahelegt. Insbesondere Kernberg (1988 und 1992) hat darauf hingewiesen, daß befriedigende Sexualität auf einen relativ freien Verkehr zwischen den einzelnen Stufen ihrer Entwicklung angewiesen ist. Auch die Liebe bedarf des oft unbewußten beiderseitigen Einverständnisses, mit dem Partner Elemente aus früheren Objektbeziehungen zu wiederholen.

Liebe und Liebesideal

Die Neigung, einen geliebten Partner zu idealisieren, entstammt – so unsere Auffassung – einer Übertragung grandioser Aspekte des eigenen Selbst. Sie läßt uns den anderen als vollkommen erscheinen und nährt dadurch Hoffnungen, dieser andere könne vielleicht die vielen Wunden heilen, die frühere Enttäuschungen zugefügt haben. Liebe ist – so betrachtet – ein äußerst effektiver Versuch, das narzißtische Lebensgefühl zu stabilisieren und zu steigern. Wenn Freud (1914) Objektwahlen nach dem Typus der „Anlehnung" und dem „narzißtischen Typ" unterscheidet, können wir davon ausgehen, daß eine mehr auf Autonomie und „Selbstverwirklichung" gerichtete Kultur uns eher den narzißtischen Typus der Objektwahl empfiehlt. Spötter werden jetzt anmerken, daß die Anlehnungsbedürfnisse dann allerdings um so heftiger auf den Staat und seine Wohlfahrtseinrichtungen übertragen werden.

Beide Wahlen sind und bleiben riskant, und nur erotisch entschlossenere Naturen ziehen die Suche nach dem Erleben starker Lustgefühle allem anderen vor. Auf der Suche nach einer sicheren Unterbringung ihrer Anlehnungs- und narzißtischen Bedürfnisse schrecken nicht wenige irgendwann ganz vor menschlichen Objekten zurück. Bereits sehr früh dämmerte schließlich uns allen, daß unsere Lust wie unsere Sicherheit von Objekten abhängt, die außerhalb unserer selbst existieren und daß wir ihnen auf Gedeih und Verderb ausgeliefert sind. So ist es eine stete Verführung, sich der Zeiten zu „erinnern", als es das trennende Du noch nicht gab, als noch alles eins war, und wir an unsere Allmacht und die All-Verfügbarkeit der Außenwelt glauben durften.

Ein 36jähriger Patient – im Kunstgewerbe als Kaufmann bereits sehr erfolgreich tätig – hatte von zahlreichen Freundinnen kleinere Gegenstände „archiviert" und in einer Kiste, seiner „Schatzkiste", versteckt. Hierin befanden sich also Photos, Postkarten, Ringe, Spangen, Haarlocken, Tücher, Lippenstifte und diverse delikatere Dinge.

Er hatte die Beziehungen zu seinen Freundinnen immer dann abgebrochen, wenn diese starke Gefühle für ihn entwickelten. Dann wies er jedesmal auf eine andere Beziehung hin, der er verpflichtet sei und aus der er nicht mehr herauskommen könne. Seine wahre Liebe sei jedoch die gerade aufzugebende Freundin, und um eine ewige Erinnerung an sie zu haben, bat er dann um die Herausgabe eines kleineren persönlichen Gegenstandes. Seine Vorstellung war, später aus diesen Gegenständen eine große Collage anzufertigen – seine „unsterbliche Geliebte". Er genoß dabei vorweg die Phantasie, alle Teile ganz nach Gusto bewegen und plazieren zu können.

In großer Beunruhigung war er zu mir gekommen, als seine jetzige Freundin beim Rumstöbern in seiner Wohnung die Kiste entdeckt und ihm entwendet hatte. Statt Reißaus zu nehmen, bestand sie jedoch auf einer wirklichen Beziehung zu ihm und drängte ihn, sich seinen Problemen zu stellen.

Meine Erfahrung aus langjähriger Paarberatung sagt: Niemand – auch unser Patient nicht – gibt das Ideal einer unverbrüchlichen, persönlichen und einmaligen Liebe wirklich auf. Allerdings werden die Spannungen zwischen dem persönlichen Liebesideal und der Wirklichkeit als kaum überbrückbar erlebt. Dies führt aber nicht dazu, das Ideal zu mäßigen, sondern im Leben z. B. „lange Reihen" zu bilden. In ihnen kann die Illusion, irgendwann endlich werde der oder werde die Richtige kommen, genährt und aufrechterhalten werden.

Das mit diesem Ideal verbundene Ideal von Unverbrüchlichkeit und Treue sucht sich derweil einen anderen Weg: „Sich selbst treu zu sein" lautet nun die zentrale Lebensvorstellung. Hierbei geht es darum, sich seiner selbst zu vergewissern in einer Zeit, wo sich alles um einen herum und in einem selbst so rasch verändert. Beliebigkeit, Fragmentierung, Ichzerfall lauten die Gefahren. Sie verlangen, daß wir uns zuerst unserer eigenen Kontinuität vergewissern.

Die Idealisierung des Bleibenden dient aber auch der Abwehr von Ängsten vor der Lust am Wandel, am Wechsel der Personen, der Orte, der Dinge. Sich an ein Objekt ganz zu binden, provoziert die Angst, vieles andere auch zu verlieren. Daher die Tendenz, sich loszureißen. Ich reiße mich los – dann aber frage ich mich: Wer bin ich nun?

Wir sind also auch zum Ideal der Liebe zutiefst ambivalent eingestellt. Allerdings, ein Ideal ist – psychologisch gesehen – unerbittlich. Wer ihm ausweicht, mogelt und wer mogelt, bekommt das irgendwann zu spüren (R. Bensch, 1994).

Halten wir abschließend zwei Gesichtspunkte besonders fest:
- Der uns verborgene Ersatzcharakter allen Liebens läßt uns dennoch auf die Erfüllung ursprünglicher Glückssehnsüchte und Liebesideale pochen und uns hiervon Heilung der früh erlittenen Verwundungen und Verletzungen

erhoffen. Diese hatten in uns hartnäckige Gefühle von Getrenntheit und Einsamkeit hinterlassen, die wir in der Begegnung mit einem „immer schon gesuchten" Partner endlich aufheben möchten. Die real vorzufindenden Gegebenheiten der Außenwelt, die natürlichen Einschränkungen unserer Wahlmöglichkeiten und nicht zuletzt die vielfältigen Restriktionen unserer Innenwelt nötigen uns jedoch oft unbemerkt Umwege, Rabatte, Kompromisse und manches andere ab. Unwilliger zwar als die Sexualität ist auch die aus ihr hervorgegangene Liebe zahlreicher Stellvertretungen fähig, die uns mit Surrogaten, illusionären Verzeichnungen und mit der „Bildung langer Reihen" oft lange Zeit vorlieb nehmen lassen. Ja, selbst in den eigentümlichsten Perversionen ist, wie Medard Boss (1966) in dem schönen Bändchen „Sinn und Gehalt der sexuellen Perversionen" aufgezeigt hat, noch der verzweifelte Versuch zu lieben erkennbar.

- Mit der Vorstellung und Empfindung von Liebe verbinden wir vielfältige Idealisierungen, insbesondere das Ideal der „reifen Objektliebe", in der sinnliche und zärtliche Strebungen miteinander verbunden sind. Diese Verbindung ist zugleich eine hohe Kulturleistung des einzelnen, die – wie alle Kulturleistungen – ihren Preis hatte. Aus der langen Menschheitsentwicklung und ihren Niederschlägen in unserer eigenen Entwicklung ist zudem noch eine Ahnung in uns aufbewahrt, daß solcherart Anforderungen wie Achtung, Respekt, Rücksichtnahme, Mäßigung, Fairneß, Ehrlichkeit, Gerechtigkeit und anderes mehr nicht leicht und ohne weiteres zu erfüllen gewesen sein müssen, und daß vor allem die abendländische Geschichte eine gefährlich lange Epoche der Ächtung des nackt-Erotischen durchschreiten mußte, um uns den anderen auch in der Liebe als Person mit eigenständiger individueller Würde vor Augen zu stellen. Nicht „Fraß und Paarung" (Benn), sondern „die Persönlichkeit" sei schließlich „das höchste Glück der Erdenkinder" (Goethe).

Wir haben gehört, daß die Alten jahrtausendelang mehr dem Trieb als dem Objekt gehuldigt haben und sich auf unterschiedlichste Weise der Möglichkeiten der Aufspaltung in Trieb- und Objektliebe bedient haben. Die Liebe kann – und das sollten wir in Erinnerung behalten – auch heute rasch ihres Objektbezuges verlustig gehen und hierbei etwas ganz anderes zurückgewinnen: Die Heftigkeit nackten Begehrens, die sich keine Einschränkungen durch das Objekt gefallen lassen muß und – soweit alle es tun – sich auch mit keinen Gewissenseinsprüchen mehr konfrontiert sieht.

Ingeborg Bachmann (1995) beschreibt im Fragment ihres „Todesarten-Projekts" diesen Triumph des Sexus anläßlich einer ménage à quatre auf ihrer

Ägyptenreise 1964 als „wortlosen Triumph über die wortreichen Heucheleien von Jahren", als ein „Gefühl von großer Reinheit, von einiger Wahrheit, die die ganze 'Sauberkeit' von Beziehungen der Lächerlichkeit preisgibt".

Was können wir zu unserer Lebenskultur heute sagen?

Ein sommerlicher Gang z. B. durch den Hofgarten unserer Bonner Universität vermag uns bereits einige der kulturellen Inszenierungen der Moderne anschaulich vor Augen zu führen. Was wir sehen, ist eine gewaltige Zerstreuung der Formen in bunte Partikel, in persönliche Beliebigkeiten, in unterschiedlichste „styles of life". Buntheit und Vielfalt, wohin wir auch schauen – und keine Bank steht mehr an ihrem Platz. So wird die Erfahrung des Auflösbaren, Unsteten zu einer allgemeinen Grunderfahrung bis in privateste Bereiche hinein. Unterschiedlichste und wandelbare Formen der Geschlechterbeziehungen bestimmen bereits den Alltag bürgerlichen Lebens. Die einen erleben dies alles als bedrohliches Chaos, die anderen sind begeistert ob der Vielfalt der Erlebnis- und Entwicklungsmöglichkeiten. In all dem können wir nicht Zeichen eines Verfalls sehen. Während dem Leben früher von vornherein jede Beliebigkeit genommen war, tun sich heute vielfältig neue und kreative Räume auf, in denen auch neue Formen des Zusammenlebens möglich sind. Die Individuen selbst werden gleichsam zu Gesetzgebern ihrer eigenen Lebensform, aber auch selbst zu Richtern ihrer Verfehlungen.

Die persönlichen Ich-Leistungen und -Strukturen werden durch die Flexibilitätserfordernisse unserer Zeit allerdings aufs Härteste geprüft. Dies wird in seiner ganzen Tragweite kaum ausreichend bedacht. Zusätzlich erfordert der Verweis der Menschen allein auf das Diesseits hektische und ökonomisch gut kalkulierte Aktivitäten. Irritierend auch die kollektive Leitphantasie: „Alle dürfen alles". Sie kann wegen ihrer hohen intra- wie extrapsychischen Voraussetzungen nur von einem Teil progressiv und kreativ genutzt werden.

Die Austauschbarkeit der sozialen Bezüge – so unsere Erfahrung – trifft den Menschen dabei ähnlich schmerzlich wie die früheren Zwänge. Darüber hinaus schafft sie andere Charakteristika des Erlebens und Verhaltens. Typische Entwicklungen sind die Abnahme der sog. „Frustrationstoleranz" und das Pochen auf schnelle Befriedigung. Unmerklich ersetzen dabei Warenwerte die bisherigen Wertesysteme. Diese „Materialisierung" beschleunigt sowohl im einzelnen als auch im Inneren der Kultur selbst regressive Phänomene, und die mit ihnen verbundene Entsublimierung macht es möglich, daß dem einzelnen wie der Masse vermehrt prägenitale Objekte der Befriedigung untergeschoben werden können. Während Freud in seinen „Vorlesungen" (1916) für den regressiven Prozeß noch das Bild von der Wanderung eines Volkes benutzte, welches auf seinem Zug an geeigneten Punkten Siedlungen und Vorratslager zurückläßt, die es bei Schwierigkeiten, Niederlagen und nötigem Rückzug wieder besetzen kann, gilt dieses Bild heute eher in anderer Weise: Auf unserem Kulturweg schleppen wir alles gleichzeitig mit, möchten alles gleichermaßen am Ort verfügbar haben, möchten die Mühen weiterer Progression nicht unter Verzicht auf die vielen Vorräte in den zurückgelassenen Basislagern auf uns nehmen.

Eine 34jährige Frau steht nach langem Zögern vor ihrer terminlich bereits festgesetzten Hochzeit. Ihr zukünftiger Mann weiß, daß sie, wie er auch, schon einiges an „Erfahrungen" hinter sich hat. Was sie ihm verschweigt, ist jedoch ein Freund, den sie auch als Intimpartner beizubehalten entschlossen ist. Bei ihm erlebe sie „erotisch einfach mehr". Bei ihrem Mann hingegen schätze sie anderes – seine bisherigen Erfolge zum Beispiel sowie seine verläßliche Zielstrebigkeit. Nun hatte ihr Freund ihr vor Wochen beim heftigen Liebesspiel eine verräterische Verletzung beigefügt, und sie hatte dies zum Anlaß genommen, mit Hinweis auf die bevorstehende Hochzeit die sexuellen Kontakte zu ihrem Mann einmal für ein paar Wochen „einfach auszusetzen". Er verstand dies nicht und leistete sich einen trotzigen one-night-stand mit einer längst aufgegebenen früheren Freundin. Dies hatte sie zutiefst gegen ihn aufgebracht und verstört. In völliger Absehung von ihrer eigenen Beteiligung kam sie mit sie quälenden Zweifeln an der Person ihres zukünftigen Mannes zu mir.

Halten wir folgendes fest: Die technischen, sozialen und kulturellen Inszenierungen heutigen Lebens gewähren einen Plural an Lebens- und Ausdrucksmöglichkeiten, den es in dieser Form nie gab. Zusätzlich erlaubt uns der weitgehende Wegfall äußerer Verhaltensstandards und Normen eine individuelle Lebensgestaltung „as you like it" – wie es uns beliebt – mit entsprechend hohem Sozialverbrauch.

Ein heutiges Ideal ist folglich die autonome, individuelle Persönlichkeit, die mit den vielen Lebens- und Liebesoptionen souverän umzugehen vermag. Das nicht länger geleitete Ich muß sich selbst Auswahl- und Gestaltungskriterien schaffen, die es vor Desintegration und Strukturlosigkeit schützen. Viele schaffen dies, viele schaffen dies nicht. Was der einzelne dabei in der Liebe sucht und so oft nicht findet, teilt sich ihm als verratene und enttäuschte Liebe mit. Sie ist das mächtigste Agens unserer Kultur. Aus ihr erklärt sich zuletzt das destruktive ebenso wie das auf Veränderung drängende konstruktive Potential der nachwachsenden Generation. Was diese Generation so eindrucksvoll in Szene setzt, ist nichts anderes als das Thema verdrängter, verratener Liebe.

Man mag über die Gegenwart denken wie man will, eines muß man ihr lassen: noch nie gab es ein solches Maß an Beweglichkeit, so viel Wahlfreiheit bei der Gestaltung des eigenen Lebens, so viel Absicherung vor Lebensrisiken. Abstürze bei so viel „Hochhinaus" sind unvermeidlich, und auch die psychologischen Turmbauten unserer Zeit unterliegen diesem Gesetz. Es gibt die Höhe unserer zivilisatorischen Leistungen weder zum materiellen noch zum seelischen Nulltarif. Wer dies glaubt, ist Utopist, dazu einer, der's auch noch billig haben möchte.

Die innere Logik unseres psychologisch so ambitionierten Lebensverständnisses legt uns nahe, auch die Liebe zu überfordern. Die Liebe soll Sinnerfüllung im weitgehend entfremdet erlebten Dasein abgeben, soll entschädigen für die enormen Anstrengungen, die uns die Zivilisationsmaschinerie täglich auferlegt. Als ahnten wir, daß die ganze Höhe unseres zivilisatorischen Aufbaus – auch die anspruchliche Höhe unserer Partnerschafts- und Liebesideale – riskant und einsturzgefährdet ist, suchen wir nach rechtlichen und sozialen Sicherheiten.

Zu lieben ist eben riskant. Für die Alten war die Liebe zudem dämonischen Ursprungs. Für uns ist sie immerhin noch verwirrend, eine überpersönliche Macht, schlecht steuerbar, subversiv, kaum gerecht, ihrem Wesen nach außerhalb der Moral stehend. Sie geht nicht restlos im Guten auf, steht oft in uns gefährlich erscheinender Nähe zu Haß und Aggression.

Kurzum, sie erregt Lust und zugleich eine Ahnung von Gefahr. Vor diesem Hintergrund verstehen wir um so besser Tendenzen, die Liebe zu „kultivieren", ihr die Gefährlichkeit zu nehmen, sie in den Griff zu bekommen, mit ihr umzugehen wie *uns* es beliebt. Wenn das Leben beides nicht garantiert, Liebe nicht und Sicherheit nicht, so müssen wir selbst versuchen, es zu garantieren. Es muß doch möglich sein, daß uns Dionysos und Apoll gleichermaßen zu Diensten sind – und bitte auch Merkur, der Gott der Versicherungskaufleute, leider auch der Strolche und Diebe.

Was macht das Ich?

Nun bin ich beim Kern meiner Abhandlung angelangt, muß versuchen, Ihnen Roß und Reiter zu nennen. Der Reiter ist natürlich das Ich, das Roß immer noch Eros, der Parcours das zu bewältigende Ideal. Der Reiter ist also gefordert, oft überfordert. Das kann nicht am Pferd liegen, denn das bewegt sich wie immer. Der heute zu bewältigende Parcours ist es, die an uns gestellten Anforderungen und Ideale, die internalisierten oder selbstkreierten Standards im Über-Ich sind es, die das Rennen so schwer machen.

Gefordert ist vor allem, sich nicht vorschnell und zu sehr zu binden, offen zu sein, flexibel und cool zu bleiben. Unterlaufen wird dieses Kulturstereotyp jedoch immer wieder von dem fest in uns verankerten Liebesideal, das unbeirrbar auf Verwirklichung drängt: Die „Vereinigung aller Begehrungen in *einem* Objekt". Dies jedoch widerspricht der Beweglichkeit ebenso wie der Vernunft.

Eine schwierige Situation, ein ständiger Konflikt. Viele hatten zudem geglaubt, das Über-Ich sei in diesem Spiel bereits außer Kraft gesetzt, hatten geglaubt, daß die heutigen Freiheiten im Verkehr zwischen Ich und Über-Ich einer Herabsetzung, Relativierung, ja vielleicht Überwindung seiner atavistischen Strenge und seiner Ideale zu danken seien. Dem ist mitnichten so. Das Über-Ich schnarcht nicht – nicht einmal im tiefsten Schlafe. Stets wach, drängt es auf Erfüllung seiner Standards. Es sind lediglich andere, „zeitgemäßere" Ansprüche und Ideale, die dem Ich heute auferlegt sind.

Unsere ganze Kultur scheint von anspruchsvollen kollektiven Phantasien beherrscht, nach denen es mit dem zivilisatorischen Prozeß immer weiter aufwärts gehen müsse – und auch könne. Es ist, als folge eine anspruchsvoll gewordene Gesellschaft einer Vorstellung vom autonomen, verantwortungsbewußten, selbstkontrollierten, wendigen, leistungsfähigen, berechenbaren Menschen, einer Art homo oeconomicus, der mit Präzision und Rationalität seine materiellen und immateriellen Gewinne optimiert – und das auch in der Liebe. Die frühere Irritation, ja Dämonie der Geschlechterliebe scheint neutralisiert. Der frühere Versuch der Beherrschung der Liebe durch Moral scheint abgelöst von einer Beherrschung der Liebe durch ihre Verdünnung und Banalisierung. Die hohe Anspruchlichkeit unserer Kultur läßt sich nämlich nur aufrechterhalten, wenn die Liebe den einzelnen wie die Masse nicht *wirklich* erfaßt.

Die Attacke der postbürgerlichen Moderne auf die Liebe gilt ebenso wie die Attacke der bürgerlichen Zeit ihren immer störenden Aspekten, früher z.B. ihrer Wehrkraftzersetzung, heute ihrer Konsumkraftzersetzung, sie gilt ihrer Irrationalität, ihrer „Verrücktheit", der übrigens so viele von uns „wider alle Vernunft" immerhin ihr Leben verdanken, an der aber auch schon so viele verzweifelt sind.

Ein 26jähriger Klient unserer Beratungsstelle befand sich vor dem dritten Aids-Test in seinem Leben „völlig neben der Rolle". Wie um sich seine Konfusion, seine Panik, seine Selbstvorwürfe erträglicher zu machen, fluchte er darüber, daß der Staat nicht alles Geld, was er habe, in die Aids-Forschung stecke. Später erst bemerkte er, daß diese Affekte mit seiner Ohnmacht zu tun hatten, die er seinen Triebbedürfnissen und seiner verzweifelten Liebessehnsucht gegenüber empfand. Diese war irgendwann stärker als seine Angst vor dem Tode, die auf eine ihn verwirrende Weise seine Lust auch noch zu steigern vermochte. Zuletzt war es das „Diktat des 'safer sex'", gegen das er sich wehrte. Er wollte sich nicht „diese ganze Vernunft" aufzwingen lassen, sich nicht „vom Gesundheitsminister kastrieren lassen".

Hier verstößt einer gegen „gekonnten Genuß", hält seinen seelischen Haushalt nicht in Ordnung, paßt sich nicht den zu fordernden Standards an, liegt anderen „auf der Tasche". Hier spätestens hört der gesellschaftliche Spaß auf, und dies steckt auch der kreativen Unangepaßtheit einen engen Bewegungsspielraum ab.

Was macht nun das Ich? Wie versucht es, die Beliebigkeiten der Liebe mit der verlangten Selbstkontrolle und rationalen Funktionalität heutigen Lebens in Einklang zu bringen?

Das Ich, unser Reiter, verspürt beachtlichen Streß. Das Es, sein Pferd, ist mehr zappelig als kraftvoll. Hinzu kommt ein Problem der Fitneß. Viel Kraft geht verloren durch tägliche Anspannung und Anpassung, die wegen des Wegfalls äußerer Regeln und Konventionen persönlich zu erbringen ist. Das Ich wirkt häufig müde, geschwächt, zeigt wenig Toleranz den alltäglichen Frustrationen gegenüber. Hierüber wäre gesondert nachzudenken, z. B. darüber, wo der Wechsel vom Prinzip der optimalen Versagung hin zur optimalen Versorgung die psychischen Strukturen stärkt und wo er sie schwächt. Es ist ja eine unserer zentralen Auffassungen, daß nicht allein Befriedigung, sondern der Verzicht psychische Strukturen ausbildet und Ich-Leistungen differenziert. In der täglichen „Ananke", der Lebensnot, hatten die Alten schließlich ihren größten Lehrmeister und noch Meister Eckhart lehrte, daß die Not das schnellste Roß zur Vollkommenheit sei.

Veränderungen der Abwehr

Das Ich sieht sich zuallererst gezwungen, seine Abwehrtätigkeiten der veränderten Lage anzupassen. In unserer therapeutischen Arbeit erfahren wir zudem, daß sich seine Abwehrtätigkeiten auf anderes richten. Heute sind es vor allem Abhängigkeit, Begrenzung, Ohnmacht und Schwäche, die dem Bewußtsein zu verheimlichen sind. Hinzu kommt das Sentiment der Sehnsucht in der Liebe.

Die Abwehr richtet sich also weniger gegen den Sex. Dieser erscheint selbst in seinen Exzessen domestiziert und konsumptiv verwertbar. Sie richtet sich dagegen, wirklich von Leidenschaft erfaßt und verwirrt zu werden, richtet sich gegen unbestimmbare Sehnsüchte nach Bindung und Zugehörigkeit innerhalb und außerhalb der Liebe.

Bedeutsam erscheint mir, daß die entsprechenden Abwehrtätigkeiten sich insgesamt weg von intrapsychischen hin zu interpersonalen Formen wandeln. Hierzu gehören in erster Linie spezifische Formen der Verleugnung, der Spaltung, der projektiven Identifikation sowie der Regression.

Die *Verleugnung* z. B. der Bindungssehnsucht wird vor allem durch die „Bildung langer Reihen" aufrechterhalten. Sie verunkenntlicht das eigentliche Ideal des Sexuallebens, die Vereinigung aller Begehrungen in einem Objekt. Die Liebe, nicht der Sex, ist gegen den Plural gerichtet. Paradoxerweise wird auch in der klugen Diversifikation und Bildung langer Reihen verdeckt an der Sehnsucht festgehalten, beim dritten, fünften oder gar zehnten Versuch endlich fündig zu werden. Vergessen wird hierbei die alte Erfahrung, daß es weniger auf das möglichst vollkommene Zusammenpassen ankommt – ein solcher Partner ist immer woanders – als vielmehr auf die gemeinsam zu bildende Geschichte. Doch dafür ist dann die Lebenszeit häufig zu knapp bemessen.

Die heterogenen Bedürfnisstrukturen der Moderne empfehlen darüber hinaus externalisierte, d. h. sozial inszenierte Techniken der *Spaltung* als Versuch, die Liebe zu zerlegen, um sie in weniger verwirrenden Teilaspekten genießen zu können. Himmlische und irdische Formen des Liebeslebens (Freud 1912) sind dann auf unterschiedliche Protagonisten verteilt und helfen so, die gefürchtete Abhängigkeit von nur einem Objekt zu vermeiden. Einer kann eben nicht alles sein – so lautet die zeitgemäß robuste Entschuldigung für den Fall, daß doch einmal Tränen fließen. Die benötigte Fähigkeit zu rascher Intimisierung und ebenso rascher „Extimisierung" ist den Betreffenden oft als Abwehr wirklicher Intimität durchaus bewußt.

Die dem heutigen Ich abverlangte Flexibilität setzt eine Zunahme steuernder und damit auch manipulativer Fähigkeiten voraus. Man kann durchaus sagen, daß die Individuen die ganze Angebotsvielfalt der Moderne oft geschickt nutzen, um zur Befriedigung zumindest der vordergründigen Liebes- und Sexualwünsche zu gelangen. Hierzu beobachten sie einander sehr genau und erforschen im anderen die Wirkungen ihrer projizierten Bedürfnisse und Phantasien, um sie sich dann wieder passender und up to date aneignen zu können – ein Vorgang *projektiver Identifikation*. Die hiermit verbundene Zunahme manipulativer Fähigkeiten läßt den einzelnen oft flink, wendig und psychologisch gut geschult erscheinen. Eine Jugendstudie spricht geradezu von „Egotaktikern" (Deese 1996). Flinke Imitation ersetzt hierbei allerdings zunehmend die langwierigere Identifikation.

Die beschriebenen Veränderungen der Abwehr werden begleitet von einem regressiven Zug, der sich den anspruchsvollen Kulturforderungen insgesamt zu entziehen trachtet. Man könnte geradezu von *Regression* im Sinne einer Forderung nach Kulturrabatt sprechen. Die Attacke gilt den unzähligen Anforderungen, die zu erfüllen sind, will man in Liebe und Beruf gleichermaßen „erfolgreich" sein. So dringt überall durch die Marmorritzen der Moderne mit ihren leistungsorientierten, psychologisch informierten, zumeist kontrolliert enthemmten Menschen Atavismus und Mittelalter hervor. Keine Ordnung, die nicht attackiert, kein Tabu, das nicht übertreten, keine Fläche, die nicht beschmutzt, kein Wort, das nicht gebrochen wird. Es ist, als stemme sich ein ungeheurer Widerstand dem ganzen Projekt der Moderne entgegen, das auf partizipatorisch-verantwortliche Strukturen setzt – und das auch in der Liebe. Hier glauben wir, die apersonale Art der Alten längst überwunden zu haben. Das von den modernen Kulturprozessen beanspruchte und oft überforderte Ich fleht in seinen Regressionen jedoch auf subtile Weise um die Gewährung von Rabatten und weiß sich dabei in der kollektiven Phantasie „alles geht" der Masse der anderen Individuen zutiefst verbunden. Das Sprachrohr dieser Masse, die mediale Öffentlichkeit, vielfach polymorph pervers, suggeriert schließlich schuldlosen Konsum. So ist das Spiel freigegeben für alle – auch in der Liebe. Daß nur eine materiell und psychisch gut vorbereitete Minderheit gewinnen kann, dämmert den meisten erst zu spät. So verhelfen selbst die vermeintlich frei getroffenen und somit selbst zu verantwortenden Liebeswahlen nur wenigen zu ihrem Glück. Den meisten geraten sie kaum „besser" als die früher nach bürgerlicher Vernunft und ökonomischem Gesetz arrangierten „Wahlen". Wie kränkend!

Mobilisierung destruktiver Energien

Die Masse spürt, daß die gleichgerichteten Kräfte, die ihre Bindungen untereinander garantierten, schwinden. Durch zunehmende Entgrenzungen beunruhigt, bekommt sie vor ihresgleichen Angst und verlangt entweder nach Ordnung oder aber läßt sich von stiller Billigung leiten, daß alles kaputt gehen möge und hieraus dann etwas Neues erwachse. Ein Gegenaffekt, mit dem unsere Kultur zu rechnen hat! Auch die Schicksale der Liebe in den Zeiten der Beliebigkeit sind von solcherart Ängsten begleitet. Zusätzlich gehen sie mit beträchtlichem Sozialverbrauch einher.

Den meisten teilt sich das schleichende Unbehagen zunächst in Empfindungen einer eigenartigen Verdünnung ihres Erlebens mit. Viele, vor allem enttäuschte junge Menschen, entdecken neben der Sucht auch in „aggressiver Antwort" eine Möglichkeit, ihr Erleben zu steigern, sich selbst zu spüren und ihre Ohnmacht zu überwinden. Die latente Wut und Gereiztheit der von den laufenden Kulturprozessen überforderten und enttäuschten Menschen wird geradezu als ersehntes massenpsychologisches Bindemittel und damit als Ersatz für Liebe empfunden. Zudem bietet sich die nach außen gerichtete Aggression als Mittel der Externalisierung innerer Ängste und als interpersonale Form ihrer Abwehr mittels sozialer Manipulation in besonderer Weise an.

Daß gegen die Abfuhr von Aggression und Destruktion eine letzte – vermeintlich konsensuelle – Moral steht, macht sie zusätzlich verlockend. Nur hier ist eben nicht alles erlaubt. Wenn übrigens eine Steigerung des Selbstgefühls jenseits der Verbindung von Liebe und Sexualität möglich ist, dann in der Aggression. Hiergegen sind die mächtigsten Tabus errichtet, die massivste Ächtung. Kein Tabu jedoch, das nicht irgendwann fällt.

Es steht zu befürchten, daß die Programme der Moderne an Destruktionen scheitern werden, wenn wir es nicht schaffen, sie mit Prinzipien von Gemeinschaftlichkeit und Verantwortung zu verbinden.

Was können wir tun?

Es ist eine unserer zentralsten Auffassungen, daß psychische Störungen privatisiertes soziales Leid sind. Positiv betrachtet bringen sie das Unerträgliche zum Ausdruck. Sie versuchen, es in vielfältigen Abänderungen seelischen Erlebens und Verhaltens zu binden – oft um einen hohen, persönlich getragenen Preis. Dies gilt auch für die Störungen der Liebe, die uns am tiefsten berühren. Wir haben gesehen, daß ihre unterschiedlichsten Erscheinungsformen immer den Versuch darstellen, sie im persönlichen Leben – wenn auch oft verzweifelt – zu realisieren. Das geschieht heute unter den Bedingungen von äußerer Freiheit, von weitgehender Beliebigkeit ihrer Gestaltung und von ökonomischer Konkurrenz.

Wir alle spüren, daß in dieser Gesellschaft manches schief läuft. Wir sehen Rückzüge in narzißtische Welten ebenso wie ungebremste Ausbrüche von Gier, Neid, Haß und Gewalt. Dazwischen Versuche, der Liebe immer wieder Räume zu schaffen – und sei es, sie als Marionette auf „love-parades" tanzen zu lassen, wo sie wegen schwacher Konstitution allerdings häufig durch Drogen gestützt werden muß.

Therapien und Therapeuten unterschiedlichster Provenienz stehen bereit, Hilfen anzubieten. Zunehmend weniger interessiert hierbei der individuelle wie der kollektivgeschichtliche Hintergrund. Man ist „pragmatisch", und der schnelle Erfolg gibt den Tüchtigen unter ihnen recht. Die Psychoanalyse tut sich hier schwerer, da sie den entmoralisierten, effizienzorientierten Kriterien heutiger Therapeutik eine Verantwortungs- und Erinnerungsethik entgegensetzen muß. Sie wirkt hierbei jedoch oft verschreckt und findet nur schwer zu ihrem alten kulturkritischen Biß zurück, der sie aus der Umklammerung einseitiger therapeutischer Effizienzerwartungen lösen könnte.

Meine Ausführungen legen nahe, die Ausdrucksformen ursprünglicher Liebesbedürfnisse in unserer Kultur stärker ins Auge zu fassen. Diese Ausdrucksformen zeigen sich zumeist in verstellter Weise, da der erhöhte Autonomieanspruch alle weicher konturierten Empfindungen abzuwehren sucht. Dies heute weniger mit intrapsychischen als vermehrt mit interpersonalen Strategien der Abwehr.

In Analyse und Therapie des einzelnen Patienten bedeutet dies, Reflexionen auch darüber anzuregen, wie weit und in welchen Formen er in seinem persönlichen Leben mitwirkt an der Gestaltung und Aufrechterhaltung sozialer Lebensmuster, die seine Möglichkeiten zu lieben behindern, wohl wissend, daß sie zugleich auch Ausdruck seiner behinderten Liebe sind. Hierbei empfiehlt es sich, die Zusammenhänge zwischen Ein-, Zwei- und Mehrpersonenpsychologie auch unter Einbeziehung systemischer Perspektiven genauer zu analysieren. Psychoanalyse ist schließlich Sozialpsychologie und -kritik. Dabei ist sie jedoch überzeugt von der Macht und Kraft auch des einzelnen.

Während früher häufiger die Analyse von Widerständen gegen Ausdrucksformen sexuellen Begehrens im Vordergrund stand, ist heute der Analyse von

Widerständen gegen die Liebe und die mit ihr verbundenen Erfahrungen von Sehnsucht, Abhängigkeit, Risiko und Begrenzung mehr Aufmerksamkeit zu widmen. Das unauslöschbare Bedürfnis nach der Vereinigung aller sexuellen und erotischen Begehrungen in einem Objekt verbirgt sich, wie ich dargelegt habe, hinter zahlreichen Formen des Ersatzes, die uns seine Befriedigung zumindest vorübergehend suggerieren. Die schließliche Leugnung dieses Bedürfnisses führt nicht zu seinem Verschwinden, sondern im Gegenteil zu seiner unbewußten Steigerung und grandiosen Ausmalung, die dann jede real vorfindbare Liebe von vorneherein oder nach kurzer Dauer als belanglos und wertlos erscheinen läßt. Es ist eine der zentralsten Erfahrungen aus der Beratung und Therapie von Partnerschafts- und Liebeskonflikten, daß es vornehmlich unbewußte und damit „ungebremste" Idealbildungen sind, die Ehen und Partnerschaften so häufig scheitern oder erst gar nicht zustandekommen lassen.

Massenpsychologisch hängt dies mit dem Entschädigungscharakter der Liebe zusammen. Sie kann heute nicht mehr zusätzlich auch aus Identifikationen mit kollektiven Idealen und deren Leitfiguren Kapital schlagen, sondern muß tatsächlich allein in einem realen Gegenüber all das finden, was für erlittene Versagungen, aber auch für die Kälte, Funktionalität und Distanziertheit heutiger Lebensweise entschädigen soll. Daß solche Liebe auf Dauer jedoch nicht alles zu heilen vermag, was man von ihr erwartet, ist eines der (all)gemeinen Unglücke, mit dem jeder irgendwann in seinem Leben fertig werden muß.

Die Fähigkeit zu lieben setzt eine komplizierte Abfolge intrapsychischer Integrationsleistungen voraus. Störungen und Beeinträchtigungen sind gleichsam vorprogrammiert. Kernberg (1981) hat in seiner Theorie der Objektbeziehungen die Entwicklung der Liebesfähigkeit detailliert dargestellt. Gehen wir von drei abgrenzbaren klinischen Kategorien aus, so ist der Narzißt unfähig zu lieben, weil in ihm Neid und Destruktion übermächtig sind. Der Borderline-Kranke ist unfähig zu lieben, weil seine intrapsychische Struktur zu zerbrechlich ist, um den regressiven Tendenzen der Liebe widerstehen zu können. Neurotische Persönlichkeiten hingegen sind nicht fähig, Liebe und Sexualität miteinander zu verbinden, weil ihre unbewußten Bindungen an Elternfiguren übermächtig sind oder sie aufgrund unbewußter Strafbedürfnisse glauben, keinen Anspruch darauf zu haben, geliebt zu werden.

Wir haben gesehen, daß neben ungebremsten Idealisierungen vor allem Neid und Eifersucht sowie destruktive Tendenzen der Liebe zusetzen und sie – materiell gestützt und gefördert durch eine Kultur der Beliebigkeit –

abdrängen auf kompensatorische Schauplätze ihrer Befriedigung. Es liegt auf der Hand, der Analyse von Neid, Gier und verborgenem Selbsthaß bei Liebeskonflikten besondere Aufmerksamkeit zu widmen. Ein Unglück dabei ist, daß Patienten von der Liebe geradezu erwarten, sie werde Neid, Getriebenheit und Haß endlich aus der Welt schaffen. In der Tat ist es ja so, daß, wer seine Liebe gefunden hat, niemanden mehr zu beneiden, niemanden mehr zu hassen braucht. Dies ist – sozial gesehen – sogar einer der Hauptgewinne, der mit der Liebe einhergeht. Viele sind deshalb mehr „in die Liebe verliebt" als in deren Objekte, möchten sie gleichsam wie ein Medikament einnehmen gegen Mißempfindungen aus unbewältigtem Neid, aus andauernder Gier, aus beunruhigender Selbst- und Fremddestruktion.

Noch ein letztes. Unsere Patienten bewegen sich zunehmend mehr in „künstlichen Welten", in denen sie die basalen Erfahrungen von „Leben, Liebe, Haß und Tod" nur noch eingeschränkt machen.

Auch angehende Therapeuten, Pädagogen und Seelsorger können sich in einer zunehmend gestalteten Welt kaum noch auf vital erlebte, basale Lebenserfahrungen stützen. Sie greifen um so eher auf sekundär vermittelte und konstruierte Erfahrungen und Bilder von Menschen zurück. Selbst so etwas wie „Empathie" muß oft über künstliche und aufwendige Lernprozesse nachträglich vermittelt werden, da die hierzu besonders geeigneten familiären Grunderfahrungen oft schon allein wegen ausgedünnter familiärer und nachbarschaftlicher „gruppendynamischer" Zusammenhänge und wegen des häufigen Fehlens von Geschwistern nur noch eingeschränkt zur Verfügung standen. Dieser Mangel verführt dazu, konstruierte Vorstellungen von Menschen zu entwickeln. Die daraus folgende „Künstlichkeit" von Menschenbildern aber macht anfällig dafür, sich mehr damit zu beschäftigen, was *sein soll* und weniger damit, was voraussichtlich *sein wird*.

Auch Analytiker sind hiervor nicht geschützt. Wo sie allzugern Vorstellungen vom „richtigen" Leben nachgehen, wären sie besser Prediger geworden. Dies wirft Fragen nach der Komplexität der Ausbildung auf, die z. B. mehr als episodische Erfahrungen auch mit Kindern und Jugendlichen beinhalten müßte.

Die Liebe hat in den Zeiten der Beliebigkeit andere Probleme als in früheren Jahrhunderten. Zeiten wandeln sich jedoch – und das kaum durch unsere Analysen. Letztlich sind wir neben unseren Hilfen für wenige einzelne mehr Beobachter gesellschaftlicher Veränderungen, die die nachfolgende Generation teils leise teils laut ankündigt und ausführen wird. Diese Dynamik zu sehen, zu verstehen, zu benennen und immer wieder ins Bewußtsein zu rufen ist unsere vornehmste Aufgabe. Ist sie in den Zeiten der Beliebigkeit schwieriger geworden? Ich meine nein. Wenn die extreme Behauptung stimmt, nach der die Menschen vielschichtig und letztlich nur schwer zu erkennen seien, so ist auch deren Gegenteil richtig: Der Zugang zu ihnen, ihre Psychologie ist im Grunde einfach. Der analytische Schlüssel hierzu liegt in den Schicksalen der Liebe. In diesen Schicksalen verborgen liegt zuletzt auch der Sprengstoff für jede zukünftige soziale Revolte. Aber nicht einmal auf deren Seite können wir uns als Analytiker leichtfertig schlagen, denn Liebe und Konflikt werden auch danach untrennbar miteinander verbunden bleiben.

Zusammenfassung

„Jede psychoanalytische Behandlung ist ein Versuch, verdrängte Liebe zu befreien, die in einem Symptom einen kümmerlichen Kompromißausweg gefunden hatte" (S. Freud in „Der Wahn und die Träume in W. Jensens Gradiva").

Ausgehend von der kulturkritischen Auffassung der Psychoanalyse, nach der die Unterdrückung ursprünglicher Bedürfnisse und die kompensatorische Bereitstellung einer endlosen Reihe von Ersatzbefriedigungen den zivilisatorischen Prozeß antreibt, wird der Frage nach den Schicksalen der Liebe in diesem Prozeß nachgegangen. Sicherheit und Liebe sind Ursprung aller Bedürfnisse. Leider gilt, daß wir nirgends ungeschützter sind, als wenn wir lieben. So sind wir versucht, in diesem Dilemma Partei zu ergreifen – mehr für die Sicherheit zum Nachteil der Liebe; mehr für den risikoloseren Plural als den riskanteren Singular. Unsere wohlstandsgestützte Kultur erlaubt erstmals auch der Masse, sich als frei agierende und autonome Individuen zu verstehen, die durch die Vorstellung einer souveränen Nutzung vielfältiger Lebens- und Liebesoptionen die Illusion gewinnen, Liebes- und Sicherheitsbedürfnisse gleichermaßen befriedigen zu können.

Ein schleichendes Unbehagen teilt sich in Gefühlen einer eigenartigen Verdünnung des Erlebens mit. Kompensatorische Akte und Steigerungen der Anspruchlichkeit helfen nicht weiter.

Das Unbewußte wie auch das anarchische Potential der nachwachsenden Generation setzen das Thema der verdrängten, verratenen Liebe eindrucksvoll in Szene. Die Verschiebung der Abwehrtätigkeiten des Ich von mehr intrapsychischen hin zu interpersonalen Formen eröffnet hierbei zuletzt den Aggressionen ein ohnmächtig stummes aber auch wuchtig machtvolles Auftreten.

Literatur

Ariés, Ph., Béjin, A., Foucault, M. u. a. (1984): Die Masken des Begehrens und die Metamorphosen der Sinnlichkeit.Frankfurt (Fischer).
Bachmann, I. (1995): „Todesarten"-Projekt. München (Piper).
Balint, M. (1961): Angstlust und Regression. Stuttgart (Klett).
Balint, M. (1966): Die Urformen der Liebe und die Technik der Psychoanalyse. Stuttgart (Klett).
Beck, U. (1986): Risikogesellschaft. Auf dem Weg in eine andere Moderne. Frankfurt (Suhrkamp).
Beck, U. (1966): Die Scheidungs-Lawine. „Die Woche", 17. Mai 1996.
Beck, U., Beck-Gernsheim, E. (1990): Das ganz normale Chaos der Liebe. Frankfurt (Suhrkamp).
Bensch, R. (1994): Ehe – eine Erfindung? Unveröffentlichtes Gespräch
Bergmann, M.S. (1994): Eine Geschichte der Liebe, Frankfurt (Fischer).
Boss, M. (1966): Sinn und Gehalt der sexuellen Perversionen. München (Kindler).
Buber, M. (1994): Zwei Glaubensweisen. Gerlingen (Lambert Schneider).
Deese, U. u.a. (Hrsg.), (1996) : Jugend und Jungendmacher. Düsseldorf (Metropolitan).
Deutsches Jugendinstitut (Hrsg.) (1988): Wie geht's der Familie. München (Kösel).
Eiguer, A., Ruffiot, A. (1991): Das Paar und die Liebe. Psychoanalytische Paartherapie, Stuttgart (Klett-Cotta).
Freud, A. (1968): Wege und Irrwege in der Kinderentwicklung, Bern/Stuttgart (Huber-Klett).
Freud, S.: (1905): Drei Abhandlungen zur Sexualtheorie. In: Studienausgabe, Bd. 5, S. 37 – 145.
Freud, S. (1907): Der Wahn und die Träume in W. Jensens Gradiva. In: Studienausgabe, Bd. 10, S. 9 – 85.
Freud, S. (1912): Über die allgemeinste Erniedrigung des Liebeslebens. In: Studienausgabe, Bd. 5, S. 197 – 209.
Freud, S. (1914): Zur Einführung des Narzißmus. In: Studienausgabe, Bd. 3, S. 37 – 68.
Freud, S. (1915): Triebe und Triebschicksale. In: Studienausgabe, Bd. 3, S. 75 – 102.
Freud, S. (1916): Vorlesungen zur Einführung in die Psychoanalyse. In: Studienausgabe, Bd. 1, S. 33 – 445.
Freud, S. (1921): Massenpsychologie und Ich-Analyse. In: Studienausgabe, Bd. 9, S. 61 – 134.
Freud, S. (1930): Das Unbehagen in der Kultur. In: Studienausgabe, Bd. 9, S. 191 – 270.

Greenberg, Jay R. (1991): Oedipus and Beyond: A Clinical Theory. Cambridge, Mass. (Harvard Univ. Press).

Kernberg, O. (1981): Objektbeziehungen und Praxis der Psychoanalyse. Stuttgart (Klett-Cotta).

Kernberg, O. (1988): Innere Welt und äußere Realität. München/Wien (Verlag Internat. Psychoanalyse).

Kernberg, O. (1992): Aggression und Liebe in Zweierbeziehungen. In: Psyche 9, 1992, S. 797 – 820.

Lear, J. (1996): Prozac oder Psychoanalyse? Psyche 7/'96, S. 599 – 616.

v. Matt, P. (1989): Liebesverrat. München (Hanser).

Schmidbauer, W. (1995): Jetzt haben, später zahlen. Hamburg (Rowohlt).

Schottländer, F. (1953).: Des Lebens schöne Mitte. Stuttgart (Klett).

Schubart, W. (1989): Religion und Eros. München (Beck).

Sigusch, V. (1996).: Kultureller Wandel der Sexualität. In: Sigusch, V. (Hrsg.): Sexuelle Störungen und ihre Behandlung. Stuttgart (Thieme), S. 16 – 31.

Professionalisierte Liebe in der Psychoanalyse

Ausdruck eines allgemeinen
Professionalisierungsschubs der Gesellschaft?

Georg R. Gfäller

Vorbemerkung

Es ist die Rede von Professionalisierung. In der Soziologie ist zur Zeit eine heftige „Professionalisierungs-Debatte" im Gange, die ich nicht aufgreifen, sondern nur auf sie verweisen möchte. Die Hauptlinien meiner Argumentation sind: Zunehmende Probleme, kollektive, nationale und internationale Konflikte, die sich langsam globalisieren, begleitet von zumindest in westlichen Industrienationen beobachtbaren Individualisierungen und Privatisierungen im Sinne von Ausgrenzungen, lösen erhöhten professionellen Beratungsbedarf in immer abgegrenzteren und damit überschaubareren Bereichen aus, wo die bestehenden Vernetzungen als „Randphänomene" weitgehend vernachlässigbar sein sollen. Die professionelle Psychoanalyse als Psychotherapie ist Teil solcher gesellschaftlicher Prozesse, die Angst vor Überwältigung mildern sollen durch Bewältigung des im kleinen Bereich Machbaren. Ich werde versuchen, das zu belegen. Andererseits könnte eine nun „wirklich" professionell verstandene Psychoanalyse in ihrem Rückgriff auf die Verbindung zu anderen Wissenschaften, durch genaue Analyse der Vernetzungen und bei der Position, nicht zu heilen, sondern Heilung zu ermöglichen, den negativen isolationistischen Tendenzen und der Vernichtung von Selbstheilungspotential entgegentreten. Eines der wesentlichen Mittel dabei ist die Wiedererweckung verdrängter Liebe.

Dazu werde ich im Sinne der Interdisziplinarität oder Syntopie (Ernst Pöppel) angedeutete Ausflüge in die Politikwissenschaft, Nationalökonomie, Soziologie (Gfäller 1996), Philosophie und Geschichte machen, um zu belegen, wie wichtig diese Wissenschaften sogar für das individuelle Verständnis sein können.

Georg R. Gfäller

Beobachtungen

Angesichts des wohl allgemein beobachtbaren rapiden Anwachsens professioneller Hilfsangebote, wo es anscheinend keinen menschlichen Lebensbereich mehr gibt, der nicht organisierter professioneller Hilfe bedarf, stellen sich die Fragen, wie sich die psychoanalytische Psychotherapie und die Psychoanalyse in diesem Prozeß verortet und dann, wie eine solchermaßen organisierte Gesellschaft zu diagnostizieren sei. Zur Erläuterung will ich Beispiele nennen, deren Aufzählung völlig unzureichend ist: Berufs-, Ehe-, Familien-, Scheidungs-, Eltern-, Kinder-, Jugend-, Unternehmens-, Management-, Führungs-, Organisations-, Personal-, Flüchtlings- und Sucht-Beratung; inzwischen gibt es unendlich viele Therapierichtungen und spezielle Therapien für Sexualität, für Liebessüchtige, für Kinder, Erwachsene, Alternde, Balintgruppen, Supervisionen usw. Sogar intimste Bereiche, dazu gehören Liebe und Sexualität, bedürfen anscheinend dringend immer mehr professioneller Hilfe. Die Kostenexplosion im Gesundheitsbereich, nicht nur in Gesellschaften mit kostenloser Gesundheitsversorgung, sondern in westlichen Gesellschaften allgemein, ist ein weiterer Beleg für die Zunahme professioneller Dienste. Eine ebensolche Kostenexplosion ist im Bereich der Sozialfürsorge festzustellen. Dabei wachsen die Kosten für Gesundheit, Soziales und die Aufwendungen für beraterische und therapeutische Aktivitäten besonders in Gesellschaften mit hohem und höchstem Lebensstandard und ebenso hoher Produktivität der Wirtschaft. Aufgrund des Bedarfs an Gesundheits- und Sozialleistungen würde man eher annehmen, daß die diesbezüglichen Kosten in den sogenannten unterentwickelten Ländern mit hoher Geburtenrate und großem Bevölkerungswachstum ohne gesicherte soziale Strukturen staatlicher Form in viel größerem Ausmaße wachsen müßten als in Gesellschaften mit gesicherten Strukturen, guter Gesundheits- und Sozialversorgung. Hier nimmt man aber anscheinend den Tod sehr vieler Menschen aus mittleren und unteren Schichten mehr oder weniger problemlos in Kauf. Man könnte sogar zu der Auffassung kommen, daß sich der Bevölkerungsdruck nur über möglichst schlechte Versorgung eindämmen ließe. Dabei mutet es seltsam an, daß hochproduktive Gesellschaften gleichzeitig immer mehr Armut innerhalb ihrer Grenzen erzeugen.

Volkswirtschaftliche Untersuchungen z.B. von Carl-Christian v. Weizsäcker (persönliche Mitteilung) legen nahe, daß das gesamte theoretische und praktische Gebäude der hochindustrialisierten Länder, die sich zudem als Sozialstaaten begreifen, von ihren Grundlagen neu überarbeitet werden müsse, damit der moderne Sozialstaat sich nicht zwangsläufig in Richtung

Asozialität entwickele, wie es sich jetzt schon zu zeigen beginnt. Solche makroökonomischen Betrachtungen spiegeln allgemeine Zeittendenzen. Das Mißverhältnis zwischen arm und reich spitzt sich nicht nur international, sondern auch innerhalb der Nationen zu. Die Politikwissenschaft stellt nach dem Zusammenbruch der atomaren Ost-West-Bedrohung eine starke Zunahme von Bürgerkriegen und begrenzten zwischenstaatlichen Auseinandersetzungen fest, die in brutalster Weise ablaufen, als habe es nie eine Genfer Konvention gegeben. Krisenhafte Zuspitzungen in den führenden Industrieländern sind abzusehen. Man kann z.b. eine zunehmende Wanderbewegung von den armen in die reichen Nationen bei allgemein wachsendem Bevölkerungsdruck und zurückgehender landwirtschaftlicher Produktion gerade in den bevölkerungsstarken Ländern beobachten. Zugleich gehen natürliche Ressourcen, wie z.b. die Wasservorräte, zurück, die allgemeinen ökologischen Probleme nehmen zu. Im persönlichen Bereich beobachtet Beck (1986) vermehrt allgemeine und jeweils aktuelle gesellschaftliche Definitionen von Gesundheit und Krankheit, die auf dem Wege sind, individuelle, familiäre oder kollektive Entwürfe und Vorstellungen solcher Begriffe bei zunehmender individueller Isolierung zurückzudrängen, gleichzeitig findet mit dieser dadurch für notwendig erklärten Professionalisierung eine deutliche Entmutigung von selbstorganisierten individuellen oder gruppalen Selbsthilfepotentialen statt. Ein banales Beispiel dafür ist, mit welcher Erleichterung oft Patienten/innen reagieren, wenn sie statt: „Ich fühle mich sehr bedrückt und schwach" sagen können: „Ich habe eine Depression", was eigentlich die Aussagekraft eher verdunkelt als die Gefühle beschreibt – aber man hat dann das Gefühl, etwas verstanden zu haben. Das Wort Depression scheint in die Gesellschaft zurückzuführen, entsprechende fachliche Hilfe ist angesagt und erlaubt unter der Bedingung der Entindividualisierung, die dann in Therapien oft mühsam wieder auf das Individuum als Subjekt aufgelöst werden muß.

Professionalisierung der Psychoanalyse

Dem könnte nach meiner Auffassung gerade durch eine anders geartete Professionalisierung der Psychoanalyse begegnet werden. Die Gefahr der Reduktion der Psychoanalyse auf Krankenbehandlung muß nicht blindlings akzeptiert werden, vielmehr könnte die Profession der Psychoanalyse gerade dafür sorgen, daß in Rückbesinnung auf die Werke Freuds Interdisziplinarität oder

Syntopie auch in der Weiterbildung einkehrt, zudem Abstand davon genommen wird, das subjektorientierte Verfahren der Psychoanalyse im Sinne gerade der Weckung von Selbsthilfepotentialen durch Abbau von Widerständen durch von der Gesellschaft vorformulierte Gesundheitsziele im Sinne einer kurzfristig orientierten und effektiven „Therapeutik" zu ersetzen.

Zwischenbilanz

Könnte nicht die immer mehr ausufernde Beratungstätigkeit organisatorischer Ausdruck von Vorboten größerer Krisen sein? Gerade die sogenannten führenden Industrienationen scheinen über immer weniger praktisches und theoretisches Selbsthilfe- und -heilungspotential zu verfügen. Makroökonomisch gedacht, könnte man durchaus belegen, daß die Aufblähung des Dienstleistungssektors gegenüber den produktiven Bereichen grundsätzlich für absolute Krisenanfälligkeit sorgt, schon Karl Marx hatte diese Vermutung geäußert. Die Diagnose für moderne Industriegesellschaften heutiger Zeit bleibt, daß Selbshilfe- und Selbstheilungspotentiale in allen Bereichen der Gesellschaft drastisch zurückgehen. Die dabei steigende Notwendigkeit professioneller Hilfe entwickelt sich ihrerseits, zumindest nach meiner Beobachtung, in eine Richtung, wie früher sogenannte Entwicklungshilfe betrieben wurde: Man gehe von den Defiziten, äußerlich betrachtet, aus und behebe diese durch eine von außen kommende sogenannte Rationalität. Dadurch entsteht der Selbstläufer einer notwendigerweise immer größeren Hilfeleistung durch die Geld- oder Materialgeber, weil die inneren Mechanismen, die zur Problematik führten, gezielt nicht ganzheitlich untersucht wurden. Innere Heilungspotentiale bleiben deswegen oft unberücksichtigt, weil ansonsten die „Helfer" überflüssig würden und sich somit ihres profitablen Geschäfts entledigten.

Ähnliche Prozesse sind im psychotherapeutischen Bereich leicht feststellbar. Seit der Reduktion der Psychoanalyse auf medizinische und psychologische Vorberufe und der damit verbundenen vermehrten Konzentration auf „Therapeutik", ihrer Medizinalisierung, wie Freud es benannte, bemüht sich die psychoanalytische Therapie, wie man nun sagt, darum, immer mehr „effektiv" und „effizient" zu sein. Therapiearten, die langsame und dennoch möglichst schnelle Entwicklung von Selbstheilungspotentialen anstreben, unabhängig von den Bedürfnissen der „Helfer" und solchen von Patienten/innen, die schnelle und eher zudeckende Hilfe suchen, haben es wohl immer schwerer. Man will immer schnellere Lösungen für immer kompliziertere Vorgänge, was an sich nicht schlecht wäre, bliebe nicht der Mensch auf der Strecke. Dabei behaupten einige Therapierichtungen, daß sie im Gegensatz zur Psychoanalyse menschlicher seien, weil sie nicht lange nach dubiosen und zweifelhaften Hintergründen in der Vergangenheit suchen, sondern direkte und lebenspraktische Hilfen geben, die „nachweislich" therapeutisch wirkungsvoller seien. Den Prozeß dazu versuchte ich, in der Vorbemerkung abstrakt darzustellen.

Die Liebe

Was hat dies alles mit der Liebe zu tun? Eine recht bewegte und deprimierte Einschätzung von Freud über den Menschen war, daß die Destrudo (Thanatos) dem Eros immer und letztlich überlegen bleibt. Konkreter gemahnte Freud daran, daß die den Menschen inhärenten destruktiven Potentiale nur zeitweise durch Liebe, Kulturentwicklung und Vernunft aufzuhalten seien. Die Aufgabe der Psychoanalyse bestehe vor allem darin, jede nur erdenkliche, bislang verdrängte Möglichkeit von zwischenmenschlicher Liebe zu wecken. Es gilt dies gesamtgesellschaftlich wie für jede einzelne individuelle Situation. Liebe und Tod, Scheitern und Entwicklung, Leidenschaft und Zerfall gehören untrennbar zusammen, ebenso wie das Individuum und die Gesellschaft. Die genuin psychoanalytische Aufgabe könnte sein, den destruktiven Kräften möglichst lange mit Hilfe der Liebe Einhalt zu gebieten. Der Mensch verfügt wahrscheinlich über genügend Potentiale, wie z.B. die Weiterentwicklung einer humanen Kultur, um nicht vorschnell angesichts der Destrudo aufzugeben. Obzwar die Psychoanalyse eingebunden ist in die allgemeinen gesellschaftlichen Prozesse von Professionalisierung und damit Vernichtung von Selbstheilungspotentialen, könnte gerade sie bei genügender gesellschaftspolitischer Reflexion und kritischer Anteilnahme am reflexiv-politischen Diskurs dafür sorgen, daß der Liebe und der Leidenschaft, dem Scheitern, der Verzweiflung und dem Tod der Raum eingeräumt wird, der diesen Prozessen mit tiefliegenden unbewußten Hintergründen gebührt, um ein wirksames Gegengewicht gegen die allgemeine Zerstörung zu schaffen. Gerade dazu ist weitere Professionalisierung (im neuen Sinne der Verstärkung von Selbsthilfepotentialen) der psycho- und gruppenanalytischen Theorie, Behandlungstechnik, Forschung und Anwendung auch auf den gesellschaftlichen Bereich nötig. Diese geforderte Professionalisierung schließt die Liebe ein, weil das Thema Liebe wie viele andere Schwerpunkte der Psychoanalyse nicht nur Erfahrungsgebiete der Psychologie oder der Medizin sind. Die Wiedereröffnung des praktischen und theoretischen Dialogs mit anderen Wissenschaften wie Philosophie, Soziologie, Theologie, Sprachwissenschaft, Pädagogik, Physik, um nur einige zu nennen, ist die Aufgabe der Gegenwart und Zukunft. Psychoanalyse – auch der Liebe – ist wahrscheinlich nur sinnvoll interdisziplinär oder syntopisch (Ernst Pöppel) anzugehen, das muß aber schon in der Weiterbildung beginnen.

Um konkreter zu werden: Was ist die Liebe der psychoanalytischen Kur unter den beschriebenen Professionalisierungsbestrebungen? Liebe wird professionell freigesetzt. Der Gedanke und die Erfahrung sind: Freigesetzte, von Widerständen befreite Gefühle und Affekte sollen die Grundlage schaffen für Liebes–, Genuß- und Arbeitsfähigkeit des/der Patienten/in. Was bedeutet hier Professionalität? Ohne Scham können wir auf Vorgängerinnen im alten Athen zurückgreifen, Hetären wie z.B. Diotima aus Mantinea (um 430 v. Chr.), einer Lehrerin von Sokrates, oder Leontion (um 300 v. Chr.), Schülerin und Geliebte Epikurs, die einige Zeit den Vorsitz der Philosophengemeinde hatte. Schon Aspasia (um 460-401 v. Chr.) aus Milet, die zweite Ehefrau von Perikles, in deren Salon u.a. Anaxagoras, Archimedes, Sophokles und Sokrates regelmäßig verkehrten, erklärte den Eros zur Triebkraft menschlichen Handelns. Die Fähigkeit der Hetären mache aus, daß sie das Bedürfnis nach ihrer Person und ihrem Wesen wecken können, um den Eros in die richtigen Bahnen, z.B. Ehe, lenken zu können (Rullmann 1993). Diotima lehrte, Eros sei der Mittler zwischen Mensch und Gott, er stelle die zentrale Kraft dar, durch welche die Götter die Menschen dazu bewegen, das Schöne, Gute und Wahre anzustreben. Somit sei Eros die Liebe zum Schönen – und die Wahrheit gehöre zum Schönsten – das sei das philosophische Wesen des Eros. Zwar erlange man mit leiblicher Zeugung durch die Kinder Unsterblichkeit, aber geistige und seelische Zeugungskraft sei noch höher zu bewerten und zu achten. Leontions epikureische Lehre ist bis auf eine Streitschrift gegen Theophrast nicht überliefert, man darf aber guten Gewissens davon ausgehen, daß Freud mit Genußfähigkeit und Lust sich auf Epikur und damit auch Leontion bezog. Der psychoanalytische Dialog könnte durchaus auch sokratisch oder platonisch genannt werden – auf der Grundlage der Liebe und der Liebe zur Wahrheit, wie es die drei Philosophinnen vorlebten und lehrten. Das Wort Hetären im Zusammenhang mit Psychoanalyse ist nicht unabsichtlich oder willkürlich gewählt. Die „Liebeskur" und das „Stundenhonorar" provozieren Assoziationen in Richtung käufliche Liebe. Die Vorläuferinnen der Hetären waren Priesterinnen, die „heilige" Liebe in Gegensatz zu „profaner" setzten. Wenn Sokrates bei Aspasia und Diotima die Liebe lernte, dann sicherlich u.a. durch das Kunststück der Damen, sich unter Außerachtlassung vorangegangener oder andernorts entstandener Bedürfnisse vollständig auf die gerade gegebene Situation einzulassen, die Illusion ihrer Liebe hat situativen Rahmen und ist innerhalb dieses Realität. Man könnte sagen, die Übertragungsliebe darf ihr „Realitätszeichen" nicht verlieren. Illusionär ist die Liebe, die behauptet, auch außerhalb des Rahmens zu gelten, um sie dann innerhalb des Rahmens desymbolisiert „durchzuführen". Liebe und Wahrheit könnten wie bei den Griechen eine Einheit sein. Die Sicherheit des Rahmens schafft Reales, bedingte Wirklichkeit und damit die Möglichkeit, gewonnene Liebe außerhalb umzusetzen. Die Chance der professionell geweckten Liebe liegt also im Schutz des Rahmens und der Bedingung, daß andernorts ausgelöste Bedürfnisse sich nicht von Seiten des/der Therapeuten/in in den Rahmen einschleichen; reale Entfaltung präödipaler, ödipaler oder genitaler Liebe je nach Entwicklungsprozeß kann geschehen, dadurch bleibt sie ein Symbol mit starkem Erlebensanteil und kann im Alltagsleben umgesetzt werden, vorausgesetzt, sie wird nicht desymbolisiert und damit derealisiert. Im Minnesang wurden ähnliche Prozesse thematisiert. Man suchte etwas Höheres als Kopulation, die überall möglich war, man fand in diesem Höheren verstärktes Liebeserleben ohne direkte körperliche Befriedigung. Damit wollte sich natürlich der Adel vom „gemeinen" Volk distanzieren (Luhmann 1982). Diese Vorstellung, daß sich Gefühle verstärken in einer Realität, die Erfüllung symbolisch ermöglicht wegen des Nicht-Handelns, zumindest nicht im sexuellen Körperakt, könnte ein weiterer Bereich der psychoanalytischen Profession sein, übernommen aus dem Minnesang. Von der Seite der Soziologie her muß man immer bedenken, daß Ereignisse wie z.B. Liebe immer im historisch-gesellschaftlichen Zusammenhang stehen, dadurch verschiedene Bedeutungen in verschiedenen Zeiten und gesellschaftlichen Schichten haben, damit auch andere semantische Codierungen (Luhmann 1982). Das gilt es zu reflektieren in der jeweils für Patient/in und Therapeut/in entstehenden „Liebe". So könnte man z.B. sagen, daß sich sowohl die Art und Weise der Mitteilung von Liebe historisch/gesellschaftlich veränderte wie die Begründung der Liebe. Solange ein Ideal (Tugendhaftigkeit, Klugheit, von hoher/höchster Geburt, usw.) geliebt wurde, mußte man die Eigenschaften des Objekts kennen, ihn oder sie selbst nicht unbedingt. Erst als Liebe, Ehe und Sexualität im Rahmen anerkannter Autonomie von Intimbeziehungen weitgehend zusammengeführt waren, genügte die (zuerst einmal unerklärliche) Tatsache, daß man liebe. Norbert Elias (1969) wies nach, daß diese

Zusammenführung, die für uns selbstverständlich erscheint, erst seit wenigen Jahrhunderten existiert und schon von daher recht brüchig ist. So gründete z.b. die Ehe früher hauptsächlich auf der sinnvollen Zusammenführung von Gütern, Liebe als Grund der Ehe ist relativ neu, noch neuer, daß befriedigende Sexualität eine notwendige Ehegrundlage ist.

Der professionelle psychoanalytische Umgang mit der Liebe könnte nun so beschrieben werden: Zuerst befreie man die Liebe durch Analyse der Gründe, warum sie in der jeweiligen Entwicklungsphase und gleichzeitig in der Übertragungssituation unterdrückt werden mußte/muß, dann untersuche man sie auf ihren Widerstandscharakter und ihre Herkunft wiederum gleichzeitig aus Lebensgeschichte und aktueller Übertragung. Die Unerfüllbarkeit im Rahmen des Settings, ähnlich wie zu Zeiten des Ödipuskonflikts, soll Erfüllung außerhalb ermöglichen, oben genannte Stabilität und Realität des Rahmens und Geschehens samt gleichschwebender Aufmerksamkeit des/der Analytikers/in in obigem Sinne (reflektierter Einfluß von Bedingungen außerhalb – durch bewußte Analyse solcher Bedingungen) vorausgesetzt. Nun werde ich versuchen, im platonischen Sinne wieder abzusteigen in die Abstraktion.

Eine Gesellschaft, in der aufgrund wissenschaftlicher und technischer Entwicklungen immer mehr „technisch" machbar erscheint, wo Randbereiche wie Armut, Leiden, Scheitern und Tod aus dem bewußten Leben verdrängt werden, wo unter dieser Bedingung „ewige Jugend blüht", tötet die Liebe, indem auch sie „machbar" gemacht wird. In diesem Sinne ist die „Liebeskur" der Psychoanalyse in großer Gefahr, durch Anpassung an Therapeutik gewünschter Form von innen heraus sinnentleert zu werden. Therapeutik angesichts unreflektierter und wahrscheinlich enorm pathologisierender gesellschaftlicher Bedingungen gerät meist in gefährliche Nähe von Alibifunktionen und sog. „Flickschusterei", die man zum Zwecke von Vermehrung eigener Lebensabsicherungsbedürfnisse immer mehr verbessern kann, um Resignation angesichts von scheinbar unlösbaren und „faktischen" Rahmenbedingungen zu verdrängen und die Alibifunktion bewußtlos hinzunehmen. Die auch gesellschaftliche Aufgabe und Potenz der Psychoanalyse, Eros gegen Thanatos (Löchel 1996) zu setzen, Selbstreflexion und Selbstkritik zu schulen, das Unbewußte zu vertreten, ginge verloren. Es ist dies in erster Linie kein ethisches oder moralisches Argument, es geht um die Aufrechterhaltung der Berufsfähigkeit, da Sinnentleerung, Alibifunktion und Flickschusterei auch dann auf den analytischen Alltag einwirken, wenn all dies nicht bewußt ist. Unbewußtes, gleichgültig, ob individuell, sozial, gesellschaftlich oder politisch, folgt den gleichen von der Psychoanalyse entdeckten Gesetzen, es wirkt umso unberechenbarer, je weniger man davon weiß.

Gefahren und Möglichkeiten der Professionalisierung

Zusammenfassend kann ich sagen, daß die sich als psychoanalytische Psychotherapie verstehende Psychoanalyse, gleiches gilt für die Gruppenanalyse, die ich eigentlich immer mitgedacht habe, sich in einer beträchtlichen Gefahr befindet. Allgemeine internationale und nationale, inzwischen kaum mehr lösbare Konflikte schaffen das Bedürfnis nach möglichst effektiven Behandlungsverfahren und Beratungen. Dabei gilt: Je größer die eigentlich erkannte Unlösbarkeit von Entwicklungen ist, desto größer ist der Zwang, daß eine akzeptable Therapeutik möglichst isoliert und auf überschaubare Ziele abgerichtet sein muß. Grundlagen zu erforschen, wie es die Psychoanalyse eigentlich will (Wahrheitssuche), würde die rat- und hilfesuchenden Menschen allzusehr verunsichern. Aus dieser Sicht bedeutete Professionalisierung Verzicht auf Erforschung der Grundlagen der Ängste und damit Verzicht auf die Wiedererweckung der Liebe. Man kann aus der Sicht der Soziologie Professionalisierung noch anders definieren, wie ich es versuchte. Wirkliche Profession könnte sein eine Untersuchung der Rahmenbedingungen, in denen heute Therapie oder Psychoanalyse stattfindet, interdisziplinäre/syntopische Forschung und Zusammenarbeit, Aufgreifen der Erfahrungen der Geschichte z.B. im Zusammenhang mit der Liebe (z.B. Hetären, Minnesang), deren jeweilige semantische Kodierung, Entwicklung einer der jeweiligen Gesellschaft adäquat und kritisch gegenüberstehende Therapeutik (siehe Rahmenbedingungen) und tatsächliches gesellschaftliches Engagement (Parin 1983), um sich und der Psychoanalyse ihren gesellschaftlichen Stand zu erhalten und zu verbessern. Die Radikalität des psychoanalytischen Hinterfragens jeglicher Sicherheit und Gewißheit könnte die professionelle „Liebe" der Psychoanalyse ganz im platonischen Sinne der Gleichsetzung von Liebe und Wahrheit sein.

Daß hier mehr Fragen entstehen als Antworten, dürfte an der Natur der Sache liegen; ein Eingehen auf das unprofessionelle Benutzen der Liebe für eigene Befriedigungen des/der Therapeuten/in auch im körperlichen Sinne erübrigt sich in diesem Rahmen. Vielleicht ist es mir gelungen, die von mir dargestellte Erwartung an die Psychoanalyse in diesem Text durch seine Gestaltung schon darzustellen.

Literatur

Beck, U. (1986): Risikogesellschaft. Auf dem Weg in eine andere Moderne. Frankfurt/Main (Suhrkamp).

Elias, N. (1969): Über den Prozeß der Zivilisation. Bern: Francke. Suhrkamp Taschenbuch Wiss., Frankfurt (Suhrkamp), (1976).

Gfäller, G.R. (1996): Beziehungen von Soziologie und Gruppenanalyse. Gruppenpsychother. Gruppendynamik 32, S. 42 – 66.

Löchel, E. (1996): Jenseits des Lustprinzips: Lesen und Wiederlesen. Psyche 50, S.681 – 714.

Luhmann, N. (1982): Liebe als Passion. Zur Codierung von Intimität. Frankfurt am Main (Suhrkamp).

Parin, P. (1983): Der Widerspruch im Subjekt. Frankfurt/M. (Syndikat).

Rullmann, M. (1993): Philosophinnen: Von der Antike bis zur Aufklärung. Zürich/Dortmund (Ed. Ebersbach im eFeF-Verlag).

Liebe und Haß bei der 70jährigen Tochter eines SS-Mannes

Bericht über die ersten Therapiestunden[†]

Tilmann Moser

Kurze Vorstellung der Patientin

Die knapp 68-jährige Patientin kam aufgrund eines Aufsatzes von mir in der *Badischen Zeitung* über Spätfolgen der NS-Zeit und Probleme ihrer Aufarbeitung. Sie hatte fünf Jahrzehnte lang für ihren im Herbst 1945 unter unklaren Umständen von der Besatzungsmacht erschossenen Vater Schuld und Scham übernommen und hatte das diffuse Gefühl: Es könnte genug sein. Aber auch, daß es vielleicht auch für sie therapeutische Hilfe geben könnte. Die Lektüre des Aufsatzes hatte ihr die „Erlaubnis" vermittelt, einen Therapeuten aufzusuchen, und zwar einen, von dem sie wußte, daß er in das Thema eingearbeitet war. Sie hatte therapeutische Erfahrung nur aus den wenigen Gesprächen mit einem ärztlichen Therapeuten in der Psychiatrie, in der sie vor mehreren Jahren auf dem Höhepunkt einer Ehekrise einige Wochen zugebracht hatte. Ihren Wunsch, einen pädagogischen Beruf zu ergreifen, hatte das Kriegsende und der Tod des Vaters zunichte gemacht. Sie wurde Sekretärin in einem mittleren Betrieb und brachte, nicht immer unterstützt von ihrem Mann, unter Anspanung aller Kräfte vier Kinder durch. Ich gebe den Strom ihrer Erzählung, Gefühle und vermuteten inneren Vorgänge wieder.

[†]Der kommentierte Bericht über die inzwischen abgeschlossene Therapie erscheint unter dem Titel »Dabei war ich doch sein liebstes Kind« im Herbst 1997 im Kösel-Verlag (München).

Die erste Stunde

Daß jetzt alles so hochkommen muß.... ich habe immer gut geschlafen. Um fünf Uhr bin ich jetzt seit Monaten wieder wach. Die Ärztin gibt mir Tabletten. Aber auf einmal wirken sie nicht mehr. Ich lese viel über das Kriegsende. Hitler war immer wichtig bei uns, eine große Person. Aber unheimlich. Ich saß auf den Knien meines Vaters am Volksempfänger. Die Mutter ging dann raus. Wir waren zusammen, der Vater und ich, wenn Hitler sprach. Ein wenig war' s wie vor dem Altar. Aber ein Bild von ihm wurde nicht aufgehängt. Da hat meine Mutter gekämpft! Sie war mehr kirchlich, sprach öfter mit einem Pater. Einmal, als der Vater früher nachhause kam, saß der noch in der Küche. Er hat ihn rausgeworfen. „Der Pfaffe", „der Schwarzkittel", sagte er. Die Mutter weinte.

Auf einem kleinen Regal über meinem Tischchen an der Wand habe ich Dinge von meinen liebsten Menschen ausgebreitet, Bilder, Bücher, Andenken. Meinen Vater kann ich dort nicht aufstellen. Warum muß ich jetzt schon wieder weinen? Entschuldigen Sie. Ich mochte ihn sehr gerne. Aber wenn er meinen Bruder zusammengeschlagen hat, weil der eine Viertelstunde zu spät nachhause kam, von der Schule oder von einem Hitlerjugend-Abend, dann haßte ich ihn und hatte Angst.

Meine Schwester hatte dunkle Haare, das mochte er sowieso nicht. Er war blond, ich war auch blond. Es tat so weh, weil ich mich immer schämen mußte: Die Sache mit den Juden. Ich weiß nicht, was er alles gemacht hat. Er war ja die ganze Zeit Chauffeur, persönlicher Chauffeur vom Chef der Firma. 1930 ist er in die SA eingetreten, später in die SS, es gibt noch Bilder mit der Uniform. Ein entfernter Onkel sagte: Als die in der Stadt die Synagoge angezündet haben – er hatte ja Dienst an dem Abend, da hat er einer jüdischen Frau ins Gesicht geschlagen. Ich muß mich so schämen. Mein Onkel sagt: Ich muß für ihn büßen.

Ich werde einfach nicht damit fertig: Im Herbst '45 haben die Franzosen ihn gesucht bei uns in der Wohnung, einer hatte ihn angezeigt, daß er bei der SS gewesen war. Vier Soldaten kamen mit einem kleinen Zettel mit unserer Adresse. Aber er war ja nicht da. Er war bei einer Baukolonne. Sie wurden jeden Morgen am Rathaus auf einen Lastwagen geladen, alle, die auch etwas auf dem Kerbholz hatten, zehn Kilometer war es weg, die Franzosen fuhren los, um ihn dort zu suchen. Meine Mutter ist aufs Rad gesprungen, aber es war ja zu weit, sie wollte ihn warnen. Jedenfalls, eine alte Frau in dem Dorf ging dort spazieren und war Zeuge. Der hat sich gewehrt, der Vater, er wußte, daß es ernst wird.

Sie haben ja viele abgeholt damals. Sie haben ihn mit den Gewehrkolben niedergeschlagen. Vielleicht wollte er noch fliehen, oder er hat sich so gewehrt, daß einer geschossen hat. Zuerst wollten sie uns gar nicht erlauben, ihn zu sehen. Erst als er tot war, ließen sie uns zu ihm. Sein Gesicht sah schlimm aus. Wir fragten, warum er so aussieht, aber sie haben es uns nicht gesagt. Erst viel später hat es uns die alte Frau erzählt: Fäuste und Gewehrkolben.

Meine Mutter ist seelisch schwer krank geworden. Ich mußte wieder arbeiten, Geld verdienen, da war ich siebzehn. Aus mit der Schule. Ich wäre so gerne Erzieherin geworden. Eine Halbjüdin, die mich von vor dem Krieg kannte, holte mich in ihr Geschäft. Sie war mit einem Ausländer verheiratet, deshalb haben sie sie nicht deportiert. Aber ich weiß, wenn mein Vater gekonnt hätte, wie er wollte, dann hätte er sie auch holen lassen. Er war so fanatisch. Die Partei war mehr für ihn als die Familie. Er sprach immer von der Partei. Manchmal mußte ich ihn holen in der Wirtschaft, wo sie sich getroffen haben. Manchmal hat ihn die Mutter geholt. Dann hörte ich, wie sie sich gestritten haben, die halbe Nacht.

Sie hat es ihm nicht verzeihen können, daß er die Kinder nicht mochte. Nur auf dich, sagte sie, auf dich ließ er nichts kommen. Er war verrückt nach dir. Und ich merkte, wie böse die Mutter auf mich sein konnte. Entschuldigen Sie, daß ich schon wieder weine. Ich kann die Bilder nicht mehr loswerden. Sie werden immer schärfer. Wissen Sie, woher das kommt? Nach fünfzig Jahren. Ich will nichts mehr davon wissen. Ich habe doch genug gebüßt. Mehr als fünfzig Jahre habe ich gedacht, ich muß es auf mich nehmen. Mein ganzes Leben ist Sühne... Ich werde einfach nicht damit fertig: das zerschlagene Gesicht meines Vaters, der Schrecken, es war furchtbar, aber eine innere Stimme sagte immer: „Es geschieht ihm recht", mitten im Mitleid für ihn und in der Wut auf die Soldaten. Warum hat er sich auch so gewehrt? Aber sie hätten ihm nicht so das Gesicht zerschlagen müssen. Ein Vater, über den man sich schämen muß, sein ganzes Leben. Mein Bruder hat nie mit mir über das alles reden wollen. Er hat gesagt, das ist vorbei, man muß es ruhen lassen. Er war ja noch in Rußland und auf dem Balkan dabei. Er wollte alles vergessen. Er sagte nur: „Du weißt doch, daß der Vater keine Kinder mochte. Außer dir."

Die Mutter ist verrückt geworden, als sie ihn totgeschlagen hatten; ich kam zu einer Tante. Die Mutter ist wunderlich geblieben seitdem, auch als sie wieder zuhause war von der Irrenanstalt. Er hatte es auch mit anderen Frauen. Zuerst wußte die Mutter es nicht, aber später hat sie es mir erzählt: es war mit einer Angestellten von seinem Chef. Ich kannte sie auch, er hat mich ja oft mitgenommen in das Haus, wo sie arbeitete. Er kam gleich nach dem Krieg zurück, er war nur noch zwei Jahre eingezogen auf dem Balkan, er war schon fast vierzig, als der Krieg anfing. Dann kam das mit der Straßenbaukolonne. Ich weiß noch wie heute, wie er der Mutter aufgetragen hat: wenn Post aus Buchenwald käme, solle sie das sofort verbrennen. Das war im Winter '44, als er schon merkte, daß es nicht gut ausging mit dem Krieg. Aber er war doch vorher immer Chauffeur. Oder war er ein paar Mal zu Lehrgängen weg? Wenn er so Angst hatte vor der Post aus dem Lager, muß er doch gewußt haben, was dort los war! ... Der Vater hatte auch gute Seiten. Aber man wußte nie, wann er losbrüllt. Mich hat es nicht so oft getroffen. Er hat sich etwas eingebildet auf seine Uniform. Und das gab ihm wohl, wie er meinte, das Recht, den Tyrannen zu spielen. Er war so stattlich, fast zwei Meter groß. Das gefiel mir an ihm. Und eitel. Groß und schön. Ich habe ihn oft heimlich angeschaut. Jetzt muß ich schon wieder weinen. Ich darf ihn ja gar nicht so sehr mögen, wie ich es tue. Und gleichzeitig hasse ich ihn. Das ganze Leben geschämt. Immer geschämt.

Jetzt habe ich fast eine Stunde geredet, Dinge, die mir sonst kaum je über die Lippen kamen, so lange wie noch nie bei einem Arzt. Aber er ist gar keiner, das hat er mir gesagt, und meine Nervenärztin wollte mich nicht zu ihm überweisen, weil sie ihn nicht kennt und weil er kein Arzt ist.

Die zweite Stunde, eine Woche später

Der Doktor fragt mich eine Woche später, wie es mir erging nach der Stunde. Ich mußte ihm sagen: schlecht. Es ist zu viel hochgekommen. Ich konnte die Bilder nicht mehr steuern. Doch zuerst das Naheliegende, was mich beunruhigt. Ich war noch einmal bei meiner Nervenärztin: Sie will mir keine Überweisung an ihn schreiben. Sie habe eigene Therapeuten, die sie kenne. Mir war ganz elend. Sie schien so streng. Ich hatte sofort das Gefühl, ich habe etwas falsch gemacht. Schuldgefühle. Da komme ich so leicht rein: Was habe ich wieder falsch gemacht? Ich könnte es schwer ertragen, wenn die Beziehung zu ihr gestört wäre oder sogar verlorenginge. Sie war ja schon einmal so böse, als ich die schweren Psychopharmaka nicht mehr nehmen wollte. Ein Jahr lang ging es auch gut. Als ich zu ihr zurückkam, sagte sie nur streng: „Ich hab' s ja gleich gesagt, Sie müssen die Tabletten, die ich Ihnen verschreibe, immer nehmen, vielleicht lebenslänglich. Warum können Sie mir bloß nicht vertrauen!"

Der Doktor bietet mir an, meine Nervenärztin anzurufen oder ihr zu schreiben. Es beruhigt mich, er meint, wir beide könnten es schon erreichen, daß die Beziehung zu Frau Dr. H. nicht kaputt geht. Ich hatte so großes Vertrauen, fühlte mich dort geborgen. Sie hat mir bei der Rente geholfen. Und jetzt ist sie so streng, wie beleidigt. Um alles in meinem Leben muß ich doppelt so schwer kämpfen wie andere. Ich bin so erschöpft.

Der Doktor fragt, ob es so ähnliche Gefühle nicht gegenüber der Mutter gegeben habe, wenn sie unzufrieden war. Einen Moment bin ich schockiert, dann fließen die Erinnerungen. Ich war ja immer brav, anstellig, ohne Widerworte. Ganz anders als meine jüngere Schwester. Er fragt mich, ob ich diese Dinge nicht meiner Mutter direkt sagen könne, die er auf einen Stuhl vor mich hinsetzt. So, wie wenn ich Bilanz ziehen wollte, was gut war und was nicht. Vorher schon saß auf dem Stuhl ein paar Sätze lang die Ärztin – und da hatte ich gespürt, wie wütend ich auf sie war. Die Mutter sieht ein wenig anders aus, mit einem dunklen Kissen, das ich als Symbol für sie auswähle. Da kann ich schon die Tränen nicht mehr halten. Und dann sage ich ihr: „Du hast mir so vieles verbaut. Du hast mich so entmutigt. Du hast mir die Schwester vorgezogen. Du hast mich angeschrieen. Ich mußte von einem Tag auf den anderen von der Schule weg. Ich mußte in der Kantine arbeiten und am Schluß die Klos putzen, mir war immer so schlecht, aber du hast geschrieen: „Wir brauchen das Geld." Und basta war' s. Am Abend mußte ich dir helfen, die Wäsche von den Franzosen zu waschen. Wir mußten die schwere Wanne mit der nassen Wäsche hochtragen auf die Wiese, zum Bleichen, ich bin fast zusammengebrochen, habe geweint. Du hast erst aufgehört mit dem Schreien, als der Arzt dir sagte, ich hätte eine schwache Gesundheit, und es wäre nicht gespielt, ich wäre nicht faul."

Dann will ich dem Doktor weiter erzählen, wie die Mutter bei mir ins Leben hineinregiert hat, aber er sagt immer wieder: „Bitte direkt zur Mutter." Ich staune, daß ich es kann, ich habe das noch nie gemacht. Von meiner ersten Liebe, scheu und heimlich, will ich erzählen, aber er zeigt auf den Stuhl, wo die Mutter sitzt, doch ich will ja erst mal erzählen, wer er war. Er war auch bei der SS, ganz jung, kaum zwanzig, und in einem Lager am Stadtrand inhaftiert. Ich sage zur Mutter, und ich weine jetzt vor Wut und Trauer: „Du hast gesagt, der kommt mir nicht ins Haus, bei uns ist kein Mann im Haus, da kommt der auch nicht hier herein, geh mit ihm essen, wo du willst. Ich bin eine anständige Witwe!" Oder hat sie gesagt „Kriegerwitwe"? Das galt mehr. Ich weiß es nicht mehr. An einem Sonntag bin ich dann mal mitgefahren in die Familie von dem SS-Freund. Aber nach ein paar Stunden wußte ich: Da passe ich nicht hin, es war eine schreckliche, eine düstere Atmosphäre. Da war es dann wieder aus. Mit meiner Schwester hat die Mutter sich viel gestritten, und da war ich dann wieder recht zum Jammern und Klagen. Sie konnte mich einfach manipulieren, Druck machen, ich konnte mich nicht wehren.

Der Doktor sagt: „Viele Mütter in Kriegs- und Nachkriegssituationen haben ein Kind, meist das älteste gebraucht, als Helfer und Blitzableiter, als Stütze und Werkzeug und Fortsetzung der eigenen Kraft." Ich fühle mich verstanden und merke, daß mein Schicksal ihm bekannt vorkommt, und danke es ihm durch schnelle Zustimmung. Ich habe ja immer gehofft, ich könnte meiner Mutter doch noch gefallen.

Der Doktor fragt, ob sie sich vielleicht gerächt habe dafür, daß der Vater mich so vorgezogen hat, und wieder muß ich gleich „Ja" sagen. Weil es stimmt, weil er mich ja immer mitgenommen hat. Ich kannte ja sogar seine Freundin, und er hat mir Kinderlandverschickung besorgt, über die Partei, obwohl ich gar nicht mager war damals. Eine hohe Frauenschaftsführerin hat es durchgesetzt für ihn. Warum? Die Partei! Die war alles für ihn.

Wenn meine Mutter Fremdsender hörte, wenn er bei der Arbeit war, dann mußte ich aufpassen, die Straße hinunterschauen. Er konnte ja immer mal unerwartet auftauchen, und ich mußte sie warnen. Er hätte uns an die Partei verraten, die stand höher als die Familie. Sie saß unter einer Decke und suchte den Schweizer Sender. Ich weiß nicht mehr, wie er heißt. Ich bin sicher, daß ich mal hörte, wie die Mutter meinte, der Vater hätte ab und zu mal gedroht: „Dann bringe ich euch dorthin, wo ihr hingehört." Vielleicht hat er sie doch einmal erwischt. Ich glaube, mit „dorthin" war das KZ gemeint. Ich glaube auch, daß er es getan hätte. Er war wie verrückt nach der Partei.

Der Doktor sagt nicht viel, aber ich merke, daß ihn das bewegt. Dann fragt er noch einmal nach der Wäsche: das müsse schwierig für mich gewesen sein, die Wäsche von den Franzosen zu waschen, wegen meinem Vater. Da kann ich wieder die Tränen nicht halten und sage: „Das waren für mich immer die, die meinen Vater erschossen haben." Aber die Mutter schrie: „Wir brauchen das Geld. Stell dich nicht so an."

Heute kann ich ihr das nicht mehr übelnehmen. Ich bin versöhnt mit ihr. Sie hatte ein schweres Schicksal: die älteste von zehn Kindern, in der Hungerzeit nach dem ersten Krieg.

Der Doktor meint: Wir müßten zusammen herausfinden, wieviel Erinnerungen und Gefühle ich vertrage in einer Stunde. Er könne das auch nicht immer sicher abschätzen. Aber das wichtigste ist, daß er mich versteht. Daß er sich in der Zeit auskennt, um die es geht. Das hat die Nervenärztin überhaupt nicht verstanden, daß ich zu keinem anderen will als zu einem, der die Lasten von vor fünfzig Jahren kennt und ernst nimmt. Auch wenn ich mal nicht gut schlafe. „Was meinen Sie", frage ich ihn zum Schluß, weil mich das ja zusätzlich plagt und jemand mal sagte, ich sei verrückt: „Kann das sein, daß einen das noch nach fünfzig Jahren quält und Depressionen macht?" Als er nickt, bin ich erleichtert. Denn in den Jahren, als mein Mann eine Freundin hatte und alles abgestritten hat, was ich ahnte, dachte ich ja wirklich: Ich bin vielleicht verrückt! Er hat das so überzeugend gesagt.

Jetzt habe ich ihm auch verziehen. Er kann mir nicht mehr wehtun. Und wir gehen miteinander um wie alte Freunde, die viel mitgemacht haben, miteinander, und auch durch den anderen. Ich war ja auch oft mit den Nerven fertig, mit den vier Kindern und dem Beruf, und habe ihn auch oft nicht verstanden. Schlimm war nur, daß diese Frau so raffiniert war und ihn bestärkt hat in der Idee – jetzt kann ich mir nur an den Kopf tippen, weil ich das schlimme Wort verrückt nicht noch einmal aussprechen will – sie hat ihn bestärkt darin, daß ich im Kopf nicht ganz richtig bin. Und ein bißchen fürchte ich manchmal, daß das die Nervenärztin auch denkt, weil sie mir nur immer Tabletten geben will. Für eine Therapie sei es zu spät, meinte sie lange Zeit. Und eines Tages sagte sie doch, ich soll in eine Gruppe gehen. Aber das würde ich nie tun. Schon wegen der Scham vor den anderen.

Überlegungen zu Diagnose und Behandlung

Wie es lange geschehen ist, könnte man diese Frau zu diagnostizieren versuchen nach den gewohnten kleinfamiliären Kategorien: Vater, Mutter, Geschwister, Spaltung, Rivalität, ödipale Bindung, ambivalente Liebe; es könnte allenfalls noch die Rede sein von Widersprüchen im familialen Wertsystem, von Heimlichkeit und divergierenden, engen Über-Ich-Bindungen und den damals in kleinbürgerlichem Milieu üblichen strengen Gehorsamsforderungen.

Aber das würde meiner Meinung nach zu kurz greifen: Die Grenzen der wirksamen psychischen Kräfte wären zu eng gezogen, und mächtige Wirkfaktoren im Untergrund wären ausgeblendet. Ja, man könnte von einer Verleugnung von Geschichte sprechen, die diese Biographie geprägt hat. Die Traumatisierung ist aber durchdrungen von Geschichte. Hitler war sozusagen ein furchtbarer Hausgenosse, gleich einer die Menschen verändernden, entflammenden oder terrorisierenden Gottheit. Ich würde sogar behaupten, daß die jahrzehntelange Verleugnung von Geschichte zu einer zusätzlichen Traumatisierung geführt hat: Die Patientin konnte und durfte nie von den inneren

Schrecken, ja, von den dämonischen Instanzen in ihr sprechen. Und obwohl sie wußte, daß ihr Leben von Scham und Sühne gekennzeichnet war, blieb alles in einer bedrohlichen Unwirklichkeit, weil niemand bereit war, mit ihr zu sprechen: Ich greife als Beispiel nur den etwas älteren Bruder heraus, der sein Leben programmatisch auf dem Vergessen aufgebaut hat, und der Nervenärztin, die ihr nach Alter und Bildungsgrad den Zugang zur Psychotherapie versperren wollte. Man könnte sogar von einem medikamentösen Kampf gegen die Benennung und die Auswirkungen von Geschichte sprechen.

Die Patientin befürchtete in mehreren Lebenskonstellationen, sie könne verrückt sein, und dieses Verrücktsein paßt wiederum in die verrückte Deponierung von Geschichte, in die von den Mitscherlichs so genannte Entwirklichung oder Derealisierung der NS-Zeit. Erst ein kleiner Aufsatz von mir in der Zeitung über psychische Folgen von NS-Zeit und Krieg brachte ihr die innere Erlaubnis, ein Verstandenwerden überhaupt als Wunsch ins Auge zu fassen. Die neue Diagnostik, unter der sie sich zu verstehen begann, war wie eine Erlösung, eine Erlaubnis zum wenn auch leidvollen Selbstsein.

Ich möchte deshalb aufzeigen, wie sich andere, gewaltdurchdrungene Instanzen hinter den meist kleinfamilial gedachten inneren Repräsentanzen auswirken. Natürlich hat die Familientherapie, vor allem, wenn sie drei Generationen einbezog, von konflikthaften Wertsystemen gesprochen, von Familienmythen und dem Einfluß von Ideologien. Aber im Nationalsozialismus ging es nicht mehr nur um Ideologie, sondern um die unter dem Zeichen der Ideologie oder der Weltanschauung vollbrachten Taten und um den allgegenwärtigen, wenn auch im Alltagsleben oft getarnten Terror, neben einem von Begeisterung getragenen Anpassungsdruck.

Doch auch eine enge religiöse Erziehung in einem nicht durch andere Informationen und Gespräche zu lockernden gläubigen Milieu kann terroristische innere Instanzen aufbauen. Und auch hier meine ich, daß die meisten Formen von Psychotherapie noch keine sehr praktikablen Formen des Umgangs mit religiösen Instanzen hervorgebracht haben. Aber es macht einen Unterschied, ob die angedrohten Strafen durch Reue, Buße und Absolution wieder auflösbar sind, oder es sich um im Jenseits angedrohte Strafen handelt; oder ob die Ideologie unmittelbar durch sichtbare, ritualisierte oder durch Gerücht und Strafgesetzbuch als allgegenwärtig verbreitete Gewalt gestützt ist. In den Tagebüchern von Viktor Klemperer kann man dies in seinem alltäglichen Terror auf erschreckende Weise nachlesen.

Ich benenne einige Quellen der Gewalt, die die erziehenden oder handelnden Eltern oder Lehrer selbst transzendieren:

In diesem wie in vielen Fällen toben die Kämpfe der Eltern der Patientin unter dem Schirm von Religion und Nationalsozialismus, die beide betonen, daß sie jeweils den ganzen Menschen fordern. Das verstärkt und transzendiert auch das familiale Mißtrauen durch die psychische Verbindung zu Systemen, die untereinander in einem mehr oder minder mörderischen Gegensatz stehen. Die SS-Mitgliedschaft bedeutet in unserem Falle eine Steigerung des Fanatismus wie eine elitär erlebte Berufung des Vaters durch den Führer oder Himmler wie durch das Rassebewußtsein. Es gibt einen inneren, ständig proklamierten Kodex für die Unterscheidung von Freund und Feind, und der erkannte Feind wird ermordet. Dieses System wird dadurch potenziert, daß es ungestraft und öffentlich soziale und physische Gewalt anwenden darf und sich in aufdringlicher Weise als Quelle von Veränderung, Einschüchterung, Revolution oder Liquidation preist und darstellt.

Durch die Anwesenheit von Priestern und die Verbindung durch das Radio mit einer neutralen oder mit Deutschland im Krieg liegenden Außenwelt (etwa, wenn in anderen Familien BBC gehört wurde) gerät auch die Mutter in eine Position der ideologie- oder loyalitäts-gestützten Stärke. Sie ist nicht mehr nur die Mutter, sondern eine Frau, die von Priestern besucht und vermutlich gestützt wird, und die eine systemsprengende Wahrheitsquelle im ausländischen Sender besitzt. Also eine Gegenposition, die mit Gefängnis, KZ oder Tod bestraft werden konnte. Der Kampf der Gewalten im Hintergrund zeigt sich daran, daß der Vater im Zorn oder in seiner Angst vor Denunziation androhen kann, er werde eigene Familienmitglieder ins KZ bringen, „wo sie hingehören". Der Grad der Fanatisierung ist nur zum Teil aus individueller, viel eher aus sozialer und politischer Pathologie zu verstehen, die sich gegenseitig durchdringen.

Eltern und Lehrer sind nicht nur Personen, sondern, im Extrem, Exponenten des sie treibenden Systems, angefüllt von ideologisch abgesicherter Rollen- und Institutionenmacht, die das mögliche Persönliche in der Beziehung überschreitet und verstärkt, das Menschlich-Psychologische entwertet oder funktionalisiert. Pädagogischer Eros und erotisierte Ausübung von seelischer und körperlicher Gewalt gehen ineinander über; der möglicherweise geliebte Lehrer ist gleichzeitig der Überwacher und der Indoktrinierer, der beim morgendlichen Appell vor der Fahne stramm steht. Eine hervorragende Analyse dieser transgenerationalen Weitergabe der Gewalt bietet neuerdings die Untersuchung von Christian Schneider, Cordelia Stillke und Bernd Leineweber, „Das Erbe der Napola. Versuch einer Generationengeschichte des Nationalsozialismus" (Hamburg 1996).

In dieser Familie stehen also nicht nur Hitler, die SS, die Rassenlehre, die Juden, der Iwan, der Franzose, u. a. als dämonische Instanzen über und hinter den Personen, sondern auch die Kirche, der Beichtvater, der Bischof, Gott und andere, und sie kämpfen sozusagen um die Seelen der Kinder. Deshalb plädiere ich dafür, bei den therapeutischen Überlegungen nicht nur den NS-Hintergrund zu berücksichtigen und bei der Diagnosestellung, soweit möglich, zu erfragen; sondern ich bin auch überzeugt, daß die psychischen Niederschläge aus diesen dämonischen Instanzen eigene behandlungstechnische Zugangswege brauchen. Die Psychoanalyse hat versucht, das Problem auf dem „üblichen" Weg von Übertragung und Gegenübertragung anzugehen. Alle Kollegen berichten von außergewöhnlichen Schwierigkeiten im Umgang mit der als seelische Gewalt auftretenden Hinterlassenschaft. Ich habe dies in meinem Buch „Dämonische Figuren. Über die Wiederkehr des Dritten Reiches in der Psychotherapie" (1996) versucht zu bilanzieren. Als für mich am fruchtbarsten hat sich die Symbolisierung und das Präsentmachen der Gewalten im Rollenspiel erwiesen, weil sie mit der veränderten Rolle des „Regisseurs" dem Therapeuten erlaubt, in einem weniger bedrohten Raum sich aufzuhalten und für seine Psychohygiene besser zu sorgen.

Allerdings wird kaum eine Therapie gelingen, die sich dem Phänomen der Übertragung und der Entzifferung der Gegenübertragung ganz entzieht. Denn der Therapeut erscheint dem Patienten, wenn er diesen immer nur zum Rollenspiel nötigt, als feige, als von sich ablenkend.

Die bisher fehlende diagnostische und behandlungstechnische Diskussion über die NS-Folgen in den Familien der Täter und Mitläufer führt einerseits dazu, daß das Problem kaum als Lehrinhalt erscheint. Das fördert in allen Schulen die weitere Ausblendung. Aber seit einigen Jahren, nicht zuletzt durch den Abstand von fünf Jahrzehnten und wegen der vielen Jahrestage, werden die Verstrickungen sowohl von Patienten wie von Therapeuten eher wahrgenomen. Der Vorteil ist, daß der einzelne Therapeut ganz nach seinem Geschichtsverständnis, seiner Familiengeschichte, seiner Offenheit dem Problem gegenüber arbeiten und durchaus kreativ sein kann, weil noch kein Regel-Kanon ihn einengt. Bezahlt wird diese Freiheit natürlich durch das Fehlen von Mut machendem Rückhalt. Wie bei vielen anderen behandlungstechnischen Problemen halte ich die offene kollegiale Diskussion in kleinen Gruppen für den besten Zugangsweg, und ich kann nur dazu ermutigen, das Problem der NS-Folgen in Patienten der zweiten und der dritten Generation als herausfordernde Wirklichkeit zu betrachten.

Literatur

Mitscherlich, A. u. M. (1976): Die Unfähigkeit zu trauern. München (Piper).
Moser, T. (1996): Dämonische Figuren. Über die Wiederkehr des Dritten Reiches in der Psychotherapie. Frankfurt/M. (Suhrkamp).
Schneider, C., Stillke, C., Leineweber, B. (1996): Das Erbe der Napola. Versuch einer Generationengeschichte des Nationalsozialismus. Hamburg. (Hamburger Edition).

Elternliebe und Liebe zu den Eltern

Mutterliebe – ein Ideal
und seine Instrumentalisierungen

Ute Benz

Von der liebenden Mutter gibt es viele Bilder. Häufig ist sie schön, jung und rein dargestellt, wie sie dem Kind ruhig Halt und Wärme gibt, es an ihrer Brust nährt und auf diese Weise das Ideal der guten und verehrungswürdigen Mutter so verkörpert, wie Kirche und Gesellschaft es wünschen, damit durch mütterliche Hingabe ein gesundes, ein heiles Kind heranwächst, das einmal die Welt von ihren Übeln erlösen soll. Aus reiner Mutterliebe fügt sich diese Frau selbst dann in die ihr auferlegte Bestimmung, wenn ihr, wie die Eingeweihten wissen, Schmerzen und Leid bevorstehen, wenn der Sohn sie schroff zurückweist und nach dem Willen seines Vaters eigene Wege geht und am Ende brutal ermordet wird. Die Szenen des Anfangs und des traurigen Endes der Mutterliebe wurden im christlichen Raum so präsentiert, daß Menschen zu ihnen aufschauen mußten, und sie vermittelten auf diese Weise vorbildliche Mutterliebe. Mit Hilfe einer kleinen Auswahl von Mutter-Kind-Szenen möchte ich im folgenden Fragen der Beziehungen und Fragen der instrumentellen Verwendung des Ideals der Mutterliebe auch im deutschen politisch-historischen Kontext untersuchen.

Das idealisierte Modell der exklusiven Zweierbeziehung
von Mutter und Sohn

Wir sehen eine mädchenhafte Frau mit einem Kind, das an ihrer Brust trinkt (Abb. 1). Die dargestellte Mutter handelt damit so, wie es in der Gesellschaft, auch innerhalb der Psychoanalyse, als ideales Handeln aus Mutterliebe gilt. Ein Kind erhält so alles, was es zum gesunden Gedeihen benötigt, also Nahrung, Wärme, Halt und aufmerksame Zuwendung, die das Kind nicht nur satt und zufrieden machen, sondern ihm auch vermitteln, daß es willkommen auf Erden und liebenswert ist.

Abb. 1: Konrad von Soest, Maria Lactans, in: Vergessene Zeiten, Ruhrgebiet im Mittelalter, Ausstellungskatalog, Essen 1990, S. 119.

Als Betrachter dieser dualen Szene geraten wir unvermeidlich in eine paradoxe Situation, denn einerseits sind wir von der Beziehung des sich selbst genügenden Paares vollkommen ausgeschlossen, andererseits aber dringen wir gleichzeitig als Dritte in eine intime Zweierbeziehung ein, wir beobachten, fühlen und denken bei Mutter oder Kind oder ihrer beider Beziehung mit. Auf diese besondere Perspektive des beobachtenden Dritten gegenüber der manifest sichtbaren dualen Szene der Mutterliebe kommt es mir im folgenden besonders an, weil hier der Ansatzpunkt für instrumentelle Verwendungen der Szene zu suchen ist. Zum Verständnis des Phänomens Mutterliebe sind die Reaktionen des betrachtenden Dritten, wie das folgende Bild zeigt, von großer Bedeutung.

Die Situation des Dritten gegenüber der Duade Mutter und Kind

Abb. 2: El Maestro de Astorga „Virgen de la Leche", Museo de arte cataluna Barcelona.

Diese bildliche Darstellung (Abb. 2) ist eine Rarität, zeigt sie doch eine ungewöhnliche Perspektive: die des Dritten gegenüber der Mutter-Baby-Szene. Sie rückt die Situation eines Geschwisters vor Augen, das durch die Ankunft des Neugeborenen seinen angestammten Platz dicht neben der Mutter räumen muß.

In Position, Blick und Haltung des älteren Kindes wird etwas von der emotionalen Ambivalenz sichtbar, in die Kinder geraten können, wenn sie sich in Liebe und Enttäuschung, vielleicht auch Haß durch Rivalität und Konkurrenz einer neuen Duade gegenübersehen.

Als Beobachter – als Dritte – gegenüber der dualen Szene Mutter-Kind sollen nun zunächst Väter zu Wort kommen. Der erste kann mit seinen drei Söhnen und drei Töchtern, von denen die jüngste, Anna, nicht von der Mutter gestillt werden konnte, aus reicher eigener Erfahrung sprechen. „Wer ein Kind", so schreibt Vater Freud, „gesättigt von der Brust zurücksinken sieht, mit geröteten Wangen und seligem Lächeln in Schlaf verfallen, der wird sich sagen müssen, daß dieses Bild auch für den Ausdruck der sexuellen Befriedigung im späteren Leben maßgebend bleibt." (Freud, 1972, S. 88 f.). Was der väterliche Betrachter in der frühen Mutter-Kind-Szene an Sexualität wahrgenommen und formuliert hat, war revolutionär und ein Tabubruch, der das bürgerliche Bild der reinen, asexuellen Mutterliebe zerstörte und es durch ein konflikthaftes Bild ersetzte. Mehr als alles andere hat man Freud die Zerstörung der Idealisierung der reinen Mutterliebe in Gesellschaft, Kirche und Staat übelgenommen, doch Freud hat auf seiner Sicht beharrt.

Als väterlicher Betrachter der Mutter-Kind-Szene ist sein Interesse scheinbar nicht auf die Mutter, sondern nur auf das lustvoll saugende Kind konzentriert. Seine Gedanken gelten der gesunden Fortentwicklung des Kindes, er spricht von der Trennung der Triebe (des Nahrungs- und des Saugbedürfnisses), die freilich den Gedanken der Trennung des intimen Paares Mutter und Kind implizieren, so daß in seiner Phantasie der Platz neben der Frau wieder frei für ihn, den beim Stillen überflüssigen Mann wird. „Eines fremden Objektes bedient sich das Kind zum Saugen nicht, sondern lieber einer eigenen Hautstelle, weil dies bequemer ist und weil es sich so von der Außenwelt unabhängig macht ...". Die autoerotische Bedeutung des Lutschens eindrücklich erfassend, spricht Freud für das Kind: „Schade, daß ich mich nicht küssen kann" (Freud, a. a. O.).

Im Prinzip ähnlich wie Freud fixieren Dritte, fixiert auch die moderne Gesellschaft ihre Aufmerksamkeit innerhalb der Mutter-Kind-Szene bevorzugt auf das Kind. Dabei ist vielfach nicht nur Wohlwollen, sondern auch massive Kritik und Konkurrenz um das „Richtige" für das Kind zu hören.

Ein zweiter Vater, Gynäkologe von Beruf, sagte etwa beim Anblick des in Abb. 3 wiedergegebenen Bildes spontan: „Sie hält das Kind auf der falschen Seite, eine richtige Mutter würde das nie machen", und begründete mit dem Herzschlag, wie eine richtige Mutter ihr Kind natürlicherweise halten würde.

Tatsächlich gerät der kritische Blick Dritter, auch durch Psychoanalytiker, häufig zur vorwurfsvollen Fehlersuche am mütterlichen Liebesverhalten mit der Folge, daß Müttern dann nicht nur die alleinige Verantwortung, sondern auch pathogene Wirkungen speziell in der frühen Entwicklungsphase zugeschrieben werden. Eine Folge dieser fehlerzentrierten Sicht ist, daß sie die Rezeption guter Ratschläge fördert, so als wäre die Fehlervermeidung lediglich eine Frage des guten Willens und der Einsicht und als müßten sich Mütter nur über das richtige Verhalten von Fachleuten belehren lassen. Wenn Dritte eine Kontrollfunktion gegenüber der Mutter-Kind-Szene in Anspruch nehmen und verunsicherte oder in ihrer Aufgabe allein gelassene Mütter diese Kontrollfunktion akzeptieren, dann wird eine Dynamik eigener Art in Gang gesetzt, die aus dem gemeinsamen Glauben gespeist wird, Mütter und Fachleute zusammen könnten, wenn Mütter nur alles richtig machen, das heile, das symptomfreie Kind produzieren. „Du mußt mir sagen, was ich machen soll" und „ich sage Dir, was Du zu tun hast" sind dann die beiden einander ergänzenden Grundhaltungen der Mütter und der Berater, durch die politische und religiöse Ideologien in konkrete Handlungsanweisungen umgesetzt werden können. Durch praktische Ratschläge wird die Mutter-Kind-Beziehung außer für individuelle auch für politische Zwecke in Kirche und Staat instrumentalisierbar.

Die Funktion des Dritten: Idealisierung und Kontrolle der Duade

In dieser Darstellung (Abb. 3) sitzt Maria mit dem Kind auf einem Thron wie eine Königin und ist dicht umringt von einer Art Hofstaat knieender Verehrer, die zu ihr aufschauen und diverse Symbole der kommenden Geschichte präsentieren, u.a. rechts im Bild die Kreuzigung. Auf diese Weise wird

Abb. 3: Luis Dalmau, „Virgen de los Consellers"; Museo de arte de cataluna Barcelona.

die Macht des Produktionsbündnisses zwischen Müttern und Dritten bzw. der Gesellschaft deutlich, das sinngemäß heißen könnte: „Wir sehen alles, wir bewundern Dich, wenn Du mit dem Kind alles richtig in unserem Sinne machst" versus seitens der Mutter: „Ich mache alles so, wie ich soll, dann müßt ihr mit mir zufrieden sein". Auf der Suche nach Motiven für die so häufig zu beobachtende Aufpasserfunktion Dritter finden wir das Motiv der Angst. Es könnte Angst sein, ausgeschlossen zu werden aus der Beziehung, die mit aktivem Einmischen aggressiv abgewehrt wird. Ein weiteres Motiv ist aber vermutlich noch stärker verdrängt, nämlich daß hier ein Arrangement der Kontrolle im Dienst der projektiven Abwehr mörderischer Gefühle, Impulse und entsprechender Ängste funktioniert. Es sind Ängste vor der physischen Macht der Mütter oder Väter, wenn sie eine so exklusive Funktion beim hilflosen Kind haben, daß sie dem Kind nicht nur Gutes, sondern ebenso vernichtend Böses antun könnten. Die zwei folgenden, von Experten in Gesundheitsfragen, beide Mediziner, publizierten Bilder belegen dieses Motiv mörderischer Aggressivität im Umgang mit dem kindlichen Körper eindrücklich.

Die Kontrolle der Fachleute über das Richtig und Falsch in der Behandlung des Babys

Das Titelbild zu einem kleinen bebilderten Ratgeber zur Säuglingsgymnastik (Abb. 4) zeigt eine Krankenschwester im Profil, die mit starr ausgestreckten Armen ein vor ihr auf einem Tisch liegendes Baby erfaßt. Professor Leo Langstein schreibt im Geleitwort zu diesem erfolgreichen, kurz nach dem ersten Weltkrieg erschienenen Bilderbuch über Säuglingsgymnastik: „Unsere Mütter sollen aus diesem Büchlein lernen", und der Autor, Major a.D. Neumann-Neurode schreibt: „Wir dürfen es nicht zulassen, daß Deutschland ein Heer

Abb. 4: „Säuglingsgymnastik" in: Detleff Neumann-Neurode, Säuglingsgymnastik (o. Erscheinungsjahr, zw. 1919-1924), Verlag Quelle und Meyer Leipzig.

von Krüppeln hat, wie das heute der Fall ist. Dem Kampf gegen das Krüppeltum ist dieses Büchlein gewidmet, es soll zeigen, wie man der fortschreitenden Entartung ... Herr werden kann ... das Kind in der Masse muß erfaßt werden ..."

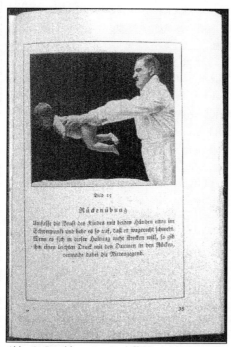

Abb. 5: Bauchlage, in: Detleff Neumann-Neurode, Säuglingsgymnastik, S. 35.

Der Autor, Oberst a.D., demonstriert, wie eine Übung vorbildlich auszuführen ist; auch hier fällt die starre Körperdistanz auf (vgl. Abb. 5). Die zweckmäßige Beschäftigung mit dem Kinderkörper zur Säuglingsgymnastik nach Anleitung erscheint als ein kalter bedrohlicher Akt, der zwar medizinisch richtig wiedergegeben sein mag, aber doch einen vergewaltigenden Übergriff zur Disziplinierung des Kindes im Geist militärischer Ideale darstellt. Wie vergleichsweise gestört Körperkontakte nach diesem Vorbild sind, macht ein anderer Arzt deutlich, der in körperfreundlicheren Kulturkreisen schöpft, was im deutschen offenbar fehlte.

Ambivalente Gefühle der Beobachter gegenüber der Mutter-Kind-Szene

In seinem Buch „Sanfte Hände" zeigt Leboyer eine Mutter, die einfach auf dem Boden sitzt, so daß das Kind beim Massieren auf ihren Beinen liegt. „Könnte man sich nicht vorstellen", fragt Leboyer und verdrängt den mörderischen Gedanken nicht, „daß Shantala in einem Anfall von Wahnsinn ihr Baby schlägt oder gar versuchen könnte, es zu töten?" ... „Liebe und Haß liegen manchmal so dicht beisammen ... Auch hier ist eine Art Kampf, ohne

Abb. 6: Frédérick Leboyer, Sanfte Hände, die traditionelle Kunst der Babymassage, München 1979.

Zweifel: der stürmische Kampf der Liebe, in dem ein gewaltiger Strom von Energie fließt, hin und her im Geben und Nehmen. Ja, sieh und spüre die ungeheure Kraft in Shantalas Händen. Und die restlose Hingabe des Babys." (Leboyer, 1979, S. 105)/Abb. 6.

Ein fünfter Vater macht ein weiteres Motiv der Aggressivität Dritter gegenüber der Mutter-Kind-Szene deutlich. Nachdem er zwei Stunden lang vergeblich alles unternommen hatte, um sein schreiendes Baby zu beruhigen, weil sich die Mutter, die stillte, verspätet hatte, sagte er: „Ich kann meiner Tochter einfach nicht geben, was sie braucht, ich konnte sie nicht beruhigen, das machte mich wütend, auch auf meine Frau, die einfach von sich aus alles hat. Sie ist einfach so omnipotent, und ich muß warten." Sein Beispiel läßt erkennen, daß ein häufig vorkommender Grund Dritter, sich entweder kritisierend in die Szene einzumischen oder aber sich zurückzuziehen und Mutter und Kind völlig sich selbst zu überlassen, weniger der Neid auf die stillende Mutter ist, als vielmehr das schwer erträgliche Gefühl der Ohnmacht und Hilflosigkeit eines Erwachsenen gegenüber dem noch hilfloseren Kind.

Wie reagieren nun Frauen als Beobachterinnen, als weibliche Dritte gegenüber der Mutter-Kind-Szene?

Auf Frauenseite ist hinter einer sehr einfühlsamen und oft liebevollen Seite weiblicher Solidarität vielfach eine latente feindselige, eifersüchtige Rivalität und Konkurrenz um den Besitz des Kindes zu bemerken. Das Motiv der feindseligen Konkurrenz um das Kind und um die Position der „besseren" Mutter etwa ist auch in dem Streit der beiden berühmtesten ersten Kindertherapeutinnen Melanie Klein und Anna Freud von nachhaltiger, schulebildender Wirkung in Theorie und Therapie. Weibliche Exklusivitätsansprüche werden über sachliche Differenzen ausgetragen, in die wir uns heute ebenfalls verstricken könnten, wenn wir übersehen, daß beide Frauen an einem, im

Grunde zusammengehörigen, Bild der „guten" und der „bösen" Mutter arbeiteten, indem sie es nach „gut" und „böse" bzw. „aggressiv" zwischen sich aufteilten.

Zwei deutsche Fachfrauen sollen nun zu Wort kommen, weil ihre Publikationen weitreichende Wirkung in der deutschen Gesellschaft hatten und haben, Ärztin (Johanna Haarer) die eine und analytische Kinder- und Jugendlichen-Psychotherapeutin (Christa Meves) die andere. Beide sind insofern vergleichbar, als sie parteipolitisch engagiert sind und Mütter für ihre unterschiedlichen politischen Ziele einspannen wollen, so daß die Frage ist, wie sie das machen. Beide definieren Mutterliebe als einen Katalog von Pflichten und Zielen, beide sind, auch wo sie von Liebe und Zärtlichkeit sprechen, energisch auf Fehlersuche, beide wettern gegen Abweichlerinnen und operieren mit Angsterweckung durch globale Katastrophenszenarien, gegen die sie Heilung versprechen, sofern die Mütter sich an ihre Ratschläge halten. Mütter werden so zu Retterinnen stilisiert, wie bei Michelangelo. Abb. 7 zeigt ein Detail aus seinem Gemälde „Sintflut".

Die Instrumentalisierung der Mütter für politische und religiöse Ziele mit dem Mittel der Angst

Damit die Rettung gelingt, verlangen beide Autorinnen absolute Gefolgschaft der Mütter. Mutterliebe ist bei ihnen vor allem eine Frage der Pflichterfüllung und der Opferbereitschaft der Mutter als Hausfrau. Beide idealisieren die gute Mutter, sehen sie frei von Ambivalenzen, frei von Konflikten und ohne aggressive Gefühle. Mutterliebe ist eine Frage des guten Willens und der konsequenten Durchführung des einmal für richtig Erkannten. Beide Autorinnen beanspruchen

Abb. 7: Michelangelo, Teilstück aus der Sintflut, in: Max Sauerlandt, Michelangelo Stuttgart 1956, S. 73.

für sich zweifelsfreie moralische und fachliche Kompetenz. Besonders auffällig aber ist eine inhaltliche und sprachliche Ähnlichkeit in Passagen, wo bevölkerungspolitische Überlegungen und globale Gefahrenszenarien beschrieben werden und wo mit der Kostenfrage für psychisch Kranke operiert wird, so daß der Eindruck entsteht, daß hier unbewußte Kontinuitäten des rassistischen Geistes der NS-Zeit bis in die Gegenwart bestehen (Ersterscheinungsjahr 1934 unter dem Titel „Die deutsche Mutter und ihr erstes Kind"). Beide Beraterinnen okkupieren gleichsam die duale Szene, sie dringen auf Seiten der Mutter ein, stehen beschwörend oder drohend neben ihr und versuchen den Eindruck der weiblichen Solidarität zu erwecken, während sie tatsächlich die Herrschaft in der Beziehung des Mutter-Kind-Paares ergreifen, indem sie verunsichern, drohen, fordern.

Die Ärztin Johanna Haarer publizierte – mit kurzer Unterbrechung von 1945 bis 1949 – über mehr als 50 Jahre (von 1934 bis zu ihrem Tod 1988, dann trat ihre Tochter Anna Hutzel in die Autorschaft ein) das in zahlreichen Auflagen mit insgesamt über 1,2 Millionen Exemplaren erfolgreichste deutsche Standardwerk zur Babypflege: „Die deutsche Mutter und ihr erstes Kind". Seit 1949 erschien es unter dem wenig abgewandelten Titel „Die Mutter und ihr erstes Kind". Seine Kontinuität wird vom Verlag gerühmt, freilich ohne Erwähnung des Ersterscheinungsdatums. Tatsächlich veranlaßt die Erfolgsgeschichte dieses Buches zur Frage nach der Instrumentalisierung der frühen Mutter-Kind-Beziehung im Nationalsozialismus und darüber hinaus zur Frage nach den Kontinuitäten.

Eine eingehende Analyse des Werkes, das Teil einer Trilogie zur kontinuierlichen Beratung von der Babyzeit bis zur Schulzeit der Kinder war, habe ich 1988 veröffentlicht, um Geist, Inhalt und Methode der historischen, aber auch der aktuellen Beeinflussung der Mutter-Kind-Beziehung zu untersuchen. (Benz 1988). Das war eine mühselige Auseinandersetzung, auch mit der eigenen Abwehr und mit der Versuchung, als Spätgeborene nun meinerseits das Raster „richtig" und „falsch" als Waffe gegen unsere Mütter-

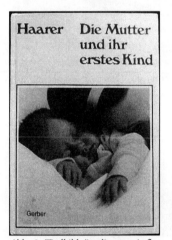

Abb. 8: Titelbild (in diversen Auflagen von 1934 bis zur Gegenwart variierend) des Klassikers von Johanna Haarer: Die Mutter und ihr erstes Kind. München 1976. Ersterscheinungsjahr unter dem Titel „Die deutsche Mutter und ihr erstes Kind" 1934.

generation zu verwenden, um damit etwa der Trauer über das, was auch durch politischen Druck an Beziehungen nicht möglich war, auszuweichen. Heute empfinde ich die Einsicht in die politische Dimension mütterlichen Handelns insofern als eine Entlastung, als sie hilft, Mütter aus der isolierenden Perspektive, aus der sie im Guten wie im Bösen als omnipotent erscheinen, zu lösen. Uns bleibt allerdings heute noch zu erforschen, in welcher Gestalt in Politik, Wissenschaft und Gesellschaft überhöhte Ansprüche an Mutterliebe gerichtet werden, wie in unserer Gesellschaft heute Idealisierungen und Verteufelungen, wie Isolierungen und Spaltungen der Mutterliebe aussehen. Wirksam sind sie zweifellos, etwa in der Werbung oder in Filmen, wirksam sind sie auch in Psychotherapie und Medizin, wo etwa mit gentechnischen Mitteln an der Produktion des heilen Kindes gearbeitet wird, wirksam sind sie aber auch in der Politik, wo idealisierte Mutterliebe verhindert, problemadäquate Lösungen z.B. für berufstätige Frauen zu entwickeln.

Das klassische Druckmittel, mit dem Mütter zur Gefolgschaft unterschiedlichster politischer oder religiöser Ideologien gezwungen werden können, ist die Verstärkung der Ängste von Müttern durch die Drohung öffentlicher Entwertung der Mütter, wenn nämlich die Leute, sobald mit dem Kind etwas nicht stimmt, sagen könnten, ihr Kind hätte keine gute Kinderstube gehabt, und die Mutter hätte versagt. Durch die Beschwörung der Schäden am eigenen Kind und zugleich an der ganzen deutschen Gesellschaft wird ein spezifischer unterschwelliger Angstdruck durch drohende Schuldgefühle erzeugt. Die langfristige Wirkung dieses Drucks auf Mütter begegnet uns vielfach in der Praxis der Kindertherapie, wohin mit einem psychisch erkrankten Kind zu kommen, Müttern oft sehr schwerfällt.

Wenn wir den historischen rassistischen Bezug beachten, wo Fachgutachten im psychischen Bereich im sogenannten Euthanasieprogramm prinzipiell mörderische Folgen haben konnten, dann ist u.a. auch – als Wiederkehr des Verdrängten – verständlicher, warum Eltern es in Deutschland besonders vermeiden, zu Psycho-Fachleuten zu gehen: Weil sie zum einen fürchten, als Versager beschuldigt zu werden, und weil sie zum anderen unbewußt sich und ihre Kinder vor Aufdeckung psychischer Erkrankungen, die Entwertung ganzer Familien und das Urteil „lebensunwert" bedeuteten, schützen wollen.

Die Erotik in der Mutter-Kind-Beziehung

Abb. 9: Michelangelo, „La Vergine con bambino", in: Max Sauerlandt, Michelangelo, Stuttgart 1956, S. 25.

Warum, das ist eine zentrale Frage, entsteht um Mutterliebe und ihre Folgen ein so eifersüchtiges Klima? Die Antwort, die Freud angeboten hat, war, daß Söhne und Töchter, Mütter und Väter Wesen mit sexuellen Interessen und daher mit unvermeidlichen Beziehungskonflikten sind, und diese Antwort ist vielen heute noch wie vor 100 Jahren unannehmbar. Sie störte die Ideale der reinen, selbstlosen Mutterliebe in der bürgerlichen Gesellschaft, und zwar so sehr, daß sie schon im Vorfeld durch die Verweigerung der Freudschen Begriffsdefinition abgewehrt wird. Immer wieder wird übergangen, daß Sexualität bei Freud nicht auf genitale Sexualität fixiert war, sondern daß er sie als ein ganzheitliches, sich von Lebensbeginn an allmählich entwickelndes Phänomen definierte. Solche Abwehr gibt es zwar in allen Ländern, doch in Deutschland hat sie eine besondere politische Brisanz, weil hier die bürgerliche Ablehnung der Sexualtheorien verknüpft werden konnte mit der totalen öffentlichen Entwertung, Entrechtung, Ausgrenzung, Vertreibung, Verfolgung und Ermordung jüdischer Menschen. Durch den zur Staatsdoktrin erhobenen deutschen Antisemitismus konnte die Freudsche Antwort als jüdischer Angriff auf die deutsche Volksseele, als „seelenzerstörerische Überschätzung des Sexuallebens" offiziell verteufelt und mit den Juden aus Deutschland eliminiert werden – zugunsten einer sauberen deutschen Seelenheilkunde ohne anstößige Theorien und ohne so tiefgründige inzestuöse Konfliktmöglichkeiten in Familien. Die Geschichte der Diskriminierung der Psychoanalyse als jüdisch zersetzende und undeutsche Wissenschaft versperrt als unbewußter kollektiver Schulddruck den Zugang zu den Sexualtheorien Freuds und ist ein spezifisch deutsches Motiv in der individuellen und kollektiven Abwehr gegen sie (Lohmann 1988).

Zuschauer als Dritte und Voyeure eines ungleichen Paares

Abb. 10: Giovanni Bellini, Madonna Lochis, Bergamo, Accademia carrara, in: Norbert Huse und Wolfgang Wolters, Venedig, die Kunst der Renaissance, München 1986, S. 127.

Ein motorisch lebhaft bewegter, sinnlicher Kinderkörper wird von den mütterlichen Händen, die zwischen die Beine greifen, gehalten (Abb. 10). Ein 14jähriger Junge, die sexuelle Komponente erfassend, sagte beim Anblick der Szene spontan: Wo hat denn die ihre Hände?

Unter dem klassischen psychoanalytischen Aspekt sexueller Bedürfnisse aller Beteiligten, also auch der von der direkten Beteiligung ausgeschlossenen Dritten, verliert die Szene – Mutter in intimem Kontakt mit Kind – freilich ihren harmlosen Charakter. Statt dessen bringt die intime Nähe von Bezugsperson und Kind den Betrachter, wenn die Inzestproblematik anklingt, in die Rolle des Voyeurs, der beim Liebesspiel eines sehr ungleichen Paares zusehen und Mißbrauch fürchten oder verfolgen muß. Unter diesem sexuellen Aspekt erhält allerdings die Aufpasserfunktion Dritter in der Szene von zweien eine tiefere Bedeutung: Dritte müssen nun auf die Körperkontakte zwischen zwei aufpassen, darauf, ob liebende Bezugspersonen den Balanceakt zwischen zuviel und zuwenig Zärtlichkeit einhalten, so daß das Inzesttabu der Gesellschaft eingehalten wird. Die Medizinerin Haarer, die Psychoanalyse völlig ablehnte, rührt doch in ihrer Diskriminierung von Zärtlichkeit an die Inzestproblematik, wenn sie schreibt: „Die in ihrer Ehe unbefriedigte Frau sollte sich zum Beispiel sehr davor hüten, dem ungestillten Verlangen nach Zärtlichkeit bei ihrem Kind Luft zu machen ...

Eine gewisse Sparsamkeit auch in diesen Dingen ist dem deutschen Menschen und dem deutschen Kinde sicherlich angemessener ... Zärtlichen Müttern, die nun aber ihre Art auch nicht mehr gut ändern können, sei vorgeschlagen, das allzu Gefühlvolle und Sentimentale mehr ins Lustige und Humoristische abzubiegen" (Haarer 1938, S. 179).

Die Verleugnung der Sexualität in der Triade Mutter-Kind-Vater

Abb. 11: Albrecht Dürer, Die Heilige Familie mit der Heuschrecke, in: Katalog zur Ausstellung Albrecht Dürer 1471-1971, München (Prestel), 1971, S. 86.

Inmitten einer Landschaft nehmen Mutter und Kind den zentralen Platz wie einen Thron für sie beide ein; der Vater hat nur eine Randposition (Abb. 11). „Die Heilige Familie hat auch für den Menschen heute noch vorbildhaften Charakter, sie ist in der Lage, Orientierungen zu geben zum Annehmen verantwortungsbewußter Vater- und Mutterschaft." (Meves 1980, S. 321f). Christa Meves, die zärtliche Mutterliebe ausdrücklich fordert, sieht bei der guten Familie überhaupt keine sexuelle und auch keine inzestuöse Problematik, ihr Vorbild ist die christlich-katholisch-reine Familie und die selbstlose Mutter. Das Ideal der unermüdlich und selbstlos alle Kinder und Menschen liebenden Mutter wurde zum Symbol des karitativen Bereichs der Kirche, wie die folgende Skulptur zeigt.

Das Ideal der selbstlosen und unerschöpflichen Mutter

Abb. 12 zeigt die Skulptur einer barocken und von mehreren kleinen Kindern umringten Mutter, die ihre ganze Kraft den ihr anvertrauten Kindern wid-

Abb. 12: Figur der Caritas, 1591, in: Heinrich Magirius, Der Dom zu Freiberg, Leipzig 1986, Abb. 179.

met. Wo in Familie und Gesellschaft, zu diesem Schluß möchte ich kommen, die Beziehung von Mutter und Kind, wo die duale Szene exklusiv, d.h. ohne den Dritten und ohne sexuelle Motive gesehen wird, dort wird sie aus dem sozialen und emotionalen Gefüge all derer, die an der Szene mitbeteiligt sind, isoliert. Aber abgehoben vom sozialen und historischen Kontext, wird das Ideal der Mutterliebe zwangsläufig mit unerfüllbaren Wünschen und einseitiger Verantwortung überfrachtet. Dann gedeihen im Guten wie im Bösen Omnipotenzwünsche an die Mutterliebe, die für alle Beteiligten eine massive Überforderung bedeuten.

Welch problematische Funktion die Benutzung traditioneller Symbole der Mutterliebe in der deutschen Gesellschaft hat, zeigt das aktuelle Beispiel öffentlicher Inszenierung in der Neuen Wache in Berlin, wo deutsche Trauer über die Toten des Zweiten Weltkrieges mit einer Skulptur nach Käthe Kollwitz im Stil einer Pieta symbolisiert wird, mit einer um den toten Sohn trauernden Mutter.

Die politische Provokation im öffentlichen Symbol der Trauer

Die auf Betonboden in einem kahlen Raum plazierte Mutterfigur (Abb. 13) hält im Stile einer Pieta den toten Sohn zwischen ihren Knien. Ungeachtet der neuerlichen Kränkung jüdischer Menschen, denen diese dem christlichen Formenkreis entstammende Symbolik eine zusätzliche Provokation in der offiziellen Trauer zufügt, hat ein Vater, der deutsche Bundeskanzler, dieses Motiv gegen den erheblichen Widerstand jüdischer Opfer, aber auch von

Abb. 13. Mutter mit totem Sohn, Skulptur nach Käthe Kollwitz-Motiv in der neuen Wache Berlin, (Foto: Benjamin Benz).

Frauen durchgesetzt, die mit dem traditionellen Ideal der einsamen, opferbereiten, leidensbereiten Frau, die schließlich mit dem toten Sohn ihre ganzen Hoffnungen begraben muß, nicht mehr einverstanden sind (Benz 1995, S. 302-318). Es wäre schon viel gewonnen, wenn wir die kollektiven Wünsche nach Erlösung durch das heile, von Menschen herstellbare Kind als Wünsche von illusionärem Charakter verstehen könnten, ohne daraus den Zwang zu entwickeln, die Wünsche unter allen Umständen auch erfüllen zu müssen.

Was wir in unserem psychotherapeutischen Beruf vor dem Hintergrund der historischen Erfahrungen mit Idealisierungen statt dessen tun können – für diese Betrachtungsweise bin ich Thea Bauriedl dankbar – ist, in der Wiederholung der Szene Mutterliebe, diese gemeinsamen Illusionen immer wieder als solche zu erkennen, um uns von ihnen, traurig, enttäuscht vielleicht, aber doch letztlich erleichtert, zu verabschieden zugunsten weniger grandioser, dafür aber befriedigenderer Formen der Mutterliebe.

Mutterliebe, so ist zusammenfassend zu sagen, ist eine ideale Beziehung zwischen zwei Personen, sie gilt als die Basis psychisch gesunder menschlicher Entwicklung. Betrachtet man Mutterliebe jedoch nicht als isoliertes duadisches Phänomen, sondern als einen innerhalb von Familien und Gesellschaft sich entwickelnden dynamischen Prozeß, dann ist zu sehen, daß seine historisch-politische Dimension auch in der Psychoanalyse vernachlässigt wird. Losgelöst vom sozialen Kontext aber wird Mutterliebe auch in der psychoanalytischen Theorie und Praxis zur unbemerkten Projektionsfläche von Idealisierungen, Omnipotenzphantasien, Verteufelungen und Schuldzuschreibungen, zur Überforderung. Mutterliebe erhält damit instrumentelle Funktionen, die die Frauen, wie sich anhand von Ratgebern für Mütter von 1934 bis 1988 zeigen läßt, ausbeutbar durch Gesellschaft und Politik machen.

Literatur

Bauriedl, Th. (1985): Psychoanalyse ohne Couch. München (Urban u. Schwarzenberg).

Bauriedl, Th. (1994): Auch ohne Couch. Psychoanalyse als Beziehungstheorie und ihre Anwendungen. Stuttgart (Verlag Internationale Psychoanalyse).

Benz, U. (1988): Brutstätten der Nation. „Die Deutsche Mutter und ihr erstes Kind oder der anhaltende Erfolg eines Erziehungsbuches", in: Dachauer Hefte 4, S. 144 – 163. (Nachdruck bei dtv 1992).

Benz, W. (1995): Der Umgang mit Gedenktagen und Gedenkstätten in der Bundesrepublik Deutschland, in : W. Bergmann, R. Erb, A. Lichtblau (Hrsg.), Schwieriges Erbe. Der Umgang mit Nationalsozialismus und Antisemitismus in Österreich, der DDR und der Bundesrepublik Deutschland, Frankfurt/New York (Campus), S. 302 – 318.

Freud, S. (1972): Drei Abhandlungen zur Sexualtheorie, Bd. V, Frankfurt/M. (Fischer).

Haarer, J. (1938): Unsere kleinen Kinder, München (Lehmann).

Leboyer, F. (1979): Sanfte Hände. Die traditionelle Kunst der indischen Baby-Massage, Kempten (Kösel).

Lohmann, H. M. (1988): Die Psychoanalyse unterm Hakenkreuz, in: Dachauer Hefte 4, S. 116 – 127.

Meves, C. (1980): Der Weg zum sinnerfüllten Leben. Orientierung und Hilfen, Freiburg i. Br. (Herder).

Übertragung in der Kinderanalyse

Ulrike Jongbloed-Schurig

Was wir mit Hilfe der analytischen Arbeit verändern wollen, ist letztlich immer Störung von Liebesfähigkeit – des Selbst und der Objekte – und das Werkzeug, dessen wir uns bedienen, basiert im Weitesten auf der Liebe.

Aber da die Pathologien der Liebesfähigkeit zu solchen furchtbaren Erscheinungen führen, haben wir es in den Stunden so oft mit den Kontrapunkten von Liebe, mit Haß, Zerstörung, Vernichtung zu tun – und da Psychotherapie immer ein interaktionelles Geschehen ist, müssen wir damit rechnen, daß unsere Antwort auf die Übertragungen der Kinderpatienten, um die es hier geht, also unsere Gegenübertragung, sich oft überhaupt nicht wie Liebe anfühlt – daß wir es oft mit schwer erträglichen Affekten zu tun bekommen, die unsere Selbstbeherrschung, unsere Selbstreflexion und unser analytisches Können immer wieder einem hohen Streß aussetzen.

In den Bemerkungen über die Übertragungsliebe schreibt Freud: „Der Psychoanalytiker weiß, daß er mit den explosivsten Kräften arbeitet und der gleichen Vorsicht und Gewissenhaftigkeit bedarf wie der Chemiker" (Freud 1914, S. 230), und er beschreibt den Ausbruch der Liebe, wie ich es nennen will, folgendermaßen: „Es gibt einen völligen Wechsel der Szene, wie wenn ein Spiel durch eine plötzlich hereinbrechende Wirklichkeit abgelöst würde, etwa wie wenn sich während einer Theatervorstellung Feueralarm erhebt" (ebd., S. 222).

Diese Bilder von Explosion und Feuer legen nahe, daß er bei der Betrachtung der Liebe von vornherein ein tieferes Verständnis als das allgemein übliche hatte, daß ihm die Mischung von Liebe und Haß immer gegenwärtig war.

Das Beispiel von der Patientin, die sich in den männlichen Analytiker verliebt, kann heute sicher als Paradigma für das angesehen werden, was in der Übertragung geschieht: Die Patienten bringen ihre verinnerlichten Objektbeziehungsmuster mit in die analytische Situation, die deren Ausgestaltung und ihr Verstehen ermöglicht und erleichtert.

Wie sieht das nun bei Kindern aus? Als ich anfing, über das Thema nachzudenken, lösten die auftauchenden Erinnerungen aus meiner Arbeit auch so viele Gefühle aus, die nichts mit Liebe zu tun hatten, daß ich in der Literatur auf die Suche ging nach Bestätigung meiner Erfahrung, mit wieviel Haß und Aggression man es in der Kinderarbeit zu tun bekommt.

Natürlich fand ich bei den Pionieren der Kinderanalyse Bestätigung. Anna Freud beschreibt einen wichtigen Unterschied, der zwischen der Erwachsenenanalyse und der Kinderanalyse besteht: Kinder können nicht frei assoziieren, sondern handeln, agieren: „Wo der freie Einfall in erster Linie die sexuellen Phantasien des Patienten an die Oberfläche bringt, wirkt das freie Handeln parallel auf die aggressiven Phantasien. In der Übertragung der Kinder spielt daher die Aggression eine führende Rolle und wird in Angriffen auf das Übertragungsobjekt, in tätlichen Provokationen, Spucken, Stoßen, Schlagen etc. geäußert" (A. Freud 1965, S. 2151).

M. Klein beschreibt, wie sie durch sofortige Deutung der negativen Übertragung Angst mindert und das Auftauchen weiteren Materials ermöglicht. „Aggressivität wird auf verschiedenen Wegen, direkt oder indirekt, im kindlichen Spiel ausgedrückt. Oft wird ein Spielzeug zerbrochen, oder, wenn das Kind noch aggressiver ist, wird der Tisch oder Holzstücke mit einem Messer oder einer Schere angegriffen; Wasser und Farbe werden im Zimmer verschüttet, und der Raum wird zu einem Schlachtfeld" (Klein 1976, S. 18).

D. Winnicott beschreibt die Erfahrung, die man machen kann, wenn man ein von den Eltern verlassenes Kind aufnimmt und nun erwartet, daß es ausreichen würde, diesem Kind Liebe zu geben. „Es geschieht vielmehr folgendes: Nach einiger Zeit faßt ein auf diese Weise adoptiertes Kind Hoffnung, und dann fängt es an, die Umwelt, die es gefunden hat, auf die Probe zu stellen und Beweise für die Fähigkeit seiner Adoptiveltern zu suchen, objektiv zu hassen. Anscheinend kann es ans Geliebtwerden erst glauben, nachdem es ihm gelungen ist, gehaßt zu werden" (Winnicott 1984, S. 85).

In seiner Arbeit „Objektverwendung und Identifizierung" beschreibt er, wie erst durch die Zerstörung des Objekts, das die Zerstörung überlebt, Objektverwendung und Liebe entstehen können.

„Es ist wichtig festzuhalten, daß das Subjekt das Objekt nicht nur deshalb zerstört, weil das Objekt außerhalb des Bereiches seiner omnipotenten Kontrolle steht. Es ist ebenso wichtig, dies auch von der anderen Seite her zu sehen: daß nämlich das Objekt erst durch die Zerstörung in den Bereich außerhalb der omnipotenten Kontrolle des Subjekts gestellt wird" (Winnicott 1971, S. 105).

Freud hatte bereits die Dialektik betont, die darin besteht, daß die Übertragung das größte Hindernis der analytischen Kur sei und zugleich ihr wichtigstes Hilfsmittel (vgl. Freud 1912, S. 165).
Im Zuge der Entwicklung der Ich-Psychologie gab es erste Erweiterungen des Begriffes. A. Freud beschreibt
• die Übertragung von Abwehr
• das Agieren in der Übertragung
• die Externalisierung eines Strukturanteiles als eine Unterform der Übertragung.
Ich würde sagen, daß diese sorgfältigen Unterscheidungen erstens schwer in der klinischen Situation auseinandergehalten werden können und zweitens, da der Aufbau der seelischen Struktur letztlich Ergebnis von Interaktionen zwischen Kind und primären Objekten und der Repräsentationen dieser Interaktionen ist, daß auch hier die grundlegende Feststellung übergeordnet erscheint, daß Übertragung letztlich alle verinnerlichten Objektbeziehungsmuster beinhaltet.
Ähnlich geht es mir mit den Unterscheidungen, die A. Freud für die Kinderanalyse aufgestellt hat. (vgl. Sandler u.a. 1982, S. 101 ff.). Da gibt es:
• Übertragung von üblichen Beziehungsweisen, die man vielleicht als Charakterübertragung beschreiben könnte.
• Übertragung gegenwärtiger Beziehungen, wo es um das direkte Überlaufen von gegenwärtig herrschenden Beziehungsmustern geht.
• Übertragung von früheren Erlebnissen und Beziehungen, was nach A. Freud Übertragung im eigentlichen Sinn ist.
• Übertragungsneurose, die nach A. Freud eine andere Gestalt hat als in der Erwachsenenanalyse, weil Kinder noch real von ihren primären Objekten abhängig sind, mit ihnen leben und noch den größten Teil ihrer Konflikte an ihnen direkt abhandeln.
Viele von A. Freuds Einstellungen sind als direkte Antwort auf ihre Auseinandersetzung mit M. Klein zu verstehen, die ja vertrat, daß die Übertragung direkt einsetzt, von Anfang an in die tiefsten unbewußten Schichten hinein verstanden und gedeutet werden kann und muß. Sie ist Ausdruck ganz früher Objekterfahrungen aus dem ersten Lebensjahr, die Teilobjektbeziehungen, außerdem die frühesten Ängste und deren Abwehr enthalten.
Demgegenüber vertrat A. Freud die Auffassung, daß es neben den Übertragungsphänomenen auch Reaktionen gibt, die nichts mit Übertragung zu tun haben, sondern aus der aktuellen Situation heraus neu entstehen. Es ist für sie in der analytischen Beziehung sowohl Platz für Übertragung als auch

für Nicht-Übertragung; und für sie ist Übertragung ein Phänomen, das sich erst allmählich als Folge des analytischen Prozesses entwickelt (vgl. Holder 1995).

Sie war überzeugt, daß der Analytiker für Kinder immer auch ein neues Objekt ist und daß es eine reale Beziehung zwischen Kind und Analytiker gibt.

Durch die Entwicklung der Objektbeziehungstheorie und die „englische Schule" wurde der Begriff Übertragung sowohl in seinen phänomenologischen als auch in seinen behandlungstechnischen Implikationen ausgeweitet und verändert.

Die Betonung des interaktionellen Geschehens in der analytischen Beziehung steht in den modernen Auffassungen deutlich im Vordergrund, was auch eine neue, andere Gewichtung der Bedeutung der Gegenübertragung mit sich brachte, die nicht mehr nur als Hindernis, sondern eben auch als wichtiges Hilfsmittel angesehen wird.

J. Sandler (1976) beschrieb in seinem Artikel „Gegenübertragung und Bereitschaft zur Rollenübernahme", daß „Interaktionen zwischen Patient und Analytiker ... durch das determiniert (werden), was ich die ‚intrapsychische Rollenbeziehung' (ebd., S. 300) nennen möchte, die jede Partei der anderen aufzudrängen versucht."

Die Rollenbeziehung des Patienten innerhalb der Analyse (besteht) zu jedem beliebigen Zeitpunkt aus einer Rolle, die er sich selbst zuweist, und einer komplementären Rolle, die er dem Analytiker zu diesem Zeitpunkt zuweist.

Die Übertragung würde demnach einen Versuch des Patienten darstellen, von sich aus zwischen sich und dem Analytiker eine Interaktion, eine Wechselbeziehung durchzusetzen, d.h. diese Rollen in verkappter Form zu aktualisieren'" (ebd., S. 300).

Die Übertragungsphantasie soll in der Beziehung zum Analytiker also dadurch Wirklichkeit werden, daß der Patient das Verhalten des Analytikers als seine Erwartungen erfüllend erleben kann.

Ich denke da z.B. an einen fünfjährigen Patienten, der durch seine Ungeschicklichkeit, sein tolpatschiges Verhalten und seine kleinkindhafte Art zu sprechen erst einmal meine direkten Hilfsimpulse in Gang setzte – bis ich die unbewußte Absicht verstand und deuten konnte.

Die Externalisierung der verinnerlichten Beziehungen in der Übertragung geschieht über eine unbewußte Phantasie, in der Repräsentanzen des Kindes, des Analytikers und beider in der Interaktion enthalten sind. Diese unbewußte Phantasie wird der analytischen Beziehung aufgedrängt (vgl. Fonagy u.a. 1995).

In der „Frankfurter psychoanalytischen Schule", aus der ich komme, spielen dergleichen Phänomene bei dem, was wir das „szenische Verstehen" (Argelander 1970) nennen und in der Weise, wie wir es zum Verstehen unbewußter Inszenierungen nutzen, eine große Rolle (vgl. Eckstaedt, Klüwer 1980).

In der Diskussion um die Frage, welches Vorgehen, welche technischen Mittel, allgemeiner ausgedrückt, welche Faktoren insgesamt eine psychische Veränderung bewirken, wird immer deutlicher, daß der frühe Fokus auf Deutung und Einsicht für strukturelle Veränderungen dem Gesamtgeschehen nicht gerecht wird – sicher noch nie gerecht wurde. Wir wissen heute, daß die frühen technischen Anweisungen Freuds nicht völlig dem entsprachen, wie er selbst arbeitete, daß das, was man vielleicht unterstützende, entwicklungsfördernde Maßnahmen nennen könnte, schon immer eine große Rolle gespielt hat.

In der Kinderanalyse versteht sich das von selbst, da wir es hier mit Entwicklung zu tun haben und wir unsere Maßnahmen schon immer dem Alter, dem Entwicklungsstand und der Störung anpassen mußten.

A. Freud hat das natürlich auch sorgfältig beschrieben, aber wenn man ihre Texte liest, entsteht doch leicht der Eindruck, daß das, was sie „byproducts" der Kinderanalyse nennt und von dem sie überzeugt war, daß es auch wichtig und hilfreich ist, dennoch mehr den Charakter eines notwendigen Übels bekommt, ähnlich wie ihre Überzeugung, daß der Kinderanalytiker für Kinder immer auch ein neues, reales Objekt ist; da schreibt sie, wenn man dem Bedürfnis der Kinder nach dem neuen Objekt entgegenkomme, störe man die Entwicklung der Übertragung und umgekehrt (vgl. A. Freud 1965, S. 2159).

Sie vertrat die Ansicht, daß entwicklungsfördernde Maßnahmen den Störungen vorenthalten bleiben sollen, die eindeutig mit Defizit und Defekt zu tun haben.

Man könnte sagen, daß wir die Übertragung heute nutzen, um die unbewußt gewordenen Beziehungserfahrungen und deren innere Bearbeitung aufgrund der Wünsche, Projektionen, Konflikte durch die Patienten zu verstehen. Um sie zu verstehen, ist es sicher unausweichlich, daß wir immer wieder zu einem Teil mit in die intendierten pathologischen Muster hineingezogen werden. Das Verstehen ermöglicht dann eine andere Antwort als die unbewußt von den Patienten erwartete – und das erleichtert dem Patienten die

Erfahrung, uns anders als die ursprünglichen Objekte, die in der Übertragung gesucht wurden, zu erleben – also eine neue hilfreiche, verändernde Erfahrung zu machen.

In den letzten Jahren ist das Arbeiten im Hier und Jetzt der Beziehung, das Erkennen und Benennen der Affekte, das Attunement, die Wichtigkeit der Interaktion von Übertragung und Gegenübertragung immer mehr in den Vordergrund getreten; die Wirksamkeit der therapeutischen Beziehung wurde wegen ihrer speziellen emotionalen Erfahrung immer mehr ins Zentrum der Aufmerksamkeit gerückt.

Das ist für die Kinderanalyse natürlich sehr bedeutsam; hier bringt es die ganze Situation unausweichlich mit sich, daß man oft spontan und rasch reagieren muß, so daß das Kind sehr viel von unserer Person sieht, von unseren Haltungen direkt erlebt.

Das, was A. Freud „not proper analytic work" nannte und auf die Arbeit mit nicht neurotischen Kindern einschränken wollte und was bei M. Klein überhaupt nicht erwähnt wird, spielte und spielt immer eine große Rolle. Winnicott nannte das: „Needs should be met, wishes should be analyzed" (Winnicott zit. n. Tönnesmann 1988).

Die Natur der therapeutischen Beziehung ist nicht nur von der Anpassung an die Bedürfnisse und die Entwicklungsaufgaben der Kinder bestimmt, sondern auch von einem Bedürfnis der Therapeuten, sich zu beziehen, die Patienten zu erreichen, von einer gegenseitigen Objekt-Suche.

Wenn ich sage, Defizit und Konflikt sind komplementär und Einsicht und Beziehung sind in jeder analytischen Arbeit verwoben, dann heißt das nicht, daß es nicht lohnend ist, Unterschiede in den Störungsbildern und den therapeutischen Mitteln genauer zu erforschen.

Wir machen ja oft die Erfahrung, daß die beiden wichtigen Schritte, die Übertragungsdeutung zum hilfreichen Instrument der Arbeit machen, nicht weiterhelfen:

1. das Bewußtwerden der Gefühle dem Therapeuten gegenüber und
2. die Deutung, daß Impuls, Gefühl sich auf ein Phantasieobjekt und nicht auf ein reales Objekt richten.

Diese Deutungen setzen voraus, daß die Patienten grundsätzlich über ihre Denkfunktionen (je nach Alter natürlich) verfügen können, daß Selbst- und Objektrepräsentanzen, Repräsentanzen von Gefühlen, Gedanken, Vorstellungen vorhanden sind, daß Phantasie und Realität innen und außen unterschieden werden können, daß innere Zustände und Affekte als solche erkannt und verbalisiert werden können, daß die Affekte keine überwältigende, traumatisierende Qualität haben und daß Kausalität in einem zwischenmenschlichen Kontext erkannt werden kann.

Wenn das alles gestört ist, dann ist auch eine Arbeit an der Wiederentdeckung von bedrohlichen Gedanken und Gefühlen, die aufgrund eines Konflikts und von Abwehr zurückgewiesen worden sind, so nicht möglich.

Man kann davon ausgehen, daß bei den schwierigen Patienten, die so nicht profitieren können, bereits die Prozesse gehemmt und gestört sind, die die innere Welt der Repräsentanzen aufbauen.

P. Fonagy und Mitarbeiter (1993) meinen, daß solche Situationen, wo bereits die mentalen Prozesse gestört werden (ohne daß es hier um konstitutionelle Defekte gehen soll), dann entstehen, wenn Patienten einen primitiven Versuch unternehmen, sich vor spezifischen, äußerst schmerzlichen Repräsentanzen als Ergebnis mentaler Prozesse zu schützen.

Also bevor kompliziertere Ich-Abwehren entstehen, haben diese Patienten wichtige mentale Prozesse gehemmt; eine ganz primitive generalisierte Abwehr richtet sich gegen die Entstehung schmerzhafter Repräsentanzen.

Es sind also ganze Bereiche psychologischen Funktionierens gehemmt oder unentwickelt, seelisch-geistige Erfahrungen werden verhindert. Ein schwer bedrohtes, traumatisiertes Kind kann z.B. jeden Gedanken an die geistig-seelische Verfassung von anderen Menschen und somit auch von sich selbst verhindern, bevor es sich dem Terror der zerstörerischen Wünsche seiner primären Objekte stellt oder sich der Situation aussetzt, von seinen eigenen Gefühlen oder denen seiner Objekte überwältigt zu werden.

Dann ist die Aufgabe des Analytikers, diese gehemmten Prozesse in Gang zu setzen, und man kann sich vorstellen, daß es dafür nicht nur eine Technik gibt, sondern viele sehr individuelle Wege. Fonagy schlägt vor, daß der Fokus auf den Gefühlen und Gedanken von beiden, Patient und Analytiker, liegen soll. Damit ist die Betonung des Hier und Jetzt der analytischen Beziehung impliziert. Es bedeutet auch die Ermöglichung und das spätere Wiedererkennen von Affekten, die bei solchen Kindern einer extremen Kontrolle unterliegen. Der Weg soll dahin führen, daß das Kind in einer als hinreichend sicher erlebten Beziehung beginnen kann zu fühlen, zu denken, zu wünschen, sich etwas vorzustellen.

Ich möchte einige meiner Überlegungen an Fallmaterial illustrieren: Der damals fünfeinhalb Jahre alte Peter wurde von seinem Vater angemeldet, weil er noch stets einnäßte, Nägel kaute, mit Feuer spielte, stahl, sich selbst häufig verletzte, im Kindergarten so aggressiv war, daß er dort nicht mehr bleiben sollte.

Seine Eltern hatten sich nach schweren Krisen getrennt, als er zwei Jahre alt war. In dieser Zeit kam er mit Lungenentzündung ins Krankenhaus. Er blieb dann noch zwei Jahre mit seiner drei Jahre älteren Schwester bei der Mutter. Dann gab diese den nun vierjährigen Sohn dem Vater, weil sie sich überlastet fühlte. Sie sah ihn seither selten und unregelmäßig.

Wie zu erwarten, führte die analytische Arbeit bei dieser Symptomatik und diesen Vorbedingungen erst einmal dazu, daß das zerstörerische und selbstschädigende Verhalten, das dazu dienen sollte, das Entstehen oder das Wiederauftauchen von tief schmerzlichen Gefühlen zu verhindern, sich in unserer Beziehung ausbreitete. Der Junge griff immer wieder meine Person, meinen Raum, meine Gegenstände an und zwar auf eine so entwertende, oft verachtende Weise, daß ich viel Kraft brauchte, meine Gegenübertragung in mir selbst zu verarbeiten. Die Schwierigkeit war, den Impulsen Raum für Ausdruck zu lassen und doch immer wieder früh genug einzugreifen, damit er sich oder mich nicht verletzte. Es gelang durchaus nicht immer, und ich bin sicher, daß Peter sehr oft direkter Zeuge meines inneren Kampfes wurde, mich nicht zu sehr involvieren zu lassen, letztlich, mich nicht zu rächen. Ganz oft hatte ich den Eindruck, daß meine Denkfähigkeit während der Stunden verlorenging.

Bei nachträglicher Reflexion fand ich Entlastung in der wachsenden Überzeugung, daß die Momente, in denen ich eingreifen mußte, auch die, in denen es mir nicht gelang, das ohne deutlichen eigenen Affekt zu tun, als sinnvoll und zur Arbeit gehörig anzusehen sind, als etwas, das über erzieherische Maßnahmen im engeren Sinn hinausgeht und genuin analytisch ist.

Ich berichte im folgenden aus zwei Stunden, die nach einigen Monaten Behandlung stattfanden:

Peter kommt und verwandelt in großer Geschwindigkeit das Zimmer in ein Chaos – eine Aktion, die mich sofort in hohe Alarmbereitschaft versetzt. Ich sage: „So werde ich ganz durcheinander, ich muß furchtbar aufpassen – ich denke, du bist auch ganz durcheinander von innen".

Mit dieser Intervention betone und vertiefe ich den interaktionellen Anteil vom Chaos machen im Zimmer auf das innere Durcheinander in mir selbst und ihm. Außerdem ermögliche ich dem Jungen durch die Äußerung meiner eigenen Gefühle einen Zugang zu seinen Gefühlen, baue also eine Brücke von der Außen- in die Innenwelt.

In dem, wie der Junge auf meine Intervention reagiert, ist zu sehen, daß er sich in einem rudimentären Ausmaß verstanden gefühlt hat: Er baut eine Höhle. Das ist natürlich gegenüber Chaos machen eine symbolische, gestalterische Handlung.

Selbstverständlich ist jetzt das Quälende in unserer Beziehung nicht verschwunden. Aus seiner Höhle heraus nämlich stellt Peter viele drängende, quälende Fragen, die rasch hintereinander kommen, oft eine entwertende Qualität haben, z.B.: „Wie alt bist du, du blöde Kuh, Arschficker?" Ich fühle mich unter Beschuß und denkunfähig. Ich sage: „So kann ich überhaupt nicht denken, ich brauche Zeit."

Wieder ziele ich mit meiner Intervention auf das interaktive Geschehen, sage dem Jungen, daß er mich mit seinem Bombardement zwar „außer Gefecht" setzt und damit auch verhindert, daß er mich – im Winnicott'schen Sinn – als Objekt verwenden kann, aber ich breche den Kontakt nicht ab, verweise auf das, was ich brauche (Zeit) und darauf, daß es selbstverständlich weitergehen wird, wenn wieder Zeit zum Denken ermöglicht wird.

Daraufhin beginnt Peter ein Spiel mit mir. Er hat also meine Intention, das Geschehen zwischen uns beiden in den Mittelpunkt zu stellen, verstanden und weitet sein Angebot deutlicher auf mich aus.

Das Spiel besteht darin, daß Peter einzelne Körperteile aus seiner Höhle hervorstreckt und ich diese benennen soll. Direkt erinnert das natürlich an Szenen, wo der Säugling z.B. vor der Mutter auf der Wickelkommode liegt und sie einzelne Körperteile zudeckt und sie dann in einem Höhepunkt von aufregend-schönen Gefühlen und intensivem gemeinsamen Erleben wieder „entdeckt" und benennt.

So kann Peter das natürlich überhaupt nicht spielen, weil seine Sehnsucht nach dem Guten in der frühen Beziehung zur Mutter jahrelang auf mehr oder weniger primitive Weise abgewehrt wurde – ebenso, wie er sich des Hasses auf die Mutter gar nicht bewußt werden, ihn überhaupt nicht fühlen kann – das ist ganz in die agierende Gestaltung der analsadistischen Beziehung eingebunden.

Dementsprechend hat sein „Spiel" mit mir nichts Spielerisches, sondern ist äußerst unangenehm, quälend, in seinem Ablauf ständig gestört. Ich sage: „Es soll bei uns nicht schön und gemütlich sein." Er schreit, wie so oft: „Halt's Maul" – aber es gibt doch eine kleine Pause.

Wieder kann man sagen, daß es eine Deutung ist, in der ich etwas von meinen und seinen Gefühlen und Wünschen ausdrücke, von seiner unbewußten Absicht und seiner Abwehr. Es ist indirekt ein Verständnis darin enthalten, daß er selbst Sehnsucht nach einer befriedigenden Beziehung hat.

In der gleichen Stunde sagt Peter nach der kleinen Pause: „Weißt du, was ich geträumt habe?"

So haben letztlich meine Interventionen einen Weg vom äußeren Chaos in die innere Welt ermöglicht, natürlich nur deshalb, weil dieser Stunde viele Stunden mühsamsten Arbeitens vorausgingen.

Wir geraten noch einmal kurz in den Clinch: Als ich Peter bitte, mir seinen Traum zu erzählen, verweigert er natürlich und fordert mich auf, ihm meinen Traum zu erzählen. Ich finde wieder Anschluß an seine Gefühle und deren Abwehr in den analsadistischen Inszenierungen, indem ich frage: „War es ein schlimmer Traum?" Nun kann er erzählen: „Ich habe geträumt, der Papa hat eine Traube in einer Nuß gegessen, die war vergiftet, da ist er tot umgefallen vom Fahrrad, da haben wir das Geld genommen und haben uns eine Ritterburg gekauft."

Ich frage: „Wer ist wir, wer war noch bei dir?" „Die Miriam und andere Kinder, fünf, wir sind dann zum Krankenwagen, und der hat gesagt, es ist wirklich so, er ist tot, da haben wir geweint. Nein, wir haben nicht geweint."

Ich frage: „Wie ist es dir gegangen nach dem Traum?" Peter ganz kühl: „Ich habe nicht geweint, weil's ja nicht so war" – und mit großer Geschwindigkeit ist er wieder dabei, die quälenden Provokationen vom Beginn der Stunde zu inszenieren, er versucht, mir weh zu tun. Ich muß ihn festhalten, was wegen der wütenden Gefühle, die seine Angriffe mir machen, große Beherrschung kostet. Ich versuche, meine Gedanken zu äußern: „Ich glaube, der Traum hat dich erschreckt. Wenn wir jetzt Streit kriegen, fühlst du das nicht so." Ich bin unsicher, was er davon aufnimmt, auf jeden Fall geht er aufs Klo und macht einen Haufen. Es ist das Ende der Stunde.

Ich habe das deutlich als ein Geschenk verstanden: hier wird die Liebe auf dem gleichen psychischen Level ausgedrückt wie in den analsadistischen Szenen der Haß.

Zur nächsten Stunde – es liegt ein Wochenende dazwischen -, sagt mir der Vater gleich im Flur, daß Peter im Kindergarten Streichhölzer angezündet habe und daß es überhaupt nicht gut mit ihm gehe.

Ich erschrecke und fühle mich verantwortlich.

Der Junge hat unterdessen wieder ganz rasch Chaos veranstaltet und empfängt mich mit den bekannten quälenden Fragen, die mich sehr bedrängen.

Ich sage: „Heute bist du ganz wütend und aufgeregt." Er schmeißt Polster durchs Zimmer, nimmt härtere Gegenstände, so daß ich Angst und Wut bekomme und eingreifen muß.

Ich sage: „Heute sollen wir ganz doll Streit kriegen, ich soll ganz bös auf dich werden, ich glaube, du fühlst dich bös, dir geht's nicht gut heute."

Er macht ein Riesenpaket aus Puppen, Hausrat, packt alles in einen kleinen Teppich, es sieht aus wie ein Umzug. Plötzlich will er es nach mir schmeißen. Ich halte ihn und das Paket fest und wiederhole nochmals, daß er sich heute nicht gut fühle.

Da sagt Peter: „Ja, das stimmt. Ich habe Streichhölzer angezündet – aber die Petra auch."

„Da hast du auch schon im Kindergarten etwas Schlimmes, Gefährliches gemacht, damit du geschimpft bekommst. Ob das mit deinem Traum zu tun hat?" „Welchem?" „Wo der Papa tot vom Fahrrad gefallen ist." „Hä, der hat eine Traube gegessen, die war vergiftet." „Ja, und dann hast du im Traum geweint." Peter meint: „Ja, in Wirklichkeit nicht." Ich antworte: „In Wirklichkeit ist der Papa auch nicht tot." Er sagt: „Das wäre auch ganz schlimm. – Weißt du, was dann wäre?"

„Ich denke, du würdest nicht wissen, wohin du gehen sollst." Peter: „Ich geh dann zur Mama." Ich: „Du wärst nicht sicher, ob die das will." Peter: „Aber die muß!" Ich: „Das tut ja weh, wenn du nicht sicher sein kannst."

Er holt einen Stuhl ans Fenster und klettert sehr rasch aufs Fensterbrett. Es ist ein sehr großes Fenster im dritten Stock, ich erschrecke und halte ihn fest. Er ist in einer Stimmung, wo er sich selbst gefährden könnte. Ich sage: „Da ist ein großes Durcheinander in deinem Kopf – wie hier im Zimmer. Ich glaube, da hast du vieles noch nicht verstanden."

Es ist das Ende der Stunde und Peter verwickelt mich in ein Gerangel ums Schuheanziehen – er kann noch keine Schuhe binden und nützt meine relative Hilflosigkeit aus, in die ich gerate, indem ich sie ihm zubinde. Ich sage: „Es ist auch immer wieder schwer, wegzugehen, das macht dich auch oft zornig."

Wie in der Stunde davor besteht ein dauernder Wechsel von Agieren, Fühlen und Verbalisieren. Die Arbeit führte dazu, daß Peter sich seiner Gefühle für die Mutter bewußter werden konnte: Bis dahin hatte er jede Andeutung meinerseits damit beantwortet, daß er schrie: „Ich wollte zu meinem Papa!" Hier nun kann er, zwar noch auf einer anal-zwingenden Ebene („Aber die muß!") seinen Wunsch, bei der Mutter zu sein, selbst fühlen und mir gegenüber äußern.

Außerdem bringe ich hier die äußere Realität, das, was ich außerhalb des Settings erfahren habe, in die Stunde. Das kann man sicher kontrovers diskutieren.

Es ist deutlich zu sehen, wie ich ständig Position und Funktion wechsele: Von der schützenden, eingreifenden, festhaltenden, sehr realen Person mit eigenen Affekten werde ich zur Therapeutin, die die Innenwelt erforscht und verbalisiert und so Einsicht ermöglicht. Die holding function, die sich in dieser Behandlung oft so äußerst konkret mit Festhalten und Verhindern von

Verletzungen äußerte, hat in dieser Stunde ganz real in der Szene am großen Fenster dazu geführt, daß der Junge, mit Winnicott zu sprechen, überlebte und somit ich in ihm auch.

Fast alle Deutungen blieben im Hier und Jetzt – eine Auflösung in dem Sinne, daß der Junge die Als-ob-Qualität der Übertragungsgefühle oder die symbolische Natur der Übertragung hätte verstehen können, war wegen seines Alters und seiner Störung damals ebensowenig möglich wie das Verstehen der Tatsache, daß Gefühle der Gegenwart häufig Gefühle von früher repräsentieren.

Dennoch kann man sagen, daß ich vorwiegend Deutungen von Übertragung und Gegenübertragung verwendet habe.

Außerdem finde ich es wichtig zu betonen, wie sehr ich durch meine Interventionen auch ein reales Objekt für Peter war, indem ich ihm Einblick gewährte in die Funktionsweise meiner eigenen inneren Welt.

Es dauerte lange, bis Peter eher in der Lage war, das zu verbalisieren, was er fühlte, statt es zu agieren und damit sich und andere zu gefährden. Ich war froh, als er nach etwa einem Jahr sagen konnte: „Ich habe Heimweh nach meiner Mama."

Literatur

Argelander, H. (1970): Das Erstinterview in der Psychotherapie. Darmstadt.
Eckstaedt, A., Klüwer, R. (1980): Zeit allein heilt keine Wunden. Frankfurt.
Fonagy A., Sandler, A.: Zur Übertragung und ihrer Deutung. Bulletin EPF 45/95.
Fonagy, P., Moran, G., Edgcumbe, R., Kennedy, H., Target, M. (1993): The Role of Mental Representations and Mental Processes in Therapeutic Action. Psychoanalytic Study of the Child, 48/93.
Freud, A. (1965): Schriften, Bd. VIII.
Freud, S. (1915): Bemerkungen über die Übertragungsliebe, Studienausgabe Ergänzungsband.
Freud, S. (1912): Zur Dynamik der Übertragung. Studienausgabe Ergänzungsband, S. 165.
Holder, A. (1995): Übertragung und Gegenübertragung aus der Sicht von A. Freud. In: Storck (Hrsg.): Kinderanalyse 3/1995.
Klein, M. (1976): Das Seelenleben des Kleinkindes. Reinbek bei Hamburg.
Sandler, J., Kennedy, H., Tyson, R. L. (1982): Kinderanalyse, Gespräche mit A. Freud. Frankfurt.

Sandler, J. (1976): Gegenübertragung und die Bereitschaft zur Rollenübernahme. Psyche 30.
Tönnesmann, M. (1988): Adolescent Reenactment, Trauma and Reconstruction. J. Child Psychother. 6: 23 – 44.
Winnicott, D. (1984): Von der Kinderheilkunde zur Psychoanalyse. Frankfurt.
Winnicott, D. (1971): Vom Spiel zur Kreativität. Stuttgart.

Auf der Suche nach der Liebe zum Vater

Aus der Behandlung eines Jugendlichen

Gustav Bovensiepen

Einleitung

Eine der schönsten und anrührendsten Vater-Sohn-Geschichten der Weltliteratur stammt von einer Frau: Ich denke an den Roman „Arturos Insel" von Elsa Morante (1991). Arturo, der Held der Geschichte, verliert seine Mutter bei seiner Geburt und wird von dem Ziegenhirten seines Vaters aufgezogen, da dieser viel auf Reisen ist. Arturos reale Beziehung zu seinem Ziehvater wird im Roman kaum erwähnt, dagegen läßt die Autorin Arturo über seinen leiblichen Vater sagen: „Meine Kindheit ist wie ein glückseliges Land, über das er der absolute Herrscher ist!" (Morante 1991, S. 28). Dies „glückselige Land" existiert vor allem in der Phantasie des mutterlos aufgewachsenen Jungen. Es gibt sehr poetische Schilderungen von Arturos psychischer Realität, die ganz von seinen idealisierenden Phantasien über seinen Vater bestimmt sind, der immer völlig unvorhersehbar auf der Insel auftaucht, einige Tage bis Wochen bleibt und ebenso plötzlich wieder abreist. Arturo erfährt nie, was sein Vater wirklich macht, wenn er verreist, er phantasiert aber die aufregendsten Abenteuer und Heldentaten und entwickelt in seinem Inneren ein sehr idealisiertes Vaterbild, in dem der Vater zu einer alles überragenden, schönen, glanzvollen und mächtigen Figur wird. Seine ständige Sehnsucht gilt den kurzen Momenten, wenn er mit ihm zusammen sein kann.

„Er war immer auf der Durchreise, immer im Fortgehen begriffen; in den kurzen Zwischenzeiten aber, die er in Procida verbrachte, folgte ich ihm nach wie ein Hund. Wir mußten ein merkwürdiges Paar sein für jeden, der uns begegnete! Er, der entschlossen voranschritt wie ein Segel im Wind, mit seinem blonden, fremdländischen Kopf, den geschwellten Lippen und den harten Augen, welche niemandem ins Gesicht sahen, und ich der hinter ihm herlief und meine schwarzen Augen stolz nach rechts und links schweifen ließ, als wollten sie rufen: ‚Procidaner, mein Vater geht vorüber!'... Alle Worte, die er sagte, schienen gerade eben erst erfunden und noch ursprünglich, und selbst meine eigenen neapolitanischen Worte, die er häufig gebrauchte, wurden, wenn er sie aussprach, neuer und kühner – wie in den Gedichten... Jede seiner Gebärden, jedes seiner Gespräche nahm für mich etwas Dramatisch-Schicksalhaftes an. Wahrlich, er war das Inbild der Gewißheit, und alles, was er sagte oder tat, glich dem Orakelspruch eines Weltgesetzes, von welchem ich die ersten Gebote meines Lebens herleitete. Darin bestand die höchste Verlockung seiner Gesellschaft" (Morante 1991, S. 28 – 32).

An dieser Stelle muß ich Elsa Morantes Phantasie über eine Vater-Sohn-Beziehung verlassen und wende mich unserer Zeit zu, in der die ödipale Weltordnung ziemlich ins Wanken geraten ist. Mir geht es darum zu zeigen, wie das innere Bild des Vaters, der Vater als inneres Objekt, die psychische Realität bestimmen kann. In der psychoanalytischen Theorie der Objektbeziehungen und in der psychoanalytischen Praxis wird der Beziehung zum inneren Vater weniger Aufmerksamkeit geschenkt als der Beziehung zur inneren Mutter. Die entwicklungspsychologische Forschung hat zwar nachgewiesen, daß der Säugling bereits innerhalb der ersten Lebensmonate zwischen Vater und Mutter unterscheiden lernt (vgl. Fthenakis 1985, S. 86 ff.). Doch gibt es aus meiner Sicht nur unzureichende Vorstellungen über Entwicklung und Funktion des Vaters als inneres Objekt jenseits der etablierten Konzepte über seine Funktion in der ödipalen Konstellation und über seine triangulierende Bedeutung für die präödipale Zweierbeziehung von Mutter und Kind. Samuels (1994, S. 111 f.) hat zu Recht kritisiert, daß diese Konzepte die Betonung zu sehr auf den negativen (ödipalen) Vater beziehungsweise auf den Vater als „Vater-in-Beziehung-zur-Mutter" legen, was eine einengende Betrachtungsweise zu sein scheint. Mit meinem Titel „Auf der Suche nach der Liebe zum Vater" meine ich nicht so sehr die Sehnsucht nach dem „guten Vater", also die Liebe des Vaters zur Tochter/zum Sohn, sondern deren Bemühen, den Vater als inneres Objekt „verwenden" zu können, so wie Winnicott (1979, S. 101 ff.) dies in bezug auf die Mutter gemeint hat. Das heißt aber, daß das Kind ihn zunächst in seiner psychischen Realität „entdecken" muß, ihn „finden" muß, um herauszufinden, zu was es ihn verwenden kann. Dazu muß der Vater innerlich auch „greifbar" werden; ich meine damit nicht den äußeren Vater oder die Situation „abwesender Väter". Der Jugendliche, über den ich berichten werde, hatte einen durchaus präsenten und sehr engagierten Vater. Ich werde mich in erster Linie auf den Vater als inneres Objekt beziehen, das sich in meinem Verständnis aus der Verarbeitung archetypischer Erwartungen einerseits und der verinnerlichten Erfahrung mit äußeren Vaterfiguren andererseits zusammensetzt (Lambert 1981, S. 88 ff.). Wie die Falldarstellung zeigen wird, ist allerdings die Unterscheidung von äußerem und innerem Vater manchmal schwierig, besonders in der Therapie von Kindern und Jugendlichen, bei denen die äußeren Eltern in der Regel präsent sind.

Der Prozeß der Suche und Etablierung der inneren Mutter und des inneren Vaters beginnt im Säuglingsalter und bekommt in der Pubertät für die endgültige Organisation der Persönlichkeit große Bedeutung, da der dynamische Zusammenhang von Spaltungsvorgängen, Identifizierung und psychischen Zuständen von Stabilität versus Instabilität in diesen beiden Altersabschnitten besonders aktuell ist, weil Spaltungsvorgänge „äußerst abhängig von äußeren Umständen und physiologischen Zuständen sind" (Meltzer 1992, S. 129).

Ich möchte einen Aspekt betonen, der für mich von zentraler Bedeutung für das Verständnis adoleszenter Entwicklungsdynamik ist: Meine Grundannahme lautet, daß Jugendliche in der Pubertät ihre unbewußten Beziehungsphantasien zu den inneren Eltern vor allem in ihren eigenen Körper reprojizieren. Ich habe an anderer Stelle (Bovensiepen 1995) dieses Konzept ausführlicher dargestellt und fasse hier nur den für mein Thema bedeutsamen Aspekt zusammen:

Diese unbewußten Beziehungsphantasien repräsentieren in der psychischen Realität Verbindungen vom eigenen Körper zunächst zu dem der Mutter, dann auch zum Vater. Auf einem primitiven Funktionsniveau der Psyche sind es vor allem Repräsentanzen der Verbindungen zu Teilen der elterlichen Körper, also Teilobjekt-Beziehungen. Gemeint sind die damit verbundenen unbewußten Phantasien, die affektiven und emotionalen Beziehungsmuster, die weniger durch Inhalte, als vor allem im Erleben von Übertragung/Gegenübertragung und aus ihren Symbolisierungen erschlossen werden können. Ich glaube, die erfolgreiche Trennung und Ablösung der Jugendlichen von ihren inneren Eltern der Kindheit setzt immer auch eine Wiederbelebung und ein natürliches „Durcharbeiten" dieser frühen Teilobjekt-Beziehung voraus, die der Jugendliche u.a. in seinen Körper reprojiziert, was zu dem charakteristischen Körpererleben, aber auch zu entsprechenden Störungen führen kann. Auf eine andere Art als beim Säugling und beim Kleinkind spielen diese Teilobjektbeziehungen in der Pubertät wegen der immer dringlicher werdenden Sexualität erneut eine besondere Rolle im Erleben von Stabilität (bzw. Instabilität) und Identität, da Jugendliche im Unterschied etwa zum Latenzalterkind in der Regel sehr flexibel spalten. Dies ist auch notwendig, um über das Ausprobieren rasch wechselnder Identifizierungen sowohl mit inneren wie mit äußeren Objekten gegen Ende der Adoleszenz eine eigene Identität zu finden. Wenn keine ausreichende Flexibilität des Spaltens vorliegt, sondern dieses zu rigide ist, so kann dies bereits Ausdruck einer defensiven Organisation der Persönlichkeit sein, die die Entwicklung einschränkt. Die Abwehr organisiert sich nach Laufer (1989) vor allem um die „zentrale Masturbationsphantasie". Eine pathologische Form dieser Abwehr hat Meltzer (1992) mit seinem Konzept des Claustrum beschrieben, in dem er den intrusiven Modus der projektiven Identifizierung mit inneren Objekten als Ausdruck vor allem analer Masturbationsphantasien auffaßt.

Die Wiederbelebung der Teilobjektbeziehungen in der Pubertät bedeutet zunächst, daß das Paar der Urszene, also Mutter und Vater als Vagina/Penis-Verbindung die Wahrnehmung, die Sinne und die unbewußten Phantasien des Jugendlichen intensiv in Anspruch nimmt; aber auch auf dem prägenitalen Funktionsniveau von Jugendlichen sind Teilobjektverbindungen als unbewußte Paarphantasien wirksam: die Verbindung von Rektum und Penis, von Mund und Brust und die Verbindung von Mund und Penis. Was hier in anatomischen Begriffen ausgedrückt wird, ist als psychische Funktionsbeziehungen gemeint, die die inneren Elternobjekte als Paar in der unbewußten Phantasie verbinden. Das Gemeinsame ist, daß die Teile des Paares in einem komplementären Verhältnis zueinander stehen und als Paar im Unbewußten im hohen Maße psychische Attraktivität besitzen, man kann auch sagen, eine archetypische Qualität besitzen. Gleichzeitig sind die Teile des Paares jedoch außerordentlich unterschiedlich. Dies führt häufig in der frühen Pubertät im Erleben des Jugendlichen zu einer Konfusion der psychosexuellen Zonen und psychischer Konfusion, da eine eindeutige Identifizierung mit väterlichen bzw. mütterlichen, respektive männlichen und weiblichen Anteilen der inneren Objekte nicht gelingt. Hier bekommt die bereits erwähnte Flexibilität des Spaltens (also kein pathologisches Spalten) ihre besondere Bedeutung, da sie den Differenzierungsprozeß vorantreibt, indem ängstigende unbewußte Phantasien, die mit der einen oder anderen Paarkonstellation verbunden sind, ausgeschaltet werden und eine Identifikation mit weniger ängstigenden Aspekten der Teilobjekt-Beziehung ermöglicht. Sofern im Laufe der Entwicklung keine ausreichende innerpsychische Differenzierung des elterlichen Paares in Vater- und Mutteraspekte erfolgt, ist es naheliegend anzunehmen, daß es auch zu Störungen in der Identifizierung mit den äußeren Objekten kommt, wenn man davon ausgeht, daß die Realisierung der Identität dadurch geschieht, daß die Beziehung zu den inneren Objekten auf die äußere Realität bzw. auf die sich anbietenden Elternfiguren projiziert wird.

Meine Ausgangsthese ist also die folgende Überlegung: In der Adoleszenz kommt es erneut zu einem innerpsychischen Prozeß der Differenzierung der inneren Eltern der frühen Kindheit, und erst wenn dies ausreichend erfolgt ist, können die Elternobjekte als separate Objekte psychisch für die Identitätsentwicklung verwendet werden; d.h. erst dann kann eine ausreichende innere Ablösung von den primären Objekten erfolgen. Ich möchte versuchen, dies für die Vater-Sohn-Beziehung an einem klinischen Beispiel darzustellen.

David

Das Beispiel soll illustrieren, wie schmerzhaft die Suche nach dem inneren Vater dann sein kann, wenn es in der inneren Welt des Jugendlichen nur zu einer ungenügenden Differenzierung des Mutter- und Vaterobjekts gekommen ist; etwas in David weigerte sich, die Unterscheidung anzuerkennen. Er schien eine Unterscheidung und Trennung von Vater und Mutter innerhalb des inneren Elternpaares nur um den Preis pathologisch rigider Spaltungsvorgänge und durch die Entwicklung eines massiven Zwangssyndroms aufrechterhalten zu können, was die altersgemäße Ablösung und Identitätsfindung gefährlich behinderte. Seine Suche nach der Liebe zu seinem Vater als inneres Objekt setzte voraus, daß er von seiner Identifikation mit dem vereinigten Elternpaar (M. Klein 1927) als defensiver, präödipaler Omnipotenzphantasie Abschied nehmen mußte und zulassen konnte, daß sein inneres Vaterobjekt aus der Kontamination mit dem Mutterobjekt befreit wurde und eigene Konturen bekam. Diese sehr schmerzhafte Aufgabe bestimmte über weite Strecken die Behandlung. Sie dauerte nur zwei Jahre, da sie von mir vorzeitig beendet wurde, weil ich von Berlin nach Köln umzog. Dieser Umstand und die Verarbeitung des von mir ein Jahr zuvor angekündigten Wegzuges ist natürlich von besonderer Bedeutung für die Behandlung geworden. Vielleicht kann dieser Umstand helfen, das Erleben des Verlustes besser zu verstehen, das als vorherrschendes Gefühl das Wiederaufleben der ödipalen Dynamik in der Pubertät mit den präödipalen Vorläufern des Ödipuskomplexes verbindet.

David war 15 Jahre alt, als ich ihm zum ersten Mal begegnete. Er war ein großer und kräftiger Junge, der mir die Hand kaum spürbar zur Begrüßung gab und mich mißtrauisch und mürrisch ansah. Obwohl er überwiegend zu Boden sah, fixierte er mich gelegentlich sehr scharf und wach und schien meine Worte und mein Verhalten sehr genau zu beobachten. Er fühlte sich in seiner Haut offensichtlich außerordentlich unwohl und wirkte auf mich einerseits wie ein trotziger und permanent beleidigter kleiner Junge, der sich selbst in die Ecke stellt; andererseits konnte er eine ironische und arrogante Grandiosität ausstrahlen, die mich fühlen ließ, daß es eine besondere Ehre sein mußte, zur Audienz bei einem Herrscher vorgelassen zu werden. Daß er damit seine verzweifelte Depression und das schmerzhafte Erleben des Ausgeschlossenseins abwehrte, wurde bald sichtbar, als er mir sehr zögernd und voller Scham von seinen Problemen berichtete.

Sein Tag war vollständig mit Zwangsgedanken sowie von Kontroll- und Ordnungszwängen ausgefüllt, die dazu dienten, seine Befürchtungen zu bannen, das elterliche Haus könne in Brand geraten und er würde ersticken. Er kontrollierte vor dem Zubettgehen alle elektrischen Anlagen im Haus, zog überall die Stecker heraus und mußte nach ausgedehnten ritualisierten Abläufen bestimmte Gegenstände in seinem Zimmer berühren. Seine Mutter mußte abends beim Zubettgehen in seinem Zimmer anwesend sein und permanent Fragen im Sinne einer Rückversicherung beantworten, was oft eine Stunde andauerte, bis sie gehen durfte. Die Zwangshandlungen hatte er während des Schulunterrichts weitgehend unter Kontrolle, so daß er dort nach außen sichtbar, kaum beeinträchtigt war. Sowie er mittags nach Hause kam, begannen seine Zwangshandlungen, und die Termine bei mir empfand er am Anfang als eine unzumutbare und bedrohliche Einschränkung seines zwanghaften Zeitplanes, der durcheinander geriet. Er ordnete und sammelte auch Videos und verschiedene Zeitschriften und hatte sich eine umfangreiche Figurensammlung von Kühen angelegt. Obwohl er offensichtlich in der Klasse akzeptiert und auch Klassensprecher war, hatte er keinerlei Kontakte in der Freizeit oder Freunde, die er besuchte. Die innere Welt oder die innere Familie, in der David lebte, mußte also außerordentlich bedrohlich sein, und sie wurde es um so mehr, wenn er zu Hause war; die Welt außerhalb der Familie, die Welt der Gleichaltrigen und der Schule, war ein abgespaltener Bereich, in dem seine Beziehung zur äußeren Realität offensichtlich nicht in dem Maße von seinen Beziehungen zu den inneren Objekten verzerrt war wie der familiäre Bereich. Seine zentrale Befürchtung, daß das Haus abbrennen könnte, verstand ich als eine Symbolisierung seiner mit der Masturbation einhergehenden sexuellen Erregung, Angst, aber vor allem Faszination, die für ihn unbewußt von der Urszene ausging. Es gab zahlreiche Hinweise, daß dies für ihn eine sehr aktive, unbewußte Phantasie war, die, wie jede archetypische Phantasie (Jung 1946), alles Feuer, alle Libido auf sich zog und gleichzeitig bekämpft werden mußte, da sie überwältigende Ängste und Neidgefühle auslöste. Das zwanghafte Lösen aller elektrischen Steckerverbindungen (sein Vater steckte sie dann zum Teil abends wieder ein!) verstand ich als Angriff auf das innere Elternpaar, das sich anscheinend in seiner unbewußten Phantasie in permanenter geschlechtlicher Vereinigung befand. Er konnte nur einschlafen, wenn das Fenster geschlossen war, er sich die Decke bis über die Ohren zog und sich nicht mehr bewegte. Er beklagte sich über abendliche Geräusche im Haus und befürchtete, daß ihn plötzlich jemand nachts überfallen könnte; er schien also Vergeltung zu befürchten für seine inzestuösen Phantasien und Bestrafung seiner Masturbation. Auf diese Weise lebte er auch innerlich in einem Zwangssystem und projizierte sein Eingeschlossensein nach außen, wenn er von seinen klaustrophoben Ängsten sprach und sich weigerte, die U-Bahn, Eisenbahnen oder ein Flugzeug zu besteigen. So lebte David vermutlich nach wie vor in introjektiver und projektiver Identifikation mit seinen primären Objekten. Chasseguet-Smirgel hat darauf hingewiesen, daß Männer versuchen, „sich gegen ihre Inzestwünsche zu wehren, indem sie ihre Analität mobilisieren, die sie vor der Verschmelzung mit der Mutter schützt und sie in einer Pseudomännlichkeit verankert" (Chasseguet-Smirgel 1988, S. 85). David leitete sein Identitätsgefühl noch weitgehend aus einer Fixierung jener infantilen Teile seiner Persönlichkeit ab, die im analen Teil der inneren Mutter leben. Wichtig scheint mir im Hinblick auf die eingangs ausgeführte Bedeutung der unbewußten Phantasien über das innere Elternpaar zu sein, daß dies nicht nur durch die Vagina/Penis-Verbindung, sondern auch durch eine Rektum/Penis-Verbindung phantasiert wurde, was die Differenzierung zwischen Mütterlichem und Väterlichem zusätzlich erschwerte und der inneren Welt von David eine anale Atmosphäre gab, die sich auch in der Behandlung ausbreitete.

Obwohl ich in den ersten Kontakten den Eindruck gewonnen hatte, daß David in überwiegender Identität mit seiner Mutter lebte, bot er eine Vaterfigur als Übertragungsfigur an, als er sich entschied, zu mir in Therapie zu kommen. Er meinte, sein Großvater habe auch Pfeife geraucht; „der ist dann aber an einem Herzinfarkt gestorben!". Zu diesem Vater der Mutter bestand als Kind ein inniger Spielkontakt, und nach dessen Tod hatte David die Zwangssymptomatik entwickelt. Zu Beginn der Therapie schleppte er immer einen alten schwarzen Großvater-Regenschirm mit, unabhängig davon, ob es regnete oder schönster Sonnenschein war.

Ausschnitte aus der Behandlung

David kam immer sehr zuverlässig und pünktlich; er begrüßte mich mürrisch und zog sofort den Stuhl, der mir gegenüberstand, zurück bis an die Wand, so daß er den größtmöglichen Abstand zu mir hatte, der in meinem Zimmer möglich war und versank in ein Schweigen, das ich sowohl als fordernd wie auch als eindringend erlebte. Sein demonstrativ unfreundlich wirkendes, äußerliches Auf-Abstand-Gehen zeigte mir, wie intensiv sein unbewußter Wunsch nach handgreiflicher Nähe zu mir sein mußte, aber sofort abgebrochen werden mußte. Dieses defensive „Komm mir nicht zu nahe" hatte gleichzeitig etwas Aufdringlich-Einengendes, das ich als unbewußten Angriff auf meine verstehende und emotional teilnehmende Denkfunktion als Analytiker erlebte, die er kontrollieren mußte, um eine sich entwickelnde Verbindung zwischen uns bereits im Ansatz zu zerstören. Seine Distanzierungsbemühungen leuchteten mir auch ein, wenn ich daran dachte, daß er und seine drei jüngeren Schwestern mit den Eltern bis zu seinem 12. Lebensjahr immer in einem einzigen großen Raum gemeinsam geschlafen hatten. Seine Eltern hatten mir erzählt, daß dies Schlafarrangement nicht aus Raummangel eingerichtet worden war, sondern sie hatten es aus ihrem eigenen Harmoniebedürfnis und mangelndem Abgrenzungsbedürfnis so eingerichtet und auch ideologisch begründet; sie seien eben noch „etwas verspätete 68er".

Es entwickelte sich dann in den Sitzungen ein Ritual, das man nennen könnte: „Wer ist hier eigentlich der Analytiker, Sie oder ich?" David versuchte, mich in endlose Diskussionen darüber zu verwickeln, ob und wie ich die „richtigen Fragen" stellen könnte, damit er „richtig" antworten könnte: „Sie sind doch der Seelenklempner, Sie haben es doch studiert!" Zunächst verstand ich nicht, was er mir mit diesem bald zu einem quälenden Spiel ausartenden Ritual mitteilen wollte, und ich versuchte, es als sein Bemühen zu deuten, mich in der Mutterübertragung zu kontrollieren, so wie dies für ihn in der abendlichen Frage-Antwort-Situation mit seiner Mutter notwendig war. Oder ich erkundigte mich nach seinem Leben Zuhause oder in der Schule, in der Hoffnung, daß überhaupt ein Gespräch zustande kam, oder ich verstand es als seine Art, sein Unglücklichsein und seine Versagensängste mit arroganter Omnipotenz abzuwehren. Er spürte sofort, daß ich mich in der analytischen Situation mit meinen Deutungen gegen das Gefühl wehrte, von ihm umklammert zu werden, und er wurde wütend und vernichtete meine Mitteilungen mit scharfen, kurzen 2-3-Wort-Sätzen. Diese Auseinandersetzungen flackerten kurz und heftig auf, dann folgten wieder längere, manchmal spannungsgeladene Schweigepausen, die ihm offensichtlich sehr unangenehm waren, zumal es mir schwerfiel, seine Verzweiflung einfühlsam in Worte zu fassen. Statt dessen versuchte ich mich von seinen abwertenden und depotenzierenden Angriffen zu erholen, indem ich mich innerlich entfernte und Alltagsgedanken nachhing. Nach zehn Minuten hielt er es nicht mehr aus und begann wieder: „Nun stellen Sie doch endlich eine richtige Frage, ich weiß doch nicht, was ich sagen soll" oder „Ich denke gar nichts, ich weiß sowieso nicht, was wichtig oder was unwichtig ist!".

Ich spürte, wie sehr er litt, verzweifelt war und sich beschämt fühlte und sich tatsächlich vorübergehend in Zustände des Nichtdenkens und Nichfühlens zurückzog, da er seine inzestuösen Phantasien verleugnen und seine verzweifelten Gefühle nicht ertragen konnte. Eines Tages kam er in die Sitzung und hatte eine lange Kratzwunde im Gesicht. Er berichtete, daß er sie sich als Selbstbestrafung beigebracht hatte nach einem eigentlich belanglosen Streit mit seinem Vater. Er, David, sei eben an allem schuld, er fühle sich permanent von seinem Vater mißachtet, gedemütigt und gegenüber seinen Schwestern benachteiligt, nur seine Mutter verstehe ihn, während sein Vater nicht anerkenne, daß er seine „Sachen machen muß", womit er seine Zwangsrituale meinte. Das Schlimmste sei aber, daß sich sein Vater oft wochenlang nach Konflikten mit ihm oder mit seiner Frau in ein vorwurfsvoll-beleidigtes Schweigen zurückzog. Später leitete David dann öfters die Sitzung ein: „Jetzt schweigt er wieder."

Der Vater von David berichtete selbst über sein Schweigen in den begleitenden Elterngesprächen, die ich in der ersten Zeit geführt hatte, und er war sehr unglücklich darüber. Es habe begonnen, als er in dem Alter war, in dem David jetzt war und sei Ausdruck seiner Hilflosigkeit gegenüber seinem eigenen strengen Vater gewesen. Daß sich Davids Vater seinem Sohn sehr viel enger verbunden fühlte, als dies aus der äußeren Sicht von David aussah, hatte vielleicht auch damit zu tun, daß er sich in Davids erstem Lebensjahr mehr als die Mutter um ihn kümmern konnte, da sie im Unterschied zu den jüngeren Schwestern, bereits acht Wochen nach der Geburt wieder arbeiten mußte. David habe als Säugling sehr viel geschrien, und die Eltern berichteten, daß der Vater es war, der ihn immer besonders geduldig habe beruhigen können. Ich erlebte den Vater auch als einen sehr zwanghaften, aber weichen und emotional zurückgenommenen Mann, der sehr darunter litt, daß er keinen Zugang mehr zu seinem Sohn hatte. Ich erlebte ihn in den Gesprächen mit den Eltern streckenweise auch weniger wie einen Vater, sondern wie einen zweiten Sohn, der mit David um die Liebe der Mutter konkurrierte. Diese schilderte bekümmert, daß sie David im Unterschied zu den Schwestern nur acht Wochen habe stillen können, während sie das bei den Schwestern 2-3 Jahre gemacht hatte und die Jüngste, damals fast fünf Jahre alt, immer noch morgens und abends stillte.

David machte sich über seine Wut auf seinen Vater große Vorwürfe, da er vermutlich unbewußt befürchtete, er könnte ihn zerstören und ganz verlieren; und es gelang mir jetzt öfter, die gespannten Schweigesituationen in der Sitzung mit dem Gefühl in Verbindung zu bringen, das David erlebte, wenn sein Vater in Schweigen verfiel. Dies hatte den Effekt, daß David etwas mehr von sich und seiner Situation Zuhause mitteilte, da er sich offensichtlich mehr von mir verstanden fühlte. Er sagte, „ich will Herrn Maier doch gar nicht bekämpfen, ich will doch nur akzeptiert werden" (er nannte seit einigen Jahren seinen Vater nur mit einem phantasierten Nachnamen und siezte ihn). Besonders empörte ihn, daß seine Schwestern den Vater immer um den Finger wickeln und auf seinem Schoß sitzen konnten und dann sein Vater der liebevollste Mensch sei. Die Atmosphäre in den Sitzungen war voller Neid und Eifersucht, aber auch voller Rechthaberei und Machtkampf, in dem es nur noch um Demütigung oder Triumph, um Niederlage oder Sieg zu gehen schien. Doch dahinter wurde die große Sehnsucht von David immer deutlicher, herauszufinden, wie er seinen Vater für sich besitzen könnte, den er ganz als im Besitz der Frauen im Haus erlebte und dessen Schweigen ihn in einer bedrohlichen Ungewißheit zurückließ, die sich in den Sitzungen in paranoiden Zuständen ausdrückte. David fragte wiederholt nach, ob es auch sicher sei, daß nicht nach draußen dringe, was im Raum gesprochen wurde. In die analytische Situation schien David seine psychische Realität zu projizieren, die Züge von dem hatte, was Meltzer (1992) in seiner Darstellung des Claustrum als inneres Objekt, als das „Leben im mütterlichen Rektum" beschreibt:

„Der Gefangene dieses Systems hat nur zwei Wahlmöglichkeiten: entweder äußere Anpassung oder als Gehilfe des großen Führers, des fäkalen Penis, mitzumachen.

Ob auf die eine oder die andere Weise: Das Ergebnis ist Erniedrigung, natürlich nicht nur im Verhalten, sondern – wesentlich weniger zweideutig – in Konzepten und in der Fähigkeit zu denken als einer Basis zu handeln. Wahrheit wird zu etwas umgeformt, das nicht widerlegt werden kann; Gerechtigkeit wird zum Talion plus Gewinnzuwachs; alle Handlungen der Intimität wechseln ihre Bedeutung in Techniken der Manipulation oder der Heuchelei; Treue ersetzt Hingabe, Gehorsam wird zum Substitut für Vertrauen, Gefühle werden durch Erregung simuliert; Schuld und das Verlangen nach Strafe nimmt die Stelle von Bedauern und Trauer ein" (Meltzer 1992, S. 92, Übersetzung vom Verf.).

Ich hoffe, aus der bisherigen Beschreibung unserer Interaktion wird spürbar, wie sehr wir zu diesem Zeitpunkt ein analytisches Paar waren, das sich gleichzeitig durch maximale Distanz und starre Umklammerung miteinander verbunden fühlte. Das Frage-Antwort-Ritual verstand ich als eine Inszenierung des präödipalen inneren Elternpaares, das als eine Penis/Rektum-Verbindung unbewußt phantasiert wurde. In der Übertragung erlebte ich Davids mütterliche Objektanteile in der angstvoll kontrollierenden und sehr fordernden Erwartungshaltung; väterliche Objektanteile kamen in der Projektion des mit Fragen eindringenden, intrusiven und allwissenden Analytikers zum Ausdruck. Mütterliche und väterliche Übertragungsanteile oszillierten verwirrend rasch innerhalb einer Sitzung, und ich fand mich nach den Sitzungen nicht selten erschöpft und ratlos zurückgelassen. Dies war vermutlich ein Zustand, den David innerlich erlebte, und ich nehme an, er hatte mit Davids heftigen und oft verzweifelten Angriffen auf das innere Elternpaar zu tun, in der Hoffnung, es zu trennen, ohne Vater oder Mutter zu verlieren. Innerhalb der analytischen Situation projizierte er dies in unsere analytische Paarbeziehung. Auch das Siezen seines Vaters verstand ich als seinen Wunsch, ihn in der Beziehung zur Mutter als getrennt von dieser zu erleben. Zu diesem Zeitpunkt der Therapie projizierte er in unsere Beziehung überwiegend eine Mann/Frau-Verbindung, deren Atmosphäre eher einer Penis/Rektum-Verbindung glich als einer Penis/Vagina-Verbindung. Der Preis für diese Abwehr seiner Inzestängste bestand in der Rigidität und Unfruchtbarkeit unseres gemeinsamen analytischen Erfahrungsraumes.

Obwohl im weiteren Verlauf David sein Frageritual fortsetzte, verlor dies etwas den intrusiven, kontrollierenden und entwertenden Charakter, und es kam allmählich auch eine fast werbend-libidinöse, homoerotische Neugier in unsere Beziehung, die ich so verstand, daß er zwar nach wie vor eine projektiv-identifikatorische Beziehung in der Mutterübertragung zu mir suchte, aber auch mit der Absicht, mich in der Übertragung als ein inneres väterliches Objekt kennenzulernen, mit dem er sich nicht nur über den analen Modus identifizieren konnte, sondern ein Objekt, das Wissen – und nicht nur Allwissenheit – und phallische Potenz versprechen könnte. Er versuchte herauszubekommen, wie ich lebe, für was ich mich interessiere oder welche politische Meinung ich wohl haben könnte. Er kleidete dies geschickt in die Form von Deutungen: „Na, Sie lesen doch bestimmt die und die Zeitung..., Sie fahren doch bestimmt das Auto... Sie denken doch sicher..." und so fort.

Er machte auf seine Art mehr Deutungen über mich, als mir zu ihm einfielen. Im Unterschied zur intrusiven Bemächtigung würde ich dies als eine „obtrusive", sozusagen aufdringliche, sich aufnötigende Bemächtigung des inneren Objekts bezeichnen; ein Begriff, der von Meltzer für eine Form der projektiven Identifizierung mit dem väterlichen Objekt gebraucht wird (Meltzer 1992, S. 59). Und dies war sicher ein sehr entscheidender Schritt in seiner inneren Entwicklung; denn so schien nach etwa einem Jahr doch ein Prozeß in Gang gekommen zu sein, in dem seine Suche nach einem männlich-väterlichen Objekt eine klarere Richtung bekam und nicht mehr nur als sadistische Angriffe auf den Penis in der Mutter in der Übertragung zu realisieren versucht wurde.

Nachdem etwa ein Jahr vergangen war, mußte ich David mitteilen, daß ich in einem knappen Jahr nach Köln ziehen werde. Mir fiel das deswegen besonders schwer, da ich mir nach wie vor große Sorgen um ihn machte und auch nicht den Eindruck hatte, daß sich seine Symptomatik gebessert hatte. Außerdem befürchtete ich eine Re-Traumatisierung, da David zwar nicht den Verlust seines Vaters erlitten hatte, aber – wie bereits erwähnt – schien der Beginn seiner Symptomatik mit dem Tod seines von ihm sehr geliebten Großvaters in Zusammenhang gestanden zu haben. Dieser Vater der Mutter war für David offensichtlich eine wichtige innere Vaterfigur geworden – aber eben auch eine, die in der Mutter lebte und zu ihr gehörte; David war partiell mit diesem Aspekt des Animus der Mutter identifiziert.

Mit etwas spitzem Unterton antwortete David auf meine Mitteilung des Wegzuges: „Hoffentlich kriegen Sie dort eine schöne Wohnung" und etwas später: „Für eine Stunde ist Köln ja etwas weit." Er hatte also den Wunsch mitzukommen. In den darauf folgenden Sitzungen änderte sich zunächst kaum etwas; in den folgenden Monaten kam es jedoch außerhalb der Sitzungen zu einer dramatischen Verminderung seiner Symptomatik. Ich empfand dies fast wie eine Art Geschenk, verminderte es doch auch meine Schuldgefühle über meine Verletzung des Rahmens, da ich ihn verließ und ihm nicht die Möglichkeit bot, daß er den Zeitpunkt bestimmen konnte, wann er bei mir aufhört. Er durchschaute das natürlich sofort, wenn er mir höhnisch entgegenschleuderte: „Was hab' ich denn davon, wenn Sie sich freuen, daß es mir besser geht, ich bin doch nicht Ihr Seelenklempner!" Da klang Neid auf den Analytiker-Penis durch; Neid, den er nur durch seine Entwertungen immer wieder in Schach halten konnte, aber auch eine trotzig-verzweifelte Traurigkeit, daß er ihn nicht ganz zu fassen bekam, daß ich ihn verließ. Vermutlich um solche Gefühle nicht aufkommen zu lassen, bestand er auf seiner Autonomie und ließ deutlich durchblicken, daß ich mir die Veränderungen, die er jetzt in seinem Leben vornahm, bloß nicht auf meine Fahne schreiben sollte. Er berichtete über diese äußeren Veränderungen auch nur in kleinsten Portionen. Er hatte sein Kontrollsystem nachmittags und abends und seine Zwangsrituale weitgehend aufgegeben, traf sich gelegentlich mit einem anderen Jugendlichen; angeblich zum Lateinlernen, aber eigentlich, um Videos und Computerspiele auszutauschen und anzusehen. Er richtete für seinen Vater dessen neuen PC ein und berichtete mit unverhohlener Freude darüber, wenn er längere Autofahrten während kurzer Ferien mit seinem Vater alleine machen konnte.

Sein Verhalten in den Sitzungen blieb zwar weitgehend unverändert, d.h. sein Frage-Antwort-Spiel benötigte er weiterhin als Ritual, um die Verbindung zwischen seiner inneren und der analytischen Situation aufrechtzuerhalten. Doch er wurde lebendiger, teilte mir etwas über die Inhalte seiner Phantasien direkt mit, die sich vor allem um sein Selbstbild als Mann und seine körperliche Erscheinung drehten, vor allem im Hinblick darauf, ob er jemals Chancen bei Mädchen hätte. Gleichzeitig begann er, sich in offener oder versteckter Form kritisch über seine Mutter zu äußern, während die Klagen über seinen Vater nachließen. Sein Frage-Antwort-Spiel veränderte sich jedoch insofern emotional, als es nicht mehr so verzweifelt wirkte, sondern es mehr ein provokantes Spiel wurde, um meine Geduld und teilnehmende Neutralität zu erschüttern, was ihm auch öfters gelang. Ich war mehr und mehr dazu übergangen, in den längeren Schweigephasen laut vor mich hin zu denken, was den Effekt hatte, daß er oft in den darauf folgenden Stunden das aufnahm, was ich vor mich hin gesprochen hatte.

In ihm kam ein Prozeß in Gang, der vermutlich etwas mit der Differenzierung des Vaterobjekts vom Mutterobjekt zu tun hatte. Er projizierte dies auf seine äußeren Eltern, indem er sich länger damit befaßte, welche Qualitäten seine Eltern hätten, welche Vorzüge und Unterschiede und was seine Begabungen wären. Der Anlaß war, daß er sich in der Schule entscheiden mußte, welche Fächer er als Profilkurse wählen sollte. Eigentlich wollte er von mir wieder eine „Entscheidungshilfe" haben, distanzierte sich aber sofort davon und beantwortete meine Zurückhaltung wieder mit einer passenden Deutung: „Ein bißchen Trennung wäre wohl schön, Sie Psychologe!"

Das Trennungsthema bestimmte mehr und mehr die Sitzungen, allerdings nicht so sehr direkt die äußere Trennung von mir, sondern die Trennung der inneren Eltern, was zu einer verstärkten Polarisierung der Eltern in seiner inneren Realität führte und damit aber auch deren komplementären Charakter in seiner inneren Wahrnehmung. In einer Sitzung kam er in die Stunde und meinte, er habe darüber nachgedacht, warum er besonders zu Beginn der Behandlung oft nicht in der Lage gewesen sei, in den Sitzungen über das zu sprechen, was ihn beschäftigte oder was er erlebt hatte. Ich hatte in der Sitzung zuvor laut darüber nachgedacht, daß ich gerne verstehen würde, warum sich in unserer Beziehung im Vergleich zu seiner äußeren Situation eher wenig verändert habe (was ja nicht ganz stimmte, ich sah es damals aber so). David meinte, ich müßte doch verstehen, daß er immer in einem Zwiespalt stecke, daß er aus „Loyalitätsgründen" nichts Schlechtes über seinen Vater, seine Mutter oder eine seiner Schwestern sagen könne, weil er sich einerseits wünsche, daß ich ihm voll zustimmte und auf seiner Seite war, daß er in diesem Fall aber große Angst bekommen hätte, sie dann tatsächlich abzulehnen und sie zu verlieren. In dieser Situation hätte er einfach nicht sprechen können. Diese an und für sich sehr typische Konfliktsituation in der Therapie mit Jugendlichen verdeutlicht m.E. eben nicht nur das Ablöseproblem Jugendlicher, sondern die zur Trennung erforderliche Aggressivität richtete sich zunächst gegen das Elternpaar als inneres Objekt. Eine präödipal unvollständig vollzogene Trennung der inneren Eltern der Urszene erzwingt eine Neuauflage dieses Vorganges in der Adoleszenz, ehe das väterliche Objekt neu „gefunden" und „verwendet" werden kann. Davids Mitteilung illustriert, daß er begonnen hatte, von seiner „analytischen" Denkfähigkeit, dem Analytiker-Penis konstruktiv Gebrauch zu machen, indem er zwischen innerer und äußerer Realität zu unterscheiden begann und gleichzeitig schmerzhaft den inneren Konflikt wahrnahm und darüber nachdenken konnte. Das heißt es hatte auch etwas wie das Durcharbeiten des Verlustes begonnen, auch wenn dieser Prozeß bedauerlicherweise zu früh abgebrochen wurde. Es war aber offensichtlich doch genug Zeit gewesen, daß David mich in der Übertragung als ein Objekt erleben konnte, das anders als sein äußerer Vater nicht nur schwieg und sich zurückzog, wenn er es angriff. Ich glaube, daß die Mitteilung meines Wegzuges den Prozeß der Verinnerlichung eines Vaterobjektes „katalysiert" oder auch gefördert hat, da der drohende Verlust des Objekts seine Introjizierung fördert. Davids Suche nach einem väterlichen Objekt illustriert auch, daß der Modus der Etablierung eines inneren väterlichen Objekts im Unterschied zum mütterlichen Objekt vielleicht eher über einen „obtrusiven", sozusagen „aufdringlichen" Modus der projektiven Identifizierung erfolgt als über einen intrusiven Modus; also mehr über das Anfassen und Festhalten als über das Eindringen in das innere Objekt. Diese obtrusive, homoerotische Identifizierung schien auch in den letzten Stunden, die sich um seine Phantasie drehten, deutlich zu werden, daß ich ihm zu meinem Weggehen mindestens ein Auto schenken müßte, am liebsten einen Porsche, ihn also dafür bezahlen müßte, daß er es mit mir so lange ausgehalten hatte.

Zusammenfassende Diskussion

Ich glaube, daß es bei Jugendlichen im Verlauf der notwendigen Ablösung von den primären Objekten nicht nur zu einer modifizierten Neuauflage der ödipalen Konstellation kommt, sondern daß sich das vorherrschende Identitätsgefühl aus jenen infantilen Anteilen der Persönlichkeit speist, die noch in enger Verbindung, d.h. in projektiver Identifizierung, mit den frühen Objekten bzw. Teilobjekten leben. Dazu gehört auch die unbewußte Vorstellung der Eltern als das Paar der Urszene. M. Klein (1927) hat dies als eine wichtige unbewußte Phantasie des Kleinkindes beschrieben. Daß die Paarbeziehung von Mann und Frau im Unbewußten eine hochbesetzte Vorstellung ist, hat Jung dazu veranlaßt, ihr eine archetypische Qualität zuzuschreiben, und er hat 1946 die Dynamik dieser Verbindung, in Analogie zum alchemistischen Begriff der „Conjunctio", als den zentralen Motor der Übertragungs-/Gegenübertragungs-Beziehung dargestellt (Jung 1971).

Ich glaube, daß es in der Adoleszenz erneut zu einer Differenzierung der inneren Eltern der frühen Kindheit kommen muß, damit die Verschiedenheit von Vater- und Mutterobjekt anerkannt und akzeptiert werden kann. Erst dann kann – im vorliegenden Fall bei einem Jungen – das väterliche Objekt als Identifikationsobjekt gebraucht werden. Gerade weil im Falle von David dieser bis zur Pubertät auch äußerlich in einer sehr inzestuösen Situation mit seinen Eltern lebte, war die Differenzierung des inneren Elternpaares von Beginn an erschwert. Ich habe versucht darzustellen, wie dieser innere Prozeß in der Behandlung aktualisiert und auf die analytische Situation übertragen wird. Die Identifikation mit dem Vater/Analytiker/Penis war dadurch erschwert, daß dieser vermutlich in der defensiven unbewußten Phantasie (zur Abwehr homosexueller Strebungen) des Patienten weitgehend in einer analen Verbindung mit der Mutter phantasiert wurde, was zunächst eine liebevolle homoerotische Identifizierung mit dem Vater-Objekt in der Übertragung verhinderte. Statt dessen benutzte der Patient defensive Mechanismen, um den als omnipotent phantasierten, allwissenden Analytiker/Penis anzugreifen oder zu demütigen (Das Frage-Antwort-Spiel). Auf archetypischer Ebene handelt es sich hierbei auch um den Kampf gegen den Geist-Aspekt des archetypischen Vaters (vgl. Jung 1945) in der Vater-Sohn-Beziehung. Mit der Mitteilung des Wegzuges des Analytikers gelang es dem Patienten, mit weniger Angst eine homoerotische Übertragung zu entwickeln, und sie ermöglichte ihm, das Vaterobjekt konstruktiv für seine Identitätssuche zu verwenden. Die Zwangssymptomatik und das in der Behandlung inszenierte Frage-Antwort-Spiel kann als ein defensives Ritual verstanden werden, um die Ängste zu bewältigen, die seine in der Pubertät wiederbelebten Inzestphantasien auslösten. Gleichzeitig war es auch ein Ritual, das der Angst auslösenden Verbindung zwischen seiner inneren und äußeren Lebenssituation bzw. zwischen seiner inneren und der analytischen Situation einen haltenden Rahmen gab. Es ist meine Erfahrung, daß der Großteil der analytischen Arbeit mit Jugendlichen in der Etablierung eines haltenden Rahmens besteht.

Um abschließend wieder auf Arturo von Elsa Morante zurückzukommen: Braucht der Junge einen inneren Heldenvater, um ein Mann zu werden, oder ist es nicht vielmehr erforderlich, daß er erlebt, daß sein Vater sich verwenden läßt, um geliebt werden zu können? Und das ist eher ein langer und mühsamer Prozeß als eine heroische Tat.

Literatur

Bovensiepen, G. (1995): Der Körper als Objekt der Phantasie in der Behandlung frühgestörter Jugendlicher. In: K. Bell u. K. Höhfeld (Hrsg.): Psychoanalyse im Wandel. Gießen (Psychosozial).

Chasseguet-Smirgel, J. (1988): Zur Übertragungsliebe beim Mann. In: Zwei Bäume im Garten. Zur psychischen Bedeutung der Vater- und Mutterbilder. München-Wien (Internationale Psychoanalyse).

Fthenakis, W. E. (1985): Väter, Bd. I, Zur Psychologie der Vater-Kind-Beziehung. München (Urban & Schwarzenberg).

Jung, C. G. (1945): Zur Phänomenologie des Geistes im Märchen, GW 9/I. Olten 1976 (Walter).

Jung, C. G. (1946): Die Psychologie der Übertragung. In: Praxis der Psychotherapie. Olten 1971 (Walter).

Klein, M. (1927): Frühstadien des Ödipus-Komplexes. In: Frühstadien des Ödipus-Komplexes. Frühe Schriften. Frankfurt/M. 1985 (Fischer TB).

Lambert, K. (1981): Analysis, Repair and Individuation. Archetypes, Object-Relations and Internal Objects. London (Academic Press).

Laufer, M., Laufer, E. M. (1989): Adoleszenz und Entwicklungskrise. Stuttgart

(Klett-Cotta).
Meltzer, D. (1992): The Claustrum. An Investigation of Claustrophobic Phenomena. Worcester (The Roland Harris Education Trust).
Morante, E. (1991): Arturos Insel. Frankfurt/M. (Fischer TB).
Samuels, A. (1994): Die Vielgestaltigkeit der Seele. Zürich (Schweizer Spiegel-Verlag, Raben-Reihe).
Winnicott, D. W. (1979): Vom Spiel zur Kreativität, Stuttgart (Klett-Cotta).

Heilende Liebe: Märchen, Religion, Tierliebe

Feste der Freuden –
Feste am Abgrund:
Liebesgeschichten im Märchen

Brigitte Boothe

Vorbemerkungen

Wird die Psychoanalyse der Liebe zum Thema, so ergeben sich Aussagen von Belang nicht ohne weiteres aus fallbezogenen Erörterungen, aus Krankengeschichten und der Beziehungsnot im Behandlungszimmer; wir haben es vielmehr mit Glücksverheißungen und Intimitätsgefahren zu tun, die sich stets in kulturellen Gestaltungsformen artikulieren und dort untersucht werden können. Eben dazu soll unsere Märchenlektüre dienen. Freilich verlangt die psychoanalytische Annäherung an Märchentexte eine andere wissenschaftliche Methodik, als wir sie aus unseren fallbezogenen Erörterungen gewohnt sind.

Dieser Text bildet mit dem Beitrag von Günther Bittner einen Diskussionszusammenhang. Wir stehen gemeinsam gegen eine umstandslose psychoanalytische Symboldeutung: Als ob es darauf ankäme, Freudsche Traumsymbole oder archetypische Symbole nach Jung in den Märchentexten wiederzufinden; als bewahrten die Märchen die „Säkularträume der jungen Menschheit" bzw. das Wissen des kollektiven Unbewußten – also gegen Bettelheim und/oder Verena Kast oder Marie-Luise von Franz oder wen immer wir nennen wollen.

Günther Bittners Zugang läßt sich als symbolisch-biographisch, derjenige von Brigitte Boothe als textstrukturell bezeichnen. Bittners Ansatz bedeutet: Die symbolische Weisheit steckt nicht in den Märchen, sondern die Symbolik bildet sich in uns selbst im Kontext unserer biographischen Erfahrung – so kann es zum Beispiel sein, daß bei einem Märchen wie „Der Teufel ist tot", das eigentlich im strengen Sinne kein Liebesmärchen ist, für das persönliche Erleben die Liebessymbolik in den Vordergrund tritt. Märchen sind ein Textmaterial, das unsere symbolschaffenden Kräfte anspricht. Zugespitzt: Wir deuten nicht die Märchen, sondern unser Erleben mit ihnen.

Dieser Standpunkt wäre, für sich allein genommen, extrem subjektivisch, er sieht die Märchen gewissermaßen als den Steinbruch, aus dem das Material für die persönliche Symbolschöpfung beliebig entnommen wird.

Gegen solche subjektivistische Willkür steht der Kontrapunkt von Boothe. Sie fordert auf, die Textstruktur und Textlogik zu berücksichtigen – gleichsam die textliche Matrix, die dem je individuellen Symbolerleben und -verstehen vorausgeht.

Thesen im Überblick

Der Geltungsanspruch der folgenden Thesen bezieht sich ausschließlich auf das Korpus Grimm.

Die Liebe im Märchen: kein Hauptereignis
(1) Das Märchen schafft seine besonderen *Helden*.
(2) Manchmal sind es *Liebende* oder Geliebte, oft nicht.
(3) Manchmal werden sie zu glücklichen *Hochzeitern*, oft nicht.

Der Held im Märchen: Günstling des Glücks
(4) Immer sind die Helden des Märchens *Günstlinge* des Glücks.
(5) Der Günstling des Glücks im Märchen steht auf tragendem Grund.

Die Welt im Märchen: responsiv und liebend
(6) Tragender Grund im Märchen ist die responsiv-engagierte, schicksalsinteressierte und parteilich *unternehmensbereite Welt*.
(7) Gelegentlich wird sie *als Ganze zur Akteurin* wie in „Der Fischer un syne Fru" und „Die Sterntaler".
(8) Die responsive Welt ist dem Günstling des Glücks *liebend* zugetan.
(9) Der Günstling des Glücks *vertraut* auf die Liebe der responsiven Welt.

Die Gesellschaft im Märchen: Ort des Erfolgs
(10) Die responsive Welt macht den Günstling des Glücks stark für *gesellschaftlichen Erfolg*.
(11) Der Günstling des Glücks ist ein leibhaftiges Menschenwesen *diesseits* gesellschaftlicher Wirklichkeit und auf diese bezogen.

(12) Er wird *nicht zum Fabelwesen* und findet Erfüllung nicht in einer Fabelwelt.

Das Lebensgefühl im Märchen: kein Raum für Weltzerfallenheit
(13) Die Haltung des Vertrauens ist die Grundlage hedonischer Lebenszuversicht als Erwartung der *restitutio ad integrum*.
(14) Sie bedeutet Ersparnis von *Zweifel und Trauer*.
(15) Zweifel als *Weltzerfallenheit*, Trauer als *Verlustschmerz*, wie dargestellt im Antimärchen aus Georg Büchners Drama „Woyzeck".

Das Gute im Märchen: was das Glück des Helden fördert
(16) Die hedonische Lebenszuversicht manifestiert sich im Wirken der „*naiven Moral*".
(17) Die „naive Moral" rechtfertigt den Anspruch auf Entgegenkommen und Durchsetzungsmacht der responsiven Welt im Dienst der *Wunscherfüllungsarbeit*.
(18) Die „naive Moral" sorgt dafür, daß der Mangelzustand sich für den Günstling des Glücks in einen *Erfüllungszustand* verwandelt.

Handlungsentwicklung im Märchen: der Zweck heiligt die Mittel
(19) Das Märchen geht von der Mangelerfahrung aus und vollzieht eine *spannungsverarbeitende Bewegung* in Richtung auf Wunscherfüllung.
(20) Die Spannungsverarbeitung erfolgt über die märchengerechte *Beseitigung von Hindernissen*.
(21) *Prototypische Hindernisse* auf dem Weg des Glücksgünstlings zum Erfüllungsziel sind Ansprüche von Mächtigen, Nebenbuhlern und Konkurrenten sowie lästige Pflichten und Verpflichtungen.
(22) Diese werden im Lichte der „naiven Moral" systematisch ausgeräumt mit Hilfe der bevorzugten Strategien der *Disqualifikation*, u.a. der Selbstdisqualifikation.
(23) Für das Erfüllungsziel des Glücksgünstlings gilt das Motto: *Der Zweck heiligt die Mittel*.
(24) In diesem Sinn sind Vertragsbruch, Pflichtverletzung und Manipulation auf seiten oder zugunsten des Helden *erlaubt*.
(25) Dem Günstling des Glücks im Märchen *verortet sich die Mangelerfahrung in einer responsiven Welt*, die dank der „naiven Moral" auf Fülle und Erfüllung setzt.

Das Märchen: Evokation der Freude
(26) So mündet das Märchen in *das Fest der Fülle*.
(27) Dank der jeweiligen Spezifität der Mangel-Konstellationen, von denen das Märchen jeweils seinen Spannungsaufbau bezieht, fällt das Fest der Fülle *jeweils unterschiedlich* aus.

Getrübte Freude - befreite Freude: die Hochzeit als Gefahr und als Triumph
(28) Das Fest der Fülle als Vereinigung des Hochzeitspaares bildet einen *Spezialfall*, mit spezifischen Bedingungen und Voraussetzungen.
(29) Das Hochzeitsfest konstelliert sich im Märchen entweder im Sinne des *Triumphes der Liebe* oder aber der *Liebe als Gefahr*.
(30) Anders ausgedrückt: Es findet ein Fest der *Freude* statt oder ein Fest am *Abgrund*.
(31) Ein Fest am Abgrund findet statt, wenn das Märchen einen Konflikt zwischen *Statussicherung* und *sexuellem Verlangen* darstellt und überwindet.
(32) Ein Fest der Freude findet statt, wenn das Märchen einen Konflikt zwischen *Elternmacht* und *Liebessieg* darstellt und überwindet.
(33) Der Konflikt zwischen Elternmacht und Liebessieg kann überwunden werden im *Spiel* zwischen Statuskampf und Liebessieg.
(34) Die Liebe im Märchen: Gefahr und Herausforderung, Bedrohung und Triumph, jedoch nicht *Botschafterin des Guten*.
(35) Das Märchen kennt kein *amor vincit omnia*.

Verlassenheit im Märchen: Weltzerfallenheit im Antimärchen - Lebenszuversicht im Märchen

Beginnen wir mit einem Text, der nicht im Zeichen der Liebe steht. Es handelt sich um das „Märchen der Großmutter" aus Büchners Drama „Woyzeck".

„Drittes Kind: Großmutter, erzähl!
Großmutter: Kommt, ihr kleinen Krabben! – Es war einmal ein arm Kind und hatt kein Vater und keine Mutter, war alles tot, und niemand mehr auf der Welt. Alles tot, und es is hingangen und hat gesucht Tag und Nacht. Und weil auf der Erde niemand mehr war, wollt's in Himmel gehn, und der Mond guckt es so

freundlich an; und wie es endlich zum Mond kam, war's ein Stück faul Holz. Und da is es zur Sonn gangen, und wie es zur Sonn kam, war's ein verwelkt Sonneblum. Und wie's zu den Sternen kam, waren's kleine goldne Mücken, die waren angesteckt, wie der Neuntöter sie auf die Schlehen steckt. Und wie's wieder auf die Erde wollt, war die Erde ein umgestürzter Hafen. Und es war ganz allein. Und da hat sich's hingesetzt und geweint, und da sitzt es noch und is ganz allein."
(Büchner, Woyzeck: Straße)

Eine bestürzende Geschichte. Die Erde ein Gerümpel, alles leblos, zerfallend, zerfallen. Ein Hohn auf das Märchen. Dessen Äußeres scheint gewahrt, umso grausamer die Botschaft. Die Botschaft vom Illusionären erbärmlicher Lebenshoffnung im Angesicht der Indifferenz eines todverfallenen Kosmos. Keine Rede von Liebe.

Anders „Die Sterntaler", (Grimm II, Nr. 153), das glücksgesegnete Pendant aus dem Korpus Grimm. Da geht es bekanntlich um ein kleines Mädchen, das „von aller Welt verlassen war" (Grimm II, 1980, S. 269). Gleichwohl ist die Welt dieser armen Kleinen, mitten im Elend von Armut und Verlassenheit, durchwirkt von Liebe. So etwa ging sie im Vertrauen auf den lieben Gott hinaus ins Feld. Das Kind erbarmte sich all der Bedürftigen, die es anbettelten. Als es schließlich nackt und bloß allein im nächtlichen Wald stand, „fielen auf einmal die Sterne vom Himmel und waren lauter harte, blanke Taler" (ebd., S. 296). Und da war es „reich für sein Lebtag" (ebd., S. 270).

Das Fest der Liebe ist hier kein hochzeitliches, sondern eines der Fülle. Das Fest der Fülle ist in diesem Märchen der „Gattung Grimm"[1] ein Beschenktwerden durch die Natur, durch den höchst irdischen Himmel selbst. Geschenke der liebenden Natur, denn Himmel und Erde, Berg und Wald stehen zum Menschenkind in einem Verhältnis liebender Parteilichkeit. Dieses Verhältnis ist für die Form des Märchens der Gattung Grimm sogar derart grundlegend, daß es Sinn macht, die liebende Parteilichkeit von Himmel und Erde, Flora und Fauna als tragendes Element herauszustellen.

Oft, das weiß der Leser, wird die zauberische Fülle und Kraft der Natur verwaltet oder vertreten von guten und bösen Machtgestalten (wie Hexen,

---

[1] Diese Bezeichnung wählte Jolles (1974) zur Hervorhebung eines spezifischen Typus, den er im Korpus Grimm und dort in höchst prägnanter Form realisiert sieht.

Teufeln, Riesen, Zwergen, Feen) und Teilhabe verweigert oder an Bedingungen geknüpft. Daher ist die im Sterntaler-Modell realisierte prachtvolle Unmittelbarkeit des lebenserhaltenden und sorgentilgenden Himmelsgeschenkes etwas Besonderes und Auffälliges. Die liebende Parteilichkeit des Sternenhimmels ist weder religiös noch magisch noch naturmythisch. Dem kleinen Mädchen ist nicht das Schicksal des glücklichen Naturkindes oder der entrückten Heiligen zugedacht. Vielmehr verweist der Geldsegen auf die entscheidende Voraussetzung kompetenten und erfolgreichen Soziallebens in einer monetären Gesellschaft: finanzielle Unabhängigkeit und wirtschaftliche Freiheit. Im Märchen von den Sterntalern wird sie ermöglicht durch liebende Parteilichkeit des Sternenhimmels im nächtlichen Wald jenseits von Dorf und Stadt und Haus und Hof. Am Beispiel des Sterntaler-Märchens läßt sich die Behauptung illustrieren, daß die liebende Parteilichkeit der Natur das Leben in der Menschengemeinschaft fördert, nicht etwa davon isoliert. Auch das feine Linnenhemd, himmelsgespendet, worin das Kind sein Startkapital fürs unabhängige Leben geistesgegenwärtig sammelt, spricht für kultivierten Geschmack und zivilisatorische Ansprüche. Die Liebe der beteiligten Natur steht in aller Selbstverständlichkeit im Dienst der Beförderung des Helden, im Dienst seines Werdegangs im Wirtschaftsprozeß, wie das im Märchen für alle Helferfiguren und -instanzen charakteristisch ist. Man kann dieses tragende Element im Bauplan des Märchens, das Liebesverhältnis der Märchennatur zum Märchenhelden, als poetische Inszenierung des kindlichen Urvertrauens sehen. Urvertrauen, gespiegelt im Märchen, ist das Vertrauen des Menschenkindes auf das interessierte Engagement der Natur an seinem Gedeihen und Wohlergehen. Da regnet es zur rechten Zeit Taler, wird der Wind zum Kundschafter, wird Stroh zu Gold, öffnet der Baumstamm sich zum Unterirdischen, gibt Quellwasser verlorenes Augenlicht zurück.

Urvertrauen im Märchen: der Günstling des Glücks in einer responsiven Welt

Es versteht sich, daß die märchenhafte Darstellungsform zentraler Elemente dessen, was die Psychoanalyse als Urvertrauen bezeichnet, aus dem Alltagsleben von Kindern und Erwachsenen gut bekannt ist. Man denke nur an die „heitere Landschaft", die „lachende Sonne", aber natürlich auch an „drohende Wolken", „feindselig ragende Felsen". Oder man vergegenwärtige sich alltägliche Formen der Kommunikation von Erwachsenen mit Säuglingen und

Kleinkindern, in denen Natur und unbelebte Objekte dem Kind die größte Aufmerksamkeit zuteil werden lassen. Dabei treten die Erwachsenen oft aktiv in Vermittlungs- und Verweisfunktion auf, und zwar in unhinterfragter Selbstverständlichkeit, etwa: „Schau, wie die Sonne schön lacht", „Guck mal, so ein lustiger Bach!", „Nein, das ist kein böses Gewitter. Es will uns nichts tun". Die elterliche Einladung ans Kind, die Welt als überwiegend freundlich zu erleben und ihr den Blick der Liebe auf die Menschenwelt zuzutrauen, macht das Kind mit der Kunst bekannt, die Welt froh zu begrüßen, wohl auch jenes sprichwörtliche „Liebesverhältnis mit der Welt" einzugehen, das in der Psychoanalyse als zentraler Ablösungsschritt aus dem engen Schutzraum präsenter oder doch leicht verfügbarer elterlich versorgender Primärobjekte gilt. So verhält es sich paradigmatisch mit dem Sterntaler-Mädchen: Es hat die primären Elternobjekte verloren, findet sich bar jeden Besitzes, sieht sich gleichwohl nicht genötigt, dergleichen festzuhalten. Ausgeliefert an Finsternis, Kälte und Wildnis hat diese Unwirtlichkeit keinen Schrecken für das Kind. Nicht weil es fromm und gut ist, wie die Erzähler ihm bescheinigen – diese Attribute verdanken sich der Rhetorik der Sympathieerzeugung -, sondern weil es, von den leiblichen Eltern verlassen, die Liebe der Welt erwartet.

Anstelle dessen herrscht in Büchners Märchen vom „arm Kind" die reine Zerrüttung. Als Steigerung des Desolaten hin zu Hohn und Häme darf der Umstand gelten, daß die Schöpfung bei Büchner Spuren ehemaligen Lebens trägt, der Verrottung preisgegebene Spuren: Da hat wohl einst jemand die Sterne dürftig und nachlässig befestigt; da hat einer die Erde umgeworfen als einen nutzlos gewordenen Topf. Gerümpel eben, wertlos, der Brauchbarkeit entfremdet. Die Welt des armen Kindes ist kein Friedhof – an diesem feierlichen Ort der Erinnerung ließe sich immerhin ein Fest der Toten feiern – sondern eine Müllhalde, Inbegriff des Abgelegten, Entwerteten. Nach der Konzeption des bereits erwähnten Literaturwissenschaftlers Jolles (1974) würde man die Erzählung der Großmutter einordnen als „Antimärchen". Das ist in seiner Sicht die poetische Konstitution der „naiv unmoralische[n] Welt, der Welt des Tragischen ...":

„Nehmen wir die Geschichte der beiden Königskinder, die nicht beisammen kommen konnten, weil das Wasser viel zu tief war, und die mit dem Tod endet... Sie entsprechen der Welt des Tragischen; der tragische Lauf der Dinge wird hier in einer Sprachgebärde zusammengezogen, die viel zu tiefes Wasser... heißt: die Trennung und Tod in sich tragen. Es wäre nicht schwer, eine Anzahl dieser Antimärchen..., dieser tragischen Märchen zu finden..." (Jolles 1974, S. 242).

Das Märchen von den Königskindern ist herzzerreißend wie die Geschichte vom Kind, das keine Elternliebe mehr findet. An beiden Geschichten fällt auf, daß die Spannung der Erzählung aus der Eskalation des Drängens stammt; Eskalation des Verlangens nach Schutz und Fürsorge im zweiten, Eskalation des Verlangens nach Liebesvereinigung im ersten Fall. Die Eskalation des Drängens erfährt in beiden Fällen keine Entwicklung oder Verwandlung, lediglich eine gradlinige Steigerung. Im Fall der Königskinder bricht sie gewaltsam ab. Beim Märchen vom „arm Kind" bedeutet sie endloses Verharren im Erregungszustand. Auffallend ist daher die erzählerische Bewegung, die Entwicklung und Veränderung der Gemüts- und Motivlage der zentralen Figuren nicht zuläßt und an ihrer Stelle sich steigerndes, unerlöstes Drängen formuliert.

Diktatorisches Verlangen im Märchen

Beim Antimärchen artikuliert sich das Verlangen als Ausdruck der Not. Als solcher findet er durchaus auch Platz im Märchen mit glücklichem Ausgang, hier aber nicht mit der gleichen herzzerreißenden ergebnislosen Beharrlichkeit, denn der Seufzer der Sehnsucht, die Klage, das Weinen finden ja Erhörung. So etwa im ersten Märchen der Sammlung Grimm: „Der Froschkönig oder der eiserne Heinrich" (Grimm I, Nr. 1). Nachdem die goldene Kugel im tiefen Brunnen gelandet war, „fing [die Königstochter] ... an zu weinen und weinte immer lauter und konnte sich gar nicht trösten". Das läßt die atmende und fühlende Welt ringsum erwartungsgemäß nicht kalt, ist doch die Sonne selbst bereits, wie wir vom Auftakt des Märchens wissen, ergriffen von der Schönheit des Mädchens. Doch nicht die Sonne, sondern der Frosch greift ein und eröffnet die Verhandlung mit der Bemerkung „Was hast du vor, Königstochter, du schreist ja, daß sich ein Stein erbarmen möchte?" (Grimm I, Nr. 1, S. 29). Ja, wie wir wissen, will der Frosch Verhandlungen eröffnen nach dem Grundsatz von Dienst und Gegendienst; die Kugel wird nicht bedingungslos rückerstattet, die Dinge regulieren sich nicht nach dem Sterntaler-Modell.

Märchenmoral: Das Gute ist, was das Glück befördert

Bevor wir diesen bedeutsamen Unterschied der Betrachtung unterziehen, werfen wir einen Blick auf ein Märchen mit moralischer Anmutung[2]: „Von dem Fischer un syner Fru" (Grimm I, Nr. 19). Dessen Entwicklung ist ebenfalls getragen vom unstillbaren und letztlich unerlösbaren Drängen. Das Märchen hat scheinbar eine offen moralisierende Tendenz. Wir wissen: Der arme Fischer fängt einen Fisch, der sich als verwunschener Prinz deklariert und um Freilassung bittet. Dies gewährt ihm der einfältige Mann ohne Umschweife mit der treuherzigen Bemerkung, einen Fisch, der sprechen könne, hätte er ohnehin schwimmen lassen, und denkt sich nichts weiter. Anders die Ehefrau, der er nach Aufforderung rapportiert und die, ganz als berufe sie sich auf gängige Geschäftspraktiken im Märchen, auf Einfordern einer Entschädigung pocht. Widerstrebend gehorcht der Bedrängte, in Willfährigkeit gefangen, macht den Butt zum Erfüllungsgehilfen sich steigernder Ansprüche der Frau, die rasch vom verbesserten Wohnkomfort zur Machtkarriere wechseln. Jede Gewährung einer Forderung bei Anrufung des Fisch-Helfers am Meeresstrand ist begleitet von einer Veränderung des See- und Himmelsambientes ins Bedrohliche hinein, bis angesichts von Gipfel und Absturz vor Überbringung der Gattinnen-Forderung, Gott zu sein, ein ganzes Weltpanorama ins Schwanken und Bersten gerät, im Tosen von Sturm und See. Danach ewige Stille im „Pißpott", wie es bei Grimm drastisch heißt.

Das Variantenspektrum dieses „Warnmärchens" (Scherf[3] 1982, S. 413) ist beträchtlich. Bereits Runge, der die eigene Aufzeichnung dieser Geschichte erstmals 1806 in einem Brief an seinen Bruder erwähnt, stellte mehrere Fassungen her. Zwei davon wurden über Achim von Arnim 1809 den Brüdern Grimm zur Verfügung gestellt und zur Publikation in den Kinder- und Hausmärchen überarbeitet. Das Ausmaß der Überarbeitung, ja, selbst die Frage, ob den Brüdern Grimm eine hoch- oder eine niederdeutsche Fassung vorlag, entzieht sich aufgrund des Verlustes der entsprechenden Handschriften Runges der Klärung. Die verwickelte Geschichte von Fassungen und Varianten

---

[2] von den Brüdern Grimm hochgeschätzt, von Achim von Arnim aufgezeichnet, zurückgehend auf eine noch zu Lebzeiten des Malers verschollene Niederschrift Philipp Otto Runges

[3] von eben diesem Märchenforscher auch als „Antimärchen" bezeichnet

kann uns nicht weiter beschäftigen. Die philologische, volkskundliche und literarische Bewertung zollt Wilhelm Grimms Stilisierungsarbeit – hier wie auch bei anderen Märchentextbearbeitungen – nicht ungeteiltes Lob (Scherf 1982, S. 409 f.). Beachtung verdient jedoch der besondere Ruhm des Märchens, das nach Ansicht der Brüder Grimm den echten Märchenton und Märchenstil in vollkommener Weise artikuliere. Das Märchen vom Fischer und seiner Frau wurde für Wilhelm Grimm Richtschnur für das eigene Bearbeitungsprogramm und prägte, wie Scherf bemerkt, „den europäisch-amerikanischen Buchmärchenstil..." (Scherf 1982, S. 411).

Die Geschichte von Pißpott, Fisch, Frau und Fischer sollte also Inbegriff und Blüte der Märchenform sein. In der Tat ist es ein Leichtes, sich von Witz, Charme, Farbe und Humor der Geschichte, die man u.a. wohl als Ehedrama lesen darf, bezaubern zu lassen. Anlaß zur Nachfrage, ob es denn überhaupt ein Märchen sei, gibt lediglich der Umstand, daß ein Happy-End ausbleibt und außerdem prototypisch Runge selbst, wie wohl auch die Mehrzahl der späteren Editoren oder Leser, die Geschichte ausdrücklich als „Eine moralische Erzählung" (Runge 1808, nach Scherf 1982, S. 410) kennzeichnete. Wie Jolles betont, ist es keineswegs ungewöhnlich, daß Märchen moralische Erziehungskraft zugetraut wird: „Eigentümlich ist, daß ... mit einer gewissen Vorliebe betont wird, daß das Märchen eine moralische Erzählung sei" (Jolles 1930, S. 238). Er illustriert das an der Einleitung zu Perraults berühmten „Histoires ou Contes du temps passé avec des Moralités", die dem Leser bedeuten will, daß die Märchen zwar Bedenkliches, Leichtsinniges, Frivoles zeigen, aber nur um des glücklichen Endes willen, das wiederum so ausfalle, daß die Guten belohnt, die Bösen bestraft werden. Identifiziert sich das Kind mit dem Glücklichen, so lerne es unmittelbar, die Vorzüge der Tugend zu achten (Perrault nach Jolles, 1974, S. 238).

Wenden wir diese Sichtweise auf unsere Märchenbeispiele an, so wird das Sterntaler-Kind belohnt, weil es fromm und gut ist, die Prinzessin bekommt einen schönen Prinzen, weil ihre Tugend ihn von der häßlichen Froschgestalt erlöst, die Fischersfrau landet im Pißpott, weil ihre Gier einen ordentlichen Dämpfer verdient. Gewiß werden dem Sterntaler-Kind Bescheidenheit, Hilfsbereitschaft und Frömmigkeit bescheinigt. Aber verweisen diese Attribute ursächlich auf den himmlischen Geldsegen? Ist der Talerregen Lohn der Tugend oder Ausgleich des anfänglichen Elends? Anders gefragt: Wird die Tugend des Kindes auf die Probe gestellt oder seine Not gewendet? Handelte es sich in der Geschichte primär um den Lohn der Tugend, so wäre es, scheint mir, konsequent, letztere, eben die Tugend, in der Person, nicht bloß in der

Situation zu verankern. Eine solche Geschichte würde die Moralität der Heldin in den Ausgangsbedingungen der Geschichte als zentrales Element herausstellen und die Figur im Verlauf der Handlungsentwicklung mit einer Anfechtung konfrontieren, etwa nach dem Muster: Erst lebte X in wohlgeordneten Verhältnissen. Er war ehrlich, treu und hilfsbereit. Dann aber geriet er in die Hände eines Spekulanten, der in ihm wilde Bereicherungsgelüste weckte. Bei einem derart geschnürten Knoten liegt es nahe, den Kampf zwischen Tugend und Begehrlichkeit, zwischen Standfestigkeit und Verführbarkeit entbrennen zu lassen, der dem Helden moralische Bewährung abverlangt, ihn unterwegs mit moralischen Blessuren zeichnet, zugefügt durch Schwäche und Selbstbetrug, bis er als Gezeichneter und Geläuterter vom Schlachtfeld geht und seinen Frieden findet. Kommt er auf diesem Wege überdies zu Wohlstand, Glück und Ansehen, so nehmen wir als Leser dieses willkommene Beiprodukt wohlgefällig in Kauf, räumen ihm aber keine Priorität ein. Ganz anders im Sterntaler-Märchen: Das liebenswerte Kindsgeschöpf ist weder der Anfechtung ausgesetzt noch bedarf es moralischer Stärkung – es ist einfach sympathisch, weil es über Zuversicht und Freundlichkeit verfügt, und jeder Leser wünscht ihm daher von Herzen, daß sein Schicksal sich wende.

Moralischer Heroismus und sorgloses Mitgefühl

So sei folgende Gegenüberstellung erlaubt: Die moralische Erzählung gestaltet die Anfechtung und zielt auf Läuterung. Sie setzt auf Prüfung und Bewährung. Sie verwandelt den Helden. Sie verwandelt sein Selbstgefühl und seinen Erfahrungshorizont. Die prototypische Märchenerzählung der Gattung Grimm kennt freilich das Prinzip der Probe. Aber die Märchenprobe ist nicht moralischer Natur. Sie stellt dem Sympathieträger gewöhnlich die bekannten freundlichen Helfer zur Seite und rüstet ihn auf diese Weise für seinen Glücksweg als Günstling des Schicksals. So gestaltet das Märchen die Schicksalswende und zielt auf Glück. Es verwandelt den Helden nicht. Seine Gestaltungskraft wirkt in anderer Richtung. Das wird deutlich, wenn wir die „Sterntaler" mit Büchners „Märchen der Großmutter" vergleichen: Die Bewegung des ersteren erfüllt die Zuversicht des Beginns, die Bewegung des letzteren nicht. Zuversicht: Diese Charakterisierung verweist auf die Haltung des Vertrauens, freudige Lebenshoffnung, freundliches Entgegenkommen einer responsiven Welt, einer Welt, in der man es sich sorglos leisten kann, unbeschwert alles zu verschenken, da alles überreichlich zurückkommt. Die Großzügigkeit des Sterntaler-Kindes hat daher nicht den Charakter des moralischen Heroismus, sondern des naiv sorglosen Mitgefühls.

Jolles (1974) wendet sich entschieden gegen das oberflächliche Verständnis des Märchens als moralisch-erbaulicher, moralisch erziehender, überhaupt didaktisch-belehrender oder aufbauender Literatur, ein Verständnis, dem sich bekanntlich u.a. die befremdliche – freilich längst abgelegte – Diskussion um die angeblich kinderschädliche Grausamkeit der Märchen verdankt. Es mag verwirrend sein, daß Jolles an die Stelle der postulierten moralischen Erbaulichkeit des Märchens sein Konzept der „naiven Moral" setzt, das Wort „Moral" in bezug auf das Märchen also nicht einfach ausrangiert, da er doch entschieden Position für die unbekümmerte Wunscherfüllungstendenz des Märchens nimmt. Sein Konzept der „naiven Moral" ist jedoch gerade in psychoanalytischer Perspektive fruchtbar. „Naive Moral" kennzeichnet ein unmittelbares Verlangen nach Aufhebung einer Situation, in der ein Wesen, das uns teuer ist, von Schmerz oder Unglück getroffen wird. Das Gefühlsurteil, das diesem Verlangen Ausdruck verschafft, lautet etwa: „Das mir!", „Daß es ihn so hart treffen muß!", „So eine Gemeinheit, krank zu werden in den Ferien", „So ein böses Schicksal, als häßliches Entlein unter lauter Schönen herumlaufen zu müssen."

So ist man im Rezeptionsprozeß unmittelbar gefühlsmäßig engagiert für den benachteiligten Jüngsten, für das verlassene Kind, die getrennten Liebenden, die vergessene Braut. Das naiv moralische Gefühlsurteil (Schiller 1795) ist Ausdruck der Empörung angesichts der Schicksalsmacht, Unglück zu bescheren. Es ist persönliche, unbedingte und reflexionslose Auflehnung, geboren aus unmittelbarer Gefühlsbeteiligung. Die „naive Moral"orientiert sich nicht am rechtlichen Interesse der Friedenssicherung und nicht am ethischen Prinzip personaler Achtung. Sie ist nicht legitimations- und schon gar nicht gesetzesfähig.

So hat aus naiv moralischer Sicht das Sterntaler-Mädchen allein aufgrund seiner desolaten Lage ein Anrecht, einen Anspruch auf Schicksalswende. Wenn es obendrein mit einigen sympathischen Zügen versehen wird, so dient dies nicht dem Zweck, die Sittlichkeit des Kindes ins rechte Licht zu rücken, sondern dazu, den Leser zusätzlich für dessen Liebenswürdigkeit einzunehmen und – darüber hinaus – in Festesfreude zu versetzen. In Festesfreude, was den Genuß des glücklichen Endes angeht.

Die Rhetorik der Sympathieerzeugung ist für das Märchen keineswegs zwingend, häufig fehlt sie. So ist beispielsweise die Froschkönigsprinzessin zwar überaus schön, aber weder verläßlich noch ehrlich noch auch freundlich. Und der Frosch, wohl der eigentliche Held der Geschichte, ist zwar ein wackerer Bursche, aber für intimeren Umgang zunächst nicht recht geeignet. Die Rhetorik der Sympathieerzeugung unterstützt freilich die Verständigung hinsichtlich des Geltungsinteresses der „naiven Moral": Je sympathischer die Figur, mit deren Not oder Benachteiligung der Leser konfrontiert ist – oder je unsympathischer der Gegenspieler (man denke z.B. an „Aschenputtel" (Grimm I, Nr. 21) oder „Schneewittchen" (Grimm I, Nr. 53) -, umso lebhafter sein Einverständnis mit der glücks- und ausgleichsorientierten Schicksalswende, ja, umso beflügelter genießt er sie, umso geneigter feiert er mit dem Helden und seinen Lieben das Fest der Freude. Dieses Fest hat im Märchen einen tragenden Grund. Es wäre nicht denkbar ohne die Basis-Zuversicht, die Welt biete sich als liebend interessierte dar, als Schöpfung, die sich uns anverwandelt.

Parteilichkeit des Märchens

Die „naive Moral", wir sahen dies längst, ist parteilich und entschädigungserpicht. In ihrem Dienst ist die rücksichtslose Schädigung von Opponenten und Kontrahenten bekanntlich durchaus erlaubt, wenn nicht gar geboten. Sie kennt keinen Racheverzicht und kaum Versöhnung. Auch fehlt das Interesse an Selbstschutz, die Sympathieträger im Märchen sind regulär den gnadenlosesten Gefährdungen und erbarmungswürdigsten Bedrohungen ausgesetzt und liefern sich dem häufig bedenkenlos und schutzlos aus. Dieser Verzicht auf Fremd- und Selbstschutz, die unbekümmerte Bereitschaft zu Selbst- und Fremdschädigung basiert auf der tragenden Voraussetzung des Märchens: der restitutio ad integrum. Will sagen: Bei Bedarf ist vollständige Wiederherstellung jeder Blessur, Schädigung, Beeinträchtigung aufhebbar, auch der Tod. Zu den Kulissen, Requisiten und Prozeßcharakteristika des Märchens gehören die schweren und zentralen Schicksalsherausforderungen, aber nicht etwa, um an ihnen die Gefahren inneren Niedergangs und äußerer Verelendung zu gestalten, sondern um dem Sieg der Lebenszuversicht Raum zu geben, der in das Fest der Freude mündet.

Transposition der Welterfahrung im Fest der Freude

So schließen wir als Leser einen naiv-"moralischen Pakt" (von Matt 1995, S. 36 ff.) mit den Sympathieträgern, der den Genuß einer Bewegung hin auf die Wunscherfüllung erlaubt und den Leser von der im wirklichen Leben unvermeidlichen Zumutung der Trauerarbeit für die Dauer der Märchenzeit entlastet. Dem Märchen gelingt das, indem es den „Mangel" (Propp 1928; zitiert nach Gülich & Raible 1977, S. 198), die Entbehrung, die Not, die Tragödie konstelliert, gewöhnlich im Auftakt der Geschichte, und zugleich die Einbettung des Helden in eine tragende, liebevoll interessierte Schöpfung vornimmt. Dies erlaubt dem Leser die Transposition der Welterfahrung ins Fest der Freude – an einem Leben, das sich nicht versagt, sich der Fülle nicht verweigert, durch den Tod nicht abbricht (Freud 1900, S. 571; Laplanche & Pontalis 1972, S. 637).

Die Bewegung des Märchens vom Mangel oder von der Schädigung zur Aufhebung des Mangels (wie von Propp 1975, S. 91 ff., beschrieben und von späteren Strukturalisten, soweit sie sich der Märchenforschung widmeten, in leicht abgewandelter Form aufgenommen) bildet den Spannungsbogen nach, sowohl auf inhaltlicher wie auf formaler Ebene, den Freud für das mentale Ereignis der halluzinatorischen Wunscherfüllung postuliert.

Wunscherfüllungsarbeit

Das Märchen formuliert im Rahmen, den Ausgangsbedingungen oder dem Setting nicht selten Aspekte gesellschaftlicher Problematik wie z.B. Hungernde, Tagelöhner, mangelhafte Ausbildung oder Bildung des Nachwuchses, ausgesetzte oder elternlos umherirrende Kinder, abgedankte und mittellose Soldaten. Beginnt das Märchen mit einer sozialen oder psychosozialen Problematik – z.B. ein abgedankter Soldat weiß nicht, wie er seinen Lebensunterhalt bestreiten soll -, so geht es in der Handlungsentwicklung nicht darum, den sozialen und physischen Kämpfen des Soldaten gerecht zu werden, z.B. innere Verelendung, äußere Verwahrlosung, sondern der Bedrohung von Zuversicht (d.h. Kontinuität der kindlichen Wunschnähe) zu begegnen durch Umschlag auf eine Ebene direkten Kontakts mit der Welt der Größen- und Liebeswünsche.

Die festlichen Wunscherfüllungsinszenierungen, auf die Märchen jeweils zusteuern und in denen sie gipfeln, sind nun – und diesem Thema gilt im folgenden alle Aufmerksamkeit – keineswegs beliebig. Sie betreffen vielmehr einen existentiellen Kern, etwas, das unmittelbar menschliche Glückshoffnungen bei der Bewältigung von Lebensaufgaben betrifft. Das Märchen konstelliert jeweils ein bestimmtes *Anliegen*, das der Leser, der den naiv-moralischen Pakt mit dem Sympathieträger geschlossen hat, engagiert mitvollzieht; und in diesem Ringen um Glück wird im Leser konstellationsspezifisch eine Wunschvorstellung evoziert. Diese Spezifität erweist sich bei genauerer Untersuchung des Korpus Grimm als bemerkenswert. Mit anderen Worten: Die Textinspektion zeigt, daß es jeweils spezifische Ausgangskonstellationen sind sowie spezifische Not- oder Mangelsituationen, von denen ausgehend ein wiederum nicht austauschbares Fest der Freude als glücklicher Ausgang erwartet werden kann. So will keineswegs jeder junge Mann, der auf eine Prinzessin trifft, diese heiraten: Er will dies nur unter bestimmten Voraussetzungen. Auch ist nicht jedes schöne Mädchen, das in der Welt des Märchens sein Dasein fristet, am Erwerb eines Gatten interessiert. Nicht einmal Hochzeiten können unbesehen als Gipfel des Glücks gelten, denn es kommt durchaus vor, daß die Vereinigung von Braut und Bräutigam – männlicher- wie weiblicherseits – nur eine Station auf einer noch weiterführenden Glücksreise ist.

Im Rahmen eines psychologisch-literaturwissenschaftlichen Seminars (Boothe & Stadler 1994/9) wurden alle jene Texte des Korpus Grimm in bezug auf eine Wunsch-Kategorie bestimmt, die als „echte Märchen" der Gattung Grimm in Frage kommen. Dabei konnten sechs Wunschtypen identifiziert werden. Sie wurden mit einem speziellen Titel versehen, im folgenden werden sie durch jeweils einen prototypischen Märchentitel illustriert.

Märchen und Wunschkategorien

Wunschkategorien
AE *Alter Ego-Wunsch*
    Ich nenne einen treuen Begleiter mein eigen, der alles mit mir teilt, der nichts fordert, für mich da ist und dem ich blind vertrauen kann.
    „Die zwei Brüder" (Grimm, I, Nr. 60)
ÖW *Ödipaler Triumph-Wunsch des Mädchens/der Frau*
    Vater zeichnet mich vor allen Konkurrentinnen aus, legt mir sein Herz, seine Macht und seine Schätze zu Füßen.
    „Aschenputtel" (Grimm I, Nr. 21)

ÖM Ödipaler Triumph-Wunsch des Jungen/des Mannes
Ich kann Mutter dazu bringen, meine Männlichkeit anzuerkennen, und sie verwandelt sich für mich in die Frau meiner Träume.
„Die sechs Diener" (Grimm II, Nr. 134)

EK Das ewige Kind
Ich bin das gefeierte Zentrum des elterlichen Lebens, für alle Zeit, und finde Applaus für alles, was ich biete.
„Daumesdick" (Grimm I, Nr. 37)

SVM Selbstverfügungs-Wunsch des Jungen/des Mannes
Ich bin ein wohlfunktionierendes phallisches Lust- und Kampfzentrum.
„Das tapfere Schneiderlein" (Grimm I, Nr. 20)

SVW Selbstverfügungs-Wunsch des Mädchens/der Frau
Ich verfüge über alles, dessen ich bedarf, und kann mich auf eine freundlich bergende und schützende Welt verlassen.
„Das Mädchen ohne Hände" (Grimm I, Nr. 31)
„Die Sterntaler" (Grimm II, Nr. 153)

Die erfüllungskräftige Macht der Märchen-Natur

Was die behaupteten Wunschkonstellationen im Märchen angeht, so scheint das Märchen „Vom Fischer un syner Fru" nicht recht zu passen. Wo ist das happy end? Keine restitutio ad integrum, weder Erlösung des Fisch-Prinzen noch Karriere weg vom Pißpott. Handelt es sich also in diesem Fall um eine moralische Erzählung, wie Runge anbot? Um eine moralische Erzählung nach der Vorstellung Perraults? Um ein „Warnmärchen" nach Scherf? Es scheint auf der Hand zu liegen, wovor gewarnt wird: vor der Maßlosigkeit des Begehrens und vor grenzenloser Hybris. Aber warum diese besondere Auszeichnung der Bescheidenheit, die doch vielen anderen Märchen widerspricht, in denen bedenkenlos gefordert und unbekümmert angeeignet oder usurpiert wird?

Skepsis ist angezeigt, und es lohnt sich durchaus, das Ehedrama genauer anzusehen. Wer ist hier überhaupt Held und Sympathieträger? Der Fischer nicht, noch weniger die Ehefrau. Für das Schicksal des märchenatypisch bis zum Ende unerlösten Fischs engagiert sich der Leser wohl kaum in besonders entflammter Weise. Auch die Paarbeziehung reizt den Leser nicht zu liebevoller Parteilichkeit. Man gönnt der Ehefrau durchaus, daß sie „ihr Fett wegbekommt". Das Märchenmotiv des Wunsch-Helfers steht im Interessenszentrum der Geschichte, und zwar in erstaunlicher Dysfunktionalität: Die erfüllungskräftige Macht des Fisches wird ausgebeutet. Der Leser ist froh und einverstanden, daß dieser Ausbeutung ein Ende gesetzt wird. Wenn man das Märchen auffaßt als Kampf zwischen fordernder und forderungswillfähriger Figur, und wenn es als plausibel erscheint, daß der Leser auf der Seite der letzteren steht, dann darf man folgern, daß die Geschichte eben doch ein Happy-End anbietet. Das dicke Ende kommt nur für die Fischersfrau und ihren gutmütigen Gatten, nicht aber für Fisch und Meer. Bei genauerem Hinsehen ist das Meer ja Figur in diesem Märchen. Es verfärbt sich, verfinstert, verdickt sich, grollt, türmt sich, bis schlußendlich, apotheotisch, Wasser und Strand, Stadt und Land, Berg und Tal, in unabweisbaren Tumult geraten.

Es ist die *Natur* selbst, die als *Held* der Geschichte auftritt, die Natur, die Sterntaler regnen lassen und Wünsche erfüllen kann. Diese Märchen-Natur entzieht sich im Verlauf der Erzählung erfolgreich dem diktatorischen Zugriff und behauptet siegreich ihre Integrität. Ihre Machtfülle, bedroht durch den Verfügungsanspruch der Frau, ist restituiert. Der *Nährboden* des Märchens selbst, können wir sagen, ist, personifiziert durch den Fisch und seinen responsiven Lebensraum, vorübergehend zur *Figur*, sogar zur zentralen Figur und zum Sympathieträger geworden und hat sodann, im Ringen mit den Ansprüchen der Frau, Intaktheit zurückgewonnen.

Fassen wir rückblickend noch einmal zusammen:

Das Märchen der Gattung Grimm lädt den Rezipienten ein, in eine fühlende und beteiligte Welt der Dinge und Wesen einzutreten. Die beteiligte und fühlende Welt wendet sich den Sympathieträgern unterstützend und fördernd zu. Dabei zieht die Welt der Natur den Helden keineswegs in den eigenen Bann, etwa der Wildnis, der Nicht-Zivilisation, sondern ermutigt ihn oder sie zur Aufnahme des Kampfes, führt hinein in das Ringen um Anerkennung, Macht und Liebe. Die dergestalt beteiligte Natur läßt nicht über sich gebieten, empfängt keine Befehle, zu denen sie nicht von sich aus ermuntert hätte. Der Held oder die Heldin, vorübergehend zurückgezogen etwa in die Abgeschlossenheit des Waldes, baut sich dort auf, gewinnt Unabhängigkeit und Stärke, Freiheit und Selbstverfügung, jedenfalls solange er oder sie die Integrität der Naturmacht anerkennt, sie im Modus der Partizipation genießt, nicht mißachtet, ausbeutet oder usurpiert. Die Welt als Schöpfung ist tragender Grund, sagt das Märchen. Sie ist responsiv und wohlwollend. Erfährt dies Mißachtung, so wandelt sie sich im Bedarfsfall zu vergeltender Urgewalt.

Bedingungen hochzeitlicher Paarbildung

Drei Märchen standen bei den bisherigen Überlegungen im Zentrum der Aufmerksamkeit: „Die Sterntaler" – vor dem kontrastierenden Hintergrund des Antimärchens vom „Arm Kind" –, „Der Fischer un syne Fru" und „Der Froschkönig oder der eiserne Heinrich". Wir haben Gesten der Liebe untersucht, beispielsweise den himmlischen Segen in Gestalt der „blanken Taler" mitten im nächtlichen Wald. Wenn von Liebe zwischen Mann und Frau die Rede ist, so wird sie allenfalls im „Froschkönig oder der eiserne Heinrich" explizit thematisch. Liebesgeschichten im Märchen – betrachten wir dieses Thema nunmehr als Frage nach den Bedingungen heterosexueller Vereinigung im Märchen. Wie kommt es im Märchen der Gattung Grimm zur hochzeitlichen Paarbildung? Handelt es sich hier um eine erfreuliche Wendung, die den Höhepunkt oder das willkommene Happy-End jeder beliebigen Geschichte bilden könnte, die als Krönung einer günstigen Entwicklung sozusagen jederzeit plazierbar wäre? Sind alle jungen Männer potentielle Hochzeiter? Sind alle jungen Mädchen potentielle Bräute?

Keinesfalls. Da gibt es junge bärenstarke oder betörend listige Männer, die keinen Gedanken ans Heiraten verschwenden. In „Tischlein, deck dich, Goldesel und Knüppel aus dem Sack" (Grimm I, Nr. 36) etwa geht es ähnlich wie beispielsweise in „Die vier kunstreichen Brüder" (Grimm II, Nr. 129) lediglich um eine Männergemeinschaft, die im Blick auf ihre jeweiligen Kompetenzen untereinander wetteifern und im Sinne eines Happy-End durch friedliche und brüderliche Ballung und Akkumulation ihrer Kapitalien eine einträchtige Seilschaft bilden. Im gleichsinnig strukturierten Märchen „Sechse kommen durch die ganze Welt" (Grimm I, Nr. 71) findet sogar zugunsten der männlich-solidarischen Kraftakkumulation und Bruderschaft ein expliziter Verzicht auf die Hand der Königstochter statt. Auch gewisse männliche Einzelkämpfer kommen bestens ohne Vermählung aus. Diese breite Spuren ihres ziellosen Gangs durch die Welt hinterlassenden Kraftgestalten (z.B. „Der junge Riese", Grimm II, Nr. 90) leben gerade von ihrer Unverwundbarkeit, sind daher auch sicher vor den Wunden, welche die Liebe schlägt, letzteres klar belegt in „Der Ranzen, das Hütlein und das Hörnlein" (Grimm I, Nr. 54), wo eine Königstochter, die sich der Kraftpakete des Mannes räuberisch zu bemächtigen sucht, samt ihrem komplizenhaften Vater flugs zu Tode kommt, so daß der Kraftversehene unmittelbar zum unbeweibten Reichsregenten wird.

Auch Mädchen sind nicht immer eheinteressiert. Dies wird etwa in „Frau Holle" (Grimm I, Nr. 24) unter Beweis gestellt. Ähnlich wie in den „Sterntalern" ist der Geldsegen hier Glücks genug. Gefährliche oder unangenehme Mannsgestalten werden weggeschickt oder unwirksam, wenn nicht kaltgemacht wie in „Fitchers Vogel" (Grimm I, Nr. 46) oder in „Rotkäppchen" (Grimm I, Nr. 26) oder in „Der Räuberbräutigam" (Grimm I, Nr. 40).

Genauere Inspektion der Texte läßt erkennen, daß die Entwicklung eines Märchens, das Heirat als festlichen Gipfelpunkt plaziert, nicht dem Zufall unterliegt und darüber hinaus bei männlichen und weiblichen Protagonisten unterschiedlichen Bewegungslinien folgt. Eingehende und detaillierte Untersuchung aller Texte des Korpus Grimm, in denen Hochzeiten an markanter Stelle vorkommen, würde zweifellos reiche Befunde zutage fördern. Im gegebenen Zusammenhang muß es genügen, einige auffällige Merkmale zu erörtern. Es ist nicht einfach, sich dieser Untersuchung auf systematische Weise zu nähern, wenn eine bloß exemplarisch-illustrative Vorgehensweise in Frage kommt. Im gegebenen engen Rahmen markieren die drei Märchen von den „Sterntalern", dem „Froschkönig" sowie dem „Fischer un syner Fru" den Ausgangspunkt für die Entfaltung und Darstellung liebespartnerbildender Verknüpfungslogik im Märchen. Alle drei Märchen weisen, in zwei Fällen unschwer, im dritten nach kurzem Besinnen zu erkennen, ein Happy-End auf, mit dem man vollauf zufrieden sein darf. Wäre ein Rezipient aber auch vollauf zufrieden, wenn das Sterntaler-Mädchen nach erhaltener finanzieller Lebensausrüstung erneut in ein Elternhaus zurückkehrte? – , wenn das Märchen vom Froschkönig mit der Hochzeit endete statt mit der Wiedervereinigung von Herrn und treuem Diener? – , wenn Fischer und Fischerin vom wütenden Meer in den Tod geschickt würden?

Zwischen sexuellem Verlangen und Statuskampf

Diese Alternativen sind nicht optimal, aber plausibel, am zwanglosesten vielleicht beim „Froschkönig". Ohnehin erfährt Wilhelm Grimms Fassung des „Froschkönig"-Märchens strenge Kritik, z.B. durch Scherf (1982, S. 133 ff.). Zwar bestätigt dieser auf der Basis der vergleichenden Geschichte der Märchentypen sowie der Grimmschen Bearbeitungen der ausgewählten schriftlichen und mündlichen Märchenfassungen den „zweiteiligen Aufbau" (Scherf, 1982, S. 135), das heißt einer ersten Handlungsphase, die zum Abschluß kommt (hier mit der Hochzeit), und einer zweiten, die von dort aus startet und eine eigene Entwicklung durchmacht. Scherf verwirft jedoch Wilhelm Grimms inhaltliche Ausführung des zweiten Teils, welche die Rolle des treuen

Heinrich „unverständlich" lasse; dieser Schluß sei „doch wohl ein Mißverständnis, wer immer ihn zuerst erdacht hat" (Scherf 1982, S. 136). Aber ist dieser Schluß tatsächlich obsolet? Nicht, wenn bestimmte Verknüpfungsregeln Beachtung finden, die sich an der Gattung Grimm aufzeigen lassen: Diener-Figuren spielen keine Rolle, wenn der männliche Protagonist sich der Loyalität und Ergebenheit der Eheliebsten sicher weiß; in diesem Fall kann das Märchen durchaus mit dem Tag der Hochzeit enden. Diener-Figuren haben indessen dann eine Schlüsselfunktion, wenn dem Protagonisten Gefahr droht, insbesondere durch die Heiratskandidatin selbst. Dieses Modell wird in „Der treue Johannes" (Grimm I, Nr. 6) besonders prägnant entwickelt. Hier hätte die Liebesverfallenheit des jungen Prinzen ohne den beherzten Einsatz des treuen Johannes unweigerlich den Untergang des Verliebten bewirkt. Wie schwächend die Gefährdung durch Liebe ist, wird in diesem Märchen allein schon aus dem bedenklichen Umstand deutlich, daß der Prinz, des kunstvollen Porträts der künftigen Geliebten erstmals ansichtig, „ohnmächtig zur Erde nieder" (Grimm I, S. 57) stürzt. Liebe schwächt den Mann, Liebe liefert aus, Liebe gibt preis. In derartigen Fällen bedarf der Mann einer schützenden Instanz. Wie deutlich das Motiv der Gefährdung des Mannes in der Gattung Grimm explizient wird, erhellt etwa die Geschichte „Die drei Schlangenblätter" (Grimm I, Nr. 16): Der Sohn eines armen Mannes geht hinaus in die Welt und erringt durch Mut und Kriegstalent großes Ansehen beim König. Die Tochter des Königs hat bisher alle Bewerber durch ihre Forderung abgeschreckt, daß der Ehemann im Fall ihres Todes sich mit ihr gemeinsam lebendig begraben lassen müsse. Der junge Mann hält beim König um ihre Hand an und entgegnet auf dessen Bedenken: „...meine Liebe ist so groß, daß ich der Gefahr nicht achte". Die Ehefrau spielt ihm im Verlauf der Geschichte erwartungsgemäß übel mit; ohne rettenden Diener wäre sein Untergang nicht aufzuhalten gewesen. Neben Dienertreue mag der Mann, der „...von ihrer großen Schönheit geblendet, sein Leben daransetzen..." will (Grimm I, „Das Rätsel", Nr. 22, S. 147), sich mit List, Klugheit und Willensstärke wappnen. Das Prinzip des energischen Gegenwillens wird deutlich ausgeführt in „Das Meerhäschen" (Grimm II, Nr. 191). Die heiratsunwillige Königstochter ist stolz, will „sich niemand unterwerfen...und die Herrschaft allein behalten" (S. 385); daher gibt sie schwerstmögliche Prüfungsaufgaben und läßt die Scheiternden köpfen. Die siegreiche Klugheit des einzig erfolgreichen Bewerbers wird sinnfällig durch die Helferfigur des Fuchses verstärkt. Auch dieses Märchen endet bezeichnenderweise nicht mit der Hochzeit, sondern wie folgt: „Er erzählte ihr niemals, wohin er sich zum dritten Mal versteckt und wer ihm geholfen hatte, und so glaubte sie, er habe alles aus eigener Kunst getan, und hatte Achtung vor ihm..." (S. 388). Achtung vor dem interessierten Heiratskandidaten muß auch die Prinzessin in „König Drosselbart" (Grimm I, Nr. 52) erwerben, sonst wäre der Mann mit dem krumm gewachsenen Kinn der Verachtung durch die Gemahlin preisgegeben. König Drosselbart kann am Ende hoffnungsvoll in die Zukunft blicken, denn es ist ihm durch Entschlossenheit und durch aggressive Listen der Zähmung gelungen, der Haltung der Geringschätzung und des Anspruchs erfolgreich zu begegnen.

Was verbindet die Reihe vom „Froschkönig" bis „König Drosselbart"? Es ist die *Gefahr des Liebestodes auf seiten des Mannes, die Gefahr des Freiheitsverlustes auf seiten der Frau*. So ist das Hochzeitsfest bei Märchen dieses Typs ein „Fest am Abgrund". Denn der Mann läuft Gefahr, ausgeliefert an den Willen der Frau, die ihm nicht liebend zugetan ist, Macht und Kraft einzubüßen und schließlich unterzugehen. Die Frau läuft Gefahr, gedemütigt zu werden, ihren Stolz und ihre Unabhängigkeit zu verlieren. So ist sie nicht willig, sich dem Mann umstandslos anheimzugeben, es sei denn, es gelänge ihm durch zusätzlichen Aufwand an werbender Devotion, der Verbindung Attraktionswert zu geben. Will sagen: Der Frosch muß seine feucht-fröhliche, aber nicht hoffähige Froschgestalt zugunsten der prinzlich kultivierten Wohlgestalt aufgeben. König Dosselbart muß die Erotik von Macht, Ansehen und Reichtum ordentlich herausstreichen und der vorderhand Widerspenstigen unter die Nase reiben, sonst wird sie nicht weich. Aber Vorsicht bleibt geboten: Um den Forderungen der Frau nicht ohnmächtig zu erliegen, um vor ihr nicht zum Narren zu werden – wie der Fischer des Ehedramas im Pißpott – , muß er mit Gegenwillen imponieren, notfalls mit Hilfe des brüderlichen Solidargenossen.

Was wäre, wenn das Sterntaler-Mädchen in den Schoß elterlicher Geborgenheit zurückkehrte? Wäre das nicht eine ähnlich glückliche Wendung wie in „Hänsel und Gretel" (Grimm I, Nr. 15)? Letztere kehren ja nach vollbrachter Hexenverbrennung zum Vater zurück. Die thematischen Bedingungen unterscheiden sich in beiden Märchen freilich beträchtlich. Hänsel und Gretel sind Verstoßene, die mit den Herausforderungen eines Schicksals kämpfen, das ihnen die Entbehrung mütterlicher Zuwendung und Fürsorge abnötigt, da sie sich nach der süßen Fülle spendender Mütterlichkeit sehnen. Ein Märchen also, das ein Ringen um Ablösung von der frühen spendenden Mutterfigur zum Ausdruck bringt und als Strategie dieses Kampfes die zweideutig-zwielichtige Mutter mit dem Doppelgesicht hervorbringt. Deren Überwindung führt im Triumph zum Vater. Anders beim Sterntaler-Mädchen: Die Eltern sind gestorben, und sie sind auch für das Mädchen gestorben. Kein Weg führt zurück. Der Geldsegen ist das Insignium der Unabhängigkeit, bringt die Herausforderung mit sich, den eigenen Schatz in Besitz zu nehmen und produktiv werden zu lassen. Das Sterntaler-Mädchen könnte es sich leisten, Bewerber um ihre Hand abzuweisen oder nach Lust und Laune auf die Probe zu stellen. Da es sympathisch ist, wie wir wissen, wäre sein Umgang mit Fröschen, „Eselein" (Grimm II, Nr. 144) oder jedem anderen Tierbräutigam zweifellos höflich-taktvoll; vielleicht gehörte das Mädchen im schönen Hemd sogar zu jenen freundlichen Frauen, welche die Berührung mit dem Tierhaften so wenig scheuen wie „Schneeweißchen und Rosenrot" (Grimm II, Nr. 161). Spätestens an dieser Stelle werden das Tierhafte, die weiblichen Reaktionen von Furcht oder Ekel oder herausfordernd-herabsetzender Belustigung als Verweis auf die Sexualität verstehbar. Die Sexualität macht die Verbindung des starken, wilden Mannes nach dem Muster des „jungen Riesen" oder von „dem, der auszog, das Fürchten zu lernen" (Grimm I, Nr. 4) mit der stolzen, unabhängigen Frau zum „Fest am Abgrund"; – denn die Sexualität, leibliche Abhängigkeit schaffend, hebt die stolze Unzugänglichkeit und Unantastbarkeit intakter Körper auf. Die „Verbindung am Abgrund" ringt mit der Frage, wie der idealisierende Selbstentwurf als autonom funktionierendes, vollkommenes und unabhängiges Wesen, das sich keiner Fremdverfügung unterwerfen muß, im Dienst des sexuellen Verlangens, das zur Hingabe an den anderen drängt, umzumodeln ist. Das Sexuelle als das Tierische: glitschig, schleimig, fischig, froschig, krötenhaft, aber auch stachelig-schmerzhaft (Grimm II, „Hans, mein Igel", Nr. 108), gefährlich löwen- oder bärhaft oder dumm-niedlich-eselig ; – dies ist das sexuelle Vorstellungsspektrum der Liebesverbindung „am Abgrund", die, wie wir sahen, des Wächters und Aufpassers bedarf, damit es nicht im Zwielicht der Stolzverletzung und des Bemächtigungsdrangs zu Mord und Totschlag kommt. Letzteres besonders eindringlich in „Der Fischer un syne Fru". Wir sehen die beängstigenden Folgen, wenn die *Figur des Aufpassers* – immerhin angedeutet im Protest der Natur – nicht ausreichend etabliert werden kann. Hier haben wir auch die Antwort auf die Frage, warum der Tod von Fischer und Fischersfrau als Verschlungenwerden vom wütenden Meer kein optimales Märchenende wäre. Aus dem Aufpasser würde ein Zerstörer. Eskalation würde mit Eskalation beantwortet. Die Eskalation des drängenden Anspruchs geriete ins Licht des Tödlichen, würde die Gewalt des Todes beschwören, statt lediglich den Zorn des Schenkenden zu reizen. „Reize mich nicht zu sehr", warnt man das quengelnde Kind; hilft die Warnung nicht, muß man für Ruhe sorgen. Tragisch wird es lediglich, wenn man angesichts des Quenglers selbst die Fassung verliert und die Eskalation mitmacht. Das Meer als Vernichter am Ende würde aus dem „Fischer un syner Fru" ein Antimärchen machen; erst diese Option eines tragischen Schlusses würde die Gier der Frau in ein unheimliches oder obsoletes Licht rücken.

Zwischen Elternmacht und Liebessieg

Wenn nunmehr das „Fest der Freude" ins Zentrum der Aufmerksamkeit rückt, wird sich zeigen, wie anders hier die Zeichen des Sexuellen kommunikativ verhandelt werden. Beginnen wir mit einem Klassiker, mit „Aschenputtel" (Grimm I, Nr. 21). Der kleine Schuh, dem Auge des Prinzen als verlorenes Accessoire der Flüchtenden wie zufällig dargeboten, wird als kostbares, zartes und ungemein wohlgefälliges Schmuckstück (Bettelheim, 1980, S. 168 ff.) eingeführt und symbolisiert die sexuelle Weiblichkeit. Aschenputtel selbst bietet dem Prinzen diese Verlockungsprämie durch scheinbare Fehlleistung des Schuhverlustes und lockt so den von ihr in selbstbestimmter Initiative ausgewählten Mann auf ihre Fährte. Ihre Werbestrategie hat durchschlagenden Erfolg, zumal sie sich als geschickte Konkurrentin den beiden Schwestern gegenüber behauptet, indem sie mit verdeckten Karten spielt und überdies das Ausgehverbot der Stiefmutter heimlich umgeht. Auflehnung gegen die Eltern- (besonders die Mutter-) Instanzen, welche der selbstgewählten Verbindung des Mädchens im Wege stehen, selbstbestimmte Initiative bei der Herstellung der gewünschten Partnerverbindung, zielbewußtes Behauptungsinteresse im Kampf mit Konkurrentinnen, aktive Verführung des Zielpartners durch ästhetisierte erotische Selbstdarstellung – man denke etwa an die sprichwörtlichen drei Prachtkleider –, Spiel von Annäherung und Abwendung, von Zeigen und Verbergen in souveräner Eigenregie: Dies sind die Merkmale der weiblichen Eroberung des begehrten und durch elterliches Verbot oder eigene Benachteiligung oder Zurücksetzung initial unerreichbaren Liebespartners. „Aschenputtel" erfüllt dieses Muster formvollendet; man kann aber auch beispielsweise an „Allerleirauh" (Grimm I, Nr. 65) oder an „Jungfrau Maleen" (Grimm II, Nr. 198) denken. Auch das Motiv der „vertauschten Braut" – modellhaft gestaltet in „Die Gänsemagd" (Grimm II, Nr. 89) – gehört in diese Reihe. Die Sexualität wird in diesem Märchentyp zur Kostbarkeit. Sehnsucht und Verlangen verlieren den Aspekt des Gefährlich-Schwächenden, bieten vielmehr die Herausforderung zu zwar oft beschwerlicher, aber nichtsdestoweniger tatkräftiger Initiative. Das Märchen kann triumphal mit der Hochzeit als dem „Fest der Freude" enden, da zuvor erwiesene, oft wechselseitige Gesten der

Werbung oder Liebesdienste die Heiratskandidaten zu einigermaßen glaubwürdigen Partnern hatten werden lassen. Wird dieser Märchentypus mit spezieller Aufmerksamkeit für den männlichen Helden statt mit besonderem Schwerpunkt auf der weiblichen Protagonistin wie bei „Aschenputtel" gestaltet, so ergibt sich der interessante Befund, daß in diesem Fall der Mann und künftige Hochzeiter vor einer Hexe, einem alten, häßlichen, vielleicht lüsterngierigen, in jedem Fall undurchsichtigen Weib oder gegebenenfalls einem Drachen bestehen muß, bevor das schöne Töchterlein oder die vom Drachen gefangengehaltene Jungfrau für ihn frei wird. Besonders kunstvoll wird dies in „Die Gänsehirtin am Brunnen" (Grimm II, Nr. 179) gestaltet: Der junge Mann wird von einer seltsamen und befehlsgewaltigen Alten bedrohlich und beschwerlich dirigiert, befreit sich mühsam aus dem Dickicht ihres Einflußbereichs, und als er sich diesem mit neuem Interesse und vorläufig unbestimmter Sehnsucht später wieder nähert, erblickt er das Bild einer unbekleideten, mondbeschienenen jugendlichen Lichtgestalt, während der gewichtige Mutter-Brummer – im untypischen Fall dieses Märchens – freiwillig das Feld räumt, nachdem sie die jungen Leute einander zugeführt hat. In „Der Krautesel" (Grimm II, Nr. 122) taucht zunächst eine gute, dann eine hexenhafte und gierig-böse Mutterfigur auf, die ihre schöne Tochter als Lockfigur einsetzt, um auf diese Weise junger Männer ausbeuterisch habhaft zu werden. Hier ist es Aufgabe des Helden, die Mutter zu besiegen, die Tochter aus deren Einflußbereich zu befreien und ihr Herz für sich zu gewinnen. Interessant am Liebesgeschichtentypus „Fest der Freude"' ist, daß sich hier eine Konkurrenz zwischen *haltenden Elternfiguren*, die ihre Sanktions- und/oder Einflußmacht geltend zu machen suchen, und Sehnsuchts- oder *Verheißungsgestalten der Liebe* aufbaut und daß die zentrale Herausforderung für den jungen Mann oder das junge Mädchen darin besteht, den selbstgewählten neuen Gegenstand der Liebe in mutiger Widersetzlichkeit zu erobern oder zu halten. Interessant ist darüber hinaus das neue Bild des Leibes in diesen Märchen, neu gegenüber der phallisch-narzistischen Vollkommenheit und unverwundbaren Perfektion, von der im Zusammenhang mit der „Liebe am Abgrund" die Rede war. Die Mädchen zeigen sich in schönen wie auch unscheinbaren oder häßlichen Gestalten (vergleiche als Prototyp „Aschenputtel" oder „Allerleirauh"). Die jungen Männer gehen oft versehrt oder geschwächt aus dem Kampf hervor; man denke an den armen Liebhaber des „Rapunzel"-Mädchens (Grimm I, Nr. 12), der durch die Gemeinheit der bösen Hexe gar sein Augenlicht einbüßt und lange Zeit siech, verloren, dem Tode nah durch unwirtliche Gegenden irrt, ehe er endlich durch Liebe auflebt und gesundet.

Zwischen Statuskampf und Liebessieg

Zum Abschluß sei auf eine Geschichte verwiesen, die in der Reihe der Kinder- und Hausmärchen vielleicht eine Sonderstellung einnimmt. Sie sei erwähnt, weil sie den Typus „Machtkampf der Liebe" (Prototyp „König Drosselbart" oder „Der Froschkönig oder der eiserne Heinrich") und „Erfüllung der Liebessehnsucht" (Prototyp „Aschenputtel") in anregender Form weiterführt und eine neue Dimension der Liebesverbindung eröffnet. Es handelt sich um „Die kluge Bauerntochter" (Grimm II, Nr. 94). Ein armer Bauer bewirtschaftet mit seiner erwachsenen Tochter gemeinsam den geringfügigen Besitz. Auf Initiative der Tochter erbittet er die Zuteilung einer kleinen Parzelle Landes als königliche Vergünstigung und findet dort zufällig „einen Mörser von purem Gold" (S. 57), nicht jedoch den zugehörigen Stößer. Gegen ausdrückliche töchterliche Warnung wird der Vater beim König vorstellig, um den Fund dankbar zu überreichen. Sein Geschenk jedoch erregt Mißtrauen, und so verdächtigt man ihn, wie von der Tochter vorausgesagt, der Zurückhaltung des Stößers und setzt ihn fest. Nun klagt er laut, er hätte auf seine Tochter hören sollen. Der König wird neugierig auf das kluge Mädchen und bietet diesem beeindruckt die Ehe an, falls es eine paradox scheinende Aufgabe lösen könne: „Komme zu mir, nicht gekleidet, nicht nackend, nicht geritten, nicht gefahren, nicht in dem Weg, nicht außer dem Weg..." (S. 58). Dies gelingt ihr durch ein kunstvolles, überdies erotisch höchst originelles Arrangement. Die Eheschließung findet statt, und der König „befahl ihr das ganze königliche Gut an" (S. 58). Die Frau erweist sich weiterhin als überaus klug, urteilsfähig und selbständig, handelt jedoch bei einer Gelegenheit auch eigenmächtig und die Richterautorität ihres Gatten untergrabend, so daß er sie verstößt. Jedoch darf sie „das Liebste und Beste mitnehmen, was sie wüßte, und das sollte ihr Abschied sein" (S. 60). Da nimmt sie den per Schlaftrunk herrschaftslos gewordenen König mit in die Bauernkate. Dieser ist, wieder erwacht, von derartiger List der Liebe überwältigt, so daß dem neuerlichen Einzug des neu vereinigten Paares ins Schloß nichts mehr entgegensteht.

Das Märchen läßt sich charakterisieren als Spiel der Spannung zwischen „Statuskampf und Liebessieg". Freud und Leid der Liebe zwischen denkenden und fühlenden Partnern finden Eingang in die Geschichte. Das Interesse an Positionswahrung wechselt ab mit dem an erotischem Austausch. Trennung und Einigung der Liebenden, die einander abwechselnd Freund und Feind sein mögen, werden als Kampf der Geschlechter gezeigt, als Kampf mit

Argumenten, der nie zu absoluter Ruhe, zu absolutem Stillstand kommt und in dieser risikofreudigen Beweglichkeit gar Lust und Glück findet. Und das Märchen endet so: „"Liebe Frau, du sollst mein sein und ich dein", und nahm sie wieder mit ins königliche Schloß und ließ sich aufs neue mit ihr vermählen; und werden sie ja wohl noch bis auf den heutigen Tag leben" (S. 60) .Dieses Märchenende suggeriert nicht das zeit- und ortlose Ende für ewig errungenen Glückszustand, sondern nur, daß die erneut Vereinigten noch leben, ihr lebendiges Miteinander also fortsetzen, als Wesen mit Eigenwillen, die kämpfen und dann wieder der Liebe erliegen.

Literatur

Bettelheim, B. (1980): Kinder brauchen Märchen. München (Fischer). (Amerik. Original: 1975).

Brüder Grimm (1980): Kinder- und Hausmärchen. Hrsg. H. Rölleke nach der Ausgabe letzter Hand von 1837. Bände I-III. Stuttgart (Reclam).

Büchner, G. (1965): Woyzeck, Hrsg.: F. Bergmann. München (dtv).

Freud, S. (1900): Die Traumdeutung, GW II/III.

Gülich, E., Raible W. (1977): Linguistische Textmodelle. München (Fink).

Jolles, A. (1974): Einfache Formen. Legende, Sage, Mythos, Rätsel, Spruch, Kasus, Memorabile, Märchen, Witz. Tübingen (Niemeyer). (Original: 1930).

Laplanche, J., Pontalis, J. B. (1972): Das Vokabular der Psychoanalyse. Frankfurt (Suhrkamp).

Propp, V. (1975): Morphologie des Märchens. Frankfurt (Suhrkamp). (Russ. Original: Leningrad 1928).

Rölleke, H. (1985): Von dem Fischer un syner Fru. In ders.: Wo das Wünschen noch geholfen hat (S. 161 – 174). Bonn (Bouvier).

Scherf, W. (1982): Lexikon der Zaubermärchen. Stuttgart (Kröner).

Schiller, F. (1795): Über naive und sentimentalische Dichtung. Hrsg.: J. Behr. Stuttgart (Reclam).

Stadler, U., Boothe, B. (1994/95): Erzählanalyse an Märchentexten. Wunschszenarien bei den Gebrüdern Grimm und bei Brentano. Seminar im WS 94/95, Universität Zürich.

von Matt, P. (1995): Verkommene Söhne, mißratene Töchter. Familiendesaster in der Literatur. München (Hanser).

Die Liebe und ihre Widermacht*

Günther Bittner

In einem früheren Beitrag, den ich im Dialog mit Brigitte Boothe verfaßt habe, ging es um Liebe als Thema autobiographischer Texte. Der Befund war, Liebesgeschichten seien in der autobiographischen Ich-Form kaum erzählbar: teils aus Scham, teils um die Intimität des Partners zu schützen – vor allem aber, weil sich Wesentliches an der Liebe der autobiographischen Erzählform entzieht. Da andererseits diese unerzählbaren Geschichten das Erzählenswerteste überhaupt sind, findet das erzählwillige Ich Auswege: Liebe wird zum Gegenstand kunstreicher Verhüllungen. Vielleicht ist dazu die Poesie erfunden worden (Bittner 1995, S. 215) – nicht zuletzt die überpersönliche Mythen-Poesie der Märchen, welche nach Freuds Deutung „den entstellten Überresten von Wunschphantasien ganzer Nationen, den Säkularträumen der jungen Menschheit entsprechen" (Freud, GW VII, S. 222).

Man kann im Zweifel sein, ob die Geschlechterliebe überhaupt ein herausragendes Motiv der Märchen ist. Märchen sind zunächst, wie Boothe am Beispiel des Sterntaler-Mädchens zeigt, Geschichten vom Finden des Glücks in einer liebenden, responsiven Welt. Das Thema „genitale Liebe" im Sinne heterosexueller Paarbildung scheint – dies ihre erste These – demgegenüber eine eher untergeordnete Rolle zu spielen. Boothe unterscheidet in einer zweiten These bei den Liebesmärchen in diesem engeren Sinne zwei Typen: Die Liebeserfüllung ist das eine Mal der feindlichen Elternmacht abgerungen, das andere Mal der Ich-Behauptung, dem Statuskampf zwischen den Liebenden. Den ersten Typus nennt sie den Liebessieg als „Fest der Freude", den zweiten den Liebessieg als „Fest am Abgrund".

Dazu zweimal Widerspruch: Ich finde erstens, daß die Geschlechterliebe in den Märchen, wenn auch gewiß nicht in allen, eine gewaltige Rolle spielt. Die Zwerge haben ihr liebes Schneewittchen in den Sarg aus Glas gelegt und

---

* Dieser Beitrag bildet mit dem Beitrag von Brigitte Boothe einen Diskussionszusammenhang (vgl. Vorbemerkung bei Boothe).

mit goldenen Buchstaben ihren Namen darauf geschrieben – das wäre im Sinne Boothes die noch ungeschlechtliche Liebe der responsiven Welt. Da kommt der Königssohn: „Laßt mir den Sarg, ich will euch geben, was ihr dafür haben wollt." Aber die Zwerge antworteten: „Wir geben ihn nicht um alles Gold der Welt." Da sprach er: „So schenkt mir ihn, denn ich kann nicht leben, ohne Schneewittchen zu sehen, ich will es ehren und hochachten wie mein Liebstes." Da geben sich die Zwerge im Liebeswettstreit geschlagen. Die Geschlechterliebe ist mehr als die Zwergenliebe; sie überlassen ihm den Sarg.

Oder bei „Dornröschen": Die Leute erzählen von dem schönen Mädchen, das in dem Schloß hinter der Dornenhecke seit vielen Jahren schliefe. Viele Königssöhne seien schon gekommen und hätten versucht, durch die Dornenhecke zu dringen, „aber sie wären darin hängengeblieben und eines traurigen Todes gestorben. Da sprach der Jüngling: „Ich fürchte mich nicht, ich will hinaus und das schöne Dornröschen sehen." Nun waren aber gerade die hundert Jahre verflossen, und der Tag war gekommen, an dem Dornröschen wieder erwachen sollte. Als der Königssohn sich der Dornenhecke näherte, waren es lauter große schöne Blumen, die taten sich von selbst auseinander und ließen ihn unbeschädigt hindurch...".

Die Dornen, die sich auseinandertun, zu schönen Blumen werden und ihn willkommen heißen bilden eins der schönsten Bilder von Liebe im ganzen Korpus Grimm, obwohl von Liebe ausdrücklich überhaupt nicht die Rede ist. Die Erzählweise des Märchens ist naiv: Gefühle werden oft nicht explizit benannt wie auch im „Schneewittchen", sondern durch symbolträchtige Handlungen und Geschehnisse dargestellt. Glückskinder kommen gerade dann des Weges, wenn die 100 Jahre herum sind, die andern müssen den Liebestod in den Dornen sterben.

Also: Liebe allerwegen – und: Liebe besiegt alles. Das ist der zweite Punkt des Widerspruchs gegen Brigitte Boothe oder vielmehr der Versuch, über ihre Zweiteilung in Liebessieg gegen Elternmacht bzw. Liebessieg gegen Ich-Behauptung hinauszudenken. Wen oder was alles besiegt Liebe? Warum sind alle Eltern im Märchen mißgünstige Kreaturen, die den Liebenden ihr Glück nicht gönnen? Der Vater des „Mädchens ohne Hände" zum Beispiel hat einen Pakt mit dem Teufel geschlossen; er ist buchstäblich des Teufels. Und wo ausnahmsweise einmal ein Märchenvater vernünftig und gerecht urteilt und sich gegen die töchterliche Willkür stellt, wie der im „Froschkönig", der findet: „Was du versprochen hast, das mußt du auch halten" – da ist die schöne Königstochter sozusagen selber des Teufels vor lauter Ich-Behauptung und Statuskampf.

Ich will also in meinen Überlegungen der Frage nachgehen, welches denn die Widermacht ist, die durch Liebe besiegt wird. Dies will ich an meinem derzeitigen Lieblings-Liebesmärchen aufweisen, das weniger bekannt ist, weil es nicht dem Korpus Grimm entstammt und außerdem, wie Brigitte Boothe kritisiert, gar kein typisches Liebesmärchen, sondern eher eine Art Teufelsschwank ist.

Nun, für mich ist es in bestimmten persönlichen Kontexten zu einem Liebesmärchen geworden. Und mir ist daran etwas aufgegangen, was für mein Leben wichtig geworden ist. Das Märchen also heißt „Der Teufel ist tot" und wurde 1845 von Müllenhoff in Schleswig-Holstein aufgezeichnet (nach Hesse 1979, S. 140 ff.).

Der störrische Hans, der zu Hause nicht taugt, wird vom Vater an den Teufel verdingt. Dort lernt er „alles" aus den Zauberbüchern. Er geht heim zu seinem Vater, weil er sich nun mit seiner Zauberei selber helfen kann. Bei einem seiner Zaubertricks verwandelt er sich in einen schönen Hengst, der betrügerischerweise auf dem Markt verkauft werden soll. Als Hans sieht, daß es der Teufel ist, der ihn zurückkaufen will, verwandelt er sich in einen Hasen und läuft davon. Der Teufel macht sich zum Windhund, Hans zu einem kleinen Vogel, der Teufel zum Falken, und der „war bald dem kleinen Vogel ganz nahe".

„Zum Glück erblickte er am offenen Fenster eines Klosters eine Nonne, die sich mit Nähen beschäftigte; da schlüpfte er schnell ins Fenster, der Nonne in den Schoß, und wie die den kleinen niedlichen Vogel sah, warf sie schnell das Fenster zu und der Falke mußte draußen bleiben. Da verwandelte sich Hans in einen Fingerring und die Nonne steckte ihn an den Finger, aber abends, als sie zu Bett ging, nahm er seine rechte Gestalt an und schlief bei der Nonne; am andern Tag aber war er wieder ein Fingerring. Da kam der Teufel und wollte der Nonne den Ring abkaufen; aber die Nonne sagte: ‚Nein, den Ring verkaufe ich in meinem Leben nicht.' Und der Teufel mußte unverrichteter Sache wieder abziehn. Abends aber sagte Hans zu seiner Freundin: ‚Wenn morgen der Teufel wiederkommt, so verkaufe ihm nur den Ring, laß dir aber erst das Geld geben, bevor du ihm den Ring reichst. Wenn du aber diesen ihm hinlangst, so laß ihn fallen; dann werden da drei Gerstenkörner liegen, da setze schnell deinen Fuß auf eins davon.'

Bald kam auch der Teufel wieder; da ging der Handel vor sich, aber ganz so wie Hans gesagt hatte. Die Nonne empfing zuerst das Geld, dann langte sie dem Teufel den Ring hin, aber ließ ihn fallen; da lagen drei Gerstenkörner am Fußboden und die Nonne setzte schnell ihren Fuß auf eins von den Körnern. Da verwandelte sich der Teufel in ein Huhn und pickte die zwei Gerstenkörner auf, aber das dritte konnte er nicht bekommen, doch pickte er danach. Da machte sich das Körnlein schnell zu einem Fuchs, sprang auf das Huhn los und fraß es auf, und seit der Zeit ist der Teufel tot und aus der Welt" (Hesse 1979, S. 142 f.).

Was hier so schwankhaft erscheint, erinnert an einen bekannten märchenhaften Roman von Otfried Preußler: Krabat (1976), den ich mit heranziehe, um zu zeigen, daß sich aus diesem Motiv der Teufelsüberlistung mit Hilfe der Geliebten auch etwas Ernsthaftes und Anrührendes machen läßt. Er handelt von einem Jungen, der als Müllerbursche auf eine verwunschene Mühle kommt, wo der Meister mit dem Teufel im Bunde steht und die Mühlknappen in den geheimen Künsten unterweist. Die Geschichte vom verkauften Hengst kommt in Preußlers Buch genau wie im Märchen vor. Keiner der Mühlknappen wird die Mühle je verlassen, sie sind alle dem Tod geweiht. Krabat will sich mit seinem Schicksal nicht abfinden. Er findet unter den Knappen einen Freund, mit dem er sich zusammentut, und wichtiger noch: Er hat eine Traumgeliebte, ein Mädchen aus dem nahen Dorf, die er nur einmal als Vorsängerin in der Osternacht leibhaftig gesehen hat, die er zuletzt auf telepathischem Weg – durch Gedankenübertragung – um ihre Hilfe bittet.

Die Liebe im Märchen gerät nicht allein in Widerspruch mit den Selbstbehauptungswünschen der Protagonisten oder mit der Elternmacht. Hinter beiden steht ein sozusagen metaphysischer Gegenspieler, personifiziert als Teufel, als Hexe oder was immer. Hans hat sich durch sein Studieren in den Teufelsbüchern in eine verzweifelte Lage gebracht: Er weiß nun zwar viel, wenn nicht gar alles, ist „gescheiter als all die Laffen", wie sein großer Bruder Doktor Faustus, aber der Teufel hat ihn eben am Genick. Manchem Psychoanalytiker mag es ähnlich gehen. In dieser ausweglosen Situation trifft Hans auf die Nonne, Krabat auf die Kantorka. Beide Frauen haben ihrem Geliebten einen Liebesdienst zu leisten, der unersetzlich ist, den die Helden sich nicht selbst leisten können.

Die Geschichte von Hans und der Nonne wimmelt von sexuellen Anspielungen: Der niedliche kleine Vogel schlüpft der Nonne „in(!) den Schoß". Er wird zum Ring an ihrem Finger; nachts nimmt er seine rechte Gestalt an und schläft bei ihr. Fast möchte man denken, das Bett und der Schoß einer Nonne seien die besten Orte, um einen Mann vor dem Teufel zu verstecken.

Brigitte Boothe hat auf meine Verwendung dieses Märchens richtig zornig reagiert. Ihre Auffassung sei, „daß die Geschichte ein Teufelsschwank ist und Liebe nur als nützliches sexuelles Verlangen der Nonne enthält. Die sexuelle Gelegenheit und das sexuelle Interesse motivieren die Nonne zu solidarischer

Willfährigkeit, lassen sie also zur verläßlichen Bündnispartnerin bei den Operationen zur Überlistung des Teufels werden. Das sexuelle Interesse seitens der Nonne wäre damit nur operativ im Hinblick auf das zentrale Erfüllungsziel des Märchens: Triumph über die Teufelsmacht" (Boothe, Brief vom 4.8.96).

Hans würde sich als der wahre Teufelsschüler zeigen, er nütze die Nonne aus wie der Spion die einsame Sekretärin im Bundeskanzleramt, und diese verletze ihrerseits die Loyalitätspflichten dem Himmel gegenüber zugunsten des Genusses irdischer, bislang entbehrter Freuden. „Ist der Teufel am Ende aus der Welt, so doch nur, weil er seinen Meister gefunden hat, der sich nun – den Teufel wahrhaft im Leib – umso teufelstüchtiger in der Welt tummelt" (ebd.).

Wie gesagt – eine zornige, eine etwas ungerechte Interpretation. In einem Punkt hat sie recht: Wäre es ein „richtiges" Märchen, müßte Hans eine Wandlung durchlaufen, müßte er sich aus dem Teufelskram herausarbeiten, wie es in der Krabat-Geschichte geschieht. Trotzdem will ich einfach glauben, daß Hans und seine Nonne einander gut waren. Boothe übersieht, daß Gefühle, vor allem Liebesgefühle, im Märchen nicht direkt, sondern über Handlungen ausgedrückt werden; die Gefühle müssen zwischen den Zeilen gelesen werden. Und sie übersieht vor allem, daß von der Nonne auch noch anderes verlangt wird als nur der rettende Hafen in ihrem Schoß zu sein. Das Entscheidende ist am Ende, daß der Held sich vertrauensvoll in ihre Hand begibt. Es kommt alles darauf an, daß sie entschlossen und kaltblütig genug ist, den Fuß auf das dritte Gerstenkorn zu setzen: Versagte sie, wäre Hans verloren. Das ist das Motiv der Vertrauensprobe, das in jeder wirklichen Liebesgeschichte, ob im Märchen oder im Leben, immer in der einen oder der anderen Form auftaucht.

In der Krabat-Geschichte unterbleibt das sexuelle Vorspiel; es geht sogleich auf die Vertrauensprobe zu. Die Kantorka muß nur das eine tun, bei dem sie allerdings ihr Leben riskiert: in die Höhle des Löwen gehen, ihren Geliebten in seiner verzauberten Gestalt erkennen und freibitten.

„Gegen Abend, es wollte schon dunkeln, fand sich die Kantorka auf der Mühle ein, in der Abendmahlstracht mit dem weißen Stirnband. ... sie verlangte den Müller zu sprechen.
‚Der Müller bin ich'.
Die Burschen beiseite schiebend, trat ihr der Meister entgegen, in schwarzem Mantel und Dreispitz, bleich im Gesicht, wie mit Kalk bestrichen.
‚Was willst du?'

Die Kantorka blickte ihn furchtlos an.
‚Gib mir', begehrte sie, ‚meinen Burschen heraus!'
‚Deinen Burschen?'
Der Müller lachte. Es hörte sich an wie ein böses Meckern, ein Bocksgelächter.
‚Ich kenne ihn nicht'.
‚Es ist Krabat', sagte die Kantorka, ‚den ich liebhabe.' (Preußler 1976, S. 228).
Die Kantorka muß ihren Geliebten nun unter den zwölf in Raben verwandelten Mühlknappen herausfinden. Kann sie das nicht, ist ihr Leben verwirkt.
Sie errät ihn richtig, und als sie nun, eng umschlungen, die böse Mühle verlassen, fragt Krabat noch: „Wie hast du mich unter den Mitgesellen herausgefunden?"
„Ich habe gespürt, daß du Angst hattest", sagte sie, „Angst um mich: daran habe ich dich erkannt" (ebd., S. 230).

Hier ist es ein wechselseitiges Sich-Ausliefern, Sich-in-die-Hand-des-andern-Geben. Liebende tun einander, was jeder sich selbst nicht tun kann: „Nimm mich in den Arm", sagt die junge Frau beim raschen Wiedersehen inmitten einer Getrenntheitsphase zu ihrem Geliebten, „manches kann ich selber machen, umarmen kann ich mich nicht selber".

Im Märchen „Der Teufel ist tot" wie in der Krabat-Geschichte geht es darum, daß die Geliebte dem Mann hilft, sich von einem bösen Zauber zu befreien. Daß Liebe einen bösen Zauber löst, ist auch sonst ein häufiges Motiv: Jorinde ist von der Hexe in eine Nachtigall verwandelt und in den Käfig gesperrt, Dornröschen von der bösen Fee mit einem Fluch belegt, Allerleirauh durch die Nachstellungen des Vaters in die Einsamkeit und in die Tierverkleidung hineingetrieben worden, und die Männer müssen sie erlösen. Im „Löweneckerchen", im „Bärenhäuter", im „Froschkönig" sind die Männer die Verwunschenen; die Frauen erlösen sie auf recht unterschiedliche Art: Die Braut des Bärenhäuters wartet ihre sieben Jahre; das Mädchen im Löweneckerchen muß lange und weite Suchwege gehen bis ans Ende der Welt; die Prinzessin im Froschkönig wählt die rabiateste Methode: Sie klatscht den Zauberspuk einfach an die Wand, so daß des Pudels Kern zum Vorschein kommt.

Verwandlungen überall: Hans durchläuft in schneller Folge eine ganze Reihe von Selbstverzauberungen: Hengst und Hase, Vogel, Ring und Gerstenkorn. Es scheint, daß die Verlarvung, die Verzauberung in ein Monster oder die Versetzung an einen unzugänglichen Ort oder beides zusammen (wie bei den sieben Raben: Sie werden durch den Fluch des Vaters zuerst in Raben verwandelt und dann noch in den Glasberg entrückt) und die verschlungenen Wege der Erlösung aus dieser Monster-Gestalt zentrale Motive dieser Art von

Liebesmärchen darstellen. Man könnte dies geradezu als die anthropologische Grundaussage des Märchens nehmen: Du bist gar nicht der Prinz oder die Prinzessin, der bzw. die du in Wahrheit bist. Du läufst herum als häßliche Kröte, als lahmer, dreibeiniger Gaul, als superkluger Fuchs mit gespitzten Ohren usw. Du sitzt als schwarzer Unglücksrabe im Glasberg, als alter, eisgrauer Mann im Waldhaus usw. Oder die Mädchen, die sich, mit einem Fischschwanz drapiert, als Nixen vorfinden: Menschliche Beine haben sie nicht, von menschlichen Geschlechtsorganen ganz zu schweigen; oder die Jungfrau im Schwanenkleid, wobei der Schwan als Symbol des Stolzes zu nehmen ist. So laufen wir also herum – verlarvt, versponnen: als Raben und Gänse, Bären, Löwen und Füchse, ein ganzer menschlicher Zoo von Monstergestalten. Aber: Monstersein ist kein Naturzustand. Alle Monster im Märchen sind ursprünglich Menschen gewesen. Zu Monstern geworden sind sie durch einen bösen Zauber, einen Fluch. Da steckt immer in der einen oder anderen Weise der Teufel dahinter. Und nun handelt das Märchen davon, wie aus Monstern wieder Menschen werden, wie die Vermummungen sich lösen. Das Märchen beschreibt die große Arbeit, die langen Wege und Umwege, die Menschen gehen müssen, um einander aus ihrer Ungestalt zu erlösen und zu ihrer wahren Gestalt zurückzufinden (vgl. Bittner 1978, S. 955).

Was ist das für ein Teufels- und Hexenwesen, das durch Liebe besiegt wird? Wenn wir in traditionellen psychoanalytischen Spuren denken, stoßen wir auf die Elternfiguren: Doch vielleicht machen wir uns das psychoanalytische Märchendeuten zu einfach, wenn wir jede Märchenhexe ohne weiteres mit der Mutter, jeden Teufel mit dem Vater assoziieren, wenn uns leider auch Freud in seiner „Teufelsneurose" (Freud, GW XIII, S. 315 ff.) diesbezüglich mit schlechtem Beispiel vorangegangen ist.

Nein, mit den Märchenteufeln und -hexen hat es wohl eine andere Bewandtnis. Bei „Allerleirauh" hat der junge Prinz zwar den inzestuös bindenden Vater außer Kraft zu setzen, auch bei „Jorinde und Joringel" mag man hinter der Hexe eine Muttergestalt sehen, die den Liebenden nicht gönnt, daß sie allein und vertraut im Wald beisammen sind. Anders aber bei „Dornröschen": Die Widermacht, von der die Liebe erlöst, hat nichts mehr mit den Eltern zu tun. Der böse Wunsch der dreizehnten Fee, das ist ein Schicksalsspruch, ein Todesurteil, wie es die Parzen verhängen. Oder im „Froschkönig", wo zum Schluß dem getreuen „eisernen Heinrich" die Eisenringe vom Herzen springen: Froschsein war identisch mit Eingeschmiedetsein, mit Nicht-Leben, mit Tod. Mit solcherart Widermacht hat es die Liebe oft eigentlich zu tun.

Liebe im Märchen, sage ich also, handelt von dem Sieg über eine zauberische Widermacht, die Eltern zu Hexen und Teufeln, Königstöchter zu dornenbewehrten Kratzbürsten oder Königssöhne zu lichtscheuen Löwen (wie im „Löweneckerchen") werden läßt. Die Widermacht der Liebe hat viele Gesichter; und doch ist es letzten Endes immer die gleiche Widermacht, deren einziges Ziel es ist zu verhindern, daß die Liebenden zueinander kommen.

„Warum soll alles, was schön ist, gleich wieder kaputtgehen?", fragte ein Patient, der das Sterben einer Liebe fürchtete, die ihn gerade erst aus der Depression und zum Leben erweckt hatte. Warum ist die Liebe so gefährdet, daß sie in jedem Moment in der Gefahr ist, von der Widermacht vernichtet und zertreten zu werden?

Ernst Bloch, der Philosoph der Hoffnung, hat in einem späten Interview eine Lücke in seiner Philosophie zugegeben: Er habe zeitlebens Hoffnungsvisionen ausgemalt, aber sich nicht genug um die Widermächte gekümmert, die alle Hoffnung zerstören. Freud ist diesem Fehler nicht verfallen. Er hat das Gegensatzpaar von Eros und Thanatos konstruiert – aus der richtigen Einsicht, daß, wer von der Liebe redet, auch von ihrem Widersacher reden muß. Überall ist die Liebe, vor allem die Geschlechterliebe, das Verachtetste, das Überflüssigste, das Preisgegebenste auf der Welt: Wo zwei sich lieben, da gehen sogleich alle Schranken herunter, da entstehen Neid und Eifersucht: Das Über-Ich sagt, wann und wie und wo wir lieben bzw. nicht lieben dürfen, die Liebenden finden keinen Raum, wo sie sich treffen können, die Eltern wollen mitreden, der Staat will mitreden und die Feministinnen und nun zu guter Letzt auch noch die psychotherapeutischen Berufsverbände, sie alle wollen mitreden, wo, wann und wie geliebt werden darf und soll. Die Liebe hat keine „Lobby". Sie hat alle Teufel der Welt gegen sich: Die legitime Liebe wird zugeschüttet vom Alltag, die illegitime auch heute noch von Verbotstafeln umstellt.

„Die Liebe, sagt man, steht am Pfahl gebunden,
Geht endlich arm, zerrüttet, unbeschuht;
Dies edle Haupt hat nicht mehr, wo es ruht,
Mit Tränen netzet sie der Füße Wunden" (Mörike 1968, S. 749).

Das ist aus einem der Peregrina-Gedichte von Mörike.

Die Geschlechterliebe ist das Schutzloseste, das Verletzlichste, das Preisgegebenste auf der Welt – und weil sie, überall wo sie sich zeigt, die offene, schutzlose Flanke bietet, schnappen alle zu, wo immer sie nur können: zerfetzen sie, zertreten sie, zerkrümeln sie, bis nichts mehr von ihr übrig ist.

Immer noch für mich das schönste psychoanalytische Buch über die Geschlechterliebe, „Die Trennung der Liebenden" von Caruso (1968), trägt den Untertitel: „Eine Phänomenologie des Todes". In der Leidenschaft der Geschlechterliebe sieht er „eine – spontan-anarchistische – Antwort auf die Präsenz des Todes, eine ungeordnete, aber befreiende Antwort". Die Kultur der Menschen ist von der Wurzel her „eine Abwehr gegen das Ausgeliefertsein des Menschen an den Tod". Doch diese Kultur, die „gegen den Tod errichtet ist, identifiziert sich weitgehend mit diesem ihrem Feind, dem Tod; sie ist oppressiv und aggressiv". Sie muß daher die Liebesleidenschaft, „diese andere Antwort auf den Tod verurteilen, verdrängen, verstummen lassen. Und die Leidenschaft, die auf zwei Fronten kämpft und untergeht, ist selbst durch den Tod infiziert, auch sie trägt in sich das Merkmal des Todes" (Caruso 1968, S. 22).

Damit wären wir unter neuem Vorzeichen wieder bei Freuds alter Eros-Thanatos-Geschichte angelangt, die den Psychoanalytikern heute so gar nicht mehr schmeckt – weil sie wahr und zugleich traurig ist. Todestrieb ist der etwas biologistisch verunglückte Name für alles, was die Liebe von außen oder von innen heraus gefährdet (vgl. Freud, GW XIV, S. 478). Hier bringt auch Freud den Teufel noch einmal anders und besser ins Spiel als in der „Teufelsneurose": Der Teufel erscheint als der Gegenspieler des Eros, Zerstörung als sein eigentliches Element. Da Gott anscheinend doch nicht alles so gut gemacht hat, wie es scheint, wäre der Teufel „zur Entschuldigung Gottes die beste Auskunft" (ebd., S. 479). Das alles freilich erscheint heute nicht mehr im pseudowissenschaftlichen Gewand eines Triebdualismus, mit dem kein Hund mehr hinterm Ofen hervorzulocken ist – sondern: „Vielleicht haben Sie den Eindruck", schreibt Freud an Einstein, „unsere Theorien seien eine Art von *Mythologie*, nicht einmal eine erfreuliche in diesem Fall" (Freud, GW XVI, S. 22, Hervorhebung G. B.).

Genau das: Psychoanalytische Theorien haben den Charakter von Mythologemen, von verdichteten Erzähltexten (vgl. Schafer 1995, S. 14). In unserem Fall geht es um die Mythenerzählung von der Liebe und ihrem archetypischen Antagonisten. Unser Märchen „Der Teufel ist tot" und die ihm verwandten Märchen spinnen die Mythenerzählung der Psychoanalyse fort: Wenn die Liebenden vereint sind und gemeinsame Sache machen wie Hans und die Nonne, wie Krabat und die Kantorka, dann können sie, wenigstens für diesen stets nur kurzen Moment des Vereintseins, den Teufel töten und aus der Welt schaffen.

Literatur

Bittner, G. (1978): Märchen: Geschichten vom Menschen-Monster. Zu einem Buch von Bruno Bettelheim. In: Zeitschrift für Pädagogik 24, S. 953 – 956.

Bittner, G. (1995): Unerzählbare Geschichten. Liebe als Thema autobiographischer Texte. In: Wege zum Menschen 47, S. 215 – 230.

Caruso, J. A. (1968): Die Trennung der Liebenden. Eine Phänomenologie des Todes. Bern u.a. (Huber).

Freud, S. (1908): Der Dichter und das Phantasieren, GW VII, Frankfurt/M. 1976⁶.

Freud, S. (1923): Eine Teufelsneurose im siebzehnten Jahrhundert, GW XIII, Frankfurt/M. 1976⁸.

Freud, S. (1930): Das Unbehagen in der Kultur, GW XIV, Frankfurt/M. 1976⁵.

Freud, S. (1933): Warum Krieg?, GW XVI, Frankfurt/M. 1972⁴·

Hesse, N. (1979): Der Teufel ist tot. Frankfurt/M. (Insel).

Mörike, E. (1968): Sämtliche Werke in zwei Bänden, Bd. I. München (Winkler).

Preußler, O. (1976): Krabat. Roman. Würzburg (Arena).

Schafer, R. (1995): Erzähltes Leben. Narration und Dialog in der Psychoanalyse. München (Pfeiffer).

Therapeutische Wirkung des idealisierten Objektes in Psychoanalyse und Religion

Gebrauch und Mißbrauch der Liebe

Wie Herr K. einen Menschen liebt:
Was tun Sie, wurde Hr. K. gefragt, wenn sie einen Menschen lieben?
Ich mache einen Entwurf von ihm, sagte Hr. K.,
und sorge, daß er ihm ähnlich wird...
Wer? Der Entwurf?
Nein! - Der Mensch.

(B. Brecht)

Bernd Horn

Mich interessiert die Wirkung der Übertragung in der Analyse und in bestimmten religiösen Beziehungen. Ich begrenze mich dabei auf Übertragung im selbstpsychologischen Konzept nach Heinz Kohut.

Kohut zitiert in einer Fußnote aus Freuds Schrift „Zur Einleitung der Behandlung": „Das erste Ziel der Behandlung bleibt, den Analysanden ... an die Person des Arztes zu attachieren. Man braucht nichts anderes zu tun, als ihm Zeit zu lassen.' Wenn man ihm (dem Analysanden) ernstes Interesse bezeugt, die anfangs auftauchenden Widerstände sorgfältig beseitigt und gewisse Mißgriffe vermeidet, stellt der Patient ein solches Attachment von selbst her und reiht den Arzt an eine der Imagines jener Personen an, von denen er Liebe zu empfangen gewohnt war." (Freud 1913, S. 473 f.)

Kohut kommentiert, daß Freud hier den Bereich berühre, „den die Selbstpsychologie ... als zentralsten" ansieht. Mit gewisser Emphase betont Kohut, daß Freud den Gebrauch der Bereitschaft zur wiederbelebbaren emphatischen Zuwendung nur „kursorisch" behandle, wärend die Selbstpsychologie genau hier die Hauptwirkung von psychoanalytischer Therapie sieht. Und mit der ihm eigenen Selbstüberzeugung fährt Kohut fort: „Freud sagt: ‚von denen er Liebe zu empfangen gewohnt war', wo wir sagen würden: ‚die er als nicht gänzlich unstützende Selbstobjekte erlebte'; damit entsteht eine Verbindung zwischen seinem Werk und der Arbeit, die wir heute tun" (Kohut 1989, S. 309).

Die Ideen Kohuts sind für mich faszinierend und provozierend. Ich möchte mich zunächst mit ihnen auseinandersetzen, um zu überprüfen, wie weit sie praktikabel sind.

Eine wichtige Grundthese der Selbstpsychologie ist, daß Heilung durch emotional stimmige Zuwendung, Selbstobjektbeziehung, durch Liebe, erreicht wird: „Das aufrechterhaltene Verständnis ... läßt im Gegensatz zu [den] Kindheitserfahrungen [des Patienten erleben], daß das stützende Echo empathischer Resonanz in dieser Welt tatsächlich verfügbar ist" und Kohut weiter: „Wenn ein böswilliger Kritiker mir nun sagen würde, ich hätte endlich Farbe bekannt und mit dieser letzten Aussage gezeigt, daß ich an die heilende Wirkung ‚korrigierender emotionaler Erfahrung' glaube und diese Erfahrung mit Analyse gleichsetze, so könnte ich nur antworten: und wenn schon. Nach meiner Auffassung ist das Konzept einer ‚korrigierenden emotionalen Erfahrung' wertvoll" (Kohut 1989, S. 120).

Diese Praxis des Angebots personifizierter Zuwendung geschieht wohl auch bei Wunderheilungen, bei religiös verursachten Heilungen. Es reizt, diese Phänomene mit diesem Konzept anzuschauen.

Zunächst noch zu den Behauptungen der Selbstpsychologie:

Eine Grundthese ist, daß der Mensch nur durch Selbstobjektbeziehungen, die in unterschiedlichen Ausprägungen ein Leben lang gebraucht werden, psychisch überleben kann.

Hier setzt die analytische Praxis an. Diese Beziehungsbedürfnisse nach empathischer Resonanzatmosphäre können verschüttet, verdrängt, sein. Sie können aber durch bestimmte Zuwendungsangebote wiederbelebt werden. So kann versäumte Entwicklung wieder aufgenommen werden. Die strukturelle Reifung geschieht dabei vor allem durch nicht vermeidbare Enttäuschungen dieser wiedererweckten Beziehungsbedürfnisse, durch die *optimale Frustration*. Wenn diese Enttäuschungen in einem emotional tragenden Klima geschehen, können sie Strukturaufbau ermöglichen. Nach diesem

Konzept ist die psychoanalytische Praxis auf die Fähigkeit, Selbstobjektbedürfnisse äußern zu können, angewiesen. Analysierbar sind nur Patienten, die diese Hoffnung nicht aufgegeben haben. Wenn diese Hoffnung aufgegeben wurde, ist psychoanalytische Technik (v. a. Übertragungsdeutung) nicht möglich, ist nur Psychotherapie möglich.

Durch zwei Fallvignetten möchte ich dieses Problem verdeutlichen: Herr H., ein 42jähriger Ingenieur, kommt mit sichtbarer Verzweiflung zu mir. Er schildert sich als extremen Einzelgänger, der mit dem Erstellen von Computerprogrammen beschäftigt ist. Seine Firma hat beschlossen, ihn wegen seiner Fähigkeiten zu einem längeren Auslandsaufenthalt zu versetzen. Wenn er daran denkt, mit anderen dahin fahren zu müssen, dort leben zu müssen, schüttelt ihn „Panik". Er lebt allein und beherrscht anscheinend gerade noch die Organisation eines isolierten Existierens. Die drohende Veränderung seiner Umwelt führt zur Erschütterung mit Panikgefühlen (mit multiplen Symptomen). Im Laufe einiger sehr zäher Vorgespräche erzählt er auf die Frage nach der frühesten Erinnerung stockend, daß er so ungefähr als Dreijähriger aus seinem Gitterbett zur allein schlafenden Mutter krabbelte. Die Mutter habe ihn nicht ins Bett gelassen, er mußte zurückkriechen. Nach einem heftigen Weinkrampf bricht es aus ihm heraus: „...Diese Hoffnungslosigkeit hat mich nie mehr verlassen." Überrascht und bewegt von diesem Gefühlsausbruch versuche ich, Anteilnahme zu zeigen. Da blickt er kurz auf und faucht mich an: „Keiner läßt mich weinen, Sie auch nicht." In dieser Situation habe ich mich kalt und verloren gefühlt. Der Patient kann dann erzählen, daß er schon bei einem Analytiker war, daß er mit der Situation und mit den Äußerungen des Analytikers nichts anfangen konnte. Offensichtlich hat ihn eine Haltung zunächst überfordert, die Beziehungswünsche provoziert, diese aber als regressive Bedürfnisse benennt und nicht befriedigen will, um sie so zum Strukturaufbau gebrauchen zu können.

In einem Supervisionsgespräch berichtet eine Therapeutin von großer Enttäuschung einer Patientin über die Ferienpause. Die Patientin steigert sich zunehmend in eine anklagende Haltung gegen die nicht verständnisvoll erlebte Therapeutin. Sie erzählt plötzlich von einem Traum, in dem sie ein Kind verloren habe (die Patientin hat keine Kinder). Im Traum sucht sie das Kind und kann deshalb nicht zur Therapiestunde kommen. Sie merkt dabei, daß sie die Therapeutin auch nicht anrufen will. Am Nachmittag desselben Tages ruft die Patientin die Therapeutin an, um mitzuteilen, daß sie die Therapie beenden möchte.

Diese beiden Beispiele sollen zeigen, wie schwer es sein kann, durch die

Behandlung geweckte archaische Selbstobjektbedürfnisse aufrechtzuerhalten. Im Konzept der Selbstpsychologie gibt es vor allem zwei unterschiedliche Möglichkeiten der Selbstobjektübertragung: zunächst die *Spiegelübertragung* („the light in mother's eyes"):

Bei normal verlaufenden Therapien werden die Analysanden in der Lage sein, ihre Bedürfnisse nach Anerkennung und Billigung zeigen zu können. Viele fanden sicher die Beschreibung dieser Übertragungsform in den Büchern zur Selbstpsychologie hilfreich (v.a. in Kohut 1973, 1979). Der Autor kann da anschaulich beschreiben, wie die ausufernden Darlegungen der Großartigkeit narzißtisch defizienter Patienten den Analytiker zu bestimmten Gegenübertragungsgefühlen bewegen können. Es war befreiend zu begreifen, warum man sich dabei so ausgeschlossen und gelangweilt fühlen kann. In der Wiederbelebung des Spiegelungsbedürfnisses ziehen sich die Patienten auf frühe archaische Formen des Bewundertwerdens und ihrer Anerkennungssehnsucht zurück; und sie können dabei wenig Rücksicht auf das Gegenüber nehmen.

So wird auch verständlich, wieso nach vermeintlich intensiven Stunden, in denen die Patienten so viel erzählt und berichtet haben, Entwertungsattacken und aggressive Ausbrüche auftreten können. Die unvermeidliche Enttäuschung, die die Patienten erfahren, führt zur ominösen narzißtischen Wut. Die Selbstpsychologie meint nun, daß das Verstehen dieser Enttäuschungsreaktionen, das Beschreiben im Zusammenhang mit ihrem Ursprung („sie fühlen sich enttäuscht, weil ich nicht ausreichend verstanden habe, leider nicht gut genug verstehen konnte") für Änderungen im Selbstkonzept der Analysanden genutzt werden kann.

Auch dazu eine Vignette:

Mein Patient S. hat Überforderungserlebnisse aus der Kindheit in einer Phase der Behandlung so verarbeitet, daß er ein ausführliches Konzept für richtige Erziehung entwickelte... Er schildert sehr langatmig die unerfüllten Bedürfnisse von verschiedenen Leidensgruppen und die dazu notwendige Geduld der Umwelt, die er nie erlebt hat. Ich komme nicht zu Wort, habe aber den Eindruck, daß ich ihm die phantasierte Korrektur seiner schlechten Erfahrung lassen sollte. In der nächsten Stunde ist er vorwurfsvoll stumm. Meine Frage, wie das mit uns, mit der letzten Stunde, zusammenhängen könnte, beantwortet er schneidend: „Sie haben mir besserwisserisch widersprochen." Verwundert frage ich ihn, wo genau, weil ich mich nicht erinnern kann. Er habe gehört, wie ich gestöhnt habe, als er z. B. vom vermeintlich wenig genutzten Gruppenraum in meiner Praxis gesprochen habe, den ich doch gut für Selbsthilfeaktivitäten im Sinne seines Konzeptes zur Verfügung stellen könnte. Ich kann ihm recht geben, daß ich nicht ganz aufrichtig war. An einigen Stellen hätten seine Gedanken mich zum Widerspruch gereizt. Das Unterlassen des Widerspruchs hat wohl zu dem hörbaren Stöhnen geführt. Er ist spürbar zufriedener, ruhiger und kann sich wieder auf sein Erleben einlassen.

Diese umfassenden narzißtischen Bedürfnisse sind intuitiv in den Märchen und Mythen der Menschheit erhalten. Die wissenschaftliche Beschreibung kann nur mit trockeneren Worten wiedergeben, was da mit der Intuition der Dichter und Mythenverfasser in eindrucksvoller symbolischer Gestaltung ausgedrückt werden kann. In den Sagen und Mythen treffen die Einsamen und Leidenden auf „beseelte" Natur, vermenschlichte Tiere und Götter, die sie bedingungslos annehmen und unterstützen. Das ist z.B. ohne die ausdrückliche Kenntnis der Narzißmustheorie von Drewermann (1990) umfassend aufgezeigt worden. Gerade die Wiederbelebung der spiegelnden Übertragung ist etwas, das in Mythen und Dichtungen eindrucksvoll beschrieben wurde. Sensible Menschen, die oft diese Zuwendungen in ihrer Kindheit selbst nicht ausreichend erlebt hatten, können die Sehnsucht danach anschaulich beschreiben, so z. B. der Schweizer Arzt und Dichter Walter Vogt: „Solange du nicht meine Ängste hast, genau dieselben nach Farbe, Klang, Gewicht, liebst du mich nicht" (Vogt 1973).

Die andere Übertragungsart ist die *idealisierende Übertragung*. Leidenschaftlicher Kommentar eines Patienten: „Sie (Therapeut) sprechen davon daß ich Triebe befriedigt haben will, was ich will, ist einen guten Vater!"

Die Narzißmustheorie geht zunächst von zwei Polen der Entwicklung aus, von dem Pol der Selbstentfaltung und dem Pol der Beziehungsbereitschaft. Für beide kann eine unterschiedliche Art der Übertragung erlebt werden.

Die Einordnung und die Darstellung der idealisierenden Übertragung und ihrer Handhabung hat durch Kohuts Beschreibung eine wesentliche Veränderung erfahren. Diese Selbstobjektübertragungen sollen nicht unter ihrem Abwehraspekt verstanden und gedeutet werden, sondern als die legitimen Wiederholungen der Wiederaufnahme regressiver Bedürfnisse, die zum Glück für den Analysanden in der Therapiebeziehung wiederbelebt werden können:

„Manche Patienten, die als Kinder der Gelegenheit beraubt waren, psychologisch mit einer mächtigen Gestalt ihrer Umgebung zu verschmelzen, der Sicherheit beraubt waren, sich als Teil einer solchen Person zu fühlen, versuchen während der Analyse, eine psychische Aufgabe zu leisten, die in der Kindheit nicht vollendet wurde" (Kohut 1975, S. 12).

Bei der idealisierenden Übertragung handelt es sich um den Wunsch, an der vorgestellten Stabilität des Therapeuten, der idealisierten Person, teilzunehmen. „Weil ich mit dem groß Gesehenen verbunden bin, bin ich mehr wert." Patient A., der früh den Vater verloren hatte, konnte sich gut vorstellen, wie er mich in sein Arbeitsfeld mitnahm, wobei er sich ausmalte, wie ich mich wohl verhalten hätte, was ich gesagt hätte. So ermöglichte er sich allmählich freieres Verhalten.

Ein Selbst kann sich also stabilisieren, wenn es geschätzte Personen findet, mit denen es sich Verschmelzung vorstellen kann.

Das ist wohl ein zentraler Bereich der Wirkung von Religion. Bei den religiösen Denkgebäuden wird immer eine ideale Person angeboten, durch deren Allmacht der Leidende, der Gläubige, Sicherheit finden soll. Diese ideale Person kann am besten in der Vorstellung existieren.

Ich breche hier die Kurzübersicht zur Selbstpsychologie zunächst ab. Die Darstellung war nur als Übersicht zum Verständnis für die Anwendung dieser Theorie gedacht. Mir ist klar, daß ich viel weggelassen habe, z. B. die Alter-Ego-Übertragung, die Übertragung aus dem dritten Pol der Selbstwerdung, aus dem Pol der Begabungen und Fertigkeiten.

Ich möchte aber noch eine kurze persönliche Anmerkung zur noch offenen Diskussion über den Stellenwert der Selbstpsychologie wagen: Positiv finde ich die Aufforderung zur Annahme der Verschmelzungsbedürfnisse, auch wenn die unvermeidbare Enttäuschung zu negativen therapeutischen Reaktionen beim Patienten führen kann. Vielleicht war diese Haltung bisher in erfolgreichen Behandlungen schon praktisch möglich. Sie ist jetzt aber theoretisch besser erklärt; nämlich als eine berechtigte Wiederholung nicht ausreichend erlebter früher Zuwendung. Mir hat diese Darstellung dabei geholfen, Leidende besser zu verstehen. Es bleibt jedoch ein „Aber". Macht es sich Kohut nicht zu leicht, wenn er die korrigierende emotionale Erfahrung zur Haupttheorie und Praxis erklärt? Die Sehnsucht nach Selbstobjekten ist vorhanden, die unterdrückte Triebbedürftigkeit ist jedoch zum Verständnis der psychischen Störungen genauso wichtig. Der Arm des Freundes auf der Schulter (Kohuts häufiges Beispiel für gelungene empathische Resonanz) ist gut, Triebverlangen und -befriedigung ist aber mehr. Sicher fehlte es unseren Patienten an menschlicher Umgebung. Deshalb ist es heilend zu lernen, ein resonanzfähiger Mensch zu werden. Die Schicksale phasenspezifischer Triebbedürfnisse sind jedoch gleich wichtig. Und bei den Selbstpsychologen besteht doch die Gefahr der Verharmlosung dieses psycho-biologischen Hintergrundes.

Die narzißtische Übertragung ist für mich nun ein Phänomen, das auch religiöse Beziehungen kennzeichnet, das nach meiner Meinung Wunderheilungen verständlicher macht. Bei Danckwardt habe ich folgende Fallvignette über einen schwer gestörten jungen türkischen Patienten gefunden: „Aufgrund seiner sprachlichen Deprivation wurde K. nach Abklingen der akuten Symptomatik die Heimreise nach Istanbul ermöglicht. Der Symptomschwund ließ den türkischen Arzt glauben, der Junge sei in Ordnung, und er hielt ihn nicht zur Einnahme der Medikamente an. Binnen kurzer Zeit wurde er mit dem gleichen Inhalt der Symptomatik wieder psychotisch. Diesmal ging der Vater zu einem Imam. Dieser nahm den Jungen beiseite, ging mit ihm an einen geweihten Ort, suchte einige Abschnitte aus dem Koran heraus, las und sprach sie mit ihm durch, betete und – nun kommt das wichtigste –: Er schrieb sie sodann auf einen Zettel, verbrannte diesen und forderte den Jungen auf, die Asche zu essen. Der tat das und von Stund an erschien er allen gesund" (Danckwardt, 1984, S. 48).

Hoch besetzte Heilige und Götter sind sicher geeignet, Selbstobjektfunktionen einzunehmen. Schon von Freud wissen wir, daß Götter nach dem Abbild früher Elternfiguren entwickelt wurden (Henseler 1995, S. 59 f.). Wenn die Umstände so sind, daß diese Selbstobjekte geglaubt und angenommen werden können, können sie die Psyche Leidender (psychisch Kranker) erheblich verändern: „Glaube an den Herrn Jesus Christus, und du wirst errettet werden." (Neues Testament, Apostelgeschichte, 16.31).

Religiöse Praxis ermöglicht also auch eine Liebeshaltung, die Menschen in ihrem Selbstwertgefühl eindrucksvoll stärken und die enorme Selbstheilungskräfte aktivieren kann. Das belegen Berichte über die Beeinflussung des Gesundheitszustandes durch Gebete aus tief empfundener Beziehung zu einem geglaubten personalen Gott. Die unglaubliche Stärkung des Selbstwertgefühles im Glauben an Gottesideen oder Vorstellungen von höherer Gerechtigkeit imponieren auch bei Berichten über die psychische Stabilität von Menschen in extremen Belastungssituationen. Es ist einfach beeindruckend, was Opfer von Gewalt in Konzentrationslagern und anderen barbarischen Situationen durch die Kraft ihres Glaubens ertragen konnten und können.

Eine ins Transzendente weisende personale Beziehung kann aber auch einengend wirken und so mißbraucht werden.

In der Praxis habe ich oft erlebt, wie religiöse Erziehung Einfluß auf den Menschen, auf die Leidensverursachung, vor allem durch Triebunterdrückung genommen hat. Da spielt dann auch die Auseinandersetzung mit Wunderglauben, Glaube an Wunderheilungen, eine Rolle.

Ich will mich stellvertretend für eine fragwürdige eingeengte Praxis der religiösen Liebeskraft auf den Exorzismus einlassen und versuchen, dieses Phänomen im Blickpunkt der narzißtischen Übertragung zu erklären.

Lange habe ich gedacht, daß Exorzismus ein Problem aus dem Mittelalter sei. Zu meiner Überraschung mußte ich erfahren, daß Exorzismus ein aktuelles Problem ist. Da war der Vorfall von versuchtem Exorzismus in Franken. Eine Pädagogikstudentin, die vermutlich vor allem unter Magersucht litt, wurde von der religiösen Familie über längere Zeit vom Ortspfarrer durch Exorzismus zu heilen versucht. Die junge Frau verstarb während der Exorzismusversuche. Es kam zu einem aufsehenerregenden Gerichtsprozeß, in dem der Fall nochmals öffentlich wurde. Die Uneinsichtigkeit des Pfarrers und des ihm beistehenden Landesbischofs, die den Exorzismus auch nach dem Tod der jungen Frau verteidigten, haben bei mir große Verwunderung hervorgerufen. Wochen nach der Beerdigung bewirkten sie, daß die verstorbene Frau exhumiert wurde, um die Behauptung zu überprüfen, das von den Dämonen besessene Opfer unterliege nicht dem normalen Verwesungsprozeß. Meine Recherche ergab dann, daß Exorzismus vor allem von einer religiösen Gruppe, die sich Pfingstgemeinde nennt, praktiziert wird. Es gibt im deutschen, vor allem süddeutschen, österreichischen und schweizerischen Raum eine ausgeprägte Verbreitung dieser religiösen Gruppe, die in charismatischen Zentren Heilungsgebete und Exorzismen regelmäßig praktiziert. Über einen Studienfreund erfuhr ich von mehreren Treffpunkten allein in München. Dieser Freund hatte die Gelegenheit, mit Teilnehmern des Exorzismus ausführliche Interviews zu führen. Er konnte sowohl mit den „Besessenen" vor und nach dem Exorzismus sprechen wie auch mit den Exorzisten, den Heilern. Das umfangreiche Material ergab eine spannende Dissertation über die „Heilungsrituale" der Pfingstgemeinde (pentecostalistische Gruppen).

Ich konnte weiterhin erfahren, daß die katholische Kirche nicht nur einen exorzierenden Erzbischof Milingo, der zur Zeit in den Medien erwähnt wird, duldet. Sie läßt im Vatikan von einem nur dazu eingesetzten Priester, Gabrielo Amort, Exorzismus praktizieren. Dieser Priester hat mir in einem Streitgespräch gesagt, er verstehe meine Verwunderung über sein Tun nicht, Exorzismus sei offizielle religiöse Praxis. Ob ich denn nicht wisse, daß zum Beispiel das katholische Taufritual ein Exorzismusgebet enthalte, in dem ausdrücklich von der Austreibung des Satans gesprochen wird.

Zur Verdeutlichung dieser „offiziellen" Kirchenmeinung noch diese Anmerkung: Den Hinweis auf eine mögliche psychodynamische Erklärung der „Besessenheit" konterte der Priester Amort mit einem „klaren" Unterscheidungsangebot. Er gebe seinen Klienten Weihwasser zum Trinken. Die wirklich psychisch Kranken schlucken das, die vom Teufel Besessenen spucken es unter Qualen aus, so gesagt in einer ZDF-Sendung am 23.11.1995.

Es gibt auch eine Gruppe eines evangelischen Befreiungsdienstes, die Heilungsgebete für psychisch Kranke praktiziert und dabei von der Theorie ausgeht, daß diese Kranken von dämonischen Geistern und Seelen besessen seien (Lubahn, 1993). Auch diese „Exorzisten" gehen also davon aus, daß es konkrete Einflüsse aus einer unsichtbaren Welt gibt. Sie glauben, daß psychisch Leidende von den Seelen Verstorbener besetzt sein können, die nicht zur Ruhe kommen, und daß allein Heilungsgebete die Leiden dieser Menschen beenden können.

Exorzismus ist Dämonenaustreibung bei leidenden Menschen, die in dieser Theorie als Besessene bezeichnet werden. Es sind vor allem vier Anzeichen von Besessenheit benannt worden:
- mit fremder Sprache, mit fremden Ausdrücken sprechen
- außergewöhnliche Kraft besitzen
- sich gegenüber dem Kreuz oder anderen religiösen Symbolen seltsam verhalten
- über mehr Wissen, als dem Bildungsstand entspricht, verfügen (Ernst 1972)
Es ist einleuchtend, daß dies Anzeichen psychisch schwer kranker Menschen sind.

In den verschiedenen Kulturen findet man schon vor der christlichen Interpretation der Besessenheit, daß seelische Ausnahmezustände mit bösen Geistern erklärt werden, die in Menschen eingefangen seien. Auch im Neuen Testament wird die Heilung Besessener durch die Befragung der Dämonen und die Aufforderung zum Ausfahren geschildert. Man muß dabei berücksichtigen, daß gerade in dieser Zeit die Wunderheilung ein allgemeines Kennzeichen für „göttlich-mächtige" Personen war. Kaiser Augustus wurden mehr Wunderheilungen zugesprochen als seinem Zeitgenossen Jesus Christus. Beschrieben wird diese zeitbedingte Praxis der Wunderheilung z. B. über Appolonius von Thyana (Philostratus 1912).

Psychisch Kranke mit psychotischen Störungen bzw. Frühstörungssymptomen haben zu allen Zeiten die Umwelt überfordert und verblüfft.

Während der Blüte des christlichen Exorzismus waren es meist jüngere Frauen, die in sexuell unbefriedigenden Situationen (alte Ehemänner) waren und deren Exorzismus öffentliche Pornographie für religiös Verklemmte war. Die Opfer wurden vor anderen entkleidet, um am Körper nach Hexenmalen zu suchen. Die Schamhaare wurden ihnen abrasiert, weil besonders dort Dämonenzeichen vermutet wurden. Es kam zu sexuellen Kontakten zwischen den Befragern und den Opfern, wobei die Schuld dann an den Dämonen lag, die die Befrager verführt hatten.

Das oben erwähnte Phänomen des Mehrwissens hatte oft einen unterhaltsamen Aspekt für die Exorzismusrituale, da die Opfer des Exorzismus unangenehme (verdrängte) Wahrheiten über andere, höhergestellte Personen in der Öffentlichkeit äußern konnten. Die Schadenfreude der Zuhörer war groß. Die Verkünder der Wahrheiten waren entschuldigt, weil nicht sie es waren, sondern der Dämon in ihnen, der diese verborgenen Geheimnisse aussprechen und wissen konnte.

Nun zur Praxis des Exorzismus. Es herrschen da ganz bestimmte Rahmenbedingungen, wie beim therapeutischen Vorgehen. Zunächst ist die Zustimmung der Betroffenen wichtig: „Willst Du, daß Jesus Dir hilft? Du mußt an Jesus glauben, ihn lieben, wenn er dir helfen soll." (Diese und die weiteren Zitate sind den Protokollen um die „Heilungsgebete" entnommen, deren Herkunft weiter oben beschrieben wurde.)

Theoretisch steht dahinter ein Axiom des freien Willen. Man kann sich eben nach der christlichen Theorie ganz einfach für Gut und Böse entscheiden. Bei diesem Denkansatz paart sich Ahnungslosigkeit mit Verleugnung in bezug auf das Unbewußte und die Triebnatur des Menschen. Diese Haltung verführt dazu, das Triebhafte als „böse" abzuspalten und zu verteufeln.

Nach dieser Entscheidung zum bedingungslosen Lieben wird die Unterwerfung verlangt:„Du kannst die Hilfe bekommen, wenn Du mit uns betest, wenn Du Dich unseren Regeln und Ansichten über Gott unterwirfst" (a.a.O.).

Das Setting beim Exorzismus ist ähnlich dem in der Therapie. Der Exorzismus vollzieht sich im Sitzen oder Liegen, weil es zu psychischen Ausnahmezuständen kommt. Diese Ausnahmezustände erscheinen wie Trancezustände. Das erweckt den Anschein, daß die Äußerungen der Exorzierten induziert sind, wie Äußerungen bei Hypnosebehandlungen. Exorzistische Rituale müssen nicht sofort zur Heilung der „Besessenen" führen, sie können wiederholt werden. In der Literatur werden Fälle berichtet, in denen bis zu hundert Male exorziert wurde.

Und nun genauer zur Technik. Der Exorzismus soll in einem heiligen, religiösen Raum stattfinden, vor einer Gruppe von Mithelfenden. Zur Einstimmung wird gebetet und gesungen. Es wird also ein trance- und suggestionsförderndes Ritual praktiziert. Wenn es dem Exorzisten und Heiler gelungen ist, zum Opfer der Besessenheit diesen besonderen Rapport herzustellen, in dem nicht mehr er selbst, sondern ein anderer Zustand in ihm reagiert, beginnt der eigentliche Exorzismus. Es ist wichtig, daß es hier zu einer Spaltung kommt zwischen dem Menschen selbst und dem besessenen Teil in ihm, mit dem der Exorzist nun in Kontakt tritt. Er wendet sich also an die Dämonen. Zunächst werden die Dämonen befragt. Sie müssen genau ihre Zahl und ihren Namen nennen. Es gibt eine relativ große Zahl von Dämonen, – ihre Zahl ist Legion, heißt es im Neuen Testament –, die in einen Besessenen eingefahren sein können. Daß das böse Geister sind, wird durch bestimmte Rituale deutlich. Sie äußern sich mit einer anderen Sprache, mit anderer Lautstärke, verzerrter, bösartiger, aggressiver Sprechweise, reagieren auf heilige Symbole mit großer Abwehr, die dann das Exorzismusopfer körperlich ausdrückt, besonders das Hinhalten vom Kruzifix führt offensichtlich zu Qualen bei den Besessenheitsopfern. Der Exorzist kämpft dann intensiv mit „dem Bösen". Manchmal braucht er dazu die körperliche Unterstützung der Helfer, die das Opfer des Exorzismus festhalten müssen, weil der Dämon in dem Opfer sich auch körperlich wehren will.

Eine Randbemerkung: Da können moderne Körpertherapeuten auch noch angeregt werden.

Der benannte Dämon wird dann aufgefordert, im Namen Gottes, im Namen Jesu, von dem Körper zu lassen und auszufahren. Dieses Ausfahren soll man sich als konkretes Ereignis vorstellen. In den älteren Berichten werden sichtbare, gehörnte, geflügelte Geistchen beschrieben, die aus dem Munde der „Besessenen" entweichen. Die Praxis des Ausfahren wird mit Hilfsmitteln unterstützt. So gibt man den Besessenheitsopfern Salzwasser zu trinken, um Würgen und Brechen hervorzurufen. Die Bereitschaft von Menschen, in einer Gruppendrucksituation sich solche Wesen vorzustellen, die ausfahren, soll man nicht zu schnell belächeln. In unserer heutigen aufgeklärten(?) Zeit gibt es immer wieder Berichte von Menschen, die fest davon überzeugt sind, von fremden Wesen unbekannter Flugobjekte besucht und entführt zu werden, die sie mitnehmen und an ihnen „verblüffenderweise" sexuelle Manipulationen vornehmen.

Der Exorzist fordert also die Dämonen auf, den Körper des Opfers zu verlassen und erreicht im günstigen Fall eine kathartische Veränderung des Besessenheitsopfers. Dieser Vorgang kann sich über Stunden hinziehen. Durch die intensive Trancesituation kommt es zu einem ersatzweisen Abreagieren sexueller, aggressiver und anderer affektiver Äußerungen. Offensichtlich haben wir es hier mit dem unbewußten Anteil des Menschen zu tun, mit verdrängten, nicht integrierbaren Triebanteilen, die auf diese Weise eine kompromißhafte Befriedigung erfahren und abreagiert werden können. Diese „Heilung" geschieht nun durch die Kraft des angesprochenen Gottes. Die umfassende Macht Gottes, die große Liebe, an die erinnert wird, soll den Betroffenen innere Stärke geben, von den als böse, dämonisch charakterisierten Triebanteilen Abschied nehmen zu können. Hier geschieht Übertragung auf ein omnipotentes Selbst-Objekt. Dieser Jesus wird zu einer allmächtigen Elternfigur der frühen Kindheit, in deren Nähe die Leidenden mit den Anforderungen ihrer Lebenswirklichkeit, mit der Triebhaftigkeit, mit ihren Enttäuschungen und Versagungen anscheinend leichter fertig werden können.

Wie kann es nun geschehen, daß Menschen für diese Selbstobjektbeziehung, diese Übertragungsbeziehungen, empfänglich werden?

Dazu ein kurzer Ausflug in psychoanalytische Entwicklungstheorie:

Menschwerdung heißt, aus der Geborgenheit der Mutter-Kind-Einheit herauszukommen. Das ist die psychische Geburt. Dazu muß die Loslösung, Trennung, akzeptiert werden. Erst muß der werdende Mensch die physiologische Totalversorgung durch die Mutter aufgeben. Dann muß auch noch die frühe Versorgungsillusion (das Kleinkind äußert Bedürfnisse und die Umwelt - Mutter - kommt und befriedigt, macht satt, legt trocken usw.) aufgegeben werden. Das Kind muß allmählich lernen, selbst für sich zu sorgen. Dieser wichtige Entwicklungsschritt, die Individuation, ist auch in den Mythen der Völker beschrieben worden. Ein Beispiel dafür ist die Paradiesgeschichte im Alten Testament. Adam und Eva leben im Paradies wie in Mutters Schoß, wie im häuslichen Kindbett. Erst durch den Biß in die Frucht vom Baum der Erkenntnis „Wenn ihr eßt, werdet ihr sein wie Gott und wissen, was gut und böse ist," (Altes Testament, 1. Mose, 3.5.), also unterscheiden können, denken können, entsteht ein menschliches Selbst. Hier wird in bildhafter Sprache ausgedrückt, was es bedeutet, einen symbiotischen Zustand zu verlassen. Erst durch den „Apfelbiß" kommt es zum Selbstbewußtsein. Mit diesem Bewußtseinsschritt wird aber auch die Vergänglichkeit des Lebens bewußt. Im Alten Testament wird die Bewußtwerdung als Teufelswerk beschrieben, weil dieser Entwicklungsschritt auch Angst machen kann. Betroffen macht wohl das Erspüren der Bedeutung der Entstehung des Selbstbewußtsein, da es mit der beginnenden Möglichkeit, auf die Welt zuzugehen, vor allem triebhafte Beziehungen zu wollen und später zu verantworten („...und sie wurden gewahr, daß sie nackt waren...") verbunden ist. Erschüttern kann das Einfühlen in die Bedeutung des Individuationsschrittes, weil er auch mit dem nun beginnenden Wissen um die Sterblichkeit (ein verzweifelt-machen-könnendes Wissen) verbunden ist. Der Schritt aus dem Paradies des Unwissens, des Noch-nicht-Bewußtseins, ist ein aufregender, ein Lust ermöglichender und durch das Bewußtsein ein separierender und ein angstauslösender. Diese Angst kann als Symbol für alle späteren Ängste verstanden werden. Angst als das Erleben der Schutzlosigkeit, des Verlassenwerdens, des Getrenntseins und der Vergänglichkeit. Vielleicht wird von daher besser verständlich, daß diese Loslösung auch der Anfang für Rückbindungssehnsüchte, für Religion, für spirituelle Rückbindungsphantasien sein kann.

Wie kann nun noch genauer das selbstpsychologische Konzept der narzißtischen Übertragung zum Verständnis der Wirkung von exorzistischen Heilungsritualen beitragen?

Die Selbstobjektbedürfnisse bleiben - wie zuvor schon gesagt - ein Leben lang erhalten. Je unangenehmer und belastender das reale Leben, der Zustand der Eigenverantwortung ist, desto größer wird die Sehnsucht nach dieser Rückbindung, nach archaischen Selbstobjekten, nach einem „ozeanischen" Gefühl, nach dem „Numinosen". Diese haltgebende Beziehung kann auch in der Phantasie aufgebaut werden. Diese phantasierten Selbstobjekte verbildlichen sich dann leicht in ein allmächtiges Wesen, in ein total versorgendes gutes Wesen, das tröstet, das Angst vor Vergänglichkeitsschmerz aufheben kann. Die Bereitschaft, ein allmächtiges, auf Bedürfnisse eingestelltes Beziehungsobjekt zu suchen, zu phantasieren, ist verständlich. Es ist – wie bereits erwähnt – in den Mythen der Völker seit alters her erhalten. Es ist ein universelles Phänomen, das die menschlichen Ideengeschichten kennzeichnet.

In den Religionsschriften liest man dazu Zitate wie:

„Jeden Augenblick in Seiner Liebe,
jeden Schritt in Seiner Kraft;
jeden Gedanken in Seiner Obhut;
jede Handlung zu Seiner Ehre..."

Und in der Oper singt der „brave" Radames:

„Holde Aida, himmelentstammend,
Von Duft und Strahlen zaubrisch verklärt;
Du bist die Königin meiner Gedanken,
Durch dich allein ist das Dasein mir wert."

Ich denke, hier wird die Haltung beschrieben, ein allmächtiges Objekt anzunehmen und so eine Persönlichkeitsveränderung zu erreichen. Die gelungene Einrichtung einer Beziehung zu einem Idealobjekt kann Einstellungen verändern. Bestimmte Abwehrverhaltensweisen, die Symptome produzierten, können so hinfällig werden. So verstehen sich spontane Wunderheilungen durch spirituelle Beziehungen:

„In einem Augenblick gewährt die Liebe, was Mühe kaum in langer Zeit erreicht", sagt der Dichter. Eine Exorzierte sprach es so aus: „Jesus liebt mich, ich bin wichtig, ich habe Anteil an seiner Allmacht. Weil Jesus mir hilft, habe ich neue Kraft" (a.a.O.).

Und eine andere Frau, bei der Exorzismus praktiziert wurde, sagte im Interview: „Nach der Befreiung wurde ich von dem Priester gefragt: „Liebst Du Jesus?" Dann habe ich gesagt, ich liebe Jesus, aber erst neuerdings. Früher habe ich das nicht verstanden. Früher habe ich so ähnlich meine Mutter geliebt" (a.a.O.).

Das spirituelle Selbstobjekt besitzt dabei in der Einbildung der „Gläubigen" Kräfte, die die Möglichkeiten einer realen Mutter weit übersteigen, eben auch die Kraft, Symptome zu heilen. Natürlich muß man hier daran erinnern, daß eine intensive Mutter-Kind-Beziehung ähnliche Heilkraftwirkung haben kann. Die einfühlende Liebe einer Mutter lindert manche Gebrechen. Bei der Wunderheilung geht es meistens um eine noch größere Quantität dieser Heilkraft. Dazu nochmals eine Exorzismusklientin: „Dann habe ich gemerkt, daß das kein Vergleich ist. Jesusliebe und die Liebe zur Mutter ist kein Vergleich. Jesus hat mich viel mehr geliebt" (a.a.O.).

Und nun kommt die Schattenseite dieser Bindung: „Ich muß doch nun Jesus auch viel mehr lieben. Ich bin jetzt ein Kind Gottes, und Jesus lebt auch in mir. Und so ist mir das gedämmert, und ich muß jetzt einfach Jesus aufnehmen" (a.a.O.).

Die Wunderheilung funktioniert, solange die Bindung an das Idealobjekt aufrechterhalten werden kann. Die bisherige Unfreiheit durch die Krankheit wird durch eine neue Unfreiheit durch die Fixierung an ein Idealobjekt ersetzt. Es kommt zu enger, oft fanatischer Anbindung an die Religion. Die Exorzismusopfer bleiben theoretisch und praktisch fromm. In den alten Berichten blieben sie im Kloster (Freud 1921, S. 317 f.).

Bei der Pfingstbewegung gehören die Exorzierten nun zur Gemeinde. Das ganze Leben wird umgestellt, wird auf das Normen- und Wertebild dieser Jesusinterpretation hin ausgerichtet. Und wehe dem, der da nicht mitmachen will. Das Umfeld, die Familie wird tyrannisiert. Den einzelnen kann das schwer psychisch krank machen. Die schlimmen pathologisierenden Folgen dieser Abhängigkeit sehen wir dann in den Aufnahmestationen der psychiatrischen Kliniken.

Neben der Neurotisierung einzelner stellt diese sektenartige Unfreiheit ein aktuelles Problem für das Zusammenleben aller dar.

Es muß hier ganz deutlich gesagt werden, daß ein entscheidender Unterschied zwischen therapeutischem und religiösem Aufbau einer Selbstobjektbeziehung besteht. In der tiefenpsychologisch ausgerichteten Therapie werden diese Beziehungen im vollen Bewußtsein einer künstlichen Abhängigkeit eingegangen. Diese regressive Beziehungsbedürftigkeit ist uns als Übertragung bekannt. Es ist ein Kennzeichen des psychoanalytisch arbeitenden Therapeuten, diese Übertragung zu verstehen, anzusprechen und zur Reifung für den Patienten aufzulösen, zu bearbeiten. Wenn also scheinbar ähnliche Abhängigkeiten entstehen, haben sie eine völlig andere Absicht: Veränderung, Entwicklung gegen unmündige Abhängigkeit.

Nach dieser Anklage sind noch zwei Anmerkungen nötig:

Eine erste: Mir ist klar, daß die Reflexion über die Gefahren der Übertragungs-Abhängigkeit auch für therapeutische Situationen notwendig ist. Daß auch bei Therapien Mißbrauch der Idealisierungsbereitschaft (der Liebesangebote) vorkommt, entlastet aber den institutionalisierten Mißbrauch bei den Austreibungsritualen in keiner Weise. Einzelne Therapeuten können leider auf Idealisierungen hereinfallen. Das muß so kritisch wie möglich angeschaut werden. Bei den religiös verbrämten Abhängigkeiten kann der mögliche Mißbrauch aber nicht bearbeitet werden, weil er durch ein „heiliges System" gerechtfertigt wird.

Und eine zweite Anmerkung: Ich möchte klar sagen, daß ich mit der Auseinandersetzung über die leider vorkommenden Auswirkungen religiöser Praktiken wie den sogenannten Heilungsgebeten „Religion" nicht umfassend beurteilen kann. Ich will ausdrücklich meinen Ansatz in soweit relativieren, daß es bei meiner Darlegung um eine spezifische, besonders enge, „dumpfe" religiöse Praxis geht. Die auch mögliche Auseinandersetzung mit dem Ursprung und der Gültigkeit von Religion ist damit nur am Rande gestreift. Diese Auseinandersetzung ist meiner Meinung nach aber auch für Therapeuten eine wichtige Frage, der ich mich zunächst mit der Reflexion über diese verengte Praxis zu stellen versucht habe. Einen interessanten Ansatz zu einer gründlichen Diskussion bietet Küng (1978) oder auch die kluge Übersicht von Mackie (1985).

Zusammenfassend will ich einen Hauptgedanken meines Ansatzes im Kommentar zu einem biblischen Gleichnis noch einmal aufzeigen:

Im Johannesevangelium steht die Geschichte von dem See, den ein Engel einmal im Jahr mit dem Finger umrührt, und wer dann zuerst hineinsteigt (nachdem das Wasser bewegt war), der wird gesund. Während alle Siechen hinrennen, bleibt einer, der 38 Jahre lang krank war, liegen. Jesus fragt ihn: „Willst Du nicht gesund werden?" Und der Sieche antwortet: „Ich habe keinen Menschen", - er meint, der ihn zum See führe - „und wenn ich komme, so steigt ein anderer vor mir hinein." (Neues Testament, Johannes 5.7)

Was da im Gleichnis gesagt wird, ist das, was ich meine: Man ist krank, weil man keinen Menschen hat. Man wird gesund, wenn einem geholfen wird, Selbstobjekte zu suchen und zu finden. Und wir Therapeuten sind dazu die Mittler.

In der Bibel geht die Geschichte für den Kranken gut aus, (nicht dagegen für den Therapeuten, den man töten will, weil er zur falschen Zeit, nämlich an einem Feiertag, heilte).

Bezogen auf die Heilerfolge brauchen wir uns da, denke ich, nicht zu verstecken; und wir können und wollen sie auch noch erklären.

Literatur

Danckwardt, J. F. (1984): Kombinierte psychopharmakologische u. psychotherapeutische Behandlung der Angst. In: Götze (Hrsg.): (1984): Leitsymptom Angst. Berlin, Heidelberg (Springer).

Drewermann, E. (1990): Tiefenpsychologie und Exegese, Bd. I: Traum, Mythos, Märchen, Sage und Legende; Bd. II: Wunder, Vision, Weissagung, Apokalypse, Geschichte und Gleichnis (Walter).

Ernst, C. (1972): Teufelsaustreibung - Die Praxis der katholischen Kirche im 16. und 17. Jahrhundert. Bern (Huber).

Freud, S.(1913, 1966): Zur Einleitung der Behandlung. GW Bd.VIII.

Freud, S. (1921): Eine Teufelsneurose im 17. Jahrh. GW Bd. XIII., 317 – 353, Frankfurt/M. (Fischer).

Henseler, H. (1995): Religion - Illusion? Eine psychoanalytische Deutung. Göttingen (Steidl).

Kohut, H. (1973): Narzißmus. Frankfurt/M. (Suhrkamp).

Kohut,H. (1975): Die Zukunft der Psychoanalyse. Frankfurt/M. (Suhrkamp).

Kohut, H. (1979): Die Heilung des Selbst. Frankfurt/M. (Suhrkamp).

Kohut, H.(1989): Wie heilt die Psychoanalyse? Frankfurt/M. (Suhrkamp).

Küng, H. (1978): Existiert Gott? München (Piper).

Lubahn, E. (1993): Auf der Suche nach der unsichtbaren Wirklichkeit. Stuttgart (Christl. Verlagshaus).

Mackie, J. L. (1985): Das Wunder des Theismus – Argumente für und gegen die Existenz Gottes. Stuttgart (Reclam).

Philostratus (neu 1912): Vita Appolinii. Griechisch und engl. London (Heinemann).

Vogt, W. (1973): Klartext. Zürich (Arche).

Weiherer, W. (1995): Das Gebet um Befreiung - Religiöse Sozialisation und psychosoziale Kontrolle durch ein exorzistisches Ritual in pentecostalistischen Gruppen. Unveröffentl. Doktorarbeit an der Psychologischen Fakultät der Universität Salzburg.

Wolf, E. S. (1996): Theorie und Praxis der psychoanalytischen Selbstpsychologie. Frankfurt/M. (Suhrkamp).

Heilung durch Liebe?
Anmerkungen zum amerikanischen Theaterstück
"Children of a Lesser God" („Gottes vergessene Kinder")
von Mark Medoff [1]

Thomas Auchter

Einleitung

Die Bedeutung, die Sigmund Freud der Liebe beimaß, wird unter anderem daraus ersichtlich, daß der Begriff in seinen 'Gesammelten Werken' nicht weniger als einhundertunddreißigmal diskutiert wird (Hitschmann 1952, S. 421). Auch die Psychoanalyse als Therapie ist seiner Auffassung nach grundlegend durch die Liebe geprägt: „Es ist dann eigentlich eine Heilung durch Liebe", schreibt er an C. G. Jung am 6.12.1906 (Briefwechsel 1974, S. 13). „Jede psychoanalytische Behandlung ist ein Versuch, verdrängte Liebe zu befreien, die in einem Symptom einen kümmerlichen Kompromißausdruck gefunden hatte" (Freud 1907a, VII, S. 118).

Freud schätzte bekanntlich die Schriftsteller hoch ein: „Die Schilderung des menschlichen Seelenlebens ist ja seine [des Dichters] eigentliche Domäne; er war jederzeit der Vorläufer der Wissenschaft und so auch der wissenschaftlichen Psychologie" (Freud 1907a, VII, S. 70). Mit meiner Arbeit möchte ich unter anderem verdeutlichen, wie ein modernes Theaterstück darüber hinaus sogar wichtige Hinweise für die psychoanalytische Behandlungstechnik[2] beziehungsweise eine therapeutische Grundhaltung vermitteln kann[3].

Die Analyse des 1980 uraufgeführten amerikanischen Schauspiels „Children of a Lesser God" von Mark Medoff – beziehungsweise der kongenialen Filmadaptation durch Randa Haines von 1986[4] – fördert bemerkenswerte Analogien zwischen dem konfliktreichen Beziehungsprozeß der beiden Protagonisten und den Chancen, Schwierigkeiten und Grenzen eines psychoanalytischen Behandlungsprozesses zutage.

Ich möchte meine Überlegungen mit drei programmatischen Zitaten des Schriftstellers Max Frisch beginnen: „In gewissem Grad sind wir wirklich das

Wesen, das die anderen in uns hineinsehen... Auch wir sind die Verfasser der anderen; wir sind auf eine heimliche und unentrinnbare Weise verantwortlich für das Gesicht, das sie uns zeigen" (Frisch 1972, S. 66). „Man macht sich ein Bildnis. Das ist das Lieblose, der Verrat" (Frisch 1972, S. 64). „Die Liebe befreit [das Nächste, lange Bekannte] aus jeglichem Bildnis. Das ist das Erregende, das Abenteuerliche, das eigentlich Spannende, daß wir mit den Menschen, die wir lieben, nicht fertig werden: weil wir sie lieben; solange wir sie lieben" (Frisch 1972, S. 63).

Zum Inhalt des Theaterstücks

Das Schauspiel respektive der Film spielen sich im wesentlichen in der 'Governor-Kittridge-Gehörlosenschule' ab. Diese amerikanische Internatsschule liegt idyllisch auf einer Insel im Meer, ist jedoch wie fast alle Stätten der Versehrtheit, des Krankseins, des Alterns und des Sterbens zugleich vollkommen abgelegen. Sie ist durch das Wasser von der Welt der Hörenden und Lautsprechenden abgeschnitten, es gibt keine Brücke, die Insel ist nur über eine Fähre erreichbar. In diese abgeschlossene Welt kommt der etwa dreißigjährige engagierte Gehörlosenlehrer James Leeds.

In der Schule lebt seit ihrem fünften Lebensjahr die heute sechsundzwanzigjährige Sarah Norman, von Geburt an gehörlos[5]. Sarah kommuniziert ausschließlich mittels der amerikanischen Gebärdensprache, sie verweigert das Lautsprechen ebenso wie das Lippenlesen[6]. Es ist an dieser Stelle anzumerken, daß es nicht die universelle Gebärdensprache[7] gibt, sondern nationale Gebärdensprachen und sogar Dialekte. Die spätertaubte Renate S. bedauert in ihrem eindrucksvollen Lebensbericht „Hinter Glas", daß der Film „Gottes vergessene Kinder" ohne deutsche gebärdensprachliche Übersetzung gelaufen sei. Damit waren die deutschen SchicksalgenossInnen von Sarah vom unmittelbaren Verständnis des Filmes ausgeschlossen (zit. n. Holdau-Willems 1996, S. 75).

Sarah und James verlieben sich in einander und heiraten (im Theaterstück) schließlich. Dargestellt wird hauptsächlich die wechselvolle, dynamische Annäherung und Distanzierung zwischen den beiden Protagonisten. Am Ende bleibt (zumindest im Theaterstück) ihr weiterer Weg offen.

Vorspiel – Diagnostische Abklärung – Falsches Selbst

Das Theaterstück beginnt mit einer Deklaration von Sarah: „Ich besitze nichts; weder die Fähigkeit zum Hören noch die zum Sprechen, keine Intelligenz, keine Sprache. Ich habe nur Dich. Ich brauche Dich nicht. Ich bin mir alleine genug. Zwar zusammen, aber gleichzeitig auch ohne Verbindung [join, unjoined]" (Medoff 1982, p. 1; vgl. p. 87[8]).

Sarah versteckt sich hinter der Maske eines negativen Selbst. Sie erklärt sich zu einem Nichts, bevor andere das tun, sie wehrt ihre Angst vor der Entwertung durch Selbstentwertung ab. Sie ist in dem Internat 'unter Niveau' als Stubenmädchen und Putzhilfe beschäftigt und behauptet, daß sie diese Tätigkeit zufriedenstelle (p. 16).

Sarah hat sich seit längerem in ihr narzißtisches Schneckenhaus zurückgezogen und in ihrem Opferstatus eingerichtet. Sie hofft, sich mit ihrem Unberührbarmachen vor weiteren beschämenden Kränkungen schützen zu können (vgl. hierzu Hilgers 1996). Sie zahlt dafür den Preis größter Einsamkeit. Schließlich wehrt sie ihre Abhängigkeit und ihre Abhängigkeitsbedürfnisse mit einer Pseudoautonomie ab, die bisweilen fast an Autismus zu grenzen scheint. „Ich ziehe es vor, allein zu arbeiten. In meiner Stille" (p. 16). Bevor sie (erneut) von anderen verletzt wird, attackiert sie andere aggressiv und stößt sie von sich weg. Sarahs Abwehr ist jedoch nicht, jedenfalls nicht primär, Ausdruck einer Pathologie, sondern einerseits ihrer besonderen Sensibilität[9] für die unbewußten Dominanzbestrebungen von James und anderen Nichtgehörlosen und andererseits ihrer gesunden Bemühung, ihr Wahres Selbst vor weiterer Verletzung, Vergewaltigung und Vernichtung zu bewahren. Ihre Regulationsbemühungen resultieren aus den Frustrationen über ihr wiederkehrendes Erfahren von Ausgeschlossensein und ihr Erleben häufiger narzißtischer Kränkungen, zum Beispiel während ihrer Adoleszenz, als die Freunde ihrer Schwester ausschließlich mit ihr schlafen wollten, aber nicht bereit waren, ihre Sprache zu erlernen oder sich sonst mit ihr zu befassen (p. 29).

In der ersten Begegnung zwischen beiden im Film beobachtet James aus dem Speisesaal Sarah bei einem heftigen Konflikt in der Küche. Ein Topf fliegt, und Sarah attackiert den Koch mit deftigen Kraftausdrücken in der Gebärdensprache. „Die nimmt aber kein Blatt vor den Mund" (F)[10], bemerkt James anerkennend, bleibt damit aber zugleich im oralen Vorstellungsbereich gebunden. Von Anfang an ist James neben der explosiven Aggressivität so auch mit den gesunden, wehrhaften Ich-Anteilen von Sarah konfrontiert.

Als der Schuldirektor Franklin ihr befiehlt: 'Bleib da', ahmt Sarah einen Hund nach, dem man 'Platz' zugerufen hat (p. 4). In der zweiten Begegnung im Film imitiert Sarah jede Bewegung von James, sie äfft ihn bewußt nach. Durch diese Übertreibungen unterstreicht sie das Problem ihrer submissiven Anpassung und stellt diese gleichzeitig karikierend in Frage. Sarah 'spielt' die Närrin, nicht aufgrund einer inneren Freiheit; ihre Fähigkeit zum Spielen muß sie in den Dienst der Abwehr ihrer Not stellen.

Sarah und James sind mit dem Prozeß ihres Selbstwerdens befaßt, beide betonen: „Mein Leben lang war ich die Schöpfung anderer Menschen" (p. 84). Sie kommen allerdings von völlig unterschiedlichen Ausgangspunkten. Sarah aus dem erfahrenen Bereich pathologischer Getrenntheit, des Ausgeschlossenseins und James aus dem Bereich pathologischer Ungetrenntheit, des Verbundenseins mit seiner psychisch kranken Mutter.

Mit ihrem letzten Gedanken [„join, unjoined"] verweist Sarah darüber hinaus auf die immer prekäre menschliche Grundspannung zwischen dem Bedürfnis nach Subjektivität und dem Bedürfnis nach Intersubjektivität (vgl. Benjamin 1993), die sich durch das ganze Stück zieht.

Für Sarah geht es vor allem um ihre Entwicklung heraus aus der Gegenabhängigkeit ihres negativen Selbst und ihres aggressiven narzißtischen Rückzuges und für James aus dem Falschen Selbst seines Helfersyndroms als ein Heilsbringer mit Rettungsphantasien (p. 17). Sarah: „Deine Mutter redete Dir also ein, Du seist Gott... und das ist der Grund, warum Du mich jetzt in ein Geschöpf nach Deinem Bilde formen willst" (p. 19). James muß Getrenntsein kennen- und akzeptieren lernen, Sarah Verbundensein, nur auf diese Weise können sie einen gemeinsamen Übergangsbereich entdecken.

James besitzt jedoch eine eng umrissene, immer wieder durchbrechende Vorstellung von der 'Gesundheit', zu der er Sarah bringen will[11]. Er versucht ihr das Lautsprechen aufzudrängen und sie zum Lippenlesen zu nötigen (p. 7, 11).

James hat eine rational erscheinende gute Begründung für sein Handeln: „Wozu ich sie drängen [force] will, ist die Fähigkeit, in derselben Welt zu funktionieren [function] wie Sie und ich" (p. 7)[12.] Er möchte sie – in scheinbar bester Absicht – einerseits an die Welt der Hörenden anpassen, andererseits aber damit auch sich selbst gleichmachen. Denn er erlebt es als fast unerträglich, daß sie zum Beispiel seine Liebe zu Johann Sebastian Bach nie mit ihm teilen kann, weil sie dessen Musik nie in ihrem Leben wird hören können (p. 59 ff.); oder daß sie ihn niemals mit seinem Namen wird liebevoll anreden können (F).

Sarah deckt jedoch das Falsche Selbst von James auf: „Aber Du hilfst [mit Deinem Vorgehen] niemand [wirklich]" (p. 19). „Du bist zufrieden... weil Du daran glaubst, etwas zu tun, sogar wenn Du überhaupt nichts [damit] bewegst" (p. 19). Im Grunde sagt sie ihm immer von Neuem: Mach Dir kein Bild von mir, schau mich lieber an! Und Orin, ein stark hörbehinderter Referendar an der Schule, meint: „Du glaubst... weil Du uns verändern willst, wünschen wir uns, verändert zu werden" (p. 21). Er wirft James indirekt vor, daß er nur vorgäbe, den Gehörlosen zu helfen, während es in Wirklichkeit um seine Selbstglorifizierung ginge (p. 21)[13.]

Aber auch in der Beziehung zu Orin spürt Sarah die Gefahr, von ihm für seinen Kampf um die Selbstbestimmungsrechte der Gehörlosen funktionalisiert und damit selbstenteignet zu werden: „Möchtest Du mich an Deiner Seite haben, oder suchst Du Anhänger?" (p. 64).

Zur Biographie der beiden Protagonisten

Die Filmfassung konzentriert sich dermaßen auf die Person von Sarah, daß die Persönlichkeit und die tieferen Motive für das Verhalten von James weitgehend unverständlich bleiben. Das Theaterstück arbeitet dagegen die psychodynamischen Hintergründe von beiden sehr viel deutlicher heraus.

Kurze Zeit, nachdem ihre Eltern Sarah auf das Internat geschickt haben, trennt sich der Vater von der Mutter, und seit über zwanzig Jahren besteht keinerlei Kontakt mehr zu ihm (p. 7). Ihr Vater habe Sarah nicht annehmen können, weil er das Gefühl hatte, ein Versager zu sein (F): „Mein Vater hat uns verlassen, weil ich gehörlos bin" (p. 38). „Ja, ich habe dich gehaßt", gibt ihre Mutter zu, „weil Du ihn vertrieben hast" (F).

Selbst ihre Mutter hält Sarah in ihrer Kindheit wegen der Gehörlosigkeit für gleichzeitig geistig zurückgeblieben (p. 27). Spätestens seit ihrem zwölften Lebensjahr jedoch weiß Sarah, daß sie keinerlei geistige Behinderung hat, sondern eine normale, ja überragende Intelligenz besitzt (p. 7, 17). „Sie war unsere begabteste Schülerin", erklärt Direktor Franklin (F). Als James ihre Mutter fragt, ob Sarah jemals versucht habe, zu sprechen, antwortet diese: „Es sah schrecklich aus, man hat sich über sie lustig gemacht. Danach hat sie es nie wieder versucht." (F) Der Film zeigt Sarah als eine sehr schöne Frau, bis sie eines Tages dem Drängen von James nachgibt und zu sprechen versucht. Bei dieser Selbstquälerei verzerrt sich ihr Gesicht in fürchterlicher Weise.[14] Ihre Mutter meint: „Sie hörte damit [den Sprechversuchen] auf, als es ihr wichtig wurde, welche Wirkung sie auf meine Freunde hatte und vor allem auf die Freunde ihrer [älteren] Schwester" [Ruth] (p. 27). „Sex war etwas", betont Sarah (p. 30), „was ich genauso gut konnte wie hörende Mädchen. Besser!"[15]

James ist der Sohn einer jüdischen Mutter und eines katholischen Vaters. Als sein Vater Atheist wurde, entwickelte die Mutter einen religiösen Wahn. „Ich sollte Anhänger ihres Glaubens sein, ausgestattet mit einer halbjungfräulichen Herkunft und Heilungskräften" (p. 17). Die Mutter versuchte also krankhaft-unbewußt, James als Selbst-Objekt zu benutzen. Nachdem der Vater – James ist zu der Zeit Mitte zwanzig – von heute auf morgen die Familie verlassen hat, lebt James noch drei Jahre mit seiner Mutter zusammen. Als er sich eines Tages weigert, weiterhin die Wahnideen seiner Mutter zu teilen, begeht diese Selbstmord (p. 44).

Der Vater von James war Oberst in der Armee und ein begeisterter Vietnam-Kämpfer (p. 9). James ist darum bemüht, sich möglichst radikal von der beängstigenden destruktiven Aggressivität seines Vaters abzugrenzen. Er tritt ins Friedenscorps ein und „rettete Equador" (p. 6). Zwischen Vater und Sohn gibt es ein massives Kommunikationsproblem: „Mein Vater und ich haben jahrelang nicht mehr miteinander gesprochen" (p. 42).

Das 'Helfersyndrom' von James hat also mindestens zwei unbewußte Wurzeln. Er versucht unbewußt, einerseits die irrationale Delegation seiner Mutter in ihrem religiösen Wahn zu erfüllen und sich andererseits zugleich von der Destruktivität seines Vaters abzugrenzen. In seinem Helferwahn manifestiert sich jedoch auch etwas von dem Selbst-Objekt-Mißbrauch durch seine Mutter und seiner unbewußten Identifikation mit den destruktiven Aspekten seines Vaters. In seinem unbewußten Versuch, Sarah zu seinem Selbst-Objekt zu machen, verkehrt James ins Gegenteil, was er zuvor passiv durch seine Mutter erleiden mußte.

Sarah resümiert: „Wir sind gar nicht so verschieden von einander. Wir haben beide Eltern, die wohl besser dran gewesen wären, wenn sie uns nicht gehabt hätten" (p. 45).

Unabhängigkeitserklärung

Sarah lehnt sich an immer mehr Stellen, zunehmend weniger blindwütig, dagegen auf, daß sie von anderen entmündigt wird. Insbesondere jedoch rebelliert sie gegen die ständige potentielle Bevormundung, wenn andere für sie übersetzen, sie das Übersetzte aber nicht kontrollieren kann[16]: „Ich will nicht, daß Du darüber entscheidest, was ich höre und nicht höre" (p. 39), betont sie gegenüber James. Das ist ein unaufhebbares Problem jeder Übersetzung. Vielleicht auch eines mancher unserer psychotherapeutischen Interpretationen? Dann nämlich, wenn unsere Interventionen zuerst unsere Deutungsübermacht (Pohlen u. Bautz-Holzherr 1995) demonstrieren, statt unseren PatientInnen auch die Grenzen unseres Verstehens (Winnicott), unser Nicht-Wissen aufzuzeigen, welches Raum für ihre Eigenbewegungen eröffnen kann.

In ihrer ungehaltenen Rede vor der Regierungskommission beklagt Sarah: „Mein Leben lang war ich das Produkt anderer Menschen" (p. 84). „Als hätte ich kein eigenes Ich" (p. 84). „Ich möchte endlich einmal ich selbst sein" (p. 72). „Lassen Sie mich eine [eigenständige] Person sein" (p. 72). „Nie wieder soll jemand für mich sprechen" (p. 79).

Schließlich gibt Sarah auch gegenüber James eine Art 'Unabhängigkeitserklärung' ab: „Was Du mir geben willst, das benötige ich nicht. Ich besitze eine Sprache, die ebenso wertvoll ist wie Deine!" (p. 15). „Ich besitze mehr als genug Fähigkeiten zu kommunizieren" (p. 29). „Aber nur unter Gehörlosen", stellt James nüchtern dagegen (p. 15). „Meine Augen sind meine Ohren", antwortet Sarah, „und meine Hände sind meine Stimme. Und meine Ausdrucksmöglichkeiten, meine Reden und meine Fähigkeit zu kommunizieren sind ebenso umfassend wie Deine" (p. 84; p. 29)[17].

„Gehörlosigkeit ist nicht einfach das Gegenteil von Hörenkönnen, wie Du glaubst. Sie umfaßt einen Raum der Stille vollgefüllt mit Klängen [full of sound]"[18] (p. 30). „Es sind die Laute des Frühlings, die das Todesschweigen des Winters aufbrechen" (p. 30). „Wir mögen das Wort 'taubstumm' nicht... wir sind gehörlos oder hörbehindert, aber wir sprechen oder wir sprechen nicht" (p. 70). Das 'stumm' stimmt nur aus der Perspektive des Lautsprechenden, es verleugnet das 'Reden' in der Gebärdensprache und ist somit stigmatisierend.

Die Einordnung Gehörloser als 'Behinderte' sagt mehr aus über den Umgang der Gesellschaft mit ihnen als über ihre Existenzweise (vgl. Klee 1974). Denn Gehörlose entwickeln wie sehr viele in spezifischen Sinnesbereichen Eingeschränkte kompensatorisch[19] andere Sinnesbereiche für ihre Wahrnehmungen[20] und Selbstäußerungen besonders aus. Sinnesqualitäten, die den Hörenden mangels Notwendigkeit der Ausbildung und mangels Übung fehlen.

Die Relativität der Begriffe 'gesund' oder 'normal', 'behindert' oder 'nichtbehindert' macht in wunderschöner Weise die Filmszene deutlich, in der James als einziger Hörender in einer Gruppe von Gehörlosen steht, die sich in atemberaubender Geschwindigkeit in der Gebärdensprache unterhalten. James fühlt sich aus dieser Sprachgemeinschaft ausgeschlossen – so wie gewöhnlich die Gehörlosen (vgl. p. 66).

„In meinem Kopf herrscht nicht das Schweigen!" (S. 67). Sarah verwahrt sich gegen die Gleichsetzung von körperlicher und geistiger Einschränkung, (vgl. p. 71), zu der Hörende schon immer so leicht neigen (Lane 1988; Sidransky 1992)[21]. „Wir betrachten uns in keiner Weise als hilflos" (p. 76), meint Orin.

Die Gebärdensprache ist keine pathologische Privatsprache, und keinesfalls minderwertiger als die Lautsprache. Sie ist eine eigenständige höchst differenzierte Ausdrucks- und Kommunikationsform unter den außergewöhnlichen Bedingungen der Gehörlosigkeit. Hörende können diese Kommunikationsform auch benutzen oder sich aus der Kommunikation mit den Gehörlosen ausschließen.

„Die schätzungsweise zwei Millionen Männer und Frauen in den USA, die sich mit Handzeichen verständigen, sind nicht im üblichen Sinne behindert", faßt der Psychologe und Gehörlosenpädagoge Lane zusammen, „das Problem, das sie haben, besteht weitgehend darin, Sprachgrenzen zu überwinden, es ist nicht das Problem eines Gebrechens" (Lane 1988, S. 9; vgl. auch Sacks 1992, S. 20).

Übertragen auf die psychotherapeutische Situation lautet die Frage: Betrachten wir Psychotherapeuten die neurotischen, psychosomatischen und psychotischen 'Privatsprachen' (im Sinne A. Lorenzers) unserer Patienten primär als zu beseitigende Symptombildungen, als Kommunikationsdefizite? Oder können wir sie zuerst als Regulationsversuche und zu einer bestimmten Zeit bestmögliche Notlösungen ansehen, die also in erster Linie etwas von den Bewältigungskompetenzen unserer Patienten verdeutlichen?

Der Kampf um das Wahre Selbst und die Beziehung

Durch die Begegnungen mit und die Widerstände von Sarah wird James sich in einem langen Lernprozeß der Problematik seiner psychischen Kolonialisierungsversuche gegenüber den Gehörlosen immer bewußter.

Das Gefangenbleiben in dem notwendigen Abwehrkampf gegen ihre Selbstenteignung behindert Sarah und ihre Beziehung zu James zunächst in jeglichem Entwicklungsfortschritt. Häufig kann sie sich nur in narzißtischen Rückzug [z.B. alleine tanzen] flüchten, „andere können mir nicht helfen" (F), explodiert aggressiv oder muß aus der Beziehung weglaufen. Erst langsam gewinnt sie die Möglichkeit zu selbstbewußterer Opposition.

Sarah formuliert auf wundervoll paradoxe Weise die Lösungsrichtung für das Problem: „Indem Du anfängst, Dir zu wünschen, daß ich eine gehörlose Person bin [Th. A.: d.h. also so bin, wie ich bin], kannst Du mich in eine 'hörende' Person verwandeln" (p. 72).

Um einen anderen Menschen überhaupt 'begreifen' und verstehen zu können, kommen wir nicht darum herum, uns Vorstellungen von ihm zu machen, Phantasien über ihn zu gestalten. Die Bilder, die Eltern sich von ihren Kindern machen, können entwicklungsfördernde Blaupausen für deren Selbstreifung oder gefängnisartige Klischees für eine pathologische Selbstentfremdung sein (vgl. Dornes 1995, S. 36 f). Vor demselben Dilemma stehen wir PsychoanalytikerInnen doch auch immer wieder mit den Bildern, die wir uns von unseren PatientInnen machen.

Auf dem Weg zur Gleichberechtigung und zum Wahren Selbst – die Eröffnung des Möglichkeitsraumes[22]

James bemüht sich immer von neuem, in die Welt der Gehörlosen einzutauchen. Das kann jedoch nicht gelingen, indem er sich – wie in einer Filmszene – alleine die Ohren zuhält. In der nächtlichen Begegnung im Schwimmbad zwischen Sarah und James wird szenisch auf das erstrebte Ziel verwiesen[23].Unter Wasser herrscht für beide Gleichberechtigung, beide können weder hören noch sprechen[24] – und sie finden einen dritten Weg der Kommunikation, die Sprache ihrer Körper. Das Wasser symbolisiert ein Medium, Winnicotts 'Möglichkeitsraum' [potential space], in dem eine neue Beziehungserfahrung möglich wird, die das Begegnen zweier gleichwertiger Subjekte und ihre Weiterentwicklung begründet.

Der Möglichkeitsraum eröffnet sich aber erst in dem Moment, wenn beide den unaufhebbaren Unterschied zwischen sich, ihre prinzipielle Andersartigkeit und ihre unveränderliche Gebundenheit darin (z.B. Gehörlosigkeit) akzeptieren können. „Ich lebe in einem Raum, in den Du nicht eindringen kannst. Er liegt außerhalb Deiner Reichweite" (p. 39)[25], betont Sarah. Erst am Ende beginnt James zu begreifen: „Ich bringe es nicht fertig, Dich in meine Welt der Geräusche und Töne hinüberzuziehen, ebensowenig wie Du es vermagst, irgendeine magische Tür zu öffnen, um mich in die Welt Deiner Stille einzulassen" (p. 89).

Eine eindrückliche Szene verdeutlicht die Spannung zwischen dem Bedürfnis nach Subjektivität und dem nach Intersubjektivität und den unterschiedlichen Stand der Fähigkeit von Sarah und James, mit ihr umzugehen. James ist in Bachs Doppelkonzert vertieft, und Sarah, die ihn von Ferne dabei beobachtet, freut sich über sein tiefes Involviertsein. Plötzlich schaltet James die Musik aus und meint: „Ich kann mich nicht an der Musik erfreuen, weil Du das nicht kannst." Sarah betont: „Wir können uns doch an unterschiedlichen Dingen erfreuen." „Ich kann begreifen, was Musik für dich bedeutet. Und das macht mich sehr glücklich." „Aber mich macht das unglücklich für Dich, verdammt", antwortet James (p. 59 ff.). In dieser Interaktion wird sichtbar, wie weit Sarah James in der Akzeptanz ihrer beider Andersartigkeit voraus ist. Schon vorher hatte sie bekräftigt, wie gut sie es findet, „was wir tun können, zusammen und doch jeder für sich alleine" [alone together] (p. 53; vgl. p. 54 u. p. 73) zu tun. Dieses „alone together" greift die in Sarahs Eingangsbemerkung verwendete Formulierung „join, unjoined" (p. 1; vgl. p. 45) in positiv veränderter Weise wieder auf. In ihrer 'großen Rede' bemerkt Sarah: „Nehmen Sie zum Beispiel das Gebärdenzeichen 'verbinden' [to connect]... In bestimmter Weise angewandt, bedeutet es, 'verbunden sein in gemeinsamer Beziehung, genauso aber, dabei Individuum zu bleiben" (p. 84). „Joined" beziehungsweise „join" sind auch die jeweils letzten Worte Sarahs am Ende der beiden Akte des Stückes (p. 45 und p. 91). Nur Getrenntes läßt sich verbinden, erst das Auflösen der primären Selbst-Objektbeziehung macht zu einer wirklichen Liebesbeziehung zwischen zwei Subjekten fähig. So wird die Einsamkeit zur notwendigen Voraussetzung einer möglichen Gemeinsamkeit. Im Film muß Sarah James ganz verlassen und zu ihrer Mutter zurückgehen, um dann einen neuen Versuch der Zuwendung beginnen zu können. Das Theaterstück läßt offen, ob sie nach der Trennung wieder zusammenfinden können.

In den Vorbemerkungen zum Stück hebt Mark Medoff an seinen Freunden Bob und Phyllis Steinberg, die gewissermaßen die Vorlage für Sarah und James darstellen, hervor, daß bei Paaren, von denen einer gehörlos ist, die Spannung zwischen gemeinsamen, teilbaren und für immer unteilbaren Bereichen [separately and together] letztlich unauflösbar bleibt (Medoff 1982, p. VII). Der gegenseitige Respekt vor der Andersartigkeit ist unabdingbare Voraussetzung jeder wirklichen Beziehung zwischen Menschen. Dasselbe gilt natürlich auch für jedes psychotherapeutische 'Paar'.

Sarah beginnt langsam zu begreifen, daß ihre Macht bisher vor allem darin bestand, den anderen von sich wegzustoßen, in Identifikation mit dem

Aggressor. Sie kann am Ende wahrnehmen, wie aggressiv verletzend sie sein kann – und auch gegen James war – „um nicht zu verwelken und vom Wind fortgeweht zu werden" (p. 89). Sie gewinnt mit diesem Täterstatus Zugang zu mehr Autorenschaft für ihr eigenes Leben und dadurch zu ihrer 'Fähigkeit zur Besorgnis' (Winnicott).

James formuliert zunächst nur an Sarah gerichtet: „Ich liebe Dich für die Willenskraft, die Du aufbringst, Du selbst zu werden" (p. 41) und: „Du wirst nichts verändern können, wenn Du dich nicht selbst veränderst!" (p. 86). Bringt er hier vielleicht auch seine eigene unbewußte Sehnsucht nach Eigenständigkeit als Voraussetzung wirklichen Verbundenseinkönnens zum Ausdruck?

Er fängt darüber hinaus an zu erfassen, wie (psychisch) versehrt und bedürftig er selbst ist. Er öffnet damit einen Ausgang aus seinem bisherigen Macherstatus. Endlich kann er formulieren: „'Ich brauche Hilfe. Bitte hilf mir.' Sarah: 'Wie könnte ich Dir helfen?' James: 'Sei Du meine Lehrerin'" (p. 89). In Winnicotts Terminologie gewinnt James die 'Fähigkeit zum Objektgebrauch', die das Anerkennen des Objekts als ein Subjekt mit eigenen Interessen voraussetzt (vgl. Auchter 1994). So wird die asymmetrische Abhängigkeit zwischen beiden schließlich aufgehoben zugunsten der Einsicht, daß beide Lernende und Werdende sind. James: „Sie macht mich auch unsicher... Lehrer... müssen auch eine Menge lernen" (p. 12).

Sarah meint: „Wir sollten uns an einem anderen Ort begegnen; weder im Raum der Stille, noch im Lautraum, sondern woanders. An einem Ort, den ich jetzt noch nicht kenne" (p. 90). Und James: „Ich möchte lernen, mich mit Dir auszutauschen, in welcher Sprache es auch sei, einer, die wir beide lernen können und in der wir uns unterhalten können" (p. 31). In der Alltagsrealität wird es unumgänglich sein, daß jeder sich ein Stück auf die Ebene des anderen begibt und auf ihn zubewegt, ohne die Treue zu sich selbst aufzugeben.

Niemals habe jemand „das Recht, von einem anderen zu verlangen, daß der nach dessen Bild geformt wird" (p. 90), betonen Sarah und James am Ende. Das Stück schließt mit dem gemeinsamen Satz von James und Sarah: „Ich werde Dir helfen [können], wenn Du mir zu helfen vermagst" (p. 91).

Übertragen geht es also um eine psychotherapeutische Haltung, die weniger vom 'furor sanandi' (Freud 1915a) als vielmehr von der 'Unaufdringlichkeit des Analytikers' (Balint 1970) geprägt ist.[26]

Schon Freud (1919a, GW XII, S. 190) hob hervor: „Der Kranke soll nicht zur Ähnlichkeit mit uns, sondern zur Befreiung und Vollendung seines eigenen Wesens erzogen werden." Und Donald W. Winnicott (1976, S. 198; vgl.

Auchter 1997) meinte: „Ein Analytiker mag ja ein guter Künstler sein, aber...
Welcher Patient will das Gedicht oder das Gemälde eines anderen sein?"

Zusammenfassung

Die psychoanalytische Untersuchung des amerikanischen Theaterstücks „Children of a Lesser God" von Mark Medoff fördert bemerkenswerte Analogien zwischen dem konfliktreichen Beziehungsprozeß zwischen dem Gehörlosenlehrer James Leeds und der gehörlosen Sarah Norman sowie den Chancen, Schwierigkeiten und Grenzen eines psychoanalytischen Behandlungsprozesses zutage.

Zwischen James und Sarah entfaltet sich ein unproduktiver Machtkampf, solange er sie nach seinem Bilde formen will, an ihrer Stelle spricht oder übersetzt. Gegenüber seinen psychischen Kolonialisierungsversuchen kann Sarah zunächst nur mit narzißtischem Rückzug, (defensiver) destruktiver Aggressivität oder Flucht reagieren.

Erst als James damit aufhört, Sarah als Selbst-Objekt zu behandeln, kann die Beziehungsversteinerung erweichen. James fängt an zu begreifen, wie (psychisch) versehrt er selbst ist und wie bedürftig. Sarah nimmt ihre verletzende Aggressivität wahr und erwirbt die 'Fähigkeit zur Besorgnis'. Die völlig einseitige asymmetrische Abhängigkeit zwischen 'Lehrer' und 'Schülerin' wird aufgehoben zugunsten der Wahrnehmung, daß beide Lernende sind. Zwischen 'Nichthören und Hören' entsteht ein intermediärer Raum, in dem kreative Entwicklung jedes einzelnen und der Beziehung zwischen beiden möglich zu werden scheint: „Ich werde Dir helfen können, wenn Du mir zu helfen vermagst."

Das Stück reflektiert unbewußt in beachtenswerter Weise die aktuelle Diskussion in der Psychoanalyse um die objektrelationale oder intersubjektive Perspektive des Behandlungsprozesses (z.B. Benjamin 1993; Stolorow, Brandchaft, Atwood 1996) in der die Persönlichkeit des Therapeuten und ihre Grenzen zu einem immer bedeutsameren Faktor der therapeutischen Beziehung werden.

Anmerkungen

1 Ich widme diese Arbeit meinen PatientInnen, die mich lehren, Lernender zu werden. Für ihre hilfreiche, kritische Begleitung meiner Überlegungen danke ich neben anderen vor allem Brigitte Tenschert-Friedhoff und Hans Frings.

2 Die vorliegende Arbeit schließt sich an frühere Auseinandersetzungen mit dem Thema 'Liebe' (Auchter 1975, Auchter 1983), 'Kreativität' (Auchter 1978) und 'Psychoanalytische Behandlungstechnik' (Auchter 1991, Auchter 1995, Auchter 1997) an.

3 Andere Aspekte wie zum Beispiel den auch in dem Stück enthaltenen kritischen Diskurs über die Mann-Frau-Beziehung oder den gesellschaftlichen Umgang mit 'Behinderten' kann ich hier nicht hinreichend aufgreifen.

4 Als ich 1987 den Film zum ersten Mal sah, faszinierte er mich so stark, daß mir klar war, damit werde ich mich auseinandersetzen; erste Einfälle landeten in einer Kladde. 1988 fiel mir eher zufällig das Buch von Harlan Lane (1988) „Mit der Seele hören" in die Hände. Es brauchte dann fast 10 Jahre Inkubationszeit, bis die DGPT-Tagung mir den letzten Anstoß gab, die Arbeit fertigzustellen. Erst nach weitgehendem Abschluß meines Manuskripts wurde ich auf das Buch von Oliver Sacks (1992), „Stumme Stimmen", aufmerksam gemacht.

5 Das Spektrum der Hörstörungen erstreckt sich von der vollkommenen Gehörlosigkeit bis zu den leichteren Formen der Schwerhörigkeit. Entsprechend dem Grad der Hörstörung ist die akustische Kontrolle über die eigenen Lautäußerungen eingeschränkt, und damit die Fähigkeit, sich in oraler Sprache zu artikulieren.
Gehörlosigkeit kann erblich oder krankheitsbedingt, und von Geburt an gegeben sein oder später durch endogene oder exogene Einflüsse ausgelöst werden. Ob jemand von Lebensbeginn an gehörlos oder postlingual ertaubt ist, hat natürlich auch Auswirkungen auf den Grad seiner Fähigkeit, sich mit verbalen Lauten zu äußern.
In Deutschland gibt es mindestens 80.000 vollständig gehörlose Menschen, etwa 500.000 Menschen sind schwerhörig oder spätertaubt.

6 Das „Lippenlesen ist eine Kunst, und sie zu beherrschen ist nicht allen Gehörlosen gegeben... [es] erfordert Konzentration und eine Menge Phantasie, um nicht alleine die Wörter, sondern auch die Bedeutung und Intonation von Wörtern zu erfassen, die das taube Kind nie gehört hat" (Sidransky 1992, S. 59). Darüber hinaus ist es schwierig, zwei- und mehrdeutige Worte zu identifizieren. Hinzu kommt das Problem, daß jeder Mensch seinen individuellen Mund, seine eigene Art und Weise, wie er ein Wort auf den Lippen formt, besitzt und dadurch die Vergleichbarkeit problematisch ist (vgl. Sidransky 1992, S. 92). Konsonanten sind schwie-

riger zu lesen als Vokale, 'K' und 'R' sind gar nicht ablesbar. Abgesehen davon werden viele Laute hinter den Lippen im Inneren des Mundes erzeugt, so daß ihre Bildung nicht eindeutig sichtbar ist. „Die Informationen, die ich tatsächlich aus den Sprechbewegungen entnehme, sind verhältnismäßig gering", schreibt Renate S. (zit. n. Holdau-Willems, 1996, S. 25).

Der Lippenleser muß dem Sprechenden im Sinne des Wortes alles 'von den Lippen ablesen'. Es handelt sich um eine Einbahnkommunikation. Der Gehörlose bleibt für immer der 'Hörige' gegenüber einem Mündigen.

Die Gebärdensprache dagegen erlaubt eine wechselseitige Kommunikation unter den Gebärdenden. Für den Gehörlosen bleibt die Wortsprache graduell unterschiedlich für immer eine unerreichbare Fremdsprache. Jeder Hörende kann die Gebärdensprache zu seiner eigenen Fremdsprache machen, was allerdings nur wenige tatsächlich tun.

7 Alle Menschen äußern sich ursprünglich in Gebärden – ihr Körper 'spricht' -, bevor sie in der Regel eine bestimmte Verbalsprache erlernen. Und alle oralen Äußerungen sind ständig mehr oder weniger, auch kulturbedingt, von non-verbalen Gebärden begleitet.

„Linguistische Untersuchungen haben uns gezeigt, daß manuelle Sprache genau wie orale Sprache über Prinzipien der Wortbildung und Prinzipien des Satzbaues verfügt, und das hat uns zu einem Verständnis von Sprache geführt, das abstrakter ist als Sprechen und Hören oder Gebärden und Gebärdenwahrnehmung" (Lane 1988, S. 438).

Die Gebärdensprache ist jedoch bei all ihrer Abstraktion näher an der Körpersprache als jede andere. Abgesehen davon, daß unter Gehörlosen viel mehr Körperkontakt notwendig ist – z. B. statt jemand anzusprechen oder anzurufen muß man ihn anfassen – ist die Körpersprache eine Wahrnehmungs- und Ausdrucksform, die wir alle am Anfang unseres Lebens einmal beherrschten, als Hörende jedoch nie systematisch ausbilden mußten und die deshalb im Laufe unserer Entwicklung in die Tiefen unseres Unbewußten abgesunken ist.

In der Gebärdensprache gibt es für die meisten Wörter oder Wortkombinationen festgelegte Symbole. Daneben gibt es ein Hand- oder Fingeralphabet, das ein Buchstabieren aller Worte möglich macht.

Die 'Deutung' einer Gebärde erwächst aus der Integration einer Vielzahl von Determinanten (z.B. der Geste, dem Gesichtsausdruck, der Körperbewegung, der Lokalisierung u.a.m.). Ist das bei einer Deutung im psychotherapeutischen Prozeß viel anders?

8 Im folgenden Zitate aus dem Stück nur noch: (p. ...)

9 Die in ihrer Lebensgeschichte wohl häufig erlebte Nicht-Sensibilität von 'Nicht-

Behinderten', mag kompensatorisch bei Sarah zu einer besonders großen Sensibilität für sich selbst geführt haben.
10 (F) bedeutet Verweis auf die Filmfassung.
11 Er ist – wie der Autor des Stückes, geboren 1940 – geprägt vom Zeitgeist: „In den sechziger Jahren schien es wichtig zu sein, Probleme anzupacken, die sich nicht einfach von selbst erledigten" (p. 19). Deshalb sei er Sprachtherapeut geworden.
12 Seit Menschen existieren, gibt es auch Gehörlose unter ihnen, und diese mußten Wege der Verständigung mit den Hörenden suchen. Nach römischem Recht wurden taube Menschen mit den geistig Zurückgebliebenen gleichgestellt, indem ihnen ein Vormund (!) zugeteilt wurde (Lane 1988, S. 136). Erst ab dem 12. Jahrhundert durften Gehörlose nach päpstlicher Bestimmung heiraten, „wenn sie durch Gebärden zu verstehen gäben, daß sie die Bedeutung der Zeremonie verstünden" (Lane 1988, S. 136). Pedro Ponce de Leon, ein spanischer Benediktinermönch, der Anfang des 16. Jahrhunderts lebte, ist der erste bekannt gewordene Gehörlosenlehrer (Lane 1988, S. 133). Ab dieser Zeit gibt es eine immer intensiver werdende systematische pädagogische und auch publizistische Auseinandersetzung mit der Gehörlosenbildung. Wie ein roter Faden zieht sich durch diesen Diskurs der Konflikt zwischen dem 'Oralismus', also dem Versuch, die Gehörlosen an die Wortsprechenden anzupassen und den Unterstützern der Gebärdensprache als der natürlichen Ausdrucksweise Gehörloser (Lane 1988, S. 190; Sidransky 1992, S. 13). „Die Sprache der Gehörlosen wird jedesmal weitergegeben, wenn eine taube Mutter ihr Baby an die Brust legt und sich ihm mit Gebärden zuwendet" (Lane 1988, S. 87). Die kommunikative Problematik zwischen einer tauben Mutter und einem hörenden Baby macht eindringlich der Lebensbericht von Ruth Sidransky (1992) deutlich.
Als 'Oralisten' bezeichnet man diejenigen Gehörlosenpädagogen, die restriktiv auf der Lautsprache bestehen und die Gebärdensprache grundsätzlich ablehnen.
Die Gesellschaft, die sich weigert, die Gebärdensprache zu erlernen, bürdet den Gehörlosen allein die Last der Anpassung auf: 'Sprich – oder schweig!'. „Immer wurde nur von mir erwartet, das Sprechen zu erlernen... Die Jungens empfanden es als zu schwierig, meine Sprache zu lernen", meint Sarah (p. 29; vgl. Sidransky 1992, S. 21).
Dürfen wir den von der Gesellschaft 'Behinderten', den Delinquenten, den psychisch Kranken alleine die Bürde der Anpassung an die Mehrheit auferlegen? Oder müssen wir als Gesellschaft nicht solidarisch ein Stück auf sie zugehen und aktiv einen Begegnungsraum, einen 'dritten Ort' suchen? Müssen wir nicht Minderheiten schützen und ein Stück weit ihre 'Privatsprachen' (im Sinne A. Lorenzers) erlernen, um überhaupt Voraussetzungen für eine mögliche Integration zu schaffen?
13 Ganz ähnlich argumentiert Lane: „Während sie [die Oralisten] beteuern, sie ver-

folgten kein anderes Ziel als das Wohl der Gehörlosen, legen sie völlige Verachtung für deren Ansprüche, Wünsche und Bedürfnisse an den Tag" (Lane 1988, S. 14).

14 In der Realität der alltäglichen lautsprachlich dominierten Kommunikation können Gehörlose nur unter der Bedingung eines 'Falschen Selbst' mithalten, das nicht ihre Kompetenz, sondern ihre Inkompetenz hervorhebt. Denn ihre Anpassungsversuche (Sprechversuche) führen sehr häufig zu sichtbaren Verzerrungen im Gesicht: „Sie sah [dabei] grotesk aus", berichtet Sarahs Mutter, „sie fürchtete, daß die anderen sie zusätzlich für geistig minderbemittelt halten würden" (p. 27). Das ist eine wohl nicht unberechtigte Angst.

15 Die Sexualisierung dient der Abwehr der narzißtischen Kränkungen respektive der unaushaltbaren depressiven Beziehungsleere.

16 Orin bezeichnet James nach seiner Heirat mit Sarah als ihren „Voll-Zeit-Übersetzer [full-time interpretor]" (p. 52).

17 Gehörlose 'sprechen' mit ihren Händen, ihrem Gesicht und ihrem Körper. „Ich denke noch immer mit den Händen", schreibt Ruth Sidransky (1992, S. 131; vgl. Lane 1988, S. 201), Tochter von gehörlosen Eltern. Samuel Johnson formulierte schon 1775: „Sie hören mit dem Auge" (zit. n. Lane 1988, S. 159) und Harlan Lane (1988) gibt seiner 'Geschichte der Taubheit' den Titel: „Mit der Seele hören [When the Mind HGars]". Sidransky beschreibt: „Ich entwickelte andere Sensibilitäten. Ich lauschte den inneren Stimmen der Menschen, erkannte ihre unausgesprochenen Worte. Ich hörte, was ich sah. Und ich sah. Ich sah [zum Beispiel], wie sich ein Augenlid kaum wahrnehmbar senkte" (Sidransky 1992, S. 47). Ihre gehörlose Mutter vermittelte ihr, „daß das Wesentliche im Leben war, 'die Augen weit zu öffnen' und alles zu sehen, Sprache sprechen zu sehen... Sie lehrte mich, dem Leben Beachtung zu schenken" (Sidransky 1992, S. 47). Das manuelle und visuelle Sprechen und Hören in der Gebärdensprache ist sogar in gewisser Weise reichhaltiger als die Wortsprache. „Eine Geste spricht tausendmal mehr und besser als die kraftvollste Sprache", bemerkt am Ende seines Lebens 1780 Pereire, einer der führenden Gehörlosenpädagogen seiner Zeit (zit. n. Lane 1988, S. 139). Zum Beispiel ist es mit Gebärden möglich, „Relationen... räumlich darzustellen" (Lane 1988, S. 90). Die Lebendigkeit und Farbigkeit der Gebärdensprache macht Sidransky an der Geste für das Wort „klar" deutlich: „Die Fingerspitzen beider Hände sind geschlossen und bilden einen kleinen Kreis. Die beiden Kreise vereinen sich, wenn sich die Fingerspitzen berühren. Dann öffnen sich die Hände weit, um Licht eintreten zu lassen. Es ist ein Zeichen der Erleuchtung" (Sidransky 1992, S. 153).

Guilio Tarra, ein leidenschaftlicher Oralist, bekräftigt 1880 auf dem großen Mailänder Gehörlosenkongreß in einer seiner Reden unbewußt und indirekt die emotionale Reichhaltigkeit und Überlegenheit der Gebärdensprache gegenüber der abstrakteren Wortsprache, wenn er formuliert: „Die phantastische Sprache der Gebärden preist die Sinne und facht die Leidenschaften an... Wenn ein Taubstummer eine unrechte Tat in der Gebärdensprache beichtet... so werden die Empfindungen, welche die Tat begleiteten, erneut geweckt" (zit. n. Lane 1988, S. 464). Und das darf nach Ansicht dieses Theologen natürlich nicht sein!

18 Das Adjektiv „sound" bedeutet im Englischen: „gesund, fehlerfrei, gut, zuverlässig, tüchtig, kräftig".

19 vgl. in diesem Zusammenhang z.B. Adler (1907). Ich erinnere nur exemplarisch an viele Blinde, die ein absolutes Gehör entwickeln, deshalb besonders musikalisch oder z.B. für den Beruf des Klavierstimmers besonders geeignet sind.

20 Gehörlose entwickeln besonders den Tastsinn, sie nehmen z.B. Vibrationen differenzierter und bewußt wahr. Jacob Pereire schrieb 1768: „Wenn wir von unserer Mutter in den Armen gewiegt wurden und die ersten Schritte beim Erlernen der Sprache machten, fühlten wir die Vibrationen ihrer Brust. Je tauber ein Kind ist, desto mehr wird es in der Lage sein, diese Wirkungen der Stimme wahrzunehmen" (zit. n. Lane 1988, S. 122). Auf diese Weise ist es auch Sarah zum Erstaunen von James möglich, zu tanzen, sie 'hört' den Rhythmus durch die Vibrationen (p. 18). Ja, es ist ihr damit sogar möglich, Bachs Orgelmusik von Orchestermusik zu unterscheiden (p. 62). „Die Vibrationen erzeugen zwar keinen Ton, aber ein Gefühl in mir" (p. 60).

21 Auf dem Gehörlosen-Kongreß in Mailand von 1880 setzten sich die hörenden Gehörlosenlehrer als Oralisten endgültig gegen die Gebärdensprache durch. Nicht nur, daß danach fast alle gehörlosen Lehrer entlassen wurden. Lane weist in seinem Buch darauf hin, daß der fatale Beschluß von Mailand über die Exkommunikation der Gebärdensprache aus der Gehörlosenbildung zur artifiziellen Verdummung der Gehörlosen geführt hat, während Gehörlose vor allem im 18. und 19. Jahrhundert (im 16. und 17. Jahrhundert nur einige wenige Privilegierte) Gehörlosenlehrer, Klosterbaumeister, Bildhauer, Maler, Schriftsteller, Politiker waren, und Gelehrte, die Mathematik, Geometrie, Architektur, Geschichtswissenschaft, Theologie und Fremdsprachen wie Lateinisch, Hebräisch oder Syrisch beherrschten (Lane 1988, S. 111 ff.; Sacks 1992, S. 45). Der vorgeblich im Interesse der Gehörlosen gefaßte – und bis heute nicht revidierte – Beschluß von Mailand führt dazu, daß mit dem Zwang zum Lautsprechen durch artifizielle Infantilisierung (Lane 1988, S. 476) genau die 'geistige Behinderung' produziert wird, die man vorurteilsbedingt den Gehörlosen zuschreibt.

Lane führt die schließliche Dominanz des Oralismus in der Gehörlosenpädagogik unter anderem auf den „Wunsch der Pädagogen nach totaler Kontrolle über die Klassenzimmer [zurück], die sich nicht erzielen läßt, wenn die Schüler gebärden und der Lehrer keine Gebärdensprache beherrscht. Dann wird der Lehrer zum Außenseiter, zum Behinderten" (Lane 1988, S. 466). Viele hörende Gehörlosenlehrer beherrschen die Gebärdensprache nicht.

22 Dieser Begriff ist eine sprachliche Meisterleistung der Übersetzerin Elisabeth Vorspohl.

23 Die erste Schwimmbadszene im Film mit Sarah allein wird ohne Ton dargestellt.

24 Die Interpretation dieser Szene verdanke ich meiner Patientin H., der – selbst partiell taub – der szenische Gehalt unmittelbar zugänglich war.

25 Ähnlich formuliert Sarah in ihrer ungehaltenen Rede: „Solange Sie mich nicht ein Individuum sein lassen, ein Ich, genau wie Sie, werden Sie niemals wirklich fähig dazu werden, in den Raum meiner Stille einzutreten und mich wirklich kennenzulernen" (p. 84).

26 Weder Balint noch ich reden hier dem Ideal einer unilateralen therapeutischen Beziehung das Wort. Vielmehr ist wie jede Beziehung auch die therapeutische immer intersubjektiv konstituiert und resultiert aus dem Komplex der wechselseitigen Übertragungen von PatientIn und AnalytikerIn.

Literatur

Adler, A. ([1907] 1977): Studie über die Minderwertigkeit von Organen. Frankfurt (Fischer).

Auchter, Th. (1975): Psychoanalytische Überlegungen zum Thema Liebe. In: Wege z. Menschen 27, S. 137 – 150.

Auchter, Th. (1978): Die Suche nach dem Vorgestern. Trauer und Kreativität. In: Psyche 32, S. 52 – 77.

Auchter, Th. (1983): Struktur und Liebe. Voraussetzungen psychoanalytischer Psychotherapie. In: Wege z. Menschen 35, S. 462 – 478.

Auchter, Th. (1991): Lebendig bleiben, gesund bleiben, wach bleiben. Ein fiktives Gespräch mit Donald W. Winnicott über psychoanalytische Behandlungstechnik jenseits der Standard-Technik. In: Z. f. psychoanalytische Theorie u. Praxis VI, S. 243 – 259.

Auchter, Th. (1994): Entwicklung des Wahren Selbst und des Falschen Selbst. Z. f. Individualpsychologie 19, S. 305 – 317.

Auchter, Th. (1995): Über das Auftauen eingefrorener Lebensprozesse. Zu Winnicotts Konzepten der Behandlung schwer psychisch Erkrankter. Forum d. Psychoanalyse 11, S. 62 – 83.

Auchter, Th. (1997): „Dem Patienten zurückgeben, was er selber eingebracht hat"

(Winnicott) – Wider den therapeutischen Macho. In Vorbereitung.

Balint, M. (1970): Therapeutische Aspekte der Regression. Stuttgart (Klett).

Benjamin, J. (1993): Die Fesseln der Liebe. Psychoanalyse, Feminismus und das Problem der Macht. Frankfurt (Fischer).

Dornes, M. (1995): Gedanken zur frühen Entwicklung und ihrer Bedeutung für die Neurosenpsychologie. Forum der Psychoanalyse 11, S. 36 – 49.

Freud, S. (1940): Gesammelte Werke I – XVII. London (Imago Publishing).

Freud, S./Jung, C. G. (1974): Briefwechsel. Frankfurt (Fischer).

Frisch, M. (1972): Ausgewählte Prosa. Frankfurt (Suhrkamp).

Hilgers, M. (1996): Scham. Gesichter eines Affekts. Göttingen (Vandenhoeck & Ruprecht).

Hitschmann, E. (1952): Freud's Conception of Love. In: Int. J. o. Psa 33, S. 421 – 428.

Holdau-Willems, G. (1996): Hinter Glas. Gehörlos – Mit der Behinderung leben. Lahr (Ernst Kaufmann Verlag).

Klee, E. ([1974] 1981): Behinderten-Report. Frankfurt (Fischer).

Lane, Harlan (1988): Mit der Seele hören. Die Geschichte der Taubheit. München/Wien (Hanser).

Lorenzer, A. (1970): Sprachzerstörung und Rekonstruktion. Frankfurt (Suhrkamp).

Medoff, M. (1980, 1982): Children of a Lesser God. Oxford (Amber Lane Press).

Pohlen, M. u. Bautz-Holzherr, M. (1995): Psychoanalyse – Das Ende einer Deutungsmacht. Reinbek (Rowohlt).

Sacks, O. (1992): Stumme Stimmen. Reise in die Welt der Gehörlosen. Reinbek (Rowohlt).

Sidransky, R. (1992): Wenn ihr mich doch hören könntet. Kindsein in einer stummen Welt. Bern/München/Wien (Scherz).

Stolorow, R. D., Brandchaft, B., Atwood, G. E. (1996): Psychoanalytische Behandlung. Ein intersubjektiver Ansatz. Frankfurt (Fischer).

Tierliebe – die Sehnsucht des Menschen nach der Natur

Jürgen Körner

Vor etwa 12.000 Jahren starb ein Mann in der Nähe des Ortes *Ein Mallaha* im heutigen Israel. Man wählte für ihn eine günstige Grabstelle, sie war trocken und für Raubtiere unzugänglich, und sie ließ nur einen sehr langsamen Verfall des toten Körpers zu. So fand man zu Beginn dieses Jahrhunderts ein sehr gut erhaltenes Skelett. Das Erstaunlichste an diesem Fund aber war, daß dieser Mann in Gesellschaft eines Tieres begraben wurde. Er hielt einen jungen Wolf in seinen Armen.

Das Gebiß dieses drei bis fünf Monate alten Welpen legt die Vermutung nahe, daß hier keine Jagdtrophäe, nicht der Feind des steinzeitlichen Menschen erlegt und seinem Jäger beigegeben worden war. Es muß ein Tier gewesen sein, das nach vielen Generationen der Gewöhnung an den Menschen sein Leben in der Wildnis schon aufgegeben hatte. Vieles an ihm mag noch wölfisch ausgesehen haben, und gewiß besaß er noch keine der Eigenschaften eines Wach- oder Hütehundes. Die Menschen jener Zeit hatten noch keine Herden, die man treiben oder bewachen mußte, und so wird dieser Wolf, der einer der Ahnen unseres Haushundes war, ein Spielgefährte gewesen sein, ein Begleiter im kurzen Leben dieses Mannes, undressiert und eigenwillig, aber vielleicht auch nähebedürftig und anschmiegsam. Das Grab in *Ein Mallaha* ist ein frühestes Zeugnis menschlicher Tierliebe, die einsetzte, noch bevor Menschen damit begannen, Tiere zu zähmen und zu züchten, um aus ihnen wirtschaftlichen Nutzen zu ziehen.

Vor wenigen Monaten, also 12.000 Jahre später, verfügte eine ältere Dame in Berlin-Wilmersdorf, daß ihr Hund, wenn er ihren Tod überlebte, nicht zu anderen Menschen gegeben werden sollte, schon gar nicht in ein Heim abgeschoben werden dürfe. Nein, man sollte ihn einschläfern, also töten und mit ihr zusammen begraben.

12.000 Jahre menschliche Tierliebe, das sind 120 Jahrhunderte angestrengten menschlichen Bemühens, sich in der Natur, in der Gemeinsamkeit mit dem Bruder Tier zurechtzufinden, einerseits sich zu lösen aus der Verbundenheit mit allem Lebenden, andererseits aber die Getrenntheit von der Natur und die Sonderstellung schmerzhaft als Einsamkeit zu erleben und rückgängig machen zu wollen. Tierliebe gründet in der Sehnsucht nach dem zurückphantasierten Paradies, in dem Wunsch, die Geschiedenheit von Mensch und Natur aufzuheben oder wenigstens in der Illusion zu überwinden.

Der Anfang

Wir wissen nicht, wann die Menschen heraustraten aus der Gemeinsamkeit mit dem Tier, wann sie sich ihrer Besonderheit und zunehmend ihrer Überlegenheit bewußt wurden und sich als Menschen selbst auf die Bühne der Geschichte stellten. Wir können uns nicht hineinversetzen in den Urmenschen, dem noch die Fähigkeit zur Reflexion fehlte, der über sich selbst nicht nachdachte und nur langsam begann, die Dinge dieser Welt von außen (exzentrisch) zu betrachten. Die frühesten Höhlenzeichnungen* bilden daher nur Tiere ab, noch keine Menschen. Sie sollten das Jagdwild herbeiholen, die Schritte des Höhlenbären in die Ferne lenken; erst später stellten sich Menschen auch selbst dar. Damit zeigten sie, daß sie begonnen hatten, ein rudimentäres Selbst zu entwickeln.

Zweifellos fühlte sich der Steinzeitmensch dem Tier unterlegen. Seine wachsenden Fähigkeiten, der Gebrauch von Werkzeugen und Jagdwaffen hoben ihn schon heraus aus der Gleichheit mit dem instinktgebundenen Tier, aber die Vorteile seiner wachsenden Intelligenz waren noch nicht recht greifbar, und die Niederlagen waren zu häufig.

Heute fühlen wir uns den Tieren überlegen, wir wissen um den Zwang tierischer Verhaltensprogramme, belächeln den Aal, der aus der Reuse nicht herausfindet – wenn er nur ein bißchen nachdenken würde! – und wir machen uns lustig über die Lemmingszüge, Tausende kleiner Tölpel, die sich ins Wasser stürzen, auf der Suche nach neuem Lebensraum, aber weil sie so kurzsichtig sind, verwechseln sie den stillen See mit dem reißenden Strom oder dem Atlantik. Wie dumm sie sind, sie ertrinken auf dem Weg nach Amerika.

---

* bis ins 8. Jahrtausend vor Christi Geburt

Dem steinzeitlichen Menschen fehlte noch unsere Herablassung, aus seiner Sicht verhielt sich das Tier nicht instinktgefesselt, nicht wie programmiert, sondern entschlossen und zielbewußt. Und ist es nicht so: Wissen Tiere nicht immer genau, was sie zu tun haben? „Tiere", sagte Sigmund Freud, „sind immer richtig" (Rheinz 1994). Menschen können zwar planen und sich entscheiden, aber sie können auch geplagt sein von Entschlußlosigkeit, und sie schwanken im Wankelmut. Wir, die wir gar nicht anders können als absichtsvoll handeln, sehnen wir uns nicht nach der Kontemplation, möchten wir gern einmal so absichtslos sein wie der Goldfisch, der im Aquarium umherschwimmt, der keine Absichten hegt und keine Ziele zu verfolgen scheint? Wir können nicht absichtslos sein, auch nicht, und vielleicht am wenigsten in der freien Assoziation.

Tiere sind auch körperlich genau abgestimmt auf ihre spezifische Umwelt. Menschen verloren diese enge Bezogenheit, sie eroberten, sie schufen sich immer neue Umwelten, aber nirgendwo sind sie zu Hause. Wir können nicht sehr schnell und nicht sehr lange laufen, wir schwimmen nur mühsam und wenig ausdauernd, wir tauchen nur ein paar Sekunden, klettern nur unter großer Angst und fliegen überhaupt nicht. Es gibt tausende Tierarten, die besser fliegen und andere, die besser schwimmen und laufen, klettern oder tauchen können. Menschen hingegen sind – ähnlich wie Wanderratten – Spezialisten im Nicht-Spezialisiertsein, sie können von allem ein bißchen.

All diese Mängel haben wir wettgemacht. Die Fähigkeit zur Symbolbildung und insbesondere zur sprachlichen Verständigung katapultierte uns aus der Gleichheit mit dem Tiere heraus. Jetzt wurden Erfahrungen verfügbar, Menschen entwickelten ein evokatives Gedächtnis, das ein Probehandeln ermöglicht, die Antizipation von alternativen Ursache-Folge-Verknüpfungen; und der Sprachschatz ist wahrlich ein Schatz, ungeheuer viele Erfahrungen, dazu noch hierarchisch geordnet, weil nicht jeder jede Einzelheit speichert und weitergibt, sondern nur das Prinzip (den „Funktionalwert") einer Lösung, nämlich, wie man eine Fischreuse baut oder einen Entenschwarm herbeilockt.

Menschliche Intelligenz ist so überlegen, weil sie so sparsam arbeitet, weil sie die Vielfalt der Erfahrungen kondensiert und weil sie aus tausenderlei Eindrücken nur die ganz wenigen mitnimmt, die zur Bewältigung nützlich sein werden. Habe ich diesen einen Hirschen mit dem Ruf einer Hirschkuh herbeigelockt, dann kann ich diesen einen, seine Besonderheit, vergessen, weil ich ahne: Alle männlichen Hirsche sind so, es kommt auf den einzelnen nicht an. Und wenn ich gelernt habe, daß der Lachs nur Anfang August die Flußmündung passieren und Ende September verschwunden sein wird, was muß es mich kümmern, was er die übrige Zeit treibt, wo er sich aufhält und erst recht: wieso er zurückfindet zu mir. Weil wir die nutzlosen Einzelheiten nicht schätzen (denn wir ordnen unser Wissen nach verwertbaren Eigenschaften), wissen wir über die Tiere weniger als der Frühmensch. Für ihn waren die Einzelheiten noch gleichermaßen bedeutungsvoll, er sah sich ihnen allen gegenüber und wußte noch nicht, was er vernachlässigen konnte.

Der Übergang zum Bauern und Viehzüchter

Im Übergang vom Jäger zum Bauern schlug der Mensch ein ganz neues Kapitel in seiner Beziehung zum Tiere auf. Es war vor etwa 10.000 Jahren in der Gegend des heutigen Libanon, als Jäger begannen, die Ziegen des Berglandes, die im Winter in die Täler gekommen waren, im Frühjahr am Fortziehen zu hindern. Sie bauten Gehege, errichteten Zäune, fütterten sie und schützten sie vor wilden Tieren. Was aus heutiger Sicht geradezu auf der Hand lag, war für den jungsteinzeitlichen Menschen ein ungeheuerlicher Schritt: Nicht nur, daß er den Rhythmus der Ziegenwanderungen vorausschauend berücksichtigte, Zäune baute und Futter herbeischaffte; vielmehr mußte er sich selbst beherrschen, er mußte lernen, auch in Zeiten des ärgsten Hungers die eigene Herde nicht aufzuessen, er mußte seine Affekte zähmen, wenn ihn der Ziegenbock mit den Hörnern boxte, er mußte fürsorglich werden, um das kranke Tier zu versorgen, und er mußte über Jahre hinweg den Futteranbau planen, um seine Herde auch in sieben Jahren der Dürre zu erhalten. Die Domestikation des Nutztieres war zugleich eine Selbst-Domestikation des Menschen.

Wir haben wohl keinen Grund, in diesem Fortschritt die Überlegenheit des Menschen dokumentiert zu sehen. Ich bevorzuge hier eine materialistische Sichtweise: Nicht weil der Mensch so überlegen war, gelang es ihm, Tiere zu züchten, sondern umgekehrt: Indem er lernte, das Tier für sich zu verwenden, zwang er sich zur Kulturarbeit an sich selbst.

Die Tierprozesse des Mittelalters

Bis ins Mittelalter hinein wuchs die Überlegenheit des Menschen weiter an, er entwickelte seine Fähigkeit, das Tier für sich zu verwenden, unzählige Male für die Arbeit und die Ernährung, aber noch nicht zum Vergnügen. In höfischen Kreisen gab es vereinzelt das Haustier: ein zahmer Pfau im Garten, ein

Singvogel im Boudoir oder ein Affe in der Orangerie. Der gemeine Mensch des Mittelalters war nicht tierlieb im heutigen Sinne. Er ging sachlich mit dem Nutztiere um – eine Kuh, die man melken will, muß man ausreichend gut behandeln. Tiere, die er nicht verwendete, kümmerten ihn wenig.

Einen Wendepunkt im Verhältnis des Menschen zum Tier stellen jene rätselhaften Tierprozesse dar, die uns seit dem 12. Jahrhundert aus verschiedenen europäischen Ländern überliefert sind. Da wurde ein Schwein angeklagt, weil es den Hütejungen gebissen hatte, Ratten kamen vor Gericht, weil sie den Kornspeicher bestohlen, und Hunde wurde verurteilt, weil sie ihren Herrn auf Diebeszügen begleitet hatten. Diese Prozesse folgten einer strengen juristischen Prozeßordnung, es wurden Anklageschriften verlesen, eine Verteidigung konnte mildernde Umstände geltend machen – z.B. wurden die Ferkel jener schon erwähnten Sau aufgrund ihres geringen Alters und da ihnen ein schlechtes Vorbild gegeben worden war nicht verurteilt – und sie mußten dem Verfahren zusehen, um zu vernehmen, was einem Missetäter geschehen kann. Auch ein Schwein ist nicht in absentia zu schlagen.

Diese Prozesse dienten der Abschreckung: Nicht selten wurden andere Tiere gezwungen, die Folter und den qualvollen Tod eines Artgenossen mit anzusehen; und natürlich standen zahlreiche Menschen umher, und denen sollte wohl gesagt werden: Sieh her, wie es einem ergeht, der sich so schweinisch verhält!

Es war die Zeit, in der noch die Strafangst das menschliche Handeln regulierte, Gewissensangst und Über-Ich waren noch schwach und flüchtig, und die Erziehung hatte sich vorerst damit begnügt, die wesentlichsten Tabus unter den Menschen zu festigen und weiterzugeben. Strafe zielte, wie Foucault (1976) beschreibt, auf den körperlichen Schmerz, erst später bereitete sie die Schande, beschämte den Täter vor den anderen. Die Tierprozesse des Mittelalters festigten die menschliche Moral, indem sie den Graben zum zügellosen, gefräßigen, promiskuösen Tiere vertieften. Menschsein heißt nämlich, die orale Gier zu zähmen, die sexuelle Lust zu zügeln, die Wut zu beherrschen, kurzum: das Begehren zu kultivieren. Die innere Nähe zum Tier aber war gefährlich und immer verführerisch. Es scheint so, als habe der Mensch des ausgehenden europäischen Mittelalters, einer Zeit also, als er endgültig Selbst-Bewußtsein gewann, noch einmal zurückgeschaut zum „Bruder" Tier, sei ihm noch einmal in die Nähe gerückt, bevor er sich endgültig abwandte und weiter von ihm entfernte.

In der Zeit der Aufklärung dann vergrößerte der Mensch seine Distanz zum Tiere ins Unermeßliche. Die kartesianische Trennung von körperlicher und geistiger Existenz trennte auch Mensch und Tier, das Tier blieb als bloße „res extensa" (Descartes) zurück, ohne Seele, ohne Persönlichkeit. Im Hochgefühl der geistigen Überlegenheit, bestätigt durch die technischen Neuerungen und ökonomische Entwicklung verließen die Menschen ihre dumpfe Gebundenheit an Vorurteil und Standesunterschied, an religiöse Dogmatik und animistische Naturlehre. Das Tier geriet in den ökonomischen Kreislauf der Kapitalverwertung, die Mensch-Tier-Beziehung ordnete sich diesen Erwägungen von Nützlichkeit zunehmend unter. Aber in der gleichen Zeit entstand – geradezu gegenläufig – eine Tendenz zur Romantisierung des Tieres, eine erste Neigung zur Tierliebe in modernem Sinne.

Es war die Epoche, in der man begann, auch das Kind und die Kindheit mit neuen Augen zu betrachten. Montaigne, der große Autor der Renaissance, hatte in seinen Essais (1580) noch schreiben können, „ich habe zwei oder drei Kinder im Säuglingsalter verloren, und dies zwar nicht ohne Bedauern aber doch ohne Verdruß". Aber mit ihm wuchs doch schon das Verständnis für das Kind als Wesen mit eigener Persönlichkeit, ja mit eigener Vollkommenheit und Würde. Eine Romantisierung der Kindheit setzte ein, Kinder schienen natürlicher, weniger lasterhaft als die Erwachsenen und noch frei von den vielfältigen erzieherischen Einflüssen, die den Menschen zwar fähig werden lassen, sich in einer Zivilisation erfolgreich zu bewegen, die ihn damit aber auch verbiegen, zurechtstutzen und unterdrücken. Das Kind und auch das Tier erschienen noch frei von diesen Beschädigungen, natürlich und unverdorben, verschont von den Lasten des Menschseins. In der Beziehung zum Tier, so schien es dem Menschen, könnte er etwas von jener Natürlichkeit (wieder)erleben, könnte in seiner Gegenwart ahnen, wie unbeschwert das Leben ohne Gewissensdruck und Arbeitsmoral wäre. Projektionen mischten sich also in diese ersten Formen der Tierliebe: die Idee vom natürlichen Menschen, die Rückphantasie vom Paradies, von der Zeit vor dem Sündenfall, vor den Schmerzen des Menschseins auf Erden.

Seit dieser Zeit blieb die Beziehung zum Tiere zwiespältig, geprägt von einer doppelten Phantasie vom guten und vom bösen Tiere. Mit der Phantasie vom bösen Tiere wirft der Mensch von sich, was er in sich selbst fürchten gelernt hat. Und mit der Phantasie vom guten Tier sucht er seine Ideale, weil er glaubt, das Tier hätte sie schon verwirklicht. Da gibt es natürlich die Geschichten vom blutrünstigen Werwolf, vom gierigen Fuchs oder dummen Hasen, und es gibt die Erzählungen vom selbstlosen Hofhund, der seinen Herrn, der ihn doch ertränken wollte, aus dem Wasser rettet. Eine schrecklich-gute Geschichte ist die der Spitzin Krambambuli der Marie von Ebner-

Eschenbach, die ihrem Peiniger sterbend das eigene Junge anvertraut und ihm damit zu einem guten mütterlichen Introjekt verhilft.

Eine schrecklich-böse Geschichte ist die vom Skorpion*, der einen Frosch darum bat, über einen Fluß getragen zu werden. Dieser weigerte sich, weil er Angst hatte, vom Skorpion gestochen und getötet zu werden. Sagte der Skorpion: „Da müßte ich aber schön dumm sein, denn ich ginge mit dir unter." Das leuchtete dem Frosch ein, und er lud den Skorpion auf seinen Rücken. In der Mitte des Flusses aber stach der Skorpion zu, und beide ertranken. Fragte der Frosch: „Warum hast du das getan?" Und der Skorpion antwortete: „Weil ich ein Skorpion bin."

Derart zu Projektionsfiguren geworden, eignen sich Tiere zur Erziehung und Belehrung der Kinder, indem sie mal die eine, mal die andere Seite des inneren Zwiespalts zu tragen genötigt werden. So geht die Verwendung des Tieres in der Moderne ganz neue Wege: In der Beziehung zum Tiere inszeniert der Mensch seine inneren Konflikte und arbeitet sie durch, er verwendet das Tier auch und gerade dann, wenn er es liebt, wenn er es zu sich herzieht, damit es seine Umwelt mit ihm teile.

Empathie und Perspektivenübernahme

Die moderne Tierliebe beruht auf einer anthropozentrischen Illusion, auf der Phantasie nämlich, das Tier könnte doch so sein wie ein Mensch, könnte die Lebenswelt des Menschen teilen, mit ihm fühlen, denken, handeln, leiden, sich freuen, zornig sein. Wir unsererseits fühlen uns hinein in das Tier, glauben, seinen Schmerz empathisch empfinden zu können und hoffen natürlich, daß unsere Liebe – darüber – zu uns zurückkehrt. Aber das Tier verläßt niemals seine arteigene Umwelt, es tritt nicht heraus aus der Welt des Hundes, der Brieftaube oder des Goldfisches – so sehr wir auch gelernt haben, über Zucht und Verhaltenstraining Einfluß zu nehmen in unserem Sinne. Für den Hund sind wir – im günstigen Falle – der Alpha-Hund, der nach Hause kommt und selbstverständlich die Unterordnung verlangt. Für die Brieftaube sind wir wahrscheinlich ein Feind, der – rätselhaft genug – friedlich scheint, und für den Goldfisch sind wir nichts weiter als der Schatten über dem Wasserbecken, ein Signal für das nahende Futter. Tiere treten nicht her-

---

* Ich verdanke sie Anne-Marie Schlösser.

aus aus ihrer „Merk- und Wirkwelt" (von Uexküll), und wenn sie es könnten, hätten sie in der Regel doch nicht genügend Zeit, sich auf uns, die wir so viel schneller lernen, einzustellen.

Unsere Brücke zum Tier ist unsere *Empathie*. Mit unserer Einfühlung ziehen wir das Tier zu uns her, glauben zu wissen, was in ihm vorgeht. „Empathie" ist ein modernes Kunstwort. Älter ist das schöne Wort „Einfühlung" oder, wie Scheler sagte, „Einsfühlung", das von dem Amerikaner Titchener ins Englische mit „empathy" übersetzt wurde in Anlehnung an das griechische em-passio, das heißt mit-, genauer: in (hinein)-leiden*. Einfühlung setzt sich – so auch Bischof-Köhler (1989) – aus zwei grundverschiedenen Kompetenzen zusammen: zum einen aus der Fähigkeit zur *Gefühlsansteckung*, zum anderen aus der höheren sozialkognitiven Fähigkeit, sich in den anderen, seine Situation und soziale Lage hineinzuversetzen, der *„Perspektivenübernahme"*.

Die Fähigkeit zur *Gefühlsansteckung* ist eine angeborene Kompetenz, wir finden sie bei neugeborenen Säuglingen (Spitz 1976) schon. Das Wort „Gefühlsansteckung" ist eindeutig: Gemeint ist die Fähigkeit, sich vom Gefühl des anderen, seiner Trauer, seiner Freude anstecken zu lassen, ich fühle das, was er schon fühlt. Die Fähigkeit zur Gefühlsansteckung unterscheidet uns nicht von den Tieren, im Gegenteil, hier sind wir ihnen gleich. In der Ethologie spricht man statt von Gefühlsansteckung von „Stimmungsübertragung", sie tritt bei sozial lebenden Tieren, insbesondere bei Schwarmtieren auf. Stimmungsübertragung synchronisiert das Verhalten artgleicher Tiere – etwa bei einem auffliegenden Vogelschwarm -, und es synchronisiert auch das Gefühlsleben der Menschen, man denke nur an einen Saal schreiender Säuglinge.

In der *Perspektivenübernahme* hingegen versetze ich mich in den anderen hinein, ich betrachte seine Welt mit seinen Augen, ich empfinde, was er mutmaßlich empfindet, aber stets glaube ich zu wissen, daß es *seine* Gefühle sind, die ich nachempfinde, ich fühle *wie* er, aber ich selbst würde (an seiner Stelle) vielleicht anderes fühlen.

In der Perspektivenübernahme kann ich *Räume und Zeiten überwinden*. Während ich mich in der Gefühlsansteckung nur von einem unmittelbar anwesenden anderen berühren lasse, kann ich mich z.B. in einen unglücklichen Menschen auch dann hineinversetzen, wenn er gar nicht anwesend ist,

---

.* Nebenbei bemerkt: Diese Nähe zum Mitleid brachte den Begriff der Empathie gleichsam auf eine schiefe Bahn.

wenn ich mir z.B. vorstelle, wie es der Mutter meines Patienten mit diesem Kind gegangen sein mag, und ich kann vorwegnehmend einfühlen, wie meinem Patienten zumute sein wird, wenn ich ihm einen längeren Urlaub ankündigen werde. Perspektivenübernahme setzt voraus, daß wir über Selbst- und Objektrepräsentanzen verfügen können, so daß wir in unseren Vorstellungen vom anderen nicht angewiesen sind auf seine Präsenz.

Tiere sind untereinander – innerhalb einer Art – zu differenzierter Stimmungsübertragung fähig, in der Regel fehlt ihnen aber jede Kompetenz zur Perspektivenübernahme. Eine Ausnahme bilden jene Primaten, die in aufwendigen Trainings doch lernen, die Perspektive eines anderen einzunehmen. Woodruff und Premack (1979) schildern beispielsweise ein faszinierendes Experiment mit Schimpansen, die gelernt hatten, einen Wärter herbeizuholen, damit er unter zahlreichen Holzkisten diejenige aufschließe, die einige Bananen enthielt. Die Versuchsleiter führten nun einen „bösen" Pfleger ein, der die Kiste aufschloß, die Bananen aber selbst aufaß. Nach einigen Durchgängen gewöhnten sich die Schimpansen an, diesem „bösen" Pfleger systematisch eine falsche Kiste zu zeigen.

Weil Tiere in der Regel aber nicht zur Perspektivenübernahme fähig sind, können sie auch nicht sadistisch sein, ebensowenig, wie sie Mitleid empfinden. Denn Sadismus und Mitleid setzen Perspektivenübernahme voraus; sich am Leiden des anderen zu erfreuen, betont gerade den Unterschied zwischen ihm und mir. Und auch im Mitleid bringen wir weniger ein Mit-Fühlen zum Ausdruck, sondern sagen eher etwas herablassend: „Es tut mir leid, daß es Dir so schlecht geht."

Der *europäische Mensch* errang die Fähigkeit zur Perspektivenübernahme vermutlich erst im späten Mittelalter. Bis dahin beschränkte sich seine Einfühlung auf die reine Gefühlsansteckung; es fiel ihm schwer, sich in die subjektive Lage eines anderen hineinzuversetzen, dessen Situation mit dessen Augen wahrzunehmen und von der eigenen Lage zu unterscheiden. Anders ausgedrückt: Es fehlte ihm noch die Kompetenz, sich und den anderen von außen zu betrachten, und erst recht mußte es ihm schwerfallen, derartige Betrachtungen als persönliche, subjektiv gebundene zu nehmen. (Bis heute fällt es vielen Menschen schwer einzusehen, daß ihre Wahrnehmung von den Dingen nicht mit den Dingen selbst identisch ist.)

Kinder entwickeln die sozialkognitive Kompetenz der Perspektivenübernahme etwa vom dritten Lebensjahr an. Piaget und Inhelder (1947) haben diese Entwicklungsprozesse mit beeindruckenden Experimenten abgebildet und nachgewiesen (der 3-Berge-Versuch). Die Fähigkeit zur Perspektivenübernahme tritt gemeinsam auf mit der Symbolbildung und Selbstreflexion; sie löst die bis dahin dominierende Fähigkeit zur Gefühlsansteckung ab, drängt sie in den Hintergrund. Mißglückte Triangulierungsprozesse im zweiten oder dritten Lebensjahr behindern die Entwicklung dieser Kompetenz zur Perspektivenübernahme; solchen Menschen begegnen wir nicht selten in der Therapie. Ihnen gelingt es nicht, die Perspektive des anderen von der eigenen zu unterscheiden – manchmal versetzt sie schon die Möglichkeit einer anderen Perspektive in Angst, weil sie in der Eigenart des anderen – mit gewissem Recht – ein Zeichen bedrohlicher Getrenntheit erblicken.

Kindliche Tierquälerei können wir mit den Konzepten von Gefühlsansteckung und Perspektivenübernahme recht gut erklären. Die unbefangene Neugier, mit der ein Vierjähriger lebendige Käfer zerlegt, deutet darauf hin, daß er zur Perspektivenübernahme noch nicht fähig ist. Und die Gefühlsansteckung wirkt ja nur unter artgleichen Individuen: Der Schmerzensschrei einer Maus steckt die andere Maus an, aber nicht die Katze und auch nicht das Kind.

Gefühlsansteckung und Perspektivenübernahme – die beiden wesentlichen Komponenten der Empathie – sind *zwei grundverschiedene Vorgänge*. In der Gefühlsansteckung fühle ich, was der andere fühlt, es ist sein Gefühl und mein Gefühl zugleich, die Gefühlsansteckung verwischt also den Unterschied zwischen mir und dem anderen, wir fühlen wie eins (daher der alte Begriff „Einfühlung"). In der Perspektivenübernahme hingegen bleibt die Differenz zwischen mir und dem anderen erhalten. Ich versetze mich in die Lage des anderen, aber ich kann zu mir zurückkehren. Ich *muß* auch bei mir bleiben, weil ich *meine* Vorstellungen über den anderen und seine Situation in Anspruch nehme. Daher ist die Perspektivenübernahme ein sehr komplexer sozialkognitiver Vorgang, bei dem ich einerseits den anderen als Menschen für sich gelten lasse, indem ich nämlich seine Perspektive zu erfassen versuche, aber zugleich bin ich es selbst, der diese Perspektive ausfüllt, ich rufe sie in mir hervor – z.B. ein Gefühl der Trauer über ein Ereignis, das noch gar nicht eingetreten ist –, *ich* fühle ja an Stelle des anderen. So entsteht in der Perspektivenübernahme eine Mischung aus Eigenem und Fremdem, ein spannungsreiches Verhältnis zwischen Selbst und Nicht-Selbst.

Lebensgeschichtlich betrachtet, entwickeln Kinder die Fähigkeit zur Empathie, indem sie in ihren frühesten Beziehungen zunächst ihre Fähigkeit zur Gefühlsansteckung (coenästhetische Wahrnehmung) nutzen. Mit ihrer Individuation und der Entwicklung ihrer Selbst-Reflexion verlassen sie die unmittelbare, körperhaft erlebte Nähe zum anderen, das ist ein Verlust. Sie trösten sich, indem sie Repräsentanzen* bilden; das ist zwar ein schwacher Trost, wie Harold Lincke (1981) schrieb, aber doch einer, der mit ungeheuren Möglichkeiten belohnt: Die Symbolfunktion macht unabhängig vom anderen, und zwar in einem doppelten Sinne: Zum einen kann ich mir auch in räumlicher Distanz der inneren Nähe zum anderen sicher sein, zum anderen unterliegen meine Repräsentanzen meiner eigenen Bearbeitung; ich kann sie im groben spalten, zerstören oder schützen, in gute oder böse innere Objekte verwandeln, und ich kann versuchen, mit meinen eigenen Entwürfen meine soziale Welt projektiv oder projektiv-identifikatorisch zu gestalten. Empathie, und darin die Perspektivenübernahme, ist ein solcher Gestaltungsversuch, indem wir eine Brücke zum anderen schlagen, ihn gelten lassen und uns selbst doch auch zur Geltung bringen.

Empathie als Illusion

Damit zurück zur Geschichte der Tierliebe: Im ausgehenden Mittelalter löste sich der Mensch aus der Verbundenheit mit allem Lebendigen, der Nähe zum „Bruder Tier", indem er ein reflexives Selbst bildete. Gleichzeitig mit der Fähigkeit zur Selbstbetrachtung entwickelte er mit der Perspektivenübernahme die Kompetenz, sich in den anderen, scheinbar auch in das Tier empathisch hineinzuversetzen. Die Fähigkeit zur Empathie heilt den Verlust der zuvor erlebten Einheit und intimen Verbundenheit mit der Natur; sie schlägt eine Brücke über einen von uns selbst gezogenen Graben. Und je tiefer dieser Graben wird, desto dringlicher wird uns das Bedürfnis, ihn zu überspringen, vielleicht, weil wir uns unter uns immer weniger wohl fühlen – als zivilisierte Menschen in einer hochentwickelten Kultur.

Aber unsere Versuche, uns dem Tier wieder zu nähern, sind sehr halbherzig, und unsere Einfühlung in das Tier beruht auf einer anthropozentrischen Illusion. Wir täuschen uns, wenn wir die Perspektive eines Tieres übernehmen, und wir täuschen uns noch mehr, wenn wir die Zuwendung eines Tieres mit menschlicher Liebe verwechseln. In Wahrheit suchen wir in der Einfühlung nicht die Perspektive des Tieres, seine Eigenart, die Welt zu sehen –

---

* Freud beschrieb diesen Vorgang (1920) am Beispiel des „Fort-da-Spiels" eines Kindes.

das ist vielleicht nur noch dem steinzeitlichen Menschen gelungen – in Wahrheit versuchen wir, das Tier zu uns herüberzuziehen, es soll unsere Welt teilen, aber wir können nicht sein Bruder sein. So reizvoll es ist für uns, das (unüberwindbar) Fremdartige im Tier zu spüren, seine Eigen-Art, die es niemals aufgeben kann, so glücklich sind wir doch, wenn sich das Tier auf uns bezieht, wenn es – scheinbar – unsere Welt mit uns zu teilen bereit ist.

Unsere Empathie können wir über alles Lebendige legen; wenn es sein muß, dürfen wir auch glauben, daß unsere Balkonpflanzen uns mögen und unser Gummibaum dankbar ist. Menschen können sich – hoffentlich – dieser empathischen Verfügung widersetzen, sie können ihrer Verwendung widersprechen und uns anregen oder zwingen, unsere Repräsentanzen zu korrigieren (das geschieht im psychoanalytischen Prozeß). Tiere können das nicht. Sie fordern zwar, daß wir ihre Lebensbedingungen achten, aber auch darin sind sie kompromißbereit. Eine Landschildkröte läßt sich in unseren Breitengraden mit dem Sterben lange Zeit und bleibt ihrem Besitzer einige Jahre lebendig. Hält man die Tiere aber „richtig", lassen sie sich ausnutzen und vielfältig verwenden – nicht nur in der Fleisch- oder Eierproduktion, sondern gerade auch in der Tierliebe, gerade dann, wenn wir so besonders altruistisch sein wollen.

Und dann verwenden wir sie so, wie wir gern auch Menschen verwenden würden. Denken wir nur an einen entmutigten jungen Mann, der in seinem Leben so wenig von seinen Plänen verwirklichte, statt dessen im Beruf zurückgeblieben ist, von Kollegen gehänselt und vom Chef herabgesetzt wird. Abends aber kehrt er heim, und sein Hund rennt auf ihn zu, springt jubelnd an ihm hoch und begrüßt ihn wie einen Helden nach siegreicher Schlacht!

Oder jener Mensch, dessen Wort so wenig noch gilt, niemand hört auf seine Stimme, aber dann, auf dem Dressurgelände, ein donnerndes „Platz!", und der Hund wirft sich hin auf die Grasnarbe – und freut sich noch dabei! Mein Hund gehorcht mir gern!

Oder denken wir an die einsame Frau, die so im Zweifel ist, ob sie liebenswert sei, die alle ihre Männer auf die Probe stellte, aber alle versagten. Nur die Katze blieb standhaft und weicht ihr nicht von der Seite. Sie weiß nichts von Mißtrauen und von Zweifeln, sie besteht auch die härtesten Proben auf Treue und Verläßlichkeit.

Oder der Aquarienbesitzer: Da richten wir für eine Handvoll Fische eine ganze Welt ein, beleuchten sie im Wechsel von Tag und Nacht, bauen Behausungen aus künstlichen Korallen, setzen erst Pflanzen hinein und dann die Tiere, füttern und säubern und sehen die Fische zufrieden in ihrer Welt, die wir mit unseren Armen umfangen können, die wir anschauen und sagen können: Das haben wir für sie geschaffen, und siehe, es ist gut so. Und schließlich jene strengen Menschen, die uns in den Fußgängerzonen unserer Städte Bilder grausamer Tierversuche ins Blickfeld rücken und damit jedenfalls das eine klarstellen: Wir, die wir für die Rechte geschundener Kreaturen eintreten, sind die Guten, und ihr, die ihr einen Bogen um uns macht, seid kaltherzig und grausam: Ihr solltet euch was schämen!

Tiere sind vielfältig verwendbar, mit ihnen können wir all jene inneren Konflikte durcharbeiten, die wir auch sonst in sozialen Beziehungen mit Menschen inszenieren. Es geht mit Tieren sogar noch etwas besser: Tiere sind nicht ambivalent, hinter ihrer Zuneigung liegt nicht ein Mißtrauen bereit, sie sind vordergründig, sie haben kein Unbewußtes. Daher sind sie berechenbar, und sie können sich ihrer Verwendung nicht entziehen. Sie tragen das alles mit großer Geduld, und wenn wir nur ein wenig darauf achten, wie sie leben wollen, widersprechen sie ihrer Verwendung nicht, und dafür lieben wir sie umso mehr.

Ausblick

Tierliebe ist eine Errungenschaft der Zivilisation und zugleich eines ihrer Symptome. Die Stärke unserer Hochkultur zeigt sich vielleicht in der Ethik der Mensch-Tier-Beziehung, in Tier- und Naturschutzgesetzen, im Verbot der Tierquälerei[*]. Ihre Schwäche erscheint in zunehmend egozentrischer Verwendung des Tieres zur Regulierung persönlicher Enttäuschungen und zur Überwindung schmerzhaft empfundener Entfremdung von der Natur.

Unsere Tierliebe ist egozentrisch, und sie ist es vor allem dann, wenn sie ausdrücklich das Wohl des Tieres zu verfolgen glaubt. Zweifellos wird es uns eines Tages gelingen, das vollkommene Batteriehuhn zu züchten, dem nichts mehr daran liegt, im Staub zu baden, nach Insekten zu scharren und des nachts auf einen Ast zu hüpfen. Wäre das nicht ein Akt großer Tierliebe? Ein solches Huhn zu züchten, das sich vollends wohl fühlt in unseren Käfigen,

---

[*] Der erste deutsche Tierschutzverein wurde 1873 in Stuttgart gegründet; und zu Anfang des 20. Jahrhunderts gab es in Deutschland schon 260 Tierschutzvereine mit über 90.000 Mitgliedern (Huber 1929). Um das Jahr 1770 herum datieren die ersten gesetzlichen Bestimmungen, die - in England - Tierquälerei verbieten und gerichtlich ahnden. John Locke forderte, Kindern im frühen Alter Güte und Liebe für tierische Mitgeschöpfe zu vermitteln.

das nichts mehr dagegen hat, unter uns Menschen zu leben? Oder denken wir an die nützlichen Mikroben, die unlängst „erschaffen" wurden, um die lästigen Rückstände zu verzehren, die so häufig unsere Wasserstraßen verschmutzen. Ihr Züchter, ein großes Unternehmen, hat ein Patent auf sie, sie gehören ihm, zweifellos fühlen sie sich wohl, solange sie nur in unserer Dreckbrühe schwimmen dürfen.

Tierzucht und erst recht die genetische Manipulation, die in irgendeinem Sinne immer „gut gemeint" sind, überwinden tatsächlich die Fremdheit zwischen uns und der Natur, aber leider in eine falsche Richtung: Mehr und mehr greifen sie die Eigen-Art der Tiere an, sie werden uns immer ähnlicher, die Natur wird ein Spiegel unserer selbst; und wenn wir in diesen Spiegel schauen, wenn wir die lebenden Fleischproduzenten und die degenerierten Hühner betrachten, wenn wir auf die schnell wachsenden Kälber und die ölfressenden Bakterien und die absurden Haustierrassen schauen, dann sehen wir längst nicht mehr jene Natur, der wir damals den Rücken kehrten und die wir wiederzufinden suchen, sondern wir sehen zunehmend uns selbst, wir sehen unsere Eigenschaften, gerade diejenigen Eigenschaften, die uns nicht angenehm sind, eine dunkle, eine unbewußte Seite von uns selbst. Letzten Endes wird die ganze Welt nach Mensch aussehen, dann haben wir nur noch uns selbst, dann sind wir endlich angekommen.

Literatur

Bischof-Köhler, D. (1989): Spiegelbild und Empathie. Berlin, Stuttgart, Toronto (Huber).
Foucault, M. (1976): Überwachen und Strafen. Die Geburt des Gefängnisses. Frankfurt/M. (Suhrkamp).
Freud, S. (1920): Jenseits des Lustprinzips, GW VIII, S. 1 – 69.
Huber, J. (1929): Tierschutz. In: Das Tier 4, S. 17 – 20.
Lincke, H. (1981): Instinktverlust und Symbolbildung. Berlin (Severin und Siedler).
Montaigne, M. de (1580): Essais. Paris (2 Bände).
Piaget, J., Inhelder, B. (1947): Die Entwicklung des räumlichen Denkens beim Kinde. Stuttgart (Klett) (1971).
Rheinz, H. (1994): Eine tierische Liebe. München (Kösel).
Spitz, R. A. (1976): Vom Säugling zum Kleinkind. Stuttgart (Klett).
Woodruff, D., Premack, G. (1979): Intentional Communication in the Chimpanzee: The Development of Deception. Cognition 7, S. 333 – 362.

Kandidatenforum

Die Macht der Liebe und die Liebe zur Macht in der psychoanalytischen Ausbildung

Versuch eines Gesprächs zwischen Lernenden und Lehrenden. Eine Podiumsdiskussion, veranstaltet von der Bundeskandidatenvertretung der DGPT[1]

Thea Bauriedl, Beate Blank-Knaut, Jürgen Körner, Karl-Friedrich Limburg, Hildegard Schäfer, Anne-Marie Schlösser, Michael Schulte-Markwort

Karl-Friedrich Limburg (Bundeskandidatenvertreter):
Das zweite Kandidatenforum möchte an die Diskussion des letzten Bundeskandidatenforums anknüpfen, in der es im wesentlichen um die Aggressionshemmung in der analytischen Ausbildung ging.

Auch in diesem Jahr haben wir versucht, uns in das Tagungsthema, nämlich die Psychoanalyse der Liebe, einzufügen und die spezifischen Konflikte in der analytischen Ausbildung unter diesem Gesichtspunkt zu betrachten.

Wir haben uns eine Gliederung in drei Abschnitte gedacht: Zunächst werden Frau Blank-Knaut und Herr Körner zur Bedeutung der Macht der Liebe, insbesondere in der Lehranalyse sprechen; als nächstes dann Frau Schäfer und Frau Bauriedl über die Liebe zur Macht in der Institution - sofern es so etwas gibt - und als letztes werden Frau Schlösser und Herr Schulte-Markwort versuchen, Vorschläge zu einer möglichen Integration dieser beiden Gesichtspunkte zu machen.

---

[1] Die Teilnehmer des Podiums sind in dem vorliegenden Beitrag namentlich genannt. Die Diskussionsbeiträge aus dem Auditorium wurden redaktionell erheblich gekürzt und sind nicht namentlich gekennzeichnet.

Beate Blank-Knaut (Bundeskandidatenvertreterin):

Ich habe mir speziell darüber Gedanken gemacht, welche Bedeutung die „Macht der Liebe" in der Lehranalyse haben könnte und ob das „Feuer der Übertragung" als Voraussetzung für einen tiefergehenden analytischen Prozeß in der Lehranalyse überhaupt ungehindert brennen und seine Kraft entfalten kann.

Zweifel hierüber könnte man durchaus haben, denn eine mögliche latente Unzufriedenheit der Kandidaten in ihren Lehranalysen läßt sich an der ständig steigenden Zahl von Zweit- und Drittanalysen oder der zunehmenden Anzahl extrem langer und weit über den Ausbildungsabschluß hinaus andauernder Analysen ablesen. Hierzu gibt es von den Weiterbildungsteilnehmern bedauerlicherweise nur wenige publizierte Erfahrungen. Genannt wird aber häufig ein generelles Unbehagen über das Gefühl der Infantilisierung in der Ausbildung und die Tendenz, in den Lehranalysen Kritik und Widerspruchsgeist als Ausdruck unverarbeiteter kindlicher Konflikte zu verstehen und auf eine psychische Ebene zu reduzieren, da so unliebsame Realitäten ausgeblendet werden und unverändert weiterbestehen können.

Für die Unzufriedenheit in der Lehranalyse werden in den meisten Veröffentlichungen die institutionelle Einbindung und die Abhängigkeiten innerhalb der Institute und Fachgesellschaften verantwortlich gemacht. Dem gilt aber nicht mein Interesse. Mich leitet die Frage, welche anderen, vielleicht emotionalen Beziehungsfaktoren könnten im analytischen Setting Lehranalyse die oben genannten gegenseitigen Enttäuschungen und die Unzufriedenheit bedingen und das 'Feuer' nicht zum 'Brennen' bringen? Und, was ich auch wichtig finde, warum ist dies nicht innerhalb der Lehranalyse analysierbar wie jedes andere, in die Analyse eingebrachte Material auch? Welche Widerstände sind hier auf beiden Seiten wirksam? Dazu möchte ich als Diskussionsanreiz drei Hypothesen bilden:

1. Für uns Kandidaten werden die als Teil der Berufsmotivation wirksamen Allmachts- und Größenphantasien durch die Zulassung zur Weiterbildung noch verstärkt. Allein diese Zulassung vermittelt uns Weiterbildungsteilnehmern das Grundgefühl, analysierbar und nicht krank zu sein, die Fähigkeit zu haben, die Ausbildung erfolgreich absolvieren zu können und schließlich ein guter Analytiker zu werden. Diese narzißtische Gratifikation durch die Zulassung erhöht aber zugleich unsere Verletzbarkeit. Kränkungen bleiben nicht aus, allein schon durch die Rückversetzung in den Schülerstatus, die Abwehr wird mobilisiert.

Die Zulassungserfahrungen korrespondieren in ähnlicher Weise mit der

Ernennung in den Lehranalytikerstatus. Die Lehranalytiker gelten als befähigte Theoretiker und die besten Therapeuten, obwohl sie nicht durch nachgewiesene Kompetenz, sondern durch - für uns jedenfalls - undurchsichtige Kriterien in diesen Stand erhoben werden. Sie müssen sich an Idealen und vielleicht auch idealisierten Eigenschaften messen, was das Selbstwertgefühl belastet und für Verwundungen empfänglicher macht. Die Realität der Ausbildungssituation und der Erfolgsdruck erhöhen diese narzißtischen Probleme.

So wird der psychoanalytische Prozeß in der Lehranalyse gegen die gegenseitigen narzißtischen Ängste geschützt. Idealisierungen befriedigen die emotionalen Bedürfnisse des Lehranalytikers, und der Analysand erfährt sich vom Analytiker narzißtisch aufgebläht. Es entwickelt sich eine „milde, unanstößige Übertragung" insbesondere, wenn Analysanden Ähnlichkeiten mit ihren Analytikern aufweisen. Die wichtigen erotischen und aggressiven Übertragungskomponenten (die zu einem lodernden 'Feuer' dazugehören würden) bleiben ausgespart bzw. werden nicht analysiert. Die negativen Affekte sind zwar vorhanden, werden aber auf die institutionelle Ebene mit ihren Ausbildungszwängen, der Konkurrenzsituation und dem Erfolgsdruck verschoben.

Erfahrungen an den Instituten vermitteln den Eindruck, daß gerade die Idealisierungen der Lehranalytiker nicht aufgelöst werden und die Abhängigkeit von den inneren Objekten in einer unaufgelösten Übertragungsbeziehung und Identifizierung mit dem Lehranalytiker persistiert: statt Autonomie lebenslange Bindung.

2. Die Diskussion um die Lehranalyse ist eine unhistorische. Immer wieder werden diverse Kritiker zitiert, ohne daß sie in ihren historischen Kontext gestellt werden. Und es wird wenig mitreflektiert, daß die Weiterbildungssituation gerade heute einen ganz anderen politischen und sozialen Stellenwert hat als vor 20 Jahren und noch früher. Und solange gesellschaftliche und politische Realitäten entweder keinen Platz in der Lehranalyse finden oder die eigene Besorgnis um die Zukunft als Widerstand gedeutet wird, solange brauchen wir uns über die eigene Unzufriedenheit nicht zu wundern und darüber, daß nicht zu bearbeitende weil unverstandene Zukunftsängste kein guter Brennstoff für ein flackerndes Feuer sind.

3. Einen letzten Punkt möchte ich nicht unerwähnt lassen. Die Geschlechterdifferenz wird selten in den Analysen mitreflektiert, weder auf der intrapsychischen noch auf der interaktionellen Ebene. Auch die Situation von Frauen in der Ausbildung sowie als Lehranalytikerinnen ist wenig untersucht. Ich denke aber, daß auch das in den Lehranalysen eine Bedeutung hat. Ich würde

die Hypothese bilden, daß eine 'weibliche Macht der Liebe' eine andere Bedeutung haben könnte als eine 'männliche', aber darüber müßte man diskutieren.

Jürgen Körner (Vorsitzender der Deutschen Psychoanalytischen Gesellschaft, DPG):
Mein Lehranalytiker fragte mich in einer Stunde, ob es nicht bedeutsam für mich sei, daß er Leiter des Institutes ist, an dem ich lerne. Ich habe ein bißchen überlegt und dann gesagt: „Nein - ich glaube nicht." Das war wahrscheinlich ein Irrtum, aber ein Irrtum, der sehr schwer aufzuklären war. Ich glaube, daß es oft Verstrickungen in Lehranalysen gibt, über die wenig nachgedacht wird.

Am Ende meiner Ausbildung habe ich zunächst gedacht, daß sich Lehranalyse und therapeutische Analyse aus methodischen Gründen kaum unterscheiden. Wir haben so ein Ideal vom Prozeß des Analysierens: Wir schaffen innerhalb des Rahmens der psychoanalytischen Situation einen Raum, in dem sich Übertragung und Gegenübertragung entfalten; wir begegnen dem Unbewußten, begegnen einander, begegnen Liebe, Haß und Macht; und das ist doch hier wie dort ganz ähnlich. Aber das stimmt nicht. Es gibt mindestens drei Gesichtspunkte, die die Unterschiedlichkeit kennzeichnen.

Zum einen wird oft ins Feld geführt, daß der Unterschied darin bestünde, daß Lehranalysand und Lehranalytiker sich außerhalb der Analyse unvermeidlich begegnen, im Institut, in den Gremien oder auf Kongressen. Ich glaube, daß dies zwar eine Erschwernis sein kann, aber noch keinen grundsätzlichen Unterschied ausmacht. Auch in therapeutischen Analysen begegnen wir natürlich hin und wieder unseren Patienten. Kollegen, die in kleinen Städten oder Dörfern leben und behandeln, können das beschreiben. Aber auch in Berlin, wo ich herkomme, begegnen wir einander. Wir haben gemeinsame Bekannte, vielleicht liegt eine verräterische Zeitschrift im Eingangsbereich, oder es steht der Porsche vor der Tür, oder auch beides gemeinsam kommt vor. Und das ist Realität. Aber das alles bedeutet nicht einfach nur eine Störung des psychoanalytischen Prozesses. Denn das wäre nämlich meiner Ansicht nach ein falsches Verständnis vom Abstinenzbegriff, wenn wir glauben, die unbewußte Phantasie entfalte sich gleichsam im beziehungsfreien Raum jenseits der realen Erfahrung miteinander. Im Gegenteil, sie entfaltet sich in realen Erfahrungen miteinander, und ich habe es zwar oft als schwierig, aber nicht als unüberwindlich erlebt, wenn es solche Begegnungen gab, sei es mit Patienten oder sei es mit Lehranalysanden. Insofern ist dieses Problem eher marginal.

Ein zweites Problem ist schon schwieriger, ich meine das der institutionellen Einbindung. Innerhalb einer Institution gelten nämlich andere Regeln des sozialen Miteinanders als außerhalb. Institutionen gründen nun einmal, das mußten auch Analytiker und Lehranalytiker begreifen, auf Abwehrprozessen. Man kann eine Institution nicht so führen, wie man ein Gespräch führt. Analytiker neigen manchmal dazu, z.B. ein Gremium an einem Institut wie eine große Familie aufzufassen und so damit umzugehen. Das führt aber oft zu chaotischen Zuständen. Um ein geregeltes Miteinander zu erreichen, müssen wir die Abwehrprozesse beachten. Institutionen brauchen die Abwehrprozesse, das wissen wir, das aber führt zu Schwierigkeiten, die möglicherweise schwer zu analysieren sind. Ich nehme an, daß Frau Bauriedl dazu etwas sagen wird, deswegen will ich den Punkt auch gleich wieder verlassen.

Mir liegt nämlich vor allem ein dritter Punkt am Herzen, nämlich der, daß die Lehranalyse Teil einer Berufsausbildung ist. Es ist eine sehr schwierige Frage, welche Konsequenzen sich daraus ergeben. Die häufig gestellte Frage der Lehranalysanden ist z.B.: „Wie krank darf ich eigentlich sein? Wieweit darf ich meine schweren Konflikte, meine Beziehungsstörungen und meine sexuellen Phantasien überhaupt hier in die Lehranalyse einbringen, oder schadet es nicht letztendlich meinem Ziel? Am Ende will ich ja ein erwachsener und akzeptierter Partner und ein guter Analytiker werden!"

Also ist es ein Qualifikationsproblem. Wenn ein Lehrer zu mir käme und sagen würde, daß er eine Analyse bei mir machen möchte, um seinen Beruf besser ausüben zu können, dann hätte ich den Verdacht, daß er heimlich eine Therapie machen möchte. Ich würde mir sehr überlegen, ob ich ihn nehmen würde. In Lehranalysen ist aber die Berufsausbildung regelmäßig das Motiv, und natürlich gibt es den Wunsch, das Unbewußte zu erfahren. Aber der Wunsch, gesund zu werden, wie bei einem Patienten, der existiert bei Lehranalysanden höchstens ganz im Verborgenen.

Ich komme zum letzten Punkt. Es gibt eine Verstrickung, die ich für nicht analysierbar halte:

Der Lehranalysand kommt in die Analyse, weil er wie der Lehranalytiker werden will. Das ist in der Psychotherapie ganz anders. Ein Patient hat das Recht, seinen Entwurf von seinem Leben zu behaupten und mit seinem Analytiker darum zu ringen, die Form zu finden, die ihm gemäß ist. Da entsteht zwischen dem Analytiker und seinem Patienten etwas Drittes, das wird, zumeist in einem oft sehr konflikthaften und sehr schwierigen Dialog, neu entwickelt. Ich glaube, daß dieser Prozeß in der Lehranalyse kaum möglich ist, weil der Lehranalysand unter dem - vielleicht unbewußten - Verdikt steht:

Ich muß so werden wie er. Das halte ich für sehr schwer analysierbar. Ob wir dieses Problem dadurch lösen, indem wir die Lehranalyse ausgliedern, das weiß ich nicht genau, darüber müßte man vielleicht diskutieren.

Hildegard Schäfer (Bundeskandidatensprecherin):
Ich verstehe die psychoanalytische Ausbildung als eine 'sensible Phase', in der die 'Macht der Liebe' in der Übertragung den Boden bildet für die Ausbildung einer Persönlichkeit, die schließlich als Instrument für die Behandlung unserer Patienten eingesetzt werden soll.

Vor diesem Hintergrund haben wir die Frage gestellt: Kommt das Ausbildungssystem der in dieser sensiblen Phase erhöhten Verletzlichkeit und Abhängigkeit der AusbildungsteilnehmerInnen entgegen, und bildet es einen akzeptierenden 'good enough'-Rahmen zur Förderung von Autonomie und Verantwortung der KandidatInnen, oder führen institutsimmanente Macht- und Kontrollstrukturen zu erhöhter Angst, Fremdbestimmung und Anpassung?

Wir haben versucht, dies in einer Befragung der Kandidatenvertreter der DGPT-Institute zu erfassen.

Auf die Frage nach der Stellung der KandidatenvertreterInnen im Institut zeigte sich, daß von 43 Antwortenden (dies entspricht einem Rücklauf von ca. 50 % bei zwei KandidatenvertreterInnen pro Institut) sich nur eine nicht akzeptiert fühlt, aber acht der Meinung waren, sie fänden zu wenig Gehör, um die Interessen der AusbildungskollegInnen angemessen vertreten zu können. Dabei fanden 21 (also etwa die Hälfte), daß die Zusammenarbeit in den verschiedenen Gremien wie Ausbildungsausschuß etc. besser sein könnte bzw. zu wünschen übrig ließe. Ein exemplarischer Kommentar dazu lautet: „Ich werde zwar als Kandidatenvertreterin akzeptiert, es fehlt aber eine Kultur und Tradition, demokratisch mit Ämtern und Gremien umzugehen." Und weiter: „Es gilt, die Institutsprozesse fundierter anzusprechen, nicht, wie in einem Selbsterfahrungsprozeß, einfach geschehen zu lassen. Hinzu kommt, daß wir als Weiterbildungsteilnehmer nicht kollegial gesehen werden, d.h. mit gleichen berufspolitischen Sorgen und Nöten..."

Auf die von mir schon skizzierte Frage nach dem Rahmen der Ausbildung waren neun, also etwa 20 % der Meinung, daß man nur ansatzweise oder überhaupt nichts davon spüre, ca. 80 % der Antwortenden waren der Ansicht, daß das Institut sich darum bemühe bzw. daß diesem Punkt mehr Gewicht beigemessen werden sollte. Gewünscht wurde z.B. die Einrichtung von regelmäßigen Terminen oder Arbeitsgruppen, in denen institutsinterne

Konflikte besprochen werden können, Veranstaltungen zum Thema 'Identität' und mehr Delegation von Verantwortung auf die KandidatInnen.

Interessant ist, daß auf die Frage, ob es Machtstrukturen gibt, die eine emanzipatorische Entwicklung behindern, gut 2/3 (33) eine bejahende Antwort gaben, wobei ebenfalls 33 Antworten negativ waren! Hier gab es also erhebliche Überschneidungen. Die institutionellen Strukturen werden demnach sowohl förderlich als auch belastend erlebt. Ein großer Teil der Kommentare befaßte sich damit, daß latente institutsinterne Spannungen und eine geringe Transparenz von Vorgängen und Entscheidungsprozessen zu Verunsicherung, Ängsten und Loyalitätskonflikten führe.

Bemerkenswert in diesem Zusammenhang erscheint mir, daß in ca. zwei Dritteln der insgesamt ca. 150 z.T. sehr differenzierten Kommentare Wünsche nach mehr Informationsfluß, nach Dialog zwischen Ausbildern und Auszubildenden, nach mehr Transparenz der Prozesse und nach mehr Mitverantwortung bei der Gestaltung der Ausbildung zum Ausdruck kamen. Und aus dem Geist der Stellungnahmen sprach meiner Ansicht nach eine hohe Bereitschaft, sich auf Prozesse der Ausbildung einzulassen. Ich finde, das ist auch ein Potential, das nicht übersehen werden sollte!

Thea Bauriedl (Vorsitzende der Akademie für Psychoanalyse und Psychotherapie in München):
Vielen Dank, Frau Schäfer. Ich finde es sehr schön, daß Sie diese Umfrage gemacht haben. Ich selbst habe zusammen mit vier Kollegen und Kolleginnen, 1971 glaube ich, die erste große Umfrage unter den Kandidaten an DPG- und an Nicht-DPG-Instituten gemacht. Die DPV-Institute (DPV = Deutsche Psychoanalytische Vereinigung) erschienen uns damals so tabu und unerreichbar, daß wir sie gar nicht mit einbezogen haben.

Wir fragten: „Wie fühlen Sie sich?" Und wir bekamen die Antwort: „Sprachlos!" Wir haben die Ergebnisse der Umfrage in einer großen Studie veröffentlicht, deshalb wurden wir damals zum Teil als Nestbeschmutzer bezeichnet. Ich hoffe, daß Ihnen nichts Ähnliches passiert ist, aber ich glaube, daß die Zeiten sich geändert haben.

Meiner Meinung nach ist die Ausbildungssituation entscheidend für das übrige Leben und die Weiterentwicklung der Psychoanalyse. Denn in der Ausbildung werden vor allem, wie auch zwischen Eltern und Kindern, die Beziehungen introjiziert und weitergegeben. Die Inhalte, meine ich, sind erst an zweiter Stelle wichtig.

Ich interessiere mich theoretisch und praktisch sehr für die Institutionsanalyse. Seit 1 1/2 Jahren bin ich nun Vorsitzende der Akademie für Psychoanalyse in München und konnte eigene Erfahrungen sammeln, jetzt habe ich eine andere Perspektive als damals vor 25 Jahren.

Ich denke, daß sich das ganze Problem auf zwei Ebenen abspielt, die man, so gut es geht, voneinander trennen sollte. Ich meine einerseits die institutionelle und andererseits die psychische Ebene. Wenn institutionelle Strukturen und persönliche Beziehungsstrukturen – das ist mir sehr wichtig –, wenn diese beiden Strukturen ähnlich oder identisch sind, ändert sich nichts. Das heißt, wenn wir Veränderungen wollen, so müssen wir an beidem arbeiten, an den institutionellen Strukturen und an unserem gemeinsamen Bewußtsein, weil sich beides gegenseitig prägt.

Ich möchte nun einige institutionelle Probleme kurz ansprechen. Zum einen finde ich, daß die ehrenamtliche Arbeit der Ausbildenden oft dazu führt, daß man diese an Selbstausbeutung grenzende Tätigkeit eventuell durch Machtgewinn zu kompensieren versucht. Andererseits bleibt aber auch häufig wenig Zeit und Kraft für ein Engagement innerhalb der Institutionen übrig, was gleichermaßen für Auszubildende und Ausbilder gilt. Im wesentlichen liegt das Problem darin, daß man nicht miteinander, sondern häufig nur übereinander spricht. Es ist wohl eine grundsätzliche Frage in Institutionen, ob man durch Zurückhaltung von Informationen Macht gewinnen und erhalten will, oder ob einem daran gelegen ist, Verantwortung auf viele Schultern zu verteilen, indem man Informationen möglichst weit und schnell streut.

Ich glaube, daß es eine Doppelbödigkeit der Kommunikation innerhalb der Institute gibt, unter anderem auch in Form von unaufgearbeiteten Konflikten zwischen den Analytikern, Mitgliedern und Lehranalytikern, die sehr wirksam ist. Wir in München haben versucht, an dieses Problem heranzugehen, uns aber dann doch nicht an die noch bestehenden und kürzlich entstandenen Konflikte herangetraut, sondern uns lieber mit den Problemen im Dritten Reich und danach befaßt.

Ich möchte noch kurz zu der psychischen Ebene etwas sagen. Ich denke, daß sich die persönlichen Erwartungen und Befürchtungen von beiden Seiten in einem Übertragungsgeflecht miteinander verbinden. Vielleicht könnte auch in Institutionen die Generationenschranke sehr heilsam sein, indem jeder seinen Platz einnimmt und über die Beziehungen miteinander gesprochen werden kann. Probleme sollten sofort und möglichst offen angegangen werden, aber die Institutionskultur sollte dafür sorgen, daß der Konflikt unter denen gehalten wird, die direkt davon betroffen sind. Das heißt, der Konflikt sollte nicht nach außen gelangen, sondern dort gehalten und ausgetragen werden, wo er virulent ist.

Natürlich besteht in analytischen Institutionen das besondere Problem darin, daß sich die Lehranalysebeziehungen in einem institutionellen Rahmen befinden. Es ist hierfür notwendig, geschützte analytische Räume herzustellen und aufrechtzuerhalten und diese auch durch eine besondere Abstinenz in der Institution zu schützen. Es ist, glaube ich, sehr wichtig, daß die Räume für die Analyse geschützt werden. Nur wenn die Kandidaten das erlebt haben, werden sie es auch mit ihren eigenen Patienten so wiederholen. Wir wollen in unseren Instituten Entwicklungsprozesse begleiten und fördern, und zwar nicht nur bei unseren Kandidaten und Kandidatinnen, sondern auch bei uns selbst. Dazu ist natürliche Offenheit und ständige Pflege des Gesprächs prinzipiell nötig. Deswegen bin ich für diese Veranstaltung hier so dankbar.

Anne-Marie Schlösser (stellvertretende Vorsitzende der DGPT):
Ich finde, daß Herr Schulte-Markwort und ich jetzt die allerschwierigste Aufgabe haben. Wir sollen nämlich sagen, wie alle diese Probleme, die eben zur Sprache gekommen sind, gelöst werden sollen. Es ist schon mehrfach betont worden, daß die Lehranalyse in viel stärkerem Maße als jede therapeutische Analyse gefährdet ist, in Verstrickungen von Liebe und Macht zu geraten. Das hat auch damit zu tun, daß beide Beteiligten sich sozial ähnlicher sind: Der eine ist eben nicht der „kranke" Patient und der andere der „gesunde" Therapeut. Sondern der eine nimmt eine Position ein, die der andere demnächst erreichen wird. Es ist nur eine Frage der Zeit, bis der Lehranalysand selbst Psychoanalytiker sein wird.

Diese Konstellation hat zur Folge, daß manche Inhalte tabuisiert werden müssen, damit diese Perspektive, das Ziel der Ausbildung, nicht in Frage gestellt wird. Darauf hat Jürgen Körner vorhin schon hingewiesen. Man könnte sagen, die Lehranalyse ist deshalb eine Analyse mit serienmäßig eingebauter Denkhemmung (und deshalb schon ein Widerspruch in sich). Ein Thema, über das der Analysand nicht nachdenken darf, ist z.B. die Frage: Wie krank bin ich eigentlich? Bin ich möglicherweise viel zu krank, um Analytiker werden zu können? Er wird also vorsichtig werden, was seine Probleme angeht und manches verschweigen, was ihm Sorgen macht. Und das hat mit der Machtfrage zu tun, die hier ins Spiel kommt, denn der Lehranalytiker ist meistens auch Mitglied im Weiterbildungsausschuß. Und wenn der Lehranalysand die Erkenntnis befürchtet, nicht geeignet zu sein für den

Beruf, dann läßt sich dieser Zusammenhang nicht mehr leugnen.

Es ist nun denkbar, daß das Problem des Machtgefälles per Identifizierung oder Idealisierung abgewehrt wird und sich beide arrangieren. Der Analytiker behandelt dann etwa den Analysanden wie einen zukünftigen Kollegen, was einen ganz bestimmten Ton in die Analyse bringt: „Wir beide gegen den Rest des Institutes." Damit hätten wir eine unbewußte Abwehr des Machtproblems in Form einer Verstrickung.

Und die Frage ist jetzt: Was kann man dagegen tun? Ich denke, man muß einerseits etwas tun, sich aber gleichzeitig darüber klar sein, daß man diese Vorgänge niemals restlos in den Griff bekommen kann. Denn es handelt sich ja um Phänomene von elementarer Natur, die sich auch durch Regularien, die ich für sehr sinnvoll halte, nicht endgültig kontrollieren lassen. Mit anderen Worten: Feste Regelungen, wie das weithin praktizierte Non-reportingsystem, müssen etabliert werden, das in den meisten Weiterbildungsausschüssen ja auch schon - allerdings sehr unterschiedlich - gehandhabt wird. Ich würde aber noch weiter gehen und meinen, daß der Lehranalytiker nicht nur nichts sagen, sondern auch den Raum verlassen soll, wenn es um seinen Analysanden geht. Ich bin dafür, das ganz strikt zu handhaben. Und dennoch muß man sich bei all diesen Bemühungen immer wieder darüber klar werden, daß das eine Gratwanderung ist, die man da versucht, und daß man niemals wirklich gegen Verführung der einen oder anderen Art gefeit ist. Man muß sich dessen bewußt sein, daß das geschehen kann, und dieses Thema in die Kommunikation bringen.

Michael Schulte-Markwort (Bundeskandidatenvertreter):

Ich möchte mich gleich an Frau Schlösser anschließen und mein eigenes Konzept zugunsten der Kürze verlassen.

Es ist unstrittig, daß es Regularien der Begegnung in der Ausbildung außerhalb des psychoanalytischen Rahmens geben muß. Es ist auch unstrittig, daß diese Abwehrcharakter wie in jeder Institution haben müssen. Aber ich habe den Eindruck, daß darüber, wie sich diese an den einzelnen Instituten eigentlich ausbilden, viel zu wenig gesprochen wird, und daß vor allen Dingen wir Kandidaten dazu viel zu wenig angehört werden. Teilweise sind wir allerdings auch zu zurückhaltend und schüchtern.

Um das auf einen ganz konkreten Punkt zu bringen: Die Zusammenarbeit, die wir uns alle wünschen und die wir brauchen, bedeutet für mich in erster Linie, daß es eine Transparenz in den Bewertungsprozessen, die ablaufen, gibt. Das ist doch das, was die meisten Ängste auslöst und worum sich soviel dreht, und damit wird nicht emanzipatorisch und demokratisch umgegangen.

Karl-Friedrich Limburg (Bundeskandidatenvertreter):
Ich möchte mich zunächst bei Ihnen auf dem Podium bedanken und die Diskussion sofort an das Plenum weitergeben. Dabei erinnere ich, daß gesagt wurde, wir sollten miteinander reden. Das soll weitgehend in einem Stil verlaufen, der mild und unanstößig ist, wenn ich richtig verstanden habe. Ich finde, dieses Podium hat sich darum hervorragend bemüht. Alles ist sehr mild und unanstößig, es geht wenig um Sex, es geht wenig um Geld, der Porsche steht irgendwo am Rande, und vielleicht geht es dabei dann auch nicht so gut vorwärts. Ich bitte nun um Wortmeldungen.

Auditoriumsteilnehmer:
Ich möchte zu der Wahl bzw. zu dem Verfahren, wie jemand Lehranalytiker wird, noch etwas sagen. Der Lehranalytiker ist natürlich eine Person, und als diese vertritt er sich und seine Überzeugung, auch seine Irrtümer, seine Eigenarten. Er ist aber auch Rollenträger, Funktionär und somit Teilhaber an der Macht. Dadurch ist er sozusagen Teil eines Getriebes, das einem, solange man nicht selbst daran beteiligt ist, völlig undurchschaubar scheint.

Lehranalytiker werden aus ganz unterschiedlichen Gründen bestätigt, eben weil sie als Mensch so und so sind oder auch, weil sie sich in besonderer Weise um bestimmte Belange innerhalb eines Instituts verdient gemacht haben. Es ist also ein Gruppenphänomen innerhalb einer Gruppe, die natürlich Macht hat und tragend ist. Aber das haben wir auch an den Instituten so gewollt, man muß ja davon ausgehen, daß dieses ursprüngliche Institutssystem immer von einer Gruppe von - insoweit primär Mächtigen - gebildet und als Zentrum geschaffen wurde.

Auditoriumsteilnehmerin:
Ich bin zwar nicht mehr Kandidatin, das ist auch schon eine ganze Weile her, aber beim Zuhören habe ich mich an etwas erinnert, das ich gern erzählen möchte. Als wir Kandidaten waren, ich sage wir, weil dazu einige gehören, die hier auch sind, da waren wir in Semestergruppen organisiert und haben ein bißchen den Spieß umgedreht, was Liebe und Macht angeht. Wir sind als Semestergruppe regelmäßig mindestens einmal im Jahr für ein Wochenende zusammen weggefahren, haben ein ganzes Wochenende lang gemeinsam gekocht, gespielt, getanzt und geredet. Und damit lösten wir etwas ganz

Interessantes am Lehrinstitut aus, nämlich große Neugier und auch Ängste, was wir da wohl machen. Und wir überlegten natürlich auch, was wir denn in der nächsten Woche auf der Couch davon preisgeben wollten und was nicht.

Auditoriumsteilnehmer:
Ich möchte noch einmal etwas zu dem Thema Nestbeschmutzung sagen. Nachdem ich den vorhin erwähnten Fragebogen abgeschickt hatte, bekam ich auf einmal fürchterliche Ängste, was ich nun möglicherweise meinem Institut und meinen Mitkandidaten zugefügt haben könnte.

Es ist nicht einfach für mich auseinanderzuhalten, ob das Gefühl, ein Nestbeschmutzer zu sein oder so beurteilt zu werden, Teil meiner eigenen Neurose ist oder mit den realen Verhältnissen am Institut und der Struktur der Weiterbildung zu tun hat.

Und das jeweils auseinanderzudividieren, finde ich ausgesprochen schwierig, weil die institutionalisierten Vorgänge und Abläufe einerseits mit sehr intimen Prozessen andererseits verquickt sind.

Auditoriumsteilnehmerin:
Ich denke auch, daß es schwierig ist, das Arbeiten im institutionalisierten Rahmen auf der einen Seite und die intime Lehranalysesituation, in der die innersten Kerne berührt werden, zu vereinbaren. Ein Beispiel aus meiner Lehranalyse möchte ich dazu geben: Auf der einen Seite weiß ich, daß die Lehranalyse ein geschützter Raum ist, und daß meine Lehranalytikerin keinen Einfluß auf meine Qualifikation in der Ausbildung hat, jedenfalls nicht per Abstimmung in einem Gremium. Trotzdem tauchen an bestimmten Punkten immer wieder solche Ängste auf, nicht geeignet zu sein. Und das sind Ängste, die eine ungeheure Dynamik entwickeln und die durch die Supervisionsbeziehungen, über die auch in der Lehranalyse gesprochen wird, verstärkt werden.

Auditoriumsteilnehmer:
Ich schlage mich auch als Lehranalytiker mit der Frage herum, was ist besser, oder wo liegen die Vorzüge, Lehranalysen innerhalb der Institution zu halten oder auszulagern. Ich denke aber, daß es nicht darum geht, eine Regel zu finden und zu glauben, mit der Etablierung einer Regel die Probleme vom Hals zu haben, sondern daß es darum geht, darüber zu reden. Vielleicht wäre es auch mehr ein Schutz der Lehranalytiker, wenn wir die Lehranalysanden sozusagen nach außerhalb verlagern, wie man Kinder früher zu Ammen gege-

ben hat oder kleine Kinder in die Lehre gegeben hat nach der Devise: Dann kommen sie später zurück, wenn sie ausgebildet sind, weil man sich selbst nicht zutraute oder es kein Usus war, es innerhalb der Familie zu machen.

Ich denke, es geht darum, über Identität zu reden, und dann bin ich als Lehranalytiker auch gezwungen, mit meiner analytischen Identität wieder neu umzugehen. Aber es ist vielleicht nicht nur ein Problem, sondern auch eine neue Chance, selbst als Lehranalytiker noch einmal etwas zu lernen. Wichtig ist, über die Schwierigkeiten zu reden. Damit hätten wir das Problem noch nicht im Griff, aber man könnte sich ihm vielleicht annähern.

Auditoriumsteilnehmer:
Jetzt haben wir so viel über die Angst der Kandidaten geredet. Ich möchte Ihnen also einmal von der Angst der Lehranalytiker erzählen. Es ist nämlich nicht nur so, daß Sie Angst haben, sondern wir auch. Im Unterschied zum Patienten kommt der Ausbildungskandidat herein, und dem fehlt nichts. Und er hat eine Menge gelesen, und er hat eine Menge Vorstellungen darüber, was nun in der Analyse alles passieren soll, und das ist auf beiden Seiten spürbar. Und er wird nach einiger Zeit auch Kritik an der Institution haben und dann an uns, und damit müssen wir umgehen.

Ich denke, daß wir im analytischen Prozeß eine Menge voneinander lernen können, und ich wollte Ihnen sagen, daß Sie nicht so viel Angst haben müssen.

Auditoriumsteilnehmerin:
Ich habe einen Institutswechsel von Hamburg nach Berlin vollzogen und dabei vier verschiedene Lehranalytiker erlebt. Ich denke, daß das ungeheuer von dem Druck entlastet, so werden zu müssen wie der Lehranalytiker. Mein Vorschlag wäre es, die explizite Möglichkeit eines Lehranalytikerwechsels in die Ausbildungsrichtlinien mit aufzunehmen, weil das der Entidealisierung dient.

Und mir ist noch ein Punkt wichtig. Mir wäre es ein Anliegen, förderliche Räume zu finden, in denen sich Kandidaten untereinander besprechen können. An sehr vielen psychoanalytischen Instituten wird über Vereinzelung geklagt, ich denke, daß das mit der institutionellen Kultur zusammenhängt, die wenig Möglichkeiten bietet, unter den Kandidaten auch über Dinge wie Macht, Einfluß und Konkurrenz zu sprechen, aber auch darüber, was wir hier eigentlich machen und wohin wir wollen.

Auditoriumsteilnehmer:
Ich finde den Unterschied zwischen therapeutischen oder lehranalytischen Analysen nicht so wesentlich. Ich denke, ganz zentral in beiden ist das Ringen um Macht, Liebe und Vertrauen. Wahrscheinlich ist der Mut der Ausbildungsteilnehmer, sich zu neurotischen Schwierigkeiten zu bekennen, größer als immer hier gesagt wird. Wir haben in Göttingen eine Umfrage unter Kandidaten gemacht, danach haben zwei Drittel von ihnen vor der Lehranalyse eine therapeutische Analyse gemacht.

Das Dilemma der Ausbildung heute sehe ich, wie Sie, Herr Körner, eher darin, daß es um eine Berufsausbildung geht. Wenn wir unter den Weiterbildungsteilnehmern ein Treffen veranstalten, in dem es um Tricks und Kniffe geht, da kommen die Kollegen. Fragen nach Identität, nach inhaltlichem Austausch oder gar nach dem revolutionären Gehalt der Psychoanalyse heute stellt keiner mehr.

Natürlich gibt es ein Machtgefälle, aber vielleicht kann es trotzdem eine andere Form der Auseinandersetzung geben, vielleicht kann man auch aus dem alten Rahmen heraustreten und nicht alles nur analytisch, sondern auch ganz menschlich betrachten. Dafür braucht man allerdings tatsächlich feste Termine.

Auditoriumsteilnehmer:
Ich möchte zu der Überlegung etwas sagen, ob die Lehranalysen jeweils an den Instituten gemacht werden müssen.

Wir haben in unserer Region die Möglichkeit, Lehranalysen auch an dem benachbarten Institut machen zu können und anerkannt zu bekommen. Dabei möchte ich einen Aspekt herausgreifen, der bis jetzt nicht zur Sprache gekommen ist. Das Non-reporting-system ist für mich noch relativ einfach, weil ich eben nicht an den entsprechenden Sitzungen teilnehme. Problematischer wird es für mich, wenn in den Lehranalysen auch über andere Weiterbildungsteilnehmer gesprochen wird, das beeinflußt mich schon und macht mir mehr oder weniger Schwierigkeiten, damit umzugehen. Natürlich kann man das irgendwie lernen, aber es ist einfacher, wenn diese Probleme minimiert werden können. Bei den Kandidaten, die in dem anderen Institut die Ausbildung machen, fällt das Problem für mich weg, und ich fühle mich letztlich ein Stück befreiter in meiner Arbeit.

Auditoriumsteilnehmerin:
Mir fiel vorher bei der Bemerkung, es wäre vielleicht eine Illusion zu meinen, psychoanalytische Institute funktionierten nach anderen Mechanismen als z.B. eine Firma wie Mercedes, ein: Wenn sie denn nur wirklich so gut funktionieren würden. Ich denke, wenn in einer Firma wie Mercedes, einem großen Industrieunternehmen, die Mitarbeiter und die Chefetage in solche Konflikte verstrickt wären, wie das in psychoanalytischen Instituten der Fall ist, dann hätten sie schon längst Mitarbeiterschulungen gemacht und sich Supervisionen geholt, um aus diesen Konflikten, die sie aus eigener Kraft nicht bewältigen können, herauszukommen.

Ich denke, die Bereitschaft miteinander zu sprechen, wird auf allen Ebenen größer. Aber es gibt noch unglaublich viele Ängste und Abwehrstrukturen und festgefahrene Rollen, die es sehr erschweren, daß diese Gespräche auch fruchtbar werden. Ich würde mir wünschen, daß man einfach die Idee von der Supervision in den Ausbildungsinstituten einmal ins Auge faßt, natürlich Supervision durch jemanden von außerhalb.

Auditoriumsteilnehmer:
Wir diskutieren hier darüber, wie wir die Lehranalyse schützen können, indem wir sie von der Institution trennen.

Ich will eine andere Frage stellen: Welche Auswirkungen haben das Zusammengehören von Lehranalyse und institutioneller Arbeit für das Institut und für die Entwicklung der Institutskultur? Mein Eindruck ist, daß Macht und Liebe in der Lehranalyse und im normalen Institutsleben ganz verschiedene Ausdrucksformen haben, und ich glaube, daß das Zusammenspiel von beiden die jeweiligen sehr verschiedenen Ausdrucksformen behindert. Also, ich spreche mich für eine Trennung aus, um dem Institutsleben eine eigenständigere Entwicklungsmöglichkeit - losgelöst von der Lehranalyse - zu geben, weil ich glaube, daß das Institutsleben für die Kandidaten einen ganz erheblichen Sozialisationseffekt hat, der weit über das hinausgeht, was man sich vorstellt.

Auditoriumsteilnehmerin:
Ich möchte gern noch das Augenmerk auf einen anderen Aspekt legen. Ich begrüße dieses Forum sehr und bin beeindruckt über den emotionalen Austausch, der hier zustande kam. Ich bin auch froh, daß wir in der DGPT den Schritt gemacht und uns für die außerordentliche Mitgliedschaft der Kandidaten, die eine Voraussetzung für ein solches Forum ist, entschieden haben.

Aber ich bin betroffen darüber, daß ich mich vorhin fragte, ob denn diese Veranstaltung hier überhaupt öffentlich ist. Ich habe dann erfahren, daß es einigen anderen auch so gegangen ist. Das heißt, daß wir den Schritt aufeinander zu offensichtlich nicht aus vollem Herzen gemacht haben - von beiden Seiten nicht. Darüber sollten wir nachdenken, Eine meiner Phantasien dazu war, daß die Weiterbildungskandidaten vielleicht auch unter sich bleiben möchten mit ein paar ausgewählten Leuten, die ihr besonderes Vertrauen haben. So etwas ist ja geäußert worden.

Es ist noch keine Selbstverständlichkeit in unserer Fachgesellschaft, daß die fertig Ausgebildeten und die Weiterbildungsteilnehmer miteinander sprechen.

Karl-Friedrich Limburg (Bundeskandidatenvertreter):

Ich möchte noch kurz zum Abschluß etwas sagen. Wir haben auf der Kandidatenversammlung eine Abstimmung durchgeführt mit dem Ergebnis, daß weiterhin der Wunsch nach einem öffentlichen Kandidatenforum besteht, an dem sowohl Mitglieder als auch außerordentliche Mitglieder teilnehmen können, und das war eine ganz klare Mehrheitsentscheidung.

Aber es gibt auch den Wunsch nach einer Arbeitsgruppe nur für Weiterbildungsteilnehmer mit der Möglichkeit, dieses Forum gemeinsam vorzubereiten, und die KandidatenvertreterInnen werden versuchen, diese im nächsten Jahr in Fulda anzubieten.

Für heute danke ich allen Beteiligten für ihre rege Teilnahme an der Diskussion mit der Hoffnung, diese auch im nächsten Jahr fortsetzen zu können.

STEPHEN A. MITCHELL
BINDUNG UND BEZIEHUNG
RELATIONALES DENKEN IN DER PSYCHOANALYSE

BIBLIOTHEK DER PSYCHOANALYSE
PSYCHOSOZIAL-VERLAG

2003
258 Seiten · Broschur
EUR (D) 29,90 · SFr 50,50
ISBN 3-89806-258-9

Ausgehend von der Objektbeziehungstheorie Fairbairns, der Bindungstheorie Bowlbys sowie den Arbeiten Loewalds und Sullivans bricht der in den USA gefeierte Psychoanalytiker Stephen Mitchell in eine neue Ära der psychoanalytischen Betrachtung intersubjektiver Beziehungen auf. Dabei gelingt ihm eine kritische Synthese der Verbindungselemente zwischen einzelnen relevanten Ansätzen innerhalb der Psychoanalyse sowie deren Weiterentwicklung mittels eigener theoretischer Überlegungen. In lebendiger und mitreißender Sprache lädt Mitchell seine Leser auf eine Reise durch das Labyrinth der intersubjektiven und objektbeziehungstheoretischen Modelle der Psychoanalyse ein, die – untermalt von Vignetten aus der klinischen Praxis – vor brillianter Ideen sprüht. Durch Mitchell, so der britische Psychoanalytiker Peter Fonagy, wird die Beziehungsperspektive der Psychoanalyse ›erwachsen‹.

P⊞V
Psychosozial-Verlag

2003
290 Seiten · Broschur
EUR (D) 29,90 · SFr 50,50
ISBN 3-89806-264-3

Die Grundregel der Psychoanalyse besteht in der Aufforderung zur freien Assoziation. In der klinischen Praxis ist diese »Regel der Regellosigkeit« ungemein produktiv. In der Theorie aber schottet sich die psychoanalytic community zu sehr gegen interessante Anregungen ab. Wenn sie diese jedoch in den Korpus der Assoziationen aufnimmt, kann von dort frische Energie ins psychoanalytische Haus wehen. Erkundet werden neue Theorien der Sprache, der Metapher und der Konversation; Ausflüge in Literatur und Körperlichkeit sowie zu einer Psychoanalyse als Lebenskunstlehre werden unternommen. Die Psychoanalyse ist zwar älter, aber auch lockerer geworden und kann sich reiche Unterstützung bei Nachbarwissenschaften holen, wenn sie sich neuen Assoziationen öffnet.

P🔲V
Psychosozial-Verlag

Estela V. Welldon
Perversionen der Frau

Psychosozial-Verlag

2003
239 Seiten · Broschur
EUR (D) 29,90 · SFr 50,50
ISBN 3-89806-164-7

Mutterschaft verleiht Macht, die von Frauen aufgrund eigener emotionaler Probleme und bedrängender sozialer Erwartungen missbraucht werden kann. Es gibt Mütter, die ihre Kinder schlagen, andere nötigen sie zu inzestuösen Handlungen. Körperliche wie seelische Misshandlungen behindern Kinder, ihre eigene Gender-Identität anzunehmen. Welldon vertritt die Auffassung, dass Mütter ihre Kinder häufig als Teil ihrer selbst erleben und Kindesmisshandlung eine Form der Selbstverletzung darstellt. Die Probleme der Kinder werden in Hinblick auf die Mutter untersucht und die Probleme der Mutter wiederum rückbezogen auf deren Probleme mit der eigenen Mutter.

Die Fragen, die die Autorin in Bezug auf Natur und Entstehung von Perversionen bei Frauen aufwirft, beunruhigen und provozieren.

P⌘V
Psychosozial-Verlag

2003
220 Seiten · Broschur
EUR (D) 29,90 · SFr 50,50
ISBN 3-89806-252-X

Bolognini beschäftigt sich seit zwanzig Jahren mit der Einfühlung, einem der bedeutsamsten, aber auch am schwersten zu definierenden und umstrittensten Begriff in der jüngeren Geschichte der Psychoanalyse. In diesem Buch untersucht er dessen philosophischen Ursprünge und verfolgt seine Entwicklung bei Freud und den ersten Psychoanalytikern bis zu seiner Aufwertung in den fünfziger Jahren, die mit einer neuen Auffassung von der Gegenübertragung einher ging. Als eigenständigen Beitrag zur psychoanalytischen Theorie stellt er Überlegungen an, die zum Kern der Analyse führen, wobei er die fruchtbare Problematik des Einfühlungsbegriffs in ihrer Gänze im Auge behält.

P🖾V
Psychosozial-Verlag